데이터 분석의 모든 것

· 소스코드 다운로드 및 Q/A 안내(아이리포 블로그)
  https://blog.naver.com/ilifo_book
  이정인 저자(1~3장, 5장 집필) boraborafeel@gmail.com
  장원중 저자 (4장, 6~10장 집필) wjjang2040@gmail.com

데이터 분석의 모든 것
: 입문자를 위한 개념 이해부터 정형·비정형 데이터 분석까지

초판 1쇄 발행 · 2021년 2월 15일
초판 2쇄 발행 · 2021년 7월 15일
지은이 · 장원중, 이정인
펴낸이 · 이춘식
펴낸곳 · (주)아이리포
주소 · 서울시 마포구 월드컵북로 396 누리꿈스퀘어 비즈니스타워 2층
전화 · 02-6356-0182 / 팩스 · 070-4755-3619
등록 · 2020년 12월 23일 제 2020-000352호
ISBN · 979-11-973470-0-9 93000
기획 / 편집 · 송성근
표지 / 내지디자인 · 김진화
조판 · 민혜조

이 책에 대한 의견이나 오탈자 및 잘못된 내용에 대한 수정 정보는 (주)아이리포의 홈페이지나
아래 이메일로 알려주십시오. 잘못된 책은 구입하신 서점에서 교환해 드립니다.
책값은 뒤표지에 표시되어 있습니다.
아이리포 블로그 blog.naver.com/ilifo_book / 이메일 miserere50@ilifo.kr

Published by ILIFO, Inc. Printed in Korea
Copyright © 2021 장원중, 이정인 & ILIFO, Inc.
이 책의 저작권은 장원중, 이정인과 (주)아이리포에 있습니다.
저작권법에 의해 보호를 받는 저작물이므로 무단 복제 및 무단 전재를 금합니다.

책으로 펴내고 싶은 아이디어나 원고를 메일(miserere50@ilifo.kr)로 보내주세요.
(주)아이리포는 여러분의 소중한 경험과 지식을 기다리고 있습니다.

데이터 분석의 모든 것

입문자를 위한 개념 이해부터
정형·비정형 데이터 분석까지!

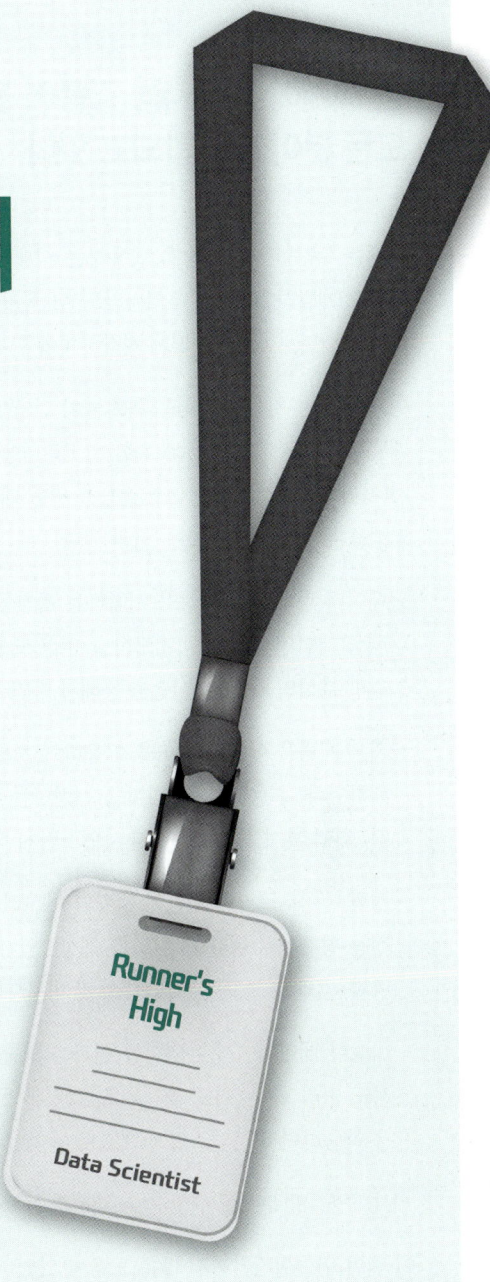

 지은이의 글

전 세계에 인공지능 강풍이 불고 있고, 모든 분야에 융합되고 있다

이제는 누구나 인공지능을 활용하는 시대가 되었고, 거의 모든 나라에서 인공지능 기술을 미래 핵심 기술로 개발하고 있다. 우리나라도 AI 국가전략을 발표하고, 교육부는 모든 국민에게 AI 교육을 실시한다고 한다. 그러나 어떻게 시작하여야 할지, 학교에서 가르치기에도 만만치 않은 주제다.

이 책에서는 처음 시작하는 독자들이 한 권으로 정형·비정형 데이터를 기반으로 데이터 분석의 기본 개념부터 인공지능 활용을 위한 알고리즘을 이해할 수 있도록 개념을 소개하고 독자들이 실습을 하면서 자연스럽게 인공지능(AI) 활용을 위한 데이터 과학을 체득할 수 있도록 하였다. 이 책을 저술하면서 역점을 두었던 몇 가지는 다음과 같다.

- 데이터 과학, 인공지능을 시작하는 독자들이 데이터 과학에 대한 기본 개념을 이해하고, 인공지능의 핵심 개념인 머신러닝(지도학습, 비지도학습)과 비정형 데이터 분석을 위한 텍스트 마이닝, 사회연결망 분석의 개념 및 실습을 통해서 자연스럽게 학습할 수 있도록 구성하였다.

- 기본 개념을 이해하고, R을 이용하여 지루하지 않으며 독자들이 이해하기 쉬운 교재를 만들려고 노력하였다. 처음 데이터 과학을 시작하는 독자들은 기초 지식부터 데이터 준비, 통계 지식, 통계 분석, 회귀 분석을 공부하면서 자연스럽게 데이터 과학의 개념을 체득할 수 있게 하였다.

- 정형 데이터로 인공지능의 핵심인 머신러닝(지도학습, 비지도학습) 알고리즘의 개념과 모델링, 모델 성능 평가를 수행할 수 있도록 구성하였다. 이를 위해, 데이터 추출 방법, 성능 평가 기준, 성능 측정 방법, 클래스 불균형, 지도학습 및 비지도학습 알고리즘을 체계적으로 학습한다.

- 비정형 데이터에서 유의미한 결과를 도출하기 위해 텍스트 마이닝의 기본 개념, 데이터 전처리, 유사도 거리 함수, 워드 클라우드, 감성분석, 카운터 기반의 단어 표현, 워드 임베딩을 위한 단어 표현을 학습하면서 자연스럽게 텍스트 마이닝의 개념을 체득할 수 있게 하였다.

- 사회연결망 분석을 위한 기본 개념과 독자들이 실습할 수 있도록 구성하였다.

이 책이 만들어지기까지 많은 도움이 있었다. 이 책 구성을 위해 적극적으로 지원해주신 이춘식 대표님과 전혜경 상무님께 깊이 감사드린다. 책 출간을 위해 오류를 바로잡아준 송성근 팀장과 격려해주시는 모든 분들께도 깊이 감사드린다. 아무쪼록 많은 이들이 이 책을 통하여 데이터 과학에 흥미를 가질 수 있다면 필자에게는 큰 보람이 될 것이다.

_2021년 1월, **장원중**

기초가 튼튼해야 건물이 무너지지 않는 것처럼 빅데이터, 머신러닝도 기초가 중요하다

요즘을 살아가는 것은 롤러코스터를 타고 있는 기분이다. 하루가 멀다 하고 새로운 기술들이 상용화되고, 우리의 현실에 파고들고 있다. 스마트폰이 소비자의 생활 행동 패턴을 바꾸었고, 그에 따른 기업의 마케팅 전략도 다이나믹하게 바뀌었다. 지금은 공기와 같이 늘 함께하고 있는 인터넷이라는 용어조차 생소했던 시절이 그리 오래 전의 일이 아니고 보면 AI 로봇, 자율주행자동차를 거리에서 쉽게 볼 수 있는 날도 멀지 않을 것이다.

AI는 미래의 우리 생활 곳곳에 영향을 미칠 것이다. AI 기술 중 특히, 빅데이터, 머신러닝 분야가 눈이 부시게 발전하고 있다. 머신러닝의 복잡한 함수를 구현한 수많은 라이브러리들이 오픈소스로 제공되고 있어 예전과는 비교할 수 없이 짧은 기간 안에 AI 프로그램을 구현할 수 있게 되었다. 하지만, 기본 이론에 대한 지식과 충분한 경험이 밑바탕에 있지 않으면, 기초 공사가 약한 하자가 많은 건물과 같이 될 위험이 있다.

이 책은 데이터 분석을 시작으로 빅데이터 분석, 머신러닝, 나아가 AI에 관심이 있는 모든 독자들이 기초부터 튼튼하게 고급까지 학습할 수 있는 내용을 담고자 했다. 특히, 1장~3장은 데이터 분석과 R 프로그램을 처음 접하는 분도 쉽게 이해할 수 있도록 집필하였다. 독자들이 이 책을 통해서 데이터 분석의 첫 발을 힘차고 튼튼하게 내딛기를 희망한다.

함께 집필하시느라 고생하신 장원중 교수님, 책의 출간에 많은 지원을 아끼지 않으신 이춘식 대표님과 전혜경 상무님, 책의 완성도를 120% 끌어 올려 주신 송성근 수석님, 항상 사랑으로 이끌어 주시는 어머니에게 깊은 감사의 말씀을 드린다. 취업과 자격증 취득에 이 책이 실질적인 도움이 되기를 바라며, 마지막으로 독자 여러분들에게 감사함을 전한다.

_2021년 1월, **이정인**

한국데이터산업진흥원에서 시행하고 있는 (빅)데이터 분석 자격검정 안내

- **데이터 분석 준전문가**

  데이터 분석 준전문가 자격시험은 실기시험은 없으며 필기시험은 PBT(Paper Based Test) 방식으로 자격을 검정하며, 필기시험 합격기준 요건을 충족하면 최종합격자로 분류되어 데이터 분석 준전문가 자격이 부여된다.
  - 필기시험 총 50문항 : 객관식 40문항, 단답형 10문항

구분	시험과목	과목별 세부 항목	문항수		배점		시험시간
			객관식	단답형	객관식	단답형	
필기	데이터 이해	• 데이터의 이해 • 데이터의 가치와 미래 • 가치 창조를 위한 데이터 사이언스와 전략 인사이트	8	2	80 (각 2점)	20 (각 2점)	90분
	데이터 분석 기획	• 데이터 분석 기획의 이해 • 분석 마스터 플랜	8	2			
	데이터 분석	• R 기초와 데이터 마트 • 통계 분석 • 정형 데이터 마이닝	24	6			
	합계		40	10	100		

※ 음영으로 표기된 부분은 이 책에서 다루는 내용

- **데이터 분석 전문가**

  데이터 분석 전문가 자격시험은 필기시험과 실기시험으로 구성되어 있으며 필기시험 합격기준 및 응시자격 요건을 충족하면 실기시험에 응시할 수 있다. 실기시험은 CBT(Computer Based Test) 방식의 시험으로 자격을 검정하며, 실기시험의 합격자는 최종합격자로 분류되어 데이터 분석 전문가 자격이 부여된다.
  - 필기시험 총 81문항 : 객관식 80문항, 서술형 1문항

구분	시험과목	과목별 세부 항목	문항수		배점		시험시간
			객관식	서술형	객관식	서술형	
필기	데이터 이해	• 데이터의 이해 • 데이터의 가치와 미래 • 가치 창조를 위한 데이터 사이언스와 전략 인사이트	10	1	80 (각 1점)	20	180분
	데이터 처리 기술 이해	• 데이터 처리 프로세스 • 데이터 처리 기술	10				
	데이터 분석	• R 기초와 데이터 마트 • 통계 분석 • 정형 데이터 마이닝 • 비정형 데이터 마이닝	40				
	데이터 시각화	• 시각화 인사이트 프로세스 • 시각화 디자인 • 시각화 구현	10				
	합계		80	1	100		

※ 음영으로 표기된 부분은 이 책에서 다루는 내용

[실기시험]

구분	시험과목	배점	시험시간
실기	데이터 분석 실무	100	240분

- **빅데이터 분석기사**

  빅데이터 분석기사 자격시험은 필기시험과 실기시험으로 구성되어 있으며 필기시험 합격기준 및 응시자격 요건을 충족하면 실기시험에 응시할 수 있다. 실기시험의 합격자는 최종합격자로 분류되어 빅데이터 분석기사 자격이 부여된다.
  - 필기시험 총 80문항 : 객관식 80문항

구분	시험과목	과목별 세부 항목	문항수 객관식	배점	시험시간
필기	빅데이터 분석 기획	• 빅데이터의 이해 • 데이터 분석 계획 • 데이터 수집 및 저장 계획	20		120분
	빅데이터 탐색	• 데이터 전처리 • 데이터 탐색 • 통계 기법 이해	20		
	빅데이터 모델링	• 분석 모형 설계 • 분석 기법 적용	20		
	빅데이터 결과 해석	• 분석 모형 평가 및 개선 • 분석 결과 해석 및 활용	20		
합계			80	100	

※ 음영으로 표기된 부분은 이 책에서 다루는 내용

[실기시험]

구분	시험과목	배점	시험시간
실기	빅데이터 분석 실무	100	180분

 목차

Part 1 비전공자를 위한 기초 지식(통계, R)

Chapter 1. 기초 통계

1.1 통계 개요

1.1.1 통계학의 중요 용어와 개념 ·········· 5
- 1.1.1.1 모집단과 표본 ·········· 5
- 1.1.1.2 모수와 통계량 ·········· 5
- 1.1.1.3 변수와 관측값 ·········· 5
- 1.1.1.4 양적 변수와 질적 변수 ·········· 6
- 1.1.1.5 측정 수준 ·········· 6

1.1.2 통계 자료의 획득 방법 ·········· 7
- 1.1.2.1 단순랜덤추출 ·········· 7
- 1.1.2.2 계통추출 ·········· 7
- 1.1.2.3 층화추출 ·········· 7
- 1.1.2.4 집락추출 ·········· 7

1.2 기초 통계량과 확률

1.2.1 집중화 경향 대표값 ·········· 10
- 1.2.1.1 평균 ·········· 10
- 1.2.1.2 중앙값 ·········· 10
- 1.2.1.3 최빈값 ·········· 11

1.2.2 분산도 ·········· 11
- 1.2.2.1 범위 ·········· 11
- 1.2.2.2 평균편차 ·········· 11
- 1.2.2.3 분산 ·········· 12
- 1.2.2.4 표준편차 ·········· 14

1.2.3 확률 이론 ·········· 14
- 1.2.3.1 확률 개념 ·········· 14
- 1.2.3.2 조건부 확률 ·········· 15
- 1.2.3.3 독립사건과 종속사건 ·········· 16
- 1.2.3.4 이산확률변수와 연속확률변수 ·········· 16
- 1.2.3.5 확률분포와 확률함수 ·········· 17
- 1.2.3.6 기대값 ·········· 18

1.3 정규분포와 표준화

1.3.1 정규분포
- 1.3.1.1 정규분포 ··· 20
- 1.3.1.2 중심극한정리 ··· 21

1.3.2 표준화
- 1.3.2.1 표준화의 필요성 ··· 23
- 1.3.2.2 표준정규분포 ··· 24

1.4 가설 검정

1.4.1 통계적 가설
- 1.4.1.1 귀무가설과 대립가설 ··· 26
- 1.4.1.2 유의확률 ··· 27

1.4.2 가설 검정
- 1.4.2.1 t-검정 ·· 27
- 1.4.2.2 ANOVA ··· 30
- 1.4.2.3 가설 검정의 결과와 오류 ··· 32

■ 연습문제 ··· 33

Chapter 2. R 프로그래밍

2.1 프로그래밍 환경 만들기

- 2.1.1 프로그래밍 언어, R ·· 37
- 2.1.2 R 설치하기 ·· 37
- 2.1.3 R Studio 설치하기 ··· 40
- 2.1.4 R 패키지 설치하기 ·· 43

2.2 변수와 데이터 타입

2.2.1 변수
- 2.2.1.1 변수에 데이터를 저장하고, 불러오기 ··· 46

2.2.2 데이터 타입
- 2.2.2.1 숫자타입 ··· 47
- 2.2.2.2 문자타입 ··· 47

 목차

    2.2.2.3 논리타입 ········· 48
    2.2.2.4 펙터타입 ········· 48

2.3 데이터 구조

  2.3.1 벡터 ········· 51
    2.3.1.1 일부 데이터만 접근 ········· 51
    2.3.1.2 벡터의 구조 ········· 52
    2.3.1.3 벡터 데이터 추가, 갱신, 삭제 ········· 52
    2.3.1.4 벡터의 데이터 타입 ········· 53
    2.3.1.5 벡터 데이터 생성 ········· 53

  2.3.2 매트릭스(행렬) ········· 54
    2.3.2.1 일부 데이터만 접근 ········· 55
    2.3.2.2 행렬에 데이터 추가 ········· 55

  2.3.3 데이터프레임 ········· 56
    2.3.3.1 일부 데이터만 접근 ········· 58
    2.3.3.2 데이터프레임의 데이터 타입 ········· 59
    2.3.3.3 데이터프레임의 구조 ········· 60
    2.3.3.4 데이터프레임 데이터 추가 ········· 61

  2.3.4 배열 ········· 61

  2.3.5 리스트 ········· 62

2.4 R 기초 프로그래밍

  2.4.1 연산 ········· 65
    2.4.1.1 벡터 연산 ········· 66
    2.4.1.2 행렬 연산 ········· 67

  2.4.2 흐름 제어문 ········· 69
    2.4.2.1 if ~ else 문 ········· 69
    2.4.2.2 ifelse() 함수 ········· 70
    2.4.2.3 for 문 ········· 71
    2.4.2.4 while 문 ········· 72
    2.4.2.5 break 문 ········· 73
    2.4.2.6 next 문 ········· 73
    2.4.2.7 repeat 문 ········· 73

  2.4.3 함수 ········· 74
    2.4.3.1 함수 생성과 호출 ········· 75

- 2.4.3.2 매개변수가 있는 함수 ········· 75
- 2.4.3.3 두 개 이상의 매개변수가 있는 함수 ········· 76
- 2.4.3.4 디폴트값이 있는 매개변수 ········· 77
- 2.4.3.5 가변길이 매개변수 ········· 78
- 2.4.3.6 리턴 데이터가 있는 함수 ········· 78

2.4.4 유용한 함수와 상수 ········· 79
- 2.4.4.1 NULL과 NA ········· 80
- 2.4.4.2 Inf 와 NaN ········· 80
- 2.4.4.3 데이터 타입 변환과 타입 확인 ········· 80
- 2.4.4.4 변수 삭제 ········· 81

2.5 R을 이용한 데이터 조작 방법

2.5.1 데이터의 대략적인 특징 파악에 유용한 함수 ········· 83
- 2.5.1.1 head() 함수 ········· 83
- 2.5.1.2 tail() 함수 ········· 84
- 2.5.1.3 str() 함수 ········· 84
- 2.5.1.4 summary() 함수 ········· 85
- 2.5.1.5 dim() 함수 ········· 85

2.5.2 외부 파일 읽기 ········· 85
- 2.5.2.1 CSV 파일 불러오기 ········· 85
- 2.5.2.2 엑셀 파일 불러오기 ········· 88
- 2.5.2.3 빅데이터 파일 불러오기 ········· 89

2.5.3 데이터 추출 ········· 89
- 2.5.3.1 행 제한 ········· 89
- 2.5.3.2 열 제한 ········· 92
- 2.5.3.3 행과 열 제한 ········· 93
- 2.5.3.4 정렬 ········· 94
- 2.5.3.5 그룹별 집계 ········· 95
- 2.5.3.6 plyr 패키지 ········· 95
- 2.5.3.7 dplyr 패키지 ········· 97
- 2.5.3.8 sqldf 패키지 ········· 98

2.5.4 데이터 구조 변경 ········· 99
- 2.5.4.1 데이터 병합 ········· 99
- 2.5.4.2 데이터 구조 변환 ········· 103

■ **연습문제** ········· 106

목차

Part 2 데이터 마트와 통계 분석

Chapter 3. 탐색적 데이터 분석

3.1 탐색적 데이터 분석 개요

- 3.1.1 데이터 대표값 탐색 ·········· 113
  - 3.1.1.1 평균과 중앙값 ·········· 113
  - 3.1.1.2 절사평균 ·········· 114
  - 3.1.1.3 가중평균 ·········· 114

- 3.1.2 데이터 분산도 탐색 ·········· 115
  - 3.1.2.1 최소값, 최대값으로 범위 탐색 ·········· 115
  - 3.1.2.2 분산과 표준편차 ·········· 116

- 3.1.3 데이터 분포 탐색 ·········· 116
  - 3.1.3.1 백분위수와 사분위수 ·········· 116
  - 3.1.3.2 상자그림 ·········· 117
  - 3.1.3.3 히스토그램 ·········· 118
  - 3.1.3.4 도수분포표 ·········· 120
  - 3.1.3.5 막대 그래프 ·········· 121
  - 3.1.3.6 파이 그래프 ·········· 122

- 3.1.4 변수 간 관계 탐색 ·········· 123
  - 3.1.4.1 산점도 그래프 ·········· 123
  - 3.1.4.2 상관계수 ·········· 125
  - 3.1.4.3 상관행렬 ·········· 126
  - 3.1.4.4 상관행렬 히트맵 ·········· 126

- ■ 연습문제 ·········· 127

Chapter 4. 데이터 준비(전처리)

4.1 데이터 전처리

4.1.1 데이터 변환, 처리 ········ 131
- 4.1.1.1 데이터 마트 ········ 131
- 4.1.1.2 파생변수 ········ 131
- 4.1.1.3 요약변수 ········ 132
- 4.1.1.4 R의 reshape2 패키지를 활용한 데이터셋 구조의 변형 ········ 132

4.1.2 결측값 처리 ········ 135
- 4.1.2.1 결측값 처리 방법 ········ 135
- 4.1.2.2 R의 결측값 관련 함수 ········ 140

4.1.3 이상값 검색 ········ 143
- 4.1.3.1 이상값의 인식 방법 ········ 144
- 4.1.3.2 산점도 그래프, 줄기-잎 그림, 상자그림을 이용한 이상값 검색 예제 · 145
- 4.1.3.3 outlier 패키지를 이용한 이상값 검색 예제 ········ 149

4.1.4 데이터 정규화 ········ 151
- 4.1.4.1 표준정규분포 Z-변환 ········ 152
- 4.1.4.2 [0 -1] 변환 ········ 155
- 4.1.4.3 중심극한정리 ········ 157

4.2 차원 축소

4.2.1 차원 축소의 필요성 ········ 160
4.2.2 주성분분석 ········ 160
4.2.3 요인분석 ········ 168

4.3 변수 선택

4.3.1 변수 선택 방법 ········ 173
4.3.2 상관계수 ········ 174
4.3.3 카이제곱검정 ········ 177
4.3.4 0에 가까운 분산 ········ 181

- ■ 연습문제 ········ 184

 목차

Chapter 5. 통계 기반 데이터 분석

5.1 기술 통계와 추론 통계

5.1.1 기술 통계 ·············· 189

5.1.2 추론 통계 ·············· 189
- 5.1.2.1 귀무가설과 대립가설 ·············· 190
- 5.1.2.2 유의수준과 유의확률 ·············· 190
- 5.1.2.3 점추정과 구간추정 ·············· 190
- 5.1.2.4 t.test() 함수를 활용한 t-검정 ·············· 190
- 5.1.2.5 분산분석 ·············· 193

5.2 상관분석

5.2.1 분석 방법 ·············· 197
- 5.2.1.1 피어슨 상관계수 ·············· 197
- 5.2.1.2 스피어만 상관계수 ·············· 199

5.2.2 상관계수 검정 ·············· 199

5.3 선형회귀분석

5.3.1 단순선형회귀 ·············· 202
- 5.3.1.1 모델 생성 ·············· 204
- 5.3.1.2 잔차 ·············· 205
- 5.3.1.3 예측 ·············· 206
- 5.3.1.4 결정계수와 수정된 결정계수 ·············· 207
- 5.3.1.5 단순회귀 모델의 시각화 ·············· 209

5.3.2 다중선형회귀 ·············· 209
- 5.3.2.1 모델 생성 ·············· 210
- 5.3.2.2 잔차 ·············· 211
- 5.3.2.3 예측 ·············· 212
- 5.3.2.4 결정계수와 수정된 결정계수 ·············· 212
- 5.3.2.5 설명변수 선택 방법 ·············· 213

5.3.3 모델 진단 그래프 ·············· 218

5.3.4 회귀분석 모델의 체크사항 ·············· 219

5.4 시계열분석

- 5.4.1 시계열 데이터 개요 ··· 221
- 5.4.2 정상성 ··· 222
- 5.4.3 비정상 시계열을 정상 시계열로 전환하는 방법 ··················· 223
- 5.4.4 시계열 모델 ··· 226
  - 5.4.4.1 자기회귀 모델 ·· 226
  - 5.4.4.2 이동평균 모델 ·· 227
  - 5.4.4.3 자기회귀 누적이동평균 모델 ································ 227
  - 5.4.4.4 분해시계열 ·· 229

5.5 주성분분석

- 5.5.1 주성분분석 개요 ··· 233
- 5.5.2 주성분분석 과정 설명 ··· 234
- 5.5.3 주성분분석 목적 ··· 235
- 5.5.4 주성분분석의 예 ··· 236
- 5.5.5 주성분분석 해석 ··· 236
- 5.5.6 적절한 주성분 개수 선택법 ······································· 237

- ■ 연습문제 ··· 241

Part 3 정형 데이터 마이닝

Chapter 6. 분류분석

6.1 데이터 마이닝

- 6.1.1 데이터 마이닝의 개념 ··· 249
- 6.1.2 데이터 마이닝의 대표적 기능 ····································· 250
- 6.1.3 데이터 마이닝 추진 단계 ··· 251
- 6.1.4 분류분석의 주요 모델 ··· 252

 목차

6.2 의사결정나무

- 6.2.1 의사결정나무 모델의 개념 ········ 254
- 6.2.2 분류 변수와 분류 기준값의 선택 방법 ········ 254
- 6.2.3 의사결정나무의 구조 ········ 255
- 6.2.4 의사결정나무 분석 예제(rpart() 함수) ········ 257
- 6.2.5 의사결정나무 분석 예제(ctree() 함수) ········ 260

6.3 로지스틱 회귀

- 6.3.1 로지스틱 회귀 모델의 개념 ········ 264
- 6.3.2 로지스틱 회귀 모델 예제(glm() 함수) ········ 267

6.4 인공신경망

- 6.4.1 인공신경망 모델의 개념 ········ 281
- 6.4.2 단층신경망 ········ 281
- 6.4.3 다층신경망 ········ 282
- 6.4.4 피드포워드신경망 ········ 283
- 6.4.5 인공신경망 분석 예제(nnet() 함수) ········ 287
- 6.4.6 인공신경망 분석 예제(neuralnet() 함수) ········ 295

6.5 앙상블

- 6.5.1 앙상블 모델의 개념 ········ 300
- 6.5.2 배깅과 분석 예제(bagging() 함수) ········ 301
- 6.5.3 부스팅과 분석 예제(adabag::boosting() 함수) ········ 305
- 6.5.4 랜덤 포레스트와 분석 예제(randomForest() 함수) ········ 309

6.6 서포트 벡터 머신

- 6.6.1 서포트 벡터 머신 모델의 개념 ········ 314
- 6.6.2 서포트 벡터 머신 분석 예제(ksvm() 함수) ········ 316
- 6.6.3 서포트 벡터 머신 분석 예제(svm() 함수) ········ 318

6.7 나이브 베이즈

6.7.1 나이브 베이즈 모델의 개념 ·· 323

6.7.2 나이브 베이즈 분석 예제(naiveBayes() 함수) ··· 325

6.8 k-최근접 이웃

6.8.1 k-최근접 이웃 모델의 개념 ·· 329

6.8.2 k-최근접 이웃 분석 예제(knn() 함수) ·· 330

6.8.3 k-최근접 이웃 분석 예제(kknn() 함수) ··· 332

■ 연습문제 ··· 335

Chapter 7. 분류분석 모델 평가

7.1 정오분류표

7.1.1 분류분석 모델 평가를 위한 고려사항 ··· 339

7.1.2 정오분류표 ·· 340

7.1.3 신경망, 의사결정나무, 랜덤 포레스트 모델을 비교 평가하는 예제 · 342

7.2 ROC 곡선과 AUC

7.2.1 ROC 곡선과 AUC의 개념 ·· 346

7.2.2 ROC 곡선과 AUC를 계산하여 모델을 평가하는 예제 ·································· 347

7.2.3 세 가지 분류분석 모델의 평가를 하나의 ROC 곡선으로 비교하는 예제 ·· 352

7.3 이익도표와 향상도 곡선

7.3.1 이익도표와 향상도 곡선의 개념 ·· 355

7.3.2 이익도표와 향상도 곡선을 그린 예제 ·· 358

7.4 데이터 추출 방법

7.4.1 홀드아웃과 홀드아웃 예제 ··· 362

7.4.2 교차검증과 교차검증 예제 ··· 363

7.4.3 붓스트랩과 붓스트랩 예제 ··· 366

 목차

7.5 클래스 불균형
- 7.5.1 클래스 불균형의 개념과 예제 ········ 370
- 7.5.2 업샘플링과 예제 ········ 372
- 7.5.3 다운샘플링과 예제 ········ 373
- 7.5.4 SMOTE와 예제 ········ 374
- ■ 연습문제 ········ 377

Chapter 8. 군집분석과 연관분석

8.1 군집분석
- 8.1.1 계층적 군집분석 ········ 381
  - 8.1.1.1 계층적 군집분석 예제(hclust() 함수) ········ 382
  - 8.1.1.2 계층적 군집분석 예제(agnes() 함수) ········ 387
- 8.1.2 k-평균 군집분석 ········ 388
  - 8.1.2.1 k-평균 군집분석 예제(kmeans() 함수) ········ 389
  - 8.1.2.2 k-평균 군집분석 예제(kcca() 함수) ········ 396
  - 8.1.2.3 k-평균 군집분석 예제(cclust() 함수) ········ 399
- 8.1.3 혼합분포 군집분석 ········ 401
  - 8.1.3.1 기대값 최대화 알고리즘 ········ 403
  - 8.1.3.2 혼합분포 군집분석 예제(normalmixEM() 함수) ········ 407
  - 8.1.3.3 혼합분포 군집분석 예제(Mclust() 함수) ········ 409
- 8.1.4 SOM 군집분석 ········ 413
- 8.1.5 SOM 군집분석 예제 ········ 414

8.2 연관분석
- 8.2.1 연관규칙분석 ········ 420
  - 8.2.1.1 연관규칙분석 예제 ········ 423
- ■ 연습문제 ········ 430

Part 4 비정형 데이터 마이닝

Chapter 9. 텍스트 마이닝

9.1 텍스트 마이닝 개요

9.1.1 텍스트 마이닝의 개념 ······ 435
9.1.2 텍스트의 위계적 구조 ······ 435
9.1.3 단어 표현 방법 ······ 436
9.1.4 텍스트 마이닝의 기능 ······ 438

9.2 텍스트 마이닝 기본 프로세스

9.2.1 텍스트 수집 ······ 440
    9.2.1.1 텍스트 수집 예제 ······ 441

9.2.2 텍스트 전처리 ······ 445
    9.2.2.1 토큰화와 토큰화 예제 ······ 445
    9.2.2.2 데이터 정제와 정규화, 예제 ······ 448
    9.2.2.3 문서단어행렬과 예제 ······ 458
    9.2.2.4 한국어 텍스트 전처리와 예제 ······ 461

9.3 유사도 거리

9.3.1 유사도 거리 함수 ······ 472
    9.3.1.1 유클리드 거리 함수 ······ 473
    9.3.1.2 맨하튼 거리 함수 ······ 473
    9.3.1.3 자카드 거리 함수 ······ 473
    9.3.1.4 코사인 거리 함수 ······ 474
    9.3.1.5 민코우스키 거리 함수 ······ 474
    9.3.1.6 마할라노비스 거리 함수 ······ 475
    9.3.1.7 표준화 거리 함수 ······ 475

9.3.2 유사도 거리를 계산하는 예제 ······ 476

 목차

9.4 워드 클라우드

9.4.1 워드 클라우드 481
9.4.1.1 워드 클라우드 예제(대통령 브리핑 486~488.txt) 481
9.4.1.2 워드 클라우드 예제(대통령 연설문 8024, 8032, 8035.txt) 484

9.5 감성분석

9.5.1 감성분석 489
9.5.1.1 감성분석 예제(대통령 브리핑 486~488.txt) 489
9.5.1.2 감성분석 예제(대통령 연설문 8024, 8032, 8035.txt) 494

9.6 카운터 기반의 단어 표현

9.6.1 원-핫 인코딩 502
9.6.1.1 원-핫 인코딩 예제(대통령 브리핑 486~488.txt) 502
9.6.1.2 원-핫 인코딩 예제(대통령 연설문 8024, 8032, 8035.txt) 505

9.6.2 백오브워드 510
9.6.2.1 백오브워드 모델 예제(대통령 브리핑 486~488.txt) 511
9.6.2.2 백오브워드 예제(대통령 연설문 8024, 8032, 8035.txt) 514

9.6.3 단어 빈도-역문서 빈도 517
9.6.3.1 단어 빈도-역문서 빈도 모델 예제(대통령 브리핑 486~488.txt) 519

9.7 워드 임베딩을 위한 단어 표현

9.7.1 워드투벡터 531
9.7.1.1 워드투벡터 예제(대통령 브리핑 486~488.txt) 535

9.7.2 글로브 541
9.7.2.1 글로브 모델 예제(대통령 브리핑 486~488.txt) 542

■ 연습문제 550

Chapter 10. 사회연결망 분석

10.1 사회연결망 개요

10.1.1 사회연결망 개념 ··· 555
10.1.1.1 집합론적 방법 ··· 555
10.1.1.2 그래프 이론을 이용한 방법 ··· 555
10.1.1.3 행렬을 이용한 방법 ··· 556

10.1.2 중심성 ··· 558

10.1.3 사회연결망 예제(대통령 브리핑 486~488.txt) ··· 559

- 연습문제 ··· 571
- 정답 및 해설 ··· 573
- 참고문헌 ··· 584
- 찾아보기 ··· 589

Part 1.
비전공자를 위한 기초 지식
(통계, R)

Chapter 1. 기초 통계

Chapter 2. R 프로그래밍

데이터 분석에 본격적으로 들어가기에 앞서 1부에서는 기초 지식에 해당하는 통계와 R에 대해서 선행 학습을 진행한다. 기초 통계 입문서나 R 입문서를 따로 학습하지 않아도 될 정도로 충분히 다루었으니 통계와 프로그래밍에 부담을 갖고 있는 비전공자라면 1부를 차근차근 살펴보자.

Chapter 1. 기초 통계

1장에서 다루는 통계는 이후 데이터 분석에 꼭 필요한 기초 통계이니 잘 숙지해야 한다. 1장을 학습할 때는 개념을 이해하는 데 중점을 두기 바란다. 복잡한 수식을 다 이해하지 못해도 괜찮다. 이렇게 복잡한 수식을 반영해서 만들어 놓은 R 프로그램의 함수가 많이 있는데 우리는 이러한 함수를 이용해서 데이터 분석을 할 것이기 때문이다. 그러니 복잡한 수식을 손으로 푸는데 집중하지 말고 개념을 이해하는 데 중점을 두자.

1.1 통계 개요

모집단, 표본, 모수, 통계량, 명목척도, 서열척도, 순서척도, 등간척도, 구간척도, 비율척도

- ✓ **모집단**이란 정보를 얻고자 하는 관심 대상의 전체 집합을 말한다.

- ✓ **표본**은 모집단의 부분 집합이다.

- ✓ 모집단의 특성을 수치로 나타낸 것을 **모수**라고 부르며, 표본의 특성을 수치로 나타낸 것을 **통계량**이라고 부른다.

- ✓ 데이터의 측정 수준에 따라 명목척도, 서열척도, 등간척도, 비율척도로 구분할 수 있다.

- ✓ **명목척도**는 관측 대상의 특성을 분류하는 척도다.

- ✓ **서열척도** 또는 **순서척도**는 크고 작음 등 순서가 표현되는 척도다.

- ✓ **등간척도** 또는 **구간척도**는 측정 대상의 순서뿐만 아니라 순서 사이의 간격을 알 수 있고, 그 차이를 계산할 수는 있는 척도다.

- ✓ **비율척도**는 구간척도의 특징에 추가로 데이터 간 비율 계산도 가능한 척도다.

1.1.1 통계학의 중요 용어와 개념

통계학(statistics)은 관찰 및 조사로 얻을 수 있는 데이터로부터, 응용 수학의 기법을 이용해 수치상의 성질, 규칙성 또는 불규칙성을 찾아낸다. 통계학을 통해 데이터의 요약이나 해석을 실시하는 데 있어서의 근거를 제공하고 합리적인 의사결정에 도움을 준다. 본격적인 데이터 분석에 들어가기 전에 통계학의 중요한 용어와 개념을 살펴보자.

1.1.1.1 모집단과 표본

모집단(population)이란 정보를 얻고자 하는 관심 대상의 전체 집합을 말한다. 예를 들어, 당뇨병 환자의 데이터를 얻고자 한다면, 전세계의 모든 당뇨병 환자가 모집단이 된다. 이 경우, 모든 당뇨병 환자의 데이터를 수집하는 것은 불가능하므로 **표본**(sample)을 추출한다.

1.1.1.2 모수와 통계량

모집단의 특성을 수치로 나타낸 것을 **모수**(parameters)라고 부르며, 표본의 특성을 수치로 나타낸 것을 **통계량**(statistics)이라고 부른다. 모집단의 모든 값에 대해 전수 조사를 하는 것이 실용적이지 않거나 불가능한 경우, 표본을 추출하여 표본의 통계량으로 모집단의 모수를 추정한다. 예를 들어, 당뇨병 환자에 대한 데이터 분석을 하려고 할 때, 전세계의 모든 당뇨병 환자는 모집단이 된다. 사실상 전세계의 모든 당뇨병 환자에 대한 전수 조사는 불가능하므로 표본을 추출하여 통계량을 구하고 모집단의 모수를 추정한다. 모수는 그리스 문자(평균: μ, 표준편차: σ)로 표기하고, 통계량은 영문자(평균: $\overline{X}$, 표준편차: S)로 표기한다.

1.1.1.3 변수와 관측값

다음과 같이 테이블 형태로 구조화할 수 있는 정형 데이터가 있다.

[표 1-1] 학생의 성적

과학점수	영어점수	국어점수
80	90	95
70	80	87
90	95	80
100	70	80

행(row)은 각각의 학생의 데이터를 관측한 **관측값**에 해당한다. 열(column)은 관측 대상에 따라 데이터가 변할 수 있으므로 **변수**(variable)라고 부른다(프로그래밍 언어에서 변수는 다른 의미로 사용된다. 이에 대해서는 〈2.2.1 변수〉에서 설명한다). 통계학의 변수를 다른 용어로 **차원**이라고도 부른다. 과학점수 변수와 영어점수 변수만으로 다음과 같은 그래프에 관측값을 배치하면 [그림 1-1]처럼 2차원 공간만 필

요하지만, 국어점수 변수가 추가되면 [그림 1-2]처럼 3차원 공간이 필요하다. 이에 변수가 늘어날 때마다 차원이 늘어난다고 말할 수 있다.

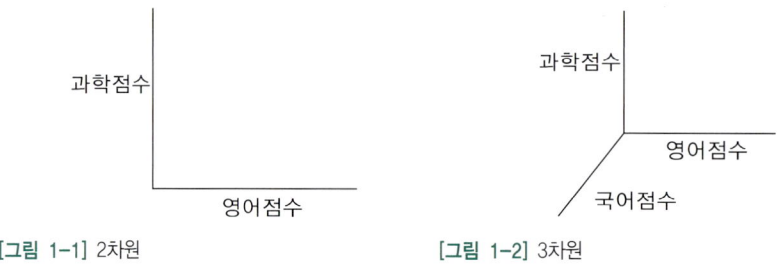

[그림 1-1] 2차원   [그림 1-2] 3차원

1.1.1.4 양적 변수와 질적 변수

양적 변수는 크기, 무게, 점수, 인구 수, 기온 등 수치로 나타낼 수 있는 변수를 말한다. **질적 변수**는 성별, 거주지 등 수치로 나타낼 수 없는 변수를 말한다. 양적 변수는 다시 연속형 변수와 이산형 변수로 구분할 수 있다. 주어진 범위 내에서 모든 연속적인 값을 취할 수 있는 변수를 **연속형 변수**라고 하면 키, 무게, 기온 등이 있다. 반면, 정수값만 취할 수 있는 변수를 **이산형 변수**라고 한다. 예를 들어, 주문수량, 자녀 수 등이 있다.

1.1.1.5 측정 수준

데이터 측정 수준(level)에 따라 명목척도, 서열척도, 등간척도, 비율척도로 구분할 수 있다. 측정 수준에 따라 분석 방법도 달라지니 측정 수준을 정확히 아는 것은 중요하다.

- 명목척도(nominal scale): 관측 대상의 특성을 분류하는 척도다. 예를 들어, 성별, 직업, 거주지 등의 분류가 있다. 데이터 관리의 편의를 위해 '남'은 1, '여'는 2 등의 숫자로 표현할 수 있지만, 숫자로의 크기를 갖는 데이터는 아니므로 정렬이나 사칙계산에 이용할 수 없다.

- 서열척도 또는 순서척도(ordinal scale): 크고 작음 등 순서가 표현되는 척도로 정렬에 이용할 수 있지만, 사칙계산에는 이용할 수 없다. 예를 들어, 등급, 석차 등이 있다.

- 등간척도 또는 구간척도(interval scale): 측정 대상의 순서뿐만 아니라 순서 사이의 간격을 알 수 있고, 그 차이를 계산할 수는 있는 척도다. 하지만, 차이의 비율은 큰 의미가 없다. 예를 들어, 온도, IQ 등이 있다. 10℃와 20℃의 차이를 계산할 수 있지만, 20℃가 10℃보다 두 배 더 더운 것은 아니다.

- 비율척도(ratio scale): 구간척도의 특징에 추가로 데이터 간 비율 계산도 가능한 척도다. 모든 통계적 분석이 가능하다. 예를 들어, 무게, 거리, 자녀 수 등이 있다.

1.1.2 통계 자료의 획득 방법

통계학에서 표본은 모집단의 부분 집합이다. 전형적으로 모집단은 매우 크며, 모집단의 모든 값에 대해 전수 조사를 하는 것은 실용적이지 않거나 불가능하다.

1.1.2.1 단순랜덤추출

단순랜덤추출(Simple Random Sampling)은 모집단 전체 데이터에서 각 데이터가 표본으로 선택될 확률을 동일하게 갖도록 설계하는 표본 추출 방법을 말한다. 제비뽑기, 컴퓨터의 난수발생 프로그램을 이용하는 방법 등 여러 방법이 존재하는데 난수를 이용하려면 먼저, 모든 개체에 번호를 부여한 후 랜덤으로 번호를 선택하여 그 번호에 해당하는 원소를 표본으로 추출한다.

이론적으로는 가장 간단하지만 모든 개체가 추출 이전에 확인되어야 하고 표시되어야 하기 때문에 비용이 많이 들고 실현 가능성이 적다는 문제점이 있다. 복원 추출과 비복원 추출이 있다.

1.1.2.2 계통추출

계통추출(Systematic Sampling)은 첫 번째 요소를 무작위로 선정한 후 목록의 매번 k번째 요소를 표본으로 선정하는 표집 방법이다. 모집단의 크기를 원하는 표본의 크기로 나누어 k를 계산한다. 여기서 k는 표집 간격이라고 불린다.

표본이 추출되기 전에 무작위로 되어 있다면, 그 목록에서 계통추출을 통해 추출된 표본은 실제로는 단순랜덤추출과 같다고 주장할 수 있다. 하지만, 표본이 추출되기 전 요소들의 목록이 무작위로 되어 있지 않고 주기성(periodicity)을 띄고 있다면, 계통추출을 통해 추출된 표본은 매우 편향된 표본을 얻게 된다.

1.1.2.3 층화추출

층화추출(Stratified Sampling)은 모집단을 먼저 중복되지 않도록 층으로 나눈 다음 각 층에서 표본을 추출하는 방법이다. 전체 모집단뿐만 아니라 각 층의 특성에 대한 추정도 할 수 있다는 장점이 있다. 각 층으로부터 표본을 추출할 때 단순임의추출 방법을 쓸 수도 있고 계통추출(systematic sampling) 등 다른 추출 방법을 쓸 수도 있다. 또 필요에 따라 각 층을 다시 하위층으로 나누어 추출하는 다단계 층화추출을 하기도 한다.

1.1.2.4 집락추출

집락추출(Cluster Sampling)은 모집단이 몇 개의 집단(cluster)으로 구성되어 있는 경우 사용할 수 있다. 그 집단(cluster) 중에서 임의로 몇 개의 집단을 골라 표본을 임의로 추출하는 방법이다. 예를 들어, 서울시 소재의 대학생 키 데이터를 수집할 때 서울시를 각 구(강남구, 강동구 … 등)로 집단화하고, 모든 구 중에서 임의로 몇 개의 구만 고른 후, 그 구의 대학생 표본을 임의로 추출한다. 다단계 표집 방법으로 처리할 수도 있는데 다단계 표집 방법이란 그 표본에 대하여 다시 집단을 나누고, 그 집단 중 임의로 몇 개의 집단을 선택하는 과정을 몇 단계 거친 후, 마지막으로 선정된 각 집단에서 표본으로 추출하는 방법이다. 예를 들어, 서울시에서 몇 개의 구를 선택한 후 구에서 다시 동을 선택하고 그 동에서 대학생 표본을 추출할 수 있다.

1.2 기초 통계량과 확률

> 산술평균, 중앙값, 최빈값, 분산도, 범위, 평균편차, 분산, 표준편차

- ✓ **평균**은 주어진 수의 합을 수의 개수로 나눈 값이다. 집중화 경향을 나타내는 척도 중 가장 많이 사용된다.

- ✓ **중앙값**은 어떤 주어진 값들을 크기의 순서대로 정렬했을 때 가장 중앙에 위치하는 값을 의미한다.

- ✓ **최빈값**은 가장 많이 관측되는 수 즉, 주어진 값 중에서 가장 자주 나오는 값이다.

- ✓ **분산도**란 데이터가 흩어져 있는 정도를 말하며 이를 나타내는 방법으로는 범위, 평균편차, 분산, 표준편차 등이 있다.

- ✓ **범위**는 단순히 최대값과 최소값의 차를 나타내는 값으로 간단히 구할 수는 있지만 분포의 양상은 설명하지 못한다.

- ✓ **평균편차**는 **절대편차**라고도 부르며 **평균**과 개별 관측값 사이 거리의 평균이다.

- ✓ 분산도를 구하는 것에 있어서 **분산**은 분포의 양상을 평균편차보다 잘 설명하기 때문에 더 유용하고 널리 사용한다.

- ✓ 분산의 단점은 편차를 제곱하므로 단위가 없어진다는 것이다. 분산에 제곱근을 하면 원래의 단위로 값을 돌릴 수 있다. 이것을 **표준편차**라고 한다.

1.2.1 집중화 경향 대표값

관측된 데이터들이 어디에 집중되어 있는가를 나타내 주는 것으로서 평균, 중앙값, 최빈값 등이 있다.

1.2.1.1 평균   R 함수를 이용한 예제는 3.1.1.1 참조

평균(mean, 산술평균)은 주어진 수의 합을 수의 개수로 나눈 값이다. 집중화 경향을 나타내는 척도 중 가장 많이 사용된다. 모집단의 평균은 μ로 표기하고, 표본의 평균은 $\overline{X}$로 표기한다. n개로 구성된 모집단의 관측값을 $X_1, X_2, \cdots, X_N$이라 할 때 모집단의 평균 μ는 다음과 같이 구한다.

$$\mu = \frac{X_1 + X_2 + \cdots + X_N}{n} = \frac{\sum X_i}{n}$$

예로 5, 19, 38, 42, 64, 81의 평균은 다음과 같이 계산할 수 있다.

$$\frac{5+19+38+42+64+81}{6} = \frac{249}{6} = 41.5$$

평균은 단점이 있는데 극단값에 큰 영향을 받는다는 것이다. 큰 숫자 하나를 더 추가해서 5, 19, 38, 42, 64, 81, 1240983의 평균을 계산해보자.

$$\frac{5+19+38+42+64+81+1240983}{7} = \frac{1241232}{7} = 177318.9$$

대부분의 숫자가 100 이하임에도 평균은 극단값에 영향을 받아 177318.9가 되었다. 이 숫자가 전체를 대표하는 숫자로 적당할까? 이러한 극단값은 실제 사례에도 종종 나타날 수 있다. 미국의 한 평범한 지역을 선정하고 그곳 거주자들의 평균 소득을 구하는데 어느 날 아마존 회장인 '제프 베조스'가 이사를 온다고 생각해보자. 소득 평균에 큰 변화가 생기게 된다. 이런 평균의 특징을 견고(robust)하지 않다고 한다. 다음은 극단값의 영향이 적은 중앙값을 설명한다.

1.2.1.2 중앙값   R 함수를 이용한 예제는 3.1.1.1 참조

중앙값은 어떤 주어진 값들을 크기의 순서대로 정렬했을 때 가장 중앙에 위치하는 값을 의미한다. 예를 들어 1, 2, 100의 세 값이 있을 때 2가 가장 중앙에 있기 때문에 2가 중앙값이다.

값이 짝수 개일 때에는 중앙값이 유일하지 않고 두 개가 된다. 이 경우 그 두 값의 평균을 취한다. 예를 들어 1, 10, 90, 200 네 수의 중앙값은 10과 90의 평균인 50이 된다.

평균의 경우 모든 관측값을 다 반영하므로 지나치게 작거나 큰 값들의 영향을 많이 받게 된다. 반면에 중앙값은 영향을 받지 않는다. 직원이 100명인 회사에서 직원들 연봉 평균은 5천만 원인데 사장의 연봉이 100억 원인 경우 사장을 포함한 임직원의 연봉 평균은 1억 4851만 원이다. 하지만, 중앙값은 변화가 별로 없을 것이다. 이런 중앙값의 특징을 견고(robust)하다고 한다.

1.2.1.3 최빈값

최빈값(mode)은 가장 많이 관측되는 수, 즉 주어진 값 중에서 가장 자주 나오는 값이다. 예를 들어, {1, 3, 6, 6, 6, 7, 7, 12, 12, 17}의 최빈값은 6이다. 최빈값은 평균과 달리 유일한 값이 아닐 수도 있다. 평균과 중앙값은 숫자로 표현되는 양적 자료에서만 사용될 수 있는 반면에, 최빈값은 양적 자료와 질적 자료에서 모두 쓰일 수 있다. 연속적 자료일 경우 구간을 나누어 빈도 수를 측정한다.

1.2.2 분산도

집중화 경향만으로는 데이터 분포에 대한 충분한 정보를 얻을 수 없는데 데이터가 흩어져 있는 정도를 살펴보는 것도 중요하다. **분산도**란 데이터가 흩어져 있는 정도를 말하며 이를 나타내는 방법으로는 범위, 평균편차, 분산, 표준편차 등이 있다.

1.2.2.1 범위

범위(range)는 단순히 최대값과 최소값의 차를 나타내는 값으로 간단히 구할 수는 있지만 분포의 양상은 설명하지 못한다. 이것을 보완한 것으로 평균편차, 분산, 표준편차 등이 있다.

1.2.2.2 평균편차

평균편차(mean deviation) 또는 **절대편차**(absolute deviation)라고 부르며 평균과 개별 관측값 사이 거리의 평균이다. 평균편차는 AD로 표시한다. 각 측정치에서 전체 평균을 뺀 절대값으로 표시되는 편차의 평균을 말한다. n개로 구성된 관측값 $X_1, X_2, \cdots, X_i$이 있고, 평균이 $\overline{X}$일 때, 평균편차를 구하는 식은 다음과 같다.

$$AD = \frac{\sum |X_i - \overline{X_i}|}{n}$$

[표 1-2] 학생점수

A반 학생점수	B반 학생점수
86	30
54	100
86	60
54	100
86	100
54	30
평균: 70	평균: 70

예를 들어, A반 학생의 점수와 B반 학생의 점수가 위와 같을 때 평균은 두 반 모두 70점이다. 하지만, A반에 비해 B반의 점수는 편차가 커 보여 두 반을 지도하는 방법은 달라야 할 것으로 보인다. 정확한 두 반의 편차를 평균편차를 이용해서 확인해보자.

$$A\text{반 평균편차}(AD) = \frac{\sum |X_i - 70|}{6}$$

$$= \frac{|86-70|+|54-70|+|86-70|+|54-70|+|86-70|+|54-70|}{6} = 16$$

$$B\text{반 평균편차}(AD) = \frac{\sum |X_i - 70|}{6}$$

$$= \frac{|30-70|+|100-70|+|60-70|+|100-70|+|100-70|+|30-70|}{6} = 28$$

B반의 평균편차는 28이고, A반의 16보다 크다.

1.2.2.3 분산

분산도를 구하는 것에 있어서 평균편차보다 더 유용하고 널리 사용하는 **분산**(variance)에 대하여 알아보자. 분산은 각 관측값에서 전체 평균을 뺀 값의 제곱의 평균을 말하는 것으로 모집단의 분산은 σ^2로 표기하고, 표본의 분산은 S^2로 표기한다.

모집단을 구성하는 n개로 구성된 관측값 X_1, X_2, …, X_i이 있고, 평균이 μ일 때 모집단의 분산 σ^2의 식은 다음과 같다.

$$\sigma^2 = \frac{\sum (X_i - \mu)^2}{n}$$

앞서 설명한, 평균편차가 유용하긴 하지만 분산이 분포의 양상을 더 잘 설명한다. 예를 들어, 새로운 심장병 치료제인 신약을 두 종류 개발하였는데 두 신약 모두 체중의 변화를 일으키는 부작용이 있다고 한다. 6개월 동안 임상실험 후 체중의 변화를 관찰했더니 [표 1-3]과 같은 체중 변화가 있었다고 가정하자.

[표 1-3] C사와 L사 신약 임상실험 후 환자의 체중 변화

C사 신약 복용 후 체중 변화	L사 신약 복용 후 체중 변화
+2kg (체중 증가)	+4kg (체중 증가)
+2kg (체중 증가)	0 (변화 없음)
-2kg (체중 감소)	0 (변화 없음)
-2kg (체중 감소)	-4kg (체중 감소)
평균: 0 kg 평균편차: 2 kg 분산 : 5.33	평균: 0 kg 평균편차: 2 kg 분산: 10.67

C사 신약의 모든 환자는 2kg 증가 또는 감소의 부작용을 겪은 것에 비해, L사 신약은 체중 변화가 없는 환자가 절반 있었지만 4kg씩의 증가 또는 감소의 부작용을 겪은 환자도 절반 있었다.

두 가지 신약 모두 평균편차의 계산 결과는 다음과 같이 2로 동일하다.

$$\text{C사 신약 체중 변화 평균편차}(AD) = \frac{\sum |X_i - 0|}{4} = \frac{|2-0|+|2-0|+|-2-0|+|-2-0|}{4} = 2$$

$$\text{L사 신약 체중 변화 평균편차}(AD) = \frac{\sum |X_i - 0|}{4} = \frac{|4-0|+|0-0|+|0-0|+|-4-0|}{4} = 2$$

하지만, 분산을 계산하면 편차를 제곱하므로 평균에서 멀어질수록 더 큰 값을 가지게 되어(평균과의 차이를 제곱하므로 평균에서 멀어지면 멀어질수록 더 큰 벌을 받는 느낌이다) 편차 2가 두 번인 것보다 편차 4가 한 번인 것이 더 큰 값의 분산으로 계산된다.

$$\text{C사 신약 체중 변화 분산}(S^2) = \frac{\sum (X_i - 0)^2}{3}$$

$$= \frac{(2-0)^2 + (2-0)^2 + (-2-0)^2 + (-2-0)^2}{3} = 5.33$$

$$\text{L사 신약 체중 변화 분산}(S^2) = \frac{\sum (X_i - 0)^2}{3}$$

$$= \frac{(4-0)^2 + (0-0)^2 + (0-0)^2 + (-4-0)^2}{3} = 10.67$$

L사 신약 임상 환자들의 체중 변화 분산은 10.67으로 C사 신약 임상 환자들의 체중 변화 분산 5.33보다 더 크게 나타난다.

n개로 구성된 표본(Sample)의 분산은 n으로 나누는 것보다 $n-1$(자유도)로 나누는 것이 모집단의 분산(σ^2)을 추정하기에 더 적절하다고 통계학자들은 말한다. 그래서, n개로 구성된 표본의 관측값 X_1, X_2, $\cdots$, X_i이 있고, 평균이 $\overline{X}$일 때 표본(Sample)의 분산 S^2 식은 다음과 같다.

$$S^2 = \frac{\Sigma(X_i - \overline{X})^2}{n-1}$$

하지만, 표본의 수가 충분히 많다면 n으로 나누는 것이나 $n-1$로 나누는 것이 차이가 많이 나지 않는다. 또한, 기술 통계에서 모집단과 표본을 구별하지 않고, 연구 자료의 분포만을 알아보는 것이 목적일 때는 다음과 같이 $n-1$이 아닌 n으로 나눈 분산을 사용할 수 있다.

$$S^2 = \frac{\Sigma(X_i - \overline{X})^2}{n}$$

1.2.2.4 표준편차
> R 함수를 이용한 예제는 3.1.2.2 참조

분산의 단점은 편차를 제곱하므로 단위가 없어진다는 것이다. 분산에 제곱근을 하면 원래의 단위로 값을 돌릴 수 있다. 이것을 **표준편차**(standard deviation)라고 한다. 모집단의 표준편차는 σ로 표기하고, 표본의 표준편차는 S로 표기한다.

표준편차 σ의 식은 다음과 같다.

$$\sigma = \sqrt{\sigma^2} = \sqrt{\frac{\Sigma(X_i - \mu)^2}{n}}$$

표본의 표준편차 S의 식은 다음과 같다.

$$S = \sqrt{S^2} = \sqrt{\frac{\Sigma(X_i - \overline{X})^2}{n-1}} \text{ 또는 } = \sqrt{\frac{\Sigma(X_i - \overline{X})^2}{n}}$$

1.2.3 확률 이론

과거에 발생한 사건(event)은 100% 일어난 일이다. 하지만, 미래에 발생할 일은 확정할 수 없기에 **확률**이라는 개념을 사용하여 가능성을 표현한다.

1.2.3.1 확률 개념

확률이 100%에 가까울수록 발생할 가능성이 많은 것이고, 확률이 0%에 가까울수록 발생할 가능성이 없다는 의미다.

확률은 이론적으로 계산할 수 있다. 발생할 가능성이 있는 전체 경우의 수를 부분 집합인 사건 A 경우의 수로 나누어 확률을 계산한다.

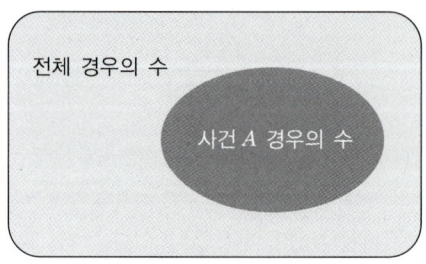

[그림 1-3] 전체 경우의 수와 사건 A 경우의 수 벤 다이어그램

즉, 확률의 계산식은 다음과 같다.

$$P(A) = \frac{\text{사건 } A\text{에 속하는 경우의 수}}{\text{발생할 가능성이 동일한 전체 경우의 수}}$$

예를 들어, 동전을 한번 던졌을 때 앞면이 나올 확률을 살펴보자. 동전을 한번 던졌을 때 발생할 가능성이 있는 전체 경우의 수는 앞면 또는 뒷면 두 가지이므로 2가 되고, 앞면에 속하는 경우의 수는 1이므로 0.5의 확률을 가진다.

$$P(\text{동전 앞면}) = \frac{1}{2} = 0.5$$

여기에 100을 곱하면 % 단위가 붙는다. 0.5의 확률에 100을 곱하여 50%의 확률로 동전의 앞면이 나올 가능성이 있다는 것을 이론적으로 계산할 수 있다.

하지만, 이론적인 확률 계산에는 한 가지 가정을 근거로 한다. 동전의 앞면이 나올 가능성과 뒷면이 나올 가능성이 동일하다는 가정이다. 이것을 **동등발생정의**라고 한다.

만약, 동전의 모양이 약간 이상해서 앞면이 나올 가능성과 뒷면이 나올 가능성이 동일하다는 것을 확신할 수 없다면 이론적인 확률을 적용할 수 없다. 이때는 직접 동전을 던지는 모의실험을 수없이 반복해서 확률을 구할 수 있다. 이것을 **경험적인 확률**이라고 한다.

1.2.3.2 조건부 확률

두 사건 A, B에 대하여 사건 B가 일어났다는 조건에서 사건 A가 일어날 확률을 사건 B가 일어났을 때 사건 A의 **조건부 확률**이라고 하고 다음과 같이 정의한다.

$$P(A|B) = \frac{P(A \cap B)}{P(B)}$$

예를 들어, 한 학교의 학생이 모두 1000명이고, 여학생은 600명, 컴퓨터공학과 학생은 50명이다. 컴퓨터공학과이면서 여학생은 20명이다.

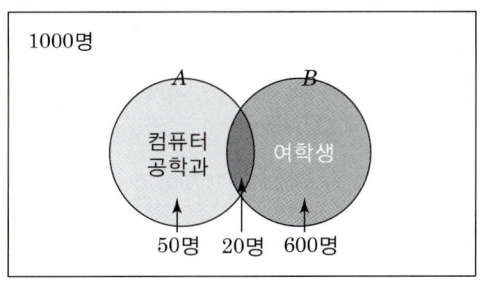

[그림 1-4] 조건부 확률

무작위로 한 학생을 뽑았더니 '컴퓨터공학과'였다고 치자. 그 학생이 여학생일 확률은 다음과 같다.

$$P(\text{여학생} \mid \text{컴퓨터공학과}) = \frac{P(\text{여학생} \cap \text{컴퓨터공학과})}{P(\text{컴퓨터공학과})}$$
$$= \frac{20/1000}{50/1000} = 0.4$$

1.2.3.3 독립사건과 종속사건

한 사건의 발생이 다음에 발생할 사건에 영향을 주는 경우를 **종속사건**(dependent event)이라고 한다. 조건부 확률 예에서, 무작위로 뽑은 학생이 컴퓨터공학과일 때 그 학생이 여학생일 확률과 컴퓨터공학과가 아니었을 때 여학생일 확률은 다르다. 컴퓨터공학과 학생을 뽑았다는 사건이 여학생일 확률에 영향을 주므로 종속사건이다.

반면에, 처음에 어떤 결과가 나왔느냐 하는 것이 다음에 어떤 사건이 발생할 확률에 아무 영향을 주지 않을 때 이 두 사건을 **독립사건**(independent event)이라고 한다. 독립사건일 때는 다음과 같은 수식이 성립한다.

$$P(A \mid B) = P(A)$$
$$P(B \mid A) = P(B)$$

이 식의 의미는 사건 A가 나올 확률은 사건 B의 결과와는 관계없이 언제나 같다는 의미다. 마찬가지로 사건 B가 나올 확률은 사건 A의 결과와는 관계없이 언제나 같다는 의미다.

1.2.3.4 이산확률변수와 연속확률변수

이산확률변수란 표본 공간에서 모든 사건을 정수와 일대일로 대응할 수 있는 변량을 가지는 변수를 말한다. 예를 들어, 동전을 세 번 던져서 앞면이 나오는 횟수는 0, 1, 2, 3 중 하나의 변량을 가지게 된다. 이것이 이산확률변수다.

연속확률변수는 어떤 구간의 모든 실수값을 가지는 확률변수를 말한다. 예를 들어, 내년 입학생 중 키가 165cm인 학생이 입학할 확률을 구한다고 하자. 이때, 165.1cm인 학생은 포함하는 것인가 아닌가?

이와 같이 실수 관측값을 갖는 경우 정확히 한 지점의 수치에 대한 확률을 구하는 것은 0%에 가깝게 될 것이다. (164.5 이상~165.5 이하)와 같이 일정한 구간을 정하고 그 구간의 모든 실수값에 대한 확률을 구해야 한다. 이와 같이 일정 구간의 연속된 값에 대한 확률변수를 연속확률변수라고 한다.

1.2.3.5 확률분포와 확률함수

이산확률변수로 돌아가서, 주사위를 두 개 던진다고 가정해보자. 나올 수 있는 숫자는 2부터 12까지가 된다. 각 숫자에 대한 확률을 각각 구할 수 있으며 이것을 그래프로 표현할 수 있다.

이산확률변수가 가지는 확률분포를 **이산확률분포**(discrete probability distribution)라고 한다.

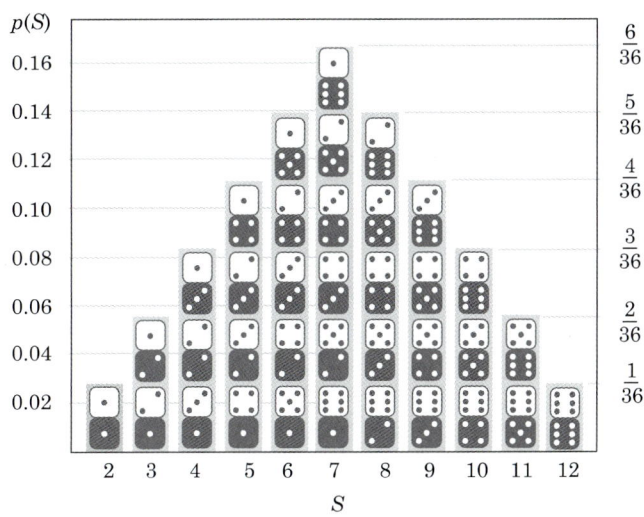

[그림 1-5] 주사위 두 개를 던졌을 때 나오는 숫자 합에 대한 이산확률분포

출처 : https://ko.wikipedia.org/wiki/확률_분포

이산확률함수는 **확률질량함수**라고도 부른다. 확률질량함수는 $P(X_i)$로 표현한다. 확률변수 X가 X_i의 값을 가질 확률을 나타낸다. [그림 1-5]에서 각 확률변수의 확률은 막대 그래프의 **높이**로 표현한다. 예를 들어, 확률 변수 2의 확률은 1/36, 즉, 0.277이 된다.

연속확률변수가 가지는 확률분포를 **연속확률분포**(continuous probability distribution)라고 하며 **확률밀도함수**를 통해 분포를 표현할 수 있다. 확률밀도함수는 $f(X)$로 표현한다. 확률밀도함수는 그래프의 모양을 나타내는 식에 불과하며 이것이 확률을 나타내는 식은 아니다. 연속확률분포에서의 확률은 밀도함수 $f(X)$와 X축 사이의 어느 구간의 **넓이**로써 계산한다. 예를 들어, 다음 그래프에서 음영이 들어간 부분의 넓이는 x1~x2 구간의 값일 확률이 된다.

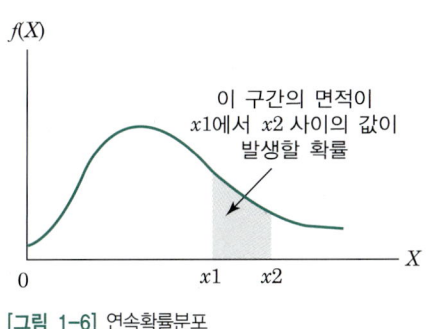

[그림 1-6] 연속확률분포

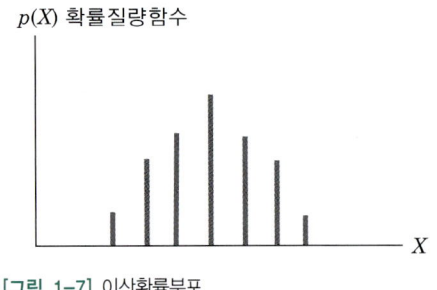

[그림 1-7] 이산확률분포

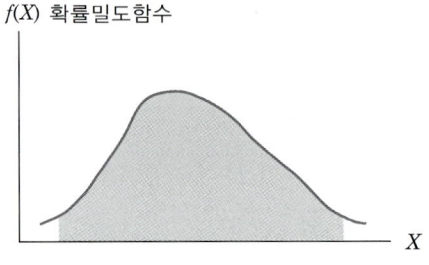

[그림 1-8] 연속확률분포

1.2.3.6 기댓값

확률론에서 **기댓값**이란 각 사건이 벌어졌을 때의 이득(확률변수)과 그 사건이 벌어질 확률을 곱한 것을 전체 사건에 대해 합한 값이다. 이것은 어떤 확률적 사건에 대한 평균의 의미로 생각할 수 있다.

기댓값 $E(X)$의 식은 다음과 같다.

$$E(X) = \sum X_i \cdot P(X_i)$$

예를 들어, 동전을 한 번 던져서 앞면이 나오면 친구에게 500원을 주기로 하고, 뒷면이 나오면 1000원을 받기로 했다. 동전을 던졌을 때의 기댓값은 얼마일까?

동전의 앞면이 나올 확률과 뒷면이 나올 확률은 각각 0.5이므로 기댓값은 다음과 같다.

$$\begin{aligned} E(X) &= P(앞면) \times -500원 + P(뒷면) \times 1000원 \\ &= 0.5 \times -500원 + 0.5 \times 1000원 \\ &= -250원 + 500원 \\ &= 250원 \end{aligned}$$

1.3 정규분포와 표준화

정규분포, 중심극한정리, 표준화, 표준정규분포, Z-분포

- ✓ **정규분포**의 모양은 평균과 표준편차에 의해서 결정되는데 그래프로 표현하면 좌우대칭의 종모양이다.

- ✓ '모집단에서 취한 표본의 평균값들의 분포는 평균값을 중심으로 하는 정규분포에 가까워진다'는 정리를 **중심극한정리**라고 한다.

- ✓ **표준화**란 값의 스케일이 다른 두 변수가 있을 때 스케일 차이를 제거하고, 각 관측값이 평균을 기준으로 얼마나 떨어져 있는지를 나타낼 때 사용한다.

- ✓ 정규분포를 표준화시키면 표준정규분포가 생성된다. **표준정규분포**는 평균이 0이고, 표준편차가 1인 정규분포다.

- ✓ 표준정규분포는 X 대신 Z를 확률변수로 쓰기 때문에 **Z-분포**라고도 부른다.

1.3.1 정규분포

정규분포(normal distribution)는 가우시안분포(Gaussian distribution)라고도 부르며 연속확률분포 중 하나이다. 실제 우리가 접하게 되는 많은 데이터가 정규분포와 비슷한 형태를 띨 수 있다. 하지만, 모든 모집단이 정규분포를 따르는 것은 아니다. 정규분포는 〈1.4 가설 검정〉에서 소개되는 가설 검정 이론 및 많은 통계 이론의 기초가 되는 중요한 분포이니 잘 알아두자.

1.3.1.1 정규분포

정규분포는 다음과 같은 확률밀도함수, $f(X)$에 의해 결정된다.

$$f(X) = \frac{1}{\sigma\sqrt{2\pi}} e^{-\frac{1}{2}\left(\frac{x-\mu}{\sigma}\right)^2}, \ -\infty < X < +\infty$$

π : 3.1416(원주율: 상수), e : 2.7183(자연대수: 상수), μ : 분포의 평균, σ : 분포의 표준편차

이 식에서 분포의 평균과 표준편차 외에는 모두 상수이므로 **정규분포의 모양은 평균(μ)과 표준편차(σ)에 의해 결정된다**는 것을 알 수 있다. 정규분포를 그래프로 표현하면 다음과 같은 좌우대칭의 종모양을 가지고 있다.

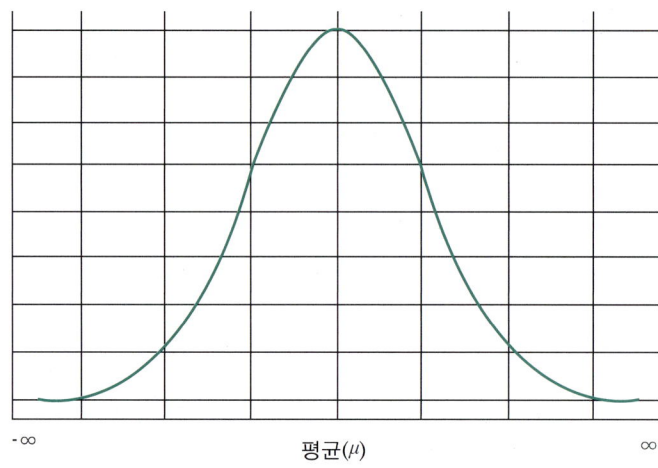

[그림 1-9] 정규분포

다음 그림은 평균(μ)과 표준편차(σ)값에 따라 다른 다양한 정규분포의 모양을 보여주고 있다.

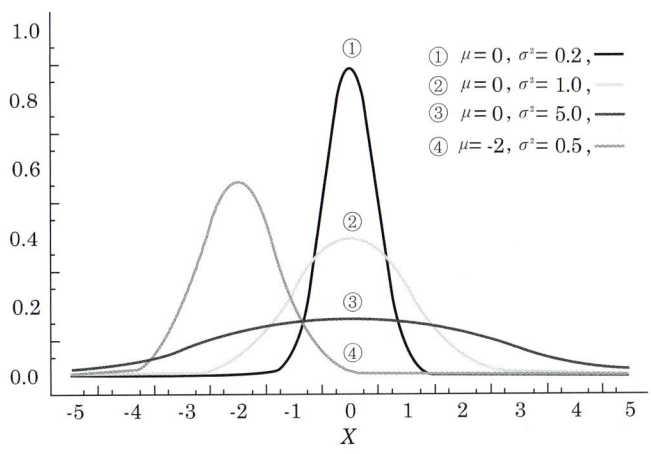

[그림 1-10] 평균(μ)과 표준편차(σ)값에 따른 다양한 정규분포

출처 : https://ko.wikipedia.org/wiki/정규분포/media/파일:Normal_Distribution_PDF.svg

정규분포의 특징을 정리하면 다음과 같다.

① 정규분포의 모양은 평균(μ)과 표준편차(σ)에 의해 결정된다. 이때의 분포를 $N(μ, σ^2)$로 표기한다.
② 평균(μ)을 중심으로 좌우대칭인 종모양(bell shape)이다.
③ 확률변수 X가 취할 수 있는 값의 범위는 $-∞<X<+∞$이다. 양극단으로 갈수록 X축에 무한히 접근하지만 X축에 닿지는 않는다.
④ 분포의 평균(μ)과 표준편차(σ)가 어떤 값을 갖더라도, 정규분포의 곡선과 X축 사이의 전체 면적은 1이다.
⑤ 관찰값의 99.7%가 ±3σ 안에 속해 있다.

1.3.1.2 중심극한정리

'모집단에서 취한 표본의 평균값들의 분포는 평균값을 중심으로 하는 정규분포에 가까워진다'는 정리를 **중심극한정리**라고 한다.

예를 들어, 성인 여성 감기 환자의 자연 치유 기간을 측정하자 한다. 여기에서, 모집단은 전세계의 모든 성인 여성 감기 환자다. 100명의 성인 여성 감기 환자 표본을 모집하여 자연 치유 기간을 측정했더니 평균이 7.3일이었다고 가정하자. 또, 다른 100명의 감기 환자 표본을 모집하여 자연 치유 기간을 측정한 후 새로운 평균을 구한다. 이번에는 평균이 6.7일이었다고 가정한다. 반복하여 또 다른 성인 여성 감기 환자 표본을 모집하고 자연 치유 기간을 측정한 후 평균을 구한다. 이런 작업을 여러 번 수행해 얻은 평균값들로 그래프를 그리면 다음 [그림 1-11]과 같이 평균을 중심으로 좌우대칭의 종모양인 정규분포가 된다. 이것을 **중심극한정리**라고 한다. 한 번 추출한 표본(sample)수가 클수록 정규분포의 중심은 모집단의 평균값에 가까워진다. [그림 1-11]은 자연 치유 기간의 평균을 7일이라고 가정했을 때의 정규분포다.

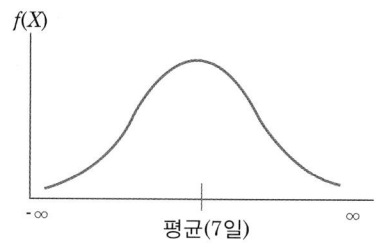

[그림 1-11] 성인 여성 감기 환자의 자연 치유 기간 정규분포

중심극한정리는 가설 검정과 신뢰구간의 근간이 된다. 다음과 같은 사례를 보도록 하자. 성인 여성 감기 환자의 표본에서 관찰한 자연 치유 기간 평균의 분포가 [그림 1-11]과 같다고 예를 들어보자. 성인 여성의 자연 치유 기간 평균은 7일이고, 감기 치료제로 치료를 받은 성인 여성의 평균 치유 기간이 3일이라면 이 치료제는 효과가 있는 것일까? '감기 치료제가 효과가 있다'는 가설을 검정하려고 한다.

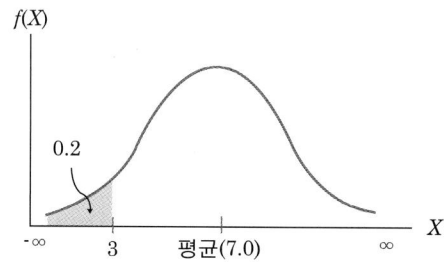

[그림 1-12] 성인 여성 감기 환자의 자연 치유 기간 정규분포

이 그래프에서 자연 치유를 했던 환자 중에서도 3일 안에 치유가 되었던 환자가 존재하긴 하지만 전체 중 2%에 그친다면, 자연 치유 환자에게는 자주 나타날 수 없는 매우 특이한 케이스에 속한다고 볼 수 있다. 보통 5%를 기준으로 특이 케이스인지 판단한다. 이것을 유의수준이라고 한다. 치료제를 사용하지 않은 자연 치유 환자의 98%에는 나타나지 않는 치유 기간 3일은 2%의 특이한 케이스에 속하는 것이므로 이 치료제는 치료 효과가 있을 가능성이 높다. 즉, '감기 치료제가 효과가 있다'는 가설이 채택된다. 가설 검정에 대한 다양한 용어와 기법이 존재하며 〈1.4 가설 검정〉에서 자세히 다룬다.

1.3.2 표준화

표준화란 값의 스케일이 다른 두 변수가 있을 때 스케일 차이를 제거하고, 각 관측값이 평균을 기준으로 얼마나 떨어져 있는지를 나타낼 때 사용한다.

1.3.2.1 표준화의 필요성

어느 모의고사에서 A학생이 과학 100점, 국어 70점이고, B학생은 과학 70점, 국어 100점이라고 가정하자. 두 학생의 평균점수는 모두 170÷2 = 85점으로 동일하다. 그런데, 그 모의고사에서 과학 과목은 매우 어려운 시험이어서 평균이 50점이고, 국어는 평균이 70점이라고 한다. 두 과목의 점수 평균이 A학생도 85, B 학생도 85이므로 동일하게 평가되는 것이 올바른 평가일까?

두 학생의 평균점수는 같지만 매우 어려운 과목이었던 과학에서 100점을 맞은 A학생이 조금 억울해 보인다. 이런 문제점을 해결할 수 있는 방법이 표준화다.

표준화 과정은 다음과 같다.

① 원래 값에서 평균을 뺀다.

  예1) 각 학생의 과학점수 − 과학평균
  예2) 각 학생의 국어점수 − 국어평균

이렇게 구한 값들로 평균을 구하면 정확히 0이 나온다. 이렇게 관측값에서 평균을 빼는 것을 **중심화**라고 한다. 중심화를 하면 같은 70점이라도 어느 쪽이 상대적으로 평균보다 큰 값인지 작은 값인지를 알 수 있다.

② ① 결과값을 표준편차로 나눈다. 이 결과, 얼마나 평균에서 먼 값인지가 상대적인 척도로 계산된다. 이 과정을 **척도화**(Scaling)라고 한다. 척도화는 단위를 없애는 기능을 한다. 예를 들어, 평균으로부터 떨어진 거리를 m단위로 1이라고 했을 때 cm로 표시하면 100이 된다. 같은 거리임에도 단위가 무엇이냐에 따라 다른 값이 나온다. 하지만, 표준편차로 나누면 평균으로부터 떨어진 두 거리를 같은 수치로 얻을 수 있게 된다.

이와 같은 표준화를 식으로 정리하면 다음과 같다.

$$Z = \frac{X - \mu}{\sigma}$$

표준화 과정으로 두 학생의 표준점수를 구해보자. 국어 점수의 평균은 70, 표준편차는 60, 과학점수의 평균은 50, 표준편차는 50이라고 가정하면 각 학생들의 표준점수는 다음과 같이 구할 수 있다.

```
(A학생의 국어점수   70 − 국어평균 70) / 국어점수 표준편차 60 ⇨ A학생의 국어 표준점수는 0
(A학생의 과학점수  100 − 과학평균 50) / 과학점수 표준편차 50 ⇨ A학생의 과학 표준점수는 1
(B학생의 국어점수  100 − 국어평균 70) / 국어점수 표준편차 60 ⇨ B학생의 국어 표준점수는 0.5
(B학생의 과학점수   70 − 과학평균 50) / 과학점수 표준편차 50 ⇨ B학생의 과학 표준점수는 0.4
```

표준점수로 비교하면 A 학생의 성적이 B 학생보다 조금 더 우수한 것을 확인할 수 있다.

1.3.2.2 표준정규분포

> R 함수를 이용한 예제는 4.1.4.1 참조

정규분포를 표준화시키면 표준정규분포(standard normal distribution)가 생성된다. **표준정규분포는 평균이 0이고, 표준편차가 1인 정규분포N(0, 1^2)**다. 평균이 μ, 표준편차가 σ인 정규분포를 표준화시켜 얻은 분포로 항상 평균이 0, 표준편차가 1이 된다.

모집단의 표준정규분포	표본의 표준정규분포
$Z = \dfrac{X - \mu}{\sigma}$	$Z = \dfrac{X - \overline{X}}{S}$
μ: 모집단 분포의 평균	$\overline{X}$: 표본 분포의 평균
σ: 모집단 분포의 표준편차	S: 표본 분포의 표준편차

표준정규분포는 X 대신 Z를 확률변수로 쓰기 때문에 Z-분포라고도 부른다. Z-분포는 정규분포와 마찬가지로 좌우대칭의 종모양이며, 확률변수 Z가 취할 수 있는 값의 범위는 $-\infty < Z < +\infty$이고, 표준정규곡선과 Z축 사이의 면적의 합이 1인 것도 정규분포와 동일하다.

확률변수 Z가 표준정규분포를 따르면 Z의 확률밀도함수 $f(Z)$는 다음과 같다.

$$f(Z) = \frac{1}{\sqrt{2\pi}} e^{-\frac{Z^2}{2}}, \ -\infty < Z < +\infty$$

Z가 a 이상 b 이하의 값을 가질 확률 $P(a \leq Z \leq b)$은 다음 표준정규분포 그림에서 빗금 부분의 넓이와 같다.

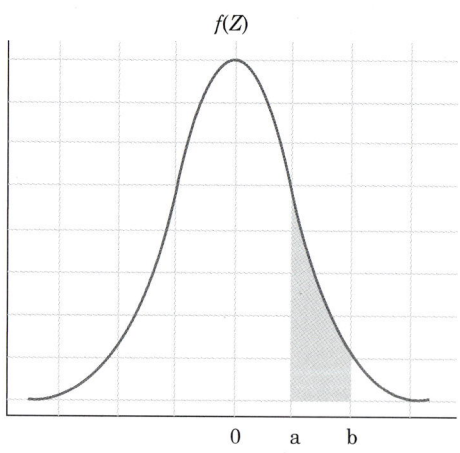

[그림 1-13] 표준정규분포

1.4 가설 검정

> 통계적 가설, 귀무가설, 대립가설, 유의확률, 유의수준, t-검정, ANOVA

- ✓ **통계적 가설**은 통계학에서 사용하는 용어로, 하나의 특정 주장을 모수를 이용해 나타낸 형태를 지칭한다

- ✓ **귀무가설**은 '차이가 없거나 의미있는 차이가 없다'를 기본 전제로 하는 가설이다.

- ✓ **대립가설**은 '차이가 있다'고 보는 가설로써 연구자가 입증되기를 기대하는 가설이다.

- ✓ **유의확률**은 실제로는 차이가 없는데 우연히 집단 간의 차이가 있는 데이터가 추출되었을 확률을 말한다.

- ✓ 유의확률값을 '크다' 또는 '작다'로 판단하는 기준이 **유의수준**이다.

- ✓ **t-검정**은 두 집단이 유의하게 차이가 있는지를 판별할 때 표본의 평균값을 활용하는 검정이다.

- ✓ **ANOVA**는 집단 간 차이를 검정하는 데 표본의 분산을 활용하는 검정이다.

1.4.1 통계적 가설

통계적 가설은 통계학에서 사용하는 용어로, 하나의 특정 주장을 모수를 이용해 나타낸 형태를 지칭한다. 가령, '미국 성인 여자의 신장은 크다'는 통계적 가설이 될 수 없다. 하지만 '미국 성인 여자의 평균 신장은 180cm이다'는 통계적 가설이 될 수 있다. 평균 신장은 여기서 모집단 특성을 나타내는 모수의 역할을 수행한다. 통계적 가설은 귀무가설과 반대에 있는 대립가설로 나타낸다.

1.4.1.1 귀무가설과 대립가설

R 함수를 이용한 예제는 5.1.2.1 참조

데이터 분석은 종종 차이가 확실한지, 또는 차이가 나지 않는지가 궁금하여 실시하는 경우가 많다. 예를 들어, 감기 치료제를 개발하였다고 치자. A그룹 환자는 새로 개발된 치료제를 사용하였고, B그룹 환자는 새로 개발한 치료제를 쓰지 않았다. A그룹 환자의 상태가 B그룹 환자보다 확실히 호전된 차이를 보인다면 이 치료제는 효과가 있다고 볼 수 있을 것이다. 반면에 차이가 확실하지 않다면 치료제의 효과가 없다고 볼 수 있다.

새로운 치료제를 개발한 연구팀은 치료제가 효과가 있다고 믿고 싶을 것이다. 하지만, 효과가 확실하지 않은 치료제에 쉽게 허가를 내주면 안 되므로 '새로운 감기 치료제로 치료한 환자의 평균 치료 기간에 변화가 없다'는 가설이 우선 시 된다. 이것을 귀무가설(null hypothesis, 기호 H_0) 또는 **영가설**이라고 한다. **귀무가설**은 통계학에서 처음부터 버릴 것을 예상하는 가설이다. 차이가 없거나 의미있는 차이가 없는 경우의 가설이다. 귀무가설과 반대되는 가설을 대립가설(alternative hypothesis, 기호 H_1) 또는 **연구가설**이라고한다. **대립가설**은 연구자가 연구를 통해 입증되기를 기대하는 예상이나 주장하는 내용이다. 이 예에서는 '새로운 감기 치료제로 치료한 환자의 평균 치료 기간에 변화가 있다'는 가설이 대립가설이 된다.

대립가설은 단측 대립가설과 양측 대립가설이 있다.

단측 대립가설은 관련성을 검정할 때 그 방향이 미리 어느 한쪽으로 결정되어 있는 경우이다. 예를 들어, 새로 개발된 감기 치료제가 효과가 좋은가?라는 것을 밝혀낼 때에 더 효과가 좋다는 가설이 단측 대립가설이다. 일원(또는 한쪽 꼬리) 가설 검정이라고 한다.

양측 대립가설은 차이가 '존재하는가?'라는 면에서만 관심을 가지는 것이며 그 방향은 따지지 않는 가설이다. 예를 들어 새로 개발된 감기 치료제의 효과에 '차이가 있다'라고 가정하는 것이다. 이 경우는 환자의 상태가 더 나빠지는 것도 포함한다. 이원(또는 양쪽 꼬리) 가설 검정이라고도 한다.

통계 분석에서 귀무가설 채택 시 대립가설은 기각되고, 귀무가설 기각 시 대립가설이 채택된다. 다음은 가설의 채택 또는 기각의 중요한 지표가 되는 p-value에 대하여 알아보도록 하자.

1.4.1.2 유의확률   `R 함수를 이용한 예제는 5.1.2.2 참조`

p-value(p-값)라는 용어로 유명한 **유의확률**(Significance probability, p-value)의 개념은 실제로는 차이가 없는데 '우연히 집단 간의 차이가 있는 데이터가 추출되었을 확률'을 말한다. 예를 들어, 새로운 감기 치료제로 치료를 받은 A그룹 환자에게서 치료 효과가 실제로 존재하지 않았는데 우연히 차이가 있는 데이터가 추출될 확률을 말한다.

분석 결과 **유의확률이 크면** '집단 간 차이가 통계적으로 유의하지 않다'고 해석한다. 이 경우 **귀무가설이 채택되고, 대립가설은 기각된다**. 예를 들어, 새로운 감기약 치료제 효과는 '우연에 의해 차이가 관찰될 가능성이 크다'는 의미다.

분석 결과 **유의확률이 작다면** '집단 간 차이가 통계적으로 유의하다'고 해석한다. 이 경우 **귀무가설이 기각되고, 대립가설이 채택된다**. 예를 들어, 새로운 감기약 치료제 효과가 존재하고 그것이 '우연이라고 보기 힘들다'는 의미다.

여기에서 유의확률 값을 '크다' 또는 '작다'로 판단하는 기준이 궁금할 것이다. 그 기준을 **유의수준**(significance level)이라고 부르며 다수의 통계학자가 유의수준을 0.05로 사용한다. 0.05보다 작은 유의확률이 구해질 경우 귀무가설을 기각한다. 하지만, 절대적인 기준은 아니다. 0.1 또는 0.01을 기준으로 사용하는 경우도 있다. 유의수준은 보통 α로 표기한다. 1-유의수준($1-\alpha$)을 **신뢰구간** 또는 **신뢰수준**이라고 부른다. 0.05가 유의수준이라면 95% 신뢰 수준을 기준으로 한다는 의미다. 유의확률을 구하는 방법은 가설 검정에 따라 다르다.

1.4.2 가설 검정

가설 검정은 모집단에 대한 가설을 설정한 후에 표본 관찰을 통해 그 가설의 채택 여부를 결정하는 분석 방법으로 귀무가설과 대립가설 중에 하나를 선택하는 과정이다. 귀무가설이 옳다는 전제하에 **p-value를 구한 후 유의수준보다 크면 귀무가설을 채택하고, 작으면 귀무가설을 기각한다**.

1.4.2.1 t-검정   `R 함수를 이용한 예제는 5.1.2.4 참조`

t-검정(t-test)은 두 집단이 유의하게 차이가 있는지를 판별할 때 표본의 평균값을 활용하는 검정이다. 관찰 대상 전체에 해당하는 모집단의 관측값을 수집하는 것은 불가능한 경우가 대다수이므로 표본을 추출하고, 그 표본의 평균을 이용하여 모집단 간 차이를 검증한다.

비교 대상이 되는 집단은 같은 집단일 수 있다. 예를 들어, 다이어트약의 효능을 검정하려고 할 때 다이어트약 복용 전 몸무게를 관측한 집단과 약 복용 후 몸무게를 관측해야 하는 집단은 같은 집단의 표본이어야 한다. 다이어트약 복용 후 몸무게가 약 복용 전 몸무게와 유의하게 차이가 나는지 t-검정을 수행할 수 있다. 이를 **대응 이표본 t-검정**(Dependent t-test for paired samples)이라고 부른다.

비교 대상의 집단이 다른 집단인 경우는 예를 들어, 서울의 남자 고등학생 몸무게와 부산의 남자 고등학생 몸무게가 유의하게 차이가 나는지 검정을 하고자 하는 경우다. 이를 **독립 이표본 t-검정**(Independent two-sample t-test)이라고 부른다.

하나의 모집단에서 추출한 표본으로 모집단의 모수를 추정하기 위해 t-검정을 수행할 수도 있다. 이것은 **일표본 t-검정**(One-sample)이라고 부른다. 예를 들어, 생산된 모든 맥주의 도수가 4.2% 이어야 하는 맥주 공장이 있다고 가정하자. 모든 맥주의 도수를 검사해 볼 수 없으니 일부 샘플의 맥주 도수를 검사하여 모집단의 맥주 도수에 문제가 없다는 것을 검정해야 한다. '95% 신뢰구간에서 우리 공장의 맥주의 도수는 4.2%의 값으로추정된다'처럼 결론을 얻기 위해 일표본 t-검정을 수행한다.

t-검정은 아래 가정을 전제로 한다.

> 두 모집단은 정규분포를 따른다.

이 가정을 전제로 수행하는 t-검정의 과정을 살펴보자.

① t-value와 자유도(n-1)를 구한다. 여기에서 n은 표본의 수를 의미한다.

일표본 t-검정의 t-value 식은 다음과 같다.

$$t = \frac{\overline{X} - \mu}{S_{\overline{X}}}$$

$S_{\overline{X}}$: 표본평균의 표준편차, $\overline{X}$: 표본평균, μ : 기준값

이표본 t-검정의 t-value 식은 다음과 같다.

$$t = \frac{\overline{X1} - \overline{X2}}{S_{\overline{X1} - \overline{X2}}}$$

$\overline{X1} - \overline{X2}$: 두 표본의 그룹 평균의 차이
$S_{\overline{X1} - \overline{X2}}$: 두 그룹 간 평균 차이에 대한 불확실도

② 자유도(n-1)의 t-분포를 구한다.

t-분포란 차이가 없는 즉, 차이가 0인 두 모집단의 표본을 추출하여 평균의 차를 이용한 t-value의 분포다. 여기에서 차이가 없는 두 모집단의 표본 평균의 차이는 당연히 모두 0이 나오지 않을까? 평균 차이를 분자로 한 t-value도 0일 것이다. 이상하지 않은가? 모두 0일텐데. 왜 분포를 구할까?

실제로 모두 0인지 실험을 해보자. 어떤 모집단의 성인 남녀 100명의 몸무게를 측정한 후, 다이어트약을 복용하지 않고, 평범한 한 달 간의 시간을 보낸 후 몸무게를 다시 측정했다. 그 샘플의 한 달 전 몸무게와 한 달 후 몸무게의 평균의 차이는 0이어야 하지만 실제로 측정해보면 0인 경우도 있고, 약간 증가 또는 감소한 경우도 있을 것이다. 즉, 실제 사례에서는 차이가 없는 두 모집단 표본의 평균의 차이가 0이 아닐 수 있다. 또 다른 샘플 100명의 몸무게를 측정한 후 다이어트약을 복용하지 않고 한 달 뒤 몸무게를 측정하여 마찬가지로 평균의 차이를 구해본다. 이러한 과정을 반복하면 평균의 차를 이용한 t-value는 0에 근접한 어떤 분포가 생기는 데, 그것을 t-분포라고 부른다.

t-분포를 구하기 위해 이와 같은 실험을 해야 할까? 통계학자들은 실험을 하지 않아도 t-분포를 구할 수 있도록 어떤 복잡한 식을 제시해 주었다. 다음은 t-분포의 확률밀도함수다.

$$f(t) = \frac{\Gamma\left(\frac{\nu+1}{2}\right)}{\sqrt{\nu\pi}\,\Gamma\left(\frac{\nu}{2}\right)} \left(1 + \frac{(t-\mu)^2}{\nu\sigma^2}\right)^{-\frac{\nu+1}{2}}$$

너무 복잡한 식이라 이 식이 왜 이렇게 만들어졌는지 고민하지 말기를 바란다. 단, t-분포를 구하는 식에서 자유도(n-1)가 t-분포를 결정하는 모수가 된다는 것을 기억하자. t-분포의 확률밀도함수 식에서 ν(뉴라고 읽음)는 자유도 즉, 표본수(n)-1을 의미한다.

많은 데이터 분석 교재에서 이 함수의 식까지는 소개하지 않는 경우가 많으니 t-분포의 확률밀도함수는 기억하지 않아도 좋다. R의 다양한 함수로 프로그래밍하면 쉽게 t-분포를 구할 수 있다.

다음은 자유도(ν)에 따른 t-분포다.

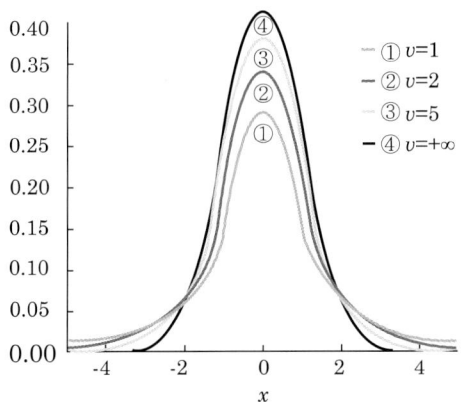

[그림 1-14] t-분포

출처: https://ko.wikipedia.org/wiki/스튜던트_t_분포

t-분포는 다이어트약을 복용하지 않은 모집단에서 일부 샘플을 뽑아 한 달 전, 후 몸무게의 차이를 평균내어 분포로 나타낸 것이라고 가정했을 때 '평균적으로 몸무게 차이가 0이었지만 몸무게가 늘어난 사람도 있고, 줄어든 사람도 있었다'것을 설명하는 분포가 된다.

③ t-분포에서 t-value의 위치를 찾아 p-value를 계산한다.

성인 남녀 100명의 몸무게를 측정한 후 다이어트약을 복용하고, 평범한 한 달 간의 시간을 보낸 후 몸무게를 다시 측정했다. ①에서 소개한 식을 이용하여 약 복용 전후 몸무게로 t-value를 구하고 ②에서 구한 t-분포에서의 위치를 찾아 p-value를 계산한다. 이때, p-value가 0.02이라고 가정하면 다이어트약을 먹지 않은 사람들 중 2%에서만 몸무게 변화가 발생했다고 말할 수 있다. 이것은 ②에서 구한 t-분포가 다이어트약을 복용하지 않은 사람들의 한 달 후 몸무게 변화에 대한 분포이기 때문이다.

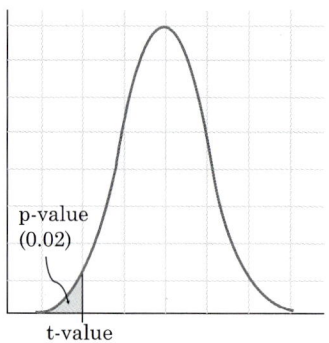

[그림 1-15] t-분포

④ p-value를 유의수준(0.05)와 비교한다.

유의수준이 0.05라면 5%를 기준으로 하여 특이케이스로 판단한다는 의미이다. 즉, 이 사례에서처럼 p-value가 0.02이라면 다이어트약을 먹지 않은 사람들 중 2%에만 발생하는 즉, 98%에는 발생하지 않는 케이스로 판단할 수 있다. 즉, 다이어트 복용하지 않은 자연스러운 체중 감소 현상이라고 보기 어려우므로 이 다이어트약은 효능이 있다고 말할 수 있다. p-value가 0.02로 유의수준 0.05보다 작으므로 귀무가설은 기각되고, 대립가설이 채택된다.

이 사례의 가설 검정을 정리하면 다음과 같다.

> 귀무가설 : 다이어트약은 효능이 없다. 즉, 다이어트약 복용 전 후 몸무게가 감소하지 않는다.
> 대립가설 : 다이어트약은 효능이 있다. 즉, 다이어트약 복용 한 달 후 몸무게가 감소한다.

t-검정 과정이 매우 복잡해 보이나 걱정할 필요는 없다. 원리와 용어 정도만 기억한다면 R의 t.test()를 이용해서 간단히 t-검정을 수행할 수 있다.

1.4.2.2 ANOVA

집단 간 차이를 검정하는데 표본의 분산을 활용하는 검정이다. 분산을 활용하기여 **분산분석**(analysis of variance, ANOVA)이라고 부른다.

집단의 평균이 다르다는 말은, 각 집단의 평균이 떨어져 있다. 즉, 집단 간 분산이 크다는 것을 의미한다. 다음 두 그래프를 비교해보자. 왼쪽의 그래프가 오른쪽 그래프에 비해 집단 평균이 떨어져 있어 집단 간 분산이 크다.

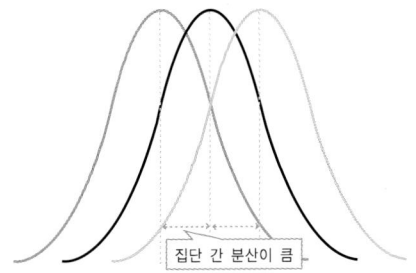

[그림 1-16] 집단 간 분산이 큰 경우

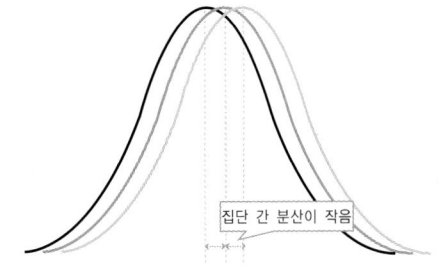

[그림 1-17] 집단 간 분산이 작은 경우

분산분석은 집단 간 분산 외에 집단 내의 분산도 검정에 활용한다. 집단 간 분산이 크더라도 집단 내의 분산도 크다면 두 집단의 분포가 명확히 구분되지 않아서 평균이 다르다고 주장하기 어려울 수 있다. 다음 두 그래프를 비교해보자. 왼쪽 그래프는 집단 간 분산이 크지만 집단 내의 분산도 커서 분포가 명확히 구분되지 않는다. 반면에 오른쪽의 그래프는 집단 간 분산은 크고, 집단 내 분산은 작아 집단 간 분포가 명확히 구분이 된다.

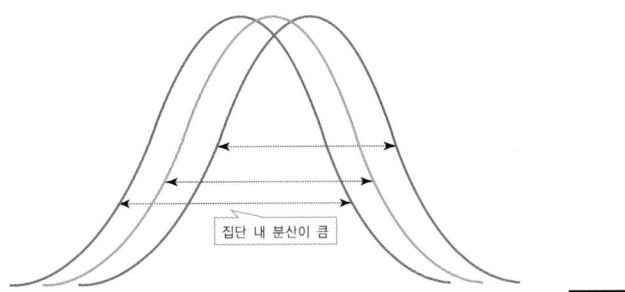

[그림 1-18] 집단 간 분산이 크면서 **집단 내 분산도 큰 경우** 각 집단의 분포가 명확히 구분되지 않는다.

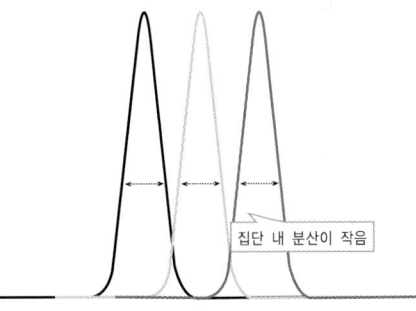

[그림 1-19] 집단 간 분산은 크면서 **집단 내 분산이 작은 경우** 집단 간 분포가 명확히 구분된다.

예를 들어, 평균점수가 평소 비슷한 A반과 B반이 있다고 치자. A반의 학생들은 특정 온라인 수업을 수강한 후 시험을 보았고, B반의 학생들은 온라인 수업을 수강하지 않고 시험을 보았다. A반 학생들의 평균이 약간 더 높아 B반 학생들의 평균점수와 차이가 난다. 온라인 수업이 영향을 미쳤을까?

평균 차이가 아주 많이 난다면 온라인 수업이 효과가 있었다고 판단할 수도 있지만 평균이 큰 차이가 아니고, 학생들 간의 점수 차이도 크다면 학생들의 개인적인 차이나 다른 요인 때문에 평균이 달라졌는지도 모를 일이다.

두 반의 평균 차이가 크고(즉, 집단 간 분산이 크고), 각 반의 학생들의 점수 분산이 적을수록(즉, 집단 내 분산이 적을수록) 온라인 교육이 효과가 있었다고 말할 수 있다.

집단 간 분산이 클수록, 집단 내 분산이 작을수록 집단 평균이 유의하게 다를 가능성이 증가한다. 집단 간 분산과 집단 내 분산의 비를 f-value(f 통계량)라고 하고 이를 f-검정에서 활용한다.

$$f-value = \frac{집단\ 간\ 분산}{집단\ 내\ 분산}$$

분산분석의 기본 가정은 다음과 같다.

- 가정 1: 각 집단에 해당되는 모집단의 분포가 정규분포다.
- 가정 2: 각 집단에 해당되는 모집단의 분산이 같다.
- 가정 3: 각 모집단 내에서의 오차나 모집단 간의 오차는 서로 독립적이다.

세 가지 가정을 충족시키기 위해서는 각 관측값이 독립적으로 뽑혀야 하며 각 모집단의 분산은 같고 정규분포를 이루어야 한다.

f-검정은 다음과 같은 과정으로 이루어진다.

① f-value와 자유도(n-1)를 구한다. 여기에서 n은 표본의 수를 의미한다.
② 자유도(n-1)의 f-분포에서 f-value의 위치를 찾아 p-value를 계산한다.
③ p-value의 값을 유의수준(0.05)과 비교한다.

1.4.2.3 가설 검정의 결과와 오류

귀무가설(H_0)이 사실인데 귀무가설을 기각했을 때의 오류를 '1종 오류'라고 부르며, 반대로 대립가설(H_1)이 사실인데 귀무가설을 채택했을 때의 오류를 '2종 오류'라고 부른다.

[표 1-4] 1종 오류와 2종 오류

Decision		"True State" of the World	
		H_0 is True	H_1 is True
	귀무가설 (H_0)기각	Type I Error(1종 오류)	Correct Decision
	귀무가설 (H_0)채택	Correct Decision	Type II Error(2종 오류)

연습문제

문제 1. 다음 보기 중 모집단에서 표본을 추출하는 방법에 대한 설명으로 가장 거리가 먼 것은?
① 단순랜덤추출 : 모집단의 각 추출 단위에 동등한 산출 기회를 준다.
② 계통추출 : 표본이 추출되기 전 요소들의 목록이 무작위로 되어 있지 않고 주기성을 띠고 있다면 계통추출을 통해 추출된 표본은 매우 편향된 표본을 얻게 된다.
③ 층화추출 : 모집단을 먼저 중복되지 않도록 층으로 나눈 다음 각 층에서 표본을 추출하는 방법이다.
④ 명목추출 : 모집단이 몇 개의 집단(cluster)으로 구성되어 있는 경우 사용할 수 있다. 그 집단 중에서 임의로 몇 개의 집단을 골라 표본을 임의로 추출하는 방법이다.

문제 2. 다음 설명이 가리키는 척도는 무엇인가?

> 모든 사칙연산 가능하다.
> 절대적 기준인 원점(0)이 존재한다.

① 명목척도
② 순서척도
③ 구간척도
④ 비율척도

문제 3. 다음 보기 중 확률 법칙에 대한 식으로 가장 거리가 먼 것은?
① 종속사건의 곱셈법칙
　$P(A \cap B) = P(A) \cdot P(B|A) = P(B) \cdot P(A|B)$
② 독립사건의 곱셈법칙
　$P(A \cap B) = P(A) \cdot P(B)$
③ 독립사건의 정의
　$P(A|B) = P(B)$
　$P(B|A) = P(A)$
④ 확률의 덧셈법칙
　$P(A \cup B) = P(A) + P(B) - P(A \cap B)$

문제 4. 다음 보기 중 가설 검정에 대한 설명으로 가장 거리가 먼 것은?
① 유의확률 값을 '크다' 또는 '작다'로 판단하는 기준을 유의수준이라고 한다. 모든 통계학자들이 유의수준을 0.005로 사용한다.
② 연구자가 연구를 통해 입증 또는 증명되기를 기대하는 예상이나 주장을 대립가설이라고 한다.
③ 두 범주형 집단이 유의하게 차이가 있는지를 판별할 때 표본의 평균값을 활용하는 검정을 t-검정이라고 한다.
④ 양측 대립가설은 차이가 '존재하는가?'라는 면에서만 관심을 가지는 것이며 그 방향은 따지지 않는 가설이다.

문제 5. 총 메일(email) 10,000개 중 스팸메일은 3,500개, 중요메일은 6,500개다. 제목에 '세일'이라는 단어가 들어간 메일은 2,000건이며, 스팸메일 중에서 제목에 '세일'이라는 단어가 들어간 스팸메일은 1,800개다. '세일'이라는 단어가 들어간 메일이란 조건하에서 그 메일이 스팸일 확률은 얼마인가?

문제 6. 다음 중 정규분포에 대한 설명으로 잘못된 것은?
① 정규분포의 모양은 평균(μ)과 표준편차(σ)에 의해 결정된다. 이때의 분포를 N(μ, $\sigma2$)으로 표기한다. 평균(μ)을 중심으로 좌우 대칭인 종모양(bell shape)이다.
② 확률변수 X가 취할 수 있는 값의 범위는 $-\infty < X < +\infty$이다. 양극단으로 갈수록 X축에 무한히 접근하지만 X축에 닿지는 않는다.
③ 분포의 평균(μ)과 표준편차(σ)가 어떤 값을 갖더라도 정규분포의 곡선과 X축 사이의 전체 면적은 1이다.
④ 관찰값의 99.7%가 ±2σ 안에 속해 있다.

문제 7. 다음 설명 중 잘못된 것은?
① t-검정은 분산을 이용하여 집단 간의 차이를 검정한다.
② t-검정 과정 중에 p-value를 구하는 방법은 t-분포에서 t-value의 위치를 찾아 p-value를 구할 수 있다.
③ '모집단에서 취한 표본의 평균값들의 분포는 평균값을 중심으로 하는 정규분포에 가까워진다'는 것을 중심극한정리라고 한다.
④ 중앙값은 평균보다 이상값의 영향이 적다.

문제 8. 평균이 100, 표준편차가 10이라고 했을 때 90이라는 관측값을 표준화한 값은 얼마인가?

문제 9. 다음 기업에 투자했을 때 기대되는 수익은 얼마인가? 수익에 대한 확률변수와 확률은 다음 표와 같다.

Xi(단위: 만 원)	P(Xi)
−6,000	0.5
6,000	0.2
10,000	0.3

문제 10. 분포에 대한 설명으로 가장 거리가 먼 것은?
① 정규분포, t-분포, f-분포는 이산형 확률분포다.
② 이항분포, 기하분포, 다항분포, 포아송분포는 모두 이산확률분포다.
③ f-분포는 분산 비율을 사용하는 검정 통계량의 분포다.
④ 표준정규분포는 평균이 0이고, 표준편차가 1인 정규분포다.

Chapter 2. R 프로그래밍

많은 데이터 분석가가 R과 Python 등의 언어와 분석 도구를 혼합하여 데이터 분석을 한다. R은 처음부터 데이터 과학을 지원하도록 설계되었기에 데이터 분석을 위한 프로그래밍 언어로 적합하다.

2장에서는 R 입문자를 위하여 기초 문법부터 들어간다. R을 이용하여 데이터를 추출하고, 가공해서 원하는 결과를 산출하는 것은 데이터 분석을 위한 기반 지식이므로 충분히 학습하자.

2.1 프로그래밍 환경 만들기

> 프로그래밍 언어 R, R Studio

- ✓ R은 통계 소프트웨어 개발과 빅데이터 분석에 널리 사용되고 있다.

- ✓ R Studio는 R의 통합개발환경이다. R만 설치하여 사용할 수도 있지만 R Studio를 설치하면 좀 더 편리한 환경에서 개발할 수 있다.

2.1.1 프로그래밍 언어, R

R은 통계 계산과 그래픽을 위한 프로그래밍 언어이자 자유 소프트웨어 환경이다. 뉴질랜드 오클랜드 대학의 로스 이하카(Ross Ihaka)와 로버트 젠틀맨(Robert Gentleman)에 의해 시작되어 현재는 R 코어팀이 개발하고 있다. R은 통계 소프트웨어 개발과 빅데이터 분석에 널리 사용되고 있으며, 패키지 개발이 용이해 통계 소프트웨어 개발에 많이 쓰이고 있다. 핵심적인 패키지는 R과 함께 설치되며 CRAN(the Comprehensive R Archive Network)을 통해 2021년 현재 1만 개 이상의 패키지를 추가로 내려 받을 수 있다.

R이 분석 도구로 인기 있는 이유는 다음과 같다.

① 오픈소스: 학계와 산업계에서 R의 점유율이 급증한 이유 중 하나는 무료로 사용할 수 있는 오픈소스이기 때문이다. 전통적으로 사용하던 통계 도구는 고가의 유료 제품이 많았다. R은 스타트업, 대학, 연구자, 개인에게 데이터 분석의 문턱을 낮추어 많은 사용자를 확보했다.

② 지속적으로 발전하고 있는 오픈소스 생태계: 지금 이 순간에도 끊임없이 최신의 유용한 패키지가 만들어지고 공유되고 있다. 검증된 패키지를 무료로 내려 받을 수 있고, 손쉽게 사용할 수 있다.

③ 확장성: 다양한 패키지를 통한 기능의 확장이 매우 편리하다.

④ 범용 분석 도구: R만 익힌다면 기초 통계 분석에서부터 머신러닝, 텍스트 분석, 사운드 분석, 이미지 분석, 시각화 등 데이터 분석의 전 영역을 다룰 수 있다.

⑤ 풍부한 교육 자료: R이 사랑받는 이유 중 하나로 셀 수 없이 많은 R 관련 서적과 구글링을 통해 얻을 수 있는 다양한 자료를 꼽을 수 있다.

2.1.2 R 설치하기

이번 절에는 R 프로그래밍을 위한 환경을 구축한다. R은 아래 사이트에서 무료로 내려 받아 설치할 수 있다.

1 http://r-project.org 웹 페이지에서 [download R]을 클릭한다.

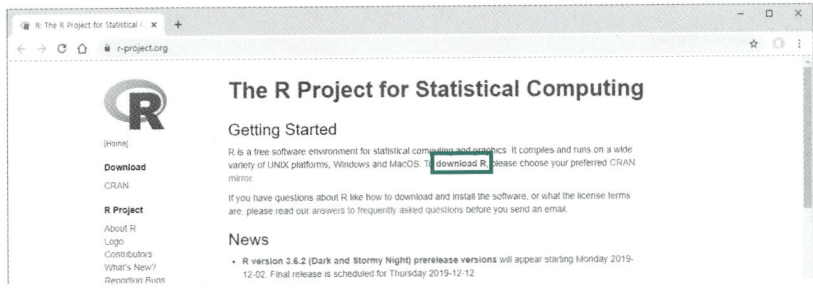

[그림 2-1] R 설치하기(1)

2 다음 화면의 'Korea' 아래에 있는 링크 중 하나를 클릭한다. 'Korea' 아래에 있는 것이면 아무 링크나 클릭해도 된다.

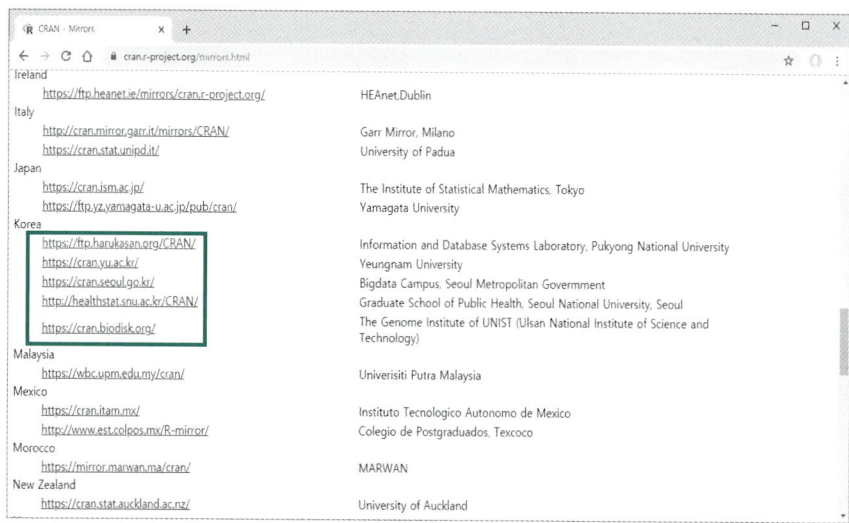

[그림 2-2] R 설치하기(2)

3 자신의 운영체제에 맞는 버전을 선택하여 내려 받는다. 윈도우 OS에 설치하려면, [Download R for Windows]를 클릭한다.

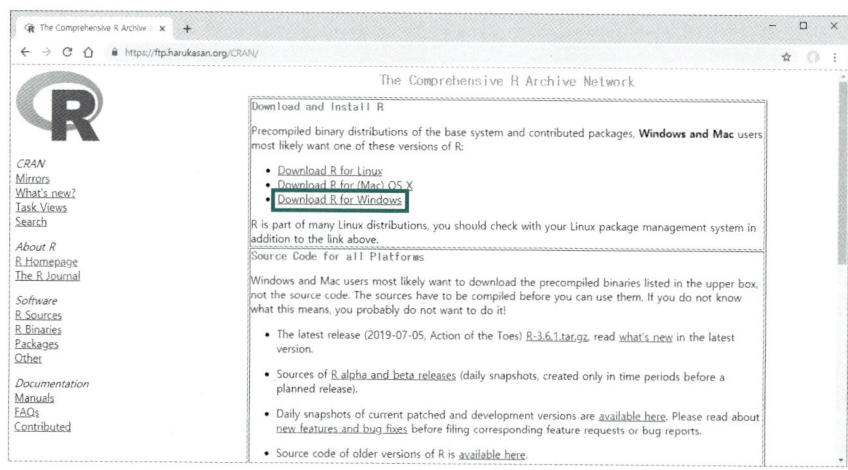

[그림 2-3] R 설치하기(3)

4 다음 화면의 [base] 또는 [install R for the first time]을 클릭한다.

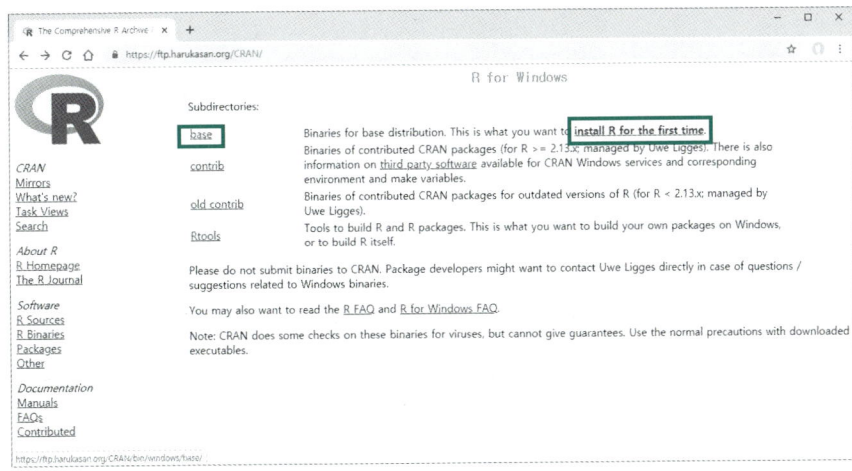

[그림 2-4] R 설치하기(4)

5 [Download R x.x.x for Windows]를 클릭하여 설치 파일을 내려 받는다. R은 계속해서 발전하고 있으므로 설치 시점의 최신 버전을 다운로드하면 된다.

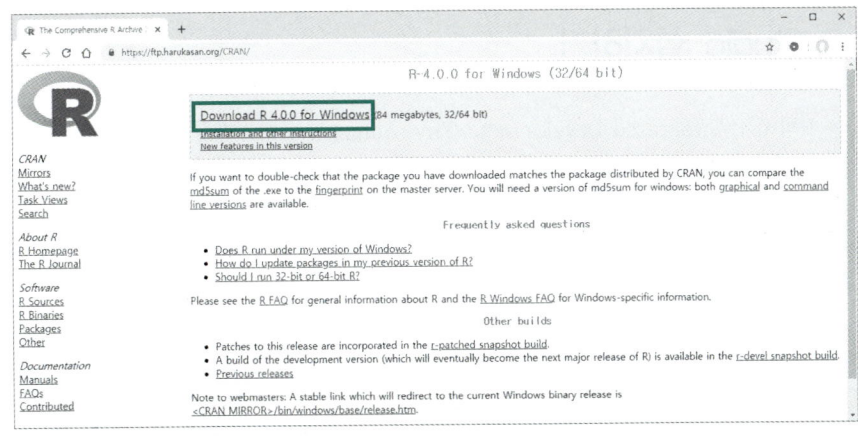

[그림 2-5] R 설치하기(5)

6 내려 받은 설치 파일을 실행한다. 설치 과정은 어렵지 않다. 디폴트 설정을 그대로 두고, 다음 버튼만 계속 클릭하여 설치를 완료한다.

7 설치 후 바탕화면의 R아이콘을 더블클릭하면 다음과 같은 RGui 창이 뜬다.

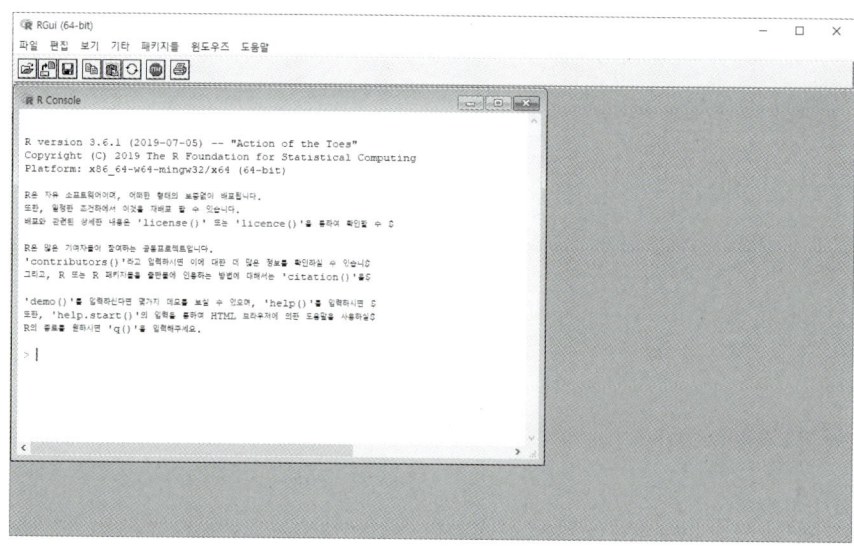

[그림 2-6] R 설치하기(6)

2.1.3 R Studio 설치하기

R Studio는 R의 IDE(Integrated Development Environment, 통합개발환경)이다. R만 설치하여 사용할 수도 있지만 R Studio를 설치하면 좀 더 편리한 환경에서 개발할 수 있다.

1 https://rstudio.com/ 웹 페이지에서 무료로 내려 받아 설치할 수 있다. 다음 화면에서 [Product] 메뉴를 클릭한 후 [RStudio]를 클릭한다.

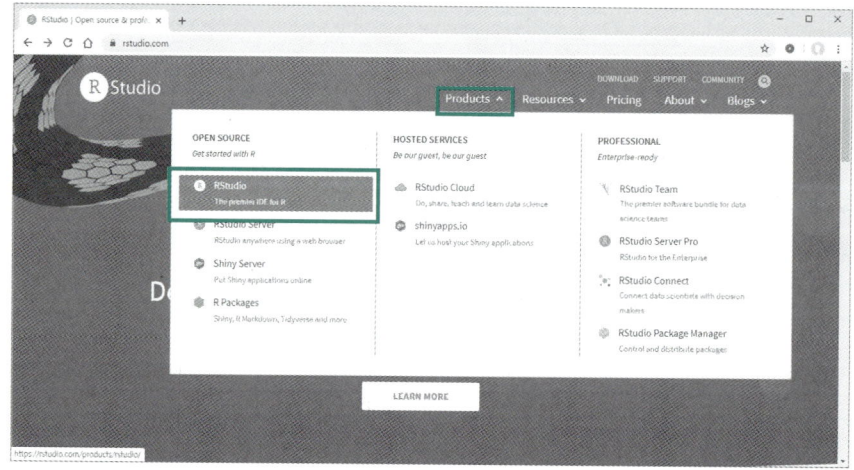

[그림 2-7] R Studio 설치하기(1)

2 다음 화면에서 [RStudio Desktop]을 클릭한다.

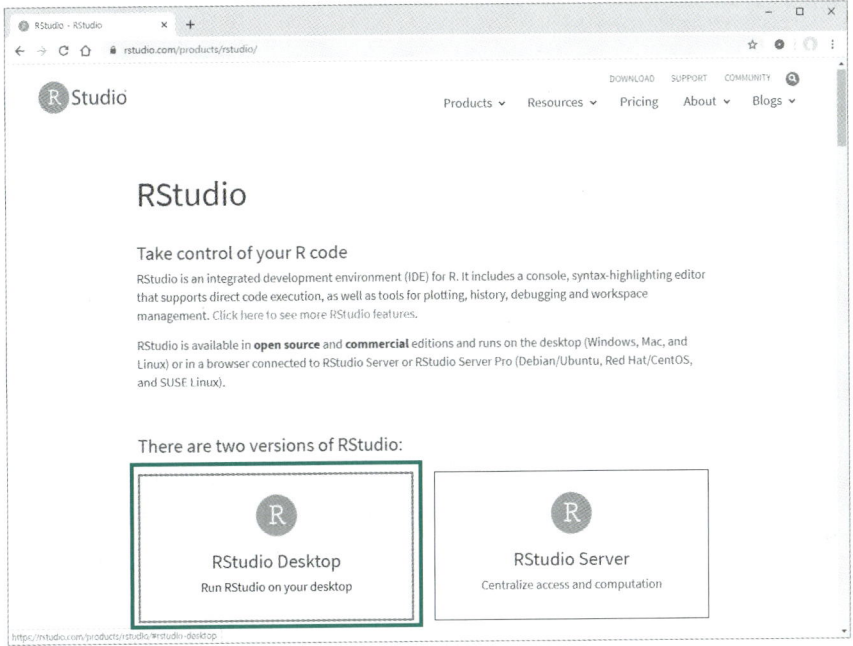

[그림 2-8] R Studio 설치하기(2)

3 다음 화면의 [Download RStudio Desktop]을 클릭한다.

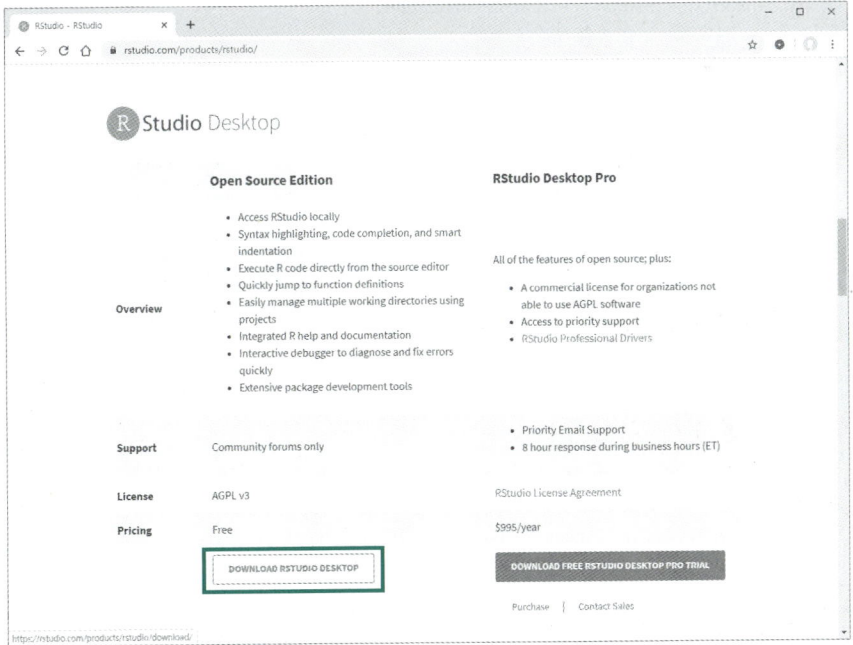

[그림 2-9] R Studio 설치하기(3)

4 개인 사용자는 무료 'RStudio Desktop'으로 충분하므로 다음 화면의 [DOWNLOAD]를 클릭한다.

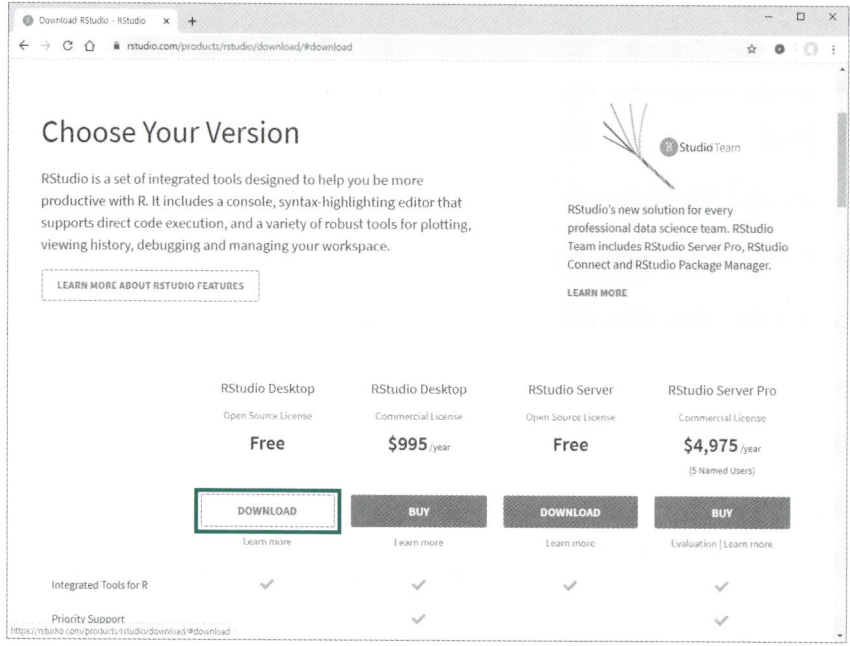

[그림 2-10] R Studio 설치하기(4)

5 다양한 운영체제를 위한 설치 프로그램을 제공하고 있다. 사용자의 운영체제에 맞는 설치 프로그램을 내려 받을 수 있는 버튼이 있다. 다운로드 버튼을 클릭하면 된다.

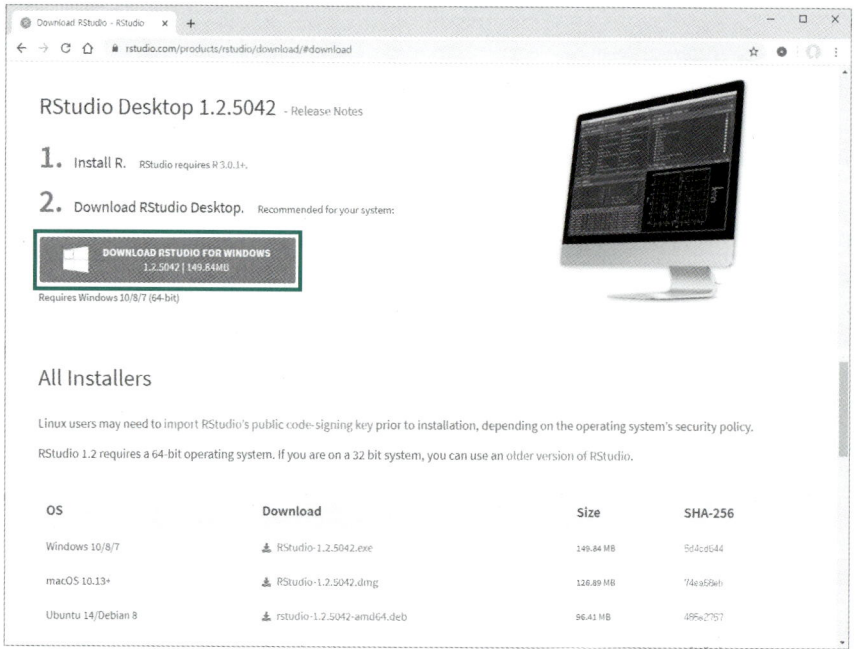

[그림 2-11] R Studio 설치하기(5)

6 내려 받은 파일을 더블클릭하여 설치를 진행한다. 설치 과정은 어렵지 않다. 디폴트 설정은 그대로 두고 다음 버튼만 몇 번 클릭하면 설치가 끝난다.

7 R Studio를 실행시키면 다음과 같이 4개의 분할된 영역을 가진 창이 나타난다.

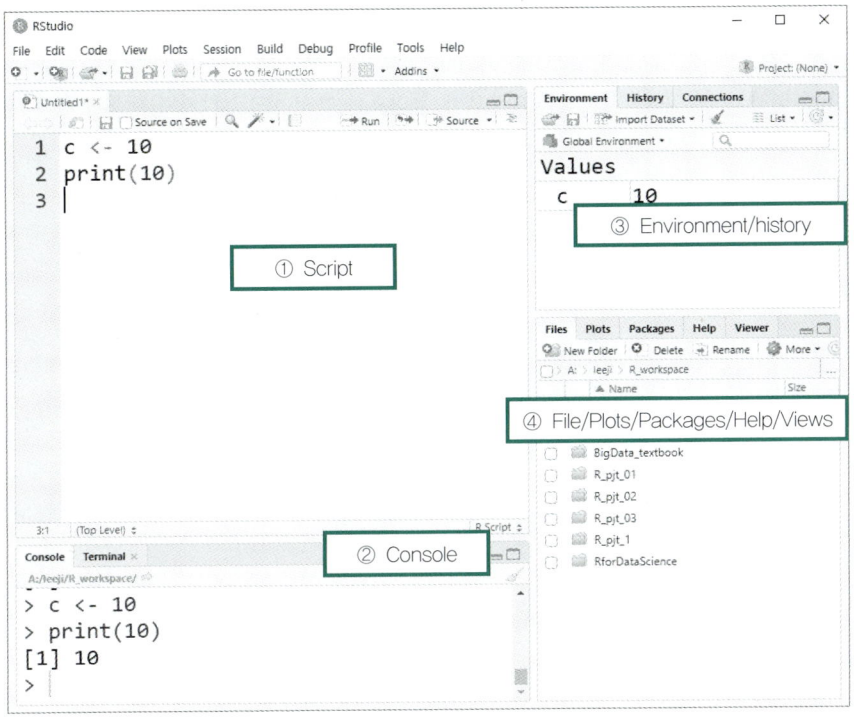

[그림 2-12] R Studio 설치하기(6)

① 스크립트창: [File ⇨ New File ⇨ R Script] 메뉴에서 스크립트를 새로 생성하여 이 창에서 R 프로그램을 작성하면 된다. 작성한 코드를 실행하려면 Ctrl+Enter 키를 누르거나 [Run] 버튼을 클릭하면 된다.
② 콘솔창: 스크립트창의 코드를 실행하면 실행 결과가 출력되는 창이다. 콘솔창에 명령어를 직접 입력하고 실행시킬 수도 있다.
③ 환경창: 현재 실행 중인 R 프로그램의 변수, 함수, 데이터셋 등이 보인다.
④ 파일창: 폴더와 파일을 탐색할 수 있는 창이다. 도움말이나 그래프도 이 영역에 출력된다.

2.1.4 R 패키지 설치하기

패키지란 함수가 모여 있는 꾸러미다. R을 설치한 후 기본적으로 사용할 수 있는 함수 이외의 함수를 사용하려면 필요한 함수가 존재하는 패키지를 설치한 후 사용한다. 패키지 설치 방법은 매우 간단하다.

install.packages("패키지이름") 코드를 실행해서 패키지를 설치한다. 그리고 나서 library(패키지이름) 코드를 실행하여 패키지를 불러온다.

다음은 패키지 설치 예다.

```
> install.packages("data.table")    # 패키지 설치하기
> library(data.table)               # 패키지 불러오기
```

R Studio를 종료한 후 다시 실행할 때는 install.packages("패키지이름")은 다시 실행하지 않아도 된다. 하지만, library(패키지이름)는 패키지를 메모리에 불러오는 과정이므로 다시 실행해야 한다.

2.2 변수와 데이터 타입

> 변수, 변수 이름, 숫자타입, 문자타입, 논리타입, 팩터타입

- ✓ **변수**란 데이터를 저장할 수 있는 공간을 가지고 있으면서 변수 이름으로 그 공간에 데이터를 저장하거나 수정하거나 불러올 수 있는 것을 말한다.

- ✓ **변수 이름**은 지켜야 하는 최소한의 규칙이 있으며 그 규칙을 따르면서 프로그래머가 기억하기 좋고 의미 있는 이름으로 작성한다.

- ✓ R의 **데이터 타입**에는 숫자타입, 문자타입, 논리타입, 펙터타입 등이 있다.

- ✓ **숫자타입**은 정수와 실수를 저장할 때 사용하는 타입이다.

- ✓ **문자타입**은 문자를 저장할 때 사용하는 타입이다.

- ✓ **논리타입**은 참, 거짓을 저장하기 위한 타입이다.

- ✓ **펙터타입**은 범주형 데이터를 저장하기 위한 타입이다.

2.2.1 변수

프로그래밍 언어에서 변수란 데이터를 저장할 수 있는 공간을 가지고 있으면서 변수 이름으로 그 공간에 데이터를 저장하거나 수정하거나 불러올 수 있는 것을 말한다. 통계학에서 사용하는 변수라는 용어와 의미가 다를 수 있으니 주의하기 바란다. 통계학에서는 행(Row)과 열(Column)로 이루어진 데이터셋에서 열을 변수라고 한다.

2.2.1.1 변수에 데이터를 저장하고, 불러오기

아래 예제를 통해 변수 사용법을 알아보자.

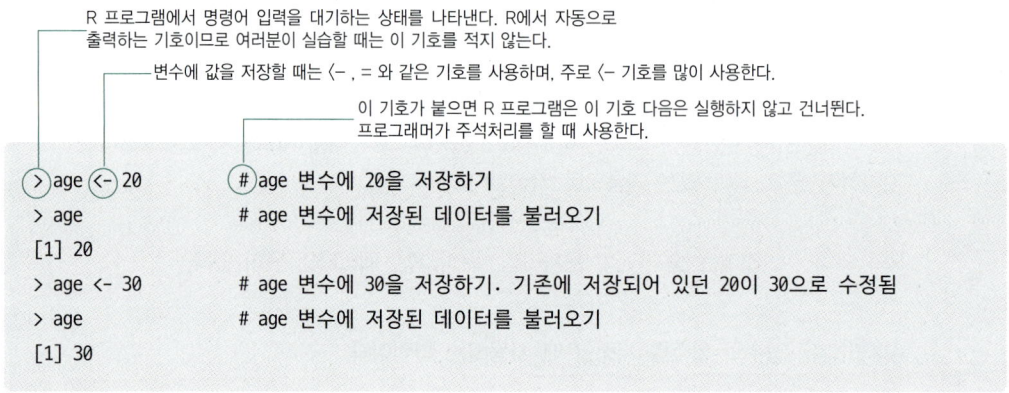

프로그램 언어에서 변수 이름은 지켜야 하는 최소한의 규칙이 있으며 그 규칙을 따르면서 프로그래머가 기억하기 좋고 의미 있는 이름으로 작성하면 된다. R 변수 이름은 다음의 규칙을 반드시 따라야 한다.

① 변수 이름은 문자나 숫자, 밑줄(_), 마침표(.)로 구성된다. 예) age (○) student.age (○) a_b (○)
② 첫 글자는 숫자나 밑줄(_)로 시작할 수 없다. 예) 2student (×) _age (×) student2 (○) .no (○)
③ 첫 글자를 마침표(.)으로 시작하면 두 번째 글자는 숫자일 수 없다. 예) .no (O) .2no (×)
④ 대소문자를 구분한다. 예) no와 No는 다른 변수다.
⑤ 변수 이름 중간에 공백 문자는 존재할 수 없다. 예) student age (×)
⑥ 키워드를 변수 이름으로 사용할 수 없다. 키워드란 프로그래밍 언어에서 특수한 역할을 하도록 이미 약속이 되어있는 단어를 말한다. 예를 들어, if, for, function 등의 단어는 R의 키워드이므로 변수 이름으로 사용할 수 없다.

변수 이름은 한글을 사용해도 되지만 영문자 사용이 권장되고, 대소문자를 모두 사용해도 되지만 소문자 사용이 권장된다.

2.2.2 데이터 타입

컴퓨터가 데이터를 저장하기 위해서는 데이터 저장 공간의 크기와 저장 형태를 결정해야 한다. 그리고 이것을 결정하기 위해 데이터가 숫자 형태인지, 문자 형태인지 등의 데이터 종류를 구분하는데 이러한 데이터 종류를 타입이라 한다.

R의 데이터 타입에는 숫자타입, 문자타입, 논리타입, 펙터타입 등이 있다.

2.2.2.1 숫자타입

숫자(Numeric) 타입은 정수와 실수를 저장할 때 사용하는 타입이다. 기본적으로 숫자는 숫자타입으로 저장되는데 숫자 뒤에 L을 붙이면 정수(integer) 타입으로 저장된다.

class() 함수는 데이터 타입을 확인하는 함수다. 괄호 안에 변수 이름을 넣는다.
괄호 ( )가 붙은 것은 함수다. 함수에 대해서는 〈2.4.3 함수〉에서 자세하게 다룬다.

```
> age <- 20          # age 변수에 20을 저장
> class(age)         # 데이터 타입 확인
[1] "numeric"        # 숫자(numeric) 타입임을 알 수 있음

> age <- 10L         # 숫자 뒤에 L을 붙이면 정수타입이 됨
> class(age)
[1] "integer"
```

2.2.2.2 문자타입

문자(Character) 타입은 문자를 저장할 때 사용하는 타입이다. 문자 데이터를 표현하는 방법은 큰따옴표 " " 또는 작은따옴표 ' '로 데이터를 감싸면 된다.

```
> name <- "LJI"      # 또는 name <- 'LJI'
> class(name)        # 데이터 타입 확인
[1] "character"      # 문자(character) 타입임을 알 수 있음
```

숫자도 " " 또는 ' '로 감싸면 문자 데이터로 처리된다.

```
> no <- "10"
> class(no)
[1] "character"      # 문자(character) 타입임을 알 수 있음
```

2.2.2.3 논리타입

컴퓨터 프로그래밍에서 참(TRUE), 거짓(FALSE)은 중요한 의미를 가지며 참과 거짓을 저장하기 위한 별도의 데이터 타입을 가지고 있다. 이것을 논리(Logical) 타입이라고 부른다. TRUE와 FALSE 또는 T와 F로 논리타입 데이터를 표현한다. 이때 모두 대문자로 써야 하며 " " 또는 ' '로 감싸면 문자 데이터로 취급되니 주의한다.

```
> is_effective <- TRUE          # is_effective <- T와 동일
> is_effective
[1] TRUE
> class(is_effective)           # 데이터 타입 확인
[1] "logical"                   # 논리(logical) 타입임을 알 수 있음

> is_effective <- FALSE         # is_effective <- F와 동일
```

2.2.2.4 펙터타입

펙터(factor) 타입은 범주형(Categorial) 데이터를 저장하기 위한 데이터 타입이다. 범주형 데이터는 명목형 데이터와 순서형 데이터가 있다.

명목형 데이터는 크고 작음을 비교할 수 없는 범주 데이터를 말한다. 예를 들어, '서울', '대전', '부산' 등의 지역명이나 그 지역명을 나타내는 코드로 서울은 '01', 대전은 '02', 부산은 '03'이라는 지역 코드가 있다면 이 코드들은 크고 작음을 비교할 수 없는 명목형 데이터가 된다.

순서형 데이터는 크고 작음이 비교가 가능한 범주 데이터를 말한다. 예를 들어, XL, L, M, S, XS 등의 의류 사이즈는 크고 작음의 비교가 가능한 순서형 데이터다.

다음은 factor()로 펙터(factor) 타입의 데이터를 저장하는 예다.

```
> # ("서울", "부산", "제주")의 전체 범주 중 "서울" 저장
> sido <- factor("서울", c("서울", "부산", "제주"))

> sido
[1] 서울
Levels: 서울 부산 제주

> class(sido)                   # 데이터 타입 확인
[1] "factor"                    # 펙터(factor) 타입임을 알 수 있음
```

levels()로 전체 범주를 확인하는 예다.

```
> levels(sido)           # 전체 범주(Category) 확인
[1] "서울" "부산" "제주"
```

factor()는 기본적으로 명목형 데이터를 생성한다. 순서형으로 만들려면 ordered = TRUE 옵션을 사용하거나 factor() 대신에 ordered()를 사용하면 된다.

```
> # ("XS", "S", "M", "L", "XL")의 전체 범주 중 "L" 저장
> # 순서형 범주 데이터를 위해 ordered = TRUE 옵션 사용
> size <- factor("L", c("XS", "S", "M", "L", "XL"), ordered = TRUE)

> # 순서형 범주 데이터를 위해 ordered() 함수 사용
> size <- ordered("L", c("XS", "S", "M", "L", "XL"))

> size
[1] L
Levels: XS < S < M < L < XL
```

지금까지 각 변수에 하나의 데이터를 저장하고 확인하는 코드를 보았다. 하지만, R은 하나 이상의 데이터를 저장할 수 있는 구조인 벡터가 기본적으로 생성된다. 벡터 외에도 여러 데이터를 담을 수 있는 저장 구조가 있으며 그 특징에 따라 벡터, 매트릭스, 데이터프레임, 배열, 리스트 등으로 구분한다.

벡터는 R의 기본 데이터 구조이며 변수에 하나의 값만 저장해도 벡터 구조로 생성된다. 이것은 일반적인 다른 프로그래밍 언어에는 없는 R의 특징이다. 데이터 분석을 주된 목적으로 하는 언어이기 때문이다. 하나의 변수에 2개의 데이터를 저장하는 예를 확인해 보자.

변수를 생성할 때 벡터 구조로 만들어진다.

```
> # a 변수에 10 저장
> # 디폴트로 여러 데이터를 저장할 수 있는 벡터 구조로 생성됨
> a <- 10

> # 디폴트로 벡터 구조이므로 a 변수의 두 번째 저장소에 접근 가능
> # 20을 a 벡터의 두 번째 위치에 저장
> a[2] <- 20

> # a 벡터의 첫 번째 위치에 10, 두 번째 위치에 20이 있음
> a
[1] 10 20
```

벡터에 대해 다음 절에서 좀 더 자세히 알아보자.

2.3 데이터 구조

벡터, 매트릭스, 데이터프레임, 배열, 리스트

- ✓ **벡터**는 하나 이상의 데이터를 저장할 수 있는 1차원 저장 구조다. 벡터 안의 데이터는 모두 같은 타입이다.

- ✓ **매트릭스**는 표 형태와 같은 2차원 데이터 저장 구조를 가진다. 매트릭스 안의 데이터는 벡터와 마찬가지로 모두 같은 데이터 타입이다.

- ✓ **데이터프레임**은 매트릭스처럼 행과 열을 가진 2차원 구조다. 벡터, 매트릭스와 다른 점은 각 열별로 서로 다른 데이터 타입을 가질 수 있다는 점이다

- ✓ **배열**은 다차원 데이터 저장 구조다. 벡터나 매트릭스처럼 동일한 데이터 타입으로 저장된다

- ✓ **리스트**는 다차원 데이터 저장 구조다. 배열과 다른 점은 키와 값 쌍으로 저장되며 값에 해당하는 데이터가 벡터, 매트릭스, 배열, 리스트 등 어떠한 데이터 종류도 가능하다는 점이다.

2.3.1 벡터

벡터(Vector)는 하나 이상의 데이터를 저장할 수 있는 1차원 저장 구조다.

6명의 학생 나이를 students_age 변수에 저장하는 예를 보자. 명령어 c의 괄호 안에 콤마를 구분자로 하나 이상의 데이터를 나열한 후, 변수에 저장한다.

c는 concentration(연결)을 의미하는 명령어다.

```
> students_age <- c(11, 12, 13, 20, 15, 21)
> students_age
[1] 11 12 13 20 15 21
```

length()로 벡터의 길이를 확인할 수 있다.

```
> length(students_age)              # 벡터의 길이 확인하기
[1] 6
```

students_age에 다음과 같은 1차원의 저장 구조인 벡터가 생성되고, 데이터가 저장된다. 벡터 안에 하나 이상의 데이터가 있고, 각각의 데이터 위치를 나타내는 인덱스가 존재한다. 인덱스는 1부터 시작된다(파이썬 등 다른 프로그래밍에서는 0부터 시작하는 것이 많다. 다른 프로그래밍 언어를 접한다면 주의해야 한다).

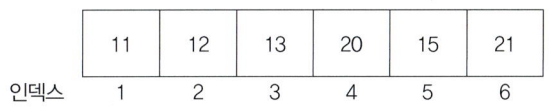

[그림 2-13] students_age 벡터

2.3.1.1 일부 데이터만 접근

인덱싱과 슬라이싱을 이용하여 일부 데이터만 접근할 수 있다.

인덱스를 이용하는 방법은 변수 이름 뒤 대괄호 [ ] 안에 접근할 데이터의 인덱스를 쓰면 된다. 이것을 **인덱싱**이라고 부른다.

```
> students_age[1]                   # 1번 인덱스의 데이터 추출하기
[1] 11
> students_age[3]                   # 3번 인덱스의 데이터 추출하기
[1] 13
```

특정 인덱스의 데이터만 제외하고 접근할 수도 있다. 제외하고 싶은 인덱스에 -를 붙이면 된다.

```
> students_age[-1]          # 1번 인덱스의 데이터만 제외하고 추출하기
[1] 12 13 20 15 21
```

다음은 슬라이싱을 살펴보자.

대괄호 [ ] 안에 [시작인덱스:끝인덱스]라고 쓰면, 시작 인덱스의 데이터부터 끝 인덱스 데이터까지 접근한다. 이것을 **슬라이싱**이라고 부른다.

```
> students_age[1:3]         # 1번부터 3번 인덱스까지의 데이터 추출하기
[1] 11 12 13
> students_age[4:6]         # 4번부터 6번 인덱스까지의 데이터 추출하기
[1] 20 15 21
```

2.3.1.2 벡터의 구조

class()로 데이터 타입을 확인할 수 있고, length()로 벡터 길이를 확인할 수 있다. str()는 데이터 타입, 길이 등 전체 구조를 확인할 수 있다.

```
> students_age <- c(11, 12, 13, 20, 15, 21)
> class(students_age)
[1] "numeric"
> length(students_age)
[1] 6
> str(students_age)
num [1:6] 11 12 13 20 15 21
```

2.3.1.3 벡터 데이터 추가, 갱신, 삭제

인덱스를 이용해서 벡터에 데이터를 갱신하거나 추가할 수 있다.

```
> score <- c(1, 2, 3)
> score[1] <- 10            # 1 인덱스에 저장하고 있던 데이터가 10으로 갱신됨
> score[4] <- 4             # 4 인덱스에 데이터가 없으므로 신규로 데이터 4가 추가됨
> score
[1] 10 2 3 4
```

2.3.1.4 벡터의 데이터 타입

벡터는 하나의 원시 데이터 타입으로 저장된다. 만약, 다양한 데이터 타입을 섞어 저장하면 하나의 타입으로 자동으로 형변환된다.

다음과 같이 숫자, 문자를 섞어 벡터를 만드는 경우 **문자타입**으로 모두 바뀌게 된다.

```
> code <- c(1, 12, "30")           # 문자(character) 타입으로 모두 변환됨
> class(code)
[1] "character"
> str(code)
 chr [1:3] "1" "12" "30"
```

숫자와 논리(TRUE, FALSE)를 섞어 벡터를 만드는 경우 **숫자타입**으로 모두 바뀌게 된다.

```
> code <- c(1, 12, TRUE, FALSE)    # 숫자(numeric) 타입으로 모두 변환됨
> class(code)
[1] "numeric"
> str(code)
 num [1:4] 1 12 1 0                # TRUE는 1, FALSE는 0의 숫자로 변환됨
```

2.3.1.5 벡터 데이터 생성

연속된 숫자를 생성하는 다양한 예를 보도록 하자.

```
> data <- c(1:10)                  # 1부터 10까지 1씩 증가시켜 생성하기
> data
 [1]  1  2  3  4  5  6  7  8  9 10

> data1 <- seq(1, 10)              # 1부터 10까지 1씩 증가시켜 생성하기
> data1
 [1]  1  2  3  4  5  6  7  8  9 10

> data2 <- seq(1, 10, by = 2)      # 1부터 10까지 2씩 증가시켜 생성하기
> data2
[1] 1 3 5 7 9
```

rep()를 이용하여 다음과 같이 반복된 숫자 벡터를 생성할 수 있다.

```
> data3 <- rep(1, times = 5)          # 1을 다섯 번 반복 생성하기
> data3
[1] 1 1 1 1 1

> data4 <- rep(1:3, times = 3)        # 1부터 3을 세 번 반복 생성하기
> data4
[1] 1 2 3 1 2 3 1 2 3

> data5 <- rep(1:3, each = 3)         # 1부터 3을 각각 세 번씩 반복 생성하기
> data5
[1] 1 1 1 2 2 2 3 3 3

> # 1부터 3을 각각 두 번씩 반복 생성하고, 전체 데이터를 세 번 반복 생성하기
> data6 <- rep(1:3, each = 2, times = 3)
> data6
 [1] 1 1 2 2 3 3 1 1 2 2 3 3 1 1 2 2 3 3
```

2.3.2 매트릭스(행렬)

매트릭스(matrix, 행렬)는 표 형태와 같은 2차원 데이터 저장 구조를 가진다. 매트릭스는 벡터와 마찬가지로 모두 같은 데이터 타입이어야 한다.

행렬은 matrix()로 생성한다. 다음은 행렬 생성 예다.

```
> var1 <- c(1, 2, 3, 4, 5, 6)

> # var1을 이용해서 2행 3열 행렬을 생성. 기본적으로 열 우선으로 값이 채워짐
> x1 <- matrix(var1, nrow = 2, ncol = 3)
> x1
     [, 1] [, 2] [, 3]
[1, ]   1    3    5
[2, ]   2    4    6

> # var1을 이용해서 2열 행렬을 생성. 행의 개수는 자동 계산됨
> x2 <- matrix(var1, ncol = 2)
> x2
     [, 1] [, 2]
[1, ]   1    4
[2, ]   2    5
[3, ]   3    6
```

2.3.2.1 일부 데이터만 접근

다음과 같이 대괄호 안에 행 인덱스, 열 인덱스를 사용하여 매트릭스의 일부 데이터만 접근할 수 있다.

```
> x1[1, ]          # x1의 1행, 모든 열
[1] 1 3 5
> x1[, 1]          # x1의 모든 행, 1열
[1] 1 2
> x1[2, 2]         # x1의 2행, 2열
[1] 4
```

dimnames()로 행렬의 행 이름, 열 이름을 부여할 수 있으며, 행 이름과 열 이름으로도 데이터 접근이 가능하다.

```
> dimnames(x2) <- list(c("r1", "r2", "r3"), c("c1", "c2"))    # x2행렬에 행 이름과 열 이름 부여
> x2
   c1 c2
r1  1  4
r2  2  5
r3  3  6

> x2[, "c1"]       # x2의 모든 행, c1열
r1 r2 r3
 1  2  3

> x2["r1", ]       # x2의 r1행, 모든 열
c1 c2
 1  4

> x2["r1", "c1"]   # x2의 r1행, c1열
[1] 1
```

2.3.2.2 행렬에 데이터 추가

rbind()로 행을 추가할 수 있고, cbind()로 열을 추가할 수 있다.

```
> x1
     [, 1] [, 2] [, 3]
[1, ]   1    3    5
[2, ]   2    4    6
```

```
> # 행 추가
> x1 <- rbind(x1, c(10, 10, 10))
> x1
     [, 1] [, 2] [, 3]
[1, ]   1    3    5
[2, ]   2    4    6
[3, ]  10   10   10

> # 열 추가
> x1 <- cbind(x1, c(20, 20, 20))
> x1
     [, 1] [, 2] [, 3] [, 4]
[1, ]   1    3    5   20
[2, ]   2    4    6   20
[3, ]  10   10   10   20
```

2.3.3 데이터프레임

데이터프레임(dataframe)은 매트릭스처럼 행과 열을 가진 2차원 구조다. **벡터, 매트릭스와 다른 점은 각 열이 서로 다른 데이터 형식을 가질 수 있다**는 것이다(단, 각 벡터의 길이가 동일해야 한다). 이러한 장점으로 인해 데이터 분석에서 가장 많이 사용되는 데이터 저장 구조다. data.frame()로 생성한다.

다음 그림의 데이터는 3개 열(no, age, gender)과 7개 행이 있다. 이와 같은 2차원 데이터 구조는 데이터프레임에 저장할 수 있다. 열은 속성(attribute) 또는 변수(variable, 통계학 용어)라고 부르며, 행은 관측 데이터라고 부른다.

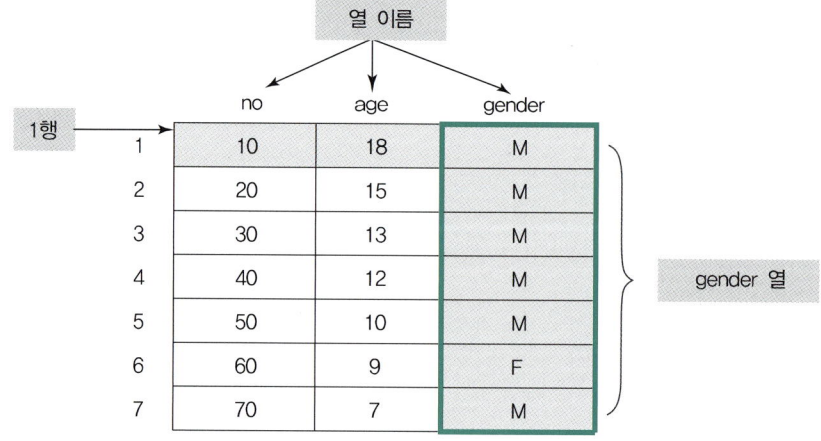

[그림 2-14] 데이터프레임

[그림 2-14]의 각 열을 벡터로 생성한 후 하나의 데이터프레임에 저장하는 예를 보자.

```
> # [그림 2-14]의 각 열을 벡터로 생성
> no <- c(10, 20, 30, 40, 50, 60, 70)
> age <- c(18, 15, 13, 12, 10, 9, 7)
> gender <- c("M", "M", "M", "M", "M" ,"F", "M")

> # no, age, gender 벡터들을 각 열로 포함하는 데이터프레임 생성
> # 이때 주의할 점은 각 벡터의 길이가 같아야 함
> students <- data.frame(no, age, gender)
> students
  no age gender
1 10  18      M
2 20  15      M
3 30  13      M
4 40  12      M
5 50  10      M
6 60   9      F
7 70   7      M
```

각 열의 이름은 colnames()로, 각 행의 이름은 rownames()로 확인할 수 있고, 수정할 수도 있다. 다음은 열 이름과 행 이름을 확인하는 예다.

```
> colnames(students)            # 열 이름
[1] "no"     "age"    "gender"

> rownames(students)            # 행 이름
[1] "1" "2" "3" "4" "5" "6" "7"
```

다음은 열 이름과 행 이름을 수정하는 예이다.

```
> colnames(students) <- c("no", "나이", "성별")
> rownames(students) <- c('A', 'B', 'C', 'D', 'E', 'F', 'G')

> students
  no 나이 성별
A 10  18    M
B 20  15    M
C 30  13    M
D 40  12    M
E 50  10    M
F 60   9    F
G 70   7    M
```

```
> # 영문 열 이름으로 수정
> colnames(students) <- c("no", "age", "gender")
```

2.3.3.1 일부 데이터만 접근

행 이름, 열 이름 또는 행 인덱스, 열 인덱스를 이용하여 일부 데이터만 접근할 수 있다.

열의 이름으로 특정 열에 접근하는 예를 먼저 보도록 하자. 데이터프레임의 변수이름$열이름 또는 대괄호 안에 콤마(,) 뒤 열의 이름을 써도 된다.

다음은 열 이름으로 특정 열에 접근하는 예이다.

```
> # 데이터프레임의 변수이름$열이름으로 특정 열에 접근하기
> students$no
[1] 10 20 30 40 50 60 70
> students$age
[1] 18 15 13 12 10 9 7

> # 대괄호 안에 열 이름으로 특정 열에 접근하기
> # 대괄호 안에 콤마(,)를 쓴 후 열 이름을 씀. 이때 열 이름은 " " 또는 ' '로 감쌈
> students[, "no"]
[1] 10 20 30 40 50 60 70
> students[, "age"]
[1] 18 15 13 12 10 9 7
```

다음은 열 인덱스로 특정 열에 접근하는 예이다.

```
> students[, 1]             # 첫 번째 열 데이터가 모두 출력됨
[1] 10 20 30 40 50 60 70
> students[, 2]             # 두 번째 열 데이터가 모두 출력됨
[1] 18 15 13 12 10  9  7
```

다음은 행 이름으로 특정 행만 접근하는 예이다.

```
> students["A", ]           # A행 데이터가 출력됨. 행 이름은 " " 또는 ' '로 감쌈
                            # 행 이름 뒤에 콤마(,)를 반드시 써야함

  no age gender
A 10  18      M
```

다음은 행 인덱스로 특정 행만 접근하는 예이다.

```
> students[1, ]              # 첫 번째 행 데이터가 출력
                             # 행 인덱스 뒤에 콤마(,)를 반드시 써야함
  no age gender
1 10  18      M
> students[2, ]              # 두 번째 행 데이터가 출력
                             # 행 인덱스 뒤에 콤마(,)를 반드시 써야함
  no age gender
2 20  15      M
```

행 인덱스, 열 인덱스 또는 행 이름, 열 이름으로 데이터에 접근할 수 있다.

```
> students[3, 1]             # 변수이름[행인덱스, 열인덱스]로 작성
[1] 30
> students["A", "no"]        # 변수이름["행이름", "열이름"]으로 작성
[1] 10
```

이 밖에 데이터를 추출하는 다양한 방법은 〈2.4 R 기초 프로그래밍〉에서 자세히 소개한다.

2.3.3.2 데이터프레임의 데이터 타입

벡터의 경우 class()로 데이터 타입을 확인하면 벡터 내에 저장된 데이터의 타입이 출력되지만 그 외의 데이터 구조는 데이터 구조 자체의 타입이 출력된다. 데이터 구조도 하나의 데이터 타입이다.

```
> class(students)
[1] "data.frame"             # students의 데이터 구조가 data.frame임을 확인
```

> **참고** 데이터 타입을 확인하기 위해 class(), typeof(), mode() 등의 함수를 사용할 수 있다. 세 함수는 각각 다른 값을 가질 수도 아닐 수도 있다. class()는 객체지향 관점에서 상속받은 클래스 이름을 반환하고, typeof()는 내부에 저장되는 형식인 원시 데이터 타입을 반환한다. mode()는 typeof()보다 더 넓은 의미의 데이터 타입이다. 예를 들어, typeof()가 double이나 interger로 반환하는 타입을 mode()는 모두 numeric으로 반환한다.
>
> 예)
> ```
> > a <- 10
> > class(age)
> [1] "numeric"
> > mode(age)
> [1] "numeric"
> > typeof(age)
> [1] "double"
> ```

데이터프레임 내의 각 열은 서로 다른 벡터이므로 각 벡터별로 다른 기본 데이터 타입을 가지고 있을 수 있다. class()로 특정 열의 데이터 타입을 확인할 수 있다.

```
> class(students$no)
[1] "numeric"
> class(students$gender)
[1] "character"
```

위의 예에서 students$gender열이 문자 타입임을 확인할 수 있었는데 만약, 데이터프레임 생성 시 문자 타입을 펙터타입으로 생성하고 싶으면 stringsAsFactors = TRUE 옵션을 사용하면 된다.

```
> no <- c(10, 20, 30, 40, 50, 60, 70)
> age <- c(18 , 15, 13, 12, 10, 9, 7)
> gender <- c("M", "M", "M", "M", "M" ,"F", "M")

> new_students <- data.frame(no, age, gender, stringsAsFactors = TRUE)
> class(new_students$gender)       # new_students$name가 펙터타입임을 확인할 수 있음
[1] "factor"
```

3.6 이전의 R 버전을 사용하고 있다면 stringAsFators = TRUE가 디폴트이므로 참고하기 바란다.

2.3.3.3 데이터프레임의 구조

벡터와 마찬가지로 str()로 데이터프레임의 대략적인 구조를 확인할 수 있다.

```
> str(students)
'data.frame':      7 obs. of  3 variables:       # 7행 3열
 $ no    : num  10 20 30 40 50 60 70
 $ age   : num  18 15 13 12 10 9 7
 $ gender: Factor w/ 2 levels "F","M": 2 2 2 2 2 1 2
```

dim()으로 차원 정보를 확인할 수 있다.

```
> dim(students)
[1] 7 3              # 7행 3열
```

빅데이터 경우 앞이나 뒤의 몇 행의 데이터만 출력하여 데이터를 파악하는 것이 유용할 때가 있다. head()와 tail()로 앞 뒤 일부 데이터만 추출할 수 있다.

```
> head(students)      # 앞의 6행만 추출
> tail(students)      # 뒤의 6행만 추출
```

2.3.3.4 데이터프레임 데이터 추가

데이터프레임에 열을 추가할 수 있다. 기존에 존재하지 않은 열 이름으로 벡터를 저장하면 열이 추가된다. 만약, 기존에 존재하는 열 이름이면 데이터가 갱신된다.

다음은 students에 name 열을 추가하는 예이다.

```
> students$name <- c("이용", "준희", "이훈", "서희", "승희", "하정", "하준")
> students
  no age gender name
A 10  18      M 이용
B 20  15      M 준희
C 30  13      M 이훈
D 40  12      M 서희
E 50  10      M 승희
F 60   9      F 하정
G 70   7      M 하준
```

데이터프레임에 행을 추가할 수 있다. 기존에 존재하지 않는 행 이름 또는 행 인덱스를 사용하여 행을 추가할 수 있다. 만약, 존재하는 행 이름 또는 행 인덱스에 데이터를 저장하면 기존 데이터가 갱신된다.

다음은 students에 행을 추가하는 예이다.

```
> students["H",] <- c(80, 10, 'M', '홍길동')      # 행 추가
> tail(students)
  no age gender   name
C 30  13      M   이훈
D 40  12      M   서희
E 50  10      M   승희
F 60   9      F   하정
G 70   7      M   하준
H 80  10      M   홍길동
```

2.3.4 배열

배열(array)은 다차원 데이터 저장 구조다. 벡터나 행렬처럼 하나의 원시 데이터 타입으로 저장된다. array()로 배열을 만들 수 있다. 다음은 배열 생성 예다.

```
> var1 <- c(1:12)            # 벡터 생성하기
> var1
 [1]  1  2  3  4  5  6  7  8  9 10 11 12
```

```
> arr1 <- array(var1, dim = c(2, 2, 3))     # var1 벡터 데이터를 이용하여 3차원 배열을 생성하기
> arr1
, , 1

     [, 1] [, 2]
[1, ]   1    3
[2, ]   2    4

, , 2

     [, 1] [, 2]
[1, ]   5    7
[2, ]   6    8

, , 3

     [, 1] [, 2]
[1, ]   9   11
[2, ]  10   12

> arr2 <- array(var1, dim = c(6, 2))        # 2차원 배열 생성하기
> arr3 <- array(var1, dim = c(2, 2, 2, 2))  # 4차원 배열 생성하기
```

2.3.5 리스트

리스트(list)는 다차원 데이터 저장 구조다. 배열과 다른 점은 키와 값 쌍으로 저장되며 값에 해당하는 데이터가 벡터, 행렬, 배열, 리스트 등 어떠한 데이터 구조의 데이터도 가능하다는 점이다. list()로 리스트를 생성하는 예를 보도록 하자.

먼저, 리스트에 저장할 다양한 데이터 구조를 생성한다.

```
> v_data <- c("02-111-2222", "01022223333")                    # 벡터
> m_data <- matrix(c(21:26), nrow = 2)                         # 행렬
> a_data <- array(c(31:36), dim = c(2, 2, 2))                  # 배열
> d_data <- data.frame(address = c("seoul", "busan"),          # 데이터프레임
+                     name = c("Lee", "Kim"), stringsAsFactors = F)
```

다음은 위에서 생성한 다양한 데이터 구조에 담긴 데이터를 리스트에 저장하는 예이다.

```
> # list(키1 = 값, 키2 = 값, ….)와 같이 키와 값 쌍으로 리스트 생성
> list_data <- list(name = "홍길동",      # name 키에 "홍길동" 값 저장
+                   tel = v_data,         # tel 키에 v_data를 값으로 저장
+                   score1 = m_data,      # score1 키에 m_data를 값으로 저장
+                   score2 = a_data,      # score2 키에 a_data를 값으로 저장
+                   friends = d_data)     # frends 키에 d_data를 값으로 저장
```

다음과 같은 방법으로 리스트의 일부 데이터에 접근할 수 있다.

```
> # 리스트이름$키
> list_data$name              # list_data에서 name키와 쌍을 이루는 값
[1] "홍길동"
> list_data$tel               # list_data에서 tel키와 쌍을 이루는 값
[1] "02-111-2222" "01022223333"

> # 리스트이름[숫자]
> list_data[1]                # list_data에서 첫 번째 서브 리스트
$name
[1] "홍길동"
```

2.4
R 기초 프로그래밍

> if ~ else 문, for 문, 함수 정의, 함수 호출, 매개변수, NULL, NA, Inf, NaN

- ✅ if 문 소괄호 안에 조건을 쓰고, 그 조건이 TRUE이면 if 문 뒤 { } 안의 문장이 수행된다. 조건이 FALSE이면 else 문 뒤 { } 안의 문장이 수행된다.

- ✅ for 문은 문장이 여러 번 수행할 수 있도록 제어하는 반복문이다.

- ✅ 함수에 프로그램 코드를 저장하는 것을 함수 정의라고 부른다.

- ✅ 함수 이름으로 저장된 프로그램 코드를 불러(호출하여) 실행하는 것을 함수 호출이라고 한다.

- ✅ 함수 외부에서 데이터를 받아 저장할 변수를 매개변수라고 부른다.

- ✅ NULL은 변수에 값이 아직 정해지지 않았다는 의미로 변수를 초기화할 때 사용하는 상수다.

- ✅ NA는 데이터 분석에서 중요한 용어인 결측값을 의미하는 상수다.

- ✅ Inf는 무한대 실수를 의미하는 상수다.

- ✅ NaN은 'Not a Number'를 의미하는 상수다.

2.4.1 연산

먼저 R의 연산자에 대하여 살펴보고, 예제를 통해 연산을 수행해보자. 다음 연산자는 벡터와 행렬 구조의 연산에서 적용된다.

[표 2-1] 연산자

수치 연산자		
연산자 기호	설명	예제
+ - * /	사칙연산	예) 10 + 2; 10 - 2; 10 * 2; 10 / 2
%%	나눈 나머지	예) 10 %% 3 # 10을 3으로 나눈 나머지. 결과는 1
%/%	나눈 몫	예) 10 %/% 3 # 10을 3으로 나눈 몫. 결과는 3
^	자승	예) 2 ^ 3 # 결과는 8
논리 연산자		
연산자 기호	설명	예제
==	같으면 참	예) 10 == 10 # 결과는 TRUE
!=	틀리면 참	예) 10 != 10 # 결과는 FALSE
〈	작으면 참	예) 10 〈 5 # 결과는 FALSE
〈=	작거나 같으면 참	예) 10 〈= 10 # 결과는 TRUE
〉	크면 참	예) 10 〉 5 # 결과는 TRUE
〉=	크거나 같으면 참	예) 10 〉= 5 # 결과는 TRUE
%in%	연산자 뒤 나열한 값들 중 하나와 일치하면 참	예) n 〈- 20 n %in% (c(10, 20, 30)) # 결과는 True # n이 10 또는 20 또는 30이면 True
&	AND 연산자 양쪽 모두 참이면 참	예) n 〈- 10 n 〉= 0 & n 〈= 100 # 양쪽 모두 TRUE이므로 결과는 TRUE
|	OR 연산자 둘 중 하나만 참이면 참	예) n 〈- 1000 n 〉= 0 | n 〈= 100 # n 〉= 0이 TRUE이므로 결과는 TRUE
!	NOT 연산자 참이면 거짓 거짓이면 참	예) ! (10 == 10) # 결과는 FALSE

&, | 대신 &&, || 연산자를 사용하는 경우가 있는데, &&, ||는 하나의 진리값만 필요한 경우 사용할 수 있다. 즉, 벡터 연산이나 행렬 연산에서는 사용할 수 없는 경우가 많고, if 문 등에서 많이 사용된다. if 문은 연산에 이어서 다룬다.

2.4.1.1 벡터 연산

벡터와 스칼라의 사칙연산을 수행하면 벡터 안의 모든 데이터에 각각 연산이 적용된다. 여기에서 스칼라란 0차원 배열, 즉, 하나의 값을 말한다.

다음은 벡터와 스칼라의 연산 예다.

```
> score <- c(10, 20)
> score + 2              # score 벡터의 모든 데이터(10과 20)에 각각 2(스칼라)를 더하여 반환
[1] 12 22
> score                  # score 벡터 자체는 변경되지 않아서 이전 값을 가지고 있음
[1] 10 20

> # 연산 결과를 score 변수에 반영하려면 다음과 같이 score에 연산 결과를 저장함
> score <- score + 2     # score 벡터의 모든 데이터에 각각 2를 더하고, 연산 결과를 score에 저장
> score                  # score가 변경된 것을 확인할 수 있음
[1] 12 22
```

다음과 같은 벡터와 벡터의 연산은 벡터 안의 각 데이터 간에 연산이 발생한다.

```
> first_score <- c(100, 200)
> second_score <- c(90, 91)

> sum_score <- first_score + second_score   # 벡터와 벡터의 더하기 연산
> sum_score
[1] 190 291      # 100 + 90  200 + 91

> diff <- first_score - second_score
> diff
[1] 10 109       # 100 - 90  200 - 91
```

더하기뿐만 아니라 빼기(-), 곱하기(*), 나누기(/), 나눈 나머지(%%), 나눈 몫(%/%), 자승(^) 등도 동일하게 적용된다.

길이가 다른 벡터 간 연산을 하면 개수가 부족한 쪽 벡터의 처음 데이터부터 반복되면서 연산이 수행된다.

```
> first_score <- c(100, 200, 300)     # 3개의 데이터
> second_score <- c(100, 91)          # 2개의 데이터
> sum <- first_score + second_score   # 벡터 간 데이터 개수가 맞지 않음

# 길이가 다른 벡터 간의 연산의 경우 아래와 같은 경고 메시지가 나오지만 연산은 수행됨
Warning message:
In first_score + second_score:
```

```
longer object length is not a multiple of shorter object length
> sum
[1] 200 291 400            # 100 + 100   200 + 91   300 + 100
```

다음은 벡터의 논리 연산 예다.

```
> first_score <- c(100, 200, 300)
> second_score <- c(100, 91, 300)

> # first_score 데이터와 second_score 데이터가 각각 서로 같은지 비교하는 연산
> first_score == second_score
[1] TRUE FALSE TRUE

> # first_score 데이터가 0에서 100 사이의 값인지 하나씩 비교하는 연산
> first_score >= 0 & first_score <= 100
[1] TRUE FALSE FALSE   # 첫 번째 데이터만 1에서 100사이 값이라 첫 데이터만 TRUE

> # first_score 데이터가 1 또는 2 또는 100인지 비교하는 연산
> first_score %in% c(1, 2, 100)
[1] TRUE FALSE FALSE
> # 첫 번째 데이터만 TRUE
> # 나머지 데이터는 1도 아니고 2도 아니고 100도 아니므로 FALSE
```

2.4.1.2 행렬 연산

다음은 행렬과 스칼라 연산 예다. 벡터와 마찬가지로 행렬 안의 모든 데이터에 각각 연산이 적용된다.

```
> m1 <- matrix(c(1, 2, 3, 4, 5, 6), nrow = 2)
> m1 <- m1 * 10                        # 행렬과 스칼라 곱하기 연산

> m1
     [, 1]  [, 2]  [, 3]
[1, ]  10     30     50
[2, ]  20     40     60
```

다음은 행렬과 행렬의 연산 예다.

```
> m1 <- matrix(c(1, 2, 3, 4, 5, 6, 7, 8, 9), nrow = 3)
> m2 <- matrix(c(2, 2, 2, 2, 2, 2, 2, 2, 2), nrow = 3)
> m1
```

```
     [, 1] [, 2] [, 3]
[1, ]  1    4    7
[2, ]  2    5    8
[3, ]  3    6    9

> m2
     [, 1] [, 2] [, 3]
[1, ]  2    2    2
[2, ]  2    2    2
[3, ]  2    2    2

> m1 + m2             # 행렬과 행렬 간 더하기(+) 연산. 빼기(-) 연산도 같은 방법으로 적용
     [, 1] [, 2] [, 3]
[1, ]  3    6    9
[2, ]  4    7   10
[3, ]  5    8   11

> m1 * m2             # 행렬과 행렬 간 곱하기(*) 연산. 나누기(/) 연산도 같은 방법으로 적용
     [, 1] [, 2] [, 3]
[1, ]  2    8   14
[2, ]  4   10   16
[3, ]  6   12   18
```

곱하기(*) 연산자와는 다른 행렬곱(%*%) 연산자가 있다. 행렬곱 연산은 행렬의 각 요소들 간에 단순 곱을 하는 곱하기(*) 연산과는 다른데, 다음 식이 행렬곱(%*%)의 계산 방법을 보여준다.

$$\begin{pmatrix} 1 & 2 \\ 3 & 4 \end{pmatrix} \%*\% \begin{pmatrix} 5 & 6 & 7 \\ 8 & 9 & 10 \end{pmatrix} = \begin{pmatrix} 1\times5+2\times8 & 1\times6+2\times9 & 1\times7+2\times10 \\ 3\times5+4\times8 & 3\times6+4\times9 & 3\times7+4\times10 \end{pmatrix}$$

다음은 행렬곱 예다.

```
> jumsu <- matrix(c(1, 2, 3, 4), ncol = 2, byrow = T)
> jumsu
     [, 1] [, 2]
[1, ]  1    2
[2, ]  3    4

> weight <- matrix(c(5, 6, 7, 8, 9, 10), ncol = 3, byrow = T)
> weight
     [, 1] [, 2] [, 3]
[1, ]  5    6    7
[2, ]  8    9   10

> jumsu %*% weight
     [, 1] [, 2] [, 3]
[1, ] 21   24   27
[2, ] 47   54   61
```

다음은 전치 행렬과 역행렬의 예다. t()로 전치 행렬을 생성할 수 있고, solve()로 역행렬을 구할 수 있다.

```
> jumsu
     [, 1] [, 2]
[1, ]   1    2
[2, ]   3    4

> t(jumsu)                    # jumsu의 전치 행렬
     [, 1] [, 2]
[1, ]   1    3
[2, ]   2    4

> solve(jumsu)                # jumsu의 역행렬
     [, 1] [, 2]
[1, ] -2.0  1.0
[2, ]  1.5   -0
```

2.4.2 흐름 제어문

컴퓨터 프로그램의 수행 순서는 기본적으로 왼쪽에서 오른쪽, 위에서 아래로 문장이 하나씩 수행된다. 이 기본 흐름을 변경할 수 있는 문장이 있는데 그것을 흐름 제어문이라고 한다. 흐름 제어문은 크게 조건문과 반복문으로 나눌 수 있다. 조건문으로는 if~ else 문 등이 있고, 반복문으로는 for, while, repeat 문 등이 있다.

2.4.2.1 if ~ else 문

조건문은 어떤 문장을 실행할지 하지 않을지를 판단하는 문장이다. if 문 소괄호 뒤에 조건을 쓰고, 그 조건이 TRUE이면 if 문 뒤 { } 안의 문장이 수행된다.

다음은 if(조건) { } 문장 예다. if 뒤 소괄호() 안에 TRUE 또는 FALSE가 결과로 나오는 조건을 쓴다. 조건이 TRUE이면 { } 안의 문장이 수행된다.

```
> score <- 95
> if(score <= 100 & score >= 80) {    # 조건이 TRUE이므로 아래 문장이 실행
+     print("조건이 TRUE인 경우만 수행할 문장")
+ }
[1] "조건이 TRUE인 경우만 수행할 문장"
```

다음은 if(조건) { } else { } 문장 예다.

if 뒤 소괄호() 안의 조건이 FALSE이면 else { } 안의 문장이 수행된다.

```
> score <- 86
> if(score >= 91) {           # 이 조건의 결과는 FALSE
+     print("A")              # 조건이 TRUE일 때 수행할 문장
+ } else {
+     print("B or C or D")    # 조건이 FALSE일 때 수행할 문장
+ }
[1] "B or C or D"
```

다음은 if(조건) { } else if(조건) { } else 문을 연속해서 사용한 예이다.

```
> score <- 86
> if(score >= 91) {print("A")
+ } else if(score >= 81) {print(" B ")   # score는 86이므로 이 조건이 TRUE
+ } else if(score >= 71) {print(" C ")
+ } else if(score >= 61) {print(" D ")
+ } else {print (" F ")}
[1] " B "
```

2.4.2.2 ifelse() 함수

ifelse() 함수는 if ~ else 문과 동일한 기능을 한다. ifelse() 함수의 사용 방법은 다음과 같다.

> ifelse(조건, "조건이 TRUE일 때 수행할 문장", "조건이 FALSE일 때 수행할 문장")

다음은 score가 91 이상일 때 "A"를 출력하고, 그렇지 않으면 "FALSE일 때 수행"을 출력하는 프로그램을 ifelse() 함수로 작성한 예다.

```
> score <- 85
> ifelse(score >= 91, "A", "FALSE일 때 수행")
[1] "FALSE일 때 수행"
```

ifelse() 함수를 중첩하여 사용할 수도 있다.

> ifelse(조건1, "조건1이 TRUE일 때 수행할 문장", ifelse(조건2, " ", " "))

조건1이 FALSE이면 ifelse(조건2 , " ", " ") 문장을 수행한다.

다음은 ifelse() 함수를 중첩하여 사용한 예다.

```
> score <- 85
> ifelse(score >= 91, "A", ifelse(score >= 81, "B", "C or D "))
[1] "B"
> # score >= 91 조건이 FALSE이므로 ifelse(score >= 81, "B", "C or D ") 문장이 수행되고,
> # 다음 조건인 score >= 81는 TRUE이므로 B가 출력

> score <- 95
> ifelse(score >= 91, "A", ifelse(score >= 81, "B","C or D "))
[1] "A"
> # score >= 91 조건이 TRUE이므로 A가 출력

> score <- 65
> ifelse(score >= 91, "A", ifelse(score >= 81, "B", ifelse(score >= 71, "C", "D ")))
[1] "D"
> # 모든 조건이 FALSE이므로 D가 출력
```

조건문으로 switch 문도 있지만 R에서는 많이 사용되지 않으므로 설명을 생략한다.

2.4.2.3 for 문

for 문은 문장이 여러 번 수행할 수 있도록 제어하는 반복문 중 하나이다.

```
> # 다음 for 문은 첫 수행 시 num에 1이 저장되고, 그 다음 1씩 증가된 값이 저장됨
> # num이 3이 될 때까지 {print(num)}의 문장이 반복 수행
> for(num in(1:3)) {
+   print(num)
+ }
[1] 1
[1] 2
[1] 3

> # 반복 수행할 문장이 단 하나이면 중괄호는 생략해도 됨
> for(num in(1:3))
+   print(num)
[1] 1
[1] 2
[1] 3
```

2.4 R 기초 프로그래밍 | 71

for 문 안에 if 문이나 다른 제어문을 중첩해서 사용할 수 있다.

```
> for(num in (1:5)) {
+   if(num %% 2 == 0)
+     print(paste(num, "짝수"))
+   else
+     print(paste(num, "홀수"))
+ }
[1] "1 홀수"
[1] "2 짝수"
[1] "3 홀수"
[1] "4 짝수"
[1] "5 홀수"
```

for 문을 이용해서 하나씩 수행하는 것보다 벡터나 행렬 연산을 통해서 수행하는 것이 속도면에서 훨씬 유리하다. 위의 예제와 동일한 결과를 출력하는 벡터 연산을 다음과 같이 할 수 있다.

```
> num <- c(1:5)
> ifelse(num %% 2 == 0, paste(num, "짝수"), paste(num, "홀수"))
[1] "1 홀수" "2 짝수" "3 홀수" "4 짝수" "5 홀수"
```

2.4.2.4 while 문

for 문과 같은 반복문 중에 하나이다. 무한루프에 빠지지 않도록 조건이 언젠가 FALSE가 될 수 있게 주의해서 프로그램해야 한다.

> while(조건) {조건이 TRUE일 때 반복해서 수행할 문장}

```
> num <- 1
> while(num <= 5) {        # num이 5와 같거나 이하이면 { } 안의 문장을 수행
+   print(num)
+   num <- num + 1
+ }
[1] 1
[1] 2
[1] 3
[1] 4
[1] 5
```

while 문도 for 문과 같이 다른 제어문과 중첩해서 사용할 수 있다. 대체할 수 있는 벡터 연산이 있는 경우 벡터 연산이 수행 속도가 더 빠르므로 벡터 연산을 사용한다.

2.4.2.5 break 문

반복문 안에서 break 문을 만나면 반복문이 끝나게 된다.

다음은 break 문을 이용하여 s 변수가 100 이상이 되면 반복문을 끝내는 예제다.

```
> s <- 0

> # x가 1부터 1000까지 1씩 증가하는 동안 다음 문장을 반복 수행하는 for 문
> for(x in 1:1000)) {
+   s <- s + x
+   if(s >= 100)
+     break                    # s가 100 이상인 경우 break 문을 수행하여 반복문이 끝남
+ }

> print(s)                     # for 문장이 s가 105일 때 종료된 것을 확인할 수 있음
[1] 105
```

2.4.2.6 next 문

반복문 안에서 next 문을 만나면 수행해야 할 반복문의 일부를 건너 띄게 된다.

```
> cnt = 0
> for(x in c(1, 2, NA, 3, NA, 4, 5)) {
+   if(is.na(x))               # x가 NA이면 TRUE
+     next                     # 다음 print 문장은 건너 띄고, for 문 수행
+   print(x)
+ }
[1] 1
[1] 2
[1] 3
[1] 4
[1] 5
```

2.4.2.7 repeat 문

다른 프로그램 언어의 do~ while 문과 유사하다. while 문은 조건문이 처음부터 FALSE이면 반복문이 한 번도 수행되지 않을 수 있지만, repeat 문은 문장이 일단 수행된 후 다시 반복할지를 결정하는 조건 검사를 할 수 있어 적어도 한 번은 반드시 수행되도록 프로그래밍할 수 있다. while 문장과 마찬가지로 무한 루프에 빠지지 않도록 주의하여 프로그램해야 한다.

```
> num <- 1
> repeat {
+   print(num)
+   num <- num + 2
+   if(num > 10)
+     break;
+ }
[1] 1
[1] 3
[1] 5
[1] 7
[1] 9
```

2.4.3 함수

변수는 데이터를 저장하고 있는 반면에 함수는 프로그램 코드를 저장하고 있다.

[그림 2-15] 변수와 함수

함수에 프로그램 코드를 저장하는 것을 함수 정의라고 부르고, 함수 이름으로 저장된 프로그램 코드를 불러(호출하여) 실행하는 것을 함수 호출이라고 한다. 함수를 호출할 때는 함수 이름 뒤에 소괄호()를 붙인다.

내장 함수(built in)란 이미 만들어져 있는 즉, 이미 정의되어 있는 함수를 말한다. 내장 함수에는 앞서 사용한 print(), str(), head() 등 유용한 함수가 존재한다. 사용자가 새롭게 함수를 정의할 수도 있는데 이것은 사용자 정의 함수라고 부른다.

프로그래밍 실력을 향상시키려면 프로그램의 기본 문법을 익힌 후 이미 만들어져 있는 유용한 내장 함수의 사용법 및 기능을 익히는 것이 중요하며 사용자 정의 함수도 적절하게 잘 작성할 수 있어야 한다. 어떤 프로그램 코드가 전체 프로그램의 여러 부분에서 동일하게 반복적으로 사용된다면 사용자 정의 함수로 저장해두고, 필요할 때마다 호출하여 사용하는 것이 프로그램 관리에 유용하다. 다음은 사용자 정의 함수 생성과 호출 예제를 살펴보자.

2.4.3.1 함수 생성과 호출

변수에 데이터를 저장하는 대신 프로그램 코드를 저장하면 변수가 아니라 함수가 생성된다. 함수를 생성하려면 function이라는 키워드(프로그래밍 언어에서 특수한 역할을 하도록 이미 약속이 되어있는 단어를 말한다. 예를 들어, if, for, function 등의 단어는 R의 키워드이므로 변수 이름으로 사용할 수 없다. 앞서 〈2.2.1 변수〉 변수 이름 규칙에서 학습했던 것을 기억해보자)가 필요하다. 함수에 저장할 프로그램 코드를 function() 뒤 중괄호 { } 안에 작성한다.

다음은 사용자 정의 함수를 생성하는 예다.

```
> a <- function() {      # a는 변수가 아닌 함수로 생성
+ print("testa")
+ print("testa")
}
# 함수 생성이 함수의 실행을 의미하지는 않음
# a()라는 함수가 생성되었을 뿐임
```

함수를 생성하는 것과 실행하는 것은 다르다. 함수에 저장된 프로그램 코드를 실행하는 것을 함수 호출이라고 부른다. 함수 호출의 방법은 함수 이름 뒤에 소괄호 ( )를 붙이면 된다.

```
> a()              # a() 함수가 호출되어 a() 함수에 저장된 프로그램 코드가 실행
[1] "testa"
[1] "testa"
```

2.4.3.2 매개변수가 있는 함수

함수를 생성할 때 함수 외부에서 데이터를 전달받아 이용하도록 만들 수 있다. 함수 외부에서 데이터를 받아 저장할 변수를 매개변수라고 부른다. 매개변수 생성은 function 뒤 소괄호 ( )에 변수 이름을 작성하면 된다. 함수 프로그램 코드 안에서 이 변수의 데이터를 활용하여 프로그램을 작성할 수 있다.

```
> a <- function(num) {       # num이라는 이름의 매개변수가 있는 함수를 생성
+   print(num)               # num 변수의 값을 출력하는 코드를 작성
+ }

> # num 매개변수에 20을 넘겨주고, 함수를 호출. 이때 20을 매개인자라고 부름
> a(20)
[1] 20
> # num 매개변수에 10을 넘겨주고, 함수를 호출. 이때 10을 매개인자라고 부름
> a(10)
[1] 10
```

```
> # a() 함수는 num 매개변수에 데이터를 하나 넘겨주어야 하는 함수로 생성되었는데
> # 아래와 같이 매개인자없이 호출하면 오류가 발생
> a()
Error in print(num) : argument "num" is missing, with no default

> # a() 함수가 이미 존재할 때 같은 이름의 함수를 생성하면 오류가 나지는 않고
> # (다른 프로그램 언어에서는 오류가 나는 경우가 있다) 함수의 코드가 바뀌게 됨
```

예제에서 사용한 함수는 문법을 설명하기 위해 작성한 것으로 이렇게 단순한 코드를 함수로 작성하는 경우는 거의 없다. 이 예제에서는 함수 호출 시 매개변수를 이용하여 데이터를 함수에 넘겨주는 것이 가능하며, 함수 실행 결과가 매개인자로 받은 데이터에 따라 결과가 다를 수 있다는 것을 이해하면 된다.

2.4.3.3 두 개 이상의 매개변수가 있는 함수

함수의 매개변수가 다음 예와 같이 두 개 이상 있을 수 있다.

```
> a <- function(num1, num2) {    # 두 개의 매개변수
+   print(paste(num1, ' ', num2))
+ }
```

두 개 이상의 매개변수에 값을 전달하며 함수를 호출하는 방법은 여러 가지가 있다.

순서대로 매핑하는 방법이다. 매개변수가 여러 개인 경우 순서대로 매핑된다.

```
> # 매개변수에 순서대로 매핑. 즉, num1 매개변수에 10, num2 매개변수에 20이 전달
> a(10, 20)
[1] "10   20"
```

다음은 매개변수 이름을 직접 기재해서 매개인자를 전달하는 방법이다.

```
> a(num1 = 10, num2 = 20)        # num1 매개변수에 10, num2 매개변수에 20이 전달
[1] "10   20"

> a(num2 = 20, num1 = 10)        # 매개변수 이름을 직접 작성하는 경우는 순서는 상관이 없음
[1] "10   20"
```

매개변수 이름을 작성하여 데이터를 전달하는 경우 = 연산자나 <- 연산자를 사용할 수 있다. 두 연산자는 약간의 차이가 있는데, = 로 할당했을 때는 함수 실행이 끝난 후 그 변수는 존재하지 않으나 <- 로 할당했을 때는 변수가 존재한다.

```
> a(num1 <- 10, num2 = 20)      # 함수 실행이 끝나도 <- 로 값을 할당한 num1 변수는 존재
[1] "10   20"
> print(num1)                   # num1 변수는 존재하므로 값이 출력됨
[1] 10
> print(num2)                   # num2 변수는 존재하지 않아 오류가 발생
Error in print(num2) : object 'num2' not found
```

2.4.3.4 디폴트값이 있는 매개변수

매개변수에 디폴트(default) 값을 지정할 수 있다. 다음은 디폴트값이 있는 매개변수의 예다.

```
> a <- function(num1, num2 = 10) {    # num2에 디폴트값 10을 지정
+   print(paste(num1,' ',num2))
+ }

> a(num1 = 10)                  # 디폴트값이 있는 num2 변수에는 값을 전달하지 않아도 됨
[1] "10   10"                   # num2는 디폴트값인 10으로 실행

> a(10)
[1] "10   10"                   # num2는 디폴트값인 10으로 실행

> # 디폴트값이 있는 경우도 데이터가 전달되면 전달받은 데이터가 변수에 적용
> a(10, 30)                     # num1은 10으로, num2는 30으로 전달
[1] "10   30"

> a(num2 = 20)                  # 디폴트값이 없는 매개변수 num1의 데이터를 생략하여 오류가 발생
Error in paste(num1, " ", num2) : argument "num1" is missing, with no default
```

다음은 디폴트값이 있는 매개변수의 또 다른 예다.

```
> calculator <- function(num1, num2, op = "+") {    # op 매개변수의 디폴트값은 "+"
+   result <- 0
+   if(op == "+") {
+     result <- num1 + num2
+   }else if(op == "-") {
+     result <- num1 - num2
+   }else if(op == "*") {
+     result <- num1 * num2
+   }else if(op == "/") {
+     result <- num1 / num2
+   }
+   print(result)
```

```
+ }
> calculator(10, 20, "-")
[1] -10
> calculator(10, 20)   # op 매개변수에 값을 전달하지 않아 디폴트값인 + 가 사용됨
[1] 30
```

2.4.3.5 가변길이 매개변수

매개인자로 넘어오는 데이터의 개수를 제한하지 않을 수 있다. 이것을 가변길이 매개변수라고 부른다. 매개변수 이름을 작성하는 자리에 (…)으로 작성하면 된다.

다음은 가변길이 매개변수를 가지는 함수 예다.

```
> # a() 함수는 매개인자 데이터의 개수를 제한하지 않는 가변길이를 가짐
> a <- function(...) {
+   for(n in c(...)) {
+     print(n)
+   }
+ }
> a(1, 2)
[1] 1
[1] 2
> a(1, 2, 3, 4)
[1] 1
[1] 2
[1] 3
[1] 4
> a(10)
[1] 10
```

2.4.3.6 리턴 데이터가 있는 함수

함수의 실행이 끝난 후 실행 결과의 데이터를 함수를 호출한 쪽으로 돌려줄 수 있다. 함수를 호출한 곳에 데이터를 돌려준다는 의미로 리턴 데이터 또는 반환 데이터라고 부른다. 함수에서 데이터를 리턴하려면 return 뒤 소괄호 ( ) 안에 리턴할 데이터나 변수를 작성하면 된다.

다음은 리턴 데이터가 있는 함수의 예다.

```
> calculator <- function(num1, op = "+", num2) {
+   result <- 0
+   if(op == "+") {
+     result <- num1 + num2
+   }else if(op == "-") {
+     result <- num1 - num2
+   }else if(op == "*") {
+     result <- num1 * num2
+   }else if(op == "/") {
+     result <- num1 / num2
+   }
+   return(result)
+ }

> n <- calculator(1, "+", 2)    # n은 calculator()로부터 반환받은 3을 저장
> print(n)
[1] 3

> n <- calculator(1, "+", 2)    # n은 calculator()로부터 1+2의 결과인 3을 반환받아 저장
> n <- calculator(n, "*", 2)    # n은 calculator()로부터 3*2의 결과인 6을 반환받아 저장
> n <- calculator(n, "-", 2)    # n은 calculator()로부터 6-2의 결과인 4를 반환받아 저장
> print(n)
[1] 4

> # 함수를 중첩하여 호출하면 가장 안쪽의 함수부터 실행됨
> print(calculator(calculator(calculator(1, "+", 2), "*", 2), "-", 2))
> # ((1+2) * 2) - 2 순으로 처리됨.
[1] 4
```

이렇게 단순한 내용을 함수로 작성하는 경우는 없으나 리턴 데이터를 설명하기 위한 간단한 예제다. 리턴 데이터의 문법을 익히는 데 도움이 되길 바란다.

2.4.4 유용한 함수와 상수

요즘은 집전화가 없는 사람이 많다. 따라서 고객 정보 데이터 중에 집전화 항목이 비워져 있는 경우가 있을 수 있는데 이것을 결측값(결측치)이라고 한다. 데이터 분석에서는 결측값 처리가 매우 중요하다. 여기서는 몇 가지 유용한 함수, 그리고 상수에 대해서 알아보자.

2.4.4.1 NULL과 NA

NULL은 변수에 값이 아직 정해지지 않았다는 의미로 변수를 초기화할 때 사용하는 상수다. NA는 데이터 분석에서 중요한 용어인 결측값을 의미하는 상수다. 예를 들어, 학생들의 시험점수를 수집하려고 하는데 한 학생이 시험을 보지 않았다면 그 학생의 시험점수는 관찰되지 못한다. 이때 결측값(결측값 처리 예제는 4.1.2.2에서 충분히 다룬다)으로 처리하고 NA를 저장할 수 있다.

```
> a <- NULL
> is.null(a)              # is.null()로 NULL여부 확인이 가능
[1] TRUE

> b <- NA
> jumsu <- c(NA, 90, 100) # 첫 번째 값에 NA 저장

> is.na(b)                # is.na()로 NA 여부 확인이 가능
[1] TRUE

> is.na(jumsu)            # NA 여부 확인 시 첫 번째 데이터에 대해서만 TRUE가 반환
[1] TRUE FALSE FALSE
```

2.4.4.2 Inf 와 NaN

Inf는 무한대 실수를 의미하는 상수이며, NaN은 'Not a Number'를 의미하는 상수다.

```
> num <- 10 / 0 ; num     # 연산 결과가 양수 무한대이므로 Inf가 저장됨
[1] Inf
> num <- -10 / 0 ; num    # 연산 결과가 음수 무한대이므로 -Inf가 저장됨
[1] -Inf
> num <- 0 / 0  ; num     # 연산이 불가능하여 NaN이 저장됨
[1] NaN
```

2.4.4.3 데이터 타입 변환과 타입 확인

데이터의 변환은 암시적 즉, 자동으로 종종 일어난다. 자동이 아닌 명시적으로 데이터를 변환해야 할 경우는 다음과 같은 함수를 이용하면 된다.

명시적인 데이터 타입 변환 예를 보도록 하자.

```
> data <- c(1, 2, 3)          # data 변수에 숫자 벡터를 저장
> d1 <- as.character(data)    # data의 데이터를 불러와 character 타입으로 변환하여 반환
> d2 <- as.numeric(data)      # data의 데이터를 불러와 numeric 타입으로 변환하여 반환
```

```
> d3 <- as.factor(data)        # data의 데이터를 불러와 factor 타입으로 변환하여 반환
> d4 <- as.matrix(data)        # data의 데이터를 불러와 matrix 타입으로 변환하여 반환
> d5 <- as.array(data)         # data의 데이터를 불러와 array 타입으로 변환하여 반환
> d6 <- as.data.frame(data)    # data의 데이터를 불러와 dataframe 타입으로 변환하여 반환
```

데이터 타입을 확인할 수 있는 다양한 함수가 있다.

```
> data <- c(1, 2, 3)           # data 변수에 숫자 벡터를 저장
> is.character(data)           # character 타입 여부 반환
[1] FALSE
> is.numeric(data)             # numeric 타입 여부 반환
[1] TRUE
> is.factor(data)              # factor 타입 여부 반환
[1] FALSE
> is.matrix(data)              # matrix 타입 여부 반환
[1] FALSE
> is.array(data)               # array 타입 여부 반환
[1] FALSE
> is.data.frame(data)          # dataframe 타입 여부 반환
[1] FALSE

> class(data)
[1] "numeric"
> str(data)
 num [1:3] 1 2 3
```

2.4.4.4 변수 삭제

remove() 또는 rm()를 이용해서 변수를 삭제할 수 있다.

```
> score <- 100
> remove(score)                # 또는 rm(score)
> score                        # score 변수가 삭제되었기 때문에 값을 불러올 수 없어 오류
Error: object 'score' not found
```

2.5 R을 이용한 데이터 조작 방법

> head(), tail(), str(), summary(), dim(), read.csv(), read.xlsx(), fread()

- ✓ head() 함수는 첫 번째 행부터 6번째 행까지 추출한다.

- ✓ tail() 함수는 마지막 행부터 6개의 행까지 추출한다.

- ✓ str() 함수로 데이터의 구조를 파악할 수 있다.

- ✓ summary() 함수로 숫자 데이터의 각 열(컬럼)별 최소값, 1사분위수, 중앙값, 3사분위수, 최대값, 평균을 구할 수 있다.

- ✓ dim() 함수로 데이터의 차원을 확인할 수 있다.

- ✓ read.csv() 함수로 csv 파일을 불러올 수 있다.

- ✓ read.xlsx() 함수을 이용하여 엑셀 파일을 읽어온다.

- ✓ fread() 함수는 빠른 속도로 데이터를 읽어올 수 있어 빅데이터 파일을 읽을 때 매우 유용하다.

2.5.1 데이터의 대략적인 특징 파악에 유용한 함수

분석할 데이터셋이 준비되면 데이터셋의 대략적인 특징을 빠른 시간에 파악할 필요가 있다. 이때 유용한 함수를 살펴보도록 하자.

여기서는 준비된 데이터로 Orange 데이터셋을 사용한다. R에는 기본적으로 내장되어 있는 몇 개의 데이터셋이 있다. 그 중의 하나인 Orange 데이터셋은 오렌지 나무의 종류, 수령, 둘레 등 오렌지 나무에 대한 데이터셋이며 데이터프레임 구조로 되어 있다.

2.5.1.1 head() 함수

head() 함수는 첫 번째 행부터 6번째 행까지 추출한다.

```
> head(Orange)                    # 첫 번째 행부터 6번째 행까지 추출
  Tree age circumference          # 오렌지 나무의 종류, 수령, 둘레
1   1  118            30
2   1  484            58
3   1  664            87
4   1 1004           115
5   1 1231           120
6   1 1372           142
```

Orange 데이터셋의 Tree열(변수)은 펙터(factor) 데이터 타입으로 오렌지 나무의 종류를 의미한다. age 변수는 숫자 데이터 타입이며 나무의 나이 데이터다. circumference 변수는 숫자 데이터 타입이며 나무의 둘레 데이터다.

head()의 두 번째 매개인자로 추출할 행 개수를 지정할 수 있다.

```
> head(Orange, 3)                 # 첫 번째 행부터 3번째 행까지 추출
  Tree age circumference
1   1  118            30
2   1  484            58
3   1  664            87
```

2.5.1.2 tail() 함수

tail() 함수는 마지막 행부터 6개의 행까지 추출한다.

```
> tail(Orange)              # 마지막 행부터 위로 6개의 행까지 추출
   Tree  age circumference
30    5  484              49
31    5  664              81
32    5 1004             125
33    5 1231             142
34    5 1372             174
35    5 1582             177
```

tail()의 두 번째 매개인자로 추출할 행 개수를 지정할 수 있다.

```
> tail(Orange, 3)           # 마지막 행부터 위로 3개의 행까지 추출
   Tree  age circumference
33    5 1231             142
34    5 1372             174
35    5 1582             177
```

2.5.1.3 str() 함수

str() 함수로 데이터의 구조를 파악할 수 있다.

```
> str(Orange)
Classes 'nfnGroupedData', 'nfGroupedData', 'groupedData' and 'data.frame': 35 obs. of 3 variables:
 $ Tree         : Ord.factor w/ 5 levels "3"<"1"<"5"<"2"<..: 2 2 2 2 2 2 2 4 4 4 ...
 $ age          : num  118 484 664 1004 1231 ...
 $ circumference: num  30 58 87 115 120 142 145 33 69 111 ...
 .. 중략
```

위 예제의 출력 결과를 하나씩 살펴보자.

35 obs. of 3 variables : Orange 데이터는 총 '35개의 관측값과 3개의 열(변수)이 존재한다'는 의미다.

$ Tree : Ord.factor w/ 5 levels : Tree 변수는 'Ordered factor 데이터 타입이며 총 5개의 범주(level)가 있다'는 의미다.

그 다음 라인의 출력 결과로 age 변수와 circumference 변수는 각각 number 데이터 타입임을 알 수 있다.

2.5.1.4 summary() 함수

summary() 함수로 숫자 데이터의 각 열(변수)별 최소값(Min), 1사분위수(1st Qu), 중앙값(Median), 3사분위수(3rd Qu), 최대값(Max), 평균(Mean)을 구할 수 있다. 팩터(factor) 데이터의 경우는 각 범주별로 관측값 개수를 구할 수 있다. 다음은 summary()의 예다.

```
> summary(Orange)
 Tree        age         circumference
 3:7   Min.   : 118.0   Min.   : 30.0
 1:7   1st Qu.: 484.0   1st Qu.: 65.5
 5:7   Median :1004.0   Median :115.0
 2:7   Mean   : 922.1   Mean   :115.9
 4:7   3rd Qu.:1372.0   3rd Qu.:161.5
       Max.   :1582.0   Max.   :214.0
```

age 변수와 circumference 변수 각각의 최소값, 1사분위수, 중앙값, 평균, 3사분위수, 최대값이 출력되었다. Tree 변수는 범주별로 관측값 개수가 출력되었다. 범주(level)는 3, 1, 5, 2, 4가 있고 범주별로 각각 7건의 관측값이 있는 것을 알 수 있다.

2.5.1.5 dim() 함수

dim() 함수로 데이터의 차원을 확인할 수 있다.

```
> dim(Orange)
[1] 35  3          # 35행, 2열의 데이터임을 확인
```

2.5.2 외부 파일 읽기

데이터셋은 여러 파일 형식으로 저장되어 있다. 외부 파일을 R로 읽어오는 방법에 대해 알아보자.

2.5.2.1 CSV 파일 불러오기

read.csv() 함수로 csv 파일을 불러올 수 있다. 다음과 같은 내용으로 되어 있는 "NHIS_OPEN_GJ_EUC-KR.csv" 파일을 read.csv() 함수로 읽어오는 예를 보도록 하자.

[표 2-2] NHIS_OPEN_GJ_EUC-KR.csv 파일

성별코드	신장	체중	허리둘레	공복혈당
F	160	60	79.5	96
M	170	55	69.3	79
M	165	70	85	80
F	150	45	71.5	100
F	145	50	77	124
F	155	50	75	97
M	175	65	80	80
M	165	85	98	122
F	155	55	69	85
F	140	45	72	111

다음은 data 디렉토리의 "NHIS_OPEN_GJ_EUC-KR.csv" 파일을 읽어오는 예다.

```
> nhis <- read.csv("data/NHIS_OPEN_GJ_EUC-KR.csv")
> head(nhis)
  성별코드 신장 체중 허리둘레 공복혈당
1        F  160   60     79.5       96
2        M  170   55     69.3       79
3        M  165   70     85.0       80
4        F  150   45     71.5      100
5        F  145   50     77.0      124
6        F  155   50     75.0       97
```

위 예제 실행을 위해서는 현재 작업 디렉토리 하위에 data 디렉토리가 있어야 하고, data 디렉토리 하위에 "NHIS_OPEN_GJ_EUC-KR.csv" 파일이 존재해야 한다. 현재 작업 디렉토리는 getwd()로 확인할 수 있다.

```
> getwd()
```

현재 작업 디렉토리에서 파일의 존재를 확인했는데도 에러가 발생한다면 문자의 인코딩 문제일 수 있다. 다음과 같이 csv 파일을 읽을 때 문자 인코딩을 지정할 수 있다.

```
> nhis <- read.csv("data/NHIS_OPEN_GJ_EUC-KR.csv", fileEncoding = "EUC-KR")
> nhis <- read.csv("data/NHIS_OPEN_GJ_UTF-8.csv", fileEncoding = "UTF-8")
```

문자를 팩터타입으로 읽으려면 다음과 같이 stringsAsFactor = TRUE 옵션을 사용하고, 문자타입으로 읽으려면 stringsAsFactor = FALSE 옵션을 사용한다.

```
> nhis <- read.csv("data/NHIS_OPEN_GJ_UTF-8.csv", fileEncoding = "UTF-8", stringsAsFactor = TRUE)
```

read.csv()는 읽어온 데이터를 데이터프레임에 담아 리턴한다. str()로 데이터프레임의 구조를 확인해볼 수 있다. 다음은 str()로 nhis의 구조를 확인하는 예다.

```
> str(nhis)
'data.frame':     100 obs. of  5 variables:
 $ 성별코드: Factor w/ 2 levels "F","M": 1 2 2 1 1 1 2 2 1 1 ...
 $ 신장    : int  160 170 165 150 145 155 175 165 155 140 ...
 $ 체중    : int  60 55 70 45 50 50 65 85 55 45 ...
 $ 허리둘레: num  79.5 69.3 85 71.5 77 75 80 98 69 72 ...
 $ 공복혈당: int  96 79 80 100 124 97 80 122 85 111 ...

# 첫 번째 출력 라인의 100 obs. of  5 variables: 에 의해
# 총 5개의 열(변수)과 총 100개의 행(관측 데이터)이 존재함을 알 수 있다.
```

csv 파일의 첫 행인 "성별코드, 신장, 체중, 허리둘레, 공복혈당"이 각각 열 이름으로 읽혔음을 알 수 있다. 만약, csv 파일에 열 이름이 없어 첫 행부터 데이터로 읽어야 한다면 header = F 옵션을 사용하면 된다. "신장", "체중", "공복혈당"은 int, "허리둘레"는 num, "성별코드"는 팩터타입으로 읽혔음을 알 수 있다.

read.table()을 이용하여 csv 파일을 불러올 수도 있다. 다음은 read.table()을 사용한 예다.

```
> nhis <- read.table("data/NHIS_OPEN_GJ_EUC-KR.csv",
                     header = T,
                     sep = ",")                    # 구분자
```

열의 구분자를 지정하는 sep=","와 첫 행을 열 이름으로 읽는 header = T가 read.csv()에서 디폴트인 것과 다르게 read.table()는 디폴트가 아니므로 필요한 경우 반드시 작성해야 한다. header = T가 생략되거나, header = F이면 첫 행부터 데이터로 읽어들인다.

다음과 같은 콤마(,)를 구분자로 한 txt 파일도 마찬가지 방법으로 읽어 올 수 있다.

성별코드,	신장,	체중,	허리둘레,	공복혈당
F,	160,	60,	79.5,	96
M,	170,	55,	69.3,	79
M,	165,	70,	85,	80
F,	150,	45,	71.5,	100
F,	145,	50,	77,	124
F,	155,	50,	75,	97
M,	175,	65,	80,	80
M,	165,	85,	98,	122

```
> nhis <- read.table("data/NHIS_OPEN_GJ_EUC-KR.txt",
                     header = T,
                     sep = ",")                  # 구분자
```

2.5.2.2 엑셀 파일 불러오기

엑셀 파일을 읽으려면 패키지를 설치해야 한다. 엑셀 파일을 다루는 여러 가지 패키지 중 본서에서는 openxlsx 패키지의 read.xlsx()를 살펴본다.

먼저, openxlsx 패키지를 설치한 후 로드한다.

```
> install.packages('openxlsx')        # openxlsx 패키지 설치하기
> library(openxlsx)                   # openxlsx 패키지 불러오기
```

다음은 data 디렉토리의 "NHIS_OPEN_GJ_EUC-KR.xlsx" 파일을 읽어오는 예다. read.xlsx()을 이용하여 엑셀 파일을 읽어온다.

```
> nhis_sheet1 <- read.xlsx('data/NHIS_OPEN_GJ_EUC-KR.xlsx')
> # 디폴트로 엑셀 파일의 첫 번째 sheet를 읽음.

> head(nhis_sheet1)
  가입자일련번호 성별코드 연령대코드(5세단위) 시도코드 허리둘레
1              1        2                   7       48     79.5
2              2        1                   6       26     69.3
3              3        1                  12       28     85.0
4              4        2                  15       27     71.5
5              5        2                  14       41     77.0
6              6        2                  12       27     75.0
```

다음은 엑셀 파일의 시트 번호를 지정해서 읽는 예이다.

```
> nhis_sheet2 <- read.xlsx('data/NHIS_OPEN_GJ_EUC-KR.xlsx', sheet = 2)
> # 두 번째 sheet를 읽음.
```

2.5.2.3 빅데이터 파일 불러오기

data.table 패키지의 fread()는 빠른 속도로 데이터를 읽을 수 있어 빅데이터 파일을 읽을 때 매우 유용하다. 다음은 1,000,000개 관측값이 있는 83,663KB 크기의 "NHIS_OPEN_GJ_BIGDATA_UTF-8.csv" 파일을 읽는 예다.

먼저, data.table 패키지를 설치한 후 로드한다.

```
> install.packages('data.table')     # data.table 패키지 설치하기
> library(data.table)                 # data.table 패키지 불러오기
```

fread()을 이용하여 대용량 csv 파일을 읽어온다.

```
> nhis_bigdata = fread("data/NHIS_OPEN_GJ_BIGDATA_UTF-8.csv", encoding = "UTF-8")
> str(nhis_bigdata)
Classes 'data.table' and 'data.frame': 1000000 obs. of  32 variables:
 $ 가입자일련번호       : int  1 2 3 4 5 6 7 8 9 10 ...
 $ 성별코드             : int  2 1 1 2 2 2 1 1 2 2 ...
 $ 연령대코드(5세단위)  : int  7 6 12 15 14 12 12 13 11 15 ...
 $ 시도코드             : int  48 26 28 27 41 27 31 44 41 48 ...

 ...  (지면관계상 중간 생략)
```

첫 번째 출력 라인의 1000000 obs. of 32 variables에 의해 총 32개의 열(변수)과 총 1,000,000 개의 행(관측 데이터)을 읽어 왔음을 알 수 있다. 대용량 파일임에도 빠른 속도로 데이터를 불러온다.

2.5.3 데이터 추출

데이터프레임의 전체 데이터가 아닌 일부만 추출하여 분석해야 하는 경우가 종종 있다. 데이터프레임의 일부 행 또는 일부 열만 추출하는 방법을 살펴본다.

2.5.3.1 행 제한

Orange 데이터프레임에서 일부 행만 추출하는 예를 보도록 하자.

● 행 인덱스를 이용하여 행 제한

Orange[1,]는 1행만 추출된다. Orange[-1,]은 1행만 제외하고 모든 행이 추출된다. 그 외 다양한 방법으로 추출할 행을 제한할 수 있다.

```
> Orange[1, ]                    # 1행
    Tree age circumference
1    1  118         30

> Orange[1:5, ]                  # 1행부터 5행까지
    Tree  age circumference
1    1   118         30
2    1   484         58
3    1   664         87
4    1  1004        115
5    1  1231        120

> Orange[6:10, ]                 # 6행부터 10행까지
    Tree  age circumference
6    1  1372        142
7    1  1582        145
8    2   118         33
9    2   484         69
10   2   664        111

> Orange[c(1, 5), ]              # 1행과 5행
    Tree age circumference
1    1  118         30
5    1 1231        120

> Orange[-c(1:29), ]             # 1~29행 제외하고 모든 행
    Tree age circumference
30   5   484         49
31   5   664         81
32   5  1004        125
33   5  1231        142
34   5  1372        174
35   5  1582        177
```

● 데이터를 비교하여 행 제한

데이터프레임 대괄호 안에서 데이터를 비교하여 추출할 행을 제한하는 코드를 작성할 수 있다.

```
> Orange[Orange$age == 118, ]    # age열의 데이터가 118인 행만 추출
    Tree age circumference
1    1  118         30
8    2  118         33
15   3  118         30
22   4  118         32
29   5  118         30
```

```
> Orange[Orange$age %in% c(118, 484), ]    # age열의 데이터가 118또는 484인 행만 추출
> Orange[Orange$age >= 1372, ]             # age열의 데이터가 1372와 같거나 큰 행만 추출
```

● **subset() 함수를 이용한 행 제한**

subset()으로 데이터프레임의 일부 데이터를 추출할 수 있다. subset()의 첫 번째 매개인자로 데이터프레임을, 두 번째 매개인자로 행을 제한할 비교 연산을 작성하면 된다.

```
> # Orange 데이터프레임에서 Tree열의 값이 1인 행만 추출
> subset(Orange, Tree == 1)
  Tree age circumference
1    1 118            30
2    1 484            58
3    1 664            87
4    1 1004          115
5    1 1231          120
6    1 1372          142
7    1 1582          145

> # Orange 데이터프레임에서 age가 1500 이상이거나 Tree열의 값이 1인 행만 추출
> subset(Orange, age >= 1500 | Tree == 1)
   Tree age circumference
1     1  118           30
2     1  484           58
3     1  664           87
4     1 1004          115
5     1 1231          120
6     1 1372          142
7     1 1582          145
14    2 1582          203
21    3 1582          140
28    4 1582          214
35    5 1582          177

> # Orange 데이터프레임에서 Tree열의 값이 3또는 2 이고, age가 1000이상인 행만 추출
> subset(Orange, Tree%in%c(3, 2) & age >= 1000)
   Tree age circumference
11    2 1004          156
12    2 1231          172
13    2 1372          203
14    2 1582          203
18    3 1004          108
19    3 1231          115
20    3 1372          139
21    3 1582          140
```

2.5.3.2 열 제한

Orange 데이터프레임에서 일부 열만 추출하는 예를 보도록 하자.

● 열 이름을 이용하여 열 제한

추출할 열(변수) 이름을 대괄호 안 콤마(,) 뒤에 작성하면 된다. Orange[, "circumference"]는 모든 행의 circumference열만을 추출한다. Orange[, c("Tree", "circumference")]는 모든 행의 Tree와 circumference열을 추출한다. 첫 번째 행의 Tree열, circumference열만을 추출하려면 Orange[1, c("Tree", "circumference")]를 실행하면 된다. 즉, 대괄호 뒤 첫 번째 인자는 행을 제한할 수 있는 행 인덱스나 조건을 쓰는 자리이고, 콤마(,) 뒤 두 번째 인자는 열을 제한하는 열 이름이나, 열 인덱스를 작성하는 자리이다.

```
> # Orange의 circumference열만 추출. 행은 모든 행 추출
> Orange[, "circumference"]
 [1]  30  58  87 115 120 142 145  33  69 111 156 172 203 203  30  51
[17]  75 108 115 139 140  32  62 112 167 179 209 214  30  49  81 125
[33] 142 174 177

> # Orange의 Tree와 circumference열만 추출. 행은 1행만 추출
> Orange[1, c("Tree", "circumference")]
  Tree circumference
1    1            30
```

● 열 인덱스를 이용하여 열 제한

추출할 열 인덱스를 대괄호 안 콤마(,) 뒤에 작성하면 된다. Orange[, 1]는 첫 번째 열만 추출한다. Orange[, c(1, 3)]는 첫 번째와 세 번째 열을 추출한다. Orange[, c(1:3)]는 첫 번째 열부터 세 번째 열까지 추출한다.

```
> Orange[, 1]          # Orange 데이터프레임의 1열만 추출
> Orange[, c(1, 3)]    # Orange 데이터프레임의 1열과 3열만 추출
> Orange[, c(1:3)]     # Orange 데이터프레임의 1열부터 3열까지 추출
> Orange[, -c(1, 3)]   # Orange 데이터프레임의 1열과 3열만 제외하고 추출
```

● subset() 함수를 이용한 열 제한

subset() 함수로 데이터프레임의 일부 데이터를 추출할 수 있다. subset()의 첫 번째 매개인자로 데이터프레임을 담고, 세 번째 매개인자로 추출할 열 이름 또는 열 인덱스를 작성하면 된다.

```
> subset(Orange, , c("age", "Tree"))   # Orange 데이터프레임의 age열과 Tree열만 추출
> subset(Orange, , c(1, 2))            # Orange 데이터프레임의 1열과 2열만 추출
```

2.5.3.3 행과 열 제한

행과 열을 모두 제한하여 추출하는 예를 보도록 하자. 데이터프레임의 대괄호 안에 행 인덱스나 비교연산자를 이용하여 행을 제한하고 콤마(,) 뒤 추출할 열 이름이나 열 인덱스를 작성하면 된다.

```
> # 1행~5행, circumference열 추출
> Orange[1:5, "circumference"]
[1]  30  58  87 115 120

> # Tree열이 3또는 2인 행의 Tree열과 circumference열 추출
> Orange[Orange$Tree %in% c(3, 2), c("Tree", "circumference")]
   Tree circumference
8     2            33
9     2            69
10    2           111
11    2           156
12    2           172
13    2           203
14    2           203
15    3            30
16    3            51
17    3            75
18    3           108
19    3           115
20    3           139
21    3           140
```

subset()으로 데이터프레임의 행과 열을 제한하여 데이터를 추출할 수 있다. subset()의 첫 번째 매개인자로 데이터프레임을 담고, 두 번째 매개인자로 행을 제한할 비교 연산, 세 번째 매개인자로 추출할 열 이름 또는 열 인덱스를 작성하면 된다.

```
> # Orange 데이터프레임의 Tree열의 값이 1인 행의 age열만 추출
> subset(Orange, Tree == 1, "age")
   age
1  118
2  484
3  664
4 1004
5 1231
6 1372
7 1582
```

2.5.3.4 정렬

이번에는 데이터를 추출한 후 정렬하는 예를 보도록 하자. order()는 데이터를 오름차순으로 정렬한 후 정렬 결과 데이터의 인덱스를 순서대로 반환해준다. order()가 반환한 인덱스 순서대로 데이터를 추출하면 정렬된 데이터가 추출된다.

다음은 Orange 데이터프레임에서 circumference가 50보다 작은 행을 대상으로 circumference 값을 기준으로 정렬한 후 출력하는 예다.

```
> # 1) 먼저, circumference가 50보다 적은 행만 추출하여 OrangeT1에 담음
> OrangeT1 <- Orange[Orange$circumference < 50, ]
> OrangeT1
    Tree age circumference
1    1  118            30
8    2  118            33
15   3  118            30
22   4  118            32
29   5  118            30
30   5  484            49

> # 2) circumference 데이터의 오름차순으로 인덱스를 리턴
> order(OrangeT1$circumference)
[1] 1 3 5 4 2 6
> # circumference 데이터가 가장 낮은 행은 1행이고, 그 다음은 3, 5, 4, 2, 6행 순임을 알 수 있음

> # 3) order()를 이용하여 OrangeT의 circumference 값 기준으로 오름차순 정렬한 후,
> # 추출하려면 다음과 같이 작성하면 됨
> OrangeT1[order(OrangeT1$circumference), ]
    Tree age circumference
1    1  118            30
15   3  118            30
29   5  118            30
22   4  118            32
8    2  118            33
30   5  484            49

> # 4) 내림차순 정렬은 order() 안에 마이너스(-) 기호를 사용하면 됨
> OrangeT1[ order(-OrangeT1$circumference ), ]
    Tree age circumference
30   5  484            49
8    2  118            33
22   4  118            32
1    1  118            30
15   3  118            30
29   5  118            30
```

2.5.3.5 그룹별 집계

이번에는 그룹별 집계를 살펴보도록 하자. aggregate()를 이용하여 데이터프레임의 그룹별 집계를 할 수 있다. 첫 번째 매개인자의 ~ 뒤에 그룹핑할 기준 열 이름을 쓰고, ~ 앞에 집계할 데이터가 있는 열 이름을 쓴다.

다음 예는 Orange 데이터프레임에서 Tree열의 값이 같은 행끼리 묶은 후, circumference 값의 평균을 구하는 예다.

```
> # Tree별 circumference 평균
> aggregate(circumference ~ Tree, Orange, mean)
  Tree circumference
1    3       94.00000
2    1       99.57143
3    5      111.14286
4    2      135.28571
5    4      139.28571

> # Tree별 age 평균
> aggregate(age ~ Tree, Orange, mean)
  Tree      age
1    3 922.1429
2    1 922.1429
3    5 922.1429
4    2 922.1429
5    4 922.1429
```

2.5.3.6 plyr 패키지

ply() 함수는 두 개 문자 접두어를 가진다. 접두어의 첫 문자는 입력 데이터 타입을 나타내고, 두 번째 문자는 출력 데이터 타입을 나타낸다.

접두어로 쓸 수 있는 글자는 다음과 같은 것이 있다.

[표 2-3] 접두어 문자

접두어 문자	설명
a	배열
d	데이터프레임
l	리스트
_	출력 용도로만 사용이 가능하다. 아무 출력이 없을 때 사용한다.

예를 들어, ddply()는 첫 번째 문자와 두 번째 문자가 모두 d이므로 입력과 출력 데이터 타입이 모두 데이터프레임인 함수다. 다른 예로, adply()는 첫 번째 문자는 a이므로 입력은 배열이고, 두 번째 문자는 d이므로 출력은 데이터프레임인 함수다. 단, 배열이 아니더라도 숫자 인덱스로 처리가 가능한 경우는 데이터프레임 등 다른 데이터 타입도 입력이 가능하다.

각 함수는 데이터를 입력받아 분할하고, 함수를 적용하여 처리한 후, 결과를 재조합하는 과정을 거친다. plyr 패키지를 설치하고 로드한다.

```
> install.packages("plyr")        # plyr 패키지 설치하기
> library(plyr)                   # plyr 패키지 불러오기
```

다음은 ddply()를 활용하여 Orange 데이터프레임의 Tree열의 값이 같은 것끼리 분할한 후 summarize()를 적용하여 circumference 평균을 구하고, 새로운 변수 m에 저장한 후 반환하는 예다.

```
> ddply(Orange, .(Tree), summarise, m = mean(circumference))
  Tree      m
1    3  94.00000
2    1  99.57143
3    5 111.14286
4    2 135.28571
5    4 139.28571
```

다음의 예는 ddply()를 활용하여 Orange 데이터 중 age >1300인 행만 추출한 후 Tree열의 값이 같은 것끼리 분할하고, circumference 평균을 구하여 새로운 변수 m에 저장한다. 단, transform()를 적용하여 반환하는 예다. transform()는 입력 데이터프레임에 결과 변수 m열을 추가하여 반환한다.

```
> ddply(Orange[Orange$age >1300, ], .(Tree), transform, m = mean(circumference))
   Tree age circumference     m
1     3 1372           139 139.5
2     3 1582           140 139.5
3     1 1372           142 143.5
4     1 1582           145 143.5
5     5 1372           174 175.5
6     5 1582           177 175.5
7     2 1372           203 203.0
8     2 1582           203 203.0
9     4 1372           209 211.5
10    4 1582           214 211.5
```

2.5.3.7 dplyr 패키지

dplyr 패키지는 %>% 기호와 select(), filter() 등의 함수로 데이터프레임에서 데이터를 추출할 수 있도록 해준다. 다음은 Orange 데이터프레임에서 데이터를 추출하는 예다. 지면관계상 실행 결과는 생략했다. 먼저, dplyr 패키지를 설치한 후 로드한다.

```
> install.packages("dplyr")      # dplyr 패키지 설치하기
> library(dplyr)                 # dplyr 패키지 불러오기
```

다음은 %>% 기호를 이용하여 Orange 데이터프레임에서 데이터를 추출하는 예다.

```
> # 1) 행 제한
> Orange %>% filter(age >= 200)          # age >= 200인 행, 모든 열 추출

> # 2) 열 제한
> Orange %>% select(circumference)        # 모든 행, circumference열 추출
> Orange %>% select(Tree, circumference)  # 모든 행, Tree와 circumference열 추출
> Orange %>% select(-age)                 # 모든 행, age열 제외한 모든 열 추출
> Orange %>% select(-age) %>% head        # age열 제외한 모든 열, 첫 행부터 6개 행 추출

> # 3) 행과 열 제한
> # age >= 200인 행, age, circumference열, 첫 행부터 6개 행 추출
> Orange %>% filter(age >= 200) %>% select(age, circumference) %>% head
> # Tree == 1인 행, age, circumference열 추출
> Orange %>% filter(Tree == 1) %>% select(age, circumference)
> # Tree가 1 또는 2인 행, age, circumference열 추출
> Orange %>% filter(Tree %in% c(1, 2)) %>% select(age, circumference)

> # 4) 정렬
> Orange %>% arrange(age)              # age열 데이터를 기준으로 오름차순 정렬하여 추출
> Orange %>% arrange(-age)             # age열 데이터를 기준으로 내림차순 정렬하여 추출

> # age열 데이터를 기준으로 오름차순 정렬하고, age열 데이터가 같은 경우
> # circumference열 데이터를 기준으로 오름차순 정렬하여 추출
> Orange %>% arrange(age, circumference)

> # 행 제한 조건: age >= 200
> # 정렬 조건: age열 데이터를 기준으로 오름차순 정렬
> # 열 제한 조건: Tree열, age열
> Orange %>% filter(age >= 200) %>% arrange(age) %>% select(Tree, age)

> # 5) 그룹별 집계
> # Tree열 데이터가 같은 행끼리 그룹핑한 후 각 그룹별 행 개수 추출
> Orange %>% group_by(Tree) %>% summarise(n())
```

```
> # Tree열 데이터가 같은 행끼리 그룹핑한 후 각 그룹별 행 개수와 circumference 평균 추출
> Orange %>% group_by(Tree) %>% summarise(n(), mean(circumference))

> # Tree열 데이터가 같은 행끼리 그룹핑한 후 각 그룹별 행 개수와 circumference 평균과
> # age 합과 age 평균 추출
> Orange %>% group_by(Tree) %>% summarise(n(), mean(circumference), sum(age) , mean(age))

> # 6) 파생 열 생성
> # Tree열 데이터가 같은 행끼리 그룹핑한 후 각 그룹별 행 개수 추출하고,
> # tot라는 파생 열 생성. tot는 각 그룹별 행 개수 저장
> Orange %>% group_by(Tree) %>% summarise(n = n()) %>% mutate(tot = sum(n))
```

2.5.3.8 sqldf 패키지

sqldf()는 SQL에 익숙한 사용자에게 유용한 함수다. sqldf()는 SQL을 이용하여 데이터를 조회할 수 있게 해준다.

먼저, sqldf 패키지를 설치한 후 로드한다.

```
> install.packages("sqldf")     # sqldf 패키지 설치하기
> library(sqldf)                # sqldf 패키지 불러오기
```

다음은 sqldf()과 SQL을 이용하여 데이터를 조회하는 예다.

```
> # 대상 데이터: Orange 데이터프레임
> # 행 제한: age > 1500
> # 열 제한: 모든 열
> # 정렬: age열 데이터를 기준으로 오름차순 정렬하고,
> # age열 데이터가 같은 경우 circumference열 데이터 기준으로 내림차순
> sqldf("select  *   from Orange where age > 1500 order by age, circumference desc")
   Tree  age circumference
1     4 1582            214
2     2 1582            203
3     5 1582            177
4     1 1582            145
5     3 1582            140

> # 대상 데이터: Orange 데이터프레임
> # 행 제한: age > 1200이고 Tree = 1인 행
> # 열 제한: Tree열과 age열
> # 정렬: age열 데이터를 기준으로 내림차순
> sqldf("select  Tree, age  from Orange where age > 1200 and Tree = 1 order by age desc")
```

```
    Tree  age
1      1  1582
2      1  1372
3      1  1231

> # 대상 데이터: Orange 데이터
> # 그룹핑: Tree 값을 기준을 그룹핑
> # 열 제한: 그룹별 circumference 데이터의 평균 추출
> sqldf("select avg(circumference) from Orange group by Tree")
  avg(circumference)
1           99.57143
2          135.28571
3           94.00000
4          139.28571
5          111.14286
```

2.5.4 데이터 구조 변경

마지막으로 데이터 구조를 변경하는 병합과 변환에 대해 살펴보자.

2.5.4.1 데이터 병합

열 방향으로 두 데이터프레임을 병합할 때 merge() 또는 cbind()를 사용할 수 있다.

병합 예제에서 사용할 3개의 데이터프레임을 준비한다.

```
> stu1 <- data.frame(no = c(1, 2, 3), midterm = c(100, 90, 80))
> stu2 <- data.frame(no = c(1, 2, 3), finalterm = c(100, 90, 80))
> stu3 <- data.frame(no = c(1, 4, 5), quiz = c(99, 88, 77))
```

merge()는 병합 대상 데이터프레임들에 있는 동일 열 이름의 동일 데이터 행끼리 병합한다. 다음은 stu1과 stu2을 merge()로 병합한 예이다. stu1와 stu2의 동일 열은 no이므로 no 열의 데이터가 같은 행끼리 병합된다.

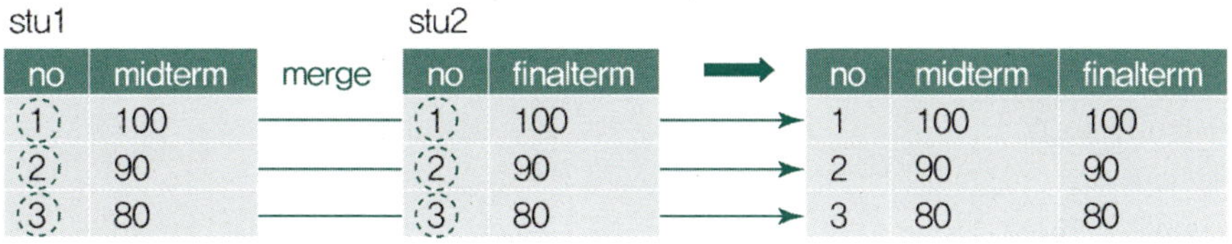

stu1			stu2					
no	midterm	merge	no	finalterm	→	no	midterm	finalterm
1	100		1	100		1	100	100
2	90		2	90		2	90	90
3	80		3	80		3	80	80

[그림 2-16] merge() 함수를 통한 병합(1)

```
> stu1
  no midterm
1  1    100
2  2     90
3  3     80

> stu2
  no finalterm
1  1     100
2  2      90
3  3      80

> merge(stu1, stu2)
  no midterm finalterm
1  1    100      100
2  2     90       90
3  3     80       80
```

다음은 merge()로 병합할 때 일부 행이 포함되지 않는 예다. stu1과 stu3은 no라는 동일한 열이 있다. stu1의 no 열의 값은 1, 2, 3이고, stu3의 no 열의 값은 1, 4, 5다. 이때 no 열의 값이 같은 행인 1행은 병합 결과에 포함되고, 나머지 행은 제외된다.

[그림 2-17] merge() 함수를 통한 병합(2)

```
> stu1
  no midterm
1  1    100
2  2     90
3  3     80

> stu3
  no quiz
1  1   99
2  4   88
3  5   77

> merge(stu1, stu3)
  no midterm quiz
1  1    100   99
```

merge() 함수에서 all = TRUE 옵션을 사용하면 동일 열끼리 값이 일치하지 않는 행도 병합 결과에 포함된다. SQL의 외부 조인(full outer join)과 유사하다.

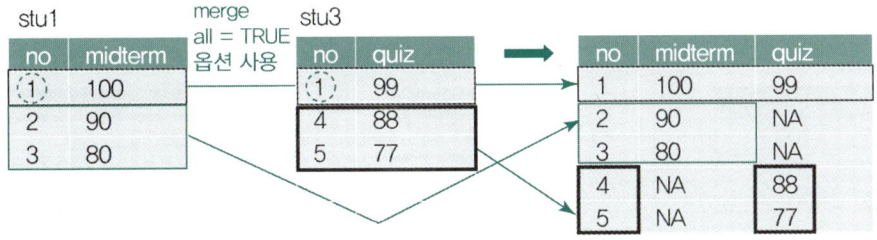

[그림 2-18] all = TRUE 옵션을 사용한 merge() 병합

```
> merge(stu1, stu3, all = TRUE)
  no midterm quiz
1  1     100   99
2  2      90   NA
3  3      80   NA
4  4      NA   88
5  5      NA   77
```

merge() 함수에서 all.x = TRUE 옵션을 사용하면 두 데이터프레임의 동일 열인 no열의 값이 일치하는 것이 없어도 왼쪽 데이터프레임의 행은 무조건 병합 결과에 포함된다. SQL의 왼쪽 외부 조인(left outer join)과 유사하다.

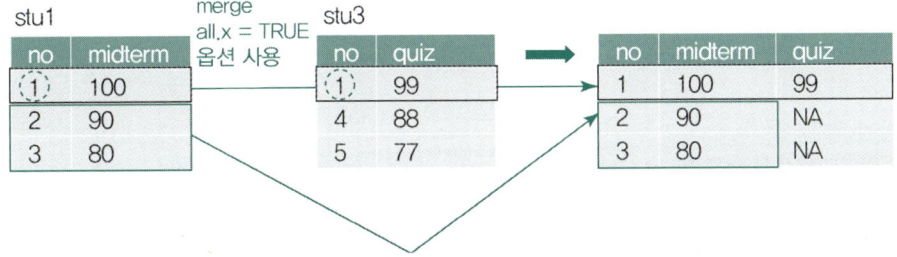

[그림 2-19] all.x = TRUE 옵션을 사용한 merge() 병합

```
> merge(stu1, stu3, all.x = TRUE)
  no midterm quiz
1  1     100   99
2  2      90   NA
3  3      80   NA
```

merge() 함수에서 all.y = TRUE 옵션을 사용하면 두 데이터프레임의 동일 열인 no열의 값이 일치하는 것이 없어도 오른쪽 데이터프레임의 행은 무조건 병합 결과에 포함된다. SQL의 오른쪽 외부 조인(right outer join)과 유사하다.

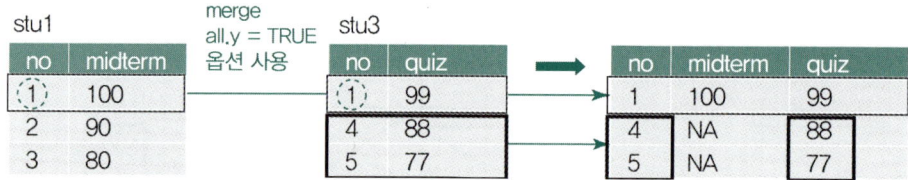

[그림 2-20] all.y = TRUE 옵션을 사용한 merge() 병합

```
> merge(stu1, stu3, all.y = TRUE)
  no midterm quiz
1  1     100   99
2  4      NA   88
3  5      NA   77
```

cbind()는 단순히 열을 합친다. 다음은 cbind() 예다.

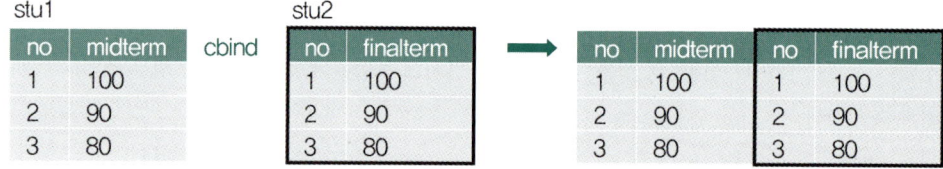

[그림 2-21] cbind() 함수를 통한 병합

```
> cbind(stu1, stu2)
  no midterm no finalterm
1  1     100  1       100
2  2      90  2        90
3  3      80  3        80

> cbind(stu1, stu3)
  no midterm no quiz
1  1     100  1   99
2  2      90  4   88
3  3      80  5   77
```

rbind()는 행을 합친다. 이때 두 데이터프레임의 열 이름이 동일해야 한다.

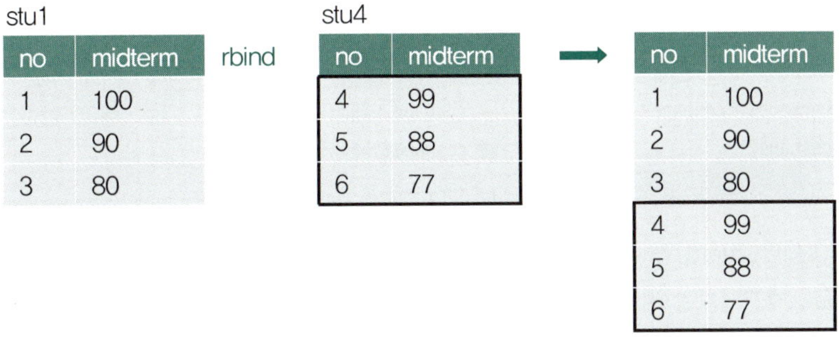

[그림 2-22] rbind() 함수를 통한 병합

```
> stu4 <- data.frame(no = c(4, 5, 6), midterm = c(99, 88, 77))

> rbind(stu1, stu4)
  no midterm
1  1     100
2  2      90
3  3      80
4  4      99
5  5      88
6  6      77
```

2.5.4.2 데이터 구조 변환

reshape2 패키지의 melt(), cast()로 데이터의 구조를 변환할 수 있다. melt()는 식별자, 변수, 값, 3개 열로 변환하는 함수이고, cast()는 melt()를 통해 변환한 데이터 구조를 원래대로 돌려놓을 수 있다.

다음과 같은 데이터프레임을 준비한다.

```
> product_info = data.frame(product_no = c("1", "2", "3"),
+                           seoul_qty = c(3, 5, 6),
+                           busan_qty = c(10, 20, 30))
> product_info
  product_no seoul_qty busan_qty
1          1         3        10
2          2         5        20
3          3         6        30
```

product_info와 같은 데이터 구조는 지역별로 데이터를 집계하여 분석하기 불편할 수 있다. melt()를 이용하여 구조를 변환하는 예를 보도록 하자.

우선, reshape2 패키지를 설치한 후 로드한다.

```
> install.packages("reshape2")       # reshape2 패키지 설치하기
> library(reshape2)                  # reshape2 패키지 불러오기
```

다음은 melt() 예다. melt()는 식별자 열, 변수(variable) 열, 값(value) 열로 데이터 구조를 변환한다. 식별자는 id.vars 매개인자로 지정한다.

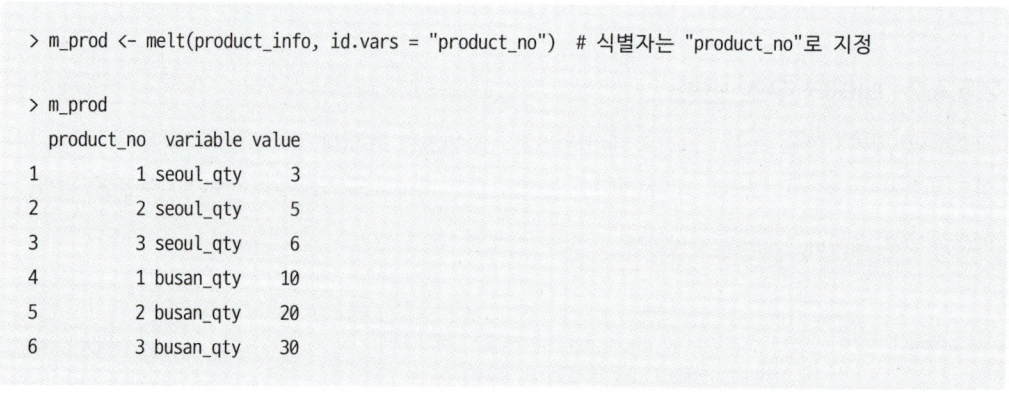

[그림 2-23] melt() 함수를 통한 구조 변환

```
> m_prod <- melt(product_info, id.vars = "product_no")   # 식별자는 "product_no"로 지정
> m_prod
  product_no  variable value
1          1 seoul_qty     3
2          2 seoul_qty     5
3          3 seoul_qty     6
4          1 busan_qty    10
5          2 busan_qty    20
6          3 busan_qty    30
```

melt()로 변환한 데이터 구조를 cast()를 통해 원상 복귀시킬 수 있다. cast()는 반환 결과 데이터 타입이 데이터프레임이어야 하는 경우 dcast(), 벡터나 행렬, 배열을 반환해야 하는 경우는 acast()를 사용한다. 다음은 dcast()의 사용 예다.

m_prod

product_no	variable	value
1	seoul_qty	3
2	seoul_qty	5
3	seoul_qty	6
1	busan_qty	10
2	busan_qty	20
3	busan_qty	30

dcast(m_prod, product_no ~ variable)

➡

product_no	seoul_qty	busan_qty
1	3	10
2	5	20
3	6	30

[그림 2-24] dcast() 함수를 통한 구조 변환 되돌리기

```
> dcast(m_prod, product_no ~ variable)
  product_no seoul_qty busan_qty
1          1         3        10
2          2         5        20
3          3         6        30
```

연습문제

문제 1. 다음 보기 중 R에서 변수 이름으로 사용하기 어려운 것은?

① .data　　　　　　　　② .1data
③ data1　　　　　　　　④ data_1

문제 2. 다음 R 스크립트를 실행했을 때 결과로 가장 적절한 것은?

```
> X <- c(1, 1, 1)
> Y <- c(2, X, 2)
> X + Y
```

① [1] 3 2 3
② [1] 3 2 2 1 2
③ Error가 발생한다.
④ Warning message와 다음 결과가 출력된다.
　　[1] 3 2 2 2 3

문제 3. R에서 결측값을 표현하는 상수는?

① NULL　　　　　　　　② none
③ NA　　　　　　　　　④ no

문제 4. 다음 R 스크립트를 실행한 후 m 변수의 최종 데이터로 올바른 것은?

```
> data <- c(1:6)
> m <- matrix(data, nrow = 2)
> m + 1
> m
```

①　　　[, 1] [, 2] [, 3]
　　[1,]　1　　3　　5
　　[2,]　2　　4　　6

②　　　[, 1] [, 2] [, 3]
　　[1,]　2　　4　　6
　　[2,]　3　　5　　7

③　　　[, 1] [, 2] [, 3]
　　[1,]　1　　2　　3
　　[2,]　4　　5　　6

④　　　[, 1] [, 2] [, 3]
　　[1,]　2　　3　　4
　　[2,]　5　　6　　7

문제 5. 아래 표는 데이터의 변경을 통해 새로운 구조의 데이터셋을 구성하고자 할 때 사용하는 R 프로그램 중 melt() 함수와 cast() 함수의 예시다. 데이터셋 md를 새로운 데이터 형태로 변경하기 위한 cast() 함수를 활용한 R 프로그램 중 옳은 것은? (ADsP 6회 기출)

⟨DATA 명: md⟩

id	time	variable	value
1	1	X1	5
1	2	X1	3
2	1	X1	6
2	2	X1	2
1	1	X2	6
1	2	X2	5
2	1	X2	1
2	2	X2	4

⟨새로운 데이터⟩

id	variable	time1	time2
1	X1	5	3
1	X2	6	5
2	X1	6	2
2	X2	1	4

① cast(md, id~variable+time)
② cast(md, id+variable~time)
③ cast(md, id+time~ variable)
④ cast(md, id~variable, mean)

문제 6. 다음 R 스크립트의 출력 결과가 다른 것은?

① a <- c(1, 1, TRUE)
   class(a); mode(a)
② b <- c("1", 1, TRUE)
   class(b); mode(b)
③ c <- c(1, 0, 1, pi)
   class(c); mode(c)
④ d <- c(1, 1, NULL)
   class(d); mode(d)

문제 7. 다음 R 스크립트에 따른 결과가 올바르지 않은 것은?

	R 스크립트	결과
①	> var1 <- c(1:5, 2) > var1	[1] 1 2 3 4 5 2
②	> var2 <- seq(1, 5, 2) > var2	[1] 1 3 5
③	> var3 <- c(1, 5, 2) > var3	[1] 1 5 2
④	> var4 <- rep(1:5, 2) > var4	[1] 1 1 2 2 3 3 4 4 5 5

문제 8. 다음과 같은 stu 데이터프레임이 있다. 이 데이터프레임에 대한 조회 스크립트의 실행 결과로 옳지 않은 것은?

〈 stu 〉

no	class	score
1	A	100
2	B	50
3	A	100
4	B	50
5	A	100
6	B	50
7	A	100
8	B	50
9	A	100
10	B	50

	R 스크립트	결과		
①	> ddply(stu, .(class), summarise, m = mean(score))	class A B	m 100 50	
②	> stu %>% filter(score >= 70) %>% arrange(class) %>% select(class, score)	class A A A A A	score 100 100 100 100 100	
③	> stu %>% group_by(class) %>% summarise(cnt = n(), avg = mean(score))	class A B	cnt 5 5	avg 100 50
④	> stu1 <- stu[stu$score < 60,] > stu1[order(-stu1$no),]	no 2 4 6 8 10	class B B B B B	score 50 50 50 50 50

문제 9. cold.states와 large.states 데이터프레임에 다음과 같은 데이터가 있다.

```
> cold.states
               Name           Frost
Alaska         Alaska         152
Colorado       Colorado       166
Maine          Maine          161
Minnesota      Minnesota      160
Montana        Montana        155
Nevada         Nevada         188
New Hampshire  New Hampshir   174
North Dakota   North Dakota   186
South Dakota   South Dakota   172
Vermont        Vermont        168
Wyoming        Wyoming        173

> large.states
               Name           Area
Alaska         Alaska         566432
Arizona        Arizona        113417
California     California     156361
Colorado       Colorado       103766
Montana        Montana        145587
Nevada         Nevada         109889
New Mexico     New Mexico     121412
Texas          Texas          262134
```

cold.states와 large.states 데이터를 합하여 다음과 같은 결과를 만들려면 다음 보기 중 어떤 R 스크립트가 필요한가?

```
    Name       Frost   Area
1   Alaska     152     566432
2   Colorado   166     103766
3   Montana    155     145587
4   Nevada     188     109889
```

① merge(cold.states, large.states)
② merge(cold.states, large.states, all = TRUE)
③ rbind(cold.states, large.states)
④ cbind(cold.states, large.states)

Part 2.
데이터 마트와 통계 분석

Chapter 3. 탐색적 데이터 분석

Chapter 4. 데이터 준비(전처리)

Chapter 5. 통계 기반 데이터 분석

데이터 마트는 전사적으로 구축된 데이터 웨어하우스에서 특정 주제, 부서 중심으로 구축된 비교적 작은 단위 주제의 데이터 웨어하우스를 의미한다. 데이터 마트는 데이터 분석이나, 내용물, 표현 및 사용의 용이성 등의 측면에서 특정 그룹 지식노동자의 명확한 요구에 부합하는 것이 중요하다. 이 때문에 데이터 웨어하우스는 전략적이지만 다소 덜 다듬어진 개념인데 반해 데이터 마트는 전술적이며 당장의 요구에 부합하는 데에 목표를 두는 경향이 있다.

2부에서는 R 함수를 이용한 예제로 학습을 진행한다. 그러나 통계적 이론 배경은 1부를 기반으로 한다.

Chapter 3. 탐색적 데이터 분석

이번 장에서는 탐색적 데이터 분석의 의미와 기법에 대하여 살펴본다. 탐색적 데이터 분석(Exploratory Data Analysis, EDA)이란 본격적인 데이터 분석에 들어가기 전에 개략적으로 데이터의 형태를 살펴보는 단계다. 데이터의 특징과 내재하는 구조를 알아내기 위한 기법을 통칭한다. 탐색적 데이터 분석을 통해 자료에 대해 충분히 이해하면 좀 더 정교한 데이터 분석 모델을 개발할 수 있다.

3.1 탐색적 데이터 분석 개요

> mean(), median(), min(), max(), var(), sd(), quantile(), boxplot(), hist(), cut(), table(), barplot(), pie(), cor(), heatmap()

- ✓ mean() 함수로 평균을, median() 함수로 중앙값을 구할 수 있다.

- ✓ 최소값, 최대값을 각각 min() 함수, max() 함수로 구할 수 있다.

- ✓ 분산은 var() 함수, 표준편차는 sd() 함수를 이용하여 구할 수 있다.

- ✓ quantile() 함수로 사분위수, 백분위수를 구할 수 있다.

- ✓ boxplot() 함수로 상자그림을, hist() 함수로 히스토그램을 그릴 수 있다.

- ✓ 수치 데이터는 cut() 함수, 범주형 데이터는 table() 함수로 도수분포표를 생성할 수 있다.

- ✓ barplot() 함수로 막대 그래프를, pie() 함수로 파이 그래프를 그릴 수 있다.

- ✓ cor() 함수로 상관계수와 상관행렬을, heatmap() 함수로 히트맵을 생성할 수 있다.

3.1.1 데이터 대표값 탐색

문제를 분석하고 통찰력을 얻기 위해서 나무보다 숲을 먼저 봐야 하는 것처럼 빅데이터를 분석할 때도 전체적인 모습을 보고 조금씩 줌 인(zoom in)하여 분석할 필요가 있다.

숲을 보기 위한 방법으로는 평균, 중앙값, 분산, 표준편차, 사분위수 등의 기초 통계량을 활용하거나 그래프를 통한 시각화를 활용한다. 방대한 양의 데이터를 한눈에 볼 수 있도록 도표나 그래프로 시각화하면 즉각적인 상황 판단에 유리하고, 데이터를 기억하기 쉬우며, 사람들로부터 흥미를 유발시키는 등의 장점이 있다. 이런 이유로 다양한 그래프를 활용하여 다각적인 탐색적 데이터 분석을 수행한다.

탐색적 자료 분석은 존 튜키라는 통계학자가 창안한 것으로 가설 검정 등에 치우친 기존 통계학을 보완한 방법론이다. 효과적인 분석을 위해 탐색적 데이터 분석의 목적이 가설 수립인지, 트랜드 파악인지, 변수 간의 관계 파악인지를 염두에 두고 분석하는 것이 좋다.

본격적인 데이터 분석 전에 데이터 제공처와 수집 과정의 신뢰성을 체크하는 것 또한 중요하다. 'Garbage In Garbage Out!'라는 유명한 문구처럼 쓰레기를 넣으면 쓰레기가 나온다. 신뢰할 수 없는 데이터로 아무리 훌륭한 분석을 수행해봐야 결과를 신뢰하기 어렵다. 데이터 양과 데이터 속성이 충분하지 않은 경우도 마찬가지다. 그리고, 탐색적 데이터 분석 과정이 선입견 없이 객관적으로 진행되고 있는지도 주의를 기울여야 한다. 이 모든 것이 신뢰성과 관련 있다.

3.1.1.1 평균과 중앙값   통계적 이론 배경은 1.2.1.1~2 참조

평균, 중앙값 등의 대표값을 추정하는 것은 데이터 탐색의 기초 단계에 해당한다. 데이터 요약을 통해서 데이터의 특징, 데이터 간 차이를 파악할 수 있으며, 대부분의 값이 어디쯤 위치하는지 추정할 수 있다.

다음과 같은 A기업과 B기업의 연봉 데이터가 있다. 어느 기업이 연봉이 높다고 말할 수 있을까?

```
> A_salary <- c(25, 28, 50, 60, 30, 35, 40, 70, 40, 70, 40, 100, 30, 30)      # 백만 원 단위
> B_salary <- c(20, 40, 25, 25, 35, 25 ,20, 10, 55, 65, 100, 100, 150, 300)
```

먼저, 두 기업 직원들의 평균 연봉을 비교하여 보자. mean()로 평균을 구한다.

```
> mean(A_salary)
[1] 46.28571
> mean(B_salary)
[1] 69.28571

> # 결측값(NA)이 있는 경우 결측값을 제거하고 평균을 구할 때는 na.rm = T 인자를 사용
> mean(A_salary, na.rm = T)
[1] 46.28571
```

평균 연봉은 B기업이 더 높다.

이번에는 중앙값을 비교하여 보자. median()로 중앙값을 구한다.

```
> median(A_salary)
[1] 40
> median(B_salary)
[1] 37.5
> # 결측값(NA)이 있는 경우 결측값을 제거하고 중앙값을 구할 때는 na.rm = T 인자를 사용
> median (A_salary, na.rm = T)
[1] 40
```

중앙값은 A기업이 더 높은 것을 확인할 수 있다.

평균 연봉은 B기업이 더 높고, 중앙값은 A기업이 더 높다. 과연 어느 기업이 연봉이 더 높다고 말할 수 있을까? 평균과 중앙값이 차이가 나는 이유가 무엇일까?

평균은 이상값(4.1.3에서 자세하게 다룬다)에 매우 민감하다. 예를 들어, 한두 명이 매우 높은 연봉을 받거나 매우 낮은 연봉을 받는다면 전체 평균에 크게 영향을 미칠 수 있다. 반면, 중앙값은 크게 달라지지 않는다. 이런 이유로 평균만으로는 대표값으로 충분하지 않은 경우가 많다. 이 예에서도 B기업의 매우 높은 연봉 한두 건 때문에 평균이 높아졌다.

3.1.1.2 절사평균

이상값에 민감한 평균의 특징을 보완한 것으로 **절사평균**이 있다. 절사평균은 크기 순으로 정렬한 후 양끝에 일정 개수의 값을 삭제하고, 남은 값으로 구한 평균을 말한다. 체조 경기에서 여러 심판의 점수 중 최저점수와 최대점수를 제외하고 구하는 평균이 절사평균이다. 절사평균으로 특정 심판이 특정 선수에게 점수를 몰아주거나 점수를 낮추는 부정행위를 막을 수 있다.

다음과 같이 mean() 함수에 trim 매개변수로 절사평균을 구한다.

```
> mean(A_salary, trim = 0.1)        # 양끝 10%씩 값을 제외하고 평균을 구함
[1] 43.58333
> mean(B_salary, trim = 0.1)        # 양끝 10%씩 값을 제외하고 평균을 구함
[1] 55
```

3.1.1.3 가중평균

여러 모집단의 샘플이 똑같이 수집되지 않는 경우가 많다. 예를 들어, 온라인 설문조사를 하는데 50대 이상의 참여율은 낮고, 20대 이하의 참여율은 매우 높다면 이를 보정하기 위한 방법으로 데이터가 부족한 그룹에 더 높은 가중치를 적용할 수 있다. 이러한 용도의 평균이 가중평균이다.

가중평균의 식은 다음과 같다. 각 데이터 x_i 값에 가중치 w_i를 곱한 값의 총합을 가중치의 총합으로 나눈다.

$$\overline{x_w} = \frac{\sum_{i=1}^{n} W_i x_i}{\sum_{i=1}^{n} W_i}$$

3.1.2 데이터 분산도 탐색

분산도(degree of dispersion)란 관측된 데이터가 흩어져 있는 정도를 말하며 이를 나타내는 방법으로는 범위, 분산, 표준편차 등이 있다.

3.1.2.1 최소값, 최대값으로 범위 탐색   통계적 이론 배경은 1.2.2.1 참조

범위(range)는 관측된 값들 중에서의 최대값과 최소값의 차이로 분산도를 측정하는 간단한 방법이다. 범위는 이해가 쉽고 계산도 편리하지만 두 극단적인 수치의 차이만 나타낼 뿐 그 극단적인 수치들 사이에서의 분포 양상은 전혀 설명을 못한다.

앞서 예로 든 A기업과 B기업의 연봉의 범위를 구해보자.

```
> range(A_salary)
[1]  25 100              # 최소값 25  최대값 100

> range(B_salary)
[1]  10 300              # 최소값 10  최대값 300
```

최소값, 최대값을 각각 min(), max()로 구할 수 있다.

```
> min(A_salary)
[1] 25
> max(A_salary)
[1] 100
> min(B_salary)
[1] 10
> max(B_salary)
[1] 300
```

A기업 연봉의 범위는 25~100(백만 원)이고, B기업은 10~300(백만 원)이다. B기업의 최소값, 최대값의 범위가 더 넓음을 알 수 있다. 하지만, 극단값만 차이가 나는 것일 수도 있기 때문에 좀 더 객관적인 편차를 확인해 보기 위해 분산과 표준편차를 구해보자.

3.1.2.2 분산과 표준편차   통계적 이론 배경은 1.2.2.3~4 참조

1장에서 분산과 표준편차에 대해 살펴봤다. 여기에서는 이론적 설명은 생략하고, var() 함수와 sd() 함수로 분산과 표준편차를 구하는 R 코드를 확인해보자.

분산은 var(), 표준편차는 sd()를 이용하여 구한다.

```
> # 분산
> var(A_salary)
[1] 464.6813
> var(B_salary)
[1] 6010.989

> # 표준편차
> sd(A_salary)
[1] 21.55647
> sd(B_salary)
[1] 77.53057
```

A기업의 표준편차는 21.55647, B기업은 77.53057로 B기업 직원의 연봉 편차가 큰 것을 확인할 수 있다.

3.1.3 데이터 분포 탐색

분산과 표준편차는 분산도를 하나의 값으로 요약하여 확인할 수 있지만 수치가 전반적으로 어떻게 분포하고 있는지를 알아보려면 다른 방법이 필요하다. 데이터를 정렬한 후 0%, 25%, 50%, 75%, 100% 지점의 수를 구하는 사분위수와 상자그림, 히스토그램, 도수분포표, 막대 그래프, 파이 그래프 등이 데이터 분포를 탐색하기 위해 자주 사용된다.

3.1.3.1 백분위수와 사분위수

백분위수란 데이터를 정렬한 후, 특정 퍼센트 지점의 수를 백분위수라고 한다. 예를 들어, 0% 지점의 수는 최소값이고, 100% 지점의 수는 최대값이다. 50% 지점의 수는 중앙값과 같다.

상위 10% 해당되는 지점의 두 회사의 연봉이 궁금하다면 90% 지점의 백분위수를 구하면 된다. quantile() 함수를 이용하여 백분위수를 구해보자.

```
> # 90% 백분위수
> quantile(A_salary, 0.9)
90%
 70
> quantile(B_salary, 0.9)
90%
 135
```

상위 10% 해당되는 연봉은 B기업이 더 높음이 확인된다.

백분위수 중 0%, 25%, 50%, 75%, 100% 지점의 수를 특별히 사분위수라고 한다. quantile()로 사분위수를 구한다.

```
> # 사분위수
> quantile(A_salary)
   0%   25%   50%   75%  100%
 25.0  30.0  40.0  57.5 100.0
> quantile(B_salary)
   0%   25%   50%   75%  100%
10.00 25.00 37.50 91.25 300.00
```

이 예에서 0% 지점의 값을 비교하여 보면 최저 연봉은 A기업이 더 높다는 것을 알 수 있다. 50% 지점의 값을 비교하여 보면 연봉 중앙값은 A기업이 조금 더 높다는 것을 알 수 있다. 반면에 상위 그룹의 연봉은 B기업이 높다.

3.1.3.2 상자그림

앞서 알아본 전체 관측값 범위와 사분위수, 그리고 이상값까지 시각적으로 확인해볼 수 있는 그래프가 상자그림(boxplot)이다.

상자그림을 보는 방법은 다음과 같다.

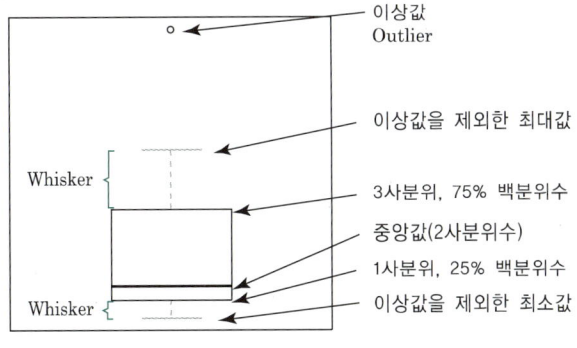

[그림 3-1] 상자그림

boxplot()로 상자그림을 그린다. A기업과 B기업의 연봉 데이터를 상자그림으로 비교해보자.

```
> boxplot(A_salary, B_salary, names = c("A회사 salary", "B회사 salary"))
```

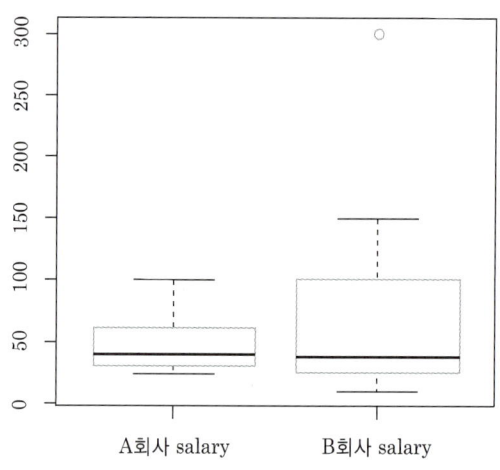

[그림 3-2] A기업과 B기업의 연봉 상자그림

두 회사의 연봉 전체 범위는 얼마나 차이가 나는지, 중앙값은 얼마나 차이가 나는지 등을 수치로 확인했을 때보다 훨씬 이해하기 쉽고 직관적으로 비교가 된다.

B기업은 이상값 데이터가 존재하고, B기업이 A기업에 비해 급여의 전체 범위 및 편차가 큰 것을 알 수 있다. 최저 연봉과 연봉 중앙값은 A기업이 조금 더 높고, 상위 그룹의 연봉은 B기업이 높다는 것을 시각적으로 확인해볼 수 있다.

3.1.3.3 히스토그램

구간별 값의 분포는 히스토그램으로 시각화할 수 있다. hist()로 히스토그램을 그린다. breaks 매개인자의 숫자만큼 구간을 나누어 X축에 배치하고, 그 구간의 데이터 개수를 Y축의 막대 길이로 표현한다.

다음은 히스토그램의 예다.

```
> hist(A_salary, xlab = "A사 salary ", ylab = "인원수", breaks = 5)
> hist(B_salary, xlab = "B사 salary ", ylab = "인원수", breaks = 5)
```

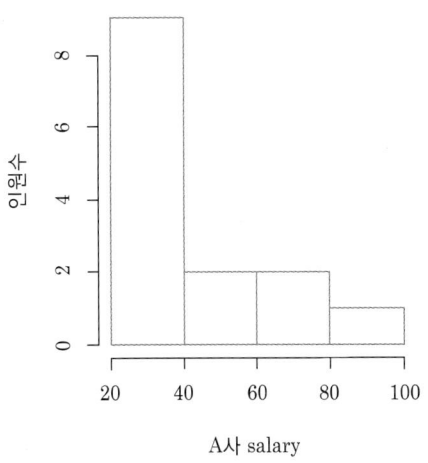

[그림 3-3] A기업 연봉 히스토그램 [그림 3-4] B기업 연봉 히스토그램

히스토그램은 데이터가 연속형 수치 데이터인 경우 데이터의 분포를 시각화하기에 좋은 그래프다. 이와 유사한 그래프로 막대 그래프가 있다.

막대 그래프와 히스토그램의 차이점은 다음과 같다.

- 막대 그래프: 이산형 수치 데이터나 범주형 데이터의 경우 사용한다. 막대와 막대 사이를 떨어뜨려 표현한다.

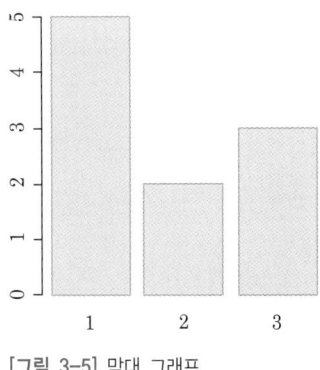

[그림 3-5] 막대 그래프

- 히스토그램: 연속형 수치 데이터의 경우 사용한다. 막대와 막대 사이를 붙여서 그린다.

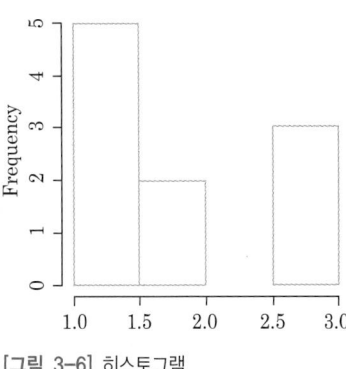

[그림 3-6] 히스토그램

3.1.3.4 도수분포표

도수분포표는 수집된 변수의 데이터를 범주 또는 동일한 크기의 구간으로 분류하고 각 구간마다 몇 개의 데이터가 존재하는지를 정리한 표로 많은 데이터를 알기 쉽게 정리하는 통계적인 방법 중의 하나다. 데이터 특성을 요약하고 정리하는 기술 통계학에서 가장 기본적인 역할을 한다.

수치 데이터는 도수분포표를 생성할 때 cut() 함수가 유용하다. 다음은 A_salary 변수의 데이터를 5구간으로 나눈 후 도수분포표를 생성하는 예이다.

```
> A_salary <- c(25, 28, 50, 60, 30, 35, 40, 70, 40, 70, 40, 100, 30, 30)
> cut_value <- cut(A_salary, breaks = 5)
> freq <- table(cut_value)

> freq
cut_value
(24.9, 40]   (40, 55]   (55, 70]   (70, 85]   (85, 100]
         9          1          3          0           1
```

히스토그램은 이 도수분포표를 시각화하는 방법이다. 히스토그램을 생성하는 이전 예의 프로그램 코드에서 본 바와 같이 도수분포표를 별도로 작성하는 프로그램 코드 없이 hist()를 이용하여 바로 히스토그램을 그릴 수 있다.

범주형 데이터는 table() 함수로 편리하게 도수분포표를 생성할 수 있다. 다음은 회사별 남녀의 도수분포표를 생성하는 예다.

```
> A_salary <- c(25, 28, 50, 60, 30, 35, 40, 70, 40, 70, 40, 100, 30, 30)
> B_salary <- c(20, 40, 25, 25, 35, 25, 20, 10, 55, 65, 100, 100, 150, 300)
> A_gender <- as.factor(c('남', '남', '남', '남', '남', '남', '남', '남', '남', '여', '여', '여', '여', '여'))
> B_gender <- as.factor(c('남', '남', '남', '남', '여', '여', '여', '여', '여', '여', '여', '남', '여', '여'))

> A <- data.frame(gender <- A_gender,
+                 salary <- A_salary)

> B <- data.frame(gender <- B_gender,
+                 salary <- B_salary)

> # 도수분포표를 생성
> freqA <- table(A$gender)
> freqA

남 여
 9 5
```

```
> # 도수분포표를 생성
> freqB <- table(B$gender)
> freqB

남 여
 5  9
```

한 범주에 속하는 빈도가 전체 관찰수에 비하여 어느 정도의 비중을 차지하고 있는가를 알아보는 상대적인 빈도가 유용한 경우가 있다. 이때 prop.table()로 손쉽게 상대적 빈도표를 구할 수 있다. 다음은 남녀의 상대적 빈도를 구하는 예다.

```
> # A사의 남녀 도수분포표를 구해 저장한 freqA를 이용
> prop.table(freqA)

       남         여
0.6428571  0.3571429      # 64.28% 남자, 35.71% 여자

> # B사의 남녀 도수분포표를 구해 저장한 freqB를 이용
> prop.table(freqB)

       남         여
0.3571429  0.6428571      # 35.71% 남자, 64.28% 여자
```

3.1.3.5 막대 그래프

범주형 데이터나 이산형 수치 데이터의 도수분포표를 시각화하기 위해 막대 그래프를 사용해보자. barplot() 함수로 막대 그래프를 작성한다.

```
> # A사의 남녀 도수분포표를 구해 저장한 freqA를 이용
> barplot(freqA, names = c("남", "녀"), col = c("skyblue", "pink"), ylim = c(0, 10))
> title(main = "A사")

> # B사의 남녀 도수분포표를 구해 저장한 freqB를 이용
> barplot(freqB, names = c("남", "녀"), col = c("skyblue", "pink"), ylim = c(0, 10))
> title(main = "B사")
```

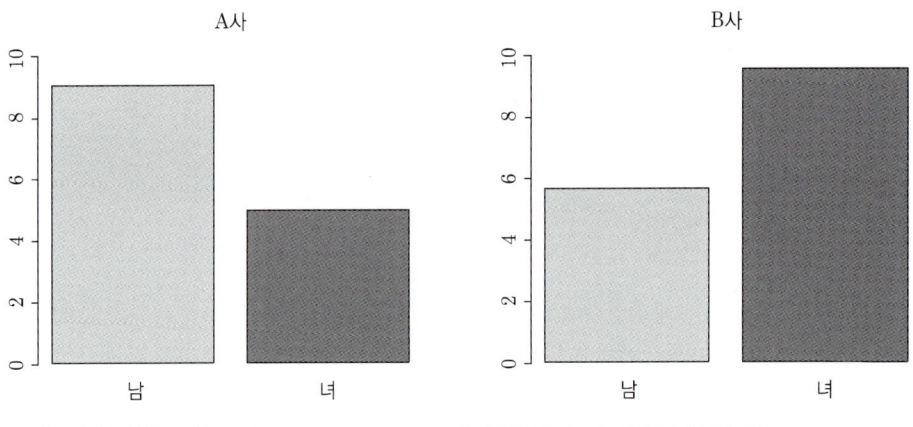

[그림 3-7] A사 남녀 분포 막대 그래프　　　　[그림 3-8] B사 남녀 분포 막대 그래프

도수분포표로 각 범주별 분포를 확인할 수 있었지만 숫자로 확인하는 것보다 막대 그래프로 시각화하면 빠른 시간에 직관적으로 분포를 확인할 수 있다.

3.1.3.6 파이 그래프

분포의 시각화를 위해 파이 그래프를 사용하기도 한다.

다음은 회사의 성별 분포를 파이 그래프로 작성한 예다.

```
> pie(x = freqA, col = c("skyblue", "pink"), main = "A사")
> pie(x = freqB, col = c("skyblue", "pink"), main = "B사")
```

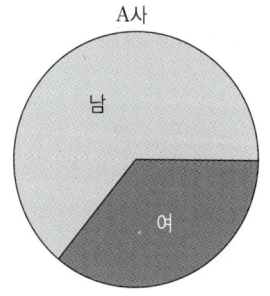 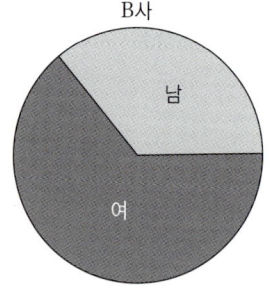

[그림 3-9] A사 남녀 분포 파이 그래프　　　　[그림 3-10] B사 남녀 분포 파이 그래프

이 예와 같이 범주가 몇 개 되지 않고, 차이가 확연한 경우 파이 그래프는 유용하다. 하지만, 범주가 많거나, 범주별 데이터 크기의 차이가 근소한 경우는 파이 그래프로 그 차이를 확인하기 어렵다. 그런 이유로 막대 그래프가 더 많이 사용된다.

3.1.4 변수 간 관계 탐색

변수 간의 관련성을 탐색하기 위해 산점도 그래프, 상관계수, 상관행렬, 상관행렬 히트맵 등을 이용한다.

3.1.4.1 산점도 그래프

변수와 변수 간의 관계 시각화에 유용한 그래프로 산점도 그래프(scatter plot)가 있다. 산점도 그래프는 데이터를 X축과 Y축에 점으로 표현한다.

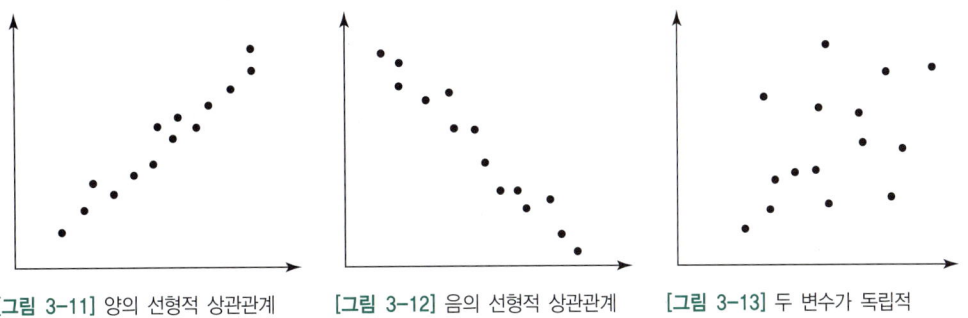

[그림 3-11] 양의 선형적 상관관계   [그림 3-12] 음의 선형적 상관관계   [그림 3-13] 두 변수가 독립적

두 변수가 양의 선형적 상관관계를 가지고 있을 때 산점도 그래프는 [그림 3-11]처럼 정비례 양상을 보여준다. 예를 들어, '아버지의 키가 크면 아들의 키도 크다'의 경우 양의 선형적인 상관관계를 가진다. 즉, X축의 값이 커질수록 Y축의 값도 커지는 관련성이다.

두 변수가 음의 선형적 상관관계를 가지고 있을 때 산점도 그래프는 [그림 3-12]처럼 반비례 양상을 보여준다. 예를 들어, '산에 높이 올라갈수록 기온이 낮아진다'의 경우 음의 상관관계를 갖는다. 즉, X측 값이 커질수록 Y축 값은 작아지는 관련성이다. [그림 3-13]은 두 변수가 독립적일 때의 산점도 그래프 양상을 보여준다.

A기업의 연봉과 근무년차 변수 간의 관련성이 있는지 산점도 그래프를 통하여 알아보자.

```
> A_salary <- c(25, 28, 50, 60, 30, 35, 40, 70, 40, 70, 40, 100, 30, 30)   # 연봉 변수
> A_hireyears <- c(1, 1, 5, 6, 3, 3, 4, 7, 4, 7, 4, 10, 3, 3)              # 근무년차 변수
> A <- data.frame(salary <- A_salary ,
+                 hireyears <- A_hireyears)

> # 산점도 그래프
> plot(A$hireyears, A$salary, xlab = "근무년수", ylab = "연봉(백만원단위)")
```

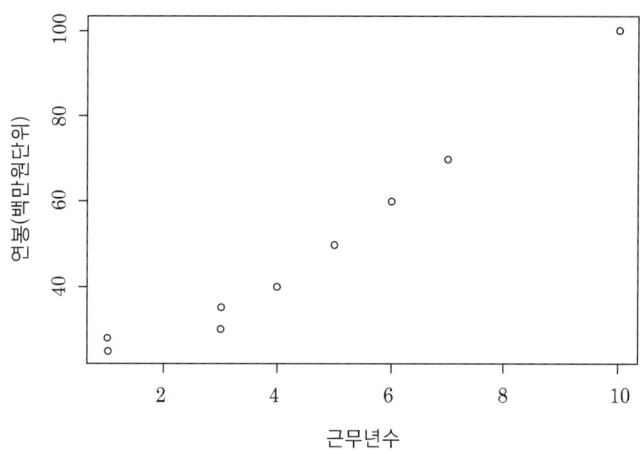

[그림 3-14] 근무년수와 연봉의 산점도 그래프

연봉과 근무년차 산점도 그래프를 보면 대체적으로 근무년차 값이 클수록 연봉도 큰 것을 확인할 수 있다. 양의 선형적 상관관계가 있다.

pairs() 함수로 여러 가지 변수의 산점도 그래프를 한눈에 볼 수 있도록 작성할 수 있다. 다음은 아이리스(iris) 데이터프레임의 산점도 그래프 행렬 작성 예를 보자. 아이리스 데이터프레임은 R의 샘플 데이터로 아이리스 붓꽃의 꽃받침 길이(Sepal.Length), 꽃받침 너비(Sepal.Width), 꽃잎 길이(Petal.Length), 꽃잎 너비(Petal.Width), 품종(Species) 변수들의 관측 데이터가 있는데 데이터 분석을 위한 샘플 데이터로 자주 활용된다. 참고로 아이리스 붓꽃은 프랑스 국화다.

다음은 아이리스 데이터프레임의 품종(Species) 변수를 제외한 나머지 변수로 산점도 그래프 행렬을 생성한 예이다.

```
> pairs(iris[, 1:4] , main = "iris data")
```

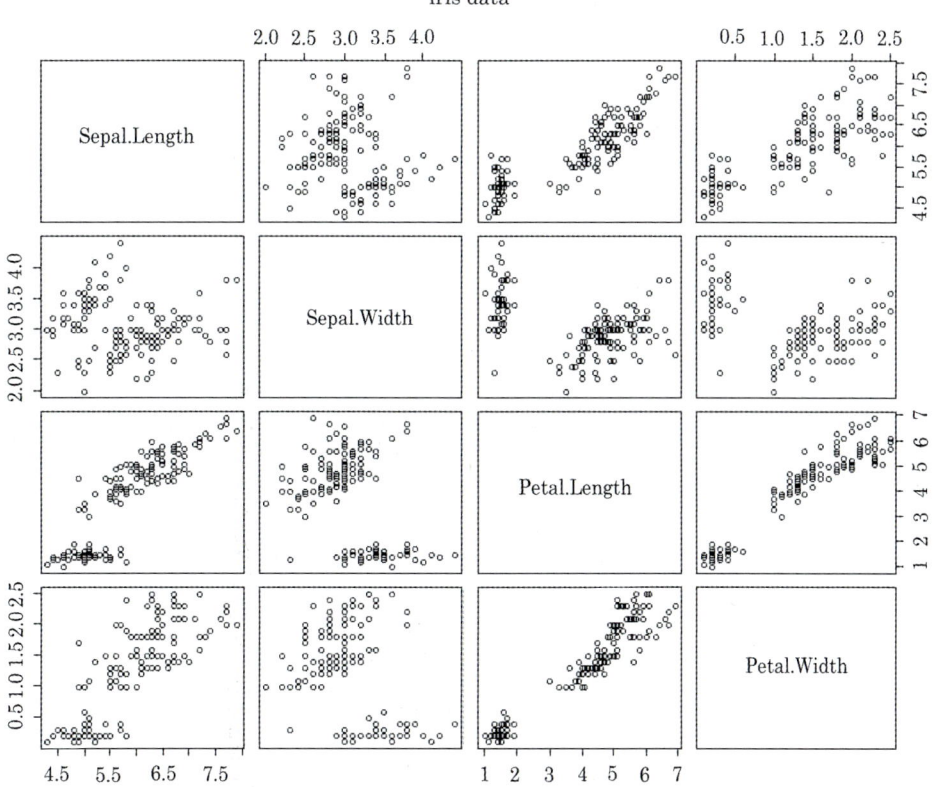

[그림 3-15] 아이리스 데이터의 산점도 그래프

3.1.4.2 상관계수
> 데이터 전처리에 대한 사례는 4.3.2를, 통계적 데이터 분석에 대한 사례는 5.2 참조

변수 간의 관련성을 수치로 계산할 수 있다. 가장 많이 사용하는 계산법으로 피어슨 상관계수가 있다. 피어슨 상관계수는 -1에서 1사이의 값을 가진다. 피어슨 상관계수값이 1에 가까울수록 양의 상관관계고, -1에 가까울수록 음의 상관관계, 두 변수가 독립일 때 0에 가까운 수를 갖는다. 상관계수에 대한 더 자세한 설명은 〈5.2 상관분석〉에서 다룬다.

다음은 cor() 함수로 상관계수를 구하는 예제다.

```
> cor(A$hireyears, A$salary)
[1] 0.9751623
```

A기업의 연봉과 근무년차 변수의 상관계수가 0.9751623가 나왔다. 산점도 그래프에서 추정했던 것처럼 강한 양의 상관관계가 있음을 확인할 수 있다.

3.1.4.3 상관행렬

여러 변수 간의 상관계수 값으로 생성한 행렬을 상관행렬(Correlation Matrix Heatmap)이라고 한다. cor() 함수로 간단히 상관행렬을 구할 수 있다.

아이리스 데이터프레임의 여러 변수 간의 상관계수 행렬을 다음과 같이 만들어 보자.

```
> # 상관행렬
> cor(iris[, 1:4])
             Sepal.Length  Sepal.Width  Petal.Length  Petal.Width
Sepal.Length    1.0000000   -0.1175698     0.8717538    0.8179411
Sepal.Width    -0.1175698    1.0000000    -0.4284401   -0.3661259
Petal.Length    0.8717538   -0.4284401     1.0000000    0.9628654
Petal.Width     0.8179411   -0.3661259     0.9628654    1.0000000
```

Petal.Length 변수와 Sepal.Length 변수의 상관계수가 0.8717538, Petal.Width 변수와 Sepal.Length 변수의 상관계수가 0.8179411, Petal.Width 변수와 Petal.Length 변수의 상관계수가 0.9628654로 강한 양의 선형적 상관관계가 있음을 알 수 있다.

3.1.4.4 상관행렬 히트맵

많은 변수로 상관행렬을 만들면 상관계수 값을 일일이 확인하기 어려워진다. 이 경우 상관행렬을 히트맵으로 시각화하는 것이 매우 유용하다.

다음은 아이리스 데이터프레임의 상관행렬 히트맵을 생성한 예이다.

```
> # 상관행렬 히트맵
> heatmap(cor(iris[, 1:4]))
```

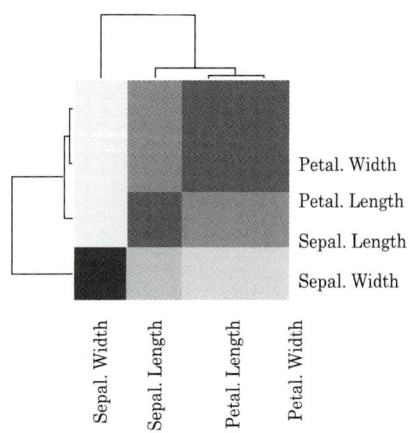

[그림 3-16] 상관행렬 히트맵

연습문제

문제 1. 다음 결과에 대한 설명으로 가장 거리가 먼 것은?

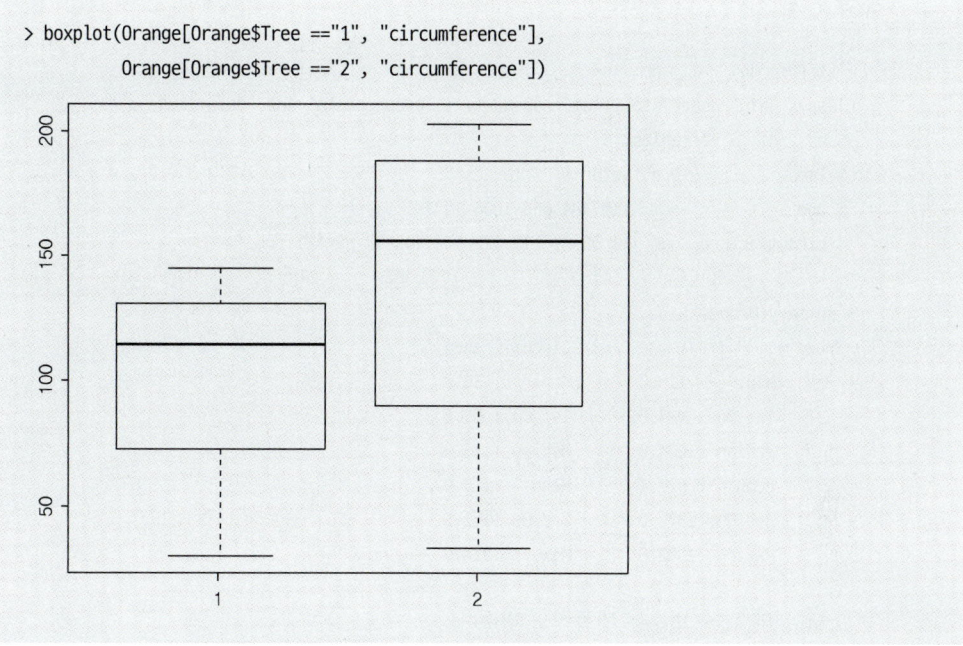

① Tree 2의 circumference 범위가 Tree 1보다 더 넓다.
② Tree 2의 circumference의 평균이 Tree 1의 circumference 평균과 유의한 차이가 있다.
③ 이상값이 존재하지 않는다.
④ Tree 1의 circumference 중앙값이 Tree 2의 circumference 중앙값보다 작다.

문제 2. 다음 R 스크립트의 실행 결과에 대한 설명으로 가장 거리가 먼 것은?

```
> summary(iris)

  Sepal.Length     Sepal.Width     Petal.Length    Petal.Width          Species
 Min.   :4.300   Min.   :2.000   Min.   :1.000   Min.   :0.100   setosa    :50
 1st Qu.:5.100   1st Qu.:2.800   1st Qu.:1.600   1st Qu.:0.300   versicolor:50
 Median :5.800   Median :3.000   Median :4.350   Median :1.300   virginica :50
 Mean   :5.843   Mean   :3.057   Mean   :3.758   Mean   :1.199
 3rd Qu.:6.400   3rd Qu.:3.300   3rd Qu.:5.100   3rd Qu.:1.800
 Max.   :7.900   Max.   :4.400   Max.   :6.900   Max.   :2.500
```

① Species는 범주형 변수다.
② Sepal.Length가 6.40 이상인 관측값은 전체의 25%다.
③ Sepal.Width는 중앙값보다 평균이 크고, Petal.Length는 중앙값보다 평균이 작다.
④ Petal.Width의 범위가 Petal.Length의 범위보다 넓다.

문제 3. 다음은 Orange 데이터와 USArrests 데이터 각각에 대한 요약 정보다. 이 출력 결과에 대한 다음 설명 중 가장 거리가 먼 것은?

```
> str(Orange)
Classes 'nfnGroupedData', 'nfGroupedData', 'groupedData' and 'data.frame':
35 obs. of  3 variables:
 $ Tree         : Ord.factor w/ 5 levels "3"<"1"<"5"<"2"<..: 2 2 2 2 2 2 2 4 4 4 ...
 $ age          : num  118 484 664 1004 1231 ...
 $ circumference: num  30 58 87 115 120 142 145 33 69 111 ...

> summary(Orange)
 Tree        age           circumference
 3:7   Min.   : 118.0   Min.   : 30.0
 1:7   1st Qu.: 484.0   1st Qu.: 65.5
 5:7   Median :1004.0   Median :115.0
 2:7   Mean   : 922.1   Mean   :115.9
 4:7   3rd Qu.:1372.0   3rd Qu.:161.5
       Max.   :1582.0   Max.   :214.0
```

① Orange의 Tree 변수는 명목척도 변수다.
② Orange의 circumference 변수값은 75% 이상이 65.5보다 크다.
③ Orange의 Tree 변수값별로 각각 7건의 관측값이 존재한다.
④ Orange의 circumference 변수와 age 변수는 수치형 변수이며, 비율척도 변수다.

문제 4. 다음이 설명하고 있는 기초 통계량은 무엇인가?

> 평균은 이상값에 매우 민감하다. 이를 보완한 평균으로 양극단의 일부 데이터를 제거하고 평균을 구한다.

문제 5. 다음 기초 통계량에 대한 설명으로 가장 거리가 먼 것은?
① 변수와 변수 간의 관계 시각화에 유용한 그래프로 산점도 그래프(scatter plot)가 유용하다.
② 상자그림(box plot)으로는 데이터에 이상값이 존재하는지 확인하기 어렵다.
③ 많은 변수로 상관행렬을 만들면 상관계수값을 일일이 확인하기 어려워진다. 이 경우 상관행렬을 히트맵으로 시각화하는 것이 매우 유용하다.
④ 히스토그램은 데이터가 연속형 수치 데이터인 경우 데이터의 분포를 시각화하기에 좋은 그래프다.

문제 6. 다음 그래프 중 분포 시각화로 가장 적합하지 않은 그래프는?
① 산점도 그래프
② 막대 그래프
③ 히스토그램
④ 파이 그래프

Chapter 4. 데이터 준비(전처리)

데이터 분석 기술이 강력할지라도 사용할 데이터가 분석 기술에서 요구하는 특정 조건을 만족해야 기대 효과를 거둘 수 있다. 간혹 수집한 데이터는 분석 기술에서 원하는 형식과 일치하지 않아서 데이터를 변환해야 하는 경우가 있다. 따라서 더 좋은 결과가 나올 수 있도록 데이터의 형태를 조작하고 변환하는 준비(전처리) 과정이 필요하다.

4.1 데이터 전처리

> NA, NaN, is.na(), complete.cases(), DMwR::centralImputation(), DMwR::knnImputation(), ESD, 사분위 범위, Z-변환, [0-1] 변환, 중심극한정리

- ✓ R에서는 결측값을 NA로 표현하고, 수의 연산이 불가능한 경우는 NaN으로 처리한다.

- ✓ is.na() 함수는 결측값을 NA로 인식하여 결측값이 있으면 TRUE, 없으면 FALS를 반환한다.

- ✓ complete.cases() 함수는 데이터 레코드에 결측값이 있으면 FALSE, 없으면 TRUE를 반환한다.

- ✓ DMwR::centralImputation() 함수는 결측값 NA를 가운데 값으로 대체한다.

- ✓ DMwR::knnImputation() 함수는 결측값 NA값을 k-최근접 이웃 알고리즘을 사용해 대체한다.

- ✓ ESD는 평균으로부터 표준편차의 값이 ±3 이상인 경우를 이상값으로 본다.

- ✓ 사분위 범위의 개념은 데이터를 4개의 동일한 그룹으로 나눈 다음 양끝의 그룹이 얼마나 많이 떨어져 있는지를 알아보는 것이다.

- ✓ Z-변환은 평균 μ, 표준편차 σ인 정규분포(정규확률변수)를 평균 0, 표준편차 1인 표준정규분포(표준정규확률변수)로 바꿔준다.

- ✓ [0-1] 변환은 연속형 변수의 값을 '0~1' 사이의 값으로 변환한다.

- ✓ 중심극한정리는 분포의 모양을 모르는 모집단으로부터 표본을 추출할 때 표본평균()의 분포는 표본의 크기 n이 커짐(일반적으로 n ≥30)에 따라 점점 정규분포로 근사해 간다는 성질을 말한다.

4.1.1 데이터 변환, 처리

일반적으로 데이터 준비(전처리) 과정은 테이블 형태로 변환하고, 누락된 값은 유추해서 채우며, 분석의 목적과 필요에 따라서 적절한 데이터 형식으로 변환한다. 데이터 마이닝 기법에 따라 범주형 데이터 또는 수치 데이터만 처리하도록 되어 있다. 여기서 수치 데이터를 비교하려면 데이터 정규화를 수행해야 한다. 이를 통해 모델링에 알맞은 형태로 데이터를 처리해주는 것을 **데이터 전처리**(Preprocessing)라고 한다.

4.1.1.1 데이터 마트

데이터 마트(Data mart)는 데이터 웨어하우스(Data Warehouse, DW)에서 데이터를 꺼내 사용자에게 제공하는 역할을 한다(Wikipedia, "Data mart" 참조).

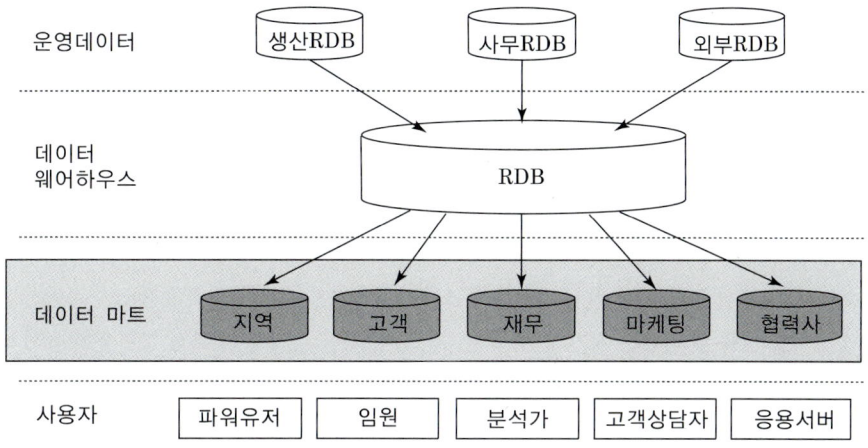

[그림 4-1] 데이터 마트

데이터 웨어하우스는 중앙 집중식 데이터 집합체(물리적으로는 분산되어 있음)를 뜻하고, 데이터 마트는 데이터 저장소 역할과 사용 목적에 맞는 접근성과 사용성을 강조한다. 일반적으로 데이터 웨어하우스는 전략적인 성격이 강하지만 명확하지 않은 개념이다. 데이터 마트는 전술적이고 즉각적인 요구를 충족시킨다는 목표를 가지고 있으며 특정한 조직 또는 하나의 부서(팀)에서 사용하는 것을 목적으로 한다. 데이터 마트 구축은 분석 효과에 크게 영향을 미칠 수 있어서 중요하다.

4.1.1.2 파생변수

파생변수(derived variable)는 데이터에 존재하지 않으나 데이터 내에 존재하는 데이터를 활용해서 분석 용도로 새롭게 만들어내는 변수를 말한다. 파생변수를 생성하는 이유는 개별 데이터를 확인할 때에는 의미가 없으나 여러 개의 속성(열)을 조합하면 의미 있는 데이터를 만들 수 있기 때문이다.

예를 들어, [그림 4-2]에 표현한 신체질량지수(Body Mass Index, BMI)와 같이 데이터로부터 체중(kg)과 신장(m)만 찾을 수 있다면, 체중(kg)/신장(m)²으로부터 비만도 데이터를 생성할 수 있다. 여기서 만들어낸 변수 '비만도'를 파생변수라고 한다.

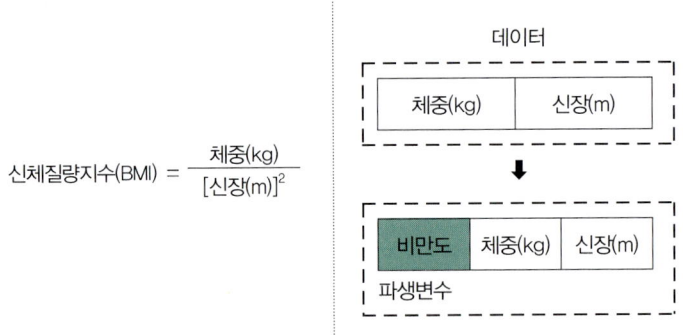

[그림 4-2] 파생변수의 생성

파생변수는 주관적일 수 있으므로 논리적 타당성을 갖추어 개발해야 한다. 어떠한 파생변수를 만들 것인지에 대한 판단은 범 산업계 데이터 마이닝 프로세스 표준(Cross Industry Standard Process for Data Mining, CRISP-DM)의 비즈니스 이해와 데이터의 이해 과정에서 얻는다(Wikipedia, "Cross-industry standard process for data mining" 참조).

비즈니스 문제를 데이터 과학 문제로 간주하여 얼마나 창의적으로 문제를 정의하느냐는 데이터 분석의 성공 여부에 매우 중요한 영향을 미친다. 이것은 비즈니스 분석가가 전분야에 걸쳐 핵심을 파악하고 있으면 독창적인 공식을 세울 수 있다는 얘기다. 이때 분류, 회귀, 확률 추정 등의 분석 모델을 이용해 비즈니스 문제를 우리가 해결할 수 있는 더 작은 문제로 분할하는 구조화 작업을 수행한다. 이를 근거로 어떤 파생변수를 만들지 결정하고, 데이터 이해 과정의 결과를 참고하여 파생변수를 생성한다.

4.1.1.3 요약변수

요약변수(summary variables)는 각 변수에 따라 집계된 변수다. 예를 들면 고객 수, 상품 수, 총 구매금액, 구매횟수, 구매여부 등이 요약변수에 해당된다. 요약변수는 데이터를 특정 기준에 따라 사칙연산을 통해 만들어낸 것이다. 요약변수의 단점은 기준점(threshold value)의 의미를 정확히 정의해두지 않으면 데이터를 보는 사람마다 다르게 해석할 수 있다는 것이다.

4.1.1.4 R의 reshape2 패키지를 활용한 데이터셋 구조의 변형

데이터 마트에 수집된 데이터는 여러 계층 또는 수준으로 그룹화를 시키거나 다양한 관점에서 살펴볼 필요가 있다. 예를 들어, 중복 데이터가 수집된 경우 데이터를 관측하고자 하는 변수 기준으로 살펴보거나, 중복 데이터를 기준으로 살펴볼 수 있을 것이다. 이처럼 데이터 탐색을 용이하게 수행하기 위해서는 데이터셋에 대한 변형이 필요하다. R의 reshape2 패키지는 데이터셋 구조(모양)를 바꾸거나 그룹별 요약값을 계산하는 함수를 담고 있다(CRAN, Package "reshape" 참조).

이름	성별	AI	BigData
홍길동	남자	96	92
이순신	남자	98	93
유관순	여자	90	90
유성룡	남자	89	89

➡

		식별자 (id)		측정변수 (Variable)	측정값 (value)
		이름	성별	Variable	value
		홍길동	남자	AI	96
		이순신	남자	AI	98
		유관순	여자	AI	90
		유성룡	남자	AI	89
		홍길동	남자	BigData	92
		이순신	남자	BigData	93
		유관순	여자	BigData	90
		유성룡	남자	BigData	89

[그림 4-3] 데이터셋 구조의 변형

예를 들어, [그림 4-3]의 좌측 표로 정리된 데이터셋은 그래프를 그리거나 데이터를 조작하는 등의 측면에서 불편하다. 우측의 변환된 데이터셋은 식별자(id)와 측정치를 두 개의 열(variable, value)로 표현하므로 통계 계산이 편리하다. reshape2 패키지는 데이터셋 재정렬을 수행하고, 원래 데이터셋이 가지고 있는 모든 정보를 그대로 유지한다.

reshape2 패키지가 제공하는 변환 함수에는 크게 melt()와 cast()라는 두 개의 핵심 함수가 있다. melt() 함수는 여러 열(스프레드시트 형태)으로 구성된 데이터를 3개의 열인 데이터 식별자(id), 측정 변수(variable), 측정값(value)으로 변환한다. cast() 함수는 melt()된 데이터셋을 다시 여러 열로 변환한다.

다음은 melt() 함수를 이용해 [그림 4-3]의 데이터셋 구조를 변환하는 예제다.

(1) 데이터 프레임 형식의 데이터셋 생성하기

```
> data <- data.frame(이름 = c("홍길동", "이순신", "유관순", "유성룡"),
+                    성별 = c("남자", "남자", "여자", "남자"),
+                    AI = c(96, 98, 90, 89),
+                    BigData = c(92, 93, 90, 89))
> data
    이름 성별 AI BigData
1 홍길동 남자 96      92
2 이순신 남자 98      93
3 유관순 여자 90      90
4 유성룡 남자 89      89
```

(2) reshape2 패키지를 설치하고 불러오기

```
> install.packages("reshape2")
> library(reshape2)
```

(3) melt() 함수를 이용해 '이름', '성별' 두 속성을 식별자(id)로 해당하는 변수를 기준으로 변수 'AI', 'BigData'를 측정 변수(variable)로 하고 원래 변수의 값을 측정값(value)에 저장해 데이터셋 구조를 변형하기

```
> m <- melt(data,
+           id.vars = c("이름", "성별"),
+           measure.vars = c("AI", "BigData"))
> m
    이름  성별 variable value
1 홍길동  남자       AI    96
2 이순신  남자       AI    98
3 유관순  여자       AI    90
4 유성룡  남자       AI    89
5 홍길동  남자  BigData    92
6 이순신  남자  BigData    93
7 유관순  여자  BigData    90
8 유성룡  남자  BigData    89
```

(4) dcast() 함수를 이용해 melt()된 데이터를 원래 데이터셋 구조로 변환하기

```
> data <- dcast(m, 이름+성별 ~ ...)
> data
    이름 성별 AI BigData
1 유관순 여자 90      90
2 유성룡 남자 89      89
3 이순신 남자 98      93
4 홍길동 남자 96      92
```

실행 결과 변환된 데이터셋 구조가 원래 구조로 잘 변환된 것을 볼 수 있다. 데이터 분석 목적에 맞게 데이터셋 구조를 변환 또는 재구성하는 것은 필수이며, 데이터 분석가의 생산성과 분석 효과에도 영향을 미칠 수 있다.

4.1.2 결측값 처리

데이터셋에 결측값(missing value)이 있다는 것은 값이 존재하지 않는 데이터가 있다는 것이므로 해당 데이터 값을 포함한 계산을 수행할 수 없다. 일반적으로 결측값은 제거하거나 다른 값으로 대체한다. 그러나 결측값 자체가 의미 있는 경우도 있다. R에서는 결측값을 NA(Not Available)로 표현하고, 수의 연산이 불가능한 경우는 NaN(Not a Number)으로 처리한다. 결측값을 다른 값으로 바꾸는 것을 대체 또는 대치(Imputation)라고 한다.

4.1.2.1 결측값 처리 방법

다양한 결측값 처리 방법에 대해 알아보자.

- **완전히 응답한 개체를 이용한 분석**

완전히 응답한 개체를 이용한 분석(complete-case analysis)은 결측값이 존재하는 데이터를 제거하거나 무시하고 데이터 분석 기법에 의해 분석하는 방법을 말한다. 불완전한 데이터는 분석에서 제외하므로 정보의 손실에 의하여 정밀도(precision)가 낮아져 통계적 추론의 타당성 문제(검정력 약화)를 야기한다.

- **평균대치법**

평균대치법(mean imputation)은 관측 또는 실험을 통해 얻어진 데이터의 결측값을 적절한 평균값으로 대치하는 방법이다. 대표적으로 비조건부 평균대치법과 조건부 평균대치법이 있다.

비조건부 평균대치법은 가장 간단한 형태의 대체로, 결측값을 관측된 값만을 이용하여 구한 평균으로 대체하는 것이다. [표 4-1]은 관측값을 이용해 구한 평균으로 대체하는 예다.

[표 4-1] 비조건부 평균대치법

관측값	10	?	16	20	14	18	?	12	?
대체 후 관측값	10	15	16	20	14	18	15	12	15

$$관측값의 평균 = \frac{10+16+20+14+18+12}{6} = 15$$

이 방법은 관측된 자료를 토대로 한 추정값으로 결측값을 대치함으로써 통계량의 표준오차가 과소 추정되는 문제가 있다.

조건부 평균대치법은 비조건부 평균대치법을 보완한 방법으로 관측 또는 실험을 통해 얻어진 데이터를 사용하여 조건부 평균을 이용해 결측값을 대체하는 방법이다. [표 4-2]는 회귀분석(5.3 참조)을 이용한 조건부 평균대치법 결과다.

[표 4-2] 회귀분석을 이용한 조건부 평균대치법 결과

			(변경 후)
10	15	20	20
12	20	30	30
14	25	40	40
25	35	50	50
30	45	55	55
34	45	60	60
37	49	70	70
40	55	$?_1$	73.4904
44	60	$?_2$	79.7818
49	68	$?_3$	89.5609

[수식 4-1] 조건부 평균대치법을 위한 회귀식

$$Y_{3i} = \beta_0 + \beta_1 Y_{1i} + \beta_2 Y_{2i} + \epsilon_1, i = 1, \cdots, 7$$

$$\beta_0 = 5.1054,\ \beta_1 = 0.2051,\ \beta_2 = 1.0942$$

$$?_1 = 5.1054 + 0.2051 \times 40 + 1.0942 \times 55 = 73.4904$$

$$?_2 = 5.1054 + 0.2051 \times 44 + 1.0942 \times 60 = 79.7818$$

$$?_3 = 5.1054 + 0.2051 \times 49 + 1.0942 \times 68 = 89.5609$$

회귀대체법(regression mean imputation)은 회귀식에 연속형 변수, 범주형 변수 등을 고려함으로써 예측력을 향상시킬 수 있다.

다음은 [표 4-2]의 데이터셋으로 R의 회귀분석을 이용한 결측값을 대체하는 예제다.

(1) 데이터 프레임 형식의 데이터셋 생성하기

```
> data <- data.frame(y1 = c(10, 12, 14, 25, 30, 34, 37),
+                    y2 = c(15, 20, 25, 35, 45, 45, 49),
+                    y3 = c(20, 30, 40, 50, 55, 60, 70))
> data
  y1 y2 y3
1 10 15 20
2 12 20 30
3 14 25 40
4 16 35 50
5 20 40 65
6 25 45 70
7 28 49 75
```

(2) [수식 4-1]을 포뮬러로 표시하면 $Y_3 \sim Y_1 + Y_2$가 된다. R의 lm() 함수를 사용한 선형회귀 모델을 생성한다.

```
> m <- lm(y3 ~ y1 + y2, data = data)
> m

Call:
  lm(formula = y3 ~ y1 + y2, data = data)

Coefficients:
(Intercept)           y1           y2
     5.1054       0.2051       1.0942
```

위 결과에서 β_0(절편)은 5.1054, β_1(계수)는 0.2051, β_2(계수)는 1.0942이다.

(3) 회귀식 [수식 4-1]을 이용한 $?_1$, $?_2$, $?_3$ 대체(예측)값을 직접 계산하기

```
> (5.1054) + (0.2051 * 40) + (1.0942 * 55)
[1] 73.4904
> (5.1054) + (0.2051 * 44) + (1.0942 * 60)
[1] 79.7818
> (5.1054) + (0.2051 * 49) + (1.0942 * 68)
[1] 89.5609
```

(4) predict() 함수를 이용한 $?_1$, $?_2$, $?_3$ 대체(예측)값 예측하기

```
> predict(m, newdata = data.frame(y1 = 40, y2 = 55))
       1
73.48874
> predict(m, newdata = data.frame(y1 = 44, y2 = 60))
       1
79.77998
> predict(m, newdata = data.frame(y1 = 49, y2 = 68))
       1
89.55887
```

● **단순확률대치법**

단순확률대치법(single stochastic imputation)은 평균대치법에서 추정량 표준오차의 과소추정 문제를 보완하고자 고안된 방법으로 Hot-deck 방법, Nearest Neighbor 방법 등이 있다(Yun, 2004). 이 방법은 일부 간단한 문제를 제외하고, 대부분의 경우에 추정량의 표준오차 계산 자체가 어려운 문제가 있다.

● 다중대치법

다중대치법(multiple imputation)은 단순확률대치법을 보완하는 방법으로 단순확률대치법을 한 번 하지 않고 여러 번(n)의 대치를 통해 n개의 가상적 완전한 자료를 만들어서 분석하는 방법이다. 이 방법으로 Amelia(Multiple Imputation of Incomplete Multivariate Data)를 사용하는 방법이 있다. Amelia 패키지는 불완전한 데이터에서 붓스트랩(bootstrap) 기대값 최대화 알고리즘(Expectation-Maximization Algorithm, EM 알고리즘)을 실행하고 대치된 데이터셋을 만든다(CRAN, Package "Amelia" 참조). EM 알고리즘은 〈8.1.3 혼합분포 군집분석〉을 참고하자.

다음은 Amelia 패키지의 amelia() 함수를 이용한 결측값을 대치하는 예제다. 이를 위해 freetrade 데이터셋을 이용한다. freetrade 데이터셋은 1981년부터 1999년까지의 9개 아시아 국가의 무역정책 및 민주주의에 대한 분석 데이터이며, [표 4-3]은 freetrade 데이터 열 정보다.

[표 4-3] freetrade 데이터 열 정보

열 이름	한글 이름	열 이름	한글 이름	열 이름	한글 이름
year	연도	country	국가	tariff	관세율
polity	정치지수	pop	총인구	gdp.pc	국민총생산
intresmi	총국제준비액	signed	IMF가입년도	fiveop	재무적 공개성
usheg	US선호지수				

(1) Amelia 패키지를 설치하고 불러오기

```
> install.packages("Amelia")
> library(Amelia)
```

(2) freetrade 데이터셋 확인하기

```
> data("freetrade")
> head(freetrade)
  year  country tariff polity     pop   gdp.pc intresmi signed fiveop    usheg
1 1981 SriLanka     NA      6 14988000 461.0236 1.937347      0   12.4 0.2593112
2 1982 SriLanka     NA      5 15189000 473.7634 1.964430      0   12.5 0.2558008
3 1983 SriLanka   41.3      5 15417000 489.2266 1.663936      1   12.3 0.2655022
4 1984 SriLanka     NA      5 15599000 508.1739 2.797462      0   12.3 0.2988009
5 1985 SriLanka   31.0      5 15837000 525.5609 2.259116      0   12.3 0.2952431
6 1986 SriLanka     NA      5 16117000 538.9237 1.832549      0   12.5 0.2886563
> NROW(freetrade)
[1] 171
> NROW(freetrade[complete.cases(freetrade), ])   # 결측값이 포함되지 않은 데이터
[1] 96
```

위의 freetrade 데이터에는 결측값이 많이 분포되어 있어 결측값을 모두 제거하면 너무 많은 자료가 삭제되어 정보를 획득하기 어려워진다. Amelia 패키지는 변수 간의 관계를 이용해 결측값을 대치하는 효율적인 방법을 제공한다.

(3) freetrade 모든 데이터를 연도와 국가를 고려해 결측값에 대해 대치하는 모델

```
> freetrade.out <- amelia(freetrade, m = 5, ts = "year", cs = "country")
> write.amelia(obj = freetrade.out, file.stem = "outdata")
```

위의 amelia() 함수의 인자 m은 몇 개의 대치 데이터셋을 만들지를 결정하는 값이고(초기값은 5), 인자 ts는 시계열에 대한 정보, 인자 cs는 크로스 섹션(cross section) 변수에 포함될 정보다. 위의 과정을 통해 freetrade.out은 결측값이 다중대치법에 의해 대체된 5개의 데이터셋을 포함하고 각 데이터셋은 outdata1.csv, outdata2.csv, outdata3.csv, outdata4.csv, outdata5.csv의 이름으로 생성된다.

(4) amelia() 함수에 전달된 freetrade 데이터셋 결측값의 위치 맵 그리기

```
> missmap(freetrade.out)
```

[그림 4-4]에서 전체 데이터에서 결측값이 5% 차지하고 있음을 알 수 있고, 관세율(tariff) 속성이 가장 많은 것을 볼 수 있다.

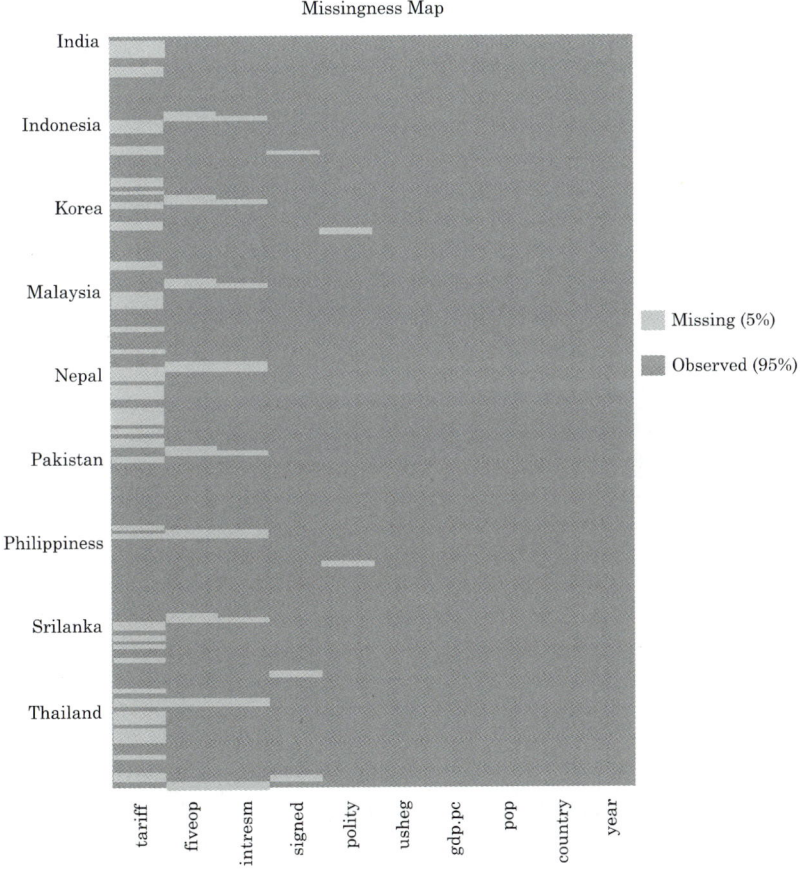

[그림 4-4] freetrade 데이터의 결측값을 처리하기 전 결측값 위치 맵

(5) 결측값을 amelia() 함수의 다중대치법에 의해 대체된 5번째 데이터의 관세율(tariff) 속성값으로 처리 후 결측값 위치 맵 그리기

```
> freetrade$tariff <- freetrade.out$imputations[[5]]$tariff
> missmap(freetrade)
```

[그림 4-5]에서 관세율(tariff) 속성의 결측값을 처리 후 전체 데이터에서 결측값이 차지하는 비율이 2%로 낮아지고, 관세율 속성의 결측값이 모두 대체된 것을 확인할 수 있다.

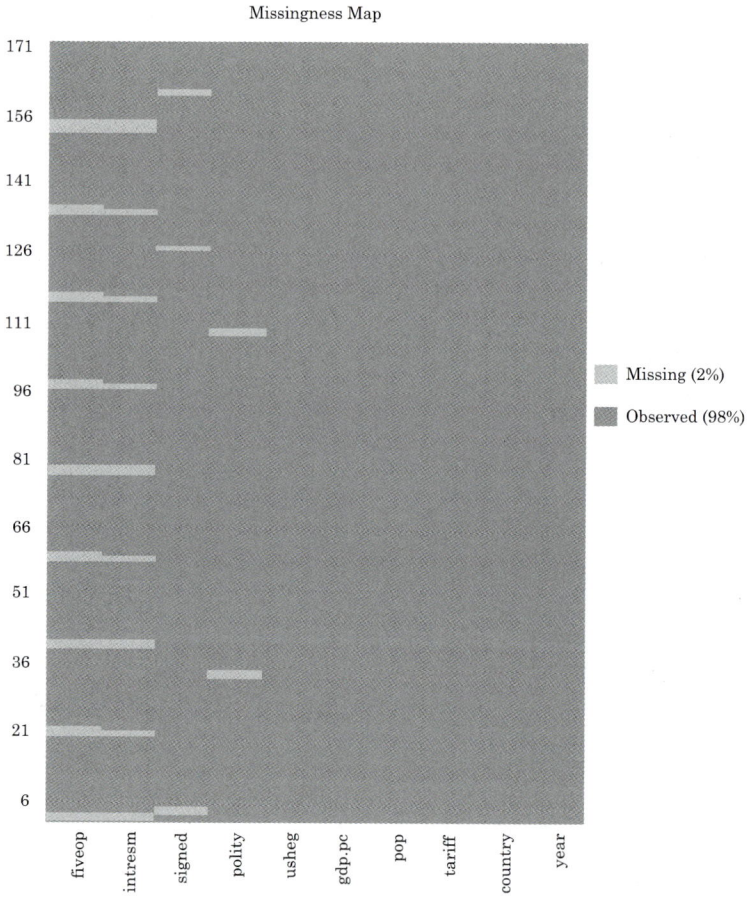

[그림 4-5] freetrade 데이터 관세율(tariff) 속성의 결측값 처리 후 결측값 위치 맵

4.1.2.2 R의 결측값 관련 함수

결측값을 대치하는 함수를 살펴보면 is.na(), complete.cases(), DMwR::centralImputation(), DMwR::knnImputation() 등이 있다. [표 4-4]는 속성이 Y_1, Y_2, Y_3인 관측된 데이터셋의 관측 결과다.

[표 4-4] 속성이 Y_1, Y_2, Y_3인 관측 결과

Y_1	Y_2	Y_3
10	15	20
NA	20	30
NA	25	40
25	35	50
30	NA	55
34	NA	60
37	49	70
40	55	NA
44	60	NA
49	68	NA

[표 4-4]를 데이터 프레임 형식의 데이터셋으로 생성하기

```
> data <- data.frame(y1 = c(10, NA, NA, 25, 30, 34, 37, 40, 44, 49),
+                    y2 = c(15, 20, 25, 35, NA, NA, 49, 55, 60, 68),
+                    y3 = c(20, 30, 40, 50, 55, 60, 70, NA, NA, NA))
> data
   y1 y2 y3
1  10 15 20
2  NA 20 30
3  NA 25 40
4  25 35 50
5  30 NA 55
6  34 NA 60
7  37 49 70
8  40 55 NA
9  44 60 NA
10 49 68 NA
```

● is.na() 함수

결측값을 NA로 인식하여 결측값이 있으면 TRUE, 없으면 FALSE로 반환한다. is.na() 함수로 [표 4-4]의 데이터셋을 확인한 결측값은 다음과 같다.

data의 y1, y2, y3 속성(컬럼)값 확인하기

```
> is.na(data$y1)
 [1] FALSE  TRUE  TRUE FALSE FALSE FALSE FALSE FALSE FALSE FALSE
> is.na(data$y2)
 [1] FALSE FALSE FALSE FALSE  TRUE  TRUE FALSE FALSE FALSE FALSE
> is.na(data$y3)
 [1] FALSE FALSE FALSE FALSE FALSE FALSE FALSE  TRUE  TRUE  TRUE
```

실행 결과 속성값이 NA이면 TRUE, 아니면 FALSE가 출력된 것을 볼 수 있다.

● complete.cases() 함수

결측값이 있으면 FALSE, 없으면 TRUE를 반환한다. complete.cases() 함수로 [표 4-4]의 데이터셋에서 결측값을 제거한 결과는 다음과 같다.

결측값이 없는 데이터만 선택하기

```
> data[complete.cases(data), ]
  y1 y2 y3
1 10 15 20
4 25 35 50
7 37 49 70
```

실행 결과 1행, 4행, 7행 데이터가 선택된 것을 볼 수 있다.

● DMwR::centralImputation() 함수

결측값 NA를 가운데 값(central value)으로 대체한다. 데이터 타입이 숫자인 경우 중앙값, 요인(factor)인 경우 최빈값이 가운데 값이 된다.

(1) data 객체를 이용해 속성 y1, y2, y3의 중앙값 확인하기

```
> mapply(median, data, na.rm = TRUE )
  y1   y2   y3
35.5 42.0 50.0
```

(2) DMwR 패키지를 설치하고 불러오기

```
> install.packages("DMwR")
> library(DMwR)
```

(3) centralImputation() 함수를 이용해 중앙값으로 대체하기

```
> centralImputation(data = data)
    y1 y2 y3
1 10.0 15 20
2 35.5 20 30
3 35.5 25 40
4 25.0 35 50
```

```
5   30.0 42 55
6   34.0 42 60
7   37.0 49 70
8   40.0 55 50
9   44.0 60 50
10  49.0 68 50
```

실행 결과 NA값이 각 속성의 중앙값으로 잘 대체된 것을 볼 수 있다.

● DMwR::knnImputation() 함수

결측값 NA 값을 k-최근접 이웃(k-NN) 알고리즘(6.8에서 자세히 다룬다)을 사용해 대체하는 것으로, k개 주변 이웃까지의 거리를 고려하여 가중 평균한 값을 사용한다.

(1) knnImputation() 함수를 이용해 k = 2인 이웃까지의 거리를 고려한 가중 평균값으로 대체하기

```
> knnImputation(data = data, k = 2)
         y1       y2       y3
1   10.00000 15.00000 20.00000
2   14.82613 20.00000 30.00000
3   19.29274 25.00000 40.00000
4   25.00000 35.00000 50.00000
5   30.00000 40.18029 55.00000
6   34.00000 43.07967 60.00000
7   37.00000 49.00000 70.00000
8   40.00000 55.00000 65.37015
9   44.00000 60.00000 65.38886
10  49.00000 68.00000 65.38145
```

실행 결과 NA값이 k = 2인 이웃까지의 거리를 고려한 가중 평균값으로 잘 대체된 것을 볼 수 있다.

4.1.3 이상값 검색

이상값(outlier)은 다른 데이터와는 극단적으로 다른 값, 즉 유달리 높거나 낮은 값을 보이는 데이터를 말한다. 이상값 검색은 분석에서 전처리를 어떻게 할지를 판단할 경우와 부정 사용 방지 시스템(Fraud Detection System, FDS)에서 규칙을 발견하는 데 사용할 수 있다. 이상값이 발생하는 경우는 다음과 같다.

- 의도하지 않게 잘못 입력한 경우(Bad data)
- 의도하지 않게 입력되었으나 분석 목적에 부합되지 않아 제거해야 하는 경우(Bad data)

- 의도되지 않은 현상이지만 분석에 포함해야 하는 경우
- 의도된 이상값인 경우

이상값은 분석 목적이나 분석 기법에 따라 적절한 판단이 필요하다. 일반적이지 않은 위치에 있는 이상값은 대체로 산점도 그래프(scatterplot), 줄기-잎 그림(Stem and leaf plot), 상자그림(boxplot) 같은 통계 데이터 시각 자료로 식별할 수도 있다.

4.1.3.1 이상값의 인식 방법

이상값 관련 대표적인(가장 잘 알려진) 알고리즘으로는 ESD가 있고(Wikipedia, "Grubb's test for outliers" 참조) 사분위 범위도 자주 사용된다. 이에 대해 살펴보자.

- **ESD**

ESD(Extreme Studentized Deviate)는 평균으로부터 표준편차의 값이 +3 이상인 경우를 이상값으로 본다. [그림 4-6]은 정규분포와 표준편차의 관계 그래프다.

데이터의 집합이 대칭적인 흙더미 모양(종모양)에 가까운 경우(즉 정규분포 또는 가우스분포) 평균에서 표준편차의 한 배 이내에 약 68%, 두 배 이내에 약 95%, 세 배 이내에 약 99%의 데이터가 들어있다는 데이터의 경험 법칙에 잘 맞는다.

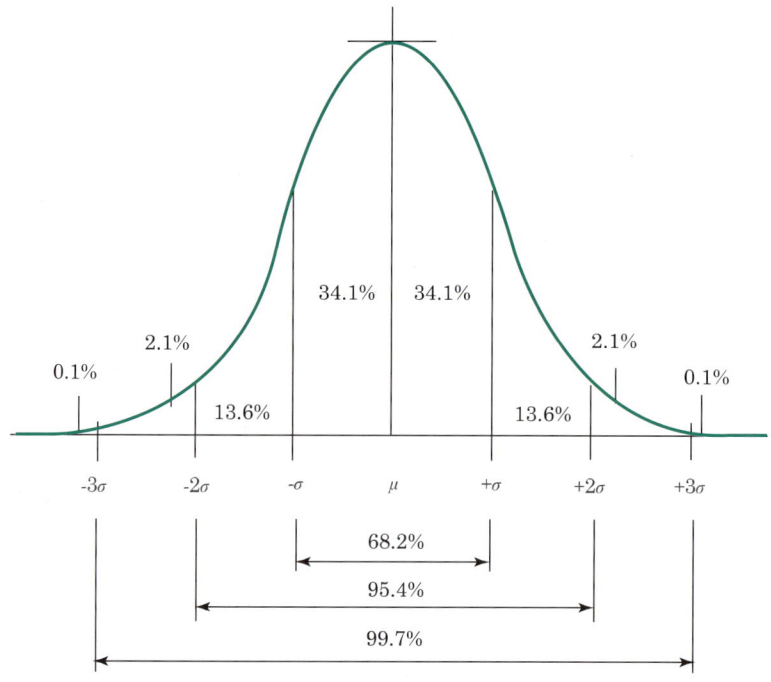

[그림 4-6] 정규분포와 표준편차의 관계 그래프(데이터의 경험 법칙)

● 사분위 범위

사분위 범위(Inter-Quartile Range, IQR)의 개념은 데이터를 4개의 동일한 그룹으로 나눈 다음 양끝의 그룹이 얼마나 많이 떨어져 있는지를 알아보는 것이다. [그림 4-7]은 사분위 범위 그림이다.

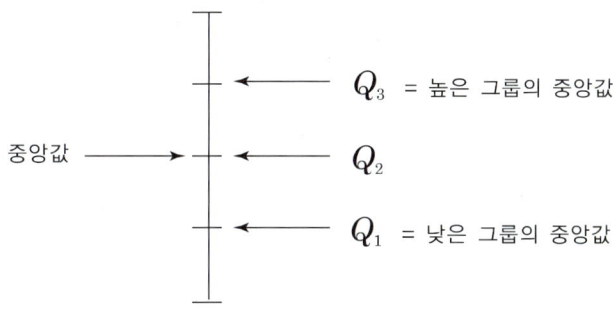

[그림 4-7] 사분위 범위 그림

사분위 범위를 찾는 방법은 다음과 같다.

① 데이터를 숫자 순으로 정리한다.
② 데이터를 숫자가 낮은 2개 그룹과 숫자가 높은 2개 그룹으로 나눈다(중앙값이 데이터 점이면 그것을 양쪽 그룹에 모두 포함시킨다). 이것이 두 번째 사분위, 즉 Q_2이다.
③ 숫자가 낮은 그룹의 중앙값을 찾는다. 이것이 첫 번째 사분위, 즉 Q_1이다.
④ 숫자가 높은 그룹의 중앙값을 찾는다. 이것이 세 번째 사분위, 즉 Q_3이다.

사분위 범위는 세 번째 사분위(Q_3)와 첫 번째 사분위(Q_1) 사이의 거리(또는 차이)다. [그림 4-8]은 상자 그림이다. 상자의 끝에서 1.5*IQR 이상 떨어져 있는 점은 이상값이다.

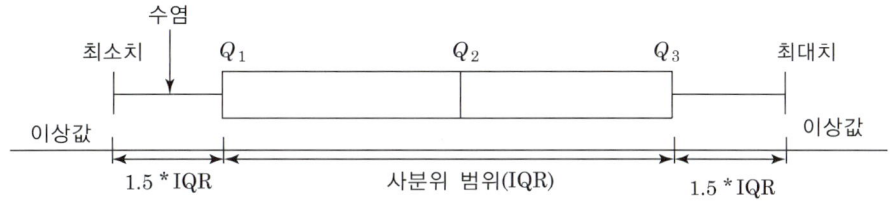

[그림 4-8] 상자그림

4.1.3.2 산점도 그래프, 줄기-잎 그림, 상자그림을 이용한 이상값 검색 예제

다음은 대학생 92명(남학생 57명, 여학생 35명)의 몸무게(kg)와 키(cm) 데이터로 산점도 그래프, 줄기-잎 그림, 상자그림을 이용해 이상값을 검색하는 예제다. [표 4-5]는 대학생 92명의 몸무게와 키 데이터 열(컬럼) 정보다.

[표 4-5] 대학생 92명의 몸무게와 키 데이터 열 정보

열 이름	한글 이름	열 이름	한글 이름	열 이름	한글 이름	열 이름	한글 이름
no	학생번호	sex	성별	weight	몸무게	height	키

(1) 대학생 92명의 몸무게와 키 데이터셋 읽어오기

```
> data <- read.csv(file.path("data", "student92.csv"),
+                  sep = ",",
+                  stringsAsFactors = FALSE,
+                  header = TRUE,
+                  na.strings = "")
> head(data)
  no sex weight height
1  1   m     64    198
2  2   m     77    170
3  3   m     59    170
4  4   m     66    198
5  5   m     71    170
6  6   m     70    165
```

file.path() 함수는 여러 개의 인수를 문자열로 넣어줄 수 있는데 이 문자열을 차례로 합쳐서 하나의 path로 만든다("data/student92.csv"가 된다).

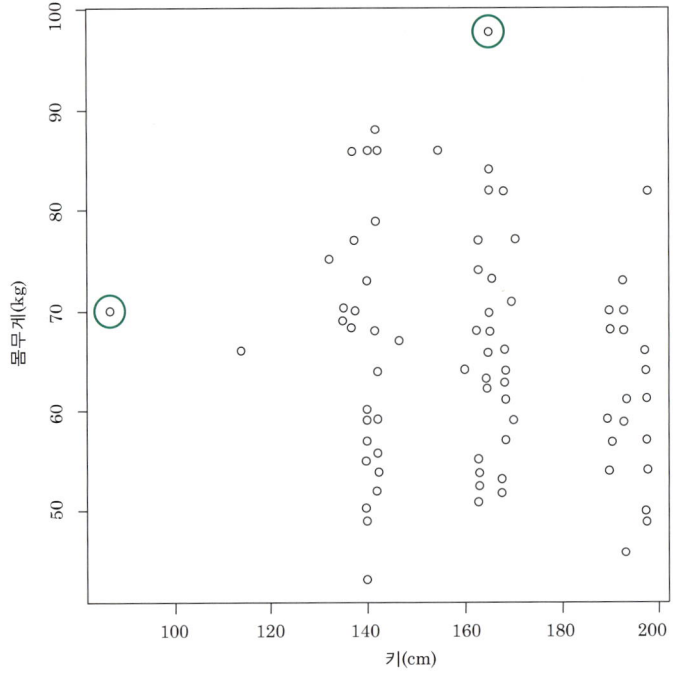

[그림 4-9] 몸무게(kg)와 키(cm)의 산포도

위의 몸무게와 키의 산점도에서 상단과 좌측에 원으로 표시된 점은 다른 점들과 많이 떨어져 있음을 알 수 있다.

```
4  | 3699
5  | 0012233444455677777999999
6  | 01112334444466666788888888889
7  | 00000000001333345777799
8  | 222466668
9  | 8
```

[그림 4-10] 몸무게 줄기-잎 그림

위의 몸무게 줄기-잎 그림에서 몸무게가 98kg인 대학생의 경우 다른 대학생들의 몸무게와 동떨어져 있음을 알 수 있다.

```
8  | 6
11 | 4
13 | 2555777777
14 | 000000000002222222222227
15 | 5
16 | 03333333355555555555558888888888
17 | 000
19 | 000000333333388888888
```

[그림 4-11] 키 줄기-잎 그림

위 키 줄기-잎 그림에서 키가 86cm인 대학생의 경우 다른 대학생들의 키와 동떨어져 있음을 알 수 있다.

(2) 몸무게(kg) 데이터의 상자그림 그리기와 이상값 확인하기

```
> out.weight <- boxplot(data$weight)
> out.weight$out
[1] 98
```

대학생 92명의 몸무게 데이터에서 98kg의 데이터는 이상값인 것을 볼 수 있다.

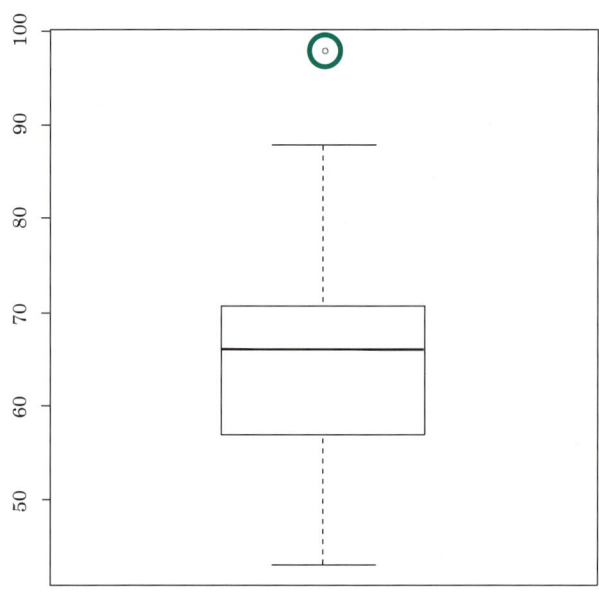

[그림 4-12] 몸무게 상자그림

(3) 키 데이터의 상자그림 그리기와 이상값 확인하기

```
> out.height <- boxplot(data$height)
> out.height$out
[1] 86
```

대학생 92명의 키 데이터에서 86cm의 데이터는 이상값인 것을 볼 수 있다.

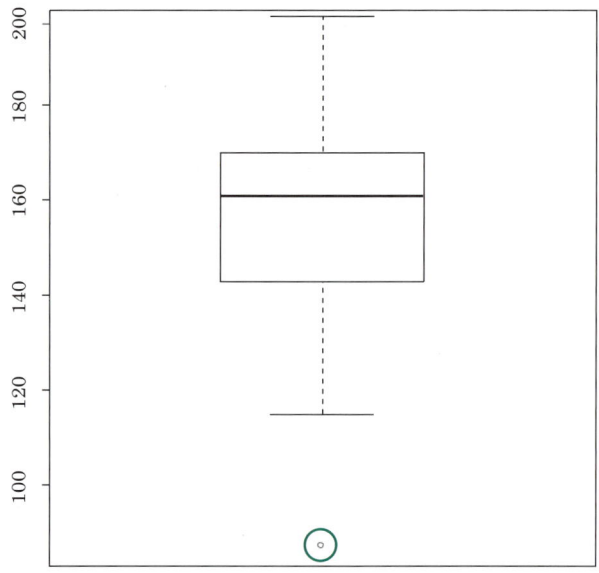

[그림 4-13] 키(cm) 상자그림

4.1.3.3 outlier 패키지를 이용한 이상값 검색 예제

outlier 패키지는 이상값일 가능성이 큰 값을 찾아준다. outlier() 함수는 평균과 가장 큰 차이가 있는 값을 알려주고, opposite = TRUE를 사용하면 반대편으로 평균과 가장 차이가 많이 나는 값을 알려준다.

(1) outlier 패키지를 설치하고 불러오기

```
> install.packages("outliers")
> library(outliers)
```

(2) 대학생 92명의 몸무게 데이터에서 평균과 가장 차이가 많이 나는 값과 반대 방향으로 가장 차이가 많이 나는 값 출력하기

```
> outlier(data$weight)
[1] 98
> outlier(data$weight, opposite = TRUE)
[1] 43
```

실행 결과 평균과 가장 차이가 많이 나는 값은 98(kg)이고, 반대 방향으로 가장 차이가 많이 나는 값은 43(kg)인 것을 볼 수 있다.

(3) 대학생 92명의 키 데이터에서 평균과 가장 차이가 많이 나는 값과 반대 방향으로 가장 차이가 많이 나는 값 출력하기

```
> outlier(data$height)
[1] 86
> outlier(data$height, opposite = TRUE)
[1] 198
```

실행 결과 평균과 가장 차이가 많이 나는 값은 86(cm)이고, 반대 방향으로 가장 차이가 많이 나는 값은 198(cm)인 것을 볼 수 있다.

(4) 성별 몸무게 데이터의 상자그림 그리기와 이상값 확인하기

```
> out.weight <- boxplot(weight ~ sex, data = data)
> out.weight$out
[1] 98
```

대학생 92명의 성별 몸무게 데이터에서 남자 98(kg)의 데이터는 이상값인 것을 볼 수 있다.

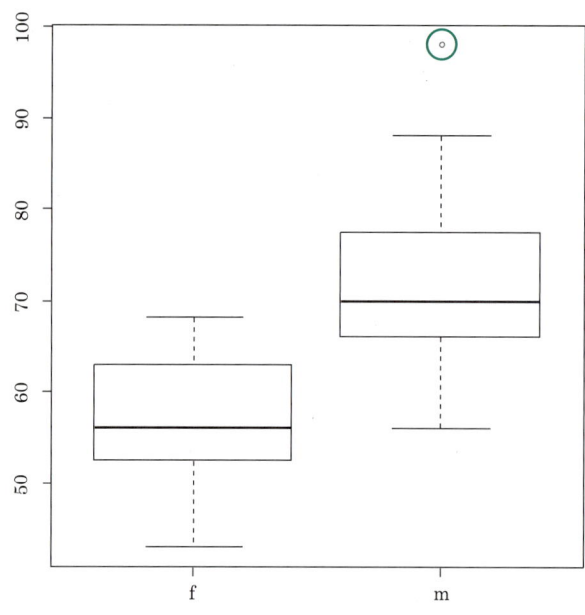

[그림 4-14] 성별 몸무게 상자그림

(5) 성별 키 데이터의 상자그림 그리기와 이상값 확인하기

```
> out.height <- boxplot(height ~ sex, data = data)
> out.height$out
[1] 86
```

대학생 92명의 성별 키 데이터에서 남자 86(cm)의 데이터는 이상값인 것을 볼 수 있다.

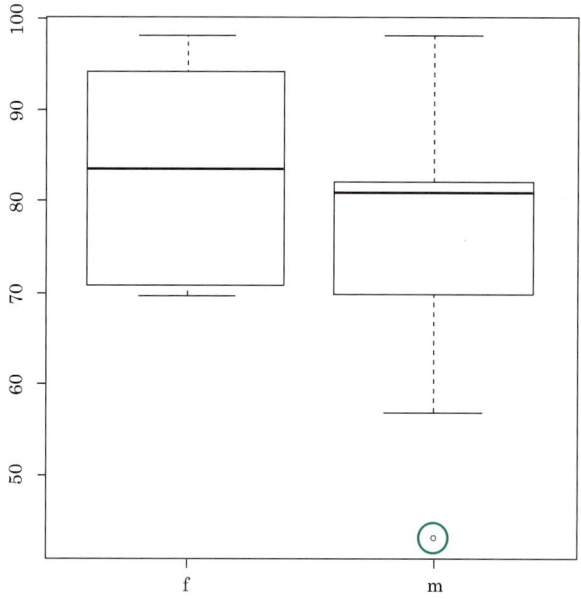

[그림 4-15] 성별 키 상자그림

4.1.4 데이터 정규화

> 통계적 이론 배경은 1.3 참조

데이터 정규화(data normalization)는 변수값(숫자, 숫자 범주형 변수의 값)의 분포를 표준화하는 것을 의미한다(Wikipedia, "Feature scaling" 참조). 데이터 표준화(standardization)에는 Z-변환, [0~1] 변환 등이 있다.

Z-변환을 하려면 데이터가 정규분포(Normal distribution) 또는 가우스분포(Gaussian distribution)를 따라야 한다. 정규분포는 우리 주변에서 일반적으로 발견되는 좌우대칭의 종 모양(Bell curve)으로 생긴 분포다.

예를 들어, 한국 대학생의 키(cm)를 조사해서 평균(173.3)과 표준편차(5.714)를 안다면 그 중 한 명의 대학생 키가 180cm인 경우, 한국 대학생 중에서 상위 몇 퍼센트(%) 키에 속할지도 추측할 수 있다. [그림 4-16]은 한국 대학생 키의 정규분포 그래프 예시다.

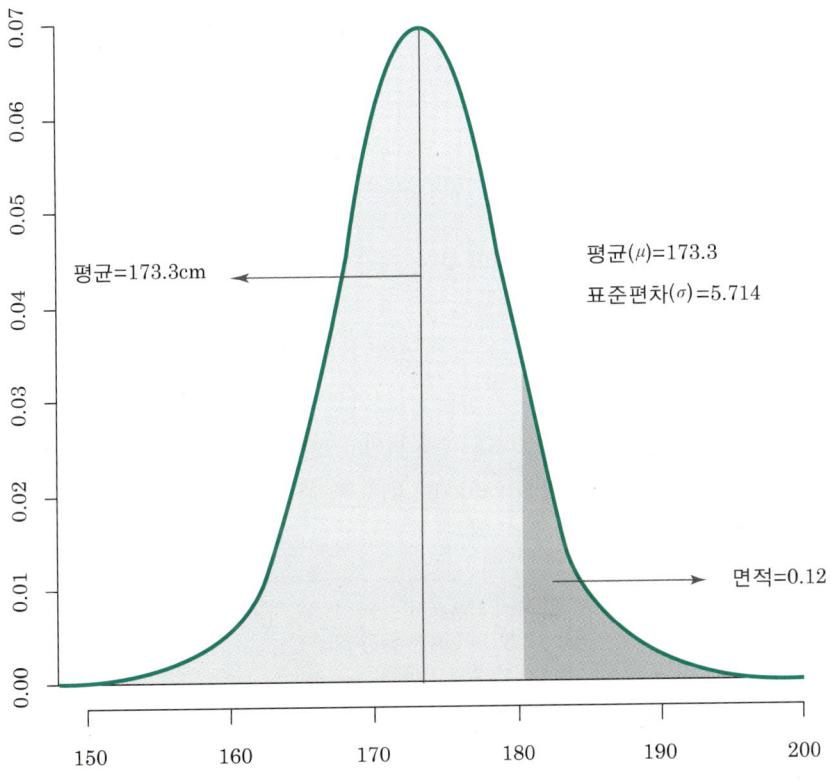

[그림 4-16] 한국 대학생의 키 정규분포 그래프 예시

[그림 4-16]에서 키가 180cm인 대학생은 상위 약 12%에 속하는 것으로 추측할 수 있다. 즉, 독립적인 임의 효과의 영향을 받는 데이터(예를 들어, 대학생의 키 등 자연 속에 아주 광범위하게 존재)는 근사적으로 정규분포를 따른다. 이를 통계학에서 중심극한정리라고 한다. 중심극한정리는 분포의 모양을 모르는 모집단으로부터 표본을 추출할 때, 표본평균($\overline{X}$)의 분포는 표본의 크기 n이 커짐(일반적으로 $n \geq 30$)에 따라 점점 정규분포로 근사해 간다는 성질을 말한다.

이때 두 개 이상의 모집단으로부터 표본의 크기가 큰 표본을 추출했을 때 각 집단의 평균과 표준편차가 다르거나 혹은 측정 단위(Scale)가 다른 경우에는 집단 간 변수 간, 직접적인 비교가 불가능하게 된다. 서로 다른 모수값(평균, 표준편차) 또는 측정 단위가 다른 경우 서로 비교하기 위해 정규분포를 표준화하는 방법을 표준정규분포(Standard normal distribution)라고 한다. [그림 4-17]은 표준정규분포 그래프다. 표준정규분포는 평균 μ이 0, 표준편차 σ가 1인 정규분포를 말하고, 그래프 아래의 면적은 1이다.

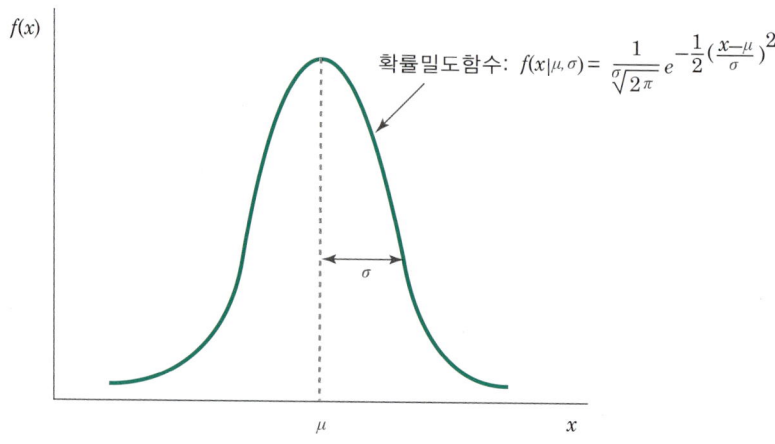

[그림 4-17] 표준정규분포 그래프

정규분포 확률밀도함수를 구하는 식은 아래와 같다. 여기서, $\pi=3.1415$, $e=2.7183$이다.

$$f(x) = \frac{1}{\sigma\sqrt{2\pi}} e^{-\frac{1}{2}\left(\frac{x-\mu}{\sigma}\right)^2}$$

정규분포 확률밀도함수 $f(x)$에서 곡선 아래 특정 범위의 면적(즉 확률)은 통계 분석에서 가설 검정(hypothesis test)을 하는데 사용하는 p-value(p-값)로 해석할 수 있고, 특징은 다음과 같다.

> ① 평균을 중심으로 좌우가 대칭인 종 모양(bell shape)이다.
> ② 확률변수의 범위가 $(-\infty, \infty)$이므로 곡선이 수평축에 닿지 않는다.
> ③ 곡선 아래의 면적은 전체 확률을 나타내므로 항상 1이다.

데이터 정규화는 k-최근접 이웃(k-Nearest Neighbor, K-NN), 서포트 벡터 머신(Support Vector Machine, SVM), 인공신경망(Artificial Neural Network, ANN) 등 많은 알고리즘에서 유용하게 사용된다. 이에 대해서는 〈6장 분류분석〉에서 살펴본다.

4.1.4.1 표준정규분포 Z-변환

Z-변환은 평균 μ, 표준편차 σ인 정규분포(정규확률변수)를 평균 0, 표준편차 1인 표준정규분포(표준정규확률변수)로 바꿔준다. 이렇게 표준화된 개별 데이터를 Z-점수(Z-score)라고 부른다. Z-점수는 평

균이 0이고 표준편차가 1인 정규분포의 확률변수(확률밀도함수의 x축)가 된다. 즉 데이터의 표준점수를 평균으로부터의 표준편차 거리로 정의(데이터 평균의 Z-점수는 0)한다. Z-점수를 구하는 식은 아래와 같다.

$$Z = \frac{X - \mu}{\sigma}$$

위의 Z-점수를 구하는 식은 개별 데이터 값에서 평균을 빼고, 그 값을 표준편차로 나눈 값이다. 즉, 평균값에서 표준편차의 몇 배 정도 떨어져 있는지를 평가한다.

다음으로 대학생 92명(남학생 57명, 여학생 35명)의 몸무게(kg)와 키(cm)를 평균이 0, 표준편차가 1인 표준정규분포로 표준화(Z-변환)를 수행하는 예제를 살펴보자.

(1) 대학생 92명의 몸무게와 키 데이터셋 읽어오기

```
> (data <- read.csv(file.path("data", "student92.csv"),
+                   sep = ",",
+                   stringsAsFactors = FALSE,
+                   header = TRUE,
+                   na.strings = ""))
> head(data)

  no sex weight height
1  1   m     64    198
2  2   m     77    170
3  3   m     59    170
4  4   m     66    198
5  5   m     71    170
6  6   m     70    165
```

(2) scale() 함수를 이용해 몸무게와 키를 표준화하기

```
> scale_data <- apply(data[, 3:4], 2, scale)
> colnames(scale_data) <- c("weight_scale", "height_scale")
> data <- cbind(data, scale_data)
> head(data)
  no sex weight height weight_scale height_scale
1  1   m     64    198   -0.17205709    1.6121604
2  2   m     77    170    1.03841515    0.3842109
3  3   m     59    170   -0.63762334    0.3842109
4  4   m     66    198    0.01416941    1.6121604
5  5   m     71    170    0.47973566    0.3842109
6  6   m     70    165    0.38662241    0.1649342
```

실행 결과 몸무게(weight_scale)와 키(height_scale) 데이터 값의 Z-점수가 구해진 것을 볼 수 있다. apply(X, MARGIN, FUN) 함수는 열 방향(MARGIN = 2)으로 scale() 함수를 사용하여 Z-변환(FUN = scale)을 수행한다.

(3) 몸무게와 키 값에 대한 히스토그램 그리기

```
> par(mfrow = c(1, 2))
> hist(data$weight, freq = FALSE, main = "대학생 몸무게 확률밀도함수 그래프")
> hist(data$height, freq = FALSE, main = "대학생 키 확률밀도함수 그래프")
```

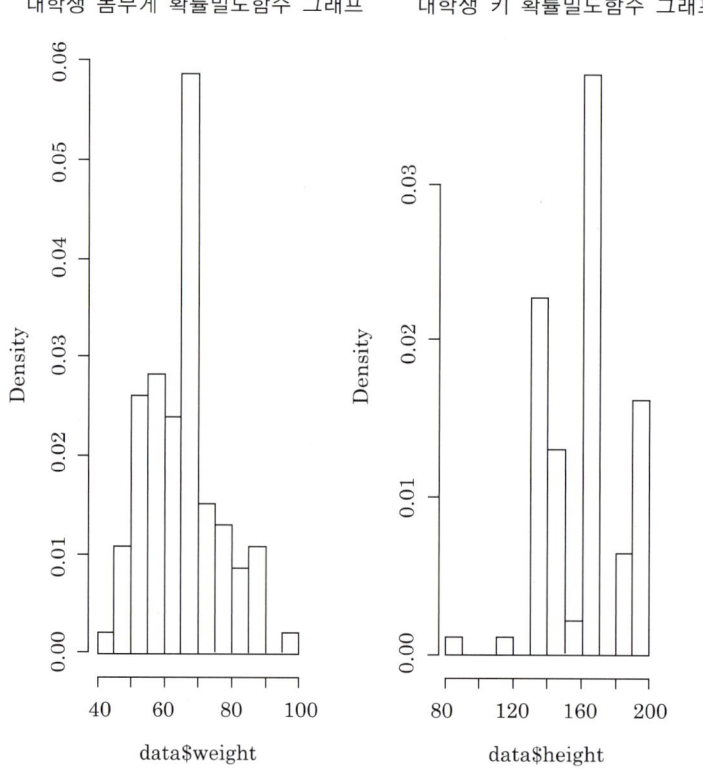

[그림 4-18] 대학생 92명의 몸무게(kg), 키(cm) 히스토그램

[그림 4-18]에서 몸무게(kg)와 키(cm) 값은 측정 단위가 달라 서로 비교하기 어렵다는 것을 알 수 있다.

(4) 표준화된 몸무게와 키 값에 대한 히스토그램 그리기

```
> par(mfrow = c(1, 2))
> hist(data$weight_scale, freq = FALSE, main = "대학생 몸무게 확률밀도함수 그래프")
> hist(data$height_scale, freq = FALSE, main = "대학생 키 확률밀도함수 그래프")
```

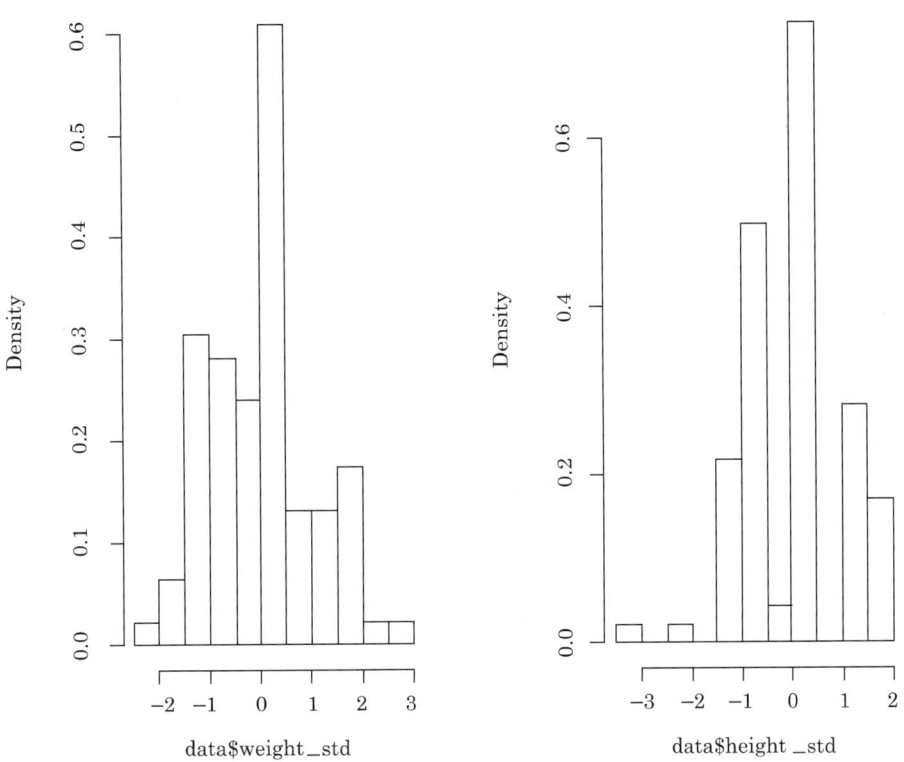

[그림 4-19] 대학생 92명의 Z-변환된 몸무게, 키 히스토그램

위의 그래프에서 몸무게와 키를 표준화(Z-점수)함으로써 비교할 수 있고, 몸무게의 경우 상위 그룹에 이상값(Z점수 + 3)이 분포되어 있고, 키의 경우 하위 그룹에 이상값(Z점수 - 3)이 분포되어 있는 것을 볼 수 있다.

4.1.4.2 [0 -1] 변환

연속형 변수의 값을 '0~1' 사이의 값으로 변환하는 [0-1] 변환도 Z-변환과 함께 많이 쓰이는 표준화 기법이다. 만약 변수 간의 측정 단위가 다른 경우 두 변수를 [0-1] 변환하게 되면 상호 간 비교가 가능해진다. 변수 x의 값을 0~1 사이로 표준화하는 식은 아래와 같다.

$$\frac{(x-\min(x))}{(\max(x)-\min(x))}$$

예를 들어 A, B 두 대학생의 몸무게와 키 값이 [표 4-6]과 같다고 가정하자.

[표 4-6] A, B 대학생의 몸무게와 키

학생	몸무게(kg)	키(cm)
A	78	178
B	83	190

일반적으로 두 점 사이의 거리를 계산하는 다양한 방법이 있지만 대개 유클리드 거리 함수가 많이 사용된다(자세한 내용은 〈9.3.1.1 유클리드 거리 함수〉 참조). 두 대학생 A와 B의 거리를 계산하면 다음과 같다.

$$d(A, B) = \sqrt{(78-85)^2 + (178-190)^2}$$
$$= \sqrt{(-5)^2 + (-12)^2}$$
$$= \sqrt{25+144}$$

두 점의 거리 계산에서 있어서 키의 값은 많이 반영되는데(144), 몸무게는 거리 계산에 작은 영향(25)을 미치고 있다. 즉, 자료의 범위가 큰 변수가 거리 계산에 있어 더 많은 영향을 미칠 수밖에 없다. 이것은 데이터와 데이터의 거리 계산에 있어 왜곡을 불러올 수 있다. 따라서 모든 변수가 거리 계산에 동등한 영향을 갖도록 하기 위해서 자료 범위를 0~1 사이로 표준화한 후에 거리 계산을 하면 데이터 왜곡을 피할 수 있다.

다음은 대학생 92명(남학생 57명, 여학생 35명)의 몸무게(kg)와 키(cm) 값을 [0-1] 변환으로 표준화하는 예제다.

(1) 변수 x의 값을 0~1 사이로 표준화하는 std() 함수 만들기

```
> std <- function(x) {
+   return((x - min(x)) / ((max(x) - min(x))))
+ }
```

(2) std() 함수를 이용해 [0-1] 변환(표준화)하기

```
> std_data <- apply(data[, 3:4], 2, std)
> colnames(std_data) <- c("weight_std", "height_std")
> data <- cbind(data, std_data)
> head(data)
  no sex weight height weight_std height_std
1  1  m     64    198  0.3818182  1.0000000
2  2  m     77    170  0.6181818  0.7500000
3  3  m     59    170  0.2909091  0.7500000
4  4  m     66    198  0.4181818  1.0000000
5  5  m     71    170  0.5090909  0.7500000
6  6  m     70    165  0.4909091  0.7053571
```

(3) 표준화된 몸무게와 키 값에 대한 히스토그램 그리기

```
> par(mfrow = c(1, 2))
> hist(data$weight_std, freq = FALSE, main = "대학생 몸무게 확률밀도함수 그래프")
> hist(data$height_std, freq = FALSE, main = "대학생 키 확률밀도함수 그래프")
```

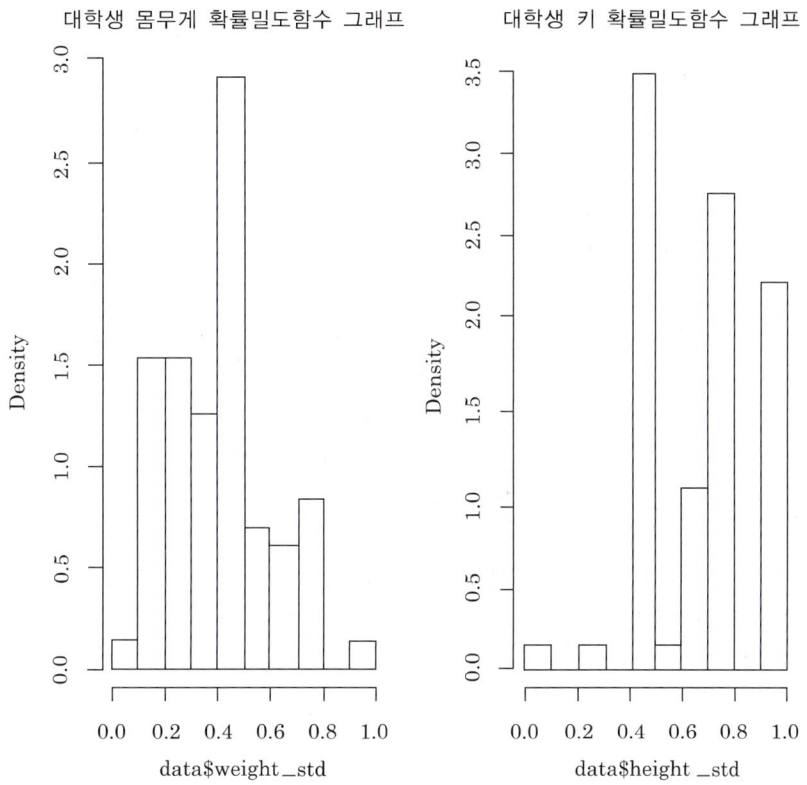

[그림 4-20] 대학생 92명의 [0-1] 변환된 몸무게, 키 히스토그램

[그림 4-20]에서 몸무게와 키를 [0-1] 변환하여 비교할 수 있다는 것을 확인할 수 있다.

4.1.4.3 중심극한정리

중심극한정리(Central limit theorem)는 분포의 모양을 모르는 모집단으로부터 표본을 추출할 때 표본평균($\overline{X}$)의 분포는 표본의 크기 n이 커짐(일반적으로 $n \geq 30$)에 따라 점점 정규분포로 근사해 간다는 성질을 말한다.

$X_1, ..., X_n$을 평균 μ, 분산 σ^2인 모집단으로부터의 크기 n인 확률표본이라고 했을 때 표본평균 $\overline{X}$ 의 분포는 n이 커짐에 따라 정규분포 $N(\mu, \dfrac{\sigma^2}{n})$로 근사된다. 중심극한정리에서 표본평균 $\overline{X}$를 표준화하면 다음 식과 같다.

$$Z = \frac{\overline{X} - \mu}{\frac{\sigma}{\sqrt{n}}}$$

통계량 Z는 근사적으로 표준정규분포 N(0, 1)을 따른다. 이 중심극한정리에 근거해서 보통 샘플이 대략 30개 이상이면 표본평균이 정규분포로 근사한다고 가정하고, 다양한 통계 분석 기법을 적용할 수 있다.

4.2
차원 축소

주성분분석, princomp(), 요인분석, factanal()

- ✓ **주성분분석**은 고차원 데이터를 데이터의 손실을 최소화하면서 저차원 데이터로 압축함으로써 차원을 축소하는 기법이다.

- ✓ 주성분분석은 R의 princomp() 함수를 이용하고, 그 결과는 data_princomp 객체에 저장한다.

- ✓ **요인분석**은 수많은 변수 중에서 잠재된 몇 개의 요인(잠재된 변수)을 찾아내는 것으로 관측된 상관변수 간의 변동성을 설명하는데 사용되는 통계적 방법이다.

- ✓ R의 factanal() 함수의 factor 인자는 요인의 개수를, rotation 인자는 회전 방법을, scores 인자는 요인 점수 계산 방법을 지정한다. 그 결과는 data_factanal 객체에 저장된다.

4.2.1 차원 축소의 필요성

여러 변수 간에 내재하는 상관관계, 연관성을 이용해 소수의 주성분 또는 요인으로 차원을 축소하면 데이터를 이해하고 관리하기 쉽게 해준다. 우리는 1차원, 2차원까지는 그래프를 그려서 직관적으로 이해할 수 있지만, 3차원 이상으로 넘어가면 인식하는 데 어려움을 겪는다.

예를 들어, 10개의 변수가 있는데 2개의 차원으로 요약해서 변수가 가지는 변동성을 80~90% 설명할 수 있다면 굳이 변수 10개를 모두 이용할 필요가 없을 것이다. [그림 4-21]은 주성분분석(4.2.2에서 자세히 다룬다) 예시다.

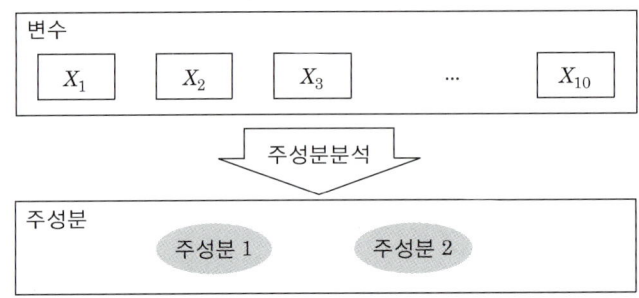

[그림 4-21] 주성분분석 예시

회귀분석(5.3에서 다룬다)또는 의사결정나무(6.2에서 다룬다) 모델 등을 이용해 모델을 개발할 때 입력 변수 간의 상관관계가 높은 다중공선성(multicollinearity)이 존재할 경우 모델이 잘못 만들어지고 해석에도 문제가 생기게 된다. 이 경우 상관도가 높은 변수들을 하나의 주성분 또는 요인으로 축소하여 모델 개발에 이용할 수 있다. 또한 연관성이 높은 변수들 간의 주성분분석 또는 요인분석을 통해 차원 축소를 하고 나서 군집분석(8.1에서 다룬다)을 수행하면 연산 속도를 개선할 수 있다.

예를 들어, 제조공장의 기계에서 나오는 다수의 센서 데이터를 주성분분석 또는 요인분석을 통해 차원 축소를 하고 시계열(5.4에서 다룬다)로 추세나 분포의 변화를 분석하면 기계의 고장 징후를 파악하는 데 이용할 수 있을 것이다.

주성분분석이나 요인분석을 그 자체로 활용할 수도 있지만 위의 몇 가지 사용 예처럼 다른 분석의 입력 변수로 주성분분석(주성분 점수)이나 요인분석(요인 점수)을 통해 데이터를 전처리(변환) 하기도 한다.

4.2.2 주성분분석 통계 기반 데이터 분석 사례는 5.5 참조

주성분분석(Principal component analysis, PCA)은 고차원 데이터를 데이터의 손실을 최소화하면서 저차원 데이터로 압축함으로써 차원을 축소하는 기법이다(Wikipedia, "Principle component analysis" 참조). 즉, 여러 변수의 변량을 주성분이라고 하는 서로 상관성이 높은 선형 조합으로 만든 새로운 변수들로 요약, 축소하는 기법이다. 주성분분석의 장점은 데이터 압축이지만 차원 축소에서 가장 중요한 것은 정보 손실을 최소화하는 것이다.

첫 번째 주성분(principal component 1, PC1)은 전체 변동을 가장 많이 설명할 수 있도록 하고(데이터가 가장 많이 퍼져 있는 방향을 찾고), 두 번째 주성분(principal component 2, PC2)으로는 첫 번째 주성분과는 상관성이 낮아서 설명하지 못하는 나머지 변동을 정보의 큰 손실 없이 가장 많이 설명할 수 있도록 변수들의 선형 조합을 만든다. 즉, PC1이 분산이 가장 크고, PC2가 두 번째로 분산이 큰 축이 된다.

주성분분석에서는 데이터 표준화, 상관행렬(또는 공분산행렬), 주성분 개수, 주성분에 영향을 미치는 변수 선택 절차(방법)를 이용한다.

다음은 2007년도 국내 증권회사의 주요 재무제표 자료로 주성분분석을 수행하는 예제다.

[표 4-7] 2007년도 국내 증권회사 주요 재무제표 데이터 열(컬럼) 정보

열 이름	한글 이름	열 이름	한글 이름
V1	총자본순이익율	V2	자기자본순이익율
V3	자기자본비율	V4	부채비율
V5	자기자본회전율		

(1) 데이터셋 읽어오기

```
> data <- read.csv(file.path("data", "securities_2007.csv"),
+                  sep = ",",
+                  stringsAsFactors = FALSE,
+                  header = TRUE,
+                  na.strings = "")
> head(data)
  company    V1    V2    V3     V4   V5
1   OO증권  2.43 11.10 18.46 441.67 0.90
2   OO증권  3.09  9.95 29.46 239.43 0.90
3   OO증권  2.22  6.86 28.62 249.36 0.69
4   OO증권  5.76 23.19 23.47 326.09 1.43
5   OO증권  1.60  5.64 25.64 289.98 1.42
6   OO증권  3.53 10.64 32.25 210.10 1.17
```

(2) 데이터 표준화 수행하기

```
> data <- transform(data,
+                   V1z = scale(V1),
+                   V2z = scale(V2),
+                   V3z = scale(V3),
+                   V4z = scale(V4),
+                   V5z = scale(V5))
> colnames(data)
 [1] "company" "V1" "V2" "V3" "V4" "V5" "V1z" "V2z" "V3z" "V4z" "V5z"
> data2 <- data[, c("company","V1z","V2z","V3z","V4z","V5z")]
> head(data2)
  company        V1z        V2z        V3z          V4z         V5z
1   ○○증권 -0.5327135  0.3828740  0.9182381  1.338962052  0.05067071
2   ○○증권  0.0484285  0.1311912 -0.3116550 -0.074929674  0.05067071
3   ○○증권 -0.7176223 -0.5450696 -0.3579759 -0.005507479 -0.52973922
4   ○○증권  2.3994120  3.0288265 -0.6419671  0.530924049  1.51551482
5   ○○증권 -1.2635436 -0.8120723 -0.5223048  0.278473346  1.48787625
6   ○○증권  0.4358565  0.2822009 -0.1578035 -0.279980329  0.79691205
```

데이터 속성별 차이를 없애기 위해 scale() 함수로 데이터 표준화를 수행한다. 데이터를 표준화하면 모든 변수의 단위가 없어지면서 같이 비교할 수 있다. 데이터 표준화를 했더니 총 속성 수는 11개다. 이중에서 주성분분석에 필요한 company, V1z, V2z, V3z, V4z, V5z 속성만 선별한다.

(3) 변수간 상관계수 분석, 산점도 행렬 그래프 그리기

```
> round(cor(data2[, -1]), digits = 3)
       V1z    V2z    V3z    V4z    V5z
V1z  1.000  0.617  0.324 -0.355  0.014
V2z  0.617  1.000 -0.512  0.466  0.423
V3z  0.324 -0.512  1.000 -0.937 -0.563
V4z -0.355  0.466 -0.937  1.000  0.540
V5z  0.014  0.423 -0.563  0.540  1.000
> plot(data2[, -1])
```

실행 결과 총자본순이익율(V1z)과 자기자본순이익율(V2z)이 양의 상관관계가 높고(상관계수 0.617), 자기자본비율(V3z)과 부채비율(V4z)이 음의 상관계수가 높은(-0.937) 것을 볼 수 있다.

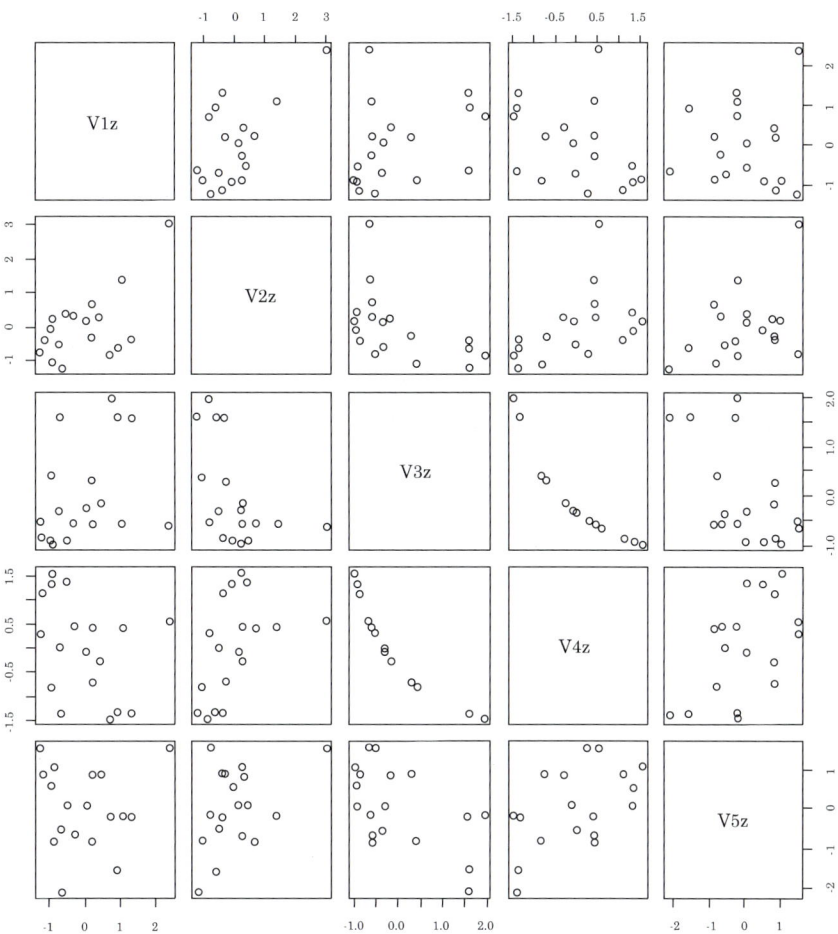

[그림 4-22] 산점도 행렬 그래프

(4) 주성분분석 수행하기

```
> data_princomp <- princomp(data2[, -1], cor = TRUE)
> summary(data_princomp)
Importance of components:
                          Comp.1     Comp.2     Comp.3      Comp.4       Comp.5
Standard deviation     1.6617648  1.2671437  0.7419994  0.25310701  0.135123510
Proportion of Variance 0.5522924  0.3211306  0.1101126  0.01281263  0.003651673
Cumulative Proportion  0.5522924  0.8734231  0.9835357  0.99634833  1.000000000
> loadings(data_princomp)

Loadings:
     Comp.1  Comp.2  Comp.3  Comp.4  Comp.5
V1z           0.780   0.141           0.605
V2z  -0.395   0.565  -0.295  -0.118  -0.651
V3z   0.570   0.162   0.241   0.638  -0.429
V4z  -0.560  -0.197  -0.257   0.748   0.150
V5z  -0.448           0.888
```

```
              Comp.1  Comp.2  Comp.3  Comp.4  Comp.5
SS loadings    1.0     1.0     1.0     1.0     1.0
Proportion Var 0.2     0.2     0.2     0.2     0.2
Cumulative Var 0.2     0.4     0.6     0.8     1.0
```

주성분분석은 R의 princomp() 함수를 이용하고, 그 결과는 data_princomp 객체에 저장한다. 누적기여율(Cumulative Proportion)에서 제1주성분이 약 55.23%, 제2주성분까지는 전체 분산의 약 87.34%를 설명할 수 있음을 볼 수 있다. loadings() 함수는 주성분의 부하량(로딩벡터 또는 고유벡터)을 보여준다.

제1주성분(Comp.1)은 자기자본비율(V3z)이 높을수록 부채비율(V4z)이 낮아지는 역의 영향을 받는다. 제2주성분(Comp.2)은 총자본순이익율(V1z)과 자기자본순이익율(V2z)에 영향을 크게 받는다. 제3주성분(Comp.3)은 자기자본회전율(V5z)의 영향을 크게 받는다. 변수와 주성분 간의 관계를 고려하여 주성분에 명칭(naming)을 붙여보면 [그림 4-23]과 같다.

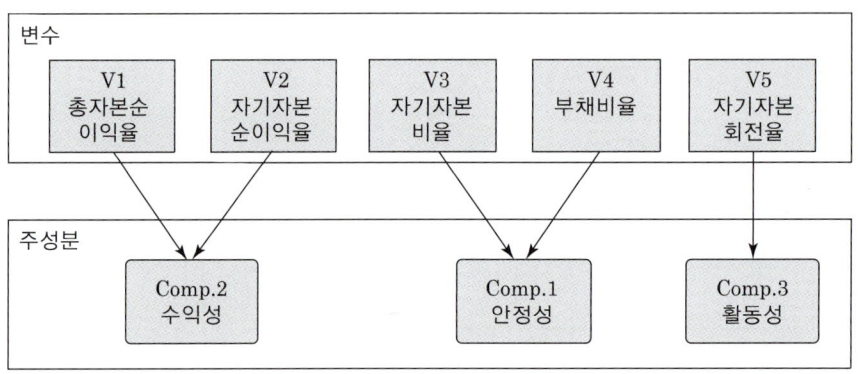

[그림 4-23] 변수와 주성분 간 관계를 고려한 변수 명명

주성분의 개수를 정할 때 스크리 그래프(scree plot)을 그려서 주성분 분산의 감소가 급격하게 줄어들어 주성분의 개수를 늘릴 때 얻게 되는 정보의 양이 상대적으로 미미한 지점(곡선이 수평으로 드러눕는 지점)에서 주성분의 개수를 정하는 것이 하나의 방법이다.

주성분이 설명하는 총 분산의 비율(누적기여율)이 70~90% 사이가 되는 주성분의 개수를 선택하는 방법을 사용하기도 한다. 그 외에도 고유값(eigenvalue)을 이용하는 방법이 있다. 예를 들면, 표준화된 데이터의 한 축의 정보량(분산)은 1이다. 그러므로 주성분 축의 데이터의 정보량이 1보다 작은 것은 의미가 없다고 판단해 삭제하는 것이다.

(5) 스크리 그래프(Scree plot) 그리기

```
> plot(data_princomp, type = "lines")
```

실행 결과 그래프에서 제4주성분(Comp.4)에서 수평으로 드러누웠으므로 한 개를 뺀(4 − 1 = 3) 3개의 주성분이 적합한 것으로 볼 수 있다.

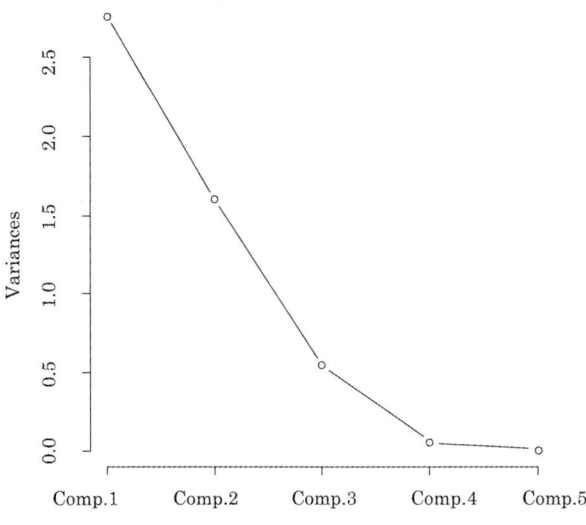

[그림 4-24] 주성분분석의 스크리 그래프

(6) 누적기여율 그래프

누적기여율(Cumulative proportion) 그래프는 [그림 4-25]와 같다. 예를 들어, 전체 데이터의 90% 정도까지 사용하기를 원한다면 제2주성분(Comp.2)까지의 누적 기여율이 87.3%이므로 2개(Comp.1, Comp.2)의 주성분만 사용하면 된다.

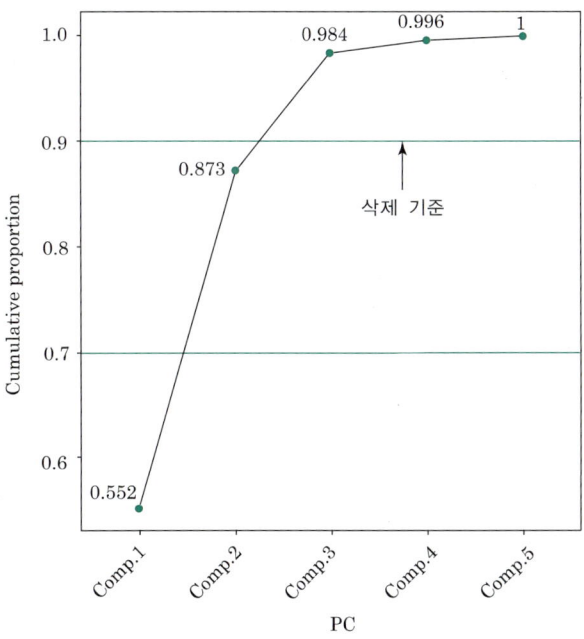

[그림 4-25] 누적기여율 그래프

(7) 고유값을 이용한 막대 그래프 그리기

```
> library(reshape2)
> data_eigenvalue <- melt(apply(as.matrix(data2[, -1]) %*%
+                               as.matrix(data_princomp$loadings[, ]), 2, var))
> data_eigenvalue$PC <- row.names(data_eigenvalue)
> colnames(data_eigenvalue) <- c("eigenvalue", "PC")
> data_eigenvalue$NO <- 1:NROW(data_eigenvalue)
> data_eigenvalue$eigenvalue <- round(data_eigenvalue$eigenvalue, 3)
> data_eigenvalue
       eigenvalue    PC NO
Comp.1     2.924 Comp.1  1
Comp.2     1.700 Comp.2  2
Comp.3     0.583 Comp.3  3
Comp.4     0.068 Comp.4  4
Comp.5     0.019 Comp.5  5

> library(ggplot2)
> ggplot(data_eigenvalue, aes(x = reorder(PC, NO), y = eigenvalue)) +
+   geom_bar(stat = "identity", width = 0.6, position = position_dodge(0.8),
+            aes(fill = factor(PC))) +
+   geom_text(aes(label = eigenvalue), vjust = -0.5, colour = "black",
+             position = position_dodge(0.5), size = 5) +
+   geom_hline(yintercept = 1, colour = "red", size = 1) +
+   ylab("eigenvalue") +
+   xlab("PC") +
+   ylim(0, 5) +
+   theme_bw() +
+   theme(
+     plot.title = element_text(face = "bold", size = 18),
+     axis.title.x = element_text(face = "bold", size = 15),
+     axis.title.y = element_text(face = "bold", size = 15),
+     axis.text.x = element_text(face = "bold", angle = 45, vjust = 1, hjust = 1, size = 15),
+     axis.text.y = element_text(face = "bold", size = 14)
+   )
```

데이터 표준화를 하면 각 변수의 정보량(분산)이 1이 되고, 전체 데이터의 정보량 합은 변수의 개수와 같게 된다. 정보량(분산)은 주성분분석에서 가장 중요한 개념이다. 주성분 점수(principal component score)는 표준화 데이터(Z-점수)와 고유벡터(eigenvector) 가중치의 곱으로 계산할 수 있다. 고유값(eigenvalue)은 각 주성분의 정보량(분산)이라고 정의할 수 있다. 즉, 고유값은 주성분 점수의 분산으로 계산할 수 있다. [그림 4-26]은 고유값 막대 그래프다. 고유값의 크기가 1보다 큰 것은 제2주성분까지이므로 Comp.1~Comp.2만 사용하면 된다.

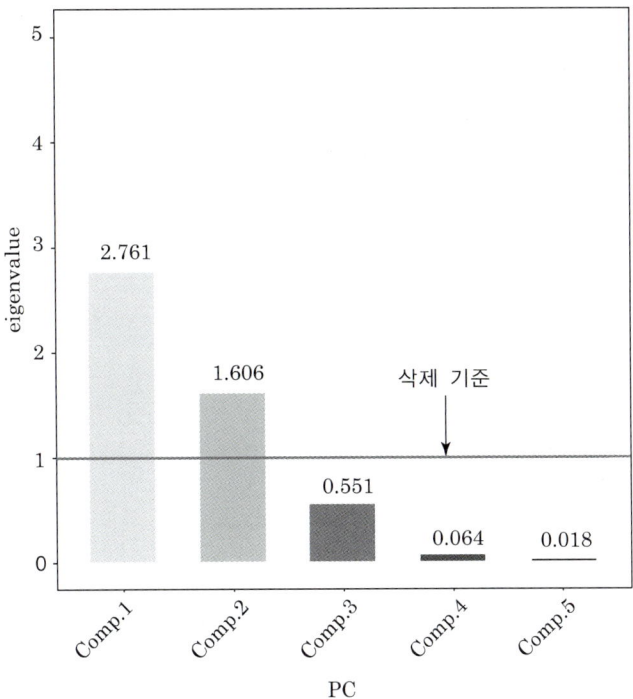

[그림 4-26] 고유값 막대 그래프

(8) 주성분 점수를 이용한 Biplot 그래프 그리기

```
> biplot(data_princomp, cex = c(0.7, 0.8))
> data_pc1 <- predict(data_princomp)[, 1]
> data_pc2 <- predict(data_princomp)[, 2]
> text(data_pc1, data_pc2, labels = data2$company, cex = 0.7, pos = 3, col = "blue")
```

[그림 4-27]은 제1주성분(Comp.1)점수와 제2주성분(Comp.2)점수로 그린 Biplot 그래프다.

제1주성분은 자기자본비율(V3z), 부채비율(V4z), 자기자본회전율(V5z)이 상대적으로 평평한 방향이다. 부채비율(V4z)과 자기자본회전율(V5z), 자기자본비율(V3z)의 변수는 역의 관계에 있음을 볼 수 있다. 제2주성분은 총자본순이익율(V1z)과 자기자본순이익율(V2z)이 상대적으로 평평한 것을 볼 수 있다.

정리하면, 제1주성분은 자기사본비율(V3z), 부채비율(V4z), 자기자본회전율(V5z) 변수에 대해 상대적으로 큰 가중치를 적용하여 계산된 것을 알 수 있다. 제2주성분은 총자본순이익율(V1z), 자기자본순이익율(V2z) 변수들에 영향을 크게 받은 것으로 보인다.

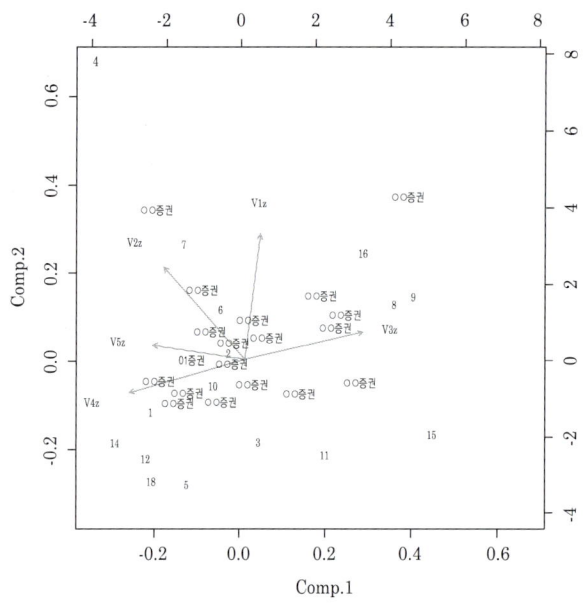

[그림 4-27] 주성분 점수를 이용한 Biplot 그래프

제1주성분의 값이 클수록 자기자본비율(V3z)이 높은 증권회사이고, 반대로 작을수록 부채비율(V4z), 자기자본회전율(V5z)이 높은 증권회사다. 제2주성분의 값이 클수록 총자본순이익율(V1z), 자기자본순이익율(V2z)이 높은 증권회사다. 이렇게 변환된 주성분 점수를 다른 모델(통계, 데이터 마이닝 등) 개발 시 입력 값으로 사용해도 좋을 것이다.

4.2.3 요인분석

요인분석(Factor Analysis)은 수많은 변수 중에서 잠재된 몇 개의 요인(잠재된 변수)을 찾아내는 것으로 관측된 상관변수 간의 변동성을 설명하는데 사용되는 통계적 방법이다(Wikipedia, "Factor analysis" 참조). 즉, 요인분석은 변수 간의 상관관계를 고려하여 저변에 내재된 개념인 요인을 추출해내는(서로 유사한 변수들을 묶어주는) 분석 방법이다.

[그림 4-28]은 요인분석 예시다. 학생들의 시험성적 데이터가 수학, 과학, 국어, 영어, 독어, 작곡, 연주의 점수(0점~100점)로 구성되어 있다고 가정하자.

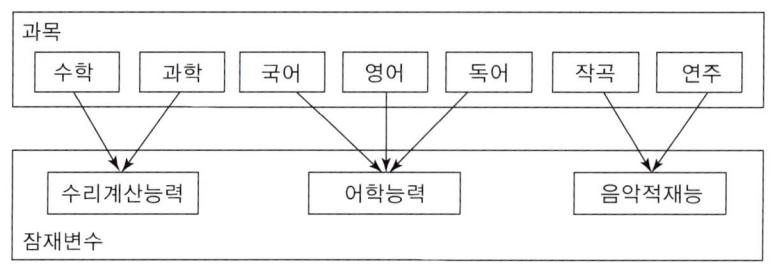

[그림 4-28] 요인분석 예시

[그림 4-28]을 보면 7개의 변수(과목)로 구성되어 있지만 소수 몇 개의(3개) 잠재된 변수로 찾아내는 것을 요인분석이라고 한다. 요인분석은 데이터 축소(Data reduction)에 이용할 수 있고, 이렇게 찾은 변수를 잠재변수(Latent variable)라고 한다.

요인분석의 수행 목적을 정리해 보면 수많은 입력 변수가 어떻게 서로 상관되는지 입력 변수의 특성을 파악할 수 있고, 원래 데이터의 변수보다 더 적절한 변수를 생성해서(전처리 기능) 차후의 모델(통계, 데이터 마이닝 등) 개발 시 입력 데이터로 사용할 수 있다.

다음은 2007년도 국내 증권회사의 주요 재무제표 자료로 요인분석을 수행하는 예제다. 편의상 〈4.2.2 주성분분석〉에서 생성한 data2 객체를 사용한다.

(1) factanal() 함수로 요인분석 수행하기

```
> data_factanal <- factanal(data2[, -1],
                            Factors = 2,
                            Rotation = "varimax",
                            Scores = "regression")
> print(data_factanal, cutoff = 0)

Call:
  factanal(x = data2[, -1], factors = 2, scores = "regression", rotation = "varimax")

Uniquenesses:
   V1z   V2z   V3z   V4z   V5z
 0.005 0.026 0.036 0.083 0.660

Loadings:
    Factor1 Factor2
V1z -0.252   0.965
V2z  0.588   0.792
V3z -0.979   0.080
V4z  0.950  -0.120
V5z  0.562   0.155

               Factor1 Factor2
SS loadings      2.586   1.604
Proportion Var   0.517   0.321
Cumulative Var   0.517   0.838

Test of the hypothesis that 2 factors are sufficient.
The chi square statistic is 1.59 on 1 degree of freedom.
The p-value is 0.207
```

factanal() 함수의 factor 인자는 요인의 개수, rotation 인자는 회전 방법, scores 인자는 요인 점수 계산 방법을 지정한다. 그 결과는 data_factanal 객체에 저장된다. 〈4.2.2 주성분분석〉에서 주성분을 2~3개로 선정해서 분석 결과를 살펴봤는데 본 예제에서는 요인의 개수 지정을 2로 한다.

요인1(Factor1)은 부채비율(V4z)과 자기자본회전율(V5z)이 높을수록 자기자본비율(V3z)이 낮아지는 역의 영향을 받는다. 요인2(Factor2)는 총자본순이익율(V1z)과 자기자본순이익율(V2z)이 높을수록 같이 증가하는 양의 영향을 받는다. 변수와 요인 간의 관계를 고려해서 요인에 명칭(naming)을 붙여보면 [그림 4-29]와 같다.

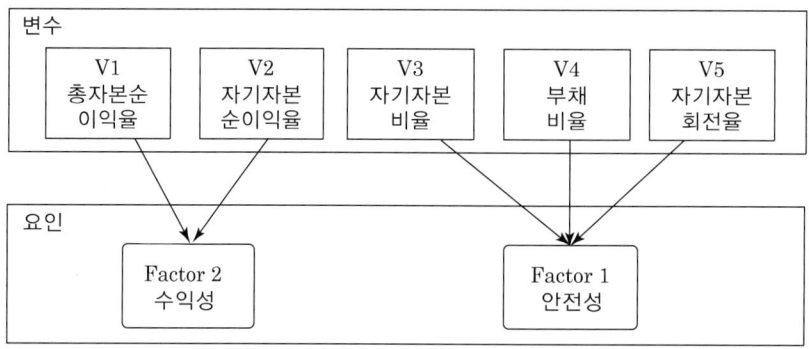

[그림 4-29] 변수와 요인 간 관계를 고려한 변수 명명

(2) 요인 점수를 이용한 Biplot 그래프 그리기

```
> data_factanal$scores
        Factor1     Factor2
[1,]  1.01782141 -0.28535410
[2,]  0.17230586  0.08808775
[3,]  0.13294211 -0.71511403
[4,]  1.03557284  2.77950626
[5,]  0.34416962 -1.21841127
[6,]  0.01993668  0.44223954
...
> plot(data_factanal$scores)
> text(data_factanal$scores[, 1],
+      data_factanal$scores[, 2],
+      labels = data2$company,
+      cex=0.7, pos=3, col="blue")
> points(data_factanal$loadings, pch = 19, col = "red")
> text(data_factanal$loadings[, 1],
+      data_factanal$loadings[, 2],
+      labels = rownames(data_factanal$loadings),
+      cex = 0.8, pos = 3, col = "red")
> arrows(0, 0, data_factanal$loadings[1, 1], data_factanal$loadings[1, 2], col = "red")
> arrows(0, 0, data_factanal$loadings[2, 1], data_factanal$loadings[2, 2], col = "red")
> arrows(0, 0, data_factanal$loadings[3, 1], data_factanal$loadings[3, 2], col = "red")
> arrows(0, 0, data_factanal$loadings[4, 1], data_factanal$loadings[4, 2], col = "red")
> arrows(0, 0, data_factanal$loadings[5, 1], data_factanal$loadings[5, 2], col = "red")
```

[그림 4-30]은 요인1(Factor1) 점수와 요인2(Factor2) 점수로 그린 Biplot 그래프다.

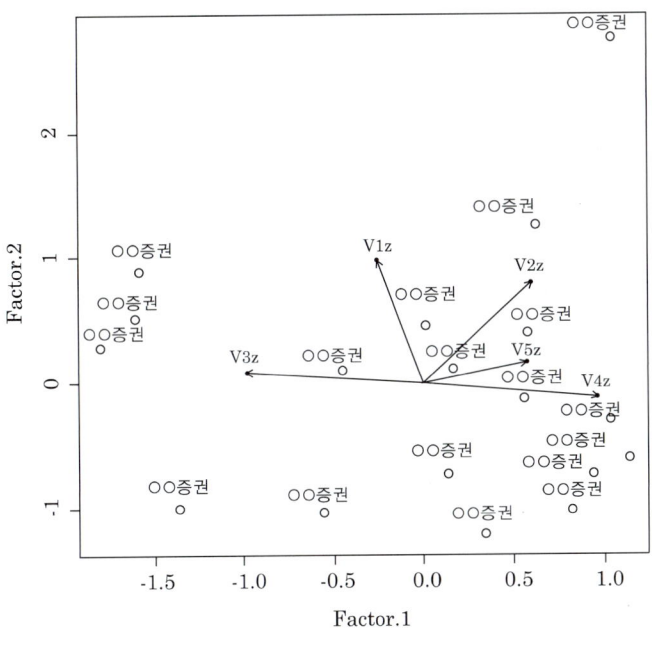

[그림 4-30] 요인 점수를 이용한 Biplot 그래프

요인1은 부채비율(V4z), 자기자본회전율(V5z), 자기자본비율(V3z)이 상대적으로 평평한 방향이다. 부채비율(V4z)과 자기자본회전율(V5z), 자기자본비율(V3z)의 변수는 역의 관계에 있음을 볼 수 있다. 요인2는 상대적으로 총자본순이익율(V1z), 자기자본순이익율(V2z)이 상대적으로 평평한 것을 볼 수 있다.

정리하면, 요인1은 부채비율(V4z), 자기자본회전율(V5z), 자기자본비율(V3z) 변수에 대해 상대적으로 큰 가중치를 적용하여 계산된 것을 알 수 있다. 요인2는 총자본순이익율(V1z), 자기자본순이익율(V2z) 변수에 영향을 크게 받은 것으로 보인다.

요인1의 값이 클수록 부채비율(V4z)와 자기자본회전율(V5z)이 높은 증권회사고, 반대로 작을수록 자기자본비율(V3z)이 높은 증권회사다. 요인2의 값이 클수록 총자본순이익율(V1z)와 자기자본순이익율(V2z)이 높은 증권회사다. 이렇게 변환된 요인 점수(Factor score)를 다른 모델(통계, 데이터 마이닝 등) 개발 시 입력 값으로 사용해도 좋을 것이다.

4.3 변수 선택

> 변수 선택, 상관분석, 상관계수, 카이제곱검정, 0에 가까운 분산

- ✓ 주어진 데이터의 변수 중에서 모델링에 가장 적절한 변수만 선택하는 과정을 **변수 선택** 또는 피처 선택이라 한다.

- ✓ 두 변수가 선형적 관계에 있다면 얼마나 선형성을 보이는지 수치상으로 나타낼 수 있는 방법이 **상관분석**이다.

- ✓ **상관계수**는 상관관계의 정도를 나타내는 측도로 사용된다. 변수 간 높은 상관계수가 존재한다는 것은 두 변수가 같이 커지거나 작아지는 경향이 있다는 것을 의미한다.

- ✓ **카이제곱검정**은 관측된 데이터가 예측한 분포를 따르는지 또는 변수 간의 독립 여부를 판단(독립성 검정)할 때 사용한다.

- ✓ **0에 가까운 분산**은 가장 쉽게 변수값(관측값)의 분산을 볼 수 있는 방법 중 하나다.

4.3.1 변수 선택 방법

주어진 데이터의 변수 중에서 모델링에 가장 적절한 변수만 선택하는 과정을 변수 선택(Variable selection) 또는 피처 선택(Feature selection)이라 한다(Wikipedia, "상관분석" 참조). 변수 선택 방법은 래퍼 방법, 임베디드 방법, 필터 방법이 있다.

래퍼 방법(Wrapper method)은 변수의 일부만을 모델링에 사용하고 그 결과를 확인하는 작업을 반복하면서 변수를 선택해 나가는 방법이다. 래퍼 방법은 관측값 수가 충분하지 않을 때 과적합의 위험이 증가하고, 변수 수가 많은 경우 계산 시간이 길어진다.

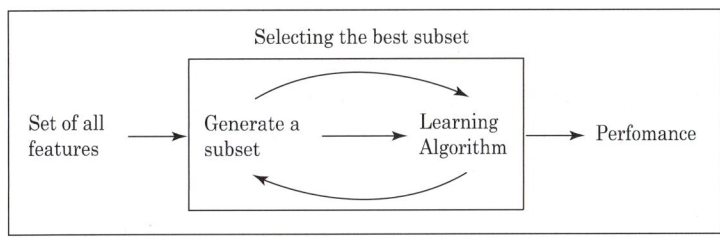

[그림 4-31] 래퍼 방법

임베디드 방법(Embedded method)은 모델 자체에 변수 선택이 포함된 방법이다.

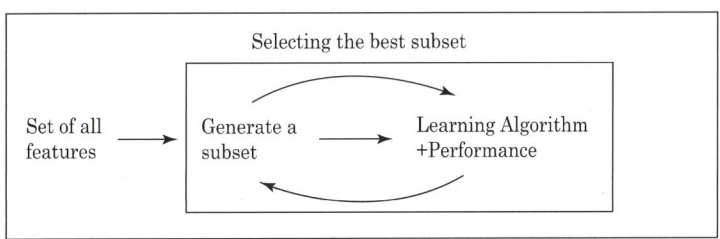

[그림 4-32] 임베디드 방법

필터 방법(Filter method)은 특정 모델링 기법에 의존하지 않고 예측할 변수와의 상관관계와 같은 일반적인 특징(데이터의 통계적 특성)으로 변수를 택하는 방법이다.

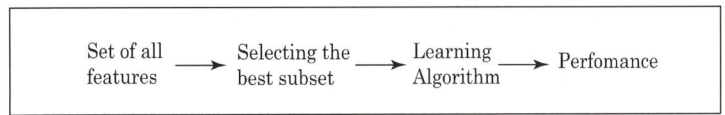

[그림 4-33] 필터 방법

필터 방법의 대표적인 몇 가지 기법을 살펴보자.

4.3.2 상관계수

> 통계 기반 데이터 분석 사례는 5.2 참조

두 변수가 선형적 관계에 있다면 얼마나 선형성을 보이는지 수치상으로 나타낼 수 있는 방법이 바로 상관분석(Correlation analysis)이다. 상관계수(Correlation coefficient)는 상관관계의 정도를 나타내는 측도로 사용된다. 변수 간 높은 상관계수가 존재한다는 것은 두 변수가 같이 커지거나 작아지는 경향이 있다는 것을 의미한다. 기계학습 모델은 상관계수가 큰 예측 변수가 있을 경우 성능이 떨어지거나 모델이 불안정해진다(Max, 2008).

상관관계가 높은 변수가 있다면 상관계수가 큰 변수를 제거하거나, 주성분분석과 같은 방법을 사용해 서로 독립된 차원으로 변환해줄 수 있다. 기계학습(Machine learning)은 결국 모델의 파라미터(Parameter)를 측정하는 작업인데 상관계수가 높은 여러 변수가 존재하면 파라미터 수가 불필요하게 증가하여 차원 저주(Curse of dimensionality)에 빠질 우려가 있다.

다음은 R의 mlbench 패키지에 있는 Vehicle 데이터셋을 이용해 상관계수가 높은 열(속성)을 제거하는 예제다. Vehicle 데이터셋은 19개의 변수와 846개의 관측값이 있다.

(1) mlbench 패키지 설치하고 불러오기

```
> install.packages("mlbench")
> library(mlbench)
```

(2) Vehicle 데이트셋 불러오기

```
> data("Vehicle")
> head(Vehicle, 2)
  Comp Circ D.Circ Rad.Ra Pr.Axis.Ra Max.L.Ra Scat.Ra Elong Pr.Axis.Rect Max.L.Rect
1   95   48     83    178         72       10     162    42           20        159
2   91   41     84    141         57        9     149    45           19        143
  Sc.Var.Maxis Sc.Var.maxis Ra.Gyr Skew.Maxis Skew.maxis Kurt.maxis Kurt.Maxis Holl.Ra Class
1          176          379    184         70          6         16        187     197   van
2          170          330    158         72          9         14        189     199   van
> NROW(Vehicle)
[1] 846
> NCOL(Vehicle)
[1] 19
```

Vehicle 데이터셋의 Class 변수는 차량의 형식을 나타내고, 846개의 관측값과 총 컬럼수는 19개임을 알 수 있다.

(3) 상관계수 분석하기

```
> round(cor(subset(Vehicle, select = -c(Class)))[1:6, 1:6], 3)
            Comp  Circ D.Circ Rad.Ra Pr.Axis.Ra Max.L.Ra
Comp       1.000 0.693  0.792  0.692      0.093    0.148
Circ       0.693 1.000  0.798  0.623      0.150    0.247
D.Circ     0.792 0.798  1.000  0.772      0.162    0.264
Rad.Ra     0.692 0.623  0.772  1.000      0.665    0.448
Pr.Axis.Ra 0.093 0.150  0.162  0.665      1.000    0.648
Max.L.Ra   0.148 0.247  0.264  0.448      0.648    1.000
```

Vehicle 데이터셋에서 Class 변수를 제외하고, 상관계수 분석 결과 관련성이 높은 변수(상관계수 값이 큰)가 있음을 볼 수 있다. 일반적으로 상관계수 값이 0.5 이상이면 상관성이 높다고 판단할 수 있고, 0.7 이상이면 상관성이 매우 높다고 판단한다.

실행 결과 Comp와 D.Circ는 0.792, Circ와 D.Circ는 0.798, D.Circ와 Rad.Ra는 0.772로 상관계수가 매우 높은 것을 볼 수 있다.

(4) 상관계수가 높은 변수 확인하기

```
> install.packages("caret")
> library(caret)
> (col.idx <- findCorrelation(cor(subset(Vehicle, select = -c(Class)))))
[1] 3 8 11 7 9 2
> colnames(subset(Vehicle, select = -c(Class)))[col.idx]
[1] "D.Circ"      "Elong"        "Sc.Var.Maxis" "Scat.Ra"     "Pr.Axis.Rect" "Circ"
```

실행 결과 D.Circ, Elong, Sc.Var.Maxis, Scat.Ra, Pr.Axis.Rect, Circ 변수의 상관계수가 높은 것으로 나타났다. findCorrelation() 함수를 이용하면 관련성이 높은 변수를 확인할 수 있다.

(5) 상관계수가 높은 변수의 상관계수 분석하기

```
> cor(subset(Vehicle, select = -c(Class)))[c(3, 8, 11, 7, 9, 2), c(3, 8, 11, 7, 9, 2)]
                  D.Circ      Elong Sc.Var.Maxis    Scat.Ra Pr.Axis.Rect       Circ
D.Circ        1.0000000 -0.9123072    0.8644323  0.9072801    0.8953261  0.7984920
Elong        -0.9123072  1.0000000   -0.9383919 -0.9733853   -0.9505124 -0.8287548
Sc.Var.Maxis  0.8644323 -0.9383919    1.0000000  0.9518621    0.9382664  0.8084963
Scat.Ra       0.9072801 -0.9733853    0.9518621  1.0000000    0.9920883  0.8603671
Pr.Axis.Rect  0.8953261 -0.9505124    0.9382664  0.9920883    1.0000000  0.8579253
Circ          0.7984920 -0.8287548    0.8084963  0.8603671    0.8579253  1.0000000
```

실행 결과 상관계수가 매우 높음을 볼 수 있다. 따라서 이들 변수를 제거하여 상관계수가 낮은 변수만 사용한다.

(6) 상관계수가 높은 변수의 산점도 행렬 그래프 그리기

> plot(Vehicle[, c(3, 8, 11, 7, 9, 2)])

실행 결과 그래프에서 변수 간 상관계수가 매우 높음을 볼 수 있다.

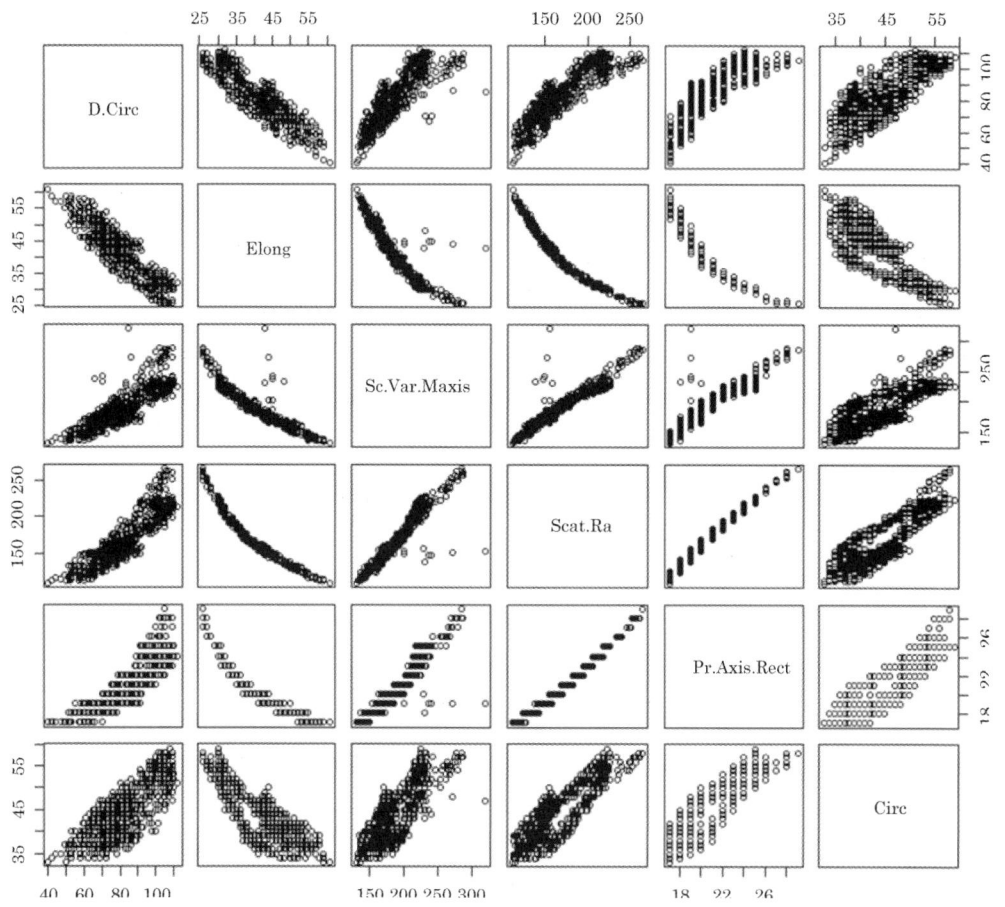

[그림 4-34] 산점도 행렬 그래프

4.3.3 카이제곱검정

카이제곱검정(Chi-Squared Test)은 관측된 데이터가 예측한 분포를 따르는지 또는 변수 간의 독립 여부를 판단(독립성 검정)할 때 사용한다. 이때 사용되는 카이제곱(χ^2) 통계량은 다음과 같다.

$$\sum_{i=1}^{r}\sum_{j=1}^{c} \frac{O_{ij}-E_{ij}}{E_{ij}} \sim \chi^2(r-1)(c-1)$$

여기서 r은 행의 수, c는 열의 수, O_{ij}는 분할표의 (i, j) 셀에 기록되어 있는 값, E_{ij}는 분할표의 두 변수가 독립일 때 (i, j) 셀에 대한 기댓값이다.

카이제곱검정은 적합도 검정(goodness-of-fit test)과 독립성 검정(Testing independence)에서 사용할 수 있는 상당히 유용한 검정 방법이다. 적합도 검정은 관측된 데이터가 예측된 분포를 따르는지 검정하는 방법이고, 독립성 검정은 두 개의 확률변수(random variables)가 서로 독립인지(두 요인 간에 관계가 있는지)를 검정하는 방법이다.

다음은 적합도 검정의 예시다. 예를 들면 [표 4-8]은 주사위를 60회 던져서 나온 기댓값과 실제 관측값의 결과다. 이 주사위의 적합도 검정을 테스트한다. 이것을 테스트하는 방법은 검정 통계량을 구하고, 자유도 5(k = 6, k − 1)를 가지는 카이제곱 분포를 따르는지 확인하는 것이다.

[표 4-8] 주사위를 60회 던져서 나온 관측값 결과

주사위 눈의 수	관측횟수	기대횟수
1	15	10
2	5	10
3	9	10
4	8	10
5	6	10
6	17	10
합계	60	60

카이제곱검정의 가설 검정은 귀무가설(H_0, 이 주사위는 각 면이 나올 확률이 동일하다)과 대립가설(H_1, 이 주사위는 각 면이 나올 확률이 동일하지 않다)이다.

[표 4-8]의 검정 통계량 카이제곱(χ^2)을 직접 계산해보면 12다.

$$\chi^2 = \sum \frac{(관측빈도 - 기대빈도)^2}{기대빈도}$$
$$= \frac{(15-10)^2}{10} + \frac{(5-10)^2}{10} + \frac{(9-10)^2}{10} + \frac{(8-10)^2}{10} + \frac{(6-10)^2}{10} + \frac{(17-10)^2}{10} = 12$$

이것의 p-value(p값)는 약 0.035 ($p < 0.05$)이다. 즉, 이 주사위는 공정하게 만들어졌다고 볼 수 없다는 결론을 얻는다(귀무가설을 기각하고, 대립가설을 채택).

다음은 R의 pchisq() 함수로 [표 4-8]의 관측값 결과를 이용해 p-value를 계산하는 예제다. 여기서 자유도는 5(k = 6, k - 1), 검정 통계량 카이제곱(χ^2)은 12다.

```
# 누적분포함수(cumulative distribution function)
> 1 - pchisq(q = 12, df = 5, lower.tail = TRUE)
[1] 0.03478778
```

다음은 독립성 검정의 예시다. 예를 들면 흡연과 폐암, 당뇨와 체중, 교육 수준과 수입, 나이와 정당 선호도와 같은 인과관계 혹은 관련 변수가 서로 독립인지 테스트하는 방법이다. [표 4-9]를 보자.

[표 4-9] 당뇨 환자 25명과 정상인 75명을 대상으로 비만 유무를 조사한 결과

	당뇨	정상	전체
비만	10(40.0%)	10(13.3%)	20(20.0%)
정상체중	15(60.0%)	65(86.7%)	80(80.0%)
전체	25(100%)	75(100%)	100(100%)

이렇게 조사된 빈도를 관측 빈도라고 한다. 비만의 비율은 당뇨 환자(25명)에서 40%, 정상인(75명)에서 13.3%이다. 전체 인구집단(100명)에서 20%이다. 두 집단의 비만 비율이 통계적으로 차이가 없다면, 당뇨 환자 25명 중에서 20%인 5명이 비만이고, 정상인 75명 중에서 20%인 15명이 비만일 것으로 기대할 수 있다.

이렇듯 두 변수 사이의 연관성이 없다는 가정하에 예상되는 빈도를 기대 빈도라도 한다. [그림 4-35]는 당뇨 환자 25명과 정상인 75명의 관측 비율과 기대 비율이다.

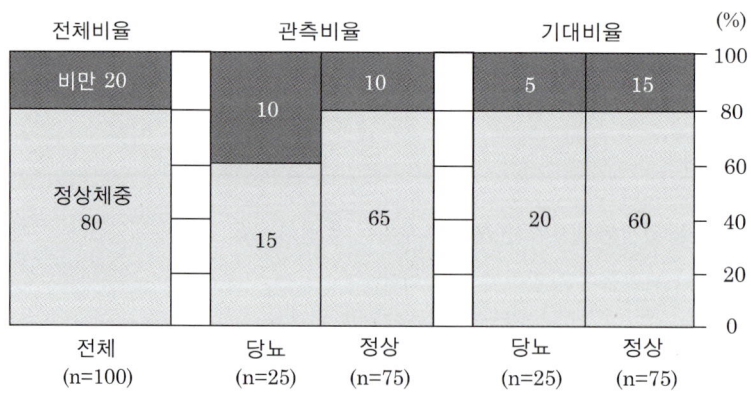

[그림 4-35] 당뇨 환자 25명과 정상인 75명의 관측 비율과 기대 비율

카이제곱검정의 가설 검정은 귀무가설(두 변수의 연관성이 없다)과 대립가설(두 변수의 연관성이 있다)이다. 이것을 테스트하는 방법은 검정 통계량을 구하고, 자유도 1 (r = 2, c = 2)를 가지는 카이제곱 분포를 따른다. 검정 통계량 카이제곱(χ^2)을 직접 계산하면 8.333이다.

$$\chi^2 = \sum \frac{(관측빈도 - 기대빈도)^2}{기대빈도}$$
$$= \frac{(10-5)^2}{5} + \frac{(15-20)^2}{20} + \frac{(10-15)^2}{15} + \frac{(65-60)^2}{60} = 8.333$$

이것의 p-value는 0.004 (p < 0.05)이다. 즉, 당뇨와 비만 사이에 연관성이 있다(귀무가설을 기각하고, 대립가설 채택). [그림 4-36]은 자유도가 1인 카이제곱(χ^2) 분포다.

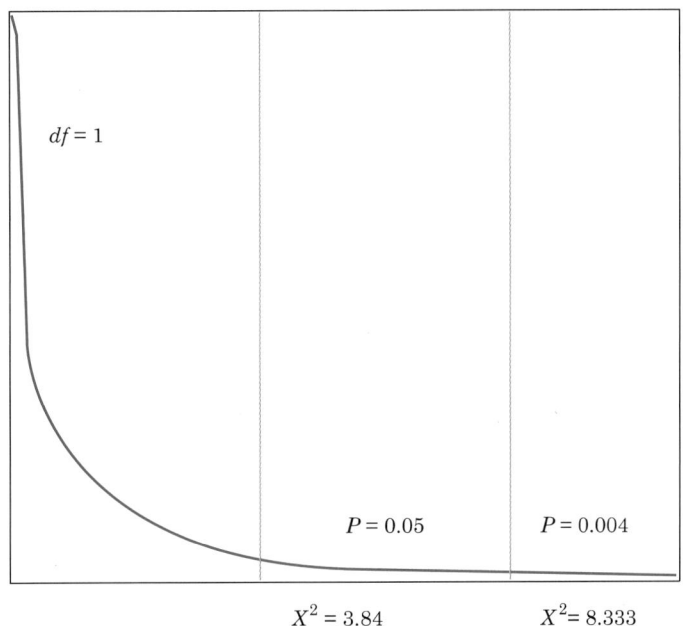

[그림 4-36] 자유도가 1인 카이제곱(x^2) 분포

다음으로 R의 pchisq() 함수로 [표 4-9]에서 나온 관측값 결과를 이용해 p-value를 계산하는 예제다. 여기서 자유도 1(r = 2, c = 2), 검정 통계량의 카이제곱(χ^2)은 8.333이다.

```
# 누적분포함수(cumulative distribution function)
1 - pchisq(q = 8.33, df = 1, lower.tail = TRUE)
[1] 0.003899566
```

만약 두 변수 간의 관계가 독립이라면(연관성이 없다면) 해당 변수는 모델링에 적합하지 않은 것으로 볼 수 있다. 반대로 독립이 아니라면(연관성이 있다면) 모델링에 중요한 변수로 볼 수도 있을 것이다. 카이제곱검정을 사용한 변수 선택에는 FSelector 패키지의 chi.squared() 함수를 사용한다.

다음은 R의 mlbench 패키지에 있는 Vehicle 데이터셋을 이용해 카이제곱검정을 사용한 변수 선택 예제다.

(1) FSelector, mlbench 패키지를 설치하고 불러오기

```
> install.packages("FSelector")
> install.packages("mlbench")
> library(FSelector)
> library(mlbench)
```

(2) 독립성 검정으로 변수의 중요도 가중치 계산하기

```
> (data_chi <- chi.squared(Class~., data = Vehicle))
              attr_importance
Comp               0.3043172
Circ               0.2974762
D.Circ             0.3587826
Rad.Ra             0.3509038
Pr.Axis.Ra         0.2264652
Max.L.Ra           0.3234535
Scat.Ra            0.4653985
Elong              0.4556748
Pr.Axis.Rect       0.4475087
Max.L.Rect         0.3059760
Sc.Var.Maxis       0.4338378
Sc.Var.maxis       0.4921648
Ra.Gyr             0.2940064
Skew.Maxis         0.3087694
Skew.maxis         0.2470216
Kurt.maxis         0.3338930
Kurt.Maxis         0.2732117
Holl.Ra            0.3886266
```

실행 결과 독립성 검정에 따라 구한 변수의 중요도 가중치를 보면 Sc.Var.maxis, Scat.Ra, Elong, Pr.Axis.Rect, Sc.Var.Maxis 순으로 변수의 가중치가 높은 것을 볼 수 있다.

(3) 독립성 검정으로 변수의 중요도 가중치 계산에서 5번째 등수까지 선택

```
> cutoff.k(data_chi, 5)
[1] "Sc.Var.maxis" "Scat.Ra"      "Elong"        "Pr.Axis.Rect" "Sc.Var.Maxis"
```

FSelector 패키지의 cutoff.k() 함수는 순위가 매겨진 속성으로부터 k번째 등수까지를 선택할 수 있다. 실행 결과 Sc.Var.maxis, Scat.Ra, Elong, Pr.Axis.Rect, Sc.Var.Maxis의 속성 순으로 높은 것을 볼 수 있다.

4.3.4 0에 가까운 분산

0에 가까운 분산(Near zero variance)은 가장 쉽게 변수값(관측값)의 분산을 볼 수 있는 방법 중 하나다.

		변수		
		A	B	C
	0	990	980	300
변수값	1	10	10	400
	2	0	10	300

[그림 4-37] 데이터 1,000개가 있는 변수 A, B, C 변수값

위 그림에서 변수 A, B는 서로 다른 관찰을 구분하는데 별 소용이 없다. 따라서 데이터 모델링에서도 그리 유용하지 않다. 이러한 변수는 분산이 0에 가까운 변수이다. R의 caret 패키지의 nearZeroVar() 함수를 이용해 데이터에서 분산이 0에 가까운 변수를 찾을 수 있다.

다음은 R의 mlbench 패키지에 있는 Soybean 데이터셋을 이용해 데이터에서 분산이 0에 가까운 변수를 제거하는 예제다. Soybean 데이터셋은 36개의 변수와 683개의 관측값이 있다.

(1) mlbench, caret 패키지를 설치하고 불러오기

```
> install.packages("mlbench")
> install.packages("caret")
> library(mlbench)
> library(caret)
```

(2) Soybean 데이터셋 읽어오기

```
> data("Soybean")
> NROW(Soybean)
[1] 683
> NCOL(Soybean)
[1] 36
```

Soybean 데이터셋에 683개의 관측값과 36개의 변수가 저장되어 있는 것을 확인할 수 있다.

(3) nearZeroVar() 함수로 데이터에서 분산이 0에 가까운 변수 확인하기

```
> nearZeroVar(Soybean, saveMetrics = TRUE)
                freqRatio percentUnique zeroVa    nzv
Class            1.010989     2.7818448  FALSE  FALSE
date             1.137405     1.0248902  FALSE  FALSE
plant.stand      1.208191     0.2928258  FALSE  FALSE
precip           4.098214     0.4392387  FALSE  FALSE
temp             1.879397     0.4392387  FALSE  FALSE
hail             3.425197     0.2928258  FALSE  FALSE
crop.hist        1.004587     0.5856515  FALSE  FALSE
area.dam         1.213904     0.5856515  FALSE  FALSE
sever            1.651282     0.4392387  FALSE  FALSE
seed.tmt         1.373874     0.4392387  FALSE  FALSE
germ             1.103627     0.4392387  FALSE  FALSE
plant.growth     1.951327     0.2928258  FALSE  FALSE
leaves           7.870130     0.2928258  FALSE  FALSE
leaf.halo        1.547511     0.4392387  FALSE  FALSE
leaf.marg        1.615385     0.4392387  FALSE  FALSE
leaf.size        1.479638     0.4392387  FALSE  FALSE
leaf.shread      5.072917     0.2928258  FALSE  FALSE
leaf.malf       12.311111     0.2928258  FALSE  FALSE
leaf.mild       26.750000     0.4392387  FALSE   TRUE
stem             1.253378     0.2928258  FALSE  FALSE
lodging         12.380952     0.2928258  FALSE  FALSE
stem.cankers     1.984293     0.5856515  FALSE  FALSE
canker.lesion    1.807910     0.5856515  FALSE  FALSE
fruiting.bodies  4.548077     0.2928258  FALSE  FALSE
ext.decay        3.681481     0.4392387  FALSE  FALSE
mycelium       106.500000     0.2928258  FALSE   TRUE
int.discolor    13.204545     0.4392387  FALSE  FALSE
sclerotia       31.250000     0.2928258  FALSE   TRUE
fruit.pods       3.130769     0.5856515  FALSE  FALSE
fruit.spots      3.450000     0.5856515  FALSE  FALSE
seed             4.139130     0.2928258  FALSE  FALSE
mold.growth      7.820896     0.2928258  FALSE  FALSE
seed.discolor    8.015625     0.2928258  FALSE  FALSE
seed.size        9.016949     0.2928258  FALSE  FALSE
shriveling      14.184211     0.2928258  FALSE  FALSE
roots            6.406977     0.4392387  FALSE  FALSE
```

실행 결과 nzv(Near Zero Variance)열에 TRUE로 표시된 변수가 "leaf.mild", "mycelium", "sclerotia" 3개인 것을 볼 수 있다.

(4) 데이터에서 분산이 0에 가까운 변수만 선택하여 제거하기

```
> nearZeroVar(Soybean)
[1] 19 26 28
> colnames(Soybean[ , nearZeroVar(Soybean)])
[1] "leaf.mild" "mycelium"  "sclerotia"
> data_Soybean <- Soybean[ , -nearZeroVar(Soybean)]
> nearZeroVar(data_Soybean)
integer(0)
```

실행 결과 데이터셋에서 분산이 0에 가까운 변수의 열 번호는 19(leaf.mild), 26(mycelium), 28(sclerotia)인 것을 볼 수 있고, 해당 열을 제거한 후 nzv열은 없는 것을 알 수 있다. 분산이 0에 가까운 변수의 속성 번호만 출력하는 경우, nearZeroVar() 함수의 saveMetrics 인자를 지정하지 않으면 된다.

연습문제

문제 1. 데이터 마이닝을 위한 마트 생성을 편리하게 해주는 패키지는?

① mart
② party
③ tm
④ reshape

문제 2. 다음 중에서 변수 선택 방법이 아닌 것은?

① 필터 방법(Filter method)
② 래퍼 방법(Wrapper method)
③ 임베디드 방법(Embedded method)
④ 최장연결법(Complete linkage method)

문제 3. 데이터 웨어하우스(Data Warehouse)와 사용자의 중간층에 위치한 것으로, 하나의 부서 또는 하나의 주제 중심의 데이터 웨어하우스라고 할 수 있는 데이터베이스는 무엇인가?

① 관계형 데이터베이스
② 빅데이터
③ 데이터 마트
④ 모델

문제 4. 파생변수는 데이터에 존재하지 않으나 데이터 내에 존재하는 데이터를 활용해서 새롭게 만들어 내는 변수다. 다음 중 파생변수의 설명으로 적절한 것은?

① 파생변수는 재활용이 매우 용이하다.
② 파생변수는 다양한 모델을 개발하는 경우에 매우 효율적으로 사용할 수 있다.
③ 파생변수는 매우 주관적인 변수일 수 있어 논리적 타당성을 갖추어야 한다.
④ 파생변수는 다양한 모델에서 공통적으로 많이 사용될 수 있다.

문제 5. 다음 중 결측값에 대한 설명으로 가장 부적절한 것은?

① 결측값이 있는 경우 다양한 대치(Imputation)방법을 사용하여 완전한 자료로 변환한 후 분석을 진행한다.
② 해당 열이 비어있는 경우 결측값 여부를 알기 쉽다.
③ 관측값에 초기값(default)이 기록된 경우에는 결측값으로 처리하는 것이 바람직하다.
④ 결측값 자체가 의미 있는 경우도 있다.

문제 6. 다음은 R 함수로 결측값을 확인하고 결측값을 대치하는 함수의 설명이 잘못된 것은?

① is.na(): 결측값이 NA인지 여부를 판단하여 반환한다.
② complete.case(): 데이터 내 레코드에 결측값이 있는 경우 TRUE, 없으면 FALSE를 반환한다.
③ knnImputation(): 결측값을 k-최근접 이웃(k-NN) 알고리즘을 사용해 대체하는 것으로, k개 주변 이웃까지의 거리를 고려하여 가중 평균한 값을 사용한다.
④ centralImputation(): 결측값을 가운데 값으로 대체한다.

문제 7. 이상값(outlier)에 대한 설명으로 가장 부적절한 것은?

① 일반적으로 평균으로부터 표준편차의 3배가 되는 점을 기준으로 이상값을 정의한다.
② 데이터를 입력이나 측정 과정에서 잘못 포함된 이상값은 제거 후 분석한다.
③ 군집분석으로 다른 데이터들과 거리상 멀리 떨어진 데이터를 이상값이라고 한다.
④ 상자그림의 끝에서 1.5xIQR(Inter-Quartile Range) 이상 떨어져 있는 점은 이상값이다.

문제 8. 다음은 이상값(outlier) 탐지에 대한 설명이다. 이상값을 유용하게 사용하는 분야의 예로 부적절한 것은?

> 이상값 탐지의 목적은 대부분의 객체와 다른(상이한) 객체를 찾는 것이다. 이상값 탐지는 속성값의 일반적인 값과 상당히 편차가 큰 값을 가지므로 편차 탐지(deviation detection)라고도 한다. 그러나 이상값은 반드시 비정상적인 객체를 의미하지는 않는다.

① 침입 탐지: 컴퓨터 네트워크에 대한 공격은 보편화되었다. 침입의 다수는 네트워크에 대한 예외적인 행위를 감시하는 경우에 탐지할 수 있다.
② 사기 탐지: 도난 신고된 신용카드의 구매 행위는 실 소유자의 행위와 다를 수 있다. 평상시의 행위와 다른 구매 패턴을 조사하여 사기를 탐지할 수 있다.
③ 의료: 특정 환자에게 보이는 예외적인 증세나 검사 결과는 잠재적인 건강 문제를 나타낸다.
④ 환경파괴: 자연세계에서 환경에 중요한 영향을 줄 수 있는 홍수, 가뭄 같은 사건이 있다. 그러나 이러한 사건은 정상적인 환경에서 발생하는 사건으로 해석할 수 있다.

문제 9. 다음 중 데이터 정규화에 대한 설명으로 가장 부적절한 것은?

① 숫자 변수값의 분포를 표준화하는 것을 의미한다.
② 데이터 표준화에는 Z-변환, [0-1] 변환 등이 있다.
③ Z-변환을 하려면 데이터가 정규분포를 따라야 한다.
④ 평균으로부터 표준편차의 값이 3이상인 경우이다.

문제 10. 정규분포 확률밀도함수f(x)의 특징에 대한 설명으로 가장 부적절한 것은?

① 평균을 중심으로 좌우가 대칭인 종 모양(bell shape)이다.
② 확률변수의 범위가 $(-\infty, \infty)$이므로 곡선이 수평축에 닿지 않는다.
③ 곡선 아래의 면적은 전체 확률을 나타내므로 항상 1이다.
④ 평균값에서 표준편차의 몇 배 정도 떨어져 있는지를 평가한다.

문제 11. 다음 중 이상값 검색을 활용한 응용 시스템으로 가장 적절한 것은?
① 부정사용방지 시스템
② 데이터 웨어하우스 시스템
③ 교차판매 시스템
④ 장바구니분석 시스템

Chapter 5. 통계 기반 데이터 분석

통계학에서 통계 분석의 분야를 크게 기술 통계와 추론 통계로 나눈다. 우리는 이미 기술 통계와 추론 통계 기법의 대부분을 〈1장 기초 통계〉와 〈3장 탐색적 데이터 분석〉에서 학습했으므로, 5장에서는 R을 이용한 실습 예제 위주로 살펴본다. 이어서 통계 기반 데이터 분석의 주요 분야인 상관분석, 회귀분석, 시계열분석, 다차원척도법, 주성분분석 등을 알아본다.

5.1 기술 통계와 추론 통계

> 추론 통계, p-value, 귀무가설, 대립가설, t.test(), t-검정, 분산분석, aov()

- ✓ 모집단에서 추출한 표본 데이터를 가지고 그 모집단의 특성 및 가능성 등을 추론해내는 통계적인 방법을 **추론 통계**라고 부른다.

- ✓ p-value >= 유의수준(예를 들어, 0.05): **귀무가설** 채택, **대립가설** 기각.

- ✓ p-value < 유의수준(예를 들어, 0.05): 귀무가설 기각, 대립가설 채택.

- ✓ **t.test()** 함수를 사용하여 **t-검정**을 수행할 수 있다.

- ✓ 세 개 이상의 집단을 비교할 때는 t-검정보다 **분산분석**이 유용하다.

- ✓ **aov()** 함수를 사용해서 간단히 분산분석을 수행할 수 있다.

5.1.1 기술 통계

기술 통계(descriptive statistics)라는 용어의 영문 스펠링을 보면 '서술(descriptive)하는 통계'라는 뜻이다. 즉, '데이터의 특성을 이해하기 쉽게 기술하는 통계'라는 의미다. 측정이나 실험을 통해 수집한 데이터의 정리, 그래프나 숫자 등으로 요약, 표현하는 등 데이터의 특성을 규명하는 통계적 방법이다. 전통적으로 평균, 중앙값, 최빈값, 범위, 분산, 표준편차, 사분위수, 도수분포표, 왜도, 첨도 등이 있다. 주로 사용되는 그래프는 파이 그래프, 상자그림, 막대 그래프, 히스토그램 등이 있다. 이 기법들과 그래프에 대한 설명은 〈1장 기초 통계〉와 〈3장 탐색적 데이터 분석〉을 참고하기 바란다.

탐색적 데이터 분석과 기술 통계의 차이점은 분석 목적이 다르다고 할 수 있다. 기술 통계는 분석 결과를 해석하는 것보다는 데이터를 설명 즉, 단순히 기술(describe)하는 것이 목적이다. 탐색적 데이터 분석의 목적은 가설 수립, 변수 간의 관계 파악, 트렌드 파악 등이다. 탐색적 데이터 분석은 그래프를 통한 사실 확인 과정이 많은 부분을 차지한다. 주로 사용되는 그래프는 기술 통계에서도 사용하는 그래프인 파이 그래프(Pie chart), 상자그림(Box plot), 막대 그래프(Bar plot), 히스토그램(Histogram), 요약 형식의 테이블과 산점도 그래프(Scatter plot), 시계열 그래프도 많이 사용된다. 기술 통계는 가장 기초적인 통계 분야이므로 탐색적 데이터 분석(EDA) 과정에서 기술 통계의 방법이 함께 활용된다.

5.1.2 추론 통계

모집단 전체의 데이터를 수집하는 것이 가능하다면 그 데이터의 기술 즉, 정리하고 요약하는 기술 통계로 충분하다. 예를 들어, 전국 고3학생들의 수능 국어점수 데이터가 모두 있다면 굳이 표본 데이터가 필요없다. 이 경우는 모집단에서 관측한 데이터를 정리하고 요약하여 기술하는 것이 주된 관심사항이 된다.

하지만, 전국 고3학생들의 사교육비 데이터가 필요하다고 예를 들어 보자. 사교육비 데이터를 모두 전수 조사하는 것은 비용 등 여러 가지 문제로 불가능하다고 보는 것이 합리적이다. 이렇게 모든 대상의 데이터 수집이 불가능하거나, 소수의 대상을 가지고 연구하는 것이 경제적이고 효율적일 때 모집단에서 추출한 표본 데이터를 가지고 그 모집단의 특성 및 가능성 등을 추론해내는 통계적인 방법을 **추론 통계**라고 부른다.

추론 통계는 바탕인 기술 통계량이 있어야 한다. 일반적인 추론은 표본의 통계 결과로 모집단의 특성을 추론 및 검증하거나 또는 다른 집단 간의 비교 등에서 차이점이 유의한지를 검증하는 것이다. 가설 검정에 대한 이론은 〈1장 기초 통계〉에서 설명했으므로 중요한 사항 몇 가지만 다시 떠올려보고, 5장에서는 R의 다양한 함수를 이용한 가설 검정 예를 살펴보자.

5.1.2.1 귀무가설과 대립가설 〈 통계적 이론 배경은 1.4.1.1 참조

- 귀무가설(기호 H_0): 차이가 없거나 의미 있는 차이가 없는 경우의 가설
- 대립가설(기호 H_1): 연구자가 연구를 통해 입증되기를 기대하는 예상이나 주장하는 내용

귀무가설이 채택되면 대립가설은 기각된다. 귀무가설이 기각되면 대립가설이 채택된다.

5.1.2.2 유의수준과 유의확률 〈 통계적 이론 배경은 1.4.1.2 참조

- 유의수준(significance level): 가설 검정에서 가설 채택 여부를 결정하는 기준값이다. 일반적으로 α로 표시하고 95%의 신뢰도를 기준으로 한다면 (1 − 0.95)인 0.05 값이 유의수준 값이 된다.
- 유의확률(p-value): 집단 간의 차이가 우연히 일어났을 확률이다. 즉, 우연히 집단 간의 차이가 발생했을 확률인 유의확률이 유의수준(예를 들어, 0.05)보다 크면 '차이가 없다'는 가설인 귀무가설이 채택된다.

p-value >= 유의수준(예를 들어, 0.05): 귀무가설 채택, 대립가설 기각.

p-value < 유의수준(예를 들어, 0.05): 귀무가설 기각, 대립가설 채택.

5.1.2.3 점추정과 구간추정

표본으로부터 모집단의 모수(모집단의 모평균, 모표준편차, 모분산 등)를 추정할 때 점추정 또는 구간추정이 가능하다.

- 점추정: 모수가 특정한 값일 것이라고 추정하는 것이다. 미지의 분포에 대하여 가장 근사한 단일 값을 구하는 것이다.
- 구간추정: 모수가 특정한 구간 안에 있을 것이라고 추정하는 것이다. 예를 들어, '모집단의 평균 점수는 95% 확률로 70~80 사이라고 말할 수 있다'와 같은 추정이다.

5.1.2.4 t.test() 함수를 활용한 t-검정 〈 통계적 이론 배경은 1.4.2.1 참조

t-검정(t-test, Student's T Test)의 이론적 배경은 〈1장 기초 통계〉를 참고하기 바란다. 여기에서는 t-검정을 간단히 수행할 수 있는 R의 t.test() 함수를 사용 방법과 결과 해석을 설명한다.

t.test() 함수를 사용하기 전에 검정 대상 집단에 대해 다음과 같은 사항을 확인한다.

① 일표본, 대응이표본, 독립이표본인지 여부를 확인한다.

- 일표본: 하나의 모집단에서 추출한 표본의 통계량으로 모집단의 모수를 추정하는 경우다. 알고 있거나, 가정하고 있는 값과 차이가 있는지를 검정하는 경우에 사용할 수 있다.
- 대응이표본: 하나의 모집단에서 표본을 추출하여 데이터를 관측한 후 같은 표본에서 다시 데이터를 관측하는 경우. 예를 들어, 하나의 모집단의 전후를 비교하여 차이를 검정하는 경우에 사용한다.

- **독립이표본**: 독립된 두 모집단에서 각각 표본을 추출하여 데이터를 관측하고 두 모집단의 차이를 검정하는 경우에 사용한다.

② 두 집단의 분산이 같은지, 다른지 여부를 확인한다.

③ 양측 검정(two.sided)인지 단측 검정인지 (less or greater) 여부를 확인한다.

다음은 t.test() 함수의 사용 예다. 매개인자에 대한 설명은 [표 5-1]을 참조하자.

```
t.test(x, y, alternative = "two.sided", paired = FALSE, var.equal = FALSE, conf.level = 0.95)
```

[표 5-1] t.test() 함수의 매개인자

매개인자	설명
x	numeric vector of data values.
y	numeric vector of data values.
mu	일표본 검정을 수행하는 경우는 가정하고 있는 평균의 값 이표본 검정을 수행하는 경우는 평균의 차이를 나타내는 숫자
alternative	양쪽 검정은 "two.sided" (default), 단측 검정은 "greater" or "less"
paired	대응이표본이면 TRUE, 독립이표본이면 FALSE.
var.equal	표본의 두 정규분포의 분산값이 같은 경우와 같지 않은 경우에 사용하는 검정 통계량이 다르기 때문에 분산값이 같은지 여부를 지정해줘야 한다. default는 TRUE다.
conf.level	신뢰구간(default는 0.95). 1-신뢰구간은 유의수준이 된다. 만약, 0.95가 신뢰수준이면 유의수준은 0.05이다.

다음은 t.test() 함수를 이용한 t-검정 예를 보도록 하자.

● 일표본 검증 예

이 예제는 일표본 검증이면서 단측 검정이다. 예를 들어, 성인 여성 감기 환자의 자연 치유 기간이 평균 7일이라고 가정할 때, A병원에서 치료한 환자들의 치유 기간이 7일보다 작은지 검정하려고 한다. 표본은 A병원에서 치료한 환자들의 데이터만 수집하므로 일표본이다. 또한 7일보다 크거나 작은지 양방향의 차이를 검정하는 양측 검정이 아니라, 작은지 한쪽 방향만 검정하려고 하므로 단측 검정이다.

```
> # A병원에서 치료한 성인 여성 감기 환자들의 치유 기간 데이터 (단위: 일)
> data <- c(5, 6, 7, 5, 5, 9, 10, 3, 3, 3.5, 8, 8, 7, 2, 3, 3.5, 6, 6, 6, 6)

> # 모평균이 7보다 적은지 단측 검정
> t.test(data, mu = 7, alternative = 'less')

        One Sample t-test
```

```
data:  data
t = -2.8719, df = 19, p-value = 0.004881
alternative hypothesis: true mean is less than 7
95 percent confidence interval:
    -Inf 6.442908
sample estimates:
mean of x
    5.6
```

p-value가 0.05보다 작으므로 귀무가설은 기각하고, 대립가설이 채택된다.

대립가설(alternative hypothesis)은 'A병원에서 치료를 받은 성인여성 감기환자 모집단의 평균 치유기간은 7일보다 짧다'이다.

검정 결과 p-value가 0.05보다 작으므로 귀무가설은 기각하고, 대립가설이 채택된다. 즉, A병원에서 치료한 환자의 치유기간은 7일보다 유의하게 짧다고 볼 수 있다.

● 대응이표본 검증 예

대응이표본이면서 단측 검증의 예를 보자. 한 집단의 몸무게를 측정하고, 다이어트약을 복용한 후 5개월 뒤 몸무게를 다시 측정했다. 같은 집단에서 시점을 달리하여 두 번 표본을 추출했으므로 대응이표본이다.

5개월 뒤 몸무게가 그전보다 줄어들었는지, 줄어들었다면 그것이 약의 효과를 입증할 만큼 유의한 변화인지 t-검정을 해보자. 몸무게가 늘었거나 줄어들었는지 양방향의 차이를 검정하는 것이 아니라, 몸무게가 줄어들었는지의 한쪽 방향 차이만 검증하므로 단측 검정이다.

```
> # 다이어트약 복용 전 몸무게
> before <- c(68.12, 56.94, 57.36, 54.64, 64.33, 48.49, 68.72, 56.19, 61.6, 58.75, 67.31, 49.7,
58.39, 58.08, 65.67, 54.5, 59.14, 55.61, 60.21, 62.91)

> # 다이어트약 복용 5개월 후 몸무게
> after  <- c(65.90, 54.79, 57.82, 54.64, 64.84, 47.34, 67.87, 54.58, 60.65, 58.79, 65.71, 48.81,
57.0, 56.52, 64.13, 53.94,57.22, 55.32, 61.61, 63.22)

> # 대응이표본이어서 pairted = TRUE 옵션 사용
> # 단측 검정으로 before 데이터가 더 큰지 검정하므로 alternative = "greater" 옵션 사용
> t.test(before, after, paired = TRUE, var.equal = TRUE, alternative = "greater")

        Paired t-test

data:  before and after
t = 3.5634, df = 19, p-value = 0.001037
alternative hypothesis: true difference in means is greater than 0
95 percent confidence interval:
 0.4107714       Inf
sample estimates:
mean of the differences
         0.798
```

p-value가 0.05보다 작으므로 귀무가설은 기각하고, 대립가설이 채택된다.

대립가설(alternative hypothesis)은 '다이어트약 복용 전과 후의 몸무게 차이가 0보다 크다'이다.

검정 결과 p-value는 0.001037이다. p-value가 0.05보다 작으므로 귀무가설은 기각하고, 대립가설이 채택된다. 즉, 다이어트약 복용 후의 체중 감소가 유의하다고 볼 수 있다

● **독립이표본 검증 예**

다음 예는 독립이표본이면서 양측 검증이다. 서울지역 12세 남학생들의 몸무게와 부산지역 12세 남학생들의 몸무게를 측정했다. 다른 집단에서 각각 표본을 추출하였으므로 독립이표본이다. 두 집단의 몸무게 차이가 있는지, 그리고, 그 차이가 유의미한 차이가 t-검정을 해보자. 데이터 값의 크거나 작은 양방향의 차이를 확인하는 것이므로 양측 검정이다.

```
> # 서울 지역의 남학생의 몸무게 데이터
> Seoul <- c(43.12, 40.94, 42.36, 50.64, 50, 43.49, 43.72, 40.19, 46.6, 43.75, 42.31, 44.7, 43.39,
33.08, 40.67, 49.5, 34.14, 40.61, 35.21, 37.91)
> # 부산 지역의 남학생의 몸무게 데이터
> Busan <- c(41.74, 42.35, 40.62, 28.64, 49.64, 40.94, 43.25, 40.3, 56.03, 43.77, 51.3, 44.26, 42.6,
32.19, 39.72, 49.2, 33.03, 40.45, 36.03, 38.1)

> # 독립이표본이어서 pairted = FALSE 옵션 사용
> # 양측 검정이므로 alternative = "two.sided" 옵션 사용
> # Seoul 데이터와 Busan 데이터의 분산이 동일하지 않아 var.equal = FALSE옵션 사용
> t.test(Seoul, Busan, paired = FALSE, var.equal = FALSE, alternative = "two.sided")

        Welch Two Sample t-test

data:  Seoul and Busan
t = 0.33324, df = 34.917, p-value = 0.7409
alternative hypothesis: true difference in means is not equal to 0
95 percent confidence interval:
 -3.098788  4.315788
sample estimates:
mean of x mean of y
  42.3165   41.7080
```

- p-value가 0.05보다 작지 않으므로 귀무가설은 채택하고, 대립가설이 기각된다.
- 대립가설(alternative hypothesis)은 '두 모집단의 데이터 차이가 0이 아니다'이다.

검정 결과 p-value는 0.7409이다. p-value가 0.05보다 작지 않으므로 귀무가설은 채택하고, 대립가설이 기각된다. 즉, 두 집단의 몸무게 차이는 유의미하지 않다.

5.1.2.5 분산분석 통계적 이론 배경은 1.4.2.2 참조

세 개 이상의 집단을 비교할 때는 t-검정보다 분산분석(ANOVA)이 유용하다. 분산분석의 이론적 배경은 〈1장 기초 통계〉를 참고하기 바란다. 여기에서는 R 함수를 이용한 예제 중심으로 설명한다.

● **일원분산분석**

일원분산분석(One-way ANOVA)은 종속변수가 1개이며, 범주형 독립변수도 1개인 경우다. 한 가지 변수의 변화가 종속변수에 미치는 영향을 보기 위해 사용된다.

예를 들어, 학력에 따른 소득 정도의 차이를 검정하고자 할 때 소득은 종속변수이고, 학력은 독립변수다. '무학력/초졸/중졸/고졸/대졸/석사/박사' 등 학력별로 집단을 나누면 3개 이상의 집단이 된다. 집단별 소득의 차이가 유의한지 일원분산분석을 수행할 수 있다.

aov() 함수를 사용해서 간단히 일원분산분석을 수행해보자. 데이터는 아이리스(iris) 데이터를 이용한다. 아이리스 데이터는 [표 5-2]처럼 종(Species)을 나타내는 범주형 변수가 있다.

[표 5-2] 아이리스(iris) 일부 데이터

iris

Sepal.Length	Sepal.Width	Petal.Length	Petal.Width	Species
5.1	3.5	1.4	0.2	setosa
4.9	3	1.4	0.2	setosa
4.7	3.2	1.3	0.2	setosa
6.2	2.9	4.3	1.3	versicolor
5.1	2.5	3	1.1	versicolor
5.7	2.8	4.1	1.3	versicolor
6.5	3	5.2	2	virginica
6.2	3.4	5.4	2.3	virginica
5.9	3	5.1	1.8	virginica
...	...	...	...	...

종(Species)별로 꽃받침 길이(Sepal.Length) 데이터의 차이가 유의한지 검정해보자.

```
> anova_result <- aov(Sepal.Length ~ Species, data = iris)
> # 종속변수(Sepal.Length), 독립변수(Species)

> summary(anova_result)
             Df Sum Sq Mean Sq F value Pr(>F)
Species       2  63.21  31.606   119.3 <2e-16 ***
Residuals   147  38.96   0.265
---
Signif. codes:  0 '***' 0.001 '**' 0.01 '*' 0.05 '.' 0.1 ' ' 1
```

위 예에서 귀무가설은 '종별로 꽃받침 길이는 차이가 없다'이고, 대립가설은 '종별로 꽃받침 길이는 차이가 있다'가 된다.

실행 결과 p-value는 2e-16으로 유의수준을 0.05라고 했을 때, 0.05보다 작으므로 귀무가설은 기각되고, 대립가설이 채택된다.

● 이원분산분석

이원분산분석(Two-way ANOVA)은 범주형 독립변수가 두 개 이상일 때 집단 간 차이가 유의한지를 검증하는 데 사용한다. 상호작용효과(Interaction effect), 즉, 한 변수의 변화가 결과에 미치는 영향이 다른 변수의 수준에 따라 달라지는지를 확인하기 위해 사용된다.

예를 들어, 타이타닉 호의 생존률의 차이를 분석할 때, 생존률은 종속변수이고, 독립변수로 1등칸/2등칸/3등칸/기타의 객실 등급 변수와 남/여의 성별 변수, 승무원/승객 변수, 성인/어린이 변수 등을 사용할 수 있다. 이원분산분석은 주 효과와 상호작용 효과를 분석할 수 있다.

5.2
상관분석

상관분석, 상관계수, 피어슨 상관계수, 스피어만 상관계수, cor(), cor.test()

- ✓ **상관분석**은 두 변수 간에 어떤 선형적 또는 비선형적 관계를 갖고 있는지를 분석하는 방법이다.

- ✓ **상관계수**는 두 변수 간의 연관된 정도를 나타낼 뿐, 원인과 결과에 대한 **인과관계**를 설명하는 것은 아니다.

- ✓ **피어슨 상관계수**가 두 변수 사이의 선형 관계를 평가하는 반면 **스피어만 상관계수**는 비선형 관계의 연관성을 파악할 수 있는 장점이 있다.

- ✓ **cor()** 함수로 상관계수를 구할 수 있다.

- ✓ **cor.test()** 함수를 사용하여 상관계수의 통계적 유의성을 검증할 수 있다. 이때 귀무가설은 '상관계수가 0이다', 대립가설은 '상관계수가 0이 아니다'이다.

5.2.1 분석 방법

상관분석은 확률론과 통계학에서 두 변수 간에 어떤 선형적 또는 비선형적 관계를 갖고 있는지를 분석하는 방법이다. 두 변수는 서로 독립적인 관계이거나 상관된 관계일 수 있으며 이때 두 변수 간의 관계의 강도를 **상관계수**(Correlation, Correlation coefficient)라 한다. 상관관계의 정도를 나타내는 단위로 '모집단 상관계수'를 ρ로 표기하며 '표본 상관계수'를 r로 표기한다. 주의할 점은 상관관계의 정도를 파악하는 상관계수(Correlation coefficient)는 두 변수 간의 연관된 정도를 나타낼 뿐, 원인과 결과에 대한 인과관계를 설명하는 것은 아니라는 점이다.

5.2.1.1 피어슨 상관계수

상관계수라고 하면 보편적으로 **피어슨 상관계수**다. 두 변수 간의 선형적인 관계를 측정하여 [−1, 1] 사이의 값을 갖는다. 1 또는 −1에 가까울수록 뚜렷한 선형적인 상관관계를 갖는다. 1에 가까울수록 한 변수의 값이 커지면 다른 변수의 값도 커지는 양의 상관관계고, −1에 가까울수록 한 변수의 값이 커지면 다른 변수의 값은 작아지는 음의 상관관계다. 선형적인 상관관계가 없는 경우 0에 가까운 값을 갖는다.

피어슨 상관계수는 다음과 같이 정의된다.

$$\rho(X, Y) = \frac{\cos(X, Y)}{\sigma_x \sigma_y}$$

여기에서, $\cos(X, Y)$는 X와 Y의 공분산, σ_x, σ_y는 X와 Y의 표준편차다. 이 식의 개념은 X와 Y가 함께 변하는 정도(공분산)를 X와 Y가 각각 변하는 정도로 나누는 것이다.

피어슨 상관계수 $\rho(X, Y)$는 −1에서 1사이의 값을 갖는다. 즉, $-1 \le \rho(X, Y) \le 1$ 이다. X와 Y가 독립이면 $\rho(X, Y)$는 0이 된다.

다음은 피어슨 상관계수 값이 1, −1, 0 각각에 가까울 때 관측값 X와 Y가 어떠한 분포인지 시각적으로 확인해보는 산점도 그래프다.

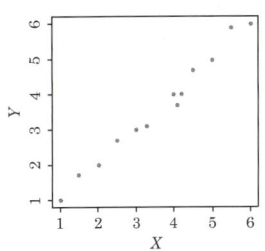

[그림 5-1] 양(+)의 상관관계일 때 산점도 그래프

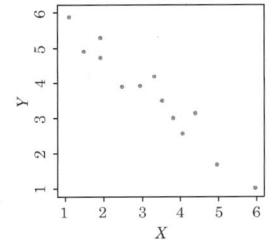

[그림 5-2] 음(−)의 상관관계일 때 산점도 그래프

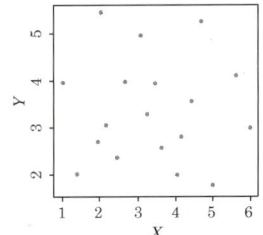

[그림 5-3] 독립관계일 때 산점도 그래프

cor() 함수로 피어슨 상관계수를 구할 수 있다. 다음은 Orange 데이터에서 나무의 둘레(circumference)와 나무의 나이(age)와의 피어슨 상관계수를 구하는 예제다.

```
> cor(Orange$circumference, Orange$age)
[1] 0.9135189
```

피어슨 상관계수의 값이 0.9135189으로 강한 양의 상관관계를 가진다. 즉, 나무의 나이가 많을수록 나무의 둘레의 값이 크고, 나무 둘레의 값이 클수록 나이가 많다. 이 예에서 나무의 나이가 원인이고 나무의 둘레가 결과라는 것을 상식선에서 생각할 수 있다. 하지만, 상관계수가 인과관계를 설명하는 것은 아니다. 상관계수 값은 어떤 변수가 원인이고 결과인지는 설명하지 못한다.

산점도 그래프로 확인해보면 다음과 같다.

```
> plot(Orange$circumference, Orange$age, col = "red", pch = 19 )
```

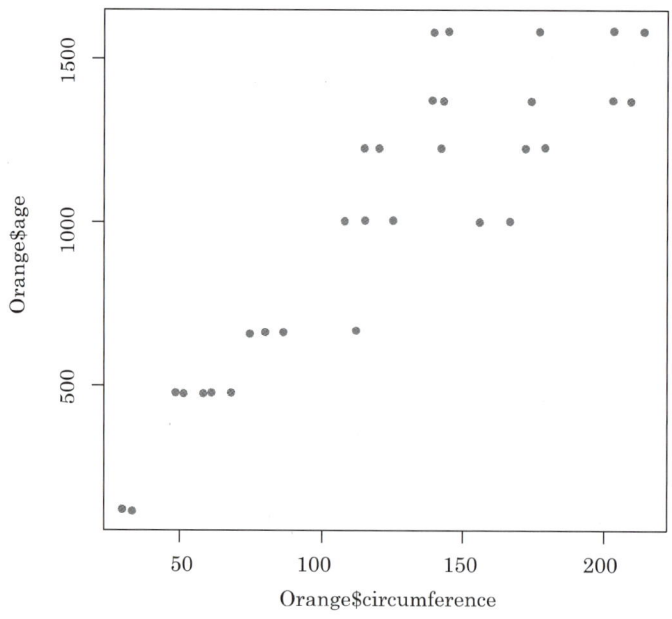

[그림 5-4] Orange 데이터의 age 변수와 circumference 변수의 산점도 그래프

cor() 함수를 사용하면 여러 변수 간의 상관계수를 한 번에 구하는 것이 가능하다. 다음은 아이리스(iris) 데이터의 Sepal.Length, Sepal.Width, Petal.Length, Petal.Width 변수 간 상관계수를 구한 예다.

```
> cor(iris[, 1:4])
             Sepal.Length  Sepal.Width  Petal.Length  Petal.Width
Sepal.Length    1.0000000   -0.1175698     0.8717538    0.8179411
Sepal.Width    -0.1175698    1.0000000    -0.4284401   -0.3661259
Petal.Length    0.8717538   -0.4284401     1.0000000    0.9628654
Petal.Width     0.8179411   -0.3661259     0.9628654    1.0000000
```

대각선은 자신의 변수값 간의 상관계수이므로 모두 1이다. 대각선의 1값을 제외한 상관계수값 중 가장 큰 값은 0.9628654로 Petal.Length 변수와 Petal.Width 변수와의 상관계수다. 절대값이 가장 작은 것은 -0.1175698로 Sepal.Length 변수와 Speal.Width 변수의 상관계수다.

cor() 함수는 여러 변수 간의 상관계수 값을 한 번에 구할 수 있어 편리하다. 하지만, 변수가 많아지면 상관계수값을 눈으로 확인하는데 어려움이 생길 수 있다. 이 경우, 상관계수값을 색으로 표현하여 직관적으로 파악할 수 있는 히트맵(heat map) 그래프를 이용하면 편리하다.

5.2.1.2 스피어만 상관계수

피어슨 상관계수가 두 변수 사이의 선형 관계를 평가하는 반면 스피어만 상관계수는 비선형 관계의 연관성을 파악할 수 있는 장점이 있다. **스피어만 상관계수**는 데이터가 서열척도인 경우 즉, 자료의 값 대신 **순위를 이용하는 경우의 상관계수**로서, 데이터를 작은 것부터 차례로 순위를 매겨 서열순서로 바꾼 뒤 순위를 이용해 상관계수를 구한다. 두 변수 간의 연관관계가 있는지 없는지를 밝혀주며 데이터에 이상점이 있거나 표본 크기가 작을 때 유용하다. 두 변수 간의 스피어만 상관계수는 두 변수의 순위값 사이의 피어슨 상관계수와 같다. 스피어만 상관계수는 -1과 1 사이의 값을 가지는데 두 변수 안의 순위가 완전히 일치하면 +1이고, 두 변수의 순위가 완전히 반대이면 -1이 된다.

5.2.2 상관계수 검정

cor.test() 함수를 사용하여 상관계수의 통계적 유의성을 검증할 수 있다. 이때 귀무가설은 '상관계수가 0이다'이고, 대립가설은 '상관계수가 0이 아니다'이다.

다음은 아이리스(iris) 데이터의 Petal.Length 변수와 Petal.Width 변수의 피어슨 상관계수 검정의 예다. cor.test() 함수의 method 매개변수의 default값은 "peason"이다. 다음 예제의 method 매개변수는 생략이 가능하다.

```
> cor.test(iris$Petal.Length, iris$Petal.Width, method = "pearson")    # 피어슨 상관계수 검정

        Pearson's product-moment correlation

data:  iris$Petal.Length and iris$Petal.Width
t = 43.387, df = 148, p-value < 2.2e-16
alternative hypothesis: true correlation is not equal to 0
95 percent confidence interval:
 0.9490525 0.9729853
sample estimates:
      cor
0.9628654
```

실행 결과 p-value는 0.05보다 작은 수이므로 귀무가설은 기각되고, 대립가설이 채택된다(상관계수가 0이 아니다). 95% 확률로 상관계수는 0.9490525 ~ 0.9729853 구간의 값이라고 할 수 있다.

스피어만 상관계수를 검정하려면 cor.test() 함수의 매개인자만 다음과 같이 변경하면 된다.

```
> cor.test(첫 번째 변수, 두 번째 변수, method = "spearman") # 스피어만 상관계수 검정
```

5.3 선형회귀분석

> 선형회귀, 단순선형회귀, 다중선형회귀, 선형회귀 모델, lm(), residuals(), predict.lm(), 결정계수, summary(), coef()

- ✓ **선형회귀**는 종속변수 Y와 한 개 이상의 독립변수(또는 설명변수) X와의 선형 상관관계를 모델링하는 회귀분석 기법이다.

- ✓ 한 개의 설명변수에 기반한 경우에는 **단순선형회귀**, 둘 이상의 설명변수에 기반한 경우에는 **다중선형회귀**라고 한다.

- ✓ 추세선을 이용하여 종속변수의 값을 예측하는 모델을 **선형회귀 모델**이라고 한다.

- ✓ **lm() 함수**를 사용하여 선형회귀 모델을 생성할 수 있다.

- ✓ **residuals()** 함수로 잔차를 확인할 수 있다.

- ✓ **predict.lm()** 함수로 종속변수 데이터를 예측할 수 있다.

- ✓ **결정계수**는 추정한 선형 모델이 주어진 데이터에 적합한 정도를 재는 척도다.

- ✓ **summary()** 함수로 결정계수, 수정된 결정계수 및 F 통계량, 잔차, 사분위수, 회귀계수를 확인할 수 있다.

- ✓ **coef()** 함수를 이용하여 회귀계수만 출력하여 볼 수 있다.

5.3.1 단순선형회귀

회귀(regression)라는 단어를 국어사전에서 확인해보면 '한 바퀴 돌아서 본디의 자리나 상태로 돌아오는 것'이라고 되어 있다. 데이터는 평균으로 돌아가려는 성질, 즉 회귀 성질이 있다. 회귀를 이용하여 미지의 데이터를 예측하는 회귀분석 중 하나인 선형회귀분석을 이번 절에서 살펴보도록 하자.

선형회귀(linear regression)는 **종속변수** Y와 한 개 이상의 **독립변수**(또는 설명변수) X와의 선형 상관관계를 모델링하는 **회귀분석** 기법이다. 여기에서 **종속변수**란 영향을 받는 변수다. 예측의 대상이 되는 변수로 **관심변수, 반응변수**라고도 부른다. 예를 들어, 나무의 나이(age)에 따라 나무 둘레가 영향을 받는다면 나무의 나이로 나무 둘레를 예측할 수 있다. 이때 나무 둘레는 종속변수, 나무의 나이는 독립변수(또는 설명변수)라고 할 수 있다. 한 개의 설명변수에 기반한 경우에는 **단순선형회귀**, 둘 이상의 설명변수에 기반한 경우에는 **다중선형회귀**라고 한다.

다음은 하나의 종속변수와 하나의 독립변수에 대한 산점도 그래프다. 종속변수로 나무 둘레, 독립변수로 나무 나이 샘플 데이터를 사용했다.

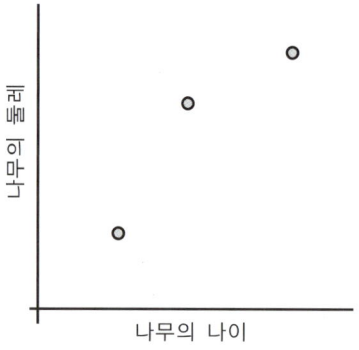

[그림 5-5] 산점도 그래프

이 그래프에 그럴듯한 추세선을 그려보고자 한다. 다음 [그림 5-6]의 그래프처럼 세 종류의 선을 그리고, 어떤 선이 가장 좋은지 판단해보라고 한다면 어떤 선을 선택하겠는가?

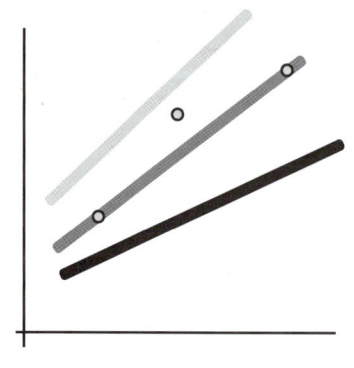

[그림 5-6] 추세선이 있는 산점도 그래프

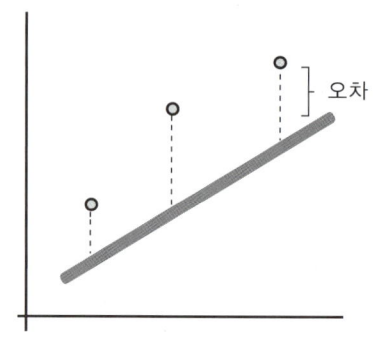

[그림 5-7] 추세선의 오차

대부분 가운데 선이라고 대답했을 것으로 믿는다. 여러분이 직관적으로 선택한 가운데 선이 이 데이터를 가장 잘 설명하고 있다. 가장 잘 설명하고 있다는 것을 수치로 증명하려면 어떻게 할까?

각 선이 가리키는 데이터 즉, 예측한 데이터와 실제 데이터의 차이를 구하고, 그 차이가 가장 작은 선이 무엇인지 찾으면 된다. 예측 데이터와 실제 데이터의 차이를 오차(error, ε)/잔차(residual) 또는 손실(loss)/비용(cost)라고 한다. 오차가 가장 작은 가운데 선이 가장 좋은 추세선이라고 할 수 있다.

여기에서 예측 데이터(선이 가리키는 데이터)와 실제 데이터의 차이 개념이 이해가 잘 되지 않는다면 [그림 5-7]을 참고하기 바란다. [그림 5-7]은 X축이 독립변수, Y축이 종속변수라고 가정하고 추세선으로 Y를 예측했을 때 오차를 표현하고 있다.

이 추세선을 이용하여 종속변수의 값을 예측하는 모델을 선형회귀 모델이라고 한다. 또 이 예와 같이 **독립변수가 하나**인 경우 **단순선형회귀 모델**이라고 한다. 추세선을 식으로 표현하려면 선의 기울기와 절편이 필요하다.

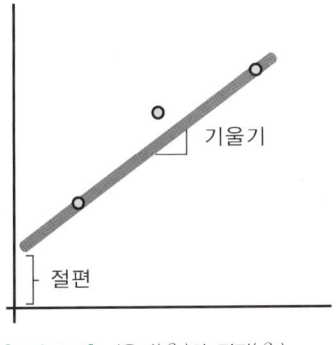

[그림 5-8] 기울기(β_1)와 절편(β_0)

기울기(β_1)와 절편(β_0)이 구해졌다면 이제 단순선형회귀 모델을 만들 수 있다.

하나의 종속변수(Y)와 하나의 독립변수(X)가 있고, 오차항(ε)이 있는 단순선형회귀 모델의 식은 다음과 같다.

$$Y_i = \beta_0 + \beta_1 X_i + \varepsilon_i$$

절편(β_0)와 기울기(β_1)는 회귀계수(Coefficients)라고 부른다.

오차항(ε)이 없는 단순선형회귀 모델의 식은 다음과 같이 표현할 수 있다.

$$\widehat{Y_i} = \beta_0 + \beta_1 X_i$$

오차항(ε)을 제외하면 이 식의 Y는 실제값과 다른 예측값($\widehat{Y}$)이기 때문에 이를 구분하기 위해 Y에 모자(hat)를 씌운 $\widehat{Y}$으로 표현한다.

잔차가 최소인 회귀계수(β_1, β_0) 값을 추정하는 것은 선형회귀분석에서 가장 중요한 문제가 된다. 잔차 계산 시, 잔차의 단순합이 아닌 제곱합을 구하여 그 값이 최소인 회귀 모델을 생성한다. 이것을 **최소제곱법**이라고 한다. 최소제곱법으로 구해진 회귀계수(Coefficients) 추정량을 **최소 제곱 추정량**(Least Squares Estimator, LSE)라고 한다.

잔차 제곱합은 다음과 같은 식으로 표현 가능하다.

$$\sum (Y_i - \widehat{Y_i})^2 = \sum (Y_i - (\beta_0 + \beta_1 X_i))^2$$

Y_i는 실제값, $\widehat{Y_i}$는 예측값

5.3.1.1 모델 생성

lm() 함수를 사용하여 단순선형회귀 모델을 간단히 생성할 수 있다.

예제로 사용할 Orange 데이터는 다음과 같이 각 나무의 종류(Tree)와 나무 나이(age), 나무 둘레(circumference) 변수의 관측값이 존재한다.

```
> data(Orange)
> head(Orange)
  Tree  age circumference
1    1  118            30
2    1  484            58
3    1  664            87
4    1 1004           115
5    1 1231           120
6    1 1372           142
```

일반적으로 나무의 종류는 나무의 둘레의 크기에 영향을 미친다. 하지만, 여기에서는 단순선형회귀의 예를 위해서 나무의 나이값만으로 나무 둘레의 값을 예측하는 단순선형회귀 모델을 만들어 보려고 한다. Orange 데이터프레임의 나무 둘레를 나타내는 circumference 변수를 종속변수로, 나무 나이를 나타내는 age 변수를 설명변수로 하는 단순선형회귀 모델을 다음과 같이 생성할 수 있다.

$$circumference_i = \beta_0 + \beta_1 age_i + \varepsilon_i$$

다음은 lm() 함수로 단순선형회귀 모델을 생성한 예다.

lm()는 포뮬러 매개인자와 데이터 매개인자가 필요하다. 포뮬러(formula) 매개인자는 무엇이 종속변수이고, 무엇이 설명변수인지를 표현하는 식이다. 포뮬러 매개인자는 '종속변수 ~ 설명변수'와 같이 표현하므로 lm() 함수의 첫 번째 인자로 circumference ~ age를 쓰고, 두 번째 인자로 Orange 데이터를 사용한다. 다음과 같은 lm() 함수를 이용한 간단한 한 줄의 코드를 실행하면 최적의 회귀계수(Coefficients)를 R이 알아서 추정하여 모델을 생성한다.

```
> model <- lm(circumference ~ age, Orange)
> model

Call:
lm(formula = circumference ~ age, data = Orange)

Coefficients:
(Intercept)          age
    17.3997       0.1068
```

출력결과를 보면, 회귀계수 β_0와 β_1는 각각 17.3997, 0.1068로 추정되었음을 알 수 있다. 즉, 다음과 같은 모델이 생성된 것이다.

$$circumference_i = 17.3997 + 0.1068\,age_i + \varepsilon_i$$

coef() 함수를 이용하여 회귀계수만 출력해볼 수 있다.

```
> # 회귀계수
> coef(model)
(Intercept)          age
 17.3996502    0.1067703
```

5.3.1.2 잔차

residuals() 함수로 잔차(residuals)를 확인할 수 있다.

```
> # 잔차
> r <- residuals(model)
> r[0:4]
           1            2            3            4
 0.001451402 -11.076487573  -1.295146086  -9.597056609
```

생성한 선형회귀 모델이 예측한 값과 잔차를 더하면 실제값과 동일해야 한다. 예측한 값과 잔차를 구하여 그 합이 실제값과 같은지 비교해보자.

```
> # fitted() 함수로 model이 예측한 값 구하기
> f <- fitted(model)

> # residuals() 함수로 잔차 구하기
> r <- residuals(model)

> # 예측한 값에 잔차를 더하여 실제값과 동일한지 확인해보자.
> # 예측한 값과 잔차 더하기
> f[0:4] + r[0:4]
  1   2   3   4
 30  58  87 115

> # 위의 값이 다음의 실제 데이터와 동일함을 확인할 수 있다.
> # 실제값
> Orange[0:4,'circumference']
[1]  30  58  87 115
```

잔차 제곱합이 최소인 회귀계수를 추정하는 것을 최소제곱법이라고 설명한 바 있다. 잔차 제곱합이 궁금하면 다음과 같이 구할 수 있다.

```
> # 잔차 제곱합
> deviance(model)
[1] 18594.74
```

5.3.1.3 예측

이 모델을 이용하여 독립변수 데이터로 종속변수 데이터를 예측할 수 있다.

predict.lm() 함수를 이용하면 된다. 다음은 이 회귀 모델을 이용하여 나이가 100인 나무의 둘레를 예측해보자.

```
> # 예측
> predict.lm(model, newdata = data.frame(age = 100))
       1
28.07668
```

5.3.1.4 결정계수와 수정된 결정계수

결정계수(R-squared, coefficient of determination, R^2)는 추정한 선형 모델이 주어진 데이터에 적합한 정도를 재는 척도다. 전체 분산(SST) 값, 회귀 모델로 설명되는 분산(SSR) 값으로 계산할 수 있다. SST와 SSR은 다음 그림을 참고한다.

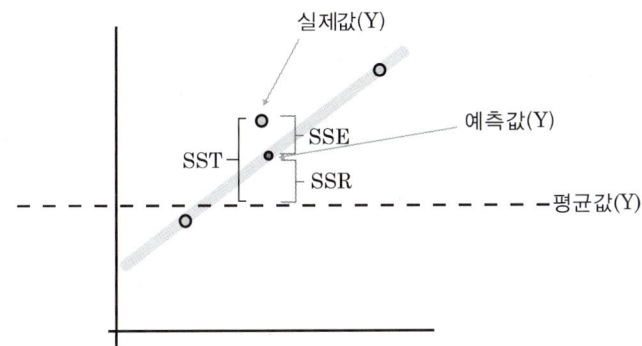

[그림 5-9] SST, SSE, SSR

$$R^2 = \frac{\sum_{i=1}^{n}(\widehat{Y_i}-\overline{Y})^2}{\sum_{i=1}^{n}(Y_i-\overline{Y})^2} = \frac{SSR(\text{설명되는 분산})}{SST(\text{전체 분산})} = \frac{SST-SSE}{SST}$$

- SST(total sum of squares): $\Sigma(Y_I-\overline{Y})^2$은 실제값의 평균과 실제값 차의 제곱합. 즉 실제 데이터의 전체 분산이다. SST = SSR + SSE
- SSR(regression sum of squares): $\Sigma(\widehat{Y_I}-\overline{Y})^2$은 실제값의 평균과 예측값 차의 제곱합으로 회귀 모델로 설명이 되는 분산이다. SSR = SST − SSE

모델로 설명할 수 있는 부분과 설명하지 못하는 부분이 있는데, 전체 분산의 크기(SST) 중 모델이 설명하는 부분(SSR)의 비중을 구하는 것을 결정계수(R-squared, R^2)라고 한다. 0에서 1사이의 값을 가지며, 1에 가까울수록 설명력이 좋은 모델이라고 할 수 있다.

summary() 함수로 결정계수를 구할 수 있다.

```
> summary(model)

Call:
lm(formula = circumference ~ age, data = Orange)
```

```
Residuals:
    Min     1Q  Median     3Q    Max
-46.310 -14.946  -0.076  19.697  45.111

Coefficients:
            Estimate Std. Error t value Pr(>|t|)
(Intercept) 17.399650   8.622660   2.018   0.0518 .
age          0.106770   0.008277  12.900 1.93e-14 ***
---
Signif. codes:  0 '***' 0.001 '**' 0.01 '*' 0.05 '.' 0.1 ' ' 1

Residual standard error: 23.74 on 33 degrees of freedom
Multiple R-squared:  0.8345,    Adjusted R-squared:  0.8295
F-statistic: 166.4 on 1 and 33 DF,  p-value: 1.931e-14
```

출력 결과의 가장 마지막 줄의 내용을 보면 다음과 같이 결정계수가 출력된다.

```
Multiple R-squared:  0.8345
```

결정계수를 R^2로 표현하는 이유는 상관계수(r)의 제곱과 결정계수값이 동일하기 때문이다. 다음은 상관계수(r)의 제곱을 구하여 결정계수(R^2) 0.8345와 동일한 값이 출력되는지 확인해보자.

```
> # 상관계수
> cor(Orange$circumference, Orange$age)
[1] 0.9135189

> # 상관계수(r)의 제곱이 결정계수(R² )과 동일한 값이 출력됨을 확인
> cor(Orange$circumference, Orange$age) ^ 2
[1] 0.8345167
```

결정계수 R^2는 독립변수가 늘어나면 값이 커지는 특징이 있다. 단순회귀 모델은 독립변수가 하나지만, 다중회귀 모델은 독립변수가 2개 이상이다. 다중회귀 모델에서 서로 다른 개수의 독립변수를 가지는 모델 간의 비교에 결정계수 R^2는 적합하지 않다. 그래서, 결정계수 R^2를 자유도로 나눈 수정된 결정계수(Adjusted R-squared; R_{adj}^2)를 많이 사용한다.

이전 예제의 summary(model) 함수의 출력 결과 중 다음과 같이 수정된 결정계수가 출력되었다.

```
Adjusted R-squared:  0.8295
```

또한, summary(model) 함수의 출력 결과 마지막 줄에 다음과 같이 F 통계량도 함께 출력되었다.

```
F-statistic: 166.4 on 1 and 33 DF,  p-value: 1.931e-14
```

여기에서 F 통계량은 이 모델($circumference_i = \beta_0 + \beta_1\, age_i + \epsilon_i$)이 통계적으로 얼마나 유의한지 알려준다. 이 F 통계량의 귀무가설은 '$\beta = 0$'이다. 즉, '$circumference_i = \beta_0 + \epsilon_i$와 같다'가 귀무가설이 된다.

p-value는 1.931e-14으로 0.05보다 작으므로 이 귀무가설은 기각된다. 즉, '$\beta = 0$이 아니다'라는 대립가설이 채택되어 이 모델이 통계적으로 유의하다고 볼 수 있다.

5.3.1.5 단순회귀 모델의 시각화

지금까지 진행한 것을 시각화해보자. plot()으로 진단 그래프를 생성할 수 있다.

```
> plot(Orange$age, Orange$circumference)
> abline(coef(model))
```

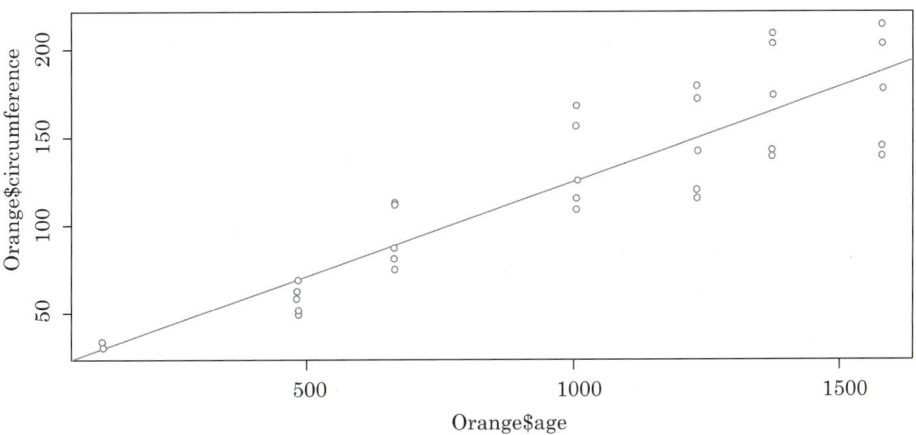

[그림 5-10] 단순선형회귀 모델 시각화

5.3.2 다중선형회귀

하나의 종속변수(Y)와 두 개 이상의 독립변수(X)가 있고, 오차항(ε)이 있는 선형 관계로 다음과 같이 정의할 수 있다.

$$Y_i = \beta_0 + \beta_1 X_{i1} + \beta_2 X_{i2} + ... + \beta_p X_{ip} + \varepsilon_i$$

β_0와 $\beta_1 \cdots \beta_p$는 회귀계수(Coefficients)다.

$X_1, X_2 .. X_p$는 독립변수로 이 변수가 2개 이상인 경우 다중선형회귀라고 부른다.

오차항(ε)이 없는 다중선형회귀 모델의 식은 다음과 같이 표현할 수 있다.

$$\widehat{Y_i} = \beta_0 + \beta_1 X_i + \beta_2 X_{i2} + ... + \beta_p X_{ip}$$

단순선형회귀와 마찬가지로 오차항(ε)을 제외하면 이 식의 Y는 실제값과 다른 예측값($\widehat{Y}$)이기 때문에 Y에서 모자(hat)를 씌운 $\widehat{Y}$로 표현할 수 있다.

5.3.2.1 모델 생성

단순선형회귀 모델과 마찬가지로 lm() 함수를 사용하여 모델을 생성한다.

예제로 사용할 데이터를 살펴보자. 이번 예제는 아들의 키를 종속변수로 아버지의 키와 어머니의 키를 독립변수로 하는 회귀 모델을 만들어 보려고 한다.

먼저, 다음과 같이 데이터프레임을 생성한다.

```
> height_father <- c(180, 172, 150, 180, 177, 160, 170, 165, 179, 159)    # 아버지 키
> height_mohter <- c(160, 164, 166, 188, 160, 160, 171, 158, 169, 159)    # 어머니 키
> height_son <- c(180, 173, 163, 184, 165, 165, 175, 168, 179, 160)       # 아들 키
> height <- data.frame(height_father, height_mohter, height_son)
> head(height)
  height_father height_mohter height_son
1           180           160        180
2           172           164        173
3           150           166        163
4           180           188        184
5           177           160        165
6           160           160        165
```

위 예제의 height 데이터프레임의 아들 키(height_son)를 종속변수, 아버지 키와 어머니 키를 설명변수로 하는 선형회귀식을 다음과 같이 정의할 수 있다. 설명변수가 두 개 이상이므로 다중회귀 모델이다.

$$\text{height\_son}_i = \beta_0 + \beta_1 \text{height\_father}_i + \beta_2 \text{height\_mother}_i + \varepsilon_i$$

포뮬러(formula)는 '종속변수 ~ 설명변수'와 같이 쓰는데, 설명변수가 하나 이상이면 '+'로 연결하여 표현하면 된다. 그러므로 lm()의 포뮬러 매개인자로 다음과 같이 사용하면 된다.

$$\text{height\_son} \sim \text{height\_father} + \text{height\_mohter}$$

```
> model <- lm (height_son ~ height_father + height_mohter, data = height)
> model

Call:
lm(formula = height_son ~ height_father + height_mohter, data = height)

Coefficients:
  (Intercept)  height_father  height_mohter
      21.7437         0.5027         0.3891
```

수행결과 회귀계수 β_0, β_1, β_2는 각각 21.7437, 0.5027, 0.3891로 출력되었다. 즉, 다음과 같은 모델이 생성되었다.

$$\text{height\_son}_i = 21.7437 + 0.5027\,\text{height\_father}_i + 0.3891\,\text{height\_mother}_i + \varepsilon_i$$

coef() 함수를 이용하여 다음과 같이 회귀계수만 출력해서 볼 수 있다.

```
> # 회귀계수
> coef(model)
  (Intercept)  height_father  height_mohter
      21.7437         0.5027         0.3891
```

5.3.2.2 잔차

단순회귀 모델과 동일한 방법으로 잔차를 확인할 수 있다.

```
> # 잔차
> r <- residuals(model)
> r[0:4]
         1          2          3          4
 5.5113180  0.9762039  1.2569010 -1.3846044

> # 잔차 제곱합
> deviance(model)
[1] 118.604
```

5.3.2.3 예측

다음은 아버지 키 170, 어머니 키 160의 데이터로 아들의 키를 예측하는 예제다.

```
> # 예측 (점 추정)
> predict.lm(model, newdata = data.frame(height_father = 170, height_mohter = 160))
       1
169.4619
```

```
> # 예측 (구간 추정)
> predict.lm(model, newdata = data.frame(height_father = 170, height_mohter = 160), interval =
"confidence")
       fit      lwr      upr
1 169.4619 165.6606 173.2632
```

5.3.2.4 결정계수와 수정된 결정계수

summary() 함수로 결정계수, 수정된 결정계수 및 F 통계량, 잔차, 사분위수, 회귀계수를 확인할 수 있다.

```
> summary(model)

Call:
lm(formula = height_son ~ height_father + height_mohter, data = height)

Residuals:
    Min      1Q  Median      3Q     Max
-7.9806 -0.8972  1.1166  1.4482  5.5113

Coefficients:
              Estimate Std. Error t value Pr(>|t|)
(Intercept)    21.7437    28.7417   0.757  0.47402
height_father   0.5027     0.1420   3.540  0.00947 **
height_mohter   0.3891     0.1628   2.390  0.04815 *
---
Signif. codes:  0 '***' 0.001 '**' 0.01 '*' 0.05 '.' 0.1 ' ' 1

Residual standard error: 4.116 on 7 degrees of freedom
Multiple R-squared:  0.8022,    Adjusted R-squared:  0.7457
F-statistic: 14.19 on 2 and 7 DF,  p-value: 0.003442
```

결정계수(R^2)는 0.8022, 수정된 결정계수(R_{adj}^2)는 0.7457임을 확인할 수 있다. 결정계수는 1에 가까울 수록 설명하는 비중이 큰 것이다. 결정계수는 5.3.1.4의 설명을 참조하기 바란다.

다중선형회귀에서 귀무가설은 '모든 회귀계수가 0이다' 이다. 이 예에서 p-value가 0.05보다 작으므로 귀무가설은 기각된다.

5.3.2.5 설명변수 선택 방법

다중선형회귀 모델에서 종속변수에 영향을 주는 설명변수를 선택하는 방법으로 전진선택법, 후진제거법, 단계적방법이 있다.

전진선택법(forward selection)은 절편만 있는 상수 모델에서 시작하여 가장 중요한 설명변수부터 차례로 **추가하는 방법**이다. 추가 시, 기준 통계치를 개선시키면 추가하고, 그렇지 않으면 추가를 멈춘다.

후진제거법(backward elimination)은 모든 후보 설명변수가 포함되어 있는 모델에서 시작하여 가장 영향이 적은 변수부터 하나씩 **제거해 나가는 방법**이다. 더 이상 유의하지 않은 변수가 없을 때까지 제거한다.

단계적방법(stepwise selection)은 **추가와 제거를 반복하는 방법**이다. 전진선택법으로 시작할 수도 있고, 후진제거법에서 시작할 수도 있다. 예를 들어 다음과 같다.

전진선택법에 의해 절편만 있는 상수 모델에서 시작하여 후보 설명변수를 하나씩 추가해 가다가, 추가된 다른 변수에 의해 영향이 약해진 기존 변수를 제거하는 등 추가와 제거를 반복한다. 반대로, 후진제거법에 의해 처음부터 모든 후보 설명변수가 포함된 모델에서 시작하여 도움이 되지 않는 변수를 제거하다가, 기준 통계치를 가장 개선시키는 변수를 다시 추가하는 등의 추가와 제거를 반복할 수 있다.

step() 함수를 이용하여 이와 같은 세 가지 방법을 수행할 수 있다.

```
① step(model, direction = "forward")    # 전진선택법
② step(model, direction = "backward")   # 후진제거법
③ step(model, direction = "both")       # 단계적방법
```

설명변수의 중요성을 판단하는 기준 통계량은 F-통계량이나 결정계수, AIC일 수 있다. AIC(Akaikie Information Criteria)는 모델의 상대적 품질을 평가하는 척도이고, step() 함수는 AIC 기반으로 수행된다. AIC는 작을수록 더 좋은 모델을 뜻한다.

R의 샘플 데이터인 mtcars와 step() 함수를 이용하여 단계적방법으로 설명변수를 선택하는 예를 보도록 하자. mtcars 데이터에서 자동차의 연비 변수인 mpg를 종속변수로 하고, 나머지 모든 변수를 설명변수로 하여 회귀 모델을 우선 만든 후, step() 함수를 통하여 최적의 설명변수만 추출해보자.

(1) mpg를 종속변수로 하고, 나머지 모든 변수를 설명변수로 사용하는 회귀 모델을 만든다.

```
> model <- lm(mpg ~ ., data = mtcars)
> # mpg ~ . 는 종속변수가 mpg이며 그외 모든 변수가 설명변수임을 의미하는 포뮬러(formula)
```

(2) 앞서 만든 model을 step() 함수를 통해 최적의 설명변수를 추출한다. step() 함수의 실행 결과가 매우 길어, 실행 결과의 중간 중간에 설명을 추가했으니 설명과 함께 실행 결과를 참고하기 바란다.

```
> new_model <- step(model, direction = "both")

############ 실행 결과 #############
```

　　　　　　　　　　┌── 이 모델의 AIC는 70.9라는 의미

Start: AIC = 70.9
mpg ~ cyl + disp + hp + drat + wt + qsec + vs + am + gear + carb
　　└── mpg는 종속변수

```
       Df Sum of Sq    RSS    AIC
- cyl   1    0.0799 147.57 68.915
- vs    1    0.1601 147.66 68.932
- carb  1    0.4067 147.90 68.986
- gear  1    1.3531 148.85 69.190
- drat  1    1.6270 149.12 69.249
- disp  1    3.9167 151.41 69.736
- hp    1    6.8399 154.33 70.348
- qsec  1    8.8641 156.36 70.765
<none>              147.49 70.898
- am    1   10.5467 158.04 71.108
- wt    1   27.0144 174.51 74.280
```

cyl를 설명변수에서 제거하면 AIC가 68.915로 바뀐다는 의미이며, cyl앞에 -는 '제거했을 때'라는 의미이다.

마찬가지로 vs를 설명변수에서 제거하면 AIC가 68.932로 바뀐다는 의미이다.

```
# AIC가 작은 것이 좋은 모델이므로 이 모델에서 AIC가 가장 작아질 수 있는 cyl를 제거한 후
# 새로운 모델을 생성하여 다음과 같은 평가 결과를 출력한다.
```

　　　　　　　　┌── 이 모델의 AIC는 68.92라는 의미

Step: AIC = 68.92
mpg ~ disp + hp + drat + wt + qsec + vs + am + gear + carb

```
       Df Sum of Sq    RSS    AIC
- vs    1    0.2685 147.84 66.973
- carb  1    0.5201 148.09 67.028
- gear  1    1.8211 149.40 67.308
- drat  1    1.9826 149.56 67.342
- disp  1    3.9009 151.47 67.750
- hp    1    7.3632 154.94 68.473
<none>              147.57 68.915
- qsec  1   10.0933 157.67 69.032
- am    1   11.8359 159.41 69.384
+ cyl   1    0.0799 147.49 70.898
- wt    1   27.0280 174.60 72.297
```

vs를 설명변수에서 제거하면 AIC가 66.973로 바뀐다는 의미이며 vs앞에 -는 '제거했을 때'라는 의미이다.

cyl를 설명변수에서 추가하면 AIC가 70.898로 바뀐다는 의미이며, cyl 앞에 +는 '추가했을 때'라는 의미이다.

```
# AIC가 작은 것이 좋은 모델이므로 이 모델에서 AIC가 가장 작아질 수 있는 vs를 제거한 후
# 새로운 모델을 생성하여 다음과 같이 평가 결과를 출력한다.
```

```
Step:  AIC = 66.97
mpg ~ disp + hp + drat + wt + qsec + am + gear + carb

         Df Sum of Sq     RSS     AIC
- carb    1     0.6855  148.53  65.121
- gear    1     2.1437  149.99  65.434
- drat    1     2.2139  150.06  65.449
- disp    1     3.6467  151.49  65.753
- hp      1     7.1060  154.95  66.475
<none>                  147.84  66.973
- am      1    11.5694  159.41  67.384
- qsec    1    15.6830  163.53  68.200
+ vs      1     0.2685  147.57  68.915
+ cyl     1     0.1883  147.66  68.932
- wt      1    27.3799  175.22  70.410
```

AIC가 작은 것이 좋은 모델이므로 이 모델에서 AIC가 가장 작아질 수 있는 carb를 제거한 후
새로운 모델을 생성하여 다음과 같이 평가 결과를 출력한다.

```
Step:  AIC = 65.12
mpg ~ disp + hp + drat + wt + qsec + am + gear

         Df Sum of Sq     RSS     AIC
- gear    1     1.565  150.09  63.457
- drat    1     1.932  150.46  63.535
<none>                 148.53  65.121
- disp    1    10.110  158.64  65.229
- am      1    12.323  160.85  65.672
- hp      1    14.826  163.35  66.166
+ carb    1     0.685  147.84  66.973
+ vs      1     0.434  148.09  67.028
+ cyl     1     0.414  148.11  67.032
- qsec    1    26.408  174.94  68.358
- wt      1    69.127  217.66  75.350

Step:  AIC = 63.46
mpg ~ disp + hp + drat + wt + qsec + am

         Df Sum of Sq     RSS     AIC
- drat    1     3.345  153.44  62.162
- disp    1     8.545  158.64  63.229
<none>                 150.09  63.457
- hp      1    13.285  163.38  64.171
+ gear    1     1.565  148.53  65.121
+ cyl     1     1.003  149.09  65.242
+ vs      1     0.645  149.45  65.319
```

```
+ carb  1   0.107 149.99 65.434
- am    1  20.036 170.13 65.466
- qsec  1  25.574 175.67 66.491
- wt    1  67.572 217.66 73.351
```

Step: AIC = 62.16
mpg ~ disp + hp + wt + qsec + am

```
        Df Sum of Sq    RSS    AIC
- drat   1     3.345 153.44 62.162
- disp   1     8.545 158.64 63.229
<none>               150.09 63.457
- hp     1    13.285 163.38 64.171
+ gear   1     1.565 148.53 65.121
+ cyl    1     1.003 149.09 65.242
+ vs     1     0.645 149.45 65.319
+ carb   1     0.107 149.99 65.434
- am     1    20.036 170.13 65.466
- qsec   1    25.574 175.67 66.491
- wt     1    67.572 217.66 73.351
```

Step: AIC = 62.16
mpg ~ disp + hp + wt + qsec + am

```
        Df Sum of Sq    RSS    AIC
- disp   1     6.629 160.07 61.515
<none>               153.44 62.162
- hp     1    12.572 166.01 62.682
+ drat   1     3.345 150.09 63.457
+ gear   1     2.977 150.46 63.535
+ cyl    1     2.447 150.99 63.648
+ vs     1     1.121 152.32 63.927
+ carb   1     0.011 153.43 64.160
- qsec   1    26.470 179.91 65.255
- am     1    32.198 185.63 66.258
- wt     1    69.043 222.48 72.051
```

Step: AIC = 61.52
mpg ~ hp + wt + qsec + am

```
        Df Sum of Sq    RSS    AIC
- hp     1     9.219 169.29 61.307
<none>               160.07 61.515
+ disp   1     6.629 153.44 62.162
+ carb   1     3.227 156.84 62.864
+ drat   1     1.428 158.64 63.229
- qsec   1    20.225 180.29 63.323
+ cyl    1     0.249 159.82 63.465
```

```
+ vs      1     0.249  159.82  63.466
+ gear    1     0.171  159.90  63.481
- am      1    25.993  186.06  64.331
- wt      1    78.494  238.56  72.284

Step:  AIC = 61.31
mpg ~ wt + qsec + am

        Df Sum of Sq    RSS    AIC
<none>               169.29  61.307
+ hp      1     9.219  160.07  61.515
+ carb    1     8.036  161.25  61.751
+ disp    1     3.276  166.01  62.682
+ cyl     1     1.501  167.78  63.022
+ drat    1     1.400  167.89  63.042
+ gear    1     0.123  169.16  63.284
+ vs      1     0.000  169.29  63.307
- am      1    26.178  195.46  63.908
- qsec    1   109.034  278.32  75.217
- wt      1   183.347  352.63  82.790

> # 위처럼 현재 모델의 AIC를 구하고, 각 변수를 추가 또는 삭제했을 때 AIC를 구한 후,
> # AIC가 가장 작아질 수 있는 변수를 추가하거나 제거하는 과정을 반복하여
> # 최적의 설명변수를 추출한다.
```

이 예에서 최종 모델의 평가 출력은 다음과 같았다.

```
Step:  AIC = 61.31
mpg ~ wt + qsec + am
```

mpg를 종속변수로 했을 때 wt, qsec, am의 변수가 최적의 설명변수로 선택되었다.

다음은 mtcars 데이터프레임에서 선택된 세 개의 설명변수에 대한 설명이다.

```
> ### mtcars 데이터프레임의 변수 설명
> # mpg: 자동차 연비
> # wt: 자동차 중량
> # qsec: 1/4 mile time
> # am: 변속기 (0 = 자동, 1 = 수동)
```

5.3.3 모델 진단 그래프

선형회귀 모델의 평가를 여러 그래프로 시각화 할 수 있다. plot() 함수로 간단히 진단 그래프를 생성해보자. plot() 함수의 매개인자로 선형회귀 모델을 넣으면 된다.

```
> model <- lm(mpg ~ wt + qsec + am, data = mtcars)
> plot(model)
```

다음과 같은 4개의 그래프가 출력된다.

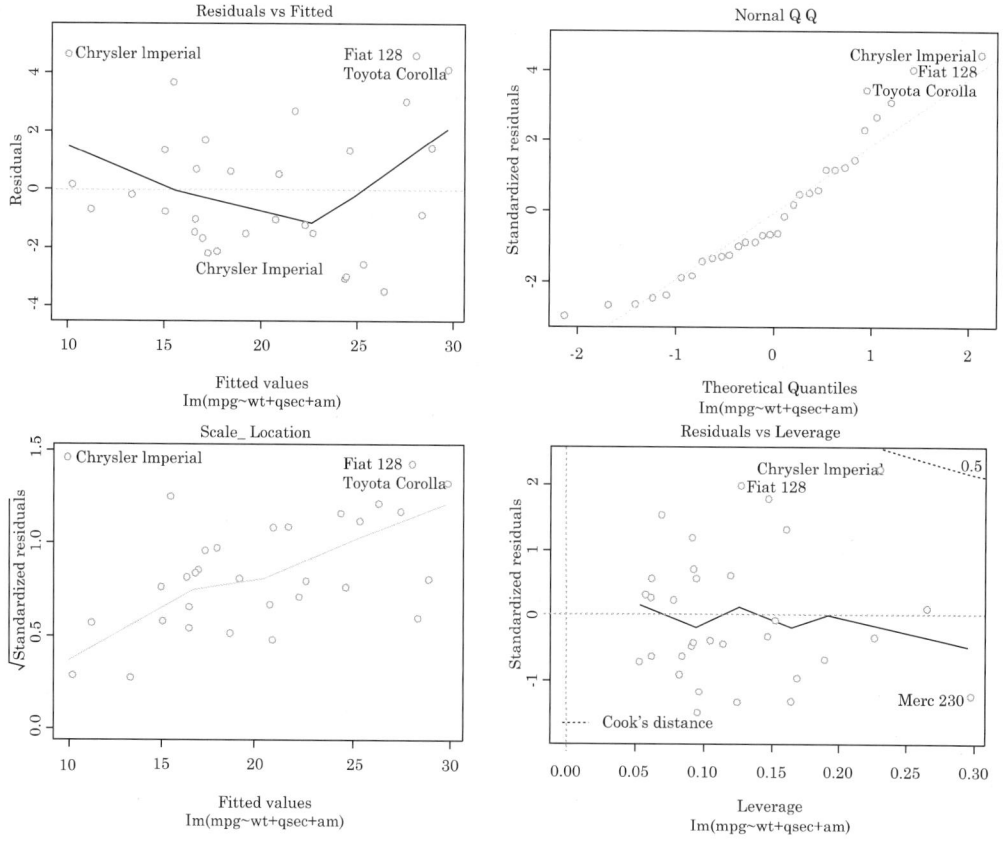

[그림 5-11] 선형회귀 모델 진단 그래프

첫 번째 그래프의 x축은 예측값(Fitted), y축은 잔차(Residuals)를 보여준다. 선형회귀에서 잔차는 평균이 0이고 분산이 일정한 정규분포를 가정하므로 이 그래프는 기울기가 0인 직선일수록 좋은 모델로 평가된다.

두 번째 그래프는 Q-Q plot이라고 불리는 그래프로 특정 분포를 따르는지 시각적으로 확인이 가능한 그래프다. 이 그래프를 통하여 잔차가 정규분포를 따르는지 검토할 수 있다. 잔차가 정규분포를 따르는 경우, 일정한 기울기를 가지는 직선에 점들이 모이게 된다.

세 번째 그래프의 x축은 예측값(Fitted), y축은 표준화된 잔차(Standardized Residuals)를 보여준다. 이 그래프도 첫 번째 그래프와 마찬가지로 기울기가 0인 직선일수록 좋은 모델로 평가된다.

네 번째 그래프의 x축은 레버리지(Leverage), y축은 표준화된 잔차(Standardized Residuals)를 보여준다. 레버리지는 설명변수가 극단값에 있을수록 큰 값을 갖게 된다. 우측 상단과 우측 하단에 표시된 쿡 거리(Cook distance)에 있는 점들은 회귀 모델의 기울기나 절편에 큰 영향을 미치는 점들이다.

5.3.4 회귀분석 모델의 체크사항

최적의 모델을 찾은 후, 모델이 적합한지 다음 사항을 체크한다(데이터 분석 전문가 가이드, 한국데이터산업진흥원 인용).

① 해당 회귀 모델이 통계적으로 유의미한가?
  F 통계량을 확인하고 p-value가 0.05 이하이면 유의하다고 볼 수 있다.
  앞선 예제의 summary(model) 함수로 이 값을 확인할 수 있다는 것을 보았다.

② 해당 회귀 모델의 회귀계수가 유의미한가?
  회귀계수의 F 통계량을 확인하고 p-value, 신뢰구간을 확인한다.

③ 해당 회귀 모델이 얼마나 설명력을 갖는가?
  결정계수(R_2) 또는 수정된 결정계수를 확인한다. 결정계수는 0에서 1사이의 값을 가지며 1에 가까울수록 설명력이 높다. 이 또한 앞선 예제의 summary(model) 함수로 확인할 수 있었다.

④ 모델이 데이터를 잘 적합하고 있는가?
  잔차를 그래프로 그리고 회귀 진단을 한다.

⑤ 데이터가 다음의 가정을 만족시키는가?
  가정 1) 선형성: 독립변수의 변화에 따라 종속변수도 일정 크기로 변화한다.
  가정 2) 독립성: 잔차와 독립변수의 값이 독립적이어야 한다.
  가정 3) 등분산성: 독립변수의 모든 값에 대해 오차의 분산이 일정해야 한다
  가정 4) 비상관성: 관측값의 잔차끼리 상관이 없어야 한다.
  가정 5) 정상성: 잔차항이 정규분포를 이루어야 한다.

5.4 시계열분석

> 시계열 데이터, 추세요인, 계절요인, 순환요인, 불규칙요인, 분해시계열

- ✓ **시계열 데이터**란 시간에 따라 관측된 데이터를 말한다.

- ✓ **추세요인**은 데이터의 값이 시간에 따라 커지거나 작아지거나 수평인 추세를 말한다.

- ✓ **계절요인**은 짧은 구간으로 반복되는 트랜드가 있을 때 계절성이 있다고 말한다.

- ✓ **순환요인**은 명확한 이유없이 알려지지 않은 주기를 가지고 변화하는 데이터를 말한다.

- ✓ **불규칙요인**은 위의 세 가지 경우에 해당하지 않으면 불규칙요인 또는 노이즈라고 한다.

- ✓ 시계열 데이터의 구성요소인 추세요인, 계절요인, 순환요인, 불규칙요인을 분해하여 분석하는 것을 **분해시계열**이라고 한다.

5.4.1 시계열 데이터 개요

시계열 데이터(Timeseries Data)란 시간에 따라 관측된 데이터를 말한다. 시간에 따른 기후 데이터, 주가지수 등이 대표적인 시계열 데이터다.

추세요인(trend factor)은 데이터의 값이 시간에 따라 커지거나 작아지거나 수평인 추세를 말한다.

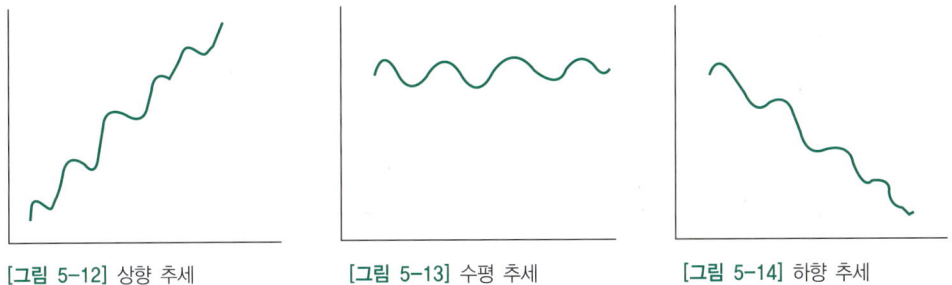

[그림 5-12] 상향 추세　　[그림 5-13] 수평 추세　　[그림 5-14] 하향 추세

계절요인(seasonal factor)은 짧은 구간으로 반복되는 트랜드가 있을 때 계절성이 있다고 말한다. 예를 들어 일주일 단위, 일년 단위, 사분기 단위, 계절 단위 등의 고정된 주기에 따라 트랜드가 있는 경우다.

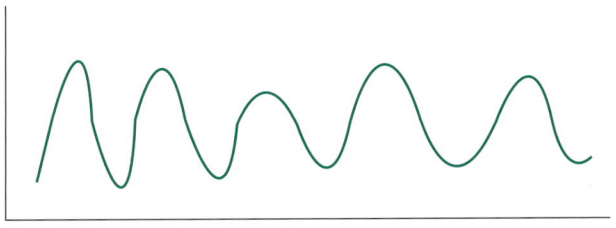

[그림 5-15] 계절요인

순환요인(cyclic factor)은 명확한 이유 없이 알려지지 않은 주기를 가지고 변화하는 데이터를 말한다.

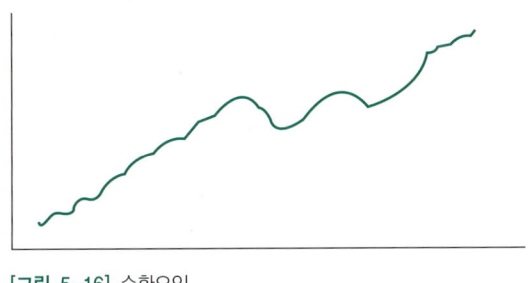

[그림 5-16] 순환요인

불규칙 요인(irregular factor)은 위의 세가지 경우에 해당하지 않으면 불규칙 요인 또는 노이즈(noise)라고 한다.

5.4.2 정상성

시계열 데이터는 정상(stationary) 시계열 데이터와 비정상(non-stationary) 시계열 데이터로 구분된다. 많은 시계열 데이터의 통계 모델은 데이터가 정상성 특징을 갖는다는 가정하에 사용된다. 정상성이란 다음과 같은 특징을 말한다.

> ① 평균이 시간 흐름에 영향을 받지 않고 안정화
> ② 분산이 시간 흐름에 영향을 받지 않고 안정화
> ③ 공분산이 시간 흐름에 영향을 받지 않고 안정화. 시차에만 의존

위의 조건 중 하나라도 만족하지 못하는 경우 비정상 시계열 데이터라고 부른다. 정상 시계열 데이터와 비정상 시계열 데이터 그래프를 비교하여 보면 정상성의 특징을 이해하기 쉽다.

먼저, 평균이 시간 흐름에 영향을 받지 않고 안정화되어 있는지 다음 두 그래프를 비교해보자.

[그림 5-17]의 정상 시계열 데이터는 어느 구간에서도 평균이 비슷한 것을 알 수 있다. 그에 비해 [그림 5-18] 그래프는 구간별로 평균이 다르다. 그러므로 비정상 시계열 데이터다.

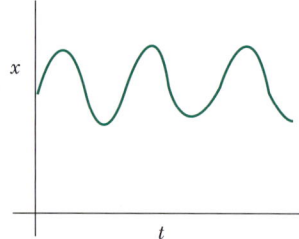

[그림 5-17] 정상 시계열 데이터   [그림 5-18] 비정상 시계열 데이터

출처 https://www.analyticsvidhya.com/blog/2015/12/complete-tutorial-time-series-modeling/

이번에는, 분산이 시간 흐름에 영향을 받지 않고 안정화되어 있는지 다음 두 그래프를 비교하여 보자.

[그림 5-19]의 정상 시계열 데이터는 구간별 평균과 분산이 비슷한 것을 알 수 있다. 반면에 [그림 5-20]의 그래프는 구간별로 평균은 비슷하지만 분산이 다르다. 그러므로 비정상 시계열 데이터다.

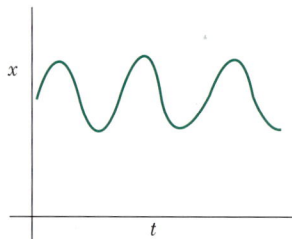

[그림 5-19] 정상 시계열 데이터   [그림 5-20] 비정상 시계열 데이터

출처 https://www.analyticsvidhya.com/blog/2015/12/complete-tutorial-time-series-modeling/

공분산이 시간 흐름에 영향을 받지 않고 안정화되어 있는지 다음 두 그래프를 비교해보자.

[그림 5-21]의 정상 시계열 데이터는 구간별 공분산이 일정한 것을 알 수 있다. 반면에 [그림 5-22]의 그래프는 안정적이지 않은 공분산을 가지고 있다.

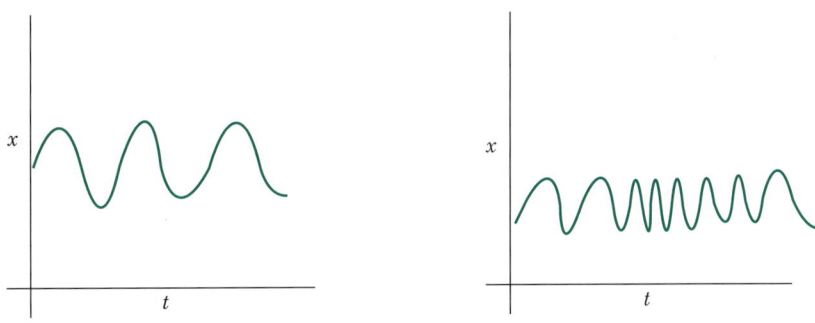

[그림 5-21] 정상 시계열 데이터 　　　　　　　　　[그림 5-22] 비정상 시계열 데이터

출처 https://www.analyticsvidhya.com/blog/2015/12/complete-tutorial-time-series-modeling/

5.4.3 비정상 시계열을 정상 시계열로 전환하는 방법

ARIMA 모델은 시계열 데이터가 정상성 특징을 보일 때 효과적이다. 그러므로, 시계열 데이터가 정상성인지 테스트하는 과정이 필요하다. 대부분의 시계열 데이터는 비정상성이며, 이 경우 정상 시계열 데이터로 만든 후 분석을 수행한다.

비정상 시계열 데이터를 정상 데이터로 만드는 방법은 다음과 같다.

> 1) 평균이 일정하지 않은 경우 차분(difference)을 이용
> 2) 시간에 따라 분산이 일정하지 않은 경우 자연로그(변환, transformation)를 이용
> 3) 계절요인을 갖는 비정상 시계열을 정상 시계열로 바꿀 때는 Season을 기준으로 차분. 예를 들어, 1년 주기의 계절성을 갖는 월간(1월~12월) 데이터를 차분할 때 12를 기준으로 차분

차분이란 다음과 같이 이전 시점의 데이터를 빼는 것을 말한다.

$$I(d) = Y_t - Y_{t-d}$$

d값이 1이면 바로 이전 데이터를 현재 데이터에서 뺀다. d값이 12이면 12개 이전의 데이터를 현재 데이터에서 뺀다.

원본 데이터		d = 1 (바로 이전 시점 데이터를 뺀 것)			d = 2 (2개 이전 시점 데이터를 뺀 것)		
시점1	1120	시점1	NA	#1120 − NA	시점1	NA	#NA − NA
시점2	1160	시점2	40	#1160 − 1120	시점2	NA	#40 − NA
시점3	963	시점3	−197	#963 − 1160	시점3	−237	#−197 − 40
시점4	1210	시점4	247	#1210 − 963	시점4	444	#247 − (−197)
시점5	1160	시점5	−50	#1160 − 1210	시점5	−297	#−50 − 247
시점6	1160	시점6	0	#1160 − 1160	시점6	50	#0 − (−50)

[그림 5-23] 차분

다음과 같이 diff() 함수로 간단히 차분을 할 수 있다.

```
> n <- head(Nile)
> n
[1] 1120 1160  963 1210 1160 1160

> # 1차 차분
> n.diff1 <- diff(n, differences = 1)
> n.diff1
[1]   40 -197  247  -50    0

> # 2차 차분
> n.diff2 <- diff(n, differences = 2)
> n.diff2
[1] -237  444 -297   50
```

Nile 데이터는 1871년부터 1970년까지 이스완댐에서 측정한 나일강의 연간 유입량 시계열 데이터다.

```
> plot(Nile)
```

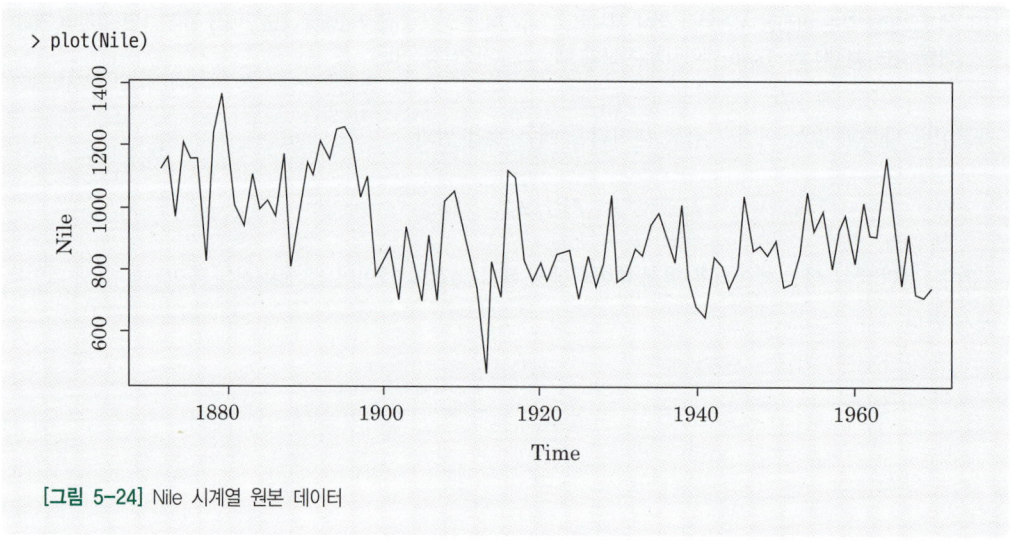

[그림 5-24] Nile 시계열 원본 데이터

Nile 데이터는 평균이 시간에 따라 일정하지 않은 비정상 시계열 데이터로 보인다. diff() 함수를 이용하여 차분한 후, 그래프로 정상성 만족 여부를 확인해보자.

```
> # 1차 차분
> Nile.diff1 <- diff(Nile, differences = 1)
> # 2차 차분
> Nile.diff2 <- diff(Nile, differences = 2)

> plot(Nile.diff1)   # 1차 차분 후 그래프
```

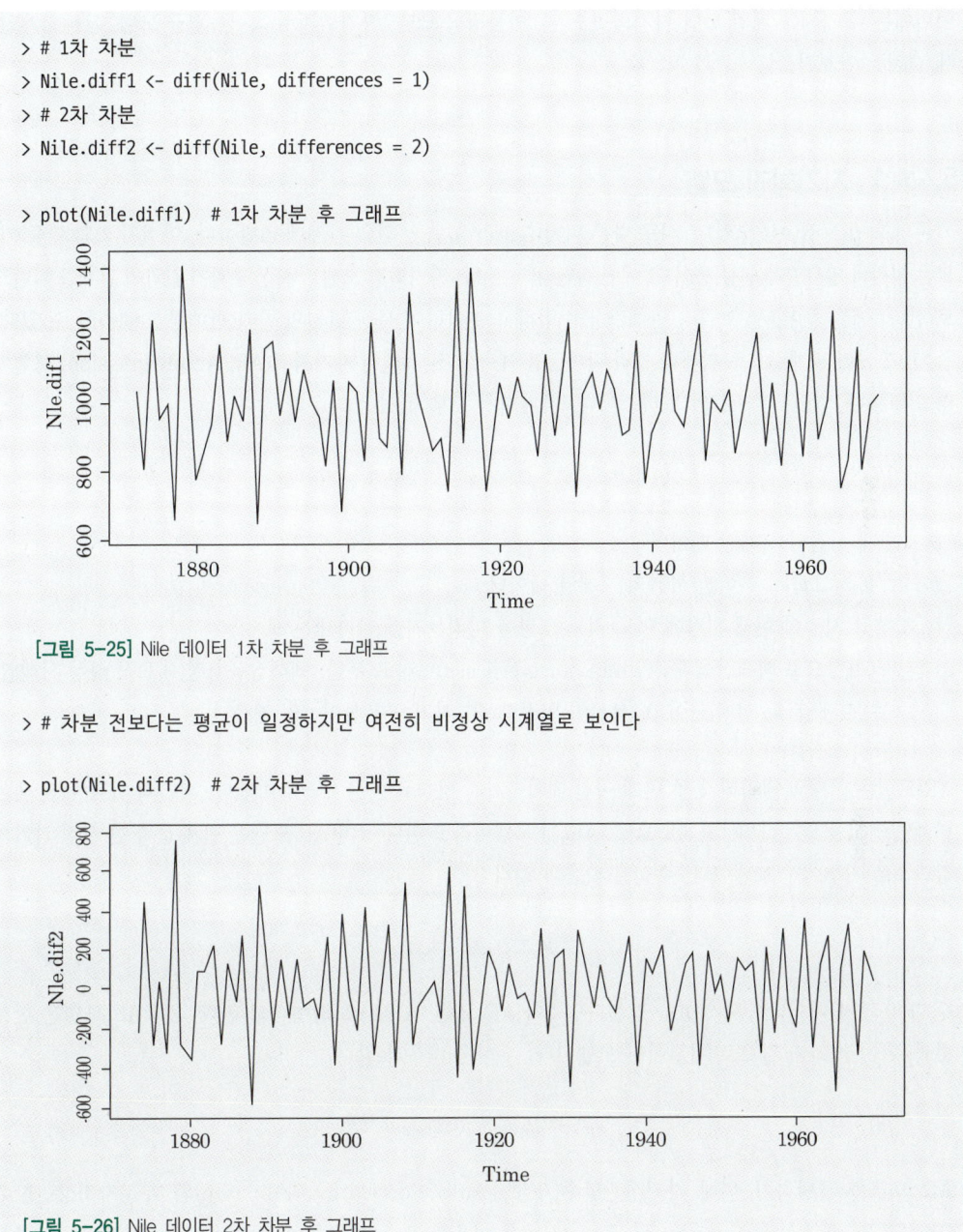

[그림 5-25] Nile 데이터 1차 차분 후 그래프

```
> # 차분 전보다는 평균이 일정하지만 여전히 비정상 시계열로 보인다

> plot(Nile.diff2)   # 2차 차분 후 그래프
```

[그림 5-26] Nile 데이터 2차 차분 후 그래프

2차 차분 후 평균과 분산이 어느 정도 일정한 정상성을 만족한다.

5.4.4 시계열 모델

이번에는 네 가지 시계열 모델(자기회귀 모델, 이동평균 모델, 자기회귀 누적이동평균 모델, 분해시계열)에 대해 알아보자.

5.4.4.1 자기회귀 모델

기존의 회귀 모델(AR 모델)은 서로 다른 피쳐(feature)/속성 간의 관계에 기반한다. 아버지 키와 아들 키, 또는 직원의 입사일과 연봉 등이 그 예에 속한다. 하지만, 자기회귀 모델은 자신의 과거 값과의 관계를 기반으로 한다. 예를 들어, 월별 콜라 판매량을 수집하고 분석하여 특정 년월의 콜라 판매량을 예측할 수 있다. 즉, 과거 콜라 판매량으로 미래의 콜라 판매량을 예측한다. 그래서 **자기회귀(AR, AutoRegression) 모델**이라고 부른다. Auto는 Self의 그리스어다. 자기회기 모델의 식은 다음과 같다.

$$y_t = \alpha_1 y_{t-1} + \alpha_2 y_{t-2} + \cdots \alpha_p y_{t-p} + \varepsilon_t$$

- y_t : 현재 시점의 시계열 데이터
- $y_{t-1}, y_{t-2}...y_{t-p}$: 이전 시점의 시계열 데이터
- α_p : 해당 시점이 현재 시점에 어느 정도 영향을 미치는지를 나타내는 모수
- ε_t. : 오차항으로 백색잡음과정(white noise process)이라고 부름. 백색잡음과정(대표적 정상 시계열)은 시계열 ε_t.의 평균이 0, 분산이 일정한 값, 자기 공분산이 0인 경우다.

AR 모델은 현재의 데이터가 몇 번째 이전 데이터까지 영향을 받는지를 알아낸다. 과거의 하나 이전 데이터에만 영향을 받는다면 1차 AR 모델, AR(1) 모델이라고 한다. 1차 AR 모델은 현재 값과 한 시점 과거의 값만으로 이루어진 모델이다. 수식은 다음과 같다.

$$y_t = \alpha_1 y_{t-1} + \varepsilon_t$$

두 개의 과거 데이터까지 영향을 받는다면 2차 AR 모델, AR(2) 모델이라고 한다. 2차 AR 모델은 현재 값과 두 시점 과거 값으로 이루어진 모델이다. 수식은 다음과 같다.

$$y_t = \alpha_1 y_{t-1} + \alpha_2 y_{t-2} + \varepsilon_t$$

AR 모델을 판단하기 위해 자기상관함수(ACF, Auto Correlation Function)와 부분자기상관함수(PACF, Partial Auto Correlation Function)를 이용한다. 두 함수를 이용해서 AR(p) 모델의 p를 결정한다.

5.4.4.2 이동평균 모델

이동평균 모델(MA 모델)의 q차 **MA(Moving Average) 모델**은 MA(q)라고 쓴다. MA(q)는 백색잡음의 현재 값(ε_t)에서부터 q-시간 지연된 ε_{t-q}까지 q+1개 항의 선형 가중합 모델이다.

$$Y_t = \varepsilon_t + \beta_1 \varepsilon_{t-1} + \beta_2 \varepsilon_{t-2} \ldots \beta_q \varepsilon_{t-q}$$

1차 MA 모델, MA(1) 모델은 현재 시점의 백색잡음과 바로 이전의 과거 백색잡음으로 이루어진 모델이다.

$$Y_t = \varepsilon_t + \beta_1 \varepsilon_{t-1}$$

2차 MA 모델, MA(2) 모델은 다음과 같다.

$$Y_t = \varepsilon_t + \beta_1 \varepsilon_{t-1} + \beta_2 \varepsilon_{t-2}$$

MA 모델을 판단하기 위해 자기상관함수(ACF, Auto Correlation Function)과 부분자기상관함수(PACF, Partial Auto Correlation Function)을 이용한다. 두 함수를 이용해서 MA(q) 모델의 q를 결정한다.

5.4.4.3 자기회귀 누적이동평균 모델

AR 모델과 MA 모델을 통합한 모델을 자기회귀 **누적이동평균**(ARIMA, Autoregressive Integrated Moving Average) **모델**이라고 부른다. ARIMA(p, d, q) 모델에서 d는 비정상 시계열을 정상화하기 위해 몇 번의 차분을 하는지를 의미한다. 1번 차분하면 d는 1, 2번 차분하면 d는 2, 정상 시계열이라서 차분하지 않으면 d는 0이 된다. d = 0이면 ARMA(p, q) 모델이라고도 부른다. p는 AR 모델과 관련이 있고, q는 MA 모델과 관련이 있다.

- p = 0이면 IMA(d, q) 모델이라고 부른다. d번 차분하면 MA(q) 모델이 된다.
- q = 0이면 ARI(p, d) 모델이라 부른다. d번 차분하면 AR(p) 모델이 된다.

forecast 패키지의 auto.arima() 함수를 사용하면 적절한 p, d, q 인자를 결정할 수 있다.

(1) 먼저 forecast 패키지를 설치하고, 불러온다.

```
> install.packages("forecast")        # forecast 패키지 설치하기
> library(forecast)                   # forecast 패키지 불러오기
```

(2) 다음으로 auto.arima() 함수를 이용하여 Nile 시계열 데이터의 ARIMA 모델의 p, d, q 인자를 추정한다. 실행 결과를 보면 ARIMA(1,1,1) 모델로 추정한 것을 알 수 있다.

```
> auto.arima(Nile)
Series: Nile
ARIMA(1, 1, 1)

Coefficients:
         ar1      ma1
      0.2544  -0.8741
s.e.  0.1194   0.0605

sigma^2 estimated as 20177:  log likelihood = -630.63
AIC = 1267.25   AICc = 1267.51   BIC = 1275.04
```

(3) arima() 함수의 첫 번째 매개인자에는 시계열 데이터인 Nile을, 두 번째 매개인자에는 앞서 추정한 p = 1, d = 1, q = 1 값을 order 매개변수의 값으로 전달하여 ARIMA(1, 1, 1) 모델을 생성하는 예를 보자.

```
> Nile.arima <- arima(Nile, order=c(1, 1, 1))
> Nile.arima

Call:
arima(x = Nile, order = c(1, 1, 1))

Coefficients:
         ar1      ma1
      0.2544  -0.8741
s.e.  0.1194   0.0605

sigma^2 estimated as 19769:  log likelihood = -630.63,  aic = 1267.25
```

(4) 마지막으로 앞서 생성한 모델로 미래 수치를 예측하는 예를 살펴본다. H = 5는 5개 년도를 예측한다는 의미다.

```
> forecast(Nile.arima, h = 5)
     Point Forecast    Lo 80     Hi 80    Lo 95     Hi 95
1971       816.1813  635.9909  996.3717  540.6039  1091.759
1972       835.5596  642.7830 1028.3363  540.7332  1130.386
1973       840.4889  643.5842 1037.3936  539.3492  1141.629
1974       841.7428  642.1115 1041.3741  536.4331  1147.053
1975       842.0617  640.0311 1044.0923  533.0826  1151.041
```

```
> plot( forecast(Nile.arima, h = 5) )
```

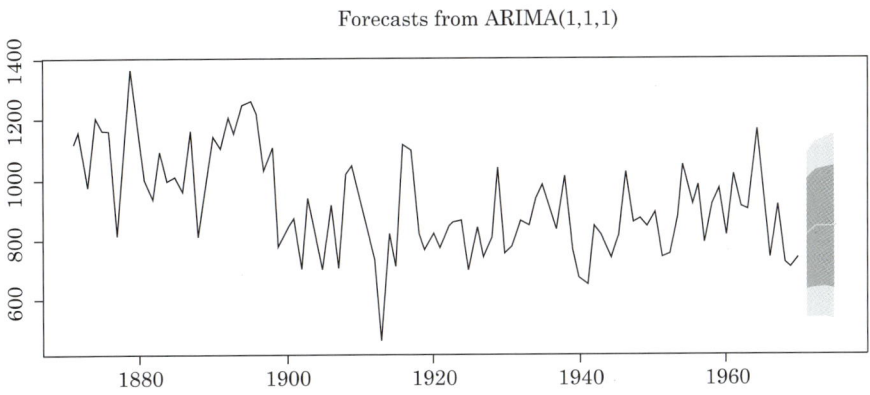

[그림 5-27] Nile 시계열 데이터와 5년도 예측 데이터

5.4.4.4 분해시계열

〈5.4.1 시계열 데이터 개요〉에서 설명한 시계열 데이터의 구성요소인 추세요인, 계절요인, 순환요인, 불규칙요인을 분해하여 분석하는 것을 분해시계열이라고 한다.

(1) R에 내장되어 있는 ldeaths 데이터를 선그래프로 확인해보면 다음과 같다.

```
> plot(ldeaths)
```

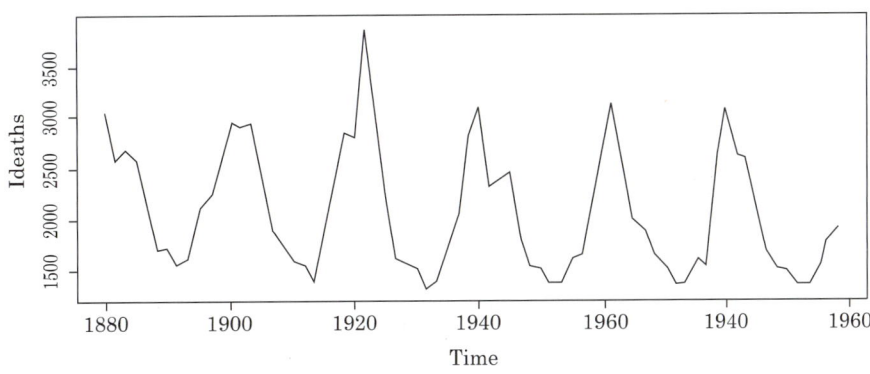

[그림 5-28] ldeaths 원본 시계열 그래프

(2) ldeaths 시계열 데이터를 decompose() 함수로 분해하여 그래프로 표현해보자.

```
> ldeaths.decomp <-decompose(ldeaths)
> plot(ldeaths.decomp)
```

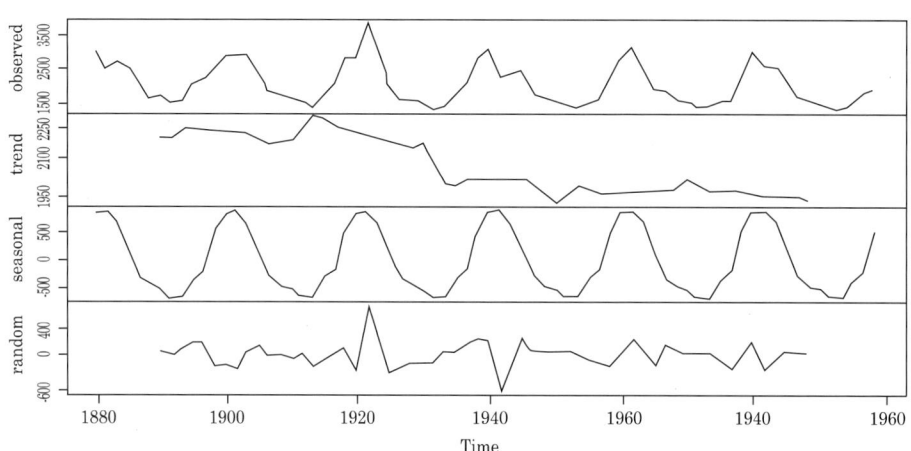

[그림 5-29] ldeaths 분해시계열 그래프

(3) 추세요인(trend)만 따로 확인해볼 수 있다.

```
> ldeaths.decomp.trend <- ldeaths.decomp$trend
> plot(ldeaths.decomp.trend)
```

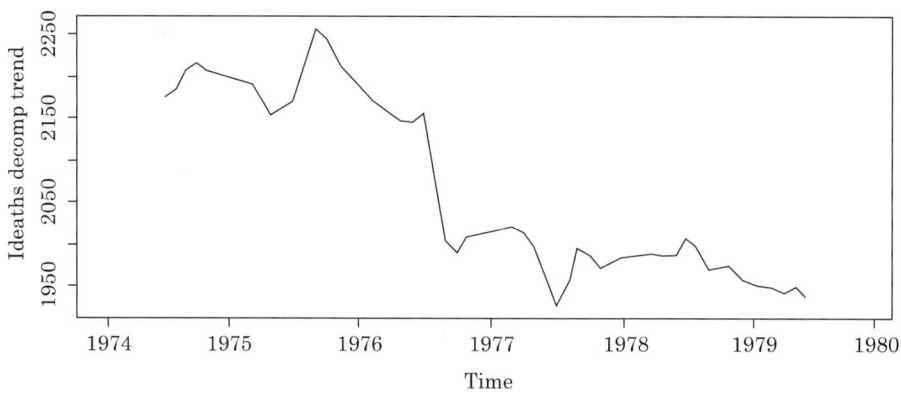

[그림 5-30] ldeaths 추세 그래프

(4) 계절성(seasonality)만 따로 확인해볼 수 있다.

```
> ldeaths.decomp.seasonal <- ldeaths.decomp$seasonal
> plot(ldeaths.decomp.seasonal)
```

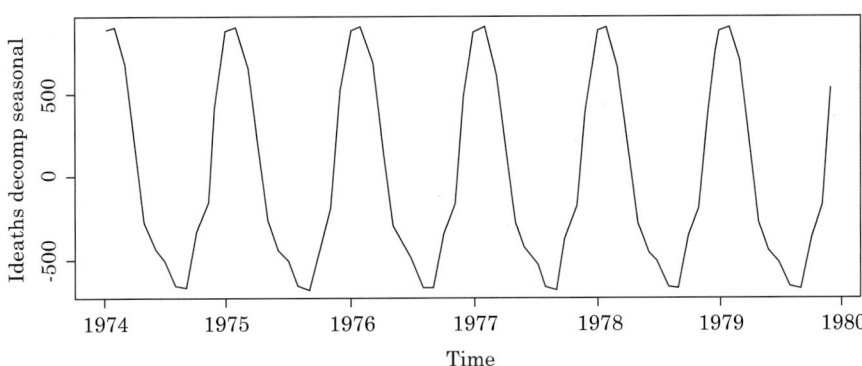

[그림 5-31] ldeaths 계절성 그래프

5.5 주성분분석

> 차원 축소, 주성분분석, 주성분, 첫 번째 주성분, 두 번째 주성분, princomp(), 스크리 그래프

- ✓ 변수의 수를 줄이는 것을 **차원 축소**라고 하며, 차원 축소 기법 중 하나로 주성분분석을 이용할 수 있다.

- ✓ **주성분분석**은 고차원 데이터를 압축하거나, 정보가 더 잘 드러나는 표현을 찾기 위해 분포의 주성분을 분석해주는 방법이다.

- ✓ 희생되는 정보가 가장 적고, 전체 변수의 변동성을 대부분 설명할 수 있는 적은 수의 변수 집합을 **주성분**이라고 한다.

- ✓ 분산이 가장 큰 방향이 가장 많은 정보를 담고 있는 **첫 번째 주성분**이 된다. 그 다음 첫 번째 방향과 직각인 방향 중에서 가장 많은 정보를 담은 방향을 찾는다. 이것이 **두 번째 주성분**이 된다.

- ✓ **princomp()** 함수로 주성분분석을 수행할 수 있다.

- ✓ **스크리 그래프**는 주성분의 상대적인 중요도를 시각화한다.

5.5.1 주성분분석 개요

이미지, 사물의 센서 정보, 자연어 등 빅데이터 시대의 데이터는 수천 개 이상의 변수를 갖는 사례가 점차 늘어나고 있다. 예를 들어, 28*28 픽셀의 RGB 컬러 이미지는 각각의 픽셀이 하나의 변수로 처리될 수 있고, 이 경우 한 이미지당 28*28(이미지크기)*3(RGB) 즉, 2352개의 변수가 있게 된다.

데이터의 변수가 너무 많다면 변수의 수를 줄이는 것이 분석이나 예측에 유리하다. 변수의 수를 줄이는 것을 차원 축소라고 하며, 차원 축소 기법 중 하나로 주성분분석을 이용할 수 있다.

이와 같은 **고차원 데이터를 압축하거나, 정보가 더 잘 드러나는 표현을 찾기 위해 분포의 주성분을 분석**해 주는 방법인 **주성분분석(Principal Component Analysis, PCA)**에 대해 알아보자.

주성분분석으로 고차원의 데이터를 최대한 보존하면서 저차원의 데이터로 변환시킬 수 있다. 3차원 공간에 존재하는 사물을 찍는 사진을 생각해보면 차원 축소를 이해하는 데 도움이 된다.

3차원 공간에 빌딩과 나무, 고양이가 있다고 생각해보자. 사진을 찍을 때 각도를 잘 조절하면 빌딩, 나무, 고양이가 모두 포함되는 2차원의 사진을 찍을 수 있지만, 각도를 잘못 잡으면 일부는 다른 사물에 가려질 수도 있다. 3차원 공간의 정보를 최대한 유지하여 2차원 사진을 찍는 것이 올바른 차원 축소라고 할 수 있겠다.

이처럼 고차원 데이터를 최대한 유지하기 위해, 주성분분석에서는 함께 변하는 수치형 변수를 알아낸다. 희생되는 정보가 가장 적고, 전체 변수의 변동성을 대부분 설명할 수 있는 적은 수의 변수 집합을 주성분이라고 한다.

다음 [그림 5-32]는 원본 데이터(Original data)와 주성분을 설명하고 있다.

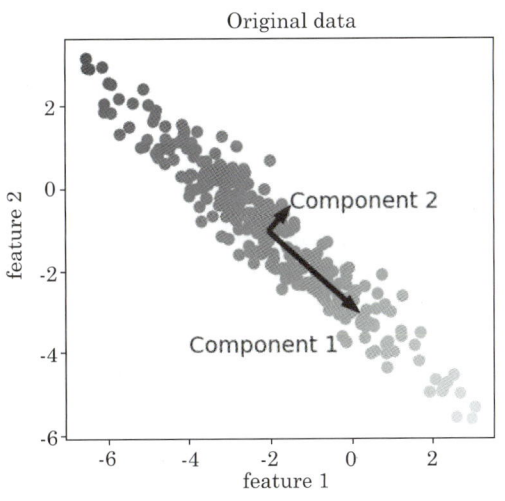

[그림 5-32] 원본 데이터와 주성분

[그림 5-32]의 점들은 원본 데이터이고, 화살표는 주성분이다. **분산이 가장 큰 방향이 가장 많은 정보를 담고 있는 첫 번째 주성분(Component 1)**이 된다. 그 다음 첫 번째 방향과 직각인 방향 중에서 가장 많은 정보를 담은 방향을 찾는다. 이것이 두 번째 주성분(Component 2)이 된다. 2차원에서는 직각 방향은 하

나지만 3차원 이상부터는 무수히 많은 직각 방향이 존재한다. 화살표의 머리 방향은 여기에서 아무 의미가 없다. 일반적으로 원본 특성 개수만큼의 주성분이 존재한다. 이 그림에서는 원본 특성이 2개이고, 2개의 주성분이 존재한다.

주성분분석은 주성분의 일부만 남기는 차원 축소 용도로 사용할 수 있다. 차원이 감소하지만 단순히 원본 특성 중 일부만 남기는 것이 아니라, 주성분방향으로 성분을 유지하도록 데이터를 가공한다.

5.5.2 주성분분석 과정 설명

다음은 2차원 데이터를 1차원 데이터로 차원 축소하는 과정을 설명하고 있다.

① [그림 5-33]의 주성분1을 x축에, 주성분 2를 y축에 각각 나란하도록 회전시킨다.

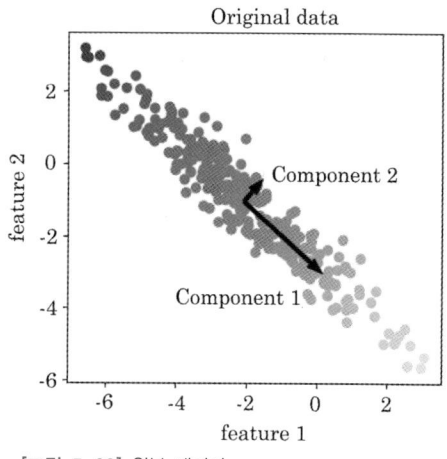

[그림 5-33] 원본 데이터

② [그림 5-34]는 이와 같이 회전된 데이터이다.

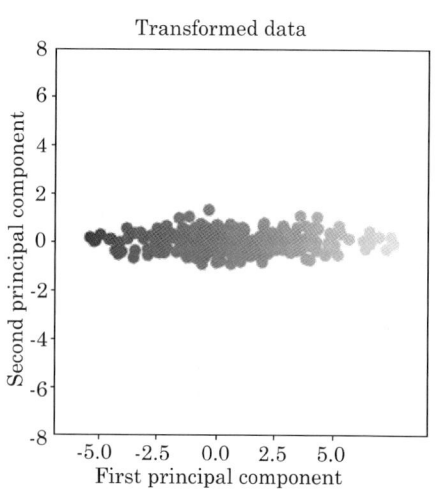

[그림 5-34] 회전된 데이터

③ [그림 5-35]는 [그림 5-34]의 두 번째 주성분은 제거하고 첫 번째 주성분만 남긴 그래프다. 1차원으로 차원이 축소되었다.

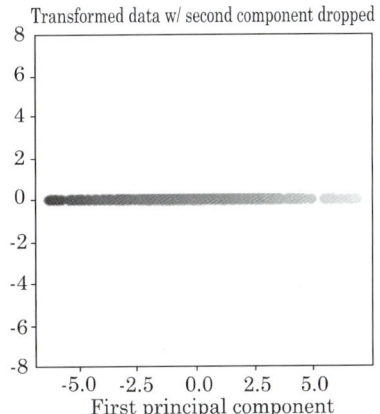

[그림 5-35]

④ [그림 5-36]은 원래의 특성 공간에 돌려놓았지만 첫 번째 주성분의 정보만 남았다.

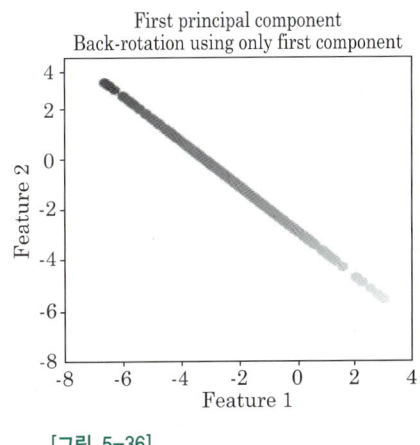

[그림 5-36]

5.5.3 주성분분석 목적

주성분분석의 목적은 다음과 같다.

첫 번째, 데이터에서 노이즈를 제거하거나 주성분에서 유지되는 정보를 시각화하는데 사용된다.

두 번째, 회귀분석 시 독립변수 간에 다중공선성이 존재해서 p-value가 커지는 등의 문제가 발생하는 경우다. 이것은 적절한 회귀분석을 위해 해결해야 한다. 다중공선성은 회귀분석에서 독립변수 간에 상관관계가 강한 경우에 발생한다. 이 경우, 주성분분석을 통해 변수(차원) 축소를 하고 나서 모델을 생성하면 성능을 향상시킬 수 있다.

세 번째, 정보가 더 잘 드러나는 표현을 찾기 위해 사용한다. 예를 들어, 아이리스(iris) 데이터셋의 데이터는 꽃잎 길이(Petal.Length) 변수의 데이터와 꽃잎 폭(Petal.Width) 변수의 데이터가 함께 커지거나 함께 작아지는 경향을 보이는데, 이것은 꽃의 크기라는 잠재 변수의 영향일 수 있다. 주성분분석으로 인한 차원 축소는 이러한 잠재 변수를 찾아내는 효과가 있다. 잠재 변수란 측정되지는 않지만 측정된 데이터의 기저에 숨어서 측정 데이터를 결정짓는 데이터를 말한다. 단, 주성분분석과 요인분석은 다른 개념이니 유의하기 바란다.

5.5.4 주성분분석의 예

이제 아이리스 데이터의 주성분분석 예를 살펴보자.

princomp() 함수로 간단히 주성분분석을 수행할 수 있다. princomp()의 cor = TRUE 매개인자는 상관행렬, cor = FALSE는 공분산행렬을 이용하여 주성분분석을 수행한다. 공분산행렬이 디폴트다.

```
> fit <- princomp(iris[,1:4], cor = TRUE)       # 상관행렬 이용한 주성분분석 수행
> # 결과를 fit에 저장
```

위의 예는 아이리스 데이터 중 꽃받침 길이(Sepal.Length), 꽃받침 폭(Sepal.Width), 꽃잎 길이(Petal.Length), 꽃잎 폭(Petal.Width) 변수의 데이터로 주성분분석을 수행한다.

5.5.5 주성분분석 해석

아이리스 데이터의 주성분분석 결과를 저장한 fit의 정보를 해석해보자. 다음은 summary()로 주성분분석 결과를 출력한 예다.

```
> summary(fit)                      # 주성분분석 결과의 요약 출력

# 각 주성분의 표준편차, 분산비율, 누적비율
Importance of components:
                           Comp.1     Comp.2     Comp.3      Comp.4
Standard deviation      1.7083611  0.9560494  0.38308860  0.143926497
Proportion of Variance  0.7296245  0.2285076  0.03668922  0.005178709
Cumulative Proportion   0.7296245  0.9581321  0.99482129  1.000000000
```

summary() 함수는 각 주성분의 표준편차, 분산비율(Proportion of Variance), 누적기여율/비율(Cumulative Proportion)을 보여준다. 첫 번째 주성분(Comp. 1)이 전체 분산의 72.9%를 설명하고 있다. 두 번째 주성분(Comp. 2)은 전체 분산의 22.8%를 설명하고, 두 번째 주성분까지의 누적설명율(누적기여율)은 95.8%이다.

다음은 loading() 함수로 각 주성분의 로딩 벡터를 구하는 예다.

```
> loadings(fit)

Loadings:
             Comp.1  Comp.2  Comp.3  Comp.4
Sepal.Length  0.521   0.377   0.720   0.261
Sepal.Width  -0.269   0.923  -0.244  -0.124
Petal.Length  0.580          -0.142  -0.801
Petal.Width   0.565          -0.634   0.524

               Comp.1 Comp.2 Comp.3 Comp.4
SS loadings      1.00   1.00   1.00   1.00
Proportion Var   0.25   0.25   0.25   0.25
Cumulative Var   0.25   0.50   0.75   1.00
```

위 예의 Loadings 출력 결과를 보면 첫 번째 주성분(Comp. 1)은 다음과 같은 로딩(Loadings) 벡터를 가지고 있음을 알 수 있다.

Comp. 1 = 0.521*Sepal.Length - 0.269*Sepal.Width + 0.580*Petal.Length + 0.543*Petal.Width

첫 번째 주성분은 전체 변동을 가장 잘 설명하는 선형 결합이라고 할 수 있으며, 두 번째 주성분은 그 나머지를 설명한다.

두번째 주성분의 로딩 벡터는 다음과 같다.

Comp. 2 = 0.377*Sepal.Length + 0.923*Sepal.Width

5.5.6 적절한 주성분 개수 선택법

데이터 시각화를 위해 차원을 축소한다면 2~3개의 주성분이 적당하다. 하지만, 그 외의 목적으로 주성분 분석을 하는 경우는 설명된 분산의 합(누적기여율)이 설정한 임계치를 넘어설 때까지 주성분을 선택하기도 한다.

예를 들어, 주성분분석 결과가 다음과 같고, 80% 이상의 누적 분산이 필요하면 두 번째 주성분까지 선택할 수 있다. 첫 번째 주성분의 기여율이 72.9%이고, 두 번째 주성분까지의 누적기여율이 95.8%이기 때문이다.

```
Importance of components:
                          Comp.1      Comp.2      Comp.3      Comp.4
Standard deviation       1.7083611   0.9560494   0.38308860  0.143926497
Proportion of Variance   0.7296245   0.2285076   0.03668922  0.005178709
Cumulative Proportion    0.7296245   0.9581321   0.99482129  1.000000000
```

주성분 개수 선택 시 스크리 그래프를 활용할 수도 있다. **스크리 그래프**(Scree Plot)는 주성분의 상대적인 중요도를 시각화한다. 주성분의 이해를 도와주는 표준화된 시각화 방법 중 하나다.

다음은 이전 예제에서 아이리스 데이터로 주성분분석을 수행한 결과를 스크리 그래프로 그린 예이다. 스크리 그래프에서 고유값(eigenvalue)이 수평을 유지하기 전단계로 주성분의 수를 결정할 수 있다.

```
> screeplot(fit , type = "lines", main = "scree plot")
```

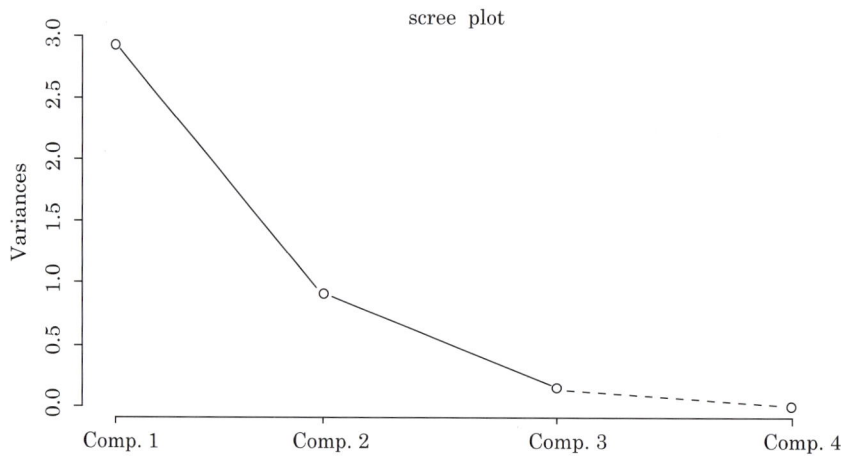

[그림 5-37] 스크리 그래프

> **참고** **다차원척도법**
>
> 다차원척도법(MDS, Multidimensional Scaling)은 개체에 대한 수치적 자료를 이용하여 상대적 거리를 구한다. 여러 개체 간의 거리가 있을 때 상대적 거리를 계산하여 2차원 또는 3차원 공간에 개체를 배치함으로써 눈에 보기 쉽게 척도화한다. 공간 안에 가깝거나 먼 개체를 시각화하여 데이터 안에 잠재되어 있는 패턴이나 유사성과 비유사성을 찾아내는 기법이다.
> 다차원척도법 예제에 watervoles 데이터셋을 사용한다. 이 데이터셋은 영국 14개 지역에서의 물쥐에 대한 데이터를 담고 있다. 이 데이터는 물쥐의 13개 특성 발현 비율이다. watervoles 데이터셋은 HSAUR 패키지에 존재한다.

(1) HSAUR 패키지를 설치하고, watervoles 데이터셋을 불러온다.

```
> install.packages("HSAUR")
> data(watervoles, package = "HSAUR")
```

(2) watervoles 데이터셋의 데이터를 보자.

```
> head (watervoles)

# 행렬의 각 데이터는 거리
              Surrey  Shropshire  Yorkshire   Perthshire
Surrey         0.000      0.099      0.033        0.183
Shropshire     0.099      0.00000    0.022        0.114
Yorkshire      0.033      0.022      0.000        0.042
Perthshire     0.183      0.114      0.042        0.000
Aberdeen       0.148      0.224      0.059        0.068
Elean Gamhna   0.198      0.039      0.053        0.085
              Aberdeen   Elean Gamhna   Alps    Yugoslavia
Surrey         0.148      0.198        0.462      0.628
Shropshire     0.224      0.039        0.266      0.442
Yorkshire      0.059      0.053        0.322      0.444
Perthshire     0.068      0.085        0.435      0.406
Aberdeen       0.000      0.051        0.268      0.240
Elean Gamhna   0.051      0.000        0.025      0.129

              Germany   Norway   Pyrenees I   Pyrenees II
Surrey         0.113     0.173      0.434        0.762
Shropshire     0.070     0.119      0.419        0.633
Yorkshire      0.046     0.162      0.339        0.781
Perthshire     0.047     0.331      0.505        0.700
Aberdeen       0.034     0.177      0.469        0.758
Elean Gamhna   0.002     0.039      0.390        0.625

              North Spain    South Spain
Surrey          0.530           0.586
Shropshire      0.389           0.435
Yorkshire       0.482           0.550
Perthshire      0.579           0.530
Aberdeen        0.597           0.552
Elean Gamhna    0.498           0.509
```

(3) cmdscale() 함수는 행렬의 각 데이터를 거리로 생각하고 상대적 거리를 계산하여 2차원으로 나타내는 역할을 한다. cmdscale() 함수를 적용해보자.

```
> loc <- cmdscale(watervoles)
> head(loc)
                    [,1]         [,2]
Surrey        -0.2407881   0.23367716
Shropshire    -0.1136560   0.11678603
Yorkshire     -0.2393598   0.07600313
Perthshire    -0.2129341   0.06047902
Aberdeen      -0.2494895  -0.06933177
Elean Gamhna  -0.1487285  -0.07783569
```

(4) 마지막으로 cmdscale() 함수로 얻은 각 개체의 2차원 위치를 시각화하는 예를 살펴본다.

```
> plot(loc, main = "watervoles")        # loc의 [,1]열을 x축, [,2]열을 y축으로 사용
> text(loc, rownames(loc) , col = "blue")
> abline(v = 0, h = 0)                  # 수평(v) 0, 높이(h) 0 위치에 line
```

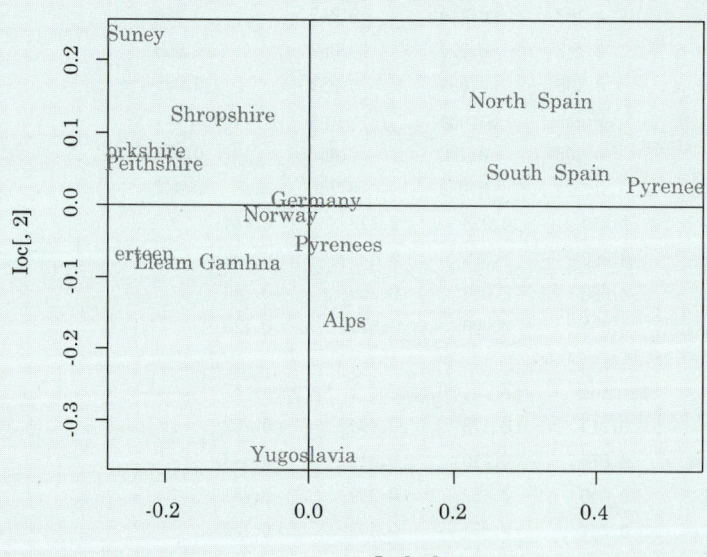

[그림 5-38] MDS

연습문제

문제 1. 다음은 t.test 다음 결과에 대한 설명으로 가장 거리가 먼 것은?

```
> battery_data <- c(82, 64, 68, 44, 54, 47, 50, 85, 51, 41, 61, 84, 53, 83,
                    91, 43, 35, 36, 33, 87, 90, 86, 49, 37, 48)

> t.test(battery_data, conf.level = .95, mu=60)

        One Sample t-test

data:  battery_data
t = 0.019973, df = 24, p-value = 0.9842
alternative hypothesis: true mean is not equal to 60
95 percent confidence interval:
 51.8133 68.3467
sample estimates:
mean of x
    60.08
```

① df = 24는 자유도 24를 의미한다.
② battery_data의 평균은 95% 확률로 51.8133 ~ 68.3467라고 말할 수 있다.
③ battery_data의 평균은 60이 아니라는 대립가설이 채택된다.
④ battery_data의 점추정량은 60.08이다.

문제 2. 다음 중 선형회귀분석에 대한 설명으로 가장 부적절한 것은?

① 선형회귀분석 모델의 설명력은 결정계수(R^2)나 수정된 결정계수를 확인한다.
② 선형회귀분석은 선형성, 독립성, 비상관성, 정규성, 등분산성의 가정 중 4개 이상을 만족해야 한다.
③ 잔차 내 적합치를 표현한 그래프는 잔차의 분산은 일정하다는 가정을 확인하는데 사용한다.
④ 잔차 제곱이 가장 작은 회귀계수의 추정을 최소제곱법이라고 한다.

문제 3. 상관분석에 대한 설명으로 가장 부적절한 것은?

① 피어슨 상관계수는 두 변수 간의 선형적인 관계를 측정하여 [-1,1] 사이의 값을 갖는다. 1 또는 -1에 가까울수록 뚜렷한 선형적인 상관관계를 갖는다.
② R의 cor.test() 함수를 이용하여 피이슨 상관계수 검정과 스피어만 상관계수 검정을 할 수 있다.
③ 스피어만 상관 계수는 -1과 1 사이의 값을 가지는데 두 변수 안의 순위가 완전히 일치하면 -1이고, 두 변수의 순위가 완전히 반대이면 +1이 된다.
④ 스피어만 상관 계수는 데이터가 서열척도인 경우 자료의 값 대신 순위를 이용하는 경우의 상관계수다.

문제 4. 다음은 mtcars 데이터의 일부 변수들 간의 상관계수다. 다음 결과에 대한 설명으로 가장 거리가 먼 것은?

```
> cor(mtcars[, c("mpg", "cyl", "disp", "hp", "am")])
              mpg        cyl       disp         hp         am
mpg    1.0000000 -0.8521620 -0.8475514 -0.7761684  0.5998324
cyl   -0.8521620  1.0000000  0.9020329  0.8324475 -0.5226070
disp  -0.8475514  0.9020329  1.0000000  0.7909486 -0.5912270
hp    -0.7761684  0.8324475  0.7909486  1.0000000 -0.2432043
am     0.5998324 -0.5226070 -0.5912270 -0.2432043  1.0000000
```

① disp와 cyl 변수에 가장 강한 양의 상관관계가 존재한다.
② am 변수의 값이 커질수록 hp 변수의 값은 작아지는 경향이 매우 강하다고 볼 수 있다.
③ 이 결과는 피어슨 상관계수를 구한 것이다.
④ mtcars의 전체 변수 간의 상관관계를 구하려면 cor(mtcars) 코드를 실행하면 가능하다.

문제 5. 다음은 회귀분석 출력 결과다. 회귀 모델에 대한 설명으로 가장 부적절한 것은?

```
> model <- lm(performance ~ aptitude + personality, data = FM)
> summary(model)

Call:
lm(formula = performance ~ aptitude + personality, data = FM)

Residuals:
   Min     1Q Median     3Q    Max
-8.689 -2.834 -1.840  2.886 13.432

Coefficients:
            Estimate Std. Error t value Pr(>|t|)
(Intercept)  20.2825     9.6595   2.100   0.0558 .
aptitude      0.3905     0.1949   2.003   0.0664 .
personality   1.6079     0.8932   1.800   0.0951 .
---
Signif. codes:  0 '***' 0.001 '**' 0.01 '*' 0.05 '.' 0.1 ' ' 1

Residual standard error: 6.73 on 13 degrees of freedom
Multiple R-squared:  0.69,   Adjusted R-squared:  0.6423
F-statistic: 14.47 on 2 and 13 DF,  p-value: 0.0004938
```

① 유의확률은 0.0004938으로 이 회귀 모델의 적합도는 통계적으로 유의하다.
② performance는 종속변수이고, aptitude와 personality는 설명변수다.
③ 이 회귀모델의 설명력은 69%이다.
④ 이 회귀식은 9.6595 + 0.1949 * aptitude + 0.8932 * personality이다.

문제 6. 다음의 그래프는 선형회귀 모델의 평가를 시각화한 것이다. 다음 각 그래프에 대한 설명으로 가장 거리가 먼 것은?

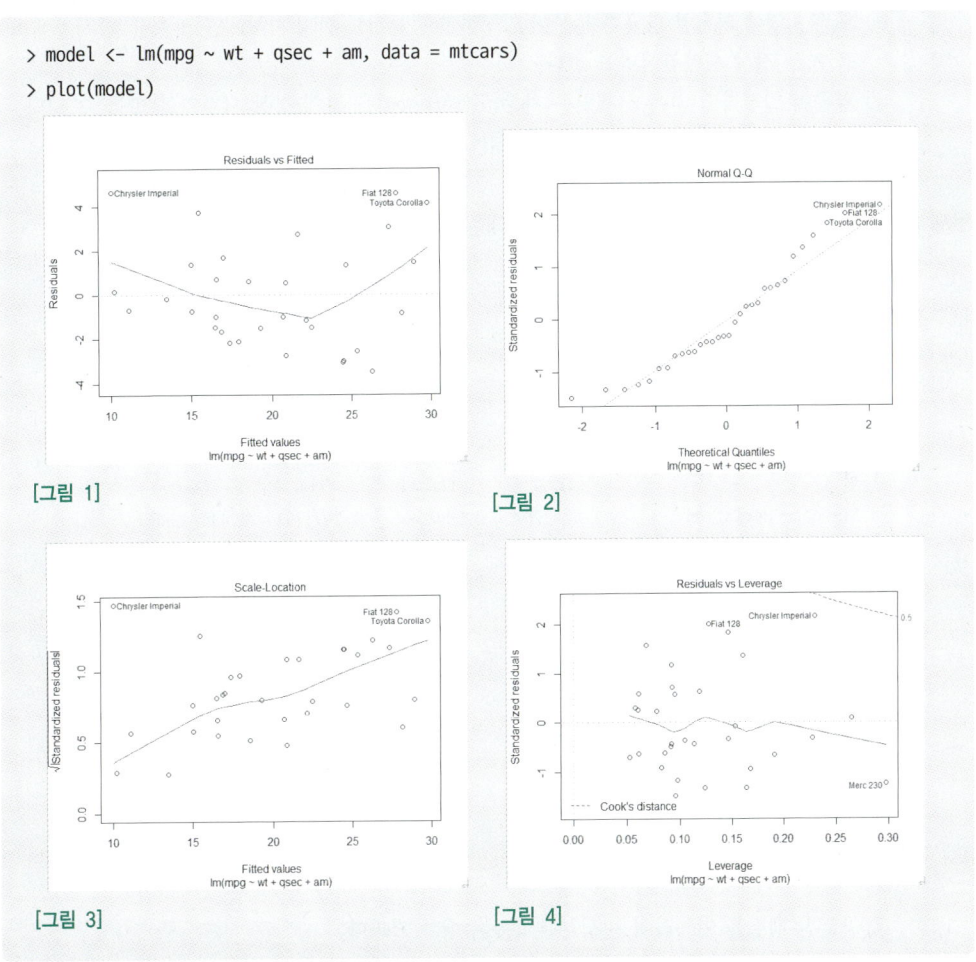

① [그림 1] 첫 번째 그래프의 x축은 예측값(Fitted), y축은 잔차(Residuals)를 보여준다. 이 그래프는 기울기가 0인 직선일수록 좋은 모델로 평가된다.
② [그림 2] 두 번째 그래프를 통해 잔차가 정규분포를 따르는지 검토할 수 있다. 잔차(Residuals)가 정규분포를 따르는 경우 일정한 기울기를 가지는 직선에 점들이 모이게 된다.
③ [그림 3] 세 번째 그래프의 x축은 예측값(Fitted), y축은 표준화된 잔차(Standardized Residuals)를 보여준다. 기울기가 0인 직선일수록 좋은 모델로 평가된다.
④ [그림 4] 네 번째 그래프의 x축은 레버리지(Leverage), y축은 표준화된 잔차(Standardized Residuals)를 보여준다. 레버리지는 설명변수가 극단값에 있을수록 큰 값을 갖게 된다. 우측 상단과 우측 하단에 표시된 쿡 거리(Cook distance)에 있는 점들은 회귀 모델의 기울기나 절편에 영향을 주지 않는 점들이다.

문제 7. 다음 보기 중 시계열분석에 대한 설명으로 가장 거리가 먼 것은?

① 분해시계열분석은 추세요인, 계절요인, 불규칙요인 3가지로 시계열 데이터를 분해한다.
② 모든 시점에 일정한 평균과 분산이 일정하고 공분산도 단지 시차에만 의존할 뿐 시점에 의존하지 않을 경우 정상 시계열이라고 한다.
③ 평균이 일정하지 않은 시계열은 차분(difference)을 통해 정상 시계열로 만들 수 있다.
④ 비정상 시계열 데이터를 ARIMA 모델에 적용하려면 정상 시계열로 바꾸어야 한다.

문제 8. 다음 보기 중 주성분분석 수행 결과에 대한 설명으로 가장 거리가 먼 것은?

```
> library(datasets)
> data("USArrests")
> model <- princomp(USArrests, cor = T)
> summary(model)

Importance of components:
                          Comp.1     Comp.2     Comp.3      Comp.4
Standard deviation     1.5748783  0.9948694  0.5971291  0.41644938
Proportion of Variance 0.6200604  0.2474413  0.0891408  0.04335752
Cumulative Proportion  0.6200604  0.8675017  0.9566425  1.00000000

> model$loadings

Loadings:
         Comp.1  Comp.2  Comp.3  Comp.4
Murder    0.536   0.418   0.341   0.649
Assault   0.583   0.188   0.268  -0.743
UrbanPop  0.278  -0.873   0.378   0.134
Rape      0.543  -0.167  -0.818
```

① 공분산 행렬을 이용하여 주성분분석을 수행한 결과다.
② 변수의 전체 변동의 80% 이상을 설명하기 위해서는 최소 2개 이상의 주성분이 필요하다.
③ 두 번째 주성분에 가장 많은 영향을 미치는 변수는 UrbanPop 변수이다.
④ 네 번째 주성분은 0.649* Murder −0.743* Assault + 0.134*UrbanPop로 구해진다.

문제 9. 다음이 설명하는 데이터 분석법의 이름은 무엇인가?

여러 대상 간의 관계에 관한 수치적 자료를 이용해 유사성에 대한 측정치를 상대적 거리로 시각화하는 방법이다. 여러 개체 간의 거리가 있을 때, 상대적 거리를 계산하여 2차원 또는 3차원 공간에 개체를 배치함으로써 눈에 보기 쉽게 척도화한다. 공간 안에 가깝거나 먼 개체들을 시각화하여 데이터 안에 잠재되어 있는 패턴이나 유사성과 비유사성을 찾아내는 기법이다.

문제 10. 다중선형회귀 모델에서 종속 변수에 영향을 주는 설명변수를 선택하는 방법 중 다음은 무엇을 설명하고 있는가?

> 절편만 있는 상수 모델에서 시작하여 가장 중요한 설명변수부터 차례로 추가하는 방법이다. 추가 시 기준 통계치를 개선시키면 추가하고, 그렇지 않으면 추가를 멈춘다.

Part 3.
정형 데이터 마이닝

Chapter 6. 분류분석

Chapter 7. 분류분석 모델 평가

Chapter 8. 군집분석과 연관분석

데이터가 급격히 증가하면서 데이터를 활용하기 위해 데이터 마이닝 기술이 급성장하고 있다. 데이터 마이닝은 기존 통계와는 달리 대용량 데이터에서 의미 있는 패턴을 파악하거나 예측하여 의사결정에 활용되고 있다. 데이터 마이닝 절차는 통계 분석과 비슷하지만 SAS에서 사용하는 SEMMA, 범 산업계 데이터 마이닝 프로세스 표준(Cross Industry Standard Process for Data Mining, CRISP-DM), KDD(Knowledge Discovery in Database), 빅데이터 분석 방법으론 등에 따라 데이터 마이닝을 진행한다.

3부에서는 정형 데이터 마이닝을 다룬다. 정형 데이터는 일반적으로 일정한 규격이나 형태를 지닌 숫자 데이터를 의미한다. 그 값이 의미를 파악하기 쉬우면서, 규칙적인 값으로 데이터가 들어갈 경우 정형 데이터라고 인식하면 된다. 분류분석, 예측분석, 군집분석, 연관성분석 등 다양한 문제를 해결할 수 있는 정형 데이터 마이닝을 만나보자.

Chapter 6. 분류분석

분류분석은 명확히 타겟 값(목표변수 또는 반응변수 또는 종속변수)이 명시되어 있는 데이터로 모델을 학습시키고, 타겟 값을 모르는 새로운 데이터를 모델에 적용하여 타겟 값을 분류 및 예측하는 방법이다.

목표변수가 범주형인 경우는 새로운 자료에 대한 분류가 주목적이며, 연속형인 경우는 그 값을 예측하는 것이 주목적이라 할 수 있다. 분류 모델로는 의사결정나무, 로지스틱 회귀, 인공신경망, 앙상블, 랜덤 포레스트, 서포트 벡터 머신, 나이브 베이즈, k-최근접 이웃 등이 있다.

6.1 데이터 마이닝

> 데이터 마이닝, 분류, 계층 확률 추정, 유사도 매칭, 군집화, 회귀분석, 동시발생 그룹화, 데이터 축소

- ✅ **데이터 마이닝**은 대용량 데이터에서 쉽게 드러나지 않는 유용한 정보를 찾아내는 과정이다.

- ✅ **분류**는 어느 계층에 속할지를 예측하는 것으로 일반적으로 계층은 상호 배타적(예 또는 아니오)이다.

- ✅ 분류 작업을 하는 동안 데이터 마이닝 프로세스는 고객이 어느 계층에 속할지 결정하는 모델을 생성하는데 이 과정의 작업을 점수화 또는 **계층 확률 추정**이라고 부른다.

- ✅ **유사도 매칭**은 고객에게 제품을 추천할 때 사용하는 가장 많이 사용하는 방법 중 하나로, 구매하였거나 선호하는 제품의 관점에서 현재 고객과 유사한 사람을 찾아내는 것이다.

- ✅ **군집화**는 데이터의 기초 조사(탐색적 데이터 분석)를 수행할 때 어떤 그룹이 자연스럽게 만들어지는지를 알려주고, 그룹이 존재하면 다른 데이터 마이닝 작업을 수행해볼 필요가 있다는 점을 알 수 있기 때문에 매우 유용한 방법이다.

- ✅ **회귀분석** 또는 가치 추정은 어떤 일이 얼마나 많이 일어나는지를 예측하는 것이다.

- ✅ **동시발생 그룹화**는 개체에 관련된 거래에 기반하여 개체 간의 연관성을 찾아낸다.

- ✅ **데이터 축소**는 많은 변수의 데이터(고차원의 데이터)에서 중요 정보를 상당수 담고 있는 더 적은 변수의 데이터(저차원의 데이터)셋으로 바꾸는 것이다.

6.1.1 데이터 마이닝의 개념

데이터 마이닝(data mining)은 대용량 데이터에서 쉽게 드러나지 않는 유용한 정보를 찾아내는 과정이다. 다시 정리하면 데이터 마이닝은 대용량 데이터에서(대용량 데이터베이스 시스템에서 데이터들 간의) 의미 있는 패턴을 파악하거나 예측하여 의사결정에 활용하는 방법이라 할 수 있다. 데이터 마이닝은 '데이터 베이스에서의 지식발견(knowledge discovery in database)'이라고도 한다.

통계 분석은 가설(또는 가정)에 따라 분석이나 검증을 하지만, 데이터 마이닝은 다양한 수리 알고리즘을 이용해 데이터(데이터베이스의 데이터)에서 의미 있는 정보를 찾아내는 방법을 통칭하기도 한다.

그렇다면 어떻게 대용량 데이터에서 의미 있는 정보를 찾아내는지 궁금할 것이다. 크게 지도학습(Supervised Learning)과 비지도학습(Unsupervised Learning)을 사용한다. 데이터 마이닝 프로세스의 초기 단계에서 감독(지도학습) 모델링 문제로 할지 자율(비지도학습) 모델링 문제로 할지를 결정해야 한다. 이것이 가장 중요한 결정 사항이다.

지도학습(Supervised Learning)은 타겟(종속) 변수를 정확히 정의하는 것이다. 이 변수는 명확한 정량적인 값을 가져야 하며 예제 데이터(샘플링)를 사용해 값을 추출할 수 있어야 한다. 지도학습의 두 축인 분류와 회귀분석은 타겟(target)의 형태로 구분된다. 분류는 데이터를 여러 값 중 하나로 분류하는 범주(Categorical) 타겟으로, 회귀분석은 데이터 값을 예측, 추정하는 수치 타겟으로 나타낸다. [그림 6-1]은 데이터 마이닝과 데이터 마이닝 결과의 활용 예다.

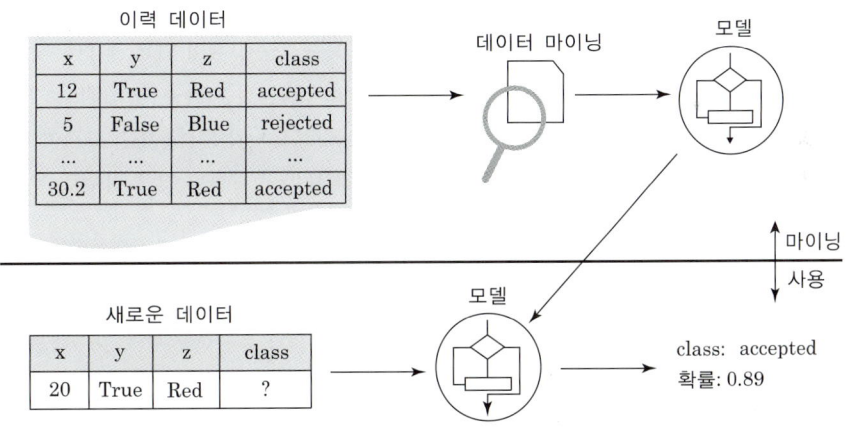

[그림 6-1] 데이터 마이닝과 데이터 마이닝 결과의 활용

[그림 6-1]의 윗 라인은 타겟 값이 명시되어 있는 이력 데이터를 마이닝하여 모델을 만드는 과정을 보여준다. 아래 라인은 타겟(class) 값을 모르는 새로운 데이터를 윗 라인에서 생성한 모델에 적용해서 타겟 값(accepted)을 예측할 수 있다는 것을 보여준다. 지도학습은 분류하기 위한 구체적인 목적이 있는데 바로 타겟을 예측하는 것이다. 일반적으로 지도학습이 비지도학습에 비해 훨씬 더 유용한 결과물을 만들어 낸다.

비지도학습은 데이터 내에서 관계와 유사성을 파악하는 것에 목적이 있다. 이는 예측이 목적인 지도학습과 차이를 보이는 점이다. 비지도학습의 대표적인 분석 모델은 군집분석인데 군집분석은 유사도에 따라 데이터를 분류하지만 어떤 의미 전달이나 특정 목적에 유용하게 사용할 수 있다고 보장하기는 어렵다.

[표 6-1] 대표적인 지도학습과 비지도학습

Supervised learning(지도학습)	Unsupervised learning(비지도학습)
• 의사결정나무(Decision Tree) • 회귀분석(Regression Analysis) • 로지스틱 회귀분석(Logistic Regression Analysis) • 인공신경망(Artificial Neural network) • 앙상블(Ensemble) • 서포트 벡터 머신(Support-Vector Machine, SVM) • 나이브 베이즈(Naïve Bayes) • k-최근접 이웃(k-Nearest Neighbor, kNN) • 일반화 선형 모델(Generalized Linear Model) • 사례기반 추론(Case-based Reasoning)	• 계층적 군집(Hierarchical clustering) • k-평균 군집(k-Means Clustering) • 혼합분포 군집(mixture distribution clustering) • SOM 군집(Self Organizing Map) • 연관분석(Association Analysis) • OLAP(On-Line Analytical Processing) • 연관성 규칙 발견(Association Rule Discovery, Market Basket)

6.1.2 데이터 마이닝의 대표적 기능

데이터 마이닝의 대표적인 기능을 살펴보면 아래와 같다.

① 분류와 계층 확률 추정

분류(Classification)는 어느 계층에 속할지를 예측하는 것으로 일반적으로 계층은 상호 배타적(예 또는 아니오)이다. 분류는 새롭게 나타난 현상을 검토하여 기존의 분류 정의된 집합에 배정하는 것을 의미하기도 한다. 분류 작업을 하는 동안 데이터 마이닝 프로세스는 고객이 어느 계층에 속할지 결정하는 모델을 생성하는데 이 과정의 작업을 점수화(Scoring) 또는 계층 확률 추정(Class Probability Estimation)이라고 부른다. 고객에게 점수화 모델(Scoring Model)을 적용하면 고객이 속할 계층을 결정하는 대신 어느 계층에 속할 확률 또는 가능성을 나타내는 정량화된 값을 점수로 계산한다.

② 유사도 매칭

유사도 매칭(Similarity Matching)은 고객에게 제품을 추천할 때 사용하는 가장 많이 사용하는 방법 중 하나로, 구매하였거나 선호하는 제품의 관점에서 현재 고객과 유사한 사람을 찾아내는 것이다. 예를 들어, 신규 고객 확보를 위해 가장 가능성이 높은 고객에게 영업력을 집중하는 경우라면 자사의 기존 우수 고객사와 유사한 회사를 찾아내는 데 관심을 가지며, 기업의 특징을 알려주는 데이터를 기반으로 유사도 매칭 모델을 적용할 수 있을 것이다. 유사도 매칭 방법은 분류, 군집화, 회귀분석 등과 같은 여러 데이터 마이닝 작업을 해결하기 위한 기반이 된다.

③ 군집화

군집화(Clustering)는 데이터의 기초 조사(탐색적 데이터 분석)를 수행할 때 어떤 그룹이 자연스럽게 만들어지는지를 알려주고, 군집(그룹)이 존재하면 다른 데이터 마이닝 작업을 수행해볼 필요가 있다는 점을 알 수 있기 때문에 매우 유용한 방법이다. 군집화는 미리 정의된 기준이나 예시에 의존하지 않고 특정 목적이 없는 상태에서 유사도에 의해 그룹화된다. 군집화는 주로 데이터 마이닝이나 모델링의 준비 단계에서 주로 사용된다.

④ 회귀분석

회귀분석(Regression analysis) 또는 가치 추정(Value Estimation)은 어떤 일이 얼마나 많이 일어나는지를 예측하는 것이다. 예를 들어 '이 고객이 이동전화 서비스를 얼마나 많이 사용할지'와 같은 질문을 들 수 있다. 여기서 예측할 변수는 서비스 사용량이며 다른 유사한 고객과 그들의 사용량 이력 데이터를 살펴보고 모델을 만들 수 있다. 즉, 회귀분석은 어떤 고객에 대한 특정 변수의 값을 추정하는 모델을 만드는 것이다.

⑤ 동시발생 그룹화

동시발생 그룹화(Co-occurrence Grouping)는 빈발항목 집합 마이닝(Frequent Itemset Mining), 연관성규칙 발견(Association Rule Discovery), 장바구니분석(Market-Basket Analysis)이라고도 한다. 동시발생 그룹화는 개체에 관련된 거래에 기반하여 개체 간의 연관성(Association)을 찾아낸다. 예를 들어 "일반적으로 어떤 상품을 함께 구매하는가?"와 같은 질문을 들 수 있다. 동시구매상품(장바구니분석)은 그룹화의 일반적인 형태이다.

⑥ 데이터 축소

데이터 축소(Data reduction)는 많은 변수의 데이터(고차원의 데이터)에서 중요 정보를 상당수 담고 있는 더 적은 변수의 데이터(저차원의 데이터)셋으로 바꾸는 것이다. 적은 변수의 데이터셋은 처리하기 더 쉽고 정보를 찾아내기도 쉬워진다. 일반적으로 데이터 축소를 하면 정보는 손실되지만 데이터에 대한 통찰력을 얻을 수 있는 장점이 있다.

6.1.3 데이터 마이닝 추진 단계

다음으로 데이터 마이닝 추진 단계를 살펴보자.

① 1 단계: 목적 정의

데이터 마이닝을 통해 얻고자 하는 것이 무엇인지 명확한 목적(이해관계자 모두가 동의하고 이해할 수 있어야 함)을 정의하는 단계다. 1단계부터 전문가가 참여해서 목적에 따라 사용할 데이터 마이닝 모델과 필요한 데이터를 정의한다.

② 2 단계: 데이터 준비

고객정보, 거래정보, 상품마스터, 웹로그 데이터, 사회연결망 데이터 등 다양한 데이터를 활용할 수 있도록 수집하는 단계다. IT부서와 사전협의를 통해 데이터 접근 부하에 문제가 없도록 일정을 조율하고, 필요한 경우 다른 서버에 저장하여 운영에 지장이 없도록 데이터를 준비한다. 데이터 정제를 통해 데이터의 품질을 보장하고 데이터 마이닝 기법 적용에 문제가 없도록 데이터 양을 충분히 확보한다.

③ 3 단계: 데이터 가공(전처리)

데이터 마이닝 기법 적용이 가능하도록 준비된 데이터를 가공(전처리)하는 단계다. 모델링 목적에 따라 목적 변수(종속변수)를 정의하고 필요한 데이터를 데이터 마이닝 소프트웨어에 적용할 수 있도록 적합한 형식으로 가공한다.

④ 4 단계: 데이터 마이닝 기법 적용

준비한 데이터에 데이터 마이닝 기법을 적용하는 단계로 데이터 마이닝 소프트웨어를 활용하여 목적하는 정보를 추출한다.

⑤ 5 단계: 데이터 마이닝 적용 결과 검증 및 확산

데이터 마이닝으로 추출한 정보를 검증하는 단계로 테스트 마케팅이나 과거 데이터를 활용해 테스트를 수행할 수도 있다. 검증이 완료되면 IT부서와 협의하여 상시적으로 데이터 마이닝 결과를 업무에 적용할 수 있도록 자동화 방안을 협의한다. 보고서를 작성하여 경영진 및 구성원에게 연간 추가 수익과 투자대비성과(ROI) 등으로 기대 효과를 전파한다.

6.1.4 분류분석의 주요 모델

[표 6-2]는 분류분석의 주요 모델에 대한 설명이다. 각 모델에 대해서는 다음 절부터 상세하게 다룬다.

[표 6-2] 분류분석의 주요 분석 모델

모델	개념
의사결정나무	목표변수와 가장 연관성이 높은 변수의 순서대로 지니지수(Gini index)나 엔트로피(Entropy) 등이 낮아지는 방향으로 트리 형태로 가지를 분할하면서 분류 기법을 만들어내는 기법. 분할 정복기법(Divide & Conquer)이라고도 한다.
로지스틱 회귀	설명변수값이 주어졌을 때, 목표변수값이 특정 부류에 속할 확률이 로지스틱 함수 형태를 따른다고 가정해 최대 우도 추정 방법(Maximum likelihood estimation)으로 목표변수의 확률을 추정하는 기법.
인공신경망	인간 뇌의 뉴런(neuron) 작용 형태에서 모티브를 얻은 기법으로 입력, 은닉, 출력 노드로 구성하여 복잡한 분류나 수치 예측 문제를 해결할 수 있도록 하는 분석 기법.
랜덤 포레스트	주어진 데이터로부터 여러 개의 다양한 의사결정 트리를 만들어 각 의사결정 트리의 예측 결과를 투표형식으로 집계하여 최종 분류 결과를 결정하는 앙상블(ensemble) 형태의 기법.
서포트 벡터 머신	특정 데이터를 분류하는데 있어 서로 다른 분류에 속한 데이터 간의 간격(마진)이 최대화가 되는 평면을 찾아 이를 기준으로 분류하는 기법.
나이브 베이즈	베이즈 정리에 근거하여 목표변수가 발생할 조건부 확률을 사전 확률과 우도 함수의 곱으로 표현하여 어떤 분류 항목에 속할지를 계산하여 확률이 높은 쪽으로 분류하는 기법.
k-최근접 이웃	특정 데이터 좌표점과 다른 나머지 데이터 좌표점 간의 거리에 기반을 두어 가장 가까운 k개 점들의 목표변수값을 다수결로 분류하는 기법. 게으른 학습(Lazy learning)이라고도 한다.

6.2 의사결정나무

> 의사결정나무 모델, 분류나무, 회귀나무, 카이제곱 통계량, 지니지수, 엔트로피지수, createDataPartition(), predict(), prp()

- ✓ **의사결정나무 모델**은 의사결정 규칙을 나무 구조에 의한 추론 규칙으로 표현하여 전체 자료를 몇 개의 소집단으로 분류하거나 예측을 수행하는 분석 방법이다.

- ✓ 목표변수가 이산형인 경우 **분류나무**라고 하고, 연속형인 경우 **회귀나무**라고 한다.

- ✓ 목표변수가 이산형인 분류나무의 경우 상위 노드에서 가지 분할을 수행할 때 분류 변수와 분류 기준값의 선택 방법으로 **카이제곱 통계량**의 p-value, **지니지수**, **엔트로피지수** 등이 사용된다.

- ✓ 의사결정나무 모델은 시장조사, 광고조사, 의학연구, 품질관리 등의 다양한 분야에서 활용되고 있다.

- ✓ **createDataPartition()** 함수는 분류를 기준으로 훈련용 데이터에서 사용할 데이터를 설정한 비율로 분리한다.

- ✓ **predict()** 함수는 테스트 데이터로 의사결정나무 모델을 사용한 예측을 수행한다.

- ✓ rpart.plot 패키지의 **prp()** 함수로 적합된 의사결정나무 모델을 시각화한다.

6.2.1 의사결정나무 모델의 개념

의사결정나무(Decision Tree) 모델은 의사결정 규칙(rule)을 나무(tree) 구조에 의한 추론 규칙으로 표현하여 전체 자료를 몇 개의 소집단으로 분류(classification)하거나 예측(prediction)을 수행하는 분석 방법이다. 목표변수가 이산형인 경우 분류나무(classification tree)라고 하고, 연속형인 경우 회귀나무(regression tree)라고 한다.

6.2.2 분류 변수와 분류 기준값의 선택 방법

목표변수가 이산형인 분류나무의 경우 상위 노드에서 가지 분할(split)을 수행할 때 분류 변수와 분류 기준값의 선택 방법으로 카이제곱 통계량(Chi-square statistic)의 p-value, 지니지수(Gini index), 엔트로피지수(entropy index) 등이 사용된다. 선택 기준에 의해 분할이 일어날 때 카이제곱 통계량의 p-value는 그 값이 작을수록 자식노드 내의 불확실성(이질성)이 큼을 나타내며, 지니지수나 엔트로피지수 역시 그 값이 클수록 자식노드 내의 이질성이 큼을 의미한다. 따라서 이 값들이 가장 작아지는 방향으로 가지 분할을 수행하게 된다.

① 카이제곱 통계량

카이제곱(χ^2) 통계량의 정의는 다음과 같다.

$$\chi^2 = \sum_{i=1}^{c} \frac{(O_i - B_i)^2}{B_i}$$

위 식에서 c는 목표변수의 범주의 수, O_i는 실제도수, B_i는 기대도수다.

카이제곱 통계량은 각 셀에 대한 ((실제도수 - 기대도수)의 제곱 / 기대도수)의 합이고, 기대도수는 ((열의 합계 X 합의 합계) / 전체 합계) 이다.

② 지니지수

지니지수에 대한 정의는 다음과 같다.

$$Gini = 1 - \sum_{i}^{c} p_i^2, \ 0 \leq G \leq 1/2$$

위 식에서 c는 목표변수의 범주의 수이다.

지니지수는 노드의 불확실성 측정지수(또는 불순도)를 나타내는 값이고, 지니지수의 값이 클수록 이질적(Diversity)이며 순수도(Purity)가 낮다고 볼 수 있다.

③ 엔트로피지수

엔트로피지수에 대한 정의는 다음과 같다.

$$Entropy = -\sum_{i}^{c} p_i \log_2 p_i, \ 0 \leq E \leq 1$$

위 식에서 c는 목표변수의 범주의 수이다.

엔트로피지수는 열역학에서 사용하는 개념으로 무질서 정도에 대한 측도이다. 엔트로피지수의 값이 클수록 순수도가 낮다고 볼 수 있다.

데이터가 얼마나 잘 분리되었는지를 평가하기 위해서는 일반적으로 지니지수를 사용하며 이러한 지니지수는 노드에 여러 분류가 섞여 있을수록 높고, 노드에 하나의 분류만 존재할 때 가장 낮아진다. 즉, 노드 분리 후 각 노드의 불확실성 측정지수(또는 불순도)가 낮아질수록 트리분류가 잘 된 것으로 볼 수 있다.

6.2.3 의사결정나무의 구조

목표변수가 연속형인 회귀나무의 경우 분류 변수와 분류 기준값의 선택 방법으로 F-통계량의 p-value, 분산의 감소량(variance reduction) 등이 사용된다. F-통계량은 그 값이 클수록 오차의 변동에 비해 처리의 변동이 크다는 것을 의미하며, 이는 자식마디 사이가 이질적이다는 것을 의미하므로 이 값이 커지는 (p-value은 작아지는) 방향으로 가지 분할을 수행하게 된다. 분산의 감소량도 이 값이 최대화되는 방향으로 가지 분할을 수행하게 된다. 아래의 [그림 6-2]는 의사결정나무의 구조다.

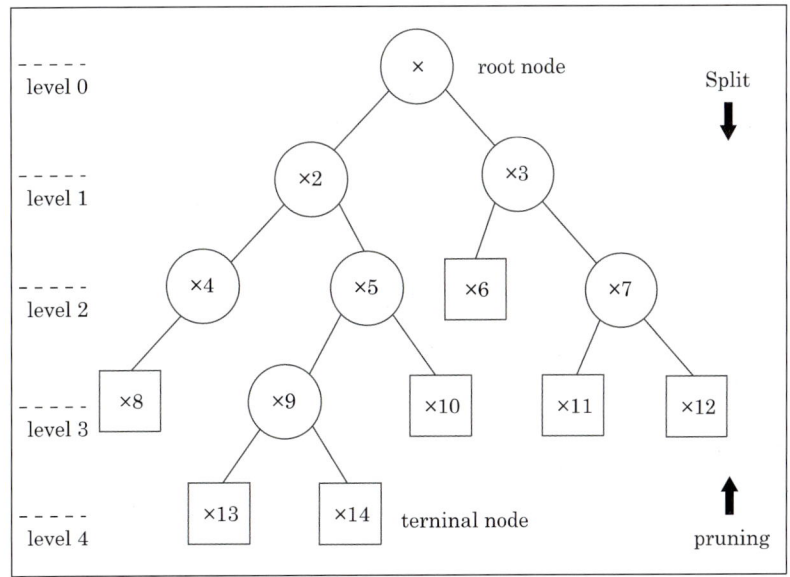

[그림 6-2] 의사결정나무의 구조(재구성, 출처: 한국데이터진흥원, 2018)

맨 위의 마디를 뿌리마디(root node)라고 한다. 상위마디가 하위마디로 분기될 때 상위마디를 부모마디(parent node), 하위마디를 자식마디(child node)라고 한다. 더 이상 분기되지 않는 마디를 최종마디(terminal node)라고 한다. 가지 분할(split)은 나무의 가지를 생성하는 과정이고, 가지치기(pruning)는 생성된 가지를 잘라내어 모델을 단순화하는 과정을 말한다. 깊이(depth)는 뿌리마디부터 최종마디까지의 중간마디들의 수라고 하고, [그림 6-2]에서 깊이는 4다.

다음의 [표 6-3]은 의사결정나무 모델의 장·단점 비교다.

[표 6-3] 의사결정나무 모델의 장·단점 비교

구 분	설 명
장 점	• 구조가 단순해서 해석이 용이하다. • 분류 문제와 수치 예측에 모두 활용이 가능하다. • 선형성, 정규성, 등분산성 등의 수학적 가정이 불필요한 비모수적 모델이다. • 데이터에 결측값이 있는 경우에도 효과적으로 처리가 가능하다. • 중요한 변수만 선별할 수 있고, 이를 통해 다른 추가 분석을 위한 통찰력을 얻을 수 있다. • 분류 결과에 대해 규칙(rule) 기반의 해석이 가능하여 결과 해석에 유용하다.
단 점	• 연속형 입력변수를 비연속인 값으로 취급하므로, 분리의 경계점 근방에서 예측 오류 가능성이 있다. • 선형 또는 주효과 모델과 같은 해석이 불가능함으로 모델식을 수립해야 하는 경우 적용이 어렵다. • 훈련용 데이터에 대한 약간의 변경 발생 시 트리 분류 결정 논리에 큰 변화를 가져온다(특정 데이터 변화에 분석 결과 변화가 민감하다). • 모델이 쉽게 과적합(overfitting)되거나 과소적합 될 수 있다. • 트리(tree)가 너무 커질 경우 패턴을 이해하기가 쉽지 않다.

의사결정나무 모델은 시장조사, 광고조사, 의학연구, 품질관리 등의 다양한 분야에서 활용되고 있다. 좀 더 구체적인 활용 예로는 고객타겟팅, 고객의 신용점수화, 캠페인 반응분석, 고객행동예측, 고객세분화, 기업의 부도예측, 주가예측, 환율예측, 경제전망 등을 들 수 있다.

의사결정나무 모델을 위한 알고리즘에는 CHAID(Chi-squared Automatic Interaction Detection; Kass, 1980), CART(Classification and Regression Tree; Breiman et al., 1984), ID3(Quinlan, 1986), C4.5(Quinlan, 1993), C5.0(Quinlan, 1998) 등과 이들의 장점을 결합한 다양한 알고리즘이 있다.

> **참고** 과적합(overfitting) vs 과소적합(underfitting)
>
> 과적합은 주어진 데이터에서만 높은 성과를 보이는 문제다. 즉, 훈련용 데이터에 대해서는 높은 정확도를 나타내지만 새로운 데이터에 대해서는 예측을 잘하지 못하는 것을 말한다. 이를 해결하기 위해서 전체 자료에서 모델 구축을 위한 훈련용(training) 데이터와 모델의 성과를 검증하기 위한 검증용(test) 데이터를 추출한다.
>
> 과소적합은 데이터를 충분히 반영하지 못해(예를 들어 샘플 수가 충분하지 않는 경우) 잡음이 많이 섞여 있어 낮은 성과를 보이는 문제다. 과적합과 과소적합의 문제를 최소화하려면 훈련용 데이터에 더 많고 다양한 데이터를 확보하고, 그 데이터에서 다양한 특징(feature)들을 찾아서 학습에 사용한다.

6.2.4 의사결정나무 분석 예제(rpart() 함수)

다음은 rpart 패키지의 rpart() 함수로 아이리스(iris) 데이터셋을 이용한 의사결정나무 분석을 수행하는 예제다.

(1) iris 데이터셋을 훈련용 데이터(80%)와 테스트 데이터(20%)로 분리하기

```
> library(caret)
> parts <- createDataPartition(iris$Species, p = 0.8)
> data.train <- iris[parts$Resample1, ]
> table(data.train$Species)
setosa versicolor  virginica
    40         40         40
> data.test <- iris[-parts$Resample1, ]
> table(data.test$Species)
setosa versicolor  virginica
    10         10         10
```

실행 결과 훈련용 데이터와 테스트 데이터가 Species 속성을 기준으로 정확히 80%와 20% 비율로 분리된 것을 볼 수 있다. createDataPartition() 함수는 분류(Species)를 기준으로 훈련용 데이터에서 사용할 데이터를 설정한 비율로 분리한다.

(2) 훈련용 데이터로 의사결정나무 모델 학습하기

```
> library(rpart)
> (dt.m <- rpart(Species ~., data = data.train))
n = 120
node), split, n, loss, yval, (yprob)
      * denotes terminal node

1) root 120 80 setosa (0.33333333 0.33333333 0.33333333)
   2) Petal.Length < 2.45 40   0 setosa (1.00000000 0.00000000 0.00000000) *
   3) Petal.Length >= 2.45 80 40 versicolor (0.00000000 0.50000000 0.50000000)
     6) Petal.Length < 4.75 37   0 versicolor (0.00000000 1.00000000 0.00000000) *
     7) Petal.Length >= 4.75 43   3 virginica (0.00000000 0.06976744 0.93023256) *
```

의사결정나무 모델 학습을 위해 종속변수를 Species, 독립변수를 Sepal.Length, Sepal.Width, Petal.Length, Petal.Width으로 모델이 학습된 것을 알 수 있다.

(3) 적합된 의사결정나무 모델 시각화하기

```
> plot(dt.m, compress = TRUE, margin = 0.3)
> text(dt.m, cex = 1.5)
```

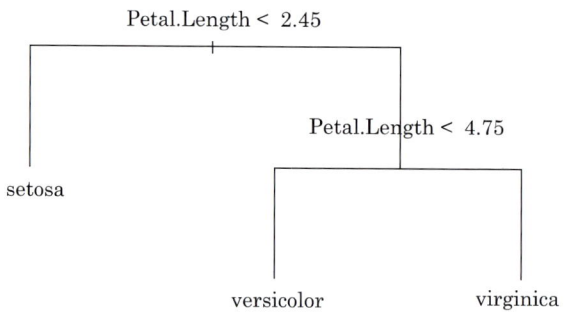

[그림 6-3] 의사결정나무 모델 시각화 결과

분석 결과 Petal.Length 〈 2.45인 경우 setosa로 분류되고, Petal.Length 〉= 2.45이고 Petal.Length 〈 4.75인 경우에는 versicolor로 분류된 것을 알 수 있다.

(4) 테스트 데이터로 예측을 수행하고, 의사결정나무 모델의 성능 평가하기

```
> dt.m.pred <- predict(dt.m, newdata = data.test, type = "class")
> confusionMatrix(data.test$Species, dt.m.pred)
Confusion Matrix and Statistics

           Reference
Prediction  setosa versicolor virginica
  setosa        10          0         0
  versicolor     0          7         3
  virginica      0          1         9

Overall Statistics
               
               Accuracy : 0.8667
                 95% CI : (0.6928, 0.9624)
    No Information Rate : 0.4
    P-Value [Acc > NIR] : 1.769e-07
                  
                  Kappa : 0.8
 Mcnemar's Test P-Value : NA
```

```
Statistics by Class:
                     Class: setosa   Class: versicolor   Class: virginica
Sensitivity              1.0000            0.8750             0.7500
Specificity              1.0000            0.8636             0.9444
Pos Pred Value           1.0000            0.7000             0.9000
Neg Pred Value           1.0000            0.9500             0.8500
Prevalence               0.3333            0.2667             0.4000
Detection Rate           0.3333            0.2333             0.3000
Detection Prevalence     0.3333            0.3333             0.3333
Balanced Accuracy        1.0000            0.8693             0.8472
```

분석 결과 정오분류표(Confusion Matrix)(〈7.1.2 정오분류표〉 참조)를 보면 setosa는 10개 모두, versicolor는 8개 중 7개, virginica는 12개 중 9개가 제대로 분류된다. 정분류율(Accuracy)은 0.8667인 것을 볼 수 있다. predict() 함수는 테스트 데이터로 의사결정나무 모델(rpart)을 사용한 예측을 수행한다. predict() 함수의 type = "class" 인자는 예측된 분류로 결과를 반환한다.

(5) rpart.plot 패키지의 prp() 함수로 적합된 의사결정나무 모델 시각화하기

```
> library(rpart.plot)
> prp(dt.m, type = 4, extra = 2)
```

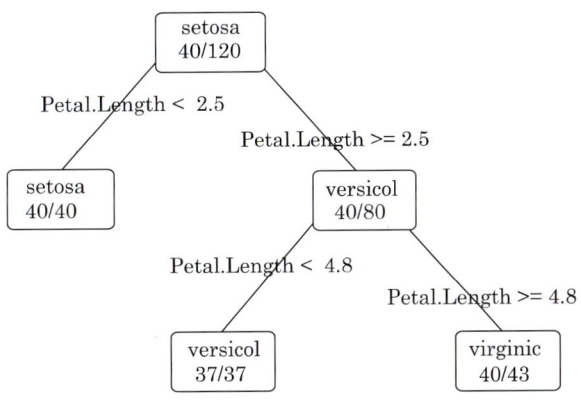

[그림 6-4] 의사결정나무 모델 시각화 결과

위 그림에서 Petal.Length >= 2.5이고, Petal.Length >= 4.8을 만족하는 노드에서 40/43는 이 노드에 속하는 해당 개체가 43개이며 이 가운데 virginica가 40개임을 나타낸다. 따라서 이 노드에 해당하는 새로운 자료는 virginica로 분류된다.

6.2.5 의사결정나무 분석 예제(ctree() 함수)

다음은 party 패키지의 ctree() 함수로 아이리스(iris) 데이터셋을 이용한 의사결정나무 분석을 수행하는 예제다.

(1) 훈련용 데이터로 의사결정나무 모델 학습하기

```
> library(party)
> (dt.m2 <- ctree(Species ~., data = data.train))

        Conditional inference tree with 4 terminal nodes

Response:  Species
Inputs:    Sepal.Length, Sepal.Width, Petal.Length, Petal.Width
Number of observations:  120

1) Petal.Length <= 1.9; criterion = 1, statistic = 112.202
  2)* weights = 40
1) Petal.Length > 1.9
  3) Petal.Width <= 1.7; criterion = 1, statistic = 53.782
    4) Petal.Length <= 4.6; criterion = 1, statistic = 15.558
      5)* weights = 34
    4) Petal.Length > 4.6
      6)* weights = 9
  3) Petal.Width > 1.7
    7)* weights = 37
```

의사결정나무 모델 학습을 위해 종속변수를 Species, 독립변수를 Sepal.Length, Sepal.Width, Petal.Length, Petal.Width으로 모델이 학습된 것을 알 수 있다.

(2) 적합된 의사결정나무 모델 시각화하기

```
> plot(dt.m2)
```

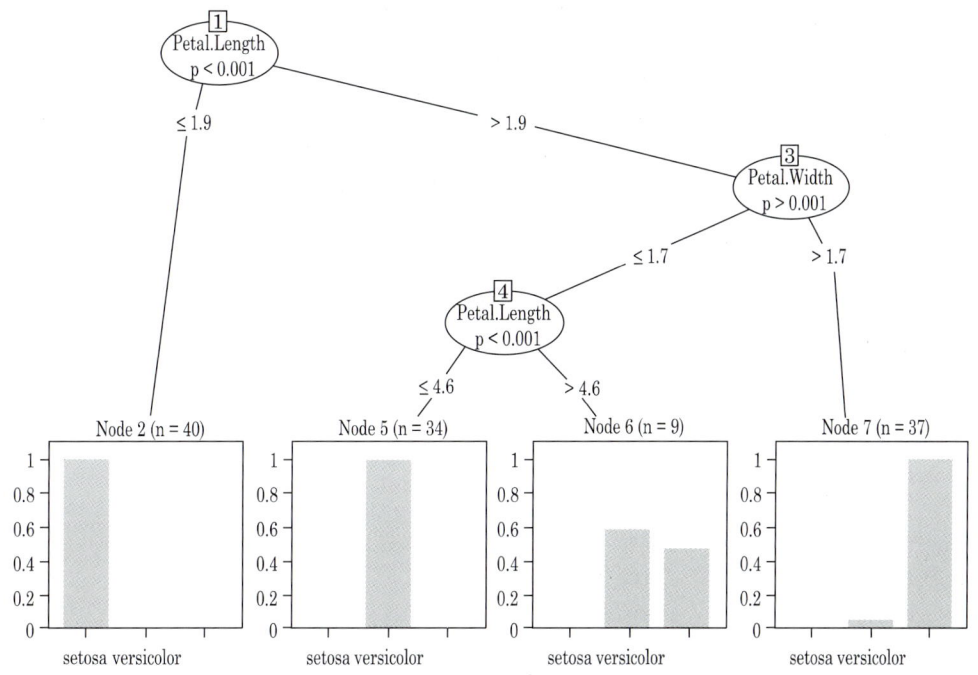

[그림 6-5] 의사결정나무 모델 시각화 결과

분석 결과 Petal.Length 〈= 1.9인 경우는 setosa로 분류되고, Petal.Length 〉 1.9이고 Petal.Width 〈= 1.7이고 Petal.Length 〈= 4.6인 경우는 versicolor로 분류된 것을 알 수 있다. 위 그림에서 막대 그래프는 목표변수(Species)의 각 범주별 비율을 나타낸다.

(3) 테스트 데이터로 예측을 수행하고, 의사결정나무 모델의 성능 평가하기

```
> dt.m2.pred <- predict(dt.m2, newdata = data.test)
> confusionMatrix(data.test$Species, dt.m2.pred)
Confusion Matrix and Statistics

            Reference
Prediction   setosa versicolor virginica
  setosa         10          0         0
  versicolor      0         10         0
  virginica       0          1         9

Overall Statistics

               Accuracy : 0.9667
                 95% CI : (0.8278, 0.9992)
    No Information Rate : 0.3667
    P-Value [Acc > NIR] : 4.476e-12

                  Kappa : 0.95
 Mcnemar's Test P-Value : NA
Statistics by Class:

                     Class: setosa Class: versicolor Class: virginica
Sensitivity                 1.0000            0.9091           1.0000
Specificity                 1.0000            1.0000           0.9524
Pos Pred Value              1.0000            1.0000           0.9000
Neg Pred Value              1.0000            0.9500           1.0000
Prevalence                  0.3333            0.3667           0.3000
Detection Rate              0.3333            0.3333           0.3000
Detection Prevalence        0.3333            0.3333           0.3333
Balanced Accuracy           1.0000            0.9545           0.9762
```

분석 결과 정오분류표를 보면 setosa는 10개 모두, versicolor는 10개 모두, virginica는 10개 중 9개가 제대로 분류된 것을 볼 수 있다. 정분류율(Accuracy)은 0.9667이다.

6.3
로지스틱 회귀

> 로지스틱 회귀 모델, 오즈, complete.cases(), duplicated(), chart.Correlation(), ggcorr(), VIF(), scale(), glm(), step(), anova()

- ✓ **로지스틱 회귀 모델**은 목표변수(또는 종속변수)가 범주형인 경우에 적용되는 회귀분석 모델이다.

- ✓ **오즈**는 성공할 확률이 실패할 확률의 몇 배인지를 나타내는 확률이다.

- ✓ **complete.cases() 함수**는 해당 행의 모든 값이 NA가 아닌 경우 TRUE, 해당 행의 값이 하나라도 NA를 포함하고 있는 경우 FALSE 값을 반환한다.

- ✓ **duplicated() 함수**는 중복 값이 존재하는 경우 TRUE, 아닌 경우 FALSE를 출력한다.

- ✓ PerformanceAnalytics 패키지의 **chart.Correlation() 함수**는 산점도와 상관계수를 출력한다.

- ✓ GGally 패키지의 **ggcorr() 함수**는 설명변수 간의 상관계수 히트맵을 시각화한다.

- ✓ fmsb 패키지의 **VIF() 함수**는 분산팽창지수(VIF)를 출력한다.

- ✓ **scale() 함수**는 설명변수를 평균이 0, 분산이 1인 값으로 표준화한다.

- ✓ **glm() 함수**는 로지스틱 회귀 모델을 생성한다.

- ✓ **step() 함수**의 direction = "backward" 옵션은 후진제거법을 사용해 모델을 적합한다.

- ✓ **anova() 함수**는 하나 이상의 적합된 모델에 대한 분산분석을 수행한다. 분산분석은 모델을 평가하거나 모델 간의 비교를 위해 사용된다.

6.3.1 로지스틱 회귀 모델의 개념

로지스틱 회귀(Logistic regression) 모델은 목표변수(또는 종속변수)가 범주형인 경우에 적용되는 회귀분석 모델이다. 새로운 설명변수(또는 독립변수)의 값이 주어질 때 목표변수의 각 범주(또는 집단)에 속할 확률이 얼마인지를 추정(예측 모델)하여 추정확률의 기준치에 따라 분류하는 목적(분류 모델)으로 사용될 수 있다. 이때 모델의 적합을 통해 추정된 확률을 사후확률(posterior probability)이라고 한다. 다음의 [표 6-4]는 선형 회귀와 로지스틱 회귀의 비교다.

[표 6-4] 선형 회귀와 로지스틱 회귀 비교

목 적	선형 회귀분석	로지스틱 회귀분석
종속변수	연속형 변수	이항 반응변수(0, 1)
계수추정법	최소제곱법	최대우도추정법
모델 검정	F-검정, T-검정	카이제곱 검정(χ^{2-test})

로지스틱 회귀분석을 위해 목표변수(Y)의 범주가 0, 1 두 가지만 있다고 할 때(이항 목표변수) 목표변수 Y의 범주가 1이 될 확률 p(Y = 1) = P(Y)로 표기하면 이를 회귀 식으로 다음과 같이 표기할 수 있다 (Wikipedia, "Logistic regression" 참조).

[수식 6-1]

$$\frac{P(Y)}{1-P(Y)} = \exp(\beta_0 + \beta_1 x_1 + ... + \beta_k x_k)$$

위 식에서 좌변을 흔히 오즈(Odds)라고 부른다. 즉, Odds는 목표변수 0에 속할 확률(1-P(Y))이 목표변수 1에 속할 확률 P(Y)의 비로 나타낸다.

다음은 2002년에 한국과 브라질이 월드컵 4강 진출을 성공/실패할 확률로 각각의 오즈(Odds)와 오즈비 (Odds ratio)를 계산하는 예다.

[표 6-5] 오즈와 오즈비의 예시

구분	4강 성공 확률	4강 실패 확률
한국	0.1	0.9
브라질	0.9	0.1

$$\text{오즈(한국)} = \frac{0.1}{1-0.1} = \frac{1}{9}, \quad \text{오즈(브라질)} = \frac{0.9}{1-0.9} = 9, \quad \text{오즈비} = \frac{\text{오즈(브라질)}}{\text{오즈(한국)}} = \frac{9}{1/9} = 81$$

위의 예시에서 오즈비는 81이다. 브라질이 4강에 진출할 확률이 한국보다 81배 높다고 할 수 있다. 정리하면 오즈는 성공할 확률이 실패할 확률의 몇 배인지를 나타내는 확률이다. 오즈비는 오즈의 비율이라 할 수 있다.

[수식 6-1]의 좌변은 확률의 비율이고 우변은 지수 함수의 형태이므로 $(0, \infty)$의 범위를 가진다. 좌변과 우변 모두 $(-\infty, \infty)$ 값의 범위를 가지게 하기 위해 양변에 log 함수를 취한다.

[수식 6-2]

$$\log\left(\frac{P(Y)}{1-P(Y)}\right) = \beta_0 + \beta_1 x_1 + \ldots + \beta_k x_k$$

[수식 6-2]에서 $P(Y) = P(Y=1|x)$, $x = (x_1, \ldots, x_k)$이다. 이것은 이항 목표변수(Y)에 대한 다중 로지스틱 회귀 모델의 일반적 형태이다. 좌변 log(P(Y)/1 − P(Y)) 형태를 로짓(logit) 함수라고도 한다.

예를 들어 $\exp(\beta_2)$의 의미는 나머지 변수$(x_2, \ldots, x_k)$가 주어질 때 x_1이 한 단위 증가할 때마다 성공(Y = 1)의 오즈가 몇 배 증가하는지를 나타내는 값이다.

[수식 6-2]의 양변에 지수 exp를 취하고, P(Y)에 대하여 식을 정리하면 다음과 같이 표현할 수 있다.

[수식 6-3]

$$P(Y) = \frac{\exp(\beta_0 + \beta_1 x_1 + \ldots + \beta_k x_k)}{1 + \exp(\beta_0 + \beta_1 x_1 + \ldots + \beta_k x_k)} = \frac{1}{1 + \exp\{-(\beta_0 + \beta_1 x_1 + \ldots + \beta_k x_k)\}}$$

위의 [수식 6-3]은 두 가지 관점에서 해석할 수 있다.

첫째, 다중 로지스틱 함수에 해당된다. 그래프의 형태는 설명변수가 한 개(x_1)인 경우 해당 회귀계수 β_1의 부호에 따라 S자 모양$(\beta_1 > 0)$ 또는 역 S자 모양$(\beta_1 < 0)$을 가진다. 로지스틱 회귀분석은 주어진 훈련용 데이터에서 목표변수(Y)가 범주 값 1을 가질 확률 P(Y = 1) = P(Y)로, [수식 6-3]의 로지스틱 함수를 이용하여 모델을 수립하고 모수 $\beta_0, \beta_1, \cdots, \beta_k$들을 추정하는 알고리즘이라고 할 수 있다.

이러한 모수 $\beta_0, \beta_1, \cdots, \beta_k$ 추정에는 일반적으로 최대우도추정법(Maximum Likelihood Estimation)을 사용한다. 이는 수식을 변형하는 것 등의 해석학적 방법으로 직접 계산이 어려우므로 일정 초기값을 부여하고, 반복적으로 계산하여 값을 조정해가는 수치 계산적 방법으로 추정한다. [그림 6-6]은 로지스틱 회귀 곡선 그래프다.

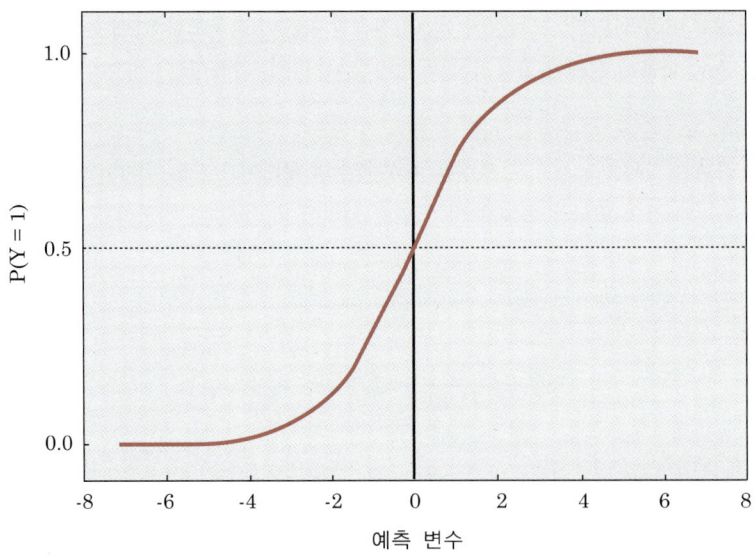

[그림 6-6] 로지스틱 회귀 곡선 그래프

위 그래프에서 X축은 $-\infty$부터 ∞까지의 값을 가지고 있으며 Y축의 경우 목표변수(Y)의 발생 확률이므로 0에서 1사이의 값을 가진다. 그 결과 함수인 P(Y = 1)는 X값의 증가에 따라 0에서 1로 'S자 곡선'의 형태로 보인다는 것을 알 수 있다.

둘째, [수식 6-3]은 표준 로지스틱 분포의 누적분포함수(c.d.f.)를 $F(x)$라 할 때 [수식 6-4]와 동일한 표현이며, 그 의미는 표준 로지스틱 분포의 누적분포함수로 성공의 확률을 설명(또는 추정)한다는 의미다.

[수식 6-4]

$$\pi(x) = F(\beta_0 + \beta_1 x_1 + ... + \beta_k x_k)$$

 참고   로지스틱 회귀 모델과 유사한 프로빗(probit) 모델은 [수식 6-4]에서 $F(\cdot)$ 대신 표준정규분포의 누적함수(Φ)로 성공의 확률을 모델화한 것이다. 프로빗 모델의 수식은 다음과 같다.

$$\Phi^{-1}(\pi(x)) = \beta_0 + \beta_1 x_1 + ... + \beta_k x_k$$

로지스틱 회귀 모델이 분류의 목적으로 사용될 경우에는 $\pi(x)$가 기준값(예를 들어 1/2)보다 크면 Y = 1인 집단으로, 작으면 Y = 0인 집단으로 분류하게 된다. 분류 기준값은 사전정보(또는 손실함수)를 이용하거나 정분류율(Accuracy), 민감도(Sensitivity), 특이도(Specificity)를 동시에 고려하는 등의 다양한 방법이 사용된다. 다음의 [표 6-6]은 로지스틱 회귀 모델의 장·단점 비교다.

[표 6-6] 로지스틱 회귀 모델의 장·단점 비교

구 분	설 명
장 점	• 선형통계 모델의 이론에 기반한 정교하고 체계적인 모수 추정이 가능하다. • 확률 모델이므로 목표변수의 범주 확률값을 추정할 수 있다. • 추정된 모델의 계수에 대한 해석이 가능하며, 독립변수들의 유의성 및 영향력 등 결과분석 시 유용한 해석이 가능하다.
단 점	• 데이터셋의 차원이 매우 많을 때 모델의 추정 정확도가 다른 분류 기법에 비해 좋지 않다. • 복잡한 비선형적 분류가 필요한 경우에는 분류 정확도가 좋지 않다. • 추정 방법상 x값이 매우 커지거나 작아지면 확률값이 1(혹은 0)에 매우 가까워져서 수치계산 정확도가 떨어지게 되며, 반복 계산 시 과적합(overfitting)이 빈번하게 발생한다.

6.3.2 로지스틱 회귀 모델 예제(glm() 함수)

다음은 glm() 함수를 이용해 mlbench 패키지의 유방암(BreastCancer) 데이터셋으로 로지스틱 회귀분석을 수행하는 예제다. 로지스틱 회귀분석을 위해 BreastCancer 데이터셋 소개, 탐색적 데이터 분석 및 전처리, 변수 선택, 목표변수와 설명변수 간의 상관분석, 모델 평가 순으로 진행한다.

(1) 유방암(BreastCancer) 데이터셋 불러오기

```
> library(mlbench)
> data("BreastCancer")
> str(BreastCancer)
'data.frame':     699 obs. of  11 variables:
 $ Id              : chr  "1000025" "1002945" "1015425" "1016277" ...
 $ Cl.thickness    : Ord.factor w/ 10 levels "1"<"2"<"3"<"4"<..: 5 5 3 6 4 8 1 2 2 4 ...
 $ Cell.size       : Ord.factor w/ 10 levels "1"<"2"<"3"<"4"<..: 1 4 1 8 1 10 1 1 1 2 ...
 $ Cell.shape      : Ord.factor w/ 10 levels "1"<"2"<"3"<"4"<..: 1 4 1 8 1 10 1 2 1 1 ...
 $ Marg.adhesion   : Ord.factor w/ 10 levels "1"<"2"<"3"<"4"<..: 1 5 1 1 3 8 1 1 1 1 ...
 $ Epith.c.size    : Ord.factor w/ 10 levels "1"<"2"<"3"<"4"<..: 2 7 2 3 2 7 2 2 2 2 ...
 $ Bare.nuclei     : Factor w/ 10 levels "1","2","3","4",..: 1 10 2 4 1 10 10 1 1 1 ...
 $ Bl.cromatin     : Factor w/ 10 levels "1","2","3","4",..: 3 3 3 3 3 9 3 3 1 2 ...
 $ Normal.nucleoli : Factor w/ 10 levels "1","2","3","4",..: 1 2 1 7 1 7 1 1 1 1 ...
 $ Mitoses         : Factor w/ 9 levels "1","2","3","4",..: 1 1 1 1 1 1 1 1 5 1 ...
 $ Class           : Factor w/ 2 levels "benign","malignant": 1 1 1 1 1 2 1 1 1 1 ...
> table(BreastCancer$Class)
benign malignant
   458       241
```

유방암 데이터는 11개의 변수와 699개의 관측값을 가지고 있다. 반응변수 Class는 양성(benign)과 악성(malignant) 두 가지 범주로 분류된다. 반응변수(Class)의 분할표를 보면 benign이 458개, malignant가 241개인 것을 볼 수 있다.

(2) 결측값(Missing value) 확인 및 제거하기

```
> colSums(is.na(BreastCancer))
         Id    Cl.thickness       Cell.size      Cell.shape    Marg.adhesion     Epith.c.size
          0               0               0               0                0                0
Bare.nuclei      Bl.cromatin  Normal.nucleoli         Mitoses           Class
         16               0               0               0                0
> sum(is.na(BreastCancer))
[1] 16
> BreastCancer2 <- BreastCancer[complete.cases(BreastCancer), ]
> sum(is.na(BreastCancer2))
[1] 0
```

실행 결과 Bare.nuclei 속성값에 결측값이 16개 있어 제거한다. complete.cases() 함수는 해당 행의 모든 값이 NA가 아닌 경우 TRUE, 해당 행의 값이 하나라도 NA를 포함하고 있는 경우 FALSE 값을 반환한다.

(3) 중복 데이터(Duplicated data) 확인 및 제거하기

```
> nrow(BreastCancer2)
[1] 683
> sum(duplicated(BreastCancer2))
[1] 8
> BreastCancer3 <- BreastCancer2[!duplicated(BreastCancer2), ]
> nrow(BreastCancer3)
[1] 675
> sum(duplicated(BreastCancer3))
[1] 0
```

실행 결과 중복 데이터가 8개 존재하여 제거한다. duplicated() 함수는 중복 값이 존재하는 경우 TRUE, 아닌 경우 FALSE 값을 출력한다.

(4) 반응변수 구성 분포 확인

```
> table(BreastCancer3$Class); cat("total :", margin.table(table(BreastCancer3$Class)))
   benign malignant
      439       236
total : 675
> prop.table(table(BreastCancer3$Class))
   benign malignant
0.6503704 0.3496296
```

유방암 데이터 전처리 후 반응변수(Class)의 분할표를 보면 benign이 439개, malignant가 236개인 것을 볼 수 있다.

(5) 설명변수 간 다중공선성(Multicollinearity) 확인을 위해 반응변수(Class)를 Y, 설명변수를 X 라는 데이터프레임으로 분리하고, 설명변수의 타입을 숫자타입으로 변환하기

```
> Y <- ifelse(BreastCancer3$Class == 'malignant', 1, 0)
> X <- BreastCancer3[, c(2:10)]
> X$Cl.thickness    <- as.integer(X$Cl.thickness)
> X$Cell.size       <- as.integer(X$Cell.size)
> X$Cell.shape      <- as.integer(X$Cell.shape)
> X$Marg.adhesion   <- as.integer(X$Marg.adhesion)
> X$Epith.c.size    <- as.integer(X$Epith.c.size)
> X$Bare.nuclei     <- as.integer(X$Bare.nuclei)
> X$Bl.cromatin     <- as.integer(X$Bl.cromatin)
> X$Normal.nucleoli <- as.integer(X$Normal.nucleoli)
> X$Mitoses         <- as.integer(X$Mitoses)
```

반응변수는 두 개의 범주(malignant, benign)로 분류되고 악성(malignant)은 1, 양성(benign)은 0으로 변경한다. 설명변수는 모두 숫자타입으로 변환한다.

다음은 설명변수 간의 다중공선성이 존재하는지를 확인하기 위해 산점도(Scatter plot), 상관계수(Correlation Coefficient), 분산팽창지수(Variance Inflation Factor, VIF)를 확인한다. 이것은 회귀모델에서 설명변수 간 독립성(independence)을 가정하기 때문이다.

(6) 설명변수 간의 산점도와 상관계수 확인하기

```
> library(PerformanceAnalytics)
> chart.Correlation(X, histogram = TRUE, col = "grey10", pch = 1)
```

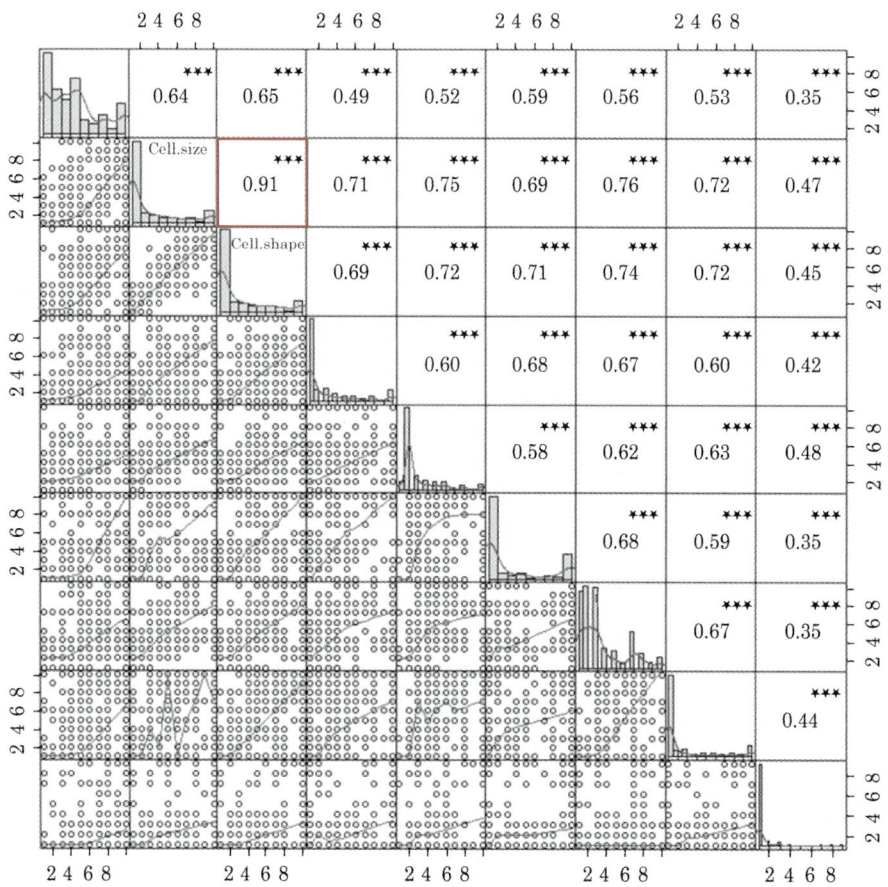

[그림 6-7] 유방암 데이터의 설명변수 간의 산점도와 상관계수 그래프

분석 결과 매우 높은 상관관계(상관계수 0.9 이상)를 보이는 설명변수(Cell.size, Cell.shape)가 존재함으로 다중공선성을 의심할 수 있다. PerformanceAnalytics 패키지의 chart.Correlation() 함수는 산점도와 상관계수를 출력한다.

(7) 설명변수 간의 상관계수 히트맵 그리기

```
> library(GGally)
> ggcorr(X, name = "corr", label = T)
```

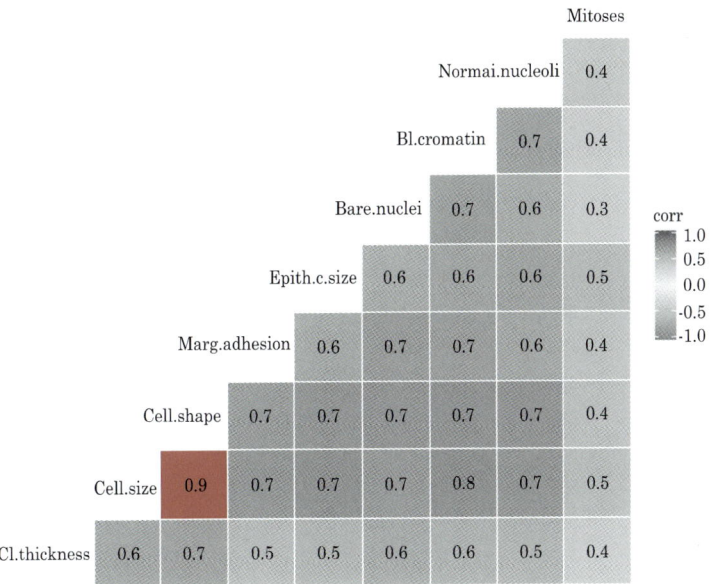

[그림 6-8] 유방암 데이터의 설명변수 간의 상관계수 히트맵

분석 결과 Cell.size, Cell.shape 두 속성의 상관계수가 0.9로 매우 높은 상관관계가 있다는 것을 알 수 있다. GGally 패키지의 ggcorr() 함수는 설명변수 간의 상관계수 히트맵을 시각화한다.

(8) 설명변수 간의 분산팽창지수(VIF) 확인하기

```
> library(fmsb)
> VIF(lm(Cl.thickness ~ ., data = X))
[1] 1.90642
> VIF(lm(Cell.size ~ ., data = X))
[1] 7.109585
> VIF(lm(Cell.shape ~ ., data = X))
[1] 6.462976
> VIF(lm(Marg.adhesion ~ ., data = X))
[1] 2.523803
> VIF(lm(Epith.c.size ~ ., data = X))
[1] 2.530673
> VIF(lm(Bare.nuclei ~ ., data = X))
[1] 2.589232
> VIF(lm(Bl.cromatin ~ ., data = X))
[1] 2.903433
> VIF(lm(Normal.nucleoli ~ ., data = X))
[1] 2.461502
> VIF(lm(Mitoses ~ .,data = X))
[1] 1.403406
```

분석 결과 분산팽창지수(Variance Inflation Factor, VIF) 값이 10 이상인 설명변수는 없는 것을 볼 수 있다. fmsb 패키지의 VIF() 함수는 분산팽창지수(VIF)를 출력한다.

(9) 설명변수 표준화하기

```
> X2 <- scale(X)
> var(X2[, ])
                Cl.thickness    Cell.size    Cell.shape   Marg.adhesion   Epith.c.size
Cl.thickness     1.0000000      0.6408468    0.6526171    0.4894212       0.5191716
Cell.size        0.6408468      1.0000000    0.9057554    0.7146499       0.7488287
Cell.shape       0.6526171      0.9057554    1.0000000    0.6940289       0.7171865
Marg.adhesion    0.4894212      0.7146499    0.6940289    1.0000000       0.6034792
Epith.c.size     0.5191716      0.7488287    0.7171865    0.6034792       1.0000000
Bare.nuclei      0.5939357      0.6898953    0.7108760    0.6764278       0.5827524
Bl.cromatin      0.5564040      0.7594179    0.7378729    0.6717437       0.6226487
Normal.nucleoli  0.5338912      0.7237118    0.7232412    0.6021876       0.6341289
Mitoses          0.3548217      0.4667208    0.4485088    0.4245258       0.4846702
                Bare.nuclei    Bl.cromatin  Normal.nucleoli  Mitoses
Cl.thickness     0.5939357     0.5564040    0.5338912        0.3548217
Cell.size        0.6898953     0.7594179    0.7237118        0.4667208
Cell.shape       0.7108760     0.7378729    0.7232412        0.4485088
Marg.adhesion    0.6764278     0.6717437    0.6021876        0.4245258
Epith.c.size     0.5827524     0.6226487    0.6341289        0.4846702
Bare.nuclei      1.0000000     0.6791367    0.5879502        0.3495506
Bl.cromatin      0.6791367     1.0000000    0.6688204        0.3532766
Normal.nucleoli  0.5879502     0.6688204    1.0000000        0.4363314
Mitoses          0.3495506     0.3532766    0.4363314        1.0000000
```

실행 결과 분산이 1인 것을 볼 수 있다. scale() 함수는 설명변수를 평균이 0, 분산이 1인 값으로 표준화한다. 데이터를 표준화하면 변수의 측정 단위(또는 범위) 간의 편차를 없애 준다.

(10) t-검증(t-test)을 통한 반응변수와 설명변수 간의 차이가 존재하는지 확인하기

```
> library(dplyr)
> BreastCancer4 <- data.frame(Y, X2)
> X_names <- names(data.frame(X2))
> t.test_p.value_df <- data.frame()
> for (i in 1:length(X_names)) {
+     t.test_p.value <- t.test(BreastCancer4[, X_names[i]]~BreastCancer4$Y,
+                  var.equal = TRUE)$p.value
+     t.test_p.value_df[i, 1] <- X_names[i]
+     t.test_p.value_df[i, 2] <- t.test_p.value
+ }
```

```
> colnames(t.test_p.value_df) <- c("x_var_name", "p.value")
> t.test_p.value_df <- t.test_p.value_df %>% arrange(p.value)
> t.test_p.value_df
       x_var_name         p.value
1      Cell.shape    9.592587e-166
2       Cell.size    1.000379e-165
3      Bare.nuclei   1.248282e-165
4      Bl.cromatin   3.791752e-127
5   Normal.nucleoli  9.247143e-110
6     Cl.thickness   5.148514e-107
7    Marg.adhesion   5.278548e-105
8     Epith.c.size   2.242968e-96
9          Mitoses   4.251643e-32
```

분석 결과 모든 설명변수의 p-value가 0.05(신뢰수준 95% 적용)보다 작은 것을 볼 수 있다. t-검정은 두 집단 간의 평균 차이가 유의미한지 검증하는 가장 보편적인 통계 방법이다(단, 검증 통계량이 정규분포를 따르는 경우). t-검정 결과에서 제거할 변수는 없는 것을 알 수 있다.

(11) 데이터셋(BreastCancer4)을 훈련용 데이터(80%)와 테스트 데이터(20%)로 분리하기

```
> set.seed(123)
> train <- sample(1:nrow(BreastCancer4), size = 0.8*nrow(BreastCancer4), replace = F)
> test <- (-train)
> Y.test <- Y[test]
> scales::percent(length(train)/nrow(BreastCancer4))
[1] "80%"
> head(train)
[1] 195 532 276 594 632  31
```

실행 결과 데이터셋에서 80%가 훈련용 데이터로 분리된 것을 알 수 있다. 훈련용 데이터(train), 테스트 데이터(test), 테스트 데이터의 반응변수 데이터(Y.test)에는 관측값이 들어있는 것이 아니라 인덱싱(indexing)을 위한 index 정보가 들어 있다.

(12) 훈련용 데이터로 로지스틱 회귀 모델 적합하기

```
> glm.fit <- glm(Y~., data = BreastCancer4, family = binomial(link = "logit"), subset = train)
> summary(glm.fit)
Call:
  glm(formula = Y ~ ., family = binomial(link = "logit"), data = BreastCancer4, subset = train)
Deviance Residuals:
    Min       1Q   Median       3Q      Max
 -3.3535  -0.1344  -0.0686   0.0216   2.3780

Coefficients:
                 Estimate   Std. Error   z value    Pr(>|z|)
(Intercept)      -1.00864      0.36832    -2.738    0.006172 **
Cl.thickness      1.41131      0.43279     3.261    0.001110 **
Cell.size        -0.05671      0.68019    -0.083    0.933554
Cell.shape        0.87409      0.72839     1.200    0.230128
Marg.adhesion     0.98337      0.37274     2.638    0.008334 **
Epith.c.size      0.43534      0.36779     1.184    0.236547
Bare.nuclei       1.47806      0.39113     3.779    0.000158 ***
Bl.cromatin       0.80216      0.44001     1.823    0.068294 .
Normal.nucleoli   0.58023      0.35380     1.640    0.101007
Mitoses           0.84191      0.69655     1.209    0.226778
---
  Signif. codes:  0 '***' 0.001 '**' 0.01 '*' 0.05 '.' 0.1 ' ' 1

(Dispersion parameter for binomial family taken to be 1)

    Null deviance: 691.519  on 539  degrees of freedom
Residual deviance:  92.505  on 530  degrees of freedom
AIC: 112.5

Number of Fisher Scoring iterations: 8
```

실행 결과 Cell.size 변수의 p-value가 0.933554 > 0.05(신뢰수준 95% 기준)이므로 반응변수에 별 영향 혹은 관련이 없다고 판단할 수 있다. 따라서 Cell.size 변수는 제거할 필요가 있음을 알 수 있다. glm() 함수는 로지스틱 회귀 모델을 생성한다.

(13) 설명변수 제거를 위해 후진제거법(backward elimination)을 사용해서 모델을 적합하기

```
> step(glm.fit, direction = "backward")
Start:  AIC = 112.5
Y ~ Cl.thickness + Cell.size + Cell.shape + Marg.adhesion + Epith.c.size +
    Bare.nuclei + Bl.cromatin + Normal.nucleoli + Mitoses

                    Df    Deviance      AIC
- Cell.size         1      92.512     110.51
- Cell.shape        1      93.859     111.86
- Epith.c.size      1      93.895     111.89
<none>                     92.505     112.50
- Normal.nucleoli   1      95.290     113.29
- Mitoses           1      95.318     113.32
- Bl.cromatin       1      95.993     113.99
- Marg.adhesion     1      99.899     117.90
- Cl.thickness      1     105.193     123.19
- Bare.nuclei       1     109.832     127.83

Step:  AIC = 110.51
Y ~ Cl.thickness + Cell.shape + Marg.adhesion + Epith.c.size +
    Bare.nuclei + Bl.cromatin + Normal.nucleoli + Mitoses

                    Df    Deviance      AIC
- Epith.c.size      1      93.899     109.90
- <none>                   92.512     110.51
- Cell.shape        1      95.176     111.18
- Normal.nucleoli   1      95.297     111.30
- Mitoses           1      95.339     111.34
- Bl.cromatin       1      96.085     112.08
- Marg.adhesion     1     100.038     116.04
- Cl.thickness      1     105.326     121.33
- Bare.nuclei       1     109.842     125.84

Step:  AIC = 109.9
Y ~ Cl.thickness + Cell.shape + Marg.adhesion + Bare.nuclei +
    Bl.cromatin + Normal.nucleoli + Mitoses

                    Df    Deviance      AIC
<none>                     93.899     109.90
- Mitoses           1      96.757     110.76
- Normal.nucleoli   1      97.143     111.14
- Cell.shape        1      97.833     111.83
- Bl.cromatin       1      98.440     112.44
- Marg.adhesion     1     102.992     116.99
- Cl.thickness      1     107.009     121.01
- Bare.nuclei       1     112.294     126.29
```

```
Call:  glm(formula = Y ~ Cl.thickness + Cell.shape + Marg.adhesion +
    Bare.nuclei + Bl.cromatin + Normal.nucleoli + Mitoses,
    family = binomial(link = "logit"), data = BreastCancer4, subset = train)

Coefficients:
    (Intercept)     Cl.thickness      Cell.shape    Marg.adhesion      Bare.nuclei
        -0.9608           1.4003          0.9914           1.0430           1.5215
    Bl.cromatin  Normal.nucleoli         Mitoses
         0.8882           0.6295          0.7982

Degrees of Freedom: 539 Total (i.e. Null);  532 Residual
Null Deviance:       691.5
Residual Deviance:  93.9       AIC: 109.9
```

분석 결과는 [표 6-7]과 같다. AIC(Akaikie Information Criteria) 기준으로 (3)번 모델이 가장 우수(AIC 값이 가장 작으므로)하다 할 수 있다. 즉 Cell.size, Epith.c.size 속성을 제거하는 경우 모델 성능이 더 우수한 것으로 판단할 수 있다. step() 함수의 direction = "backward" 옵션은 후진제거법을 사용해 모델을 적합한다.

[표 6-7] 후진제거법 모델 적합 결과

모델	예측식	AIC
1	All(9개 설명변수)	112.5
2	Cell.size 설명변수 제거	110.51
3	Epith.c.size 설명변수 제거	109.9

(14) 후진제거법의 3모델(Cell.size, Epith.c.size 설명변수 제거)을 적합하고, 모델의 유의성 검정하기

```
> glm.fit.2 <- glm(Y~ Cell.shape + Normal.nucleoli + Mitoses + Bl.cromatin + Marg.adhesion +
+                  Cl.thickness + Bare.nuclei,
+                  data = BreastCancer4, family = binomial(link = "logit"), subset = train)
> anova(glm.fit.2, test = "Chisq")
Analysis of Deviance Table

Model: binomial, link: logit

Response: Y

Terms added sequentially (first to last)

                 Df  Deviance  Resid. Df  Resid. Dev  Pr(>Chi)
NULL                                 539      691.52
Cell.shape        1    471.35        538      220.17   < 2.2e-16 ***
Normal.nucleoli   1     31.21        537      188.96   2.315e-08 ***
```

```
Normal.nucleoli    1    31.21    537    188.96    2.315e-08 ***
Mitoses            1    17.66    536    171.30    2.648e-05 ***
Bl.cromatin        1    24.47    535    146.84    7.567e-07 ***
Marg.adhesion      1    14.34    534    132.50    0.0001526 ***
Cl.thickness       1    20.20    533    112.29    6.970e-06 ***
Bare.nuclei        1    18.40    532     93.90    1.795e-05 ***
---
Signif. codes:  0 '***' 0.001 '**' 0.01 '*' 0.05 '.' 0.1 ' ' 1
```

실행 결과 모든 설명변수의 p-value(Pr(>Chi))가 0.05(신뢰수준 95% 적용)보다 작아 모델이 유의미하다는 결론을 도출할 수 있다. anova() 함수는 하나 이상의 적합된 모델에 대한 분산분석을 수행한다. 분산분석은 모델을 평가하거나 모델 간의 비교를 위해 사용된다.

(15) 테스트 데이터로 모델 성능 평가 수행하기

```
> glm.probs <- predict(glm.fit.2, BreastCancer4[test, ], type = "response")
> glm.pred <- ifelse(glm.probs > .5, 1, 0)
> table(Y.test, glm.pred)
      glm.pred
Y.test  0  1
     0 81  1
     1  0 53
> mean(Y.test == glm.pred)       # Accuracy
[1] 0.9925926
> mean(Y.test != glm.pred)       # Error Rate
[1] 0.007407407
```

정오분류표(Confusion Matrix)에서 양성(=0)은 81개 모두, 악성(=1)은 54개 중 53개가 제대로 분류된 것을 볼 수 있다. 정분류율(Accuracy)은 약 0.993이고, 오분류율(Error Rate)은 약 0.007로 유방암 예측(양성, 악성 분류) 로지스틱 회귀 모델이 잘 적합된 것을 알 수 있다.

(16) ROC 그래프와 AUC 확인하기

```
> library(ROCR)
> pr <- prediction(glm.probs, Y.test)
> prf <- performance(pr, measure = "tpr", x.measure = "fpr")
> plot(prf, main = "ROC Curve")
> auc <- performance(pr, measure = "auc")
> auc <- auc@y.values[[1]]
> auc
[1] 0.9990796
```

분석 결과 ROC 곡선이 매우 이상적(면적이 1에 가까운 완벽에 가까운 모델)이고, AUC가 약 0.999로 매우 우수한 모델이라고 할 수 있다.

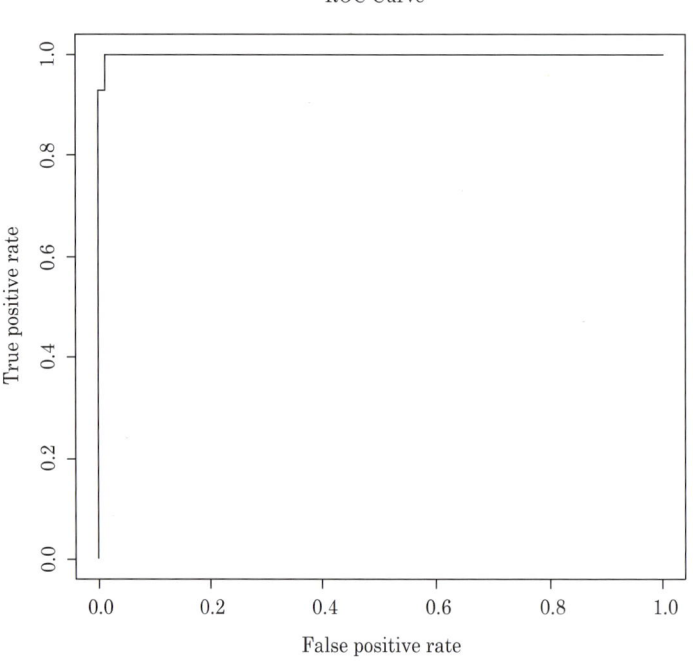

[그림 6-9] 로지스틱 회귀 모델 예측 결과 ROC 그래프

P(Y)를 유방암 악성(malignant)일 확률(0~1 사이의 실수)이라고 할 때 아래 식이 성립한다.

$$\log\left(\frac{P(Y)}{1-P(Y)}\right)$$

$$= -0.96 + 0.99 * Cell.shape + 0.63 * Normal.vcleoli + 0.8 * Mitoses + 0.89 * BL.crmatin$$
$$+ 1.04 * Marg.adhesion + 1.4 * Cl.thickness + 1.52 * Bare.nuclei$$

위의 최종 모델로부터 다른 설명변수가 통제되었을 경우 설명변수 X_i가 한 단위 증가할 때 유방암 악성일 확률의 오즈는 $\exp(\beta_i)$ 배만큼 증가한다는 뜻이다.

예를 들어, Mitoses의 회귀계수가 0.8이므로 다른 설명변수들이 고정되었을 때 Mitoses 속성이 한 단위 증가할 때 유방암이 악성일 확률의 오즈는 $\exp(0.8) \approx 2.23$배 증가한다는 뜻이다.

> **참고** 분산팽창지수(Variance Inflation Factor, VIF)
>
> 일반적으로 k개의 설명변수로 분산팽창지수를 구했을 때 가장 큰 VIF 값이 5 이상이면 다중공선성이 있다고 보고, VIF 값이 10 이상이면 다중공선성이 매우 심각하다고 평가한다. 다음은 분산팽창지수 계산식이다.
>
> $$VIF_j = \frac{1}{tolerance} = \frac{1}{1-R_j^2}, \; j=1,...k$$
>
> 위 식에서 R_j^2는 X_j를 반응변수(종속변수)로 하고 나머지를 설명변수로 하는 회귀 모델의 결정계수다.

> **참고** 설명변수 선택 방법(예제는 5.3.2.5 참조)
>
> 모델을 만들 때 주어진 여러 변수 중 어떤 변수를 설명변수로 할지는 모델링을 수행하는 분석가의 배경지식에 따라 결정할 수 있다. 이러한 배경지식이 없는 경우, 통계적 특성을 고려해 기계적으로 설명변수를 선택하는 방법을 사용할 수 있다. 기계적 변수 선택 방법은 아래 표처럼 3가지로 구분할 수 있다.
>
> | 변수 선택 방법 | 설 명 |
> |---|---|
> | 전진선택법
Forward selection | 절편만 있는 모델에서 기준 통계치를 가장 많이 개선시키는 변수를 차례로 추가하는 방법 |
> | 후진제거법
Backward selection | 모든 변수가 포함된 모델에서 기준 통계치에 가장 도움이 되지 않는 변수를 하나씩 제거하는 방법 |
> | 단계적방법
Stepwise selection | 모든 변수가 포함된 모델에서 출발하여 기준 통계치에 가장 도움이 되지 않는 변수를 삭제하거나, 모델에서 빠져 있는 변수 중에서 기준 통계치를 가장 개선시키는 변수를 추가하는 작업을 반복하는(또는 절편만 포함된 모델에서 출발해 변수의 추가 삭제를 반복) 방법 |

6.4 인공신경망

> 인공신경망 모델, 단층신경망, 다층신경망, 피드포워드신경망, duplicated(), ggcorr(), VIF(), scale(), nnet(), neuralnet(), compute()

- ✅ **인공신경망 모델**은 생물체의 뇌신경계를 모방하여 입력신호와 출력신호 간의 관계를 모델화하는 기법이다.

- ✅ **단층신경망**은 입력층이 은닉층을 거치지 않고 직접 출력층에 연결(입력층과 출력층으로만 구성)되어 있다.

- ✅ **다층신경망** 모델은 단층신경망 모델과 달리 입력층과 출력층 사이에 여러 개의 은닉층을 가질 수 있다.

- ✅ **피드포워드신경망**은 정보가 전방으로 전달되는 것은 생물학적 신경계에서도 유사하게 나타나며, 이러한 원리를 인공신경망에 적용한 것을 말한다.

- ✅ **duplicated() 함수**는 중복 값이 존재하는 경우 TRUE, 아닌 경우 FALSE 값을 출력한다.

- ✅ GGally 패키지의 **ggcorr() 함수**는 설명변수 간의 상관계수 히트맵을 시각화한다.

- ✅ fmsb 패키지의 **VIF() 함수**는 분산팽창지수(VIF)를 출력한다.

- ✅ **scale() 함수**는 설명변수를 평균이 0, 분산이 1인 값으로 표준화한다.

- ✅ **nnet() 함수**는 활성함수로 시그모이드 또는 선형 출력을 사용한다.

- ✅ **neuralnet() 함수**는 다양한 역전파 알고리즘을 통해 모델을 생성한다.

- ✅ **compute() 함수**는 각 뉴런의 출력값을 계산한다.

6.4.1 인공신경망 모델의 개념

인공신경망(artificial neural networks, ANN) 모델은 생물체의 뇌신경계를 모방하여 입력신호와 출력신호 간의 관계를 모델화하는 기법이다. 자연 뉴런(natural neurons)이 시냅스(synapse)를 통해 신호를 전달받는 과정에서 신호의 강도가 기준치보다 크면 뉴런은 활성화되고 신경돌기(axon)를 통하여 신호를 방출한다(Wikipedia, "Artificial neural network" 참조).

인공신경망에서 입력(input)은 시냅스에 해당하고, 개별 신호의 강도에 따라 가중(weights)되며, 활성함수(activation function)는 출력(output)을 계산한다. 다음은 자연신경망과 인공신경망의 비교다.

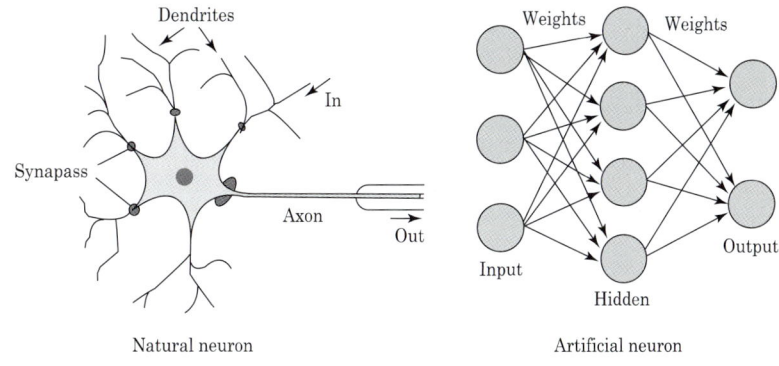

[그림 6-10] 자연신경망과 인공신경망 비교

6.4.2 단층신경망

단층신경망(Single-layer neural network)은 입력층이 은닉층을 거치지 않고 직접 출력층에 연결(입력층과 출력층으로만 구성)되어 있다(단층신경망은 단층퍼셉트론으로 불리기도 한다).

[그림 6-11]은 단층신경망의 예다. 여기서 x_1, x_2는 입력값이고 w_1, w_2는 각 입력값에 대한 가중치다. 출력층은 가중치를 갖는 입력값을 선형적으로 합하는 함수와 함수의 임계치 θ를 가지는 활성화 함수로 구성되어 있다.

여기서 활성화 함수로는 계단 함수(Heaviside function 또는 step function)를 사용하였는데 계단 함수 대신 시그모이드(sigmoid) 함수나 tanh() 함수, 또는 ReLU() 함수를 사용할 수도 있다.

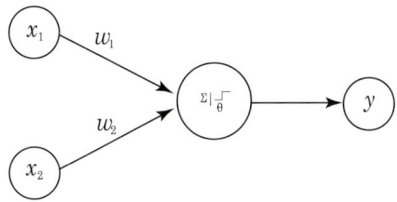

[그림 6-11] 단층신경망의 예시

인공신경망은 많은 데이터에 대해 학습(learning)을 거쳐 원하는 결과가 나오도록(오차가 작아지는 방향으로) 가중치가 조정된다. 즉, 인공신경망은 가중치를 반복적으로 조정하며 학습한다.

단층퍼셉트론의 학습 모델 중 가장 대표적인 퍼셉트론 러닝 알고리즘(Perceptron Learning Algorithm, PLA)은 다음과 같다.

> ① 가중치 초기화 : $w^0 = 0$
> ② $i-1$번째 가중치와 i번째 학습 데이터로 결과 예측 : $d^i = sign(w^{i-1} \cdot x^i)$
> ③ if $y^i d^i > 0 : w^i = w^{i-1}$
>   otherwise $y^i d^i \leq 0 : w^i = w^{i-1} + \alpha y^i x^i$, 여기서 α는 학습률
> ④ 모든 데이터가 $y^i d^i > 0$를 만족할 때까지 ②, ③단계를 반복

d_i는 i번째 학습 데이터를 가지고 예측된 결과값이며, α는 학습률(learning rate)이다. 학습률은 근사해가 어느 정도로 실제값에 접근하게 할지를 정하는 계수이고, 너무 작으면 근사해에 수렴하는 데 많은 시간이 소요되고 너무 크면 수렴하지 못하고 발산(diverge)하는 위험이 있다.

이 알고리즘(PLA)의 핵심은 예측값 d_i와 실제값 y_i가 같은 부호, 즉 같은 측에 있을 때까지 반복해서 가중치를 갱신하는 것이다.

6.4.3 다층신경망

다층신경망(Multi-layer neural network) 또는 다층퍼셉트론(Multi-Layer Perceptron, MLP)의 네트워크 구조는 다음과 같다.

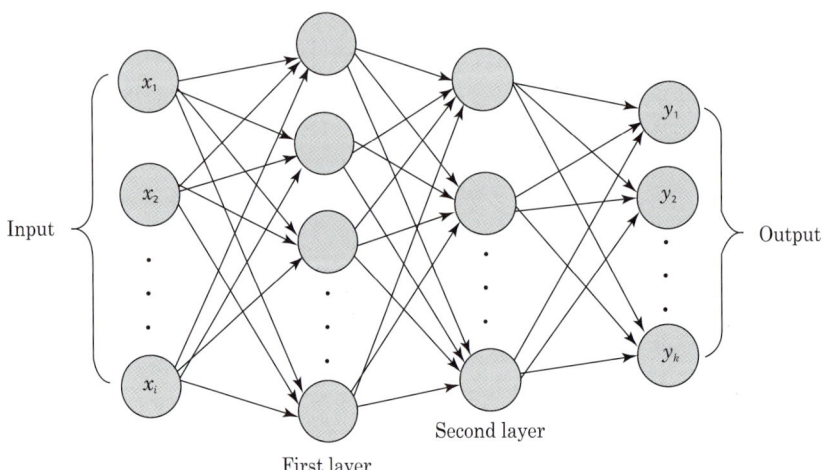

[그림 6-12] 다층신경망 네트워크 구조

다층신경망은 단층신경망과 달리 입력층과 출력층 사이에 여러 개의 은닉층(hidden layer)을 가질 수 있다. 그래서 다층신경망이라고 구분한다. 은닉층이라는 용어는 사용자가 볼 수 없기 때문에 붙었다. 은닉층의 수는 의사결정 경계를 정하는데 중요하다. 은닉층의 수를 정할 때는 다음의 사항을 고려한다.

- 다층신경망은 단층신경망에 비해 훈련(training)이 어렵다.
- 시그모이드(sigmoid) 함수를 가지는 2개 층의 네트워크(1개 은닉층)는 임의의 의사결정 경계를 모델화할 수 있다.

각 층의 노드 수(또는 units)는 다음을 고려하여 결정한다.

- 출력층 노드(output units)의 수는 출력 범주의 수로 결정한다.
- 입력(inputs)의 수는 입력 차원의 수로 결정한다.
- 은닉층 노드(hidden units)의 수는 다음을 고려하여 정한다.
  - 너무 적으면 네트워크가 복잡한 의사결정 경계를 만들 수 없다.
  - 너무 많으면 네트워크의 일반화가 어렵다.

[그림 6-12]에서 예시한 다층퍼셉트론은 은닉층이 한 개(Second layer)인 2층 퍼셉트론이라 할 수 있다. 다층신경망의 정보의 흐름은 입력층에서 시작해 은닉층을 거쳐 출력층으로 진행된다.

6.4.4 피드포워드신경망

정보가 전방으로 전달되는 것은 생물학적 신경계에서도 유사하게 나타나며, 이러한 원리에 따라 인공신경망을 피드포워드신경망(Feedforward Neural Network, FNN)이라 한다. 망막과 연결된 어떤 신경망들처럼 피드포워드신경망은 신경세포를 오직 앞 방향으로만 연결시킨다. 맨 앞의 신경세포 층은 다음 층과 연결되고, 다음 층은 다시 그 다음 층과 연결되는 방식이다. 어떤 신경세포 층도 이전의 신경세포 층과는 달리 연결되지 않기 때문에 '피드포워드'라는 이름을 갖게 되었다. 피드포워드신경망은 딥러닝에서 가장 핵심적인 구조 개념이다.

[그림 6-13]은 피드포워드신경망 구조다. 피드포워드신경망에서 입력층은 입력 데이터를 받아들이는 기능이고, 입력층의 뉴런 또는 노드 개수는 입력 데이터의 특성 개수와 일치한다.

은닉층의 뉴런 수와 은닉층의 개수는 신경망을 설계하는 사람의 직관과 경험에 의존한다. 은닉층에서 뉴런 수가 너무 많으면 과적합(Overfitting)이 발생하고, 뉴런 수가 너무 적으면 입력 데이터를 충분히 표현하지 못하는 경우가 발생할 수 있다. 은닉층의 활성화 함수(activation function)는 뉴런으로 모아진 신호를 좀 더 변별력 있는 상태로 전환하는 것이다.

출력층은 해결하고자 하는 문제의 성격(예를 들어 붓꽃을 판별하는 문제라면 붓꽃의 후보 중 하나를 결정)과 직결돼 있다.

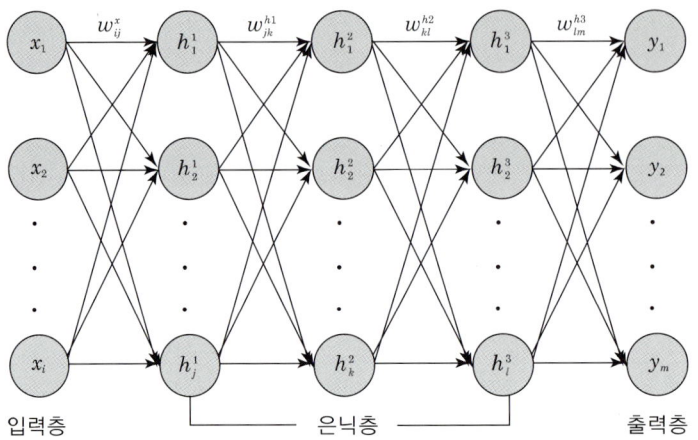

[그림 6-13] 피드포워드신경망 구조

이처럼 피드포워드신경망에서 원하는 결과를 얻기 위해서는 뉴런 사이에 정보 전달 과정에 작용하는 적당한 가중치를 알아내야 하는데 이것을 학습(learning)이라고 한다.

폴 워보스(Paul Werbos)는 자신의 학위논문(하버드대학교 박사과정, 1974)에서 피드포워드신경망에 역전파(Back Propagation, BP) 이론을 처음 적용했다. 역전파는 대표적인 지도학습 알고리즘으로 레이블된 학습 데이터를 가지고 여러 개의 은닉층을 가지는 피드포워드신경망을 학습시킬 때 사용된다. 역전파는 현재 신경망에서 가장 많이 사용되는 학습 알고리즘인데, 이는 명확한 수학적 이론을 기반으로 계산의 편의성까지 제공하기 때문이다. 역전파는 예측된 결과와 실제값의 차이인 에러의 역전파를 통해 가중치를 구한다는 의미인 '에러의 역방향 전파(backward propagation of errors)'에서 시작되었다. [그림 6-14]는 역전파를 이용한 학습 개념이다. 역전파 학습은 크게 3단계 과정이 반복된다.

① 피드포워드 과정: 먼저 모든 층에 있는 가중치를 임의의 수로 초기화하고, 레이블된 학습 데이터를 입력층에서 입력받아 은닉층을 통해 출력층까지 피드포워드한다.

② 역전파 계산: 피드포워드된 예상값과 실제값의 차이인 에러를 구하고, 에러를 최소화하는 가중치를 찾는 과정이다.

③ 가중치 조정: 앞 단계에서 계산된 에러로 학습률(최소평균제곱의 미분값을 이용해 학습률을 선정)만큼 수정된 가중치를 구하고, 델타 룰(Delta rule)을 이용해 가중치를 조정한다.

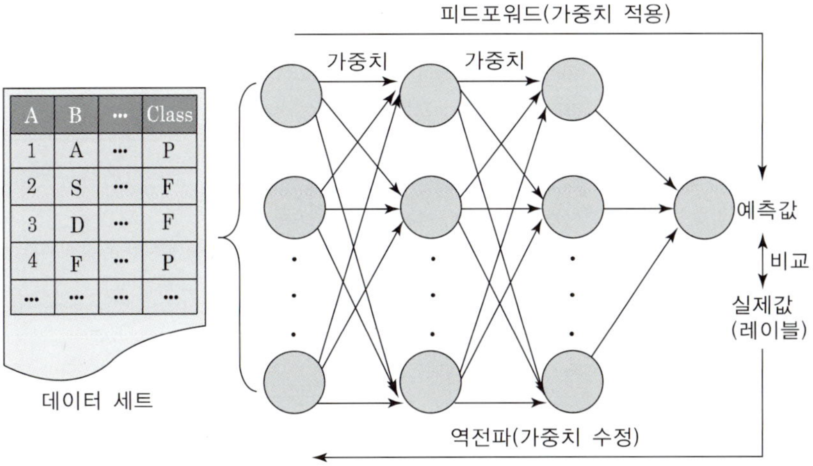

[그림 6-14] 역전파를 이용한 학습 개념

다음의 [표 6-8]은 인공신경망 모델의 장·단점을 보여준다.

[표 6-8] 인공신경망 모델의 장·단점 비교

구분	설명
장점	• 변수의 수가 많거나 입·출력 변수 간의 복잡한 비선형 문제에도 탁월한 성능을 보인다. • 분류 및 수치 예측 문제에 모두 적용 가능하다. • 통계적 기본 가정이 적고 유연한 모델을 만든다. • 데이터 사이즈가 작거나 불완전 데이터, 노이즈 데이터가 있는 경우에도 다른 모델에 비하여 예측 성능이 우수한 경우가 많다.
단점	• 모델 결과 해석이 어려워서 은닉층의 노드들이 무엇을 표현하는지, 결과값 설명이 필요한 모델링에는 적합하지 않다(블랙박스 모델). • 은닉층의 수와 은닉노드 수의 결정이 어렵다. • 나이브 베이즈, 로지스틱 회귀 모델처럼 보다 단순한 분류 모델에 비해 컴퓨팅 연산에 많은 자원이 필요하다. • 과적합(또는 과소적합)이 발생하기 쉽다. • 초기값에 따라 전체적 관점에서의 최적해가 아닌 지역 최적해가 선택될 수 있다.

[표 6-9] 많이 사용되는 활성함수(Activation function)

• 시그모이드 함수(sigmoid function): 결과는 연속형이고 $0 \leq y \leq 1$이며, 로지스틱 회귀 모델과 유사하다.	$y = \dfrac{1}{1+\exp(-z)}$
• 계단 함수(Heaviside function or Step function): 결과는 이진형(0 또는 1)이다.	$y = \begin{cases} 0, & z < 0 \\ 1, & z \geq 1 \end{cases}$
• tanh 함수: 결과는 연속형이며 $-1 \leq y \leq 1$이다.	$y = \dfrac{\exp(z) - \exp(-z)}{\exp(z) + \exp(-z)}$
• Relu 함수: 입력값이 0이하는 0, 0초과는 x값을 가지며 최근 딥러닝에서 많이 사용되는 함수다.	$y^{relu} = \begin{cases} 0, & if\ x \leq 0 \\ x, & if\ x > 0 \end{cases}$
• Softmax 함수: 표준화지수(또는 일반화 로지스틱) 함수로도 불리며 출력값이 여러 개로 주어지고, 목표치가 다범주인 경우 각 범주에 속할 사후 확률을 제공하는 함수다.	$y_i = \dfrac{\exp(z_j)}{\sum\limits_{i=1}^{L} \exp(z_i)},\ j=1,...,L$

• 가우스 함수(Gauss function): 결과는 연속형이며 $0 \leq y \leq 1$이다.	$y = \exp\left(-\dfrac{z^2}{2}\right)$
• 부호(sign) 또는 threshold 함수: 결과는 이진형(-1 또는 1)이다.	$y = \begin{cases} -1, & z < 0 \\ 1, & z \geq 1 \end{cases}$

> **참고** 데이터 타입을 확인하기 위해 class(), typeof(), mode() 등의 함수를 사용할 수 있다. 세 함수는 각각 다른 값을 가질 수도 아닐 수도 있다. class()는 객체지향 관점에서 상속받은 클래스 이름을 반환하고, typeof()는 내부에 저장되는 형식인 원시 데이터타입을 반환한다. mode()는 typeof()보다 더 넓은 의미의 데이터 타입이다.

예)
```
> a<-10
> class(age)
[1] "numeric"
```

> **참고** 지역해(local minimum)

신경망은 가중치를 임의의 값으로 초기화한 후 가중치를 조절하면서 에러의 제곱합(Sum of Squared Error, SSE) 또는 엔트로피(entropy)를 기준으로 최적화한다. 이는 수식으로 단번에 최적의 가중치를 찾는 것이 어렵기 때문에 반복적으로 답을 찾아가는 것이다. 지역해 문제는 에러를 최소화시키는 최적의 파라미터(Parameter)를 찾는 문제에 있어서 [그림 6-15]처럼 파라미터 공간에 수많은 지역적인 홀(hole)들이 존재하여 이러한 지역해에 빠질 경우 전역해(global minimum)를 찾기 힘들게 되는 문제를 일컫는다.

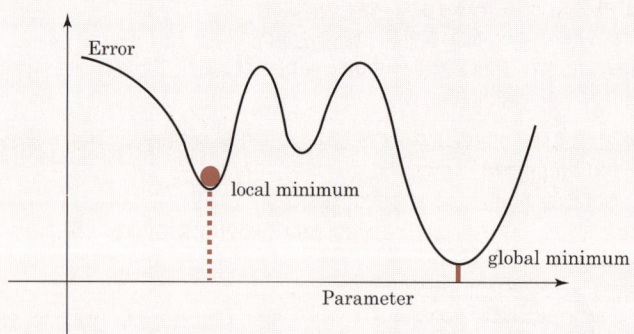

[그림 6-15] 지역해 문제

6.4.5 인공신경망 분석 예제(nnet() 함수)

다음은 nnet 패키지의 nnet() 함수로 datasets 패키지의 자연 유산과 인공 유산 후의 불임에 대한 사례-대조 연구(infert) 데이터셋을 이용해 신경망 모델을 적합하는 예제다. 인공신경망 분석을 위해 infert 데이터셋 소개, 탐색적 데이터 분석 및 전처리, 변수 선택, 목표변수와 설명변수 간의 상관분석, 모델 평가 순으로 진행한다.

(1) infert 데이터셋 불러오기

```
> data("infert", package = "datasets")
> str(infert)
'data.frame'    :248 obs. of  8 variables:
 $ education      : Factor w/ 3 levels "0-5yrs","6-11yrs",..: 1 1 1 1 2 2 2 2 2 ...
 $ age            : num  26 42 39 34 35 36 23 32 21 28 ...
 $ parity         : num  6 1 6 4 3 4 1 2 1 2 ...
 $ induced        : num  1 1 2 2 1 2 0 0 0 0 ...
 $ case           : num  1 1 1 1 1 1 1 1 1 1 ...
 $ spontaneous    : num  2 0 0 0 1 1 0 0 1 0 ...
 $ stratum        : int  1 2 3 4 5 6 7 8 9 10 ...
 $ pooled.stratum : num  3 1 4 2 32 36 6 22 5 19 ...
> table(infert$case)
  0   1
165  83
```

infert 데이터는 8개의 변수와 248개의 관측값을 가지고 있다. 반응변수(case)는 1(사례), 0(대조)를 나타낸다. 반응변수의 분할표를 보면 0(대조)이 165개, 1(사례)이 83개인 것을 볼 수 있다.

(2) 결측값(Missing value), 중복 데이터(Duplicated data) 확인 및 제거하기

```
> colSums(is.na(infert))
education       age    parity   induced      case spontaneous   stratum pooled.stratum
        0         0         0         0         0           0         0              0
> nrow(infert)
[1] 248
> sum(duplicated(infert))
[1] 31
> infert2 <- infert[!duplicated(infert), ]
> nrow(infert2)
[1] 217
> sum(duplicated(infert2))
[1] 0
```

분석 결과 결측값(NA)은 존재하지 않고, 중복 데이터는 31개 있어 모두 제거한다. duplicated() 함수는 중복 값이 존재하는 경우 TRUE, 아닌 경우 FALSE 값을 출력한다.

(3) 반응변수 구성 분포 확인하기

```
> table(infert2$case); cat("total :", margin.table(table(infert2$case)))
  0   1
134  83
total : 217
> prop.table(table(infert2$case))    # 0 = 대조 61.75% vs. 1 = 사례 38.25%
        0         1
0.6175115 0.3824885
```

infert 데이터 전처리 후 반응변수의 분할표를 보면 0(대조)이 134개, 1(사례)이 83개인 것을 볼 수 있다.

(4) 설명변수 간 다중공선성(Multicollinearity) 확인을 위해 목표변수(case)를 Y, 설명변수를 X라는 데이터프레임으로 분리하기

```
> library(dplyr)
> Y <- infert2$case
> X <- infert2 %>%
+       select('age', 'parity', 'induced', 'spontaneous', 'stratum', 'pooled.stratum')
```

설명변수 중에서 'education' 속성을 제외한 'age', 'parity', 'induced', 'spontaneous', 'stratum', 'pooled.stratum' 6개 변수를 선택하여 객체 X에 할당한다.

다음은 설명변수 간의 다중공선성이 존재하는지를 확인하기 위해 산점도(Scatter plot), 상관계수(Correlation Coefficient), 분산팽창지수(Variance Inflation Factor, VIF)를 확인한다.

(5) 설명변수 간의 산점도와 상관계수값 확인하기

```
> library(PerformanceAnalytics)
> chart.Correlation(X, histogram = TRUE, col = "grey10", pch = 1)
```

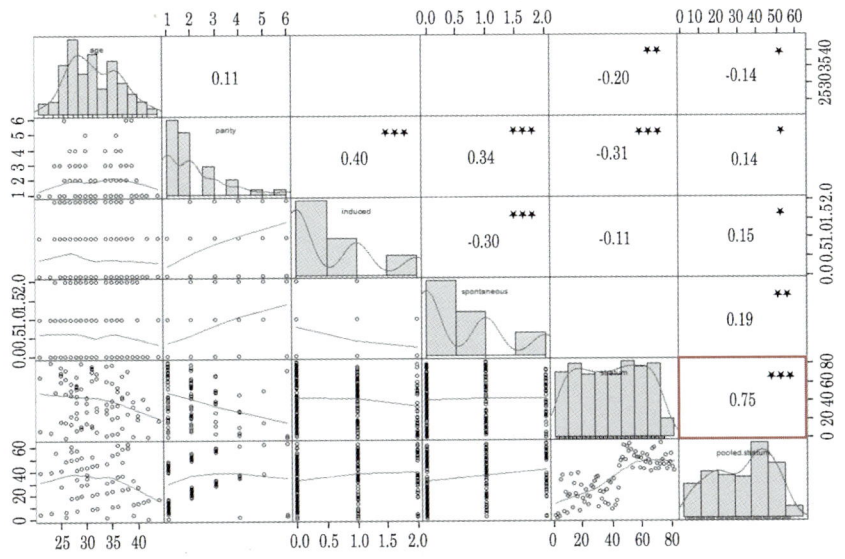

[그림 6-16] infert 자료의 설명변수 간의 산점도와 상관계수 그래프

분석 결과 높은 상관관계(상관계수 0.7 이상)를 보이는 설명변수(stratum, pooled.stratum)가 존재함으로 다중공선성을 의심할 수 있다. PerformanceAnalytics 패키지의 chart.Correlation() 함수는 산점도와 상관계수를 출력한다.

(6) 설명변수 간의 상관계수 히트맵 그리기

```
> library(GGally)
> ggcorr(X, name = "corr", label = T)
```

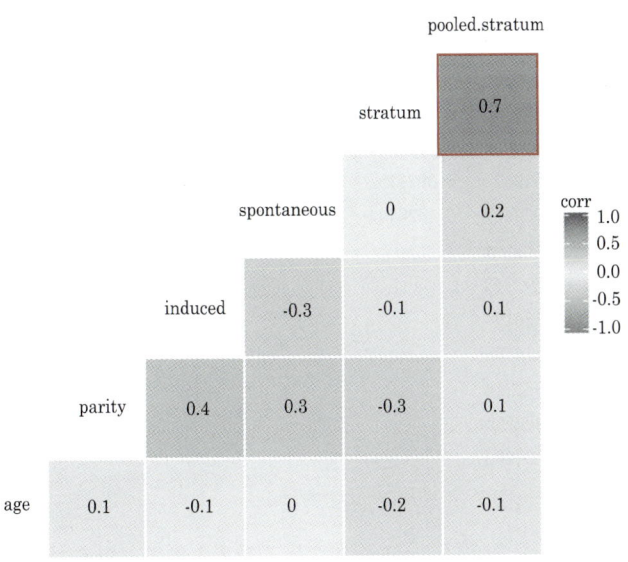

[그림 6-17] infert 자료의 설명변수 간의 상관계수 히트맵

분석 결과 stratum, pooled.stratum 두 속성의 상관계수가 0.7로 높은 상관관계가 있다는 것을 알 수 있다. GGally 패키지의 ggcorr() 함수는 설명변수 간의 상관계수 히트맵을 시각화한다.

(7) 설명변수 간의 분산팽창지수(VIF) 확인하기

```
> library(fmsb)
> VIF(lm(age ~ ., data = X))
[1] 1.082952
> VIF(lm(parity ~ ., data = X))
[1] 2.278814
> VIF(lm(induced ~ ., data = X))
[1] 1.773881
> VIF(lm(spontaneous ~ ., data = X))
[1] 1.669696
> VIF(lm(stratum ~ ., data = X))
[1] 3.873179
> VIF(lm(pooled.stratum ~ ., data = X))
[1] 3.667886
```

분석 결과 분산팽창지수(VIF) 값이 5 이상인 설명변수는 없는 것을 볼 수 있다. fmsb 패키지의 VIF() 함수는 분산팽창지수(VIF)를 출력한다.

(8) 설명변수 표준화하기

```
> X2 <- scale(X)
> var(X2[,])
                      age       parity      induced   spontaneous      stratum
age            1.00000000   0.1067976  -0.07064768   -0.04451437  -0.19519692
parity         0.10679763   1.0000000   0.40037688    0.34393582  -0.30761505
induced       -0.07064768   0.4003769   1.00000000   -0.30214629  -0.11164181
spontaneous   -0.04451437   0.3439358  -0.30214629    1.00000000   0.03446012
stratum       -0.19519692  -0.3076150  -0.11164181    0.03446012   1.00000000
pooled.stratum -0.13929427   0.1420194   0.14741830   0.19379142   0.74825495
               pooled.stratum
age              -0.1392943
parity            0.1420194
induced           0.1474183
spontaneous       0.1937914
stratum           0.7482550
pooled.stratum    1.0000000
```

실행 결과 분산이 1인 것을 볼 수 있다. scale() 함수는 설명변수를 평균이 0, 분산이 1인 값으로 표준화한다.

(9) t-검증(t-test)을 통한 반응변수와 설명변수 간의 차이가 존재하는지 확인하기

```
> library(dplyr)
> infert.data <- data.frame(Y, X2)
> X_names <- names(data.frame(X2))
> t.test_p.value_df <- data.frame()
> for (i in 1:length(X_names)) {
+     t.test_p.value <- t.test(infert.data[, X_names[i]]~infert.data$Y,
+                     var.equal = TRUE)$p.value
+     t.test_p.value_df[i, 1] <- X_names[i]
+     t.test_p.value_df[i, 2] <- t.test_p.value
+ }
> colnames(t.test_p.value_df) <- c("x_var_name", "p.value")
> t.test_p.value_df <- t.test_p.value_df %>% arrange(p.value)
> t.test_p.value_df
       x_var_name       p.value
1      spontaneous     8.597087e-07
2      pooled.stratum  6.001363e-01
3              age     6.298927e-01
4          stratum    7.987689e-01
5          induced    9.365415e-01
6           parity    9.818527e-01
```

분석 결과 한 개의 설명변수(spontaneous)의 p-value가 0.05(신뢰수준 95% 적용)보다 작은 것을 볼 수 있다. 그 외 설명변수는 모두 제거하여야 하지만, 편의상 p-value가 가장 큰 2개의 설명변수(induced, parity)만 제거한다. t-검정은 두 집단 간의 평균의 차이가 유의미한지 검증하는 가장 보편적인 통계 방법이다(단, 검증 통계량이 정규분포를 따르는 경우).

(10) 데이터셋(infert.data)을 훈련용 데이터(80%)와 테스트 데이터(20%)로 분리하기

```
> set.seed(123)
> train <- sample(1:nrow(infert.data), size = 0.8*nrow(infert.data), replace = F)
> test <- (-train)
> Y.test <- Y[test]
> scales::percent(length(train)/nrow(infert.data))
[1] "80%"
> head(train)
[1]  63 171  88 189 201  10
```

실행 결과 데이터셋에서 80%가 훈련용 데이터로 분리된 것을 알 수 있다. 훈련용 데이터(train), 테스트 데이터(test), 테스트 데이터의 반응변수 데이터(Y.test)에는 관측값이 들어있는 것이 아니라 인덱싱(indexing)을 위한 index 정보가 들어 있다.

(11) 훈련용 데이터로 인공신경망 모델을 적합하기

```
> library(nnet)
> nn.fit <- nnet(formula = Y~spontaneous + pooled.stratum + age + stratum,
+                data = infert.data[train, ], size = 2, rang = 0.1, decay = 5e-4, maxit = 200)
# weights: 13
initial  value 42.822989
iter  10 value 34.259094
iter  20 value 32.965317
iter  30 value 32.615999
iter  40 value 32.318282
iter  50 value 32.260977
iter  60 value 32.231563
iter  70 value 32.159298
iter  80 value 31.784036
iter  90 value 31.664116
iter 100 value 31.631169
iter 110 value 31.629483
iter 120 value 31.629342
final    value 31.629288
converged
> summary(nn.fit)
a 4-2-1 network with 13 weights
options were  -  decay = 5e-04
 b->h1 i1->h1 i2->h1 i3->h1 i4->h1
 -4.75 -10.36 -11.23  -9.24   5.80
 b->h2 i1->h2 i2->h2 i3->h2 i4->h2
  0.96  -4.92   1.91  -1.69  -1.51
  b->o  h1->o  h2->o
# 0.67   2.01  -3.64
```

실행 결과는 연결선의 방향과 가중치를 나타낸다. 초기값을 별도로 지정하지 않으면 nnet() 함수가 실행될 때마다 결과가 달라질 것이다. nnet 패키지에서 신경망의 파라미터는 엔트로피(entropy) 또는 에러의 제곱합(Sum of Squared Error, SSE)을 고려해 최적화(기본값은 SSE, entropy = FALSE)된다. 출력 결과는 소프트맥스(softmax)를 사용해 확률과 같은 형태로 변환할 수 있고, 과적합(Overfitting)을 막기 위해 가중치 감소(weight decay) 옵션을 제공한다. nnet() 함수는 활성함수로 시그모이드 또는 선형 출력(기본값은 시그모이드 함수, linout = FALSE)을 사용한다.

(12) 모델 적합 결과 시각화하기

```
> library(devtools)
> source_url('https://gist.githubusercontent.com/fawda123/7471137/raw/466c1474d0a505
+           ff044412703516c34f1a4684a5/nnet_plot_update.r')
> plot.nnet(nn.fit)
```

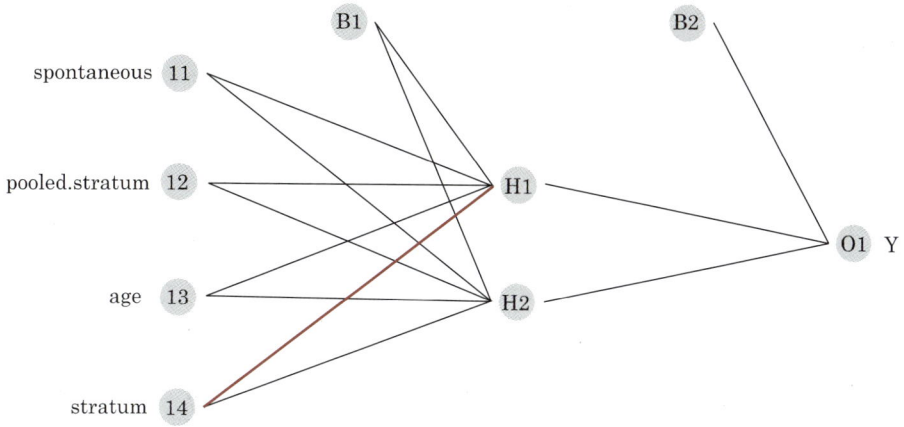

[그림 6-18] 인공신경망 모델 시각화

위 그림에서 선의 굵기는 연결선의 가중치(weight)에 비례한다.

(13) 테스트 데이터로 모델 성능 평가 수행하기

```
> nn.probs <- predict(nn.fit, infert.data[test, ], type = "raw")
> nn.pred  <- ifelse(nn.probs > .5, 1, 0)
> table(Y.test, nn.pred)
       net.pred
Y.test  0  1
     0 20  5
     1 11  8
> mean(Y.test == nn.pred) # Accuracy
[1] 0.6363636
```

성능 평가 결과 정오분류표(Confusion Matrix)에서 대조(=0)는 31개 중 20개, 사례(=1)는 13개 중 8개를 제대로 분류한다. 정분류율(Accuracy)은 약 0.636이다.

(14) ROC 그래프와 AUC 확인하기

```
> library(ROCR)
> pr <- prediction(nn.pred, Y.test)
> prf <- performance(pr, measure = "tpr", x.measure = "fpr")
> plot(prf, main = "ROC Curve")
> auc <- performance(pr, measure = "auc")
> auc <- auc@y.values[[1]]
> auc
[1] 0.6105263
```

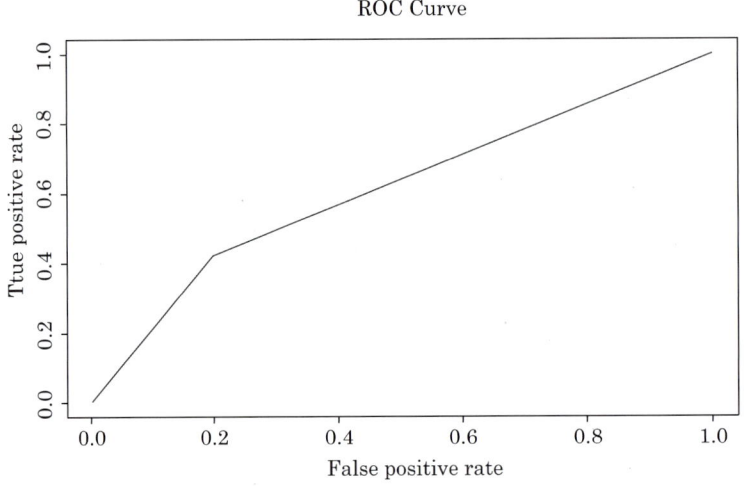

[그림 6-19] 인공신경망 모델 예측 결과 ROC 그래프

분석 결과 ROC 곡선이 완만하게 증가하고, AUC가 약 0.611이므로 적합된 모델이 매우 우수한 모델이라고 할 수는 없지만, 좋은 비즈니스 결과를 가져올 수도 있다.

6.4.6 인공신경망 분석 예제(neuralnet() 함수)

다음은 neuralnet 패키지의 neuralnet() 함수를 이용해 infert 자료로 인공신경망 분석을 수행하는 예제다.

(1) 훈련용 데이터셋을 이용해 인공신경망 모델을 적합하기

```
> library(neuralnet)
> net.fit <- neuralnet(formula = Y~spontaneous + pooled.stratum + age + stratum,
+                      data = infert.data[train, ],
+                      hidden = c(2, 2), err.fct = "ce", threshold = 0.01,
+                      linear.output = FALSE, likelihood = TRUE)
```

은닉층이 2개인 모델을 적용하기 위해 각각 은닉 노드의 수는 2개, 2개로 한다. 이를 위해 neuralnet() 함수의 hidden = c(2, 2) 옵션을 사용한다. threshold 옵션은 오차함수의 편미분에 대한 값으로 정지규칙(stopping rule)으로 사용된다. neuralnet() 함수는 다양한 역전파(back-propagation) 알고리즘을 통해 모델을 생성한다.

(2) 적합된 모델 시각화하기

```
> plot(net.fit)
```

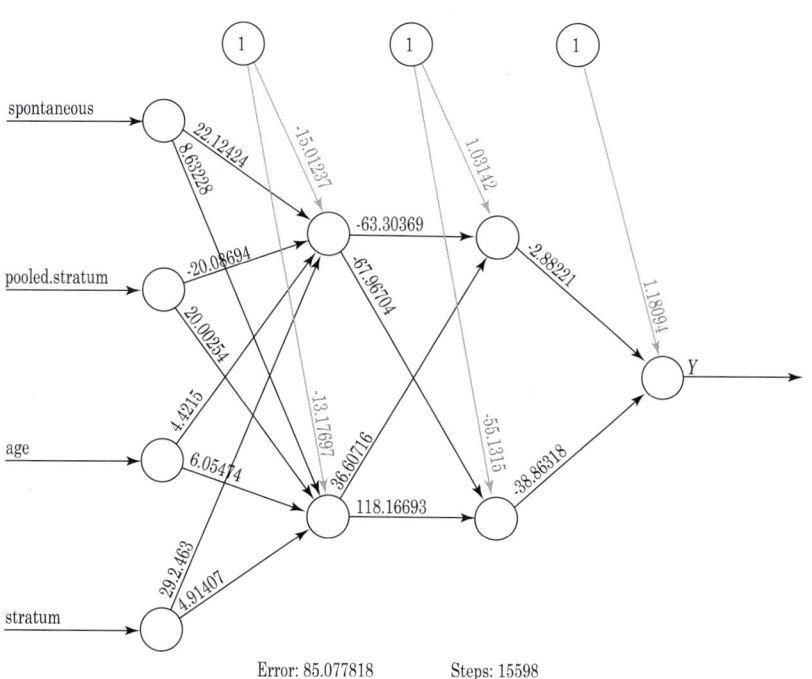

[그림 6-20] 적합된 모델 시각화

실행 결과 입력층이 4개, 은닉층이 2개, 출력층이 1개인 모델로 적합된 것을 볼 수 있다.

(3) 적합된 모델의 추가적인 정보 확인하기

```
> names(net.fit)
 [1] "call"          "response"       "covariate"       "model.list"
 [5] "err.fct"       "act.fct"        "linear.output"   "data"
 [9] "exclude"       "net.result"     "weights"         "generalized.weights"
[13] "startweights"  "result.matrix"
```

전체 자료는 \$data, 모델 적합에 사용된 자료는 \$covariate과 \$response, 적합값은 \$net.result, 가중치의 초기값은 \$startweights, 가중치의 적합값은 \$weights, 가운데 결과 행렬에 대한 정보는 \$result.matrix, 일반화 가중치는 \$generalized.weights의 속성을 통해 확인할 수 있다.

(4) 모델 적합에 사용된 자료와 적합된 값 확인하기

```
> out <- cbind(net.fit$covariate, net.fit$net.result[[1]])
> dimnames(out) <- list(NULL,
+                       c("spontaneous", "pooled.stratum", "age", "stratum", "nn-output"))
> head(out)
     spontaneous   pooled.stratum        age      stratum     nn-output
[1,]   0.4783518        0.7322587   0.5168355    0.8522816   7.102306e-01
[2,]   0.4783518       -0.8462195  -0.4450282   -1.3127669   2.801340e-01
[3,]  -0.8524475       -0.1446736   0.7092082   -1.5625802   2.801340e-01
[4,]  -0.8524475        0.5568722  -0.2526554    0.1028417   2.800112e-01
[5,]  -0.8524475        1.1414938   0.7092082    0.7690105   2.415922e-18
[6,]  -0.8524475       -0.9046817  -0.6374009   -1.3544024   2.801340e-01
```

(5) 일반화 가중치(generalized weights)에 대한 시각화하기

```
> par(mfrow = c(2, 2))
> gwplot(net.fit, selected.covariate = "spontaneous", min = -2.5, max = 5)
> gwplot(net.fit, selected.covariate = "pooled.stratum", min = -2.5, max = 5)
> gwplot(net.fit, selected.covariate = "age", min = -2.5, max = 5)
> gwplot(net.fit, selected.covariate = "stratum", min = -2.5, max = 5)
> par(mfrow = c(1, 1))
```

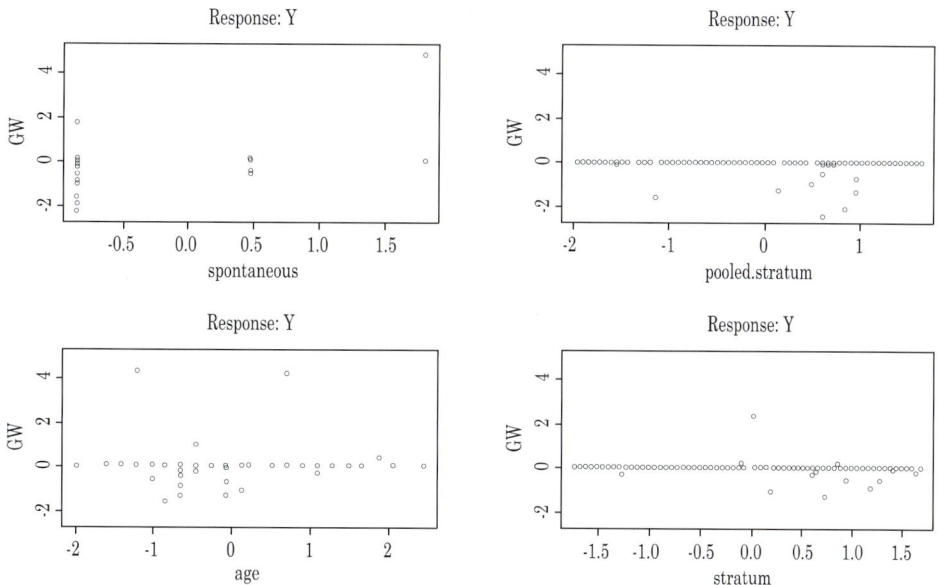

[그림 6-21] 일반화 가중치에 대한 시각화

분석 결과 일반화 가중치의 분포로부터 3개의 공변량 pooled.stratum, age, stratum은 대부분 값이 0 근처의 값을 가지므로 사례(1)-대조(0) 상태에 따른 효과가 미미하고, 1개의 공변량 spontaneous는 일반화 가중치의 분산이 전반적으로 1보다 크기 때문에 비선형 효과를 가진다고 할 수 있다.

일반화 가중치는 다른 모든 공변량에 의존(depend)하므로 각 자료점에서 국소적인 기여도를 나타낸다. 예를 들어, 동일 변수가 몇몇 관측값에 대해서는 양의 영향을 가지며 다른 관측값에 대해서는 음의 영향을 가진다면 평균적으로는 0에 가까운 영향을 갖는 것이 가능하다. 모든 자료에 대한 일반화 가중치의 분포는 특정 공변량의 효과가 선형적인지의 여부를 나타낸다. 즉, 작은 분산은 선형 효과를 제시하며 큰 분산은 관측값 공간상에서 변화가 심하다는 것을 나타내므로 비선형적인 효과가 있음을 나타낸다.

(6) 테스트 데이터로 적합된 모델의 뉴런 출력값 계산하기(예측값 구하기)

```
> test.data.out <- compute(net.fit, infert.data[test, ])
> head(test.data.out$net.result)
        [, 1]
2   0.2801340
3   0.2801340
4   0.2801340
11  0.2801340
18  0.2910705
22  0.2801340
```

```
> net.pred <- ifelse(test.data.out$net.result > .5, 1, 0)
> table(infert.data[test, ]$Y, net.pred)
   net.pred
     0  1
  0 20  5
  1 11  8
> mean(infert.data[test,]$Y == net.pred) # Accuracy
[1] 0.6363636
```

성능 평가 결과 정오분류표(Confusion Matrix)에서 대조(=0)는 31개 중 20개, 사례(=1)는 13개 중 8개를 제대로 분류한다. 정분류율(Accuracy)은 약 0.636이다. compute() 함수는 각 뉴런의 출력값을 계산한다.

6.5 앙상블

> 앙상블 모델, 배깅, 부스팅, 과적합, createDataPartition(), bagging(), boosting(), 랜덤 포레스트

- ✓ **앙상블 모델**은 주어진 데이터로부터 여러 개의 모델을 학습한 후 결과를 종합하여 알고리즘의 안전성과 정확성을 높이는 방법이다.

- ✓ **배깅**은 일반적인 모델을 만드는데 집중되어 있는 반면 **부스팅**은 어려운 문제를 맞추는데 초점이 맞추어져 있다.

- ✓ 배깅은 각 샘플에서 나타난 결과를 일종의 중앙값으로 맞추기 때문에 **과적합**을 피할 수 있다.

- ✓ 데이터 분할 시 **createDataPartition() 함수**를 사용하면 반응변수값의 비율이 원본 데이터와 같게 유지된다.

- ✓ adabag 패키지의 **bagging() 함수**는 배깅 모델을 생성한다.

- ✓ 부스팅은 배깅과 동일하게 복원 임의 샘플링을 하지만 **가중치**를 부여한다는 차이점이 있다.

- ✓ 부스팅은 순차적으로 학습시키고 학습하는 과정에서 오답에 대해 높은 가중치를 부여하지만, 정답에 대해서는 낮은 가중치를 부여하기 때문에 **오답**에 더욱 집중할 수 있다.

- ✓ adabag 패키지의 **boosting() 함수**는 부스팅 모델을 생성한다.

- ✓ **랜덤 포레스트**는 의사결정나무 분석의 예측 정확도를 높이기 위해 하나의 의사결정나무를 사용하는 대신에 다수의 의사결정나무를 사용해 결과를 예측하는 앙상블 학습 기법이다.

6.5.1 앙상블 모델의 개념

앙상블(Ensemble) 모델은 주어진 데이터로부터 여러 개의 모델을 학습한 후 결과를 종합하여 알고리즘의 안전성과 정확성을 높이는 방법이다. 이는 데이터에서 표본추출법으로 여러 훈련용 데이터 집합을 만들어 각각의 데이터 집합에서 하나의 분류기(최종 모델)를 만들어 앙상블하는 방법이다.

대부분의 학습에서 나타나는 오류는 높은 편향(bias)으로 인한 과소적합(Underfitting)과 높은 분산(Variance)으로 인한 과적합(Overfitting)이다. 앙상블 기법은 이러한 오류를 최소화하는데 도움이 된다.

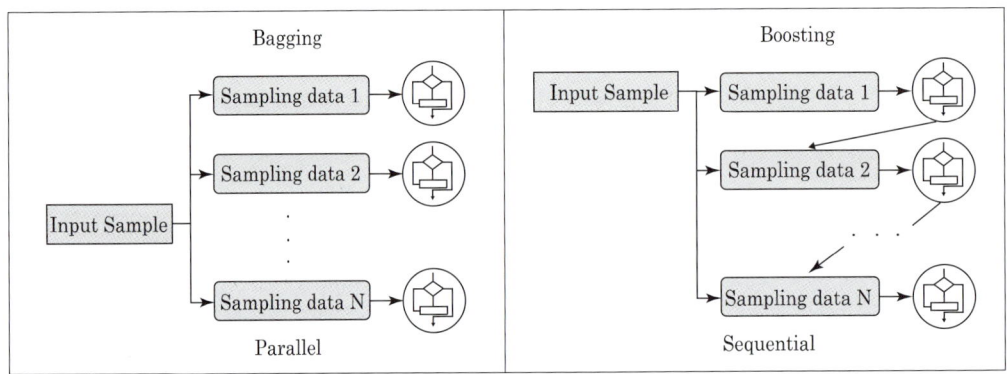

[그림 6-22] 배깅과 부스팅 비교

데이터를 조절하는 가장 대표적인 방법에는 배깅과 부스팅이 있다. 배깅이 일반적인 모델을 만드는데 집중되어있다면, 부스팅은 어려운 문제를 맞추는데 초점이 맞추어져 있다. 부스팅은 학습하는 과정에서 오답에 대해 높은 가중치를 부여해서 오답을 잘 맞춘 모델을 최종 모델로 선정한다. 배깅과 부스팅을 비교한 [그림 6-22]를 살펴보면, 배깅이 병렬로 학습하는 반면, 부스팅은 순차적으로 학습시킨다는 것을 알 수 있다.

랜덤 포레스트는 대표적인 배깅 알고리즘 모델이다. 랜덤 포레스트는 일반적으로 성능이 뛰어나고 의사결정나무 여러 개를 사용해 과적합 문제를 피할 수 있다.

6.5.2 배깅과 분석 예제(bagging() 함수)

배깅(Bagging)은 Bootstrap Aggregating의 준말로 주어진 자료에서 여러 개의 붓스트랩(Bootstrap) 자료를 생성하고, 각 표본에 대해 분류기(Classifiers)를 생성한 후(또는 모델을 학습한 후) 그 결과를 결합(Voting or Average)하여 최종 모델을 만드는 방법이다.

여기서 붓스트랩은 주어진 자료에서 같은 크기 표본을 임의 복원 추출로 뽑은 자료다. 보팅(Voting)은 여러 개의 모델로부터 산출된 결과를 다수결에 의해서 최종 결과를 선정하는 과정이다. 배깅은 각 샘플에서 나타난 결과를 일종의 중앙값으로 맞추기 때문에 과적합(Overfitting)을 피할 수 있다. 배깅 알고리즘은 다음과 같다.

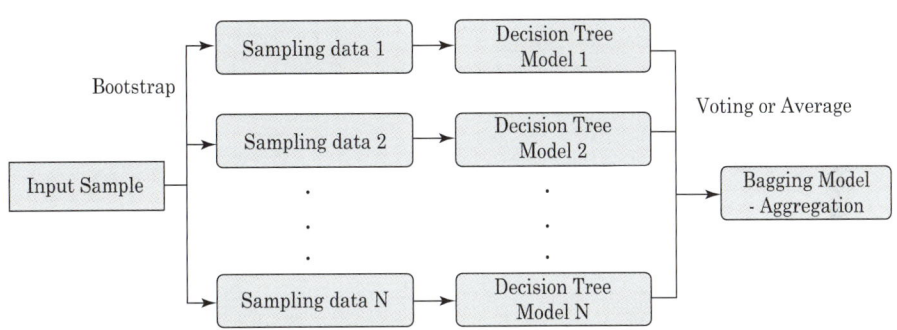

[그림 6-23] 배깅 알고리즘

배깅은 복원 추출 방법을 사용하기 때문에 같은 데이터가 한 표본에 여러 번 추출될 수도 있고, 어떤 데이터는 한 번도 추출되지 않을 수 있다. 예를 들어 여러 번 반복하여 각 100개의 샘플을 추출하여도 샘플에 한 번도 선택되지 않는 원데이터가 발생할 수 있는데 전체 샘플의 약 36.8%가 이에 해당한다.

다음은 adabag 패키지의 bagging() 함수로 아이리스(iris) 자료를 이용해 배깅 모델을 적합하는 예제다.

(1) adabag 패키지와 iris 데이터 불러오기

```
> library(adabag)
> data("iris")
> summary(iris)
  Sepal.Length    Sepal.Width     Petal.Length    Petal.Width          Species
 Min.   :4.300   Min.   :2.000   Min.   :1.000   Min.   :0.100   setosa    :50
 1st Qu.:5.100   1st Qu.:2.800   1st Qu.:1.600   1st Qu.:0.300   versicolor:50
 Median :5.800   Median :3.000   Median :4.350   Median :1.300   virginica :50
 Mean   :5.843   Mean   :3.057   Mean   :3.758   Mean   :1.199
 3rd Qu.:6.400   3rd Qu.:3.300   3rd Qu.:5.100   3rd Qu.:1.800
 Max.   :7.900   Max.   :4.400   Max.   :6.900   Max.   :2.500
```

iris 데이터는 5개 변수와 150개의 관측값을 가지고 있다. 반응변수(Species)는 setosa, versicolor, virginica 세 가지 범주로 분류된다. 반응변수는 setosa 50개, versicolor 50개, virginica 50개인 것을 볼 수 있다.

(2) iris 자료를 훈련용 데이터(80%)와 테스트 데이터(20%)로 분리하기

```
> library(caret)
> parts <- createDataPartition(iris$Species, p = 0.8)
> iris.train <- iris[parts$Resample1, ]
> table(iris.train$Species)
setosa versicolor  virginica
    40         40         40
> iris.test <- iris[-parts$Resample1, ]
> table(iris.test$Species)
setosa versicolor  virginica
    10         10         10
```

데이터 분할 시 createDataPartition() 함수를 사용하면 반응변수(Species) 값의 비율이 원본 데이터와 같게 유지되는 것을 알 수 있다.

(3) 훈련용 데이터로 100회 반복(또는 100개 트리 수 사용)으로 배깅 모델 적합하기

```
> bag.fit <- bagging(Species~., data = iris.train, mfinal = 100)
```

배깅 모델 학습을 위해 종속변수를 Species, 독립변수를 Sepal.Length, Sepal.Width, Petal.Length, Petal.Width으로 모델이 학습된 것을 알 수 있다. adabag 패키지의 bagging() 함수는 배깅 모델을 생성한다. bagging() 함수의 mfinal = 100 인자는 학습에 사용할 트리 수(또는 반복횟수)를 설정한다.

(4) 적합된 모델의 추가적인 정보 확인하기

```
> ls(bag.fit)
[1] "call"      "class"    "formula"   "importance" "prob"    "samples"
[7] "terms"     "trees"    "votes"
```

(5) 적합된 모델에서 첫 번째 트리 확인하기

```
> bag.fit$trees[[1]]
N = 120

node), split, n, loss, yval, (yprob)
      * denotes terminal node

1) root 120 73 setosa (0.39166667 0.31666667 0.29166667)
  2) Petal.Length < 2.6 47  0 setosa (1.00000000 0.00000000 0.00000000) *
  3) Petal.Length >= 2.6 73 35 versicolor (0.00000000 0.52054795 0.47945205)
    6) Petal.Width < 1.7 39  1 versicolor (0.00000000 0.97435897 0.02564103) *
    7) Petal.Width >= 1.7 34  0 virginica (0.00000000 0.00000000 1.00000000) *
> plot(bag.fit$trees[[1]])
> text(bag.fit$trees[[1]])
```

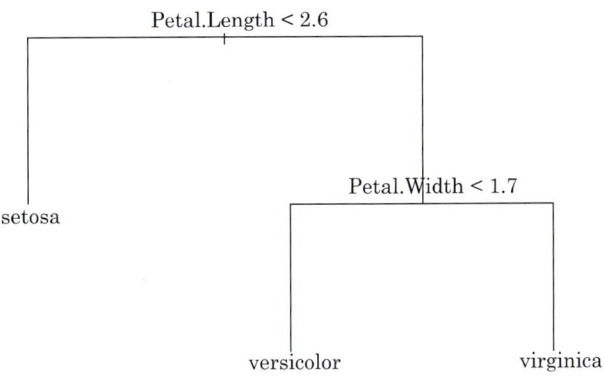

[그림 6-24] 첫 번째 트리 시각화 결과

분석 결과 Petal.Length < 2.6인 경우 setosa로 분류되고, Petal.Length >= 2.6이고 Petal.Width < 1.7인 경우는 versicolor로 분류된 것을 알 수 있다.

(6) 설명변수 중요도 확인하기

```
> bag.fit$importance
Petal.Length  Petal.Width Sepal.Length  Sepal.Width
    70.05102     29.94898      0.00000      0.00000
> barplot(bag.fit$importance[order(bag.fit$importance, decreasing = TRUE)],
+         ylim = c(0, 100),
+         main = "Variables Relative Importtance")
```

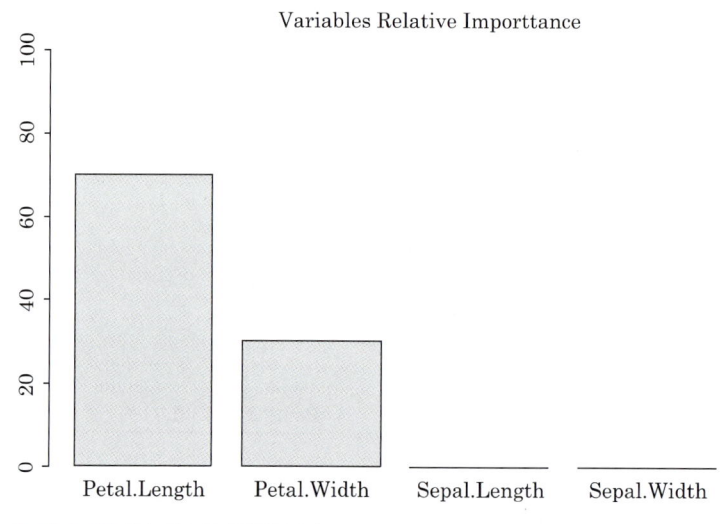

[그림 6-25] 변수 중요도 시각화 결과

분석 결과 Petal.Length, Petal.Width 변수 순으로 중요도가 높은 것을 볼 수 있다.

(7) 테스트 데이터로 예측을 수행하고, 배깅 모델의 성능 평가하기

```
> bag.pred <- predict(bag.fit, newdata = iris.test)
> bag.tb <- table(bag.pred$class, iris.test$Species)
> bag.tb
            setosa versicolor virginica
setosa          10          0         0
versicolor       0          9         2
virginica        0          1         8
```

분석 결과 정오분류표(Confusion Matrix)를 보면 setosa는 10개 모두, versicolor는 10개 중 9개, virginica는 10개 중 8개가 제대로 분류된 것을 볼 수 있다.

(8) 정분류율(Accuracy)과 오분류율(Error Rate) 계산하기

```
> mean(iris.test$Species == bag.pred$class)    # accuracy
[1] 0.9
> (1-sum(diag(bag.tb))/sum(bag.tb))            # Error Rate
[1] 0.1
```

분석 결과 정분류율은 0.9, 오분류율은 0.1인 것을 볼 수 있다.

6.5.3 부스팅과 분석 예제(adabag::boosting() 함수)

부스팅(Boosting)은 배깅과 동일하게 복원 임의 샘플링을 하지만 가중치를 부여한다는 차이점이 있다. 부스팅은 순차적으로 학습시키고 학습하는 과정에서 오답에 대해 높은 가중치를 부여하지만, 정답에 대해 낮은 가중치를 부여하기 때문에 오답에 더욱 집중할 수 있다. 학습이 끝나면 나온 결과에 따라 가중치가 재분배된다.

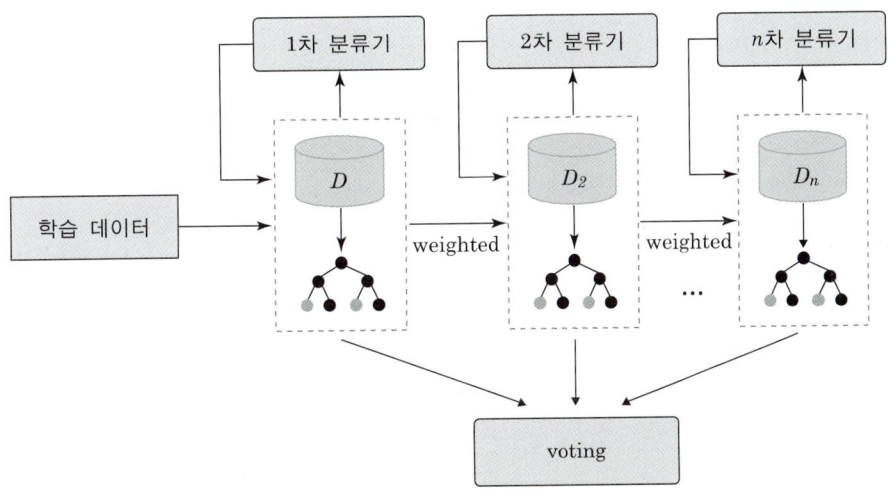

[그림 6-26] 부스팅 알고리즘

부스팅 기법은 정확도가 높게 나오는 반면 이상값(Outlier)에 취약하다. 부스팅 모델에는 AdaBoost, XGBoot, GradientBoost 등이 있다.

아다부스트(AdaBoost)는 이전의 분류기에 의해 잘못 분류된 것을 이어지는 약한 학습기(weak learner)가 수정해 줄 수 있다는 점에서 다양한 상황에 적용할 수 있다(Yoav & Robert, 1997).

AdaBoost(Adaptive Boosting)는 잡음이 많은 데이터와 이상값에 취약하지만 다른 학습 알고리즘보다 과적합(Overfiting)에 덜 취약하다(Wikipedia, "AdaBoost" 참조).

다음은 adabag::boosting() 함수로 아이리스(iris) 자료를 이용해 부스팅 모델을 적합하는 예제다.

(1) adabag 패키지와 iris 데이터 불러오기

```
> library(adabag)
> data("iris")
```

(2) iris 자료를 훈련용 데이터(80%)와 테스트 데이터(20%)로 분리하기

```
> library(caret)
> parts <- createDataPartition(iris$Species, p = 0.8)
> iris.train <- iris[parts$Resample1, ]
> table(iris.train$Species)
setosa versicolor  virginica
    40         40         40
> iris.test <- iris[-parts$Resample1, ]
> table(iris.test$Species)
setosa versicolor  virginica
    10         10         10
```

(3) 훈련용 데이터로 100회 반복(또는 100개 트리 수 사용)으로 부스팅 모델 적합하기

```
> boo.fit <- boosting(Species~., data = iris.train, boos = TRUE, mfinal = 100)
```

부스팅 모델 학습을 위해 종속변수를 Species, 독립변수를 Sepal.Length, Sepal.Width, Petal.Length, Petal.Width으로 모델이 학습된 것을 알 수 있다. adabag 패키지의 boosting() 함수는 부스팅 모델을 생성한다. boosting() 함수의 mfinal = 100 인자는 학습에 사용할 트리 수(또는 반복횟수)를 설정한다.

(4) 적합된 모델의 추가적인 정보 확인하기

```
> ls(boo.fit)
[1] "call"      "class"     "formula"   "importance"   "prob"      "terms"
[7] "trees"     "votes"     "weights"
> table(boo.fit$class)
setosa versicolor  virginica
    40         40         40
```

적합된 모델(boo.fit)에서 $class 속성 정보의 분할표에서 setosa는 40개, versicolor는 40개, virginica는 40개로 반응변수가 분류된 것을 볼 수 있다.

(5) 적합된 모델에서 100번째 트리 확인하기

```
> boo.fit$trees[[100]]
n = 120

node), split, n, loss, yval, (yprob)
      * denotes terminal node

 1) root 120 56 virginica (0.0750000 0.3916667 0.5333333)
   2) Petal.Width < 1.65 75 34 versicolor (0.1200000 0.5466667 0.3333333)
     4) Petal.Width >= 1.55 27  0 versicolor (0.0000000 1.0000000 0.0000000) *
     5) Petal.Width < 1.55 48 23 virginica (0.1875000 0.2916667 0.5208333)
      10) Petal.Length < 4.95 23  9 versicolor (0.3913043 0.6086957 0.0000000)
        20) Petal.Length < 2.5 9  0 setosa (1.0000000 0.0000000 0.0000000) *
        21) Petal.Length >= 2.5 14  0 versicolor (0.0000000 1.0000000 0.0000000) *
      11) Petal.Length >= 4.95 25  0 virginica (0.0000000 0.0000000 1.0000000) *
   3) Petal.Width >= 1.65 45  6 virginica (0.0000000 0.1333333 0.8666667) *
> plot(boo.fit$trees[[100]])
> text(boo.fit$trees[[100]])
```

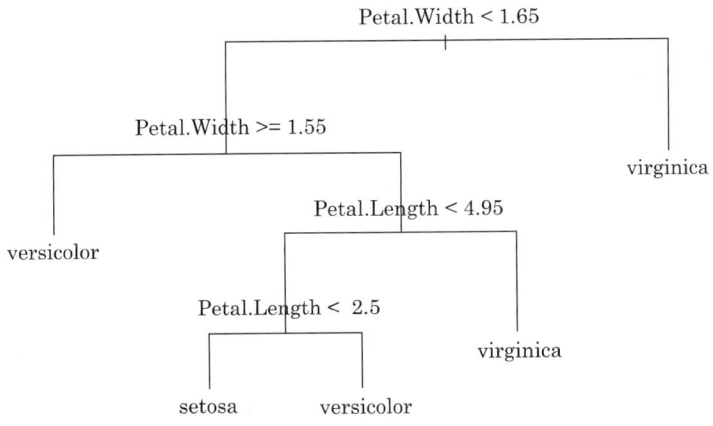

[그림 6-27] 100번째 트리 시각화 결과

분석 결과 Petal.Width >= 1.65인 경우 virginica로 분류되고, Petal.Width < 1.65이고 Petal.Width >= 1.55인 경우는 versicolor로 분류된 것을 알 수 있다.

(6) 설명변수 중요도 확인하기

```
> boo.fit$importance
Petal.Length  Petal.Width Sepal.Length  Sepal.Width
   52.436507    29.270678     5.892994    12.399822
> barplot(boo.fit$importance[order(boo.fit$importance, decreasing = TRUE)],
+         ylim = c(0, 100),
+         main = "Variables Relative Importtance")
```

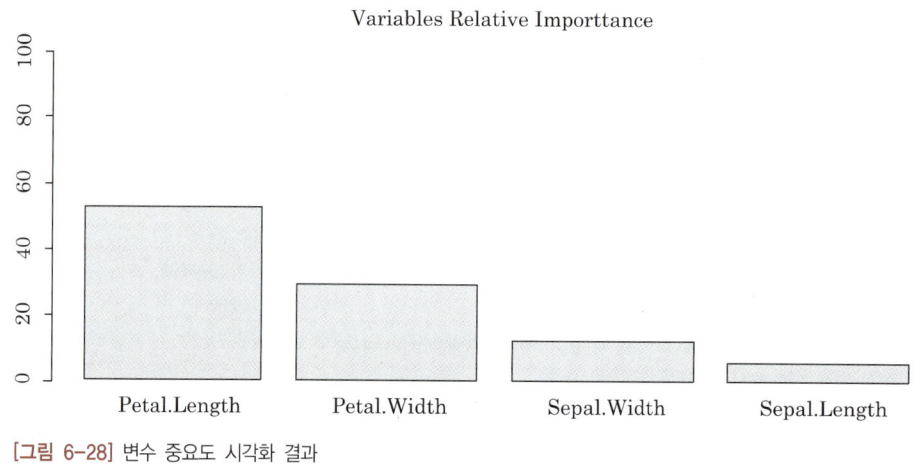

[그림 6-28] 변수 중요도 시각화 결과

분석 결과 Petal.Length, Petal.Width, Sepal.Width, Sepal.Length 변수 순으로 중요도가 높은 것을 볼 수 있다.

(7) 테스트 데이터로 예측을 수행하고, 부스팅 모델의 성능 평가하기

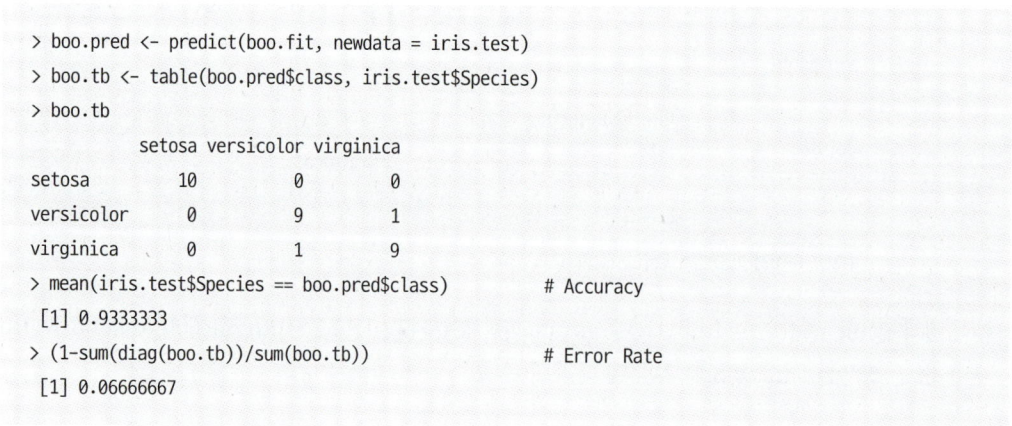

분석 결과 정오분류표(Confusion Matrix)를 보면 setosa는 10개 모두, versicolor는 10개 중 9개, virginica는 10개 중 9개가 제대로 분류된 것을 볼 수 있다. 정분류율(Accuracy)은 약 0.933이고, 오분류율(Error Rate)은 약 0.067이다.

6.5.4 랜덤 포레스트와 분석 예제(randomForest() 함수)

랜덤 포레스트(Random forest)는 의사결정나무 모델의 예측 정확도를 높이기 위해 하나의 의사결정나무를 사용하는 대신에 다수의 의사결정나무를 사용해 결과를 예측하는 앙상블 학습 기법이다.

훈련용 데이터셋에서 임의의 샘플을 복원 추출하여 각 샘플에 대해서만 의사결정나무를 만드는 랜덤 포레스트 방식은 배깅과 유사하다. 그러나 노드 내 데이터를 자식노드로 나누는 기준을 정할 때, 전체 예측변수가 아니라 예측변수를 임의로 추출하여 추출된 변수내에서 최적의 분할을 만들어 나가는 방법을 사용한다(Wikipedia, "Random forest" 참조).

새로운 데이터에 대한 예측에서 목표변수(반응변수 또는 종속변수)가 분류의 경우는 다수결(majority votes), 회귀의 경우에는 평균(average)을 취하는 방법을 사용한다.

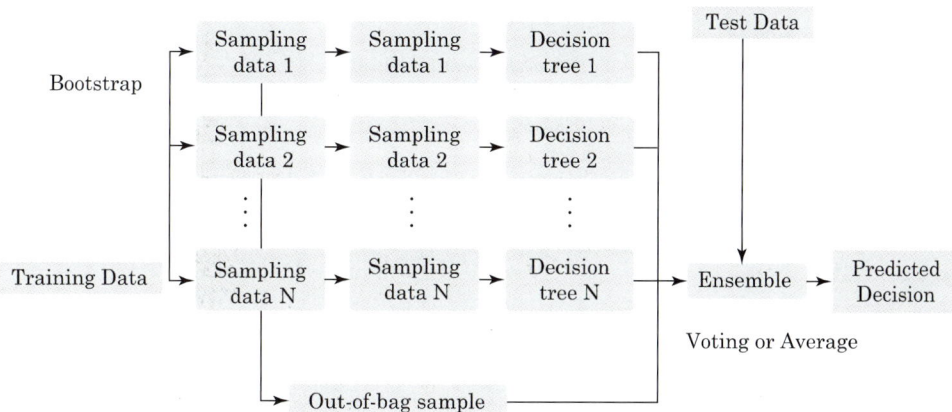

[그림 6-29] 랜덤 포레스트

다음은 randomForest 패키지의 randomForest() 함수로 stagec 데이터셋을 이용한 랜덤 포레스트 모델을 적합하는 예제다.

(1) randomForest, rpart 패키지와 stagec 데이터 불러오기

```
> library(randomForest)
> library(rpart)
> data(stagec)
> str(stagec)
'data.frame':    146 obs. of  8 variables:
 $ pgtime  : num  6.1 9.4 5.2 3.2 1.9 4.8 5.8 7.3 3.7 15.9 ...
 $ pgstat  : int  0 0 1 1 1 0 0 0 1 0 ...
 $ age     : int  64 62 59 62 64 69 75 71 73 64 ...
 $ eet     : int  2 1 2 2 2 1 2 2 2 2 ...
 $ g2      : num  10.26 NA 9.99 3.57 22.56 ...
 $ grade   : int  2 3 3 2 4 3 2 3 3 3 ...
```

```
 $ gleason : int  4 8 7 4 8 7 NA 7 6 7 ...
 $ ploidy  : Factor w/ 3 levels "diploid", "tetraploid", ..: 1 3 1 1 2 1 2 3 1 2 ...
> table(stagec$ploidy)

  diploid tetraploid   aneuploid
       67         68          11
```

실행 결과 stagec 자료는 총 8개 변수와 146개의 관측값이 존재하는 것을 볼 수 있다. 반응변수(ploidy)는 diploid, tetraploid, aneuploid 세 가지 범주로 분류된다. 반응변수의 분할표에서 diploid 67개, tetraploid 68개, aneuploid 11개인 것을 알 수 있다.

(2) 결측값(missing value), 중복 데이터(duplicated data) 확인 및 제거하기

```
> colSums(is.na(stagec))
pgtime  pgstat    age    eet     g2  grade gleason ploidy
     0       0      0      2      7      0       3      0
> sum(is.na(stagec))
[1] 12
> stagec2 <- stagec[complete.cases(stagec), ]
> colSums(is.na(stagec2))
pgtime  pgstat    age    eet     g2  grade gleason ploidy
     0       0      0      0      0      0       0      0
> NROW(stagec2)
[1] 134
> sum(duplicated(stagec2))
[1] 0
```

분석 결과 결측값(NA)은 eet, g2, gleason 3개의 변수에서 총 12개 있어 모두 제거한다. 중복 데이터는 존재하지 않는 것을 볼 수 있다.

(3) 데이터셋(stagec2)을 훈련용 데이터(80%)와 테스트 데이터(20%)로 분리하기

```
> library(caret)
> parts <- createDataPartition(stagec2$ploidy, p = 0.8)
> stagec.train <- stagec2[parts$Resample1, ]
> table(stagec.train$ploidy)

  diploid tetraploid   aneuploid
       52         52           4
> stagec.test <- stagec2[-parts$Resample1, ]
> table(stagec.test$ploidy)

  diploid tetraploid   aneuploid
       13         12           1
```

데이터 분할 시 createDataPartition() 함수를 사용하면 반응변수(ploidy) 값의 비율이 원본 데이터와 같게 유지되는 것을 알 수 있다.

(4) 훈련용 데이터로 랜덤 포레스트 모델을 생성하기

```
> rf.fit <- randomForest(ploidy~., data = stagec.train, ntree = 500, proximity = TRUE)
> rf.fit
Call:
 randomForest(formula = ploidy~., data = stagec.train, ntree = 500, proximity = TRUE)
Type of random forest: classification
Number of trees: 500
No. of variables tried at each split: 2

OOB estimate of  Error Rate: 5.56%
Confusion Matrix:
           diploid tetraploid aneuploid  class.error
diploid         50          0         2   0.03846154
tetraploid       0         52         0   0.00000000
aneuploid        3          1         0   1.00000000
```

실행 결과 정오분류표(Confusion Matrix)와 오분류율에 대한 OOB(Out-of-bag) 추정치를 제공한다. 랜덤 포레스트는 붓스트랩 샘플 과정에서 제외된(OOB) 자료를 사용하여 검증을 실시할 수 있다.

(5) plot() 함수로 반응변수 범주별 정오분류율 시각화하기

```
> plot(rf.fit)
```

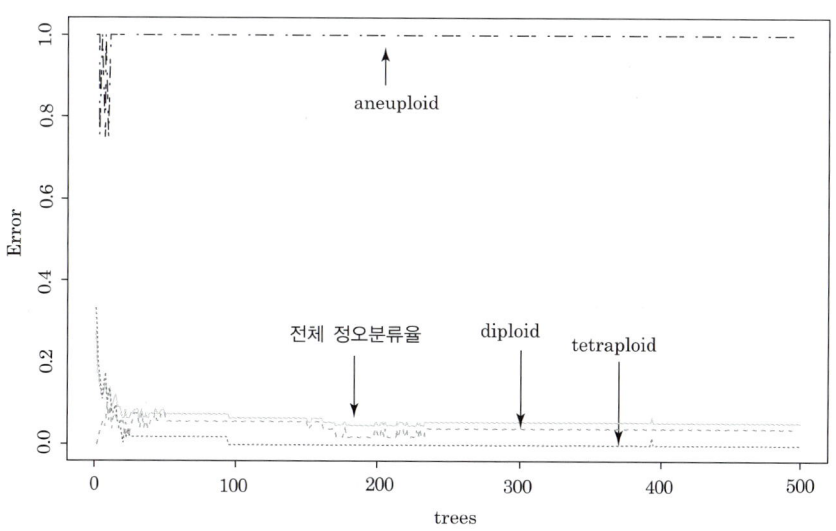

[그림 6-30] 반응변수의 범주별 정오분류율 시각화

분석 결과 검은색은 전체 정오분류율을 나타내고, 반응변수(ploidy)의 aneuploid 범주는 오분류율이 1로 나타났다. 이는 aneuploid 범주의 관측값 수가 매우 작은 4개인 결과로 볼 수 있다.

(6) 설명변수 중요도 확인하기

```
> importance(rf.fit)[order(importance(rf.fit), decreasing = TRUE), ]
        g2     pgtime       age    gleason     pgstat      grade        eet
40.4518025  5.0464672  3.8263701  2.4263521  2.0786111  1.2265411  0.9333177
> varImpPlot(rf.fit)
```

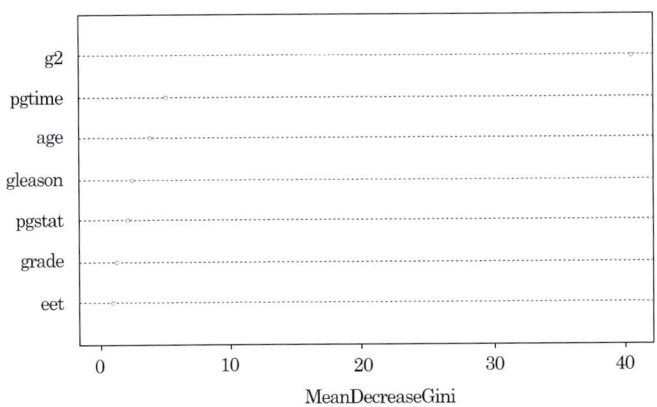

[그림 6-31] 설명변수 중요도 시각화

분석 결과 g2, pgtime, age, gleason, pgstat, grade, eet 변수 순으로 중요도가 높은 것을 볼 수 있다.

(7) 테스트 데이터로 예측을 수행하고, 랜덤 포레스트 모델의 성능 평가하기

```
> rf.pred <- predict(rf.fit, newdata = stagec.test)
> rf.tb <- table(rf.pred, stagec.test$ploidy)
> rf.tb
          rf.pred  diploid  tetraploid  aneuploid
          diploid       13           0          1
       tetraploid        0          12          0
        aneuploid        0           0          0
> mean(stagec.test$ploidy == rf.pred)    # Accuracy
[1] 0.9615385
> (1-sum(diag(rf.tb))/sum(rf.tb))        # Error Rate
[1] 0.03846154
```

분석 결과 정오분류표(Confusion Matrix)를 보면 diploid는 13개 모두, tetraploid는 12개 모두, aneuploid는 1개 중 0개가 제대로 분류된 것을 볼 수 있다. 정분류율(Accuracy)은 약 0.962이고, 오분류율(Error Rate)은 약 0.038이다.

6.6 서포트 벡터 머신

> 서포트 벡터 머신 모델, 마진, 과적합, 커널트릭, createDataPartition(), ksvm(), ls(), cost, gamma

- ✓ **서포트 벡터 머신 모델**은 데이터를 선형으로 분리하는 최적의 선형 결정 경계를 찾는 알고리즘이다.

- ✓ **마진**은 두 데이터 군과 결정 경계와 떨어져 있는 정도를 의미한다.

- ✓ 서포트 벡터 머신은 분류와 수치 예측 문제에 모두 활용할 수 있으며 분류 성능이 우수하면서 **과적합**이 잘되지 않는다.

- ✓ **커널트릭**은 주어진 데이터를 적절한 고차원으로 옮긴 뒤, 변환된 차원에서 데이터를 잘 분류할 수 있는 초평면을 찾는다.

- ✓ 데이터 분할 시 createDataPartition() 함수를 사용하면 반응변수값의 비율이 원본 데이터와 같게 유지된다.

- ✓ ksvm() 함수는 서포트 벡터 머신 모델을 생성한다.

- ✓ 서포트 벡터 머신의 적합된 모델에서 추가적인 정보는 ls() 함수로 확인할 수 있다.

- ✓ cost는 얼마나 많은 데이터 샘플들이 다른 클래스에 놓이는 것을 허용하는지 결정한다.

- ✓ gamma는 하나의 데이터 샘플이 영향력을 행사하는 거리를 결정한다.

6.6.1 서포트 벡터 머신 모델의 개념

서포트 벡터 머신(Support-Vector Machine, SVM) 또는 지지벡터 네트워크(Support-Vector Networks)는 서로 다른 분류에 속하는 데이터 간에 간격(마진)이 최대가 되는 선(또는 초평면)을 찾아서 이를 기준으로 데이터를 분류하는 모델이다. 즉 SVM은 데이터를 선형으로 분리하는 최적의 선형 결정 경계를 찾는 알고리즘이다.

여기서 마진(margin)은 두 데이터 범주와 결정 경계와 떨어져 있는 정도를 의미한다. [그림 6-32]는 서포트 벡터 머신의 개념을 나타낸다. 그림에서 보는 바와 같이 흰색 원과 검은색 원은 서로 다른 분류를 뜻한다.

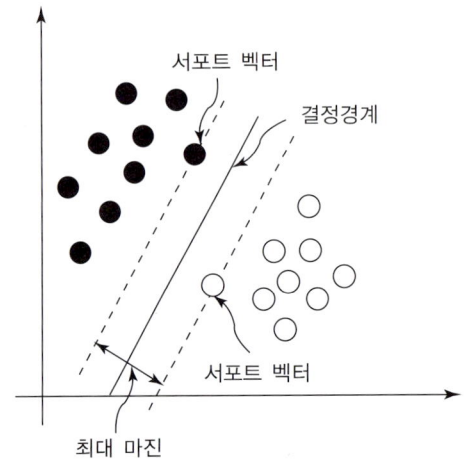

[그림 6-32] 서포트 벡터 머신 개념

서포트 벡터 머신은 두 범주 간의 데이터를 같은 간격으로 그리고 최대로 멀리 떨어진 선 또는 평면을 찾는다(Wikipedia, "Support-vector machine" 참조). 두 범주 간의 데이터를 나누는 직선(혹은 평면)은 여러 개가 있을 수 있지만 현재의 훈련용 데이터가 아닌, 미래의 데이터(또는 평가용 데이터)를 분류 예측하는데 최대한 일반화하여 분류(또는 최대한 멀리 떨어진 선 또는 평면)를 이끌어 낼 수 있는 최대여백 초평면(Maximum Margin Hyperplane)을 찾고자 하는 것이다. 여기서 이 경계선과 가장 가까운 각 분류에 속한 점들을 서포트 벡터(또는 지지벡터)라고 한다. 각 분류는 최소 하나 이상의 서포트 벡터를 가지고 있어야 한다.

[그림 6-32]에서 서포트 벡터는 두 클래스 사이의 경계에 위치한 데이터 포인트들이다. 즉, 이 데이터들이 결정 경계를 지지(support)하고 있다고 말할 수 있기 때문에 서포트 벡터라고 불린다.

모든 데이터를 항상 초평면(또는 선형적)으로 분류할 수 있는 것은 아니다. 때로는 곡선 형태나 더 복잡한 형태의 비선형 분류 평면으로 데이터를 분류해야 할 경우도 있는데, 이런 경우에는 커널트릭이라는 기법으로 해결한다.

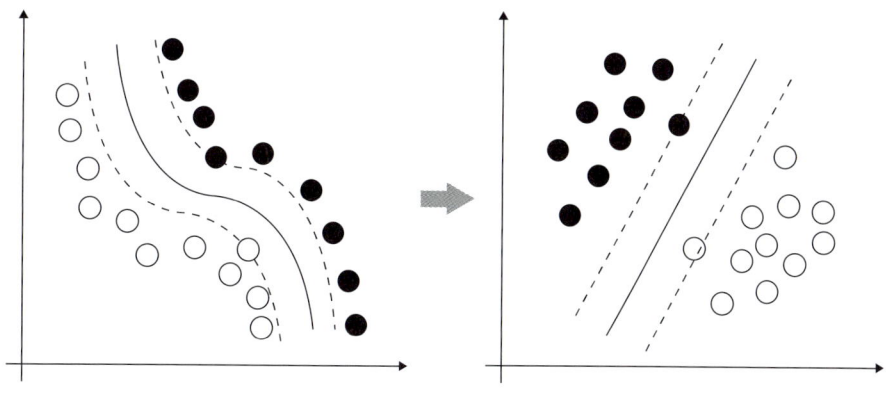

[그림 6-33] 커널트릭

[그림 6-33]의 좌측에서 두 분류를 구분할 수 있는 기준은 곡선이므로 평면을 찾는 서포트 벡터 머신을 사용할 수 없다.

커널트릭(Kernel Trick)은 주어진 데이터를 적절한 고차원으로 옮긴 뒤, 변환된 차원에서 데이터를 잘 분류할 수 있는 초평면을 찾는다. 즉, 커널 기법은 주어진 데이터를 고차원 특징 공간으로 사상해주는 것이다. 커널 기법에서 데이터를 고차원으로 변환하는 대신에 고차원에서 벡터 간 내적 계산을 수행했을 때와 유사한 값을 반환하는 커널 함수(Kernel function)를 사용한다. 이 함수는 데이터를 고차원으로 옮기지 않고도 비선형적인 분류 효과를 가져오게 할 수 있다.

대표적인 커널 함수에는 다항 커널(Polynomial Kernel), 가우시안 커널(Gaussian Kernel) 또는 레이디얼 베이스 함수 커널(Radial Basis Function Kernel), 시그모이드 커널(Sigmoid Kernel) 등이 있다. 일반적으로 가우시안 커널의 성능이 가장 우수해 가장 많이 사용된다.

① 다음은 d차원 다항식에 대한 다항 커널식이다.

[수식 6-4]

$$K(x, y) = (x^T y + c)^d$$

다항 커널은 입력의 모든 차원의 조합인 공간에서 내적을 계산한 것이다.

예를 들어 2차원(d=2) 입력 벡터 $x = (x_1 x_2)^T$, $y = (y_1 y_2)^T$에 다항 커널을 사용하면 다음과 같은 결과를 얻는다.

$$K\left(\begin{pmatrix}x_1\\x_2\end{pmatrix}, \begin{pmatrix}y_1\\y_2\end{pmatrix}\right) = \left((x_1 x_2)\begin{pmatrix}y_1\\y_2\end{pmatrix} + c\right)^2 = (x_1 y_1 + x_2 y_2 + c)^2$$

$$= x_1^2 y_1^2 + x_2^2 y_2^2 + c^2 + 2(x_1 y_1 x_2 y_2 + x_2 y_2 c + c x_1 y_1)$$

$$= (x_1 x_1 \ x_1 x_2 \ x_2 x_1 \ x_2 x_2 \ \sqrt{2c} x_1 \ \sqrt{2c} x_2 \ c)^T (y_1 y_1 \ y_1 y_2 \ y_2 y_1 \ y_2 y_2 \ \sqrt{2c} y_1 \ \sqrt{2c} y_2 \ c)$$

결국 [수식 6-4]는 $(x_1 x_2)^T$을 [수식 6-5]의 좌표로 옮긴 뒤 내적을 계산한 것과 동일한 결과를 얻는다.

[수식 6-5]

$$(x_1 x_1 \ x_1 x_2 \ x_2 x_1 \ x_2 x_2 \ \sqrt{2cx_1} \ \sqrt{2cx_2} \ c)^T$$

② 가우시안 커널(Gaussian Kernel)은 무한 차원으로 데이터를 옮긴 뒤 그곳에서 내적을 계산한 것과 동일한 결과를 반환한다. 가우시안 커널식은 다음과 같다.

$$K(x, y) = \exp(-Y \| x - y \|^2)$$

서포트 벡터 머신은 분류와 수치 예측 문제에 모두 활용할 수 있으며 분류 성능이 우수하면서 과적합(Overfitting)이 잘 일어나지 않는다. 또한 일반화 능력이 우수해 정교한 분류 성능이 필요한 유전자 데이터 분류, 보안 결함, 언어식별, 이상거래 탐지 등 다양한 분야에 널리 활용되고 있다. 서포트 벡터 머신의 장·단점은 [표 6-10]에서 살펴보자.

[표 6-10] 서포트 벡터 머신의 장·단점 비교

구분	설명
장점	• 범주 분류나 수치 예측 문제에 모두 활용이 가능하다. • 노이즈 데이터에 영향을 많이 받지 않고, 과적합이 잘 일어나지 않는다. • 일반적으로 분류 문제에서 다른 알고리즘보다 성능이 높은 것으로 알려져 있다. • 분류 경계가 복잡한 비선형 문제일 경우 타 기법 대비 성능이 우수하다.
단점	• 최적 분류를 위해 커널 함수와 매개변수 등에 대한 반복적인 조합 테스트가 필요하다. • 입력 데이터가 대량이거나 변수가 많은 경우 오랜 훈련시간이 필요하다. • 배경이 되는 이론과 알고리즘 구현 시 타 기법에 비하여 상대적으로 난해한 면이 있다. • 결과 해석이나 설명 등에 있어 어려움이 있다.

서포트 벡터 머신 모델을 위한 패키지는 kernlab, e1071 등이 있다. kernlab은 커널 기반의 알고리즘을 구현하였고, e1071은 효과적인 SVM 구현체로 잘 알려진 libsvm을 R 버전으로 구현한 패키지다.

6.6.2 서포트 벡터 머신 분석 예제(ksvm() 함수)

다음은 kernlab 패키지의 ksvm() 함수로 아이리스(iris) 자료를 이용해 서포트 벡터 머신 모델을 생성하는 예제다.

(1) kernlab 패키지와 iris 데이터 불러오기

```
> library(kernlab)
> data(iris)
```

(2) iris 자료를 훈련용 데이터(80%)와 테스트 데이터(20%)로 분리하기

```
> library(caret)
> parts <- createDataPartition(iris$Species, p = 0.8)
> iris.train <- iris[parts$Resample1, ]
> table(iris.train$Species)
setosa versicolor  virginica
    40         40         40
> iris.test <- iris[-parts$Resample1, ]
> table(iris.test$Species)
setosa versicolor  virginica
    10         10         10
```

데이터 분할 시 createDataPartition() 함수를 사용하면 반응변수(Species) 값의 비율이 원본 데이터와 같게 유지되는 것을 알 수 있다.

(3) 훈련용 데이터로 서포트 벡터 머신 모델 생성하기

```
> svm.fit <- ksvm(Species ~., data = iris.train)
> svm.fit
Support Vector Machine object of class "ksvm"

SV type: C-svc  (classification)
 parameter : cost C = 1

Gaussian Radial Basis kernel function.
 Hyperparameter : sigma =  0.91107503563552

Number of Support Vectors : 52

Objective Function Value : -4.637 -5.0737 -16.8415
Training error : 0.025
```

서포트 벡터 머신 모델 생성에 이용한 ksvm() 함수는 사용할 커널에 대한 옵션을 지정하지 않는 경우 레이디얼 베이스 함수 커널(Radial Basis Function Kernel)을 이용한다.

(4) 테스트 데이터로 예측을 수행하고, 서포트 벡터 머신 모델의 성능 평가하기

```
> svm.pred <- predict(svm.fit, newdata = iris.test)
> head(svm.pred)
[1] setosa setosa setosa setosa setosa setosa
Levels: setosa versicolor virginica
> svm.tb <- table(svm.pred, iris.test$Species)
> svm.tb
     svm.pred    setosa    versicolor    virginica
     setosa        10          0             0
     versicolor     0          9             0
     virginica      0          1            10
> mean(iris.test$Species == svm.pred)       # Accuracy
[1] 0.9666667
> (1-sum(diag(svm.tb))/sum(svm.tb))         # Error Rate
[1] 0.03333333
```

분석 결과 정오분류표(Confusion Matrix)를 보면 setosa는 10개 모두, versicolor는 10개 중 9개, virginica는 10개가 모두가 제대로 분류된 것을 볼 수 있다. 정분류율(Accuracy)은 약 0.967이고, 오분류율(Error Rate)은 약 0.033이다.

6.6.3 서포트 벡터 머신 분석 예제(svm() 함수)

다음은 e1071 패키지의 svm() 함수로 아이리스(iris) 자료를 이용해 서포트 벡터 머신 모델을 생성하는 예제다.

(1) 훈련용 데이터로 서포트 벡터 머신 모델 생성하기

```
> library(e1071)
> svm.fit <- svm(Species ~., data = iris.train)
> svm.fit

Call:
 svm(formula = Species ~ ., data = iris.train)


Parameters:
   SVM-Type:  C-classification
 SVM-Kernel:  radial
       cost:  1

Number of Support Vectors:  44
```

(2) 적합된 모델 추가적인 정보 확인하기

```
> ls(svm.fit)
 [1] "call"            "coef0"      "coefs"     "compprob"   "cost"
 [6] "decision.values" "degree"     "epsilon"   "fitted"     "gamma"
[11] "index"           "kernel"     "labels"    "levels"     "na.action"
[16] "nclasses"        "nSV"        "nu"        "probA"      "probB"
[21] "rho"             "scaled"     "sigma"     "sparse"     "SV"
[26] "terms"           "tot.nSV"    "type"      "x.scale"    "y.scale"
> svm.fit$cost
[1] 1
> svm.fit$gamma
[1] 0.25
```

서포트 벡터 머신의 적합된 모델에서 추가적인 정보는 ls() 함수로 확인할 수 있다. 적합된 모델의 Coat 값은 $cost 속성으로 확인할 수 있고, Gamma 값은 $gamma 속성으로 확인할 수 있다. 서포트 벡터 머신을 잘 사용하려면 파라미터값을 잘 찾아야 한다.

(3) 테스트 데이터로 예측을 수행하고, 서포트 벡터 머신 모델의 성능 평가하기

```
> svm.pred <- predict(svm.fit, newdata = iris.test)
> table(svm.pred, iris.test$Species)
svm.pred     setosa  versicolor  virginica
  setosa       10         0          0
  versicolor    0         9          0
  virginica     0         1         10
> mean(iris.test$Species == svm.pred)  # accuracy
[1] 0.9666667
> (1-sum(diag(svm.tb))/sum(svm.tb))    # Error Rate
[1] 0.03333333
```

분석 결과 정오분류표(Confusion Matrix)를 보면 setosa는 10개 모두, versicolor는 10개 중 9개, virginica는 10개 모두 제대로 분류된 것을 볼 수 있다. 정분류율(Accuracy)은 약 0.967이고, 오분류율(Error Rate)은 약 0.033이다.

SVM의 기본 매개변수인 cost(C)와 gamma

SVM의 기본 매개변수인 cost(C)와 gamma를 설정해야 한다. C는 데이터 샘플들이 다른 클래스(분류)에 놓이는 것을 허용하는 정도를 결정하고, gamma는 결정 경계의 곡률을 결정한다.

[그림 6-34]와 같이 데이터에 이상값이 관측된 데이터가 있다고 가정해보자. 이런 경우에 데이터들을 선형적으로 완벽하게 분리해내는 것은 어려울 것이다. 이를 해결하기 위해서 약간의 오류를 허용하는 전략이 필요하다. 이것과 관련된 파라미터가 바로 cost(C)이다. 여기서 C는 얼마나 많은 데이터 샘플이 다른 클래스에 놓이는 것을 허용하는지를 결정한다. C값을 낮게 설정하면 이상값이 있을 가능성을 높게 잡아 일반적인 결정 경계를 찾아내고, C값을 높게 설정하면 이상값의 존재 가능성을 낮게 봐서 좀 더 세심하게 결정 경계를 찾아낸다.

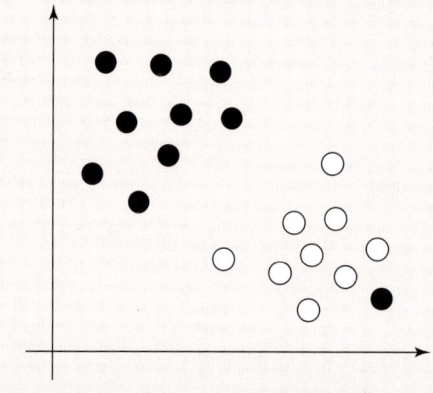

[그림 6-34] 데이터에 이상값이 존재하는 경우

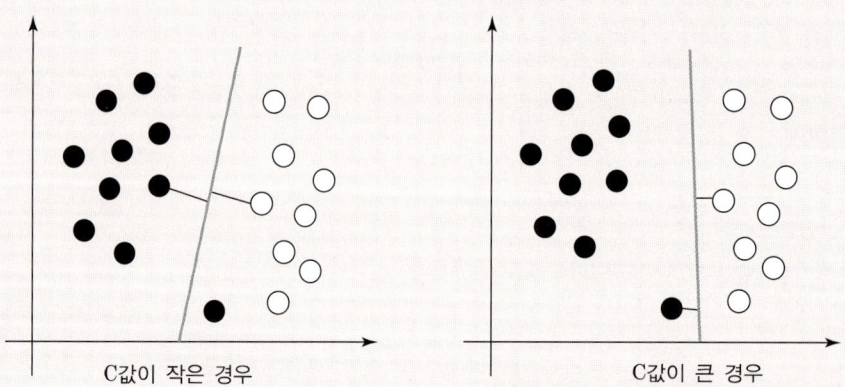

[그림 6-35] 매개변수 cost(C)의 영향

[그림 6-35]의 왼쪽에서 C값을 작게 설정한 경우 하나의 데이터를 잘못 분류하였지만 좀 더 일반적인 결정 경계를 찾아낸다. 반면 오른쪽 그림에서 C값을 높게 설정한 경우 모든 데이터가 잘 분류되었지만, 새로운 데이터가 어느 클래스(분류)에 속할지 예측할 때는 좋은 성능을 낼 수 없을 가능성이 크다. C값이 너무 작으면 과소적합(underfitting)이 될 가능성이 커지고, C값이 너무 높으면 과적합(overfitting)이 될 가능성이 커지게 된다. 따라서 적절한 C값을 찾아내는 것이 중요하다.

gamma는 하나의 데이터 샘플이 영향력을 행사하는 거리를 결정한다. gamma는 가우시안 함수의 표준편차와 관련되어 있는데, gamma 값이 클수록 작은 표준편차를 가진다. 즉, gamma 값이 클수록 한 데이터 포인터가 영향력을 행사하는 거리는 짧아지는 반면 gamma 값이 작을수록 한 데이터 포인터가 영향력을 행사하는 거리는 커진다. 다음은 매개변수 gamma의 영향이다(Towardsdatascience, "SVM: Kernel Trick" 참조).

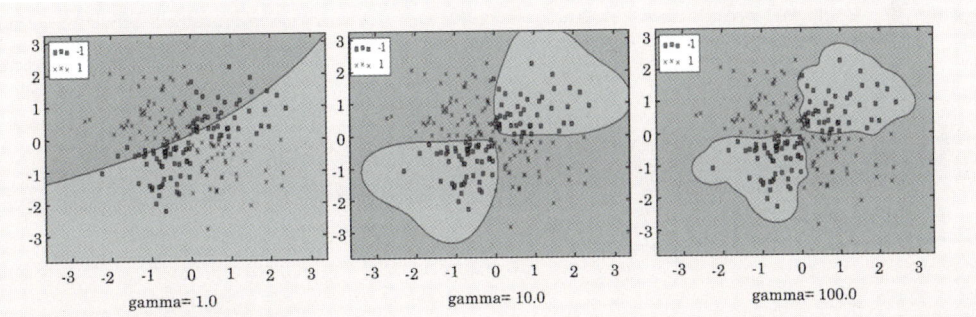

[그림 6-36] 매개변수 gamma의 영향

[그림 6-36]에서 gamma의 값이 점점 커지는 경우, 결정 경계가 결정 경계 가까이에 있는 데이터 샘플들에 영향을 크게 받기 때문에 점점 더 구불구불해지는 것을 알 수 있다. 즉, gamma 매개변수는 결정 경계의 곡률을 조정한다고 말할 수 있다. gamma의 값이 높아지면서 공간이 점점 작아졌는데 이는 각각의 데이터 포인터가 영향력을 행사하는 거리가 짧아졌기 때문이다. gamma 값이 너무 작으면 과소적합될 가능성이 크고, gamma 값이 너무 높으면 과적합의 위험이 있다.

6.7 나이브 베이즈

> 나이브 베이즈 모델, 베이즈 정리, 나이브 베이즈의 확률적 추론 방법, createDataPartition(), naiveBayes()

- ✓ **나이브 베이즈 모델**은 목표변수(반응변수 또는 종속변수)의 범주를 학습시키기 위해 통계학의 베이즈 확률 추정에 기반을 둔 확률 모델인 베이즈 정리 또는 베이즈룰을 사용한다.

- ✓ **베이즈 정리**는 두 확률변수의 사전 확률과 사후 확률 사이의 관계를 나타내는 정리다.

- ✓ **나이브 베이즈의 확률적 추론 방법**은 어떤 가설의 확률을 평가하기 위해 임의적으로 사전 확률을 먼저 정하고, 관찰된 데이터를 기반으로 하는 가능도를 계산해서 처음에 설정한 임의적 확률을 보정하는 방법이다. 이때 베이즈 정리는 이러한 확률을 해석하는데 있어 핵심적인 개념을 제공한다.

- ✓ 데이터 분할 시 createDataPartition() 함수를 사용하면 반응변수값의 비율이 원본 데이터와 같게 유지된다.

- ✓ naiveBayes() 함수는 나이브 베이즈 모델을 생성한다.

6.7.1 나이브 베이즈 모델의 개념

나이브 베이즈 분류(Naïve Bayes Classification) 모델은 목표변수(반응변수 또는 종속변수)의 범주를 학습시키기 위해 통계학의 베이즈 확률 추정에 기반을 둔 확률 모델인 베이즈 정리(Bayes' theorem) 또는 베이즈룰(Bayes' Rule)를 사용한다. 나이브 베이즈는 베이지안론이라고도 한다.

나이브 베이즈의 핵심인 베이즈 정리는 영국의 목사이자 아마추어 수학자인 토마스 베이즈(Thomas Bayes)에 의해 제안되었고 이후 프랑스 과학자 피에르 사이먼 라플라스(Fierre Simon Laplace)에 의해 정립된 확률 이론이다.

나이브 베이즈 기법을 적용하기 위해 나이브 베이즈의 기본이 되는 베이즈 정리와 사후 확률의 개념을 이해할 필요가 있다. 베이즈 정리는 두 확률변수의 사전 확률과 사후 확률 사이의 관계를 나타내는 정리다.

$$P(A|B) = \frac{P(A \cap B)}{P(B)} = \frac{P(B|A)P(A)}{P(B)}$$

여기서 사건 B가 일어났을 때 사건 A가 일어날 확률(사후 확률)은 사건 A가 일어날 확률(사전 확률)과 사건 A가 일어났을 때 사건 B가 일어날 조건부 확률P(B|A)의 곱을, 사건 B가 일어날 확률 P(B)로 나누어 알아낼 수 있다는 뜻이다.

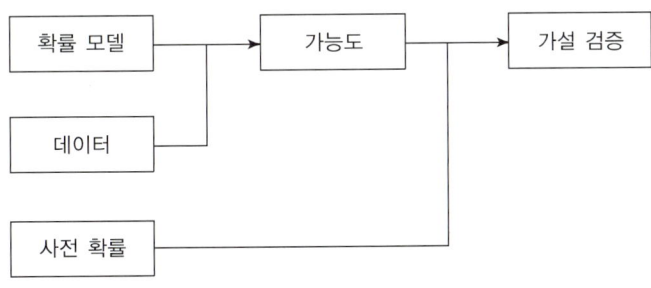

[그림 6-37] 나이브 베이즈 접근법에 의한 추론 모델링 개념

[그림 6-37]은 나이브 베이즈에 의한 추론 모델링을 개념적으로 보여준다. 나이브 베이즈의 확률적 추론 방법은 어떤 가설의 확률을 평가하기 위해 임의적으로 사전 확률을 먼저 정하고, 관찰된 데이터를 기반으로 하는 가능도를 계산해서 처음에 설정한 임의적 확률을 보정하는 방법이다. 이때 베이즈 정리는 이러한 확률을 해석하는데 있어 핵심적인 개념을 제공한다.

예를 들어 인구 1,000명당 한 명꼴로 걸리는 희귀병이 있다고 가정하고 병원에서 검사를 한다고 하자(Larry & Woollcott, 2007). 병에 걸린 사람의 경우 검사에서 99% 양성반응을 보이는 반면, 건강한 사람의 경우 검사에서 2% 정도가 양성반응을 보인다고 가정할 때 건강한 사람이 양성반응을 보인다면 이 희귀병에 걸릴 확률은 얼마인가?

여기서 피검자가 병에 걸려 있는 사건을 사건 A, 피검자가 양성반응을 보인 경우의 사건을 사건 B라고 하고 조건부 확률 P(A|B)을 계산해보자.

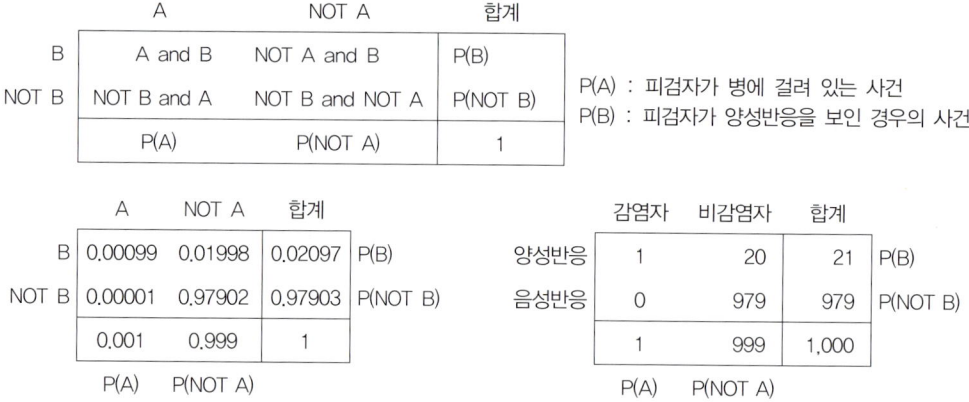

[그림 6-38] 베이즈 정리 예시

위 그림에서 P(A)는 1,000명 중에서 한 사람은 희귀병을 가지고 있으므로 P(A) = 0.001, P(B|A)는 희귀병에 감염된 경우 양성반응이 나타날 확률이므로 P(B|A) = 0.99, P(A AND B)는 곱셈정리에 의해 P(B|A)P(A) = (0.99)*(0.001) = 0.00099, P(B|NOT A)는 건강한 사람의 경우 양성반응이 잘못 나타날 확률이므로 P(B|NOT A) = 0.02, P(NOT A AND B) = P(B|NOT A)P(NOT A) = (0.02)*(0.999) = 0.01998 이다.

따라서 $P(A|B) = \dfrac{P(A \operatorname{and} B)}{P(B)} = \dfrac{0.00099}{0.02097} = 0.0472103 \approx 4.72\%$ 이다.

즉, 정확도가 높은 병원 검사인데도 양성반응이 나온 사람들 중에서 약 5% 미만이 병에 걸려 있다는 것을 알 수 있다.

다음의 [표 6-11]은 나이브 베이즈 기법의 장·단점 비교다.

[표 6-11] 나이브 베이즈 기법의 장·단점 비교

구 분	설 명
장 점	• 개념이 단순하고 계산이 빠르다. • 고차원의 데이터셋에 적합하다. • 데이터에 노이즈 및 결측값(NA)이 포함되어 있어도 잘 동작한다. • 알고리즘의 단순함에도 복잡한 분류 알고리즘보다 예측 결과가 더 효과적인 경우가 많다.
단 점	• 범주 분류 문제에 적합하지만, 예측된 범주의 확률값을 활용해야 할 경우에는 적합하지 않다. • 독립변수들이 범주 형태가 아닌 수치 형태일 경우에는 정확성이 떨어진다. • 독립변수가 서로 독립적이고, 중요도가 같다(동등하다)는 가정이 위배되는 경우에 오류가 발생할 수 있다.

6.7.2 나이브 베이즈 분석 예제(naiveBayes() 함수)

다음은 e1071 패키지의 naiveBayes() 함수로 mlbench 패키지의 HouseVotes84 자료를 이용해 나이브 베이즈 모델을 생성하는 예제다.

(1) e1071, mlbench 패키지와 HouseVote84 데이터 불러오기

```
> library(e1071)
> library(mlbench)
> data(HouseVotes84, package = "mlbench")
  str(HouseVotes84)
  'data.frame':     435 obs. of  17 variables:
 $ Class: Factor w/ 2 levels "democrat", "republican": 2 2 1 1 1 1 2 2 1 ...
 $ V1   : Factor w/ 2 levels "n", "y": 1 1 NA 1 2 1 1 1 1 2 ...
 $ V2   : Factor w/ 2 levels "n"," y": 2 2 2 2 2 2 2 2 2 2 ...
 $ V3   : Factor w/ 2 levels "n", "y": 1 1 2 2 2 2 1 1 1 2 ...
 $ V4   : Factor w/ 2 levels "n", "y": 2 2 NA 1 1 1 2 2 2 1 ...
 $ V5   : Factor w/ 2 levels "n", "y": 2 2 2 NA 2 2 2 2 2 1 ...
 $ V6   : Factor w/ 2 levels "n", "y": 2 2 2 2 2 2 2 2 2 1 ...
 $ V7   : Factor w/ 2 levels "n", "y": 1 1 1 1 1 1 1 1 1 2 ...
 $ V8   : Factor w/ 2 levels "n", "y": 1 1 1 1 1 1 1 1 1 2 ...
 $ V9   : Factor w/ 2 levels "n", "y": 1 1 1 1 1 1 1 1 1 2 ...
 $ V10  : Factor w/ 2 levels "n", "y": 2 1 1 1 1 1 1 1 1 1 ...
 $ V11  : Factor w/ 2 levels "n", "y": NA 1 2 2 2 1 1 1 1 1 ...
 $ V12  : Factor w/ 2 levels "n", "y": 2 2 1 1 NA 1 1 1 2 1 ...
 $ V13  : Factor w/ 2 levels "n", "y": 2 2 2 2 2 2 NA 2 2 1 ...
 $ V14  : Factor w/ 2 levels "n", "y": 2 2 2 1 2 2 2 2 2 1 ...
 $ V15  : Factor w/ 2 levels "n", "y": 1 1 1 1 2 2 2 NA 1 NA ...
 $ V16  : Factor w/ 2 levels "n", "y": 2 NA 1 2 2 2 2 2 2 NA ...
> table(HouseVotes84$Class)

  democrat republican
       267        168
```

실행 결과 HouseVote84 데이터는 17개 변수와 435개의 관측값이 존재하는 것을 볼 수 있다. HouseVote84 자료는 미국의 하원의원 435명(민주당 267명, 공화당 168명)의 16개 주요 법안에 대한 찬성여부를 조사한 자료이다. 반응변수 Class는 democrat, republican 두 가지 범주로 분류된다. 반응변수(Class)의 분할표에서 democrat 267개, republican 168개인 것을 알 수 있다.

(2) HouseVotes84 자료 요약하기

```
> summary(HouseVotes84)
      Class         V1          V2          V3          V4          V5          V6
 democrat  :267   n   :236   n   :192   n   :171   n   :247   n   :208   n   :152
 republican:168   y   :187   y   :195   y   :253   y   :177   y   :212   y   :272
                  NA's: 12   NA's: 48   NA's: 11   NA's: 11   NA's: 15   NA's: 11
       V7          V8          V9          V10         V11         V12         V13
 n   :182   n   :178   n   :206   n   :212   n   :264   n   :233   n   :201
 y   :239   y   :242   y   :207   y   :216   y   :150   y   :171   y   :209
 NA's: 14   NA's: 15   NA's: 22   NA's:  7   NA's: 21   NA's: 31   NA's: 25
       V14         V15         V16
 n   :170   n   :233   n   : 62
 y   :248   y   :174   y   :269
 NA's: 17   NA's: 28   NA's:104

> colSums(is.na(HouseVotes84))
Class    V1    V2    V3    V4    V5    V6    V7    V8    V9   V10   V11   V12
    0    12    48    11    11    15    11    14    15    22     7    21    31
  V13   V14   V15   V16
   25    17    28   104
```

분석 결과 반응변수(Class)를 제외한 V1~V16 변수는 모두 결측값(NA)이 존재한다는 것을 알 수 있다.

(3) HouseVotes84 자료를 훈련용 데이터(80%)와 테스트 데이터(20%)로 분리하기

```
> library(caret)
> parts <- createDataPartition(HouseVotes84$Class, p = 0.8)
> data.train <- HouseVotes84[parts$Resample1, ]
> table(data.train$Class)
democrat republican
     214        135
> data.test <- HouseVotes84[-parts$Resample1, ]
> table(data.test$Class)
democrat republican
      53         33
```

데이터 분할 시 createDataPartition() 함수를 사용하면 반응변수(Class) 값의 비율이 원본 데이터와 같게 유지되는 것을 알 수 있다.

(4) 훈련용 데이터로 나이브 베이즈 모델을 생성하기

```
> nai.fit <- naiveBayes(Class~., data = data.train)
```

나이브 베이즈 모델 학습을 위해 종속변수를 Class, 독립변수를 V1~V16으로 모델이 학습된 것을 알 수 있다. e1071 패키지의 naiveBayes() 함수는 나이브 베이즈 모델을 생성한다.

(5) 테스트 데이터로 예측을 수행하고, 나이브 베이즈 모델의 성능 평가하기

```
> nai.pred <- predict(nai.fit, data.test[, -1], type = 'class')
> nai.tb <- table(nai.pred, data.test$Class)
> nai.tb
    nai.pred      democrat   republican
    democrat           50            2
    republican          3           31
> mean(data.test$Class == nai.pred)      # Accuracy
[1] 0.9418605
> (1-sum(diag(nai.tb))/sum(nai.tb))      # Error Rate
[1] 0.05813953
```

분석 결과 정오분류표(Confusion Matrix)를 보면 democrat는 53개 중 50개, republican는 33개 중 31개가 제대로 분류된 것을 볼 수 있다. 정분류율(Accuracy)은 약 0.942이고, 오분류율(Error Rate)은 약 0.058이다.

6.8
k-최근접 이웃

> k-최근접 이웃 모델, 유클리드 거리의 역수, 피어슨 상관계수, createDataPartition(), knn(), train.kknn()

- ✓ **k-최근접 이웃 모델**은 목표변수(반응변수 또는 종속변수)의 범주를 알지 못하는 데이터셋의 분류를 위해 해당 데이터셋과 가장 유사한 k개의 주변 데이터셋을 수집하고, k개의 데이터셋이 가장 많이 속해 있는 범주로 지정하는 방식으로 분류 예측을 하는 기법이다.

- ✓ 데이터 간의 유사성을 측정하는 방식은 일반적으로 두 점간의 **유클리드 거리의 역수**를 사용하거나 **피어슨 상관계수**를 이용하여 계산한다.

- ✓ 데이터 분할 시 **createDataPartition() 함수**를 사용하면 반응변수값의 비율이 원본 데이터와 같게 유지되는 것을 알 수 있다.

- ✓ **knn() 함수**는 k-최근접 이웃 모델을 생성한다.

- ✓ **train.kknn() 함수**는 최적의 k값을 k-fold 교차검증 방법으로 찾는다.

6.8.1 k-최근접 이웃 모델의 개념

k-최근접 이웃(k-Nearest Neighbor, k-NN) 모델은 목표변수(반응변수 또는 종속변수)의 범주를 알지 못하는 데이터셋의 분류를 위해 해당 데이터셋과 가장 유사한 k개의 주변 데이터셋을 수집하고, k개의 데이터셋이 가장 많이 속해 있는 범주로 지정하는 방식으로 분류 예측을 하는 기법이다. k-최근접 이웃 알고리즘의 설명은 [그림 6-39]와 같다.

k-최근접 이웃 기법은 해당 데이터 점(예를 들어 [그림 6-39]에서 ☆)과 주변 데이터셋 간의 유사성(similarity)을 어떻게 측정하여 최종적으로 목표변수의 범주를 분류할 때 몇 개를 기준(k = ?)으로 주변 데이터셋을 판단할 것인가에 대한 기준이 필요하다. 해당 데이터 점(예를 들어 [그림 6-39]에서 ☆)과 유사한 k개의 주변 데이터 점에서 다수결의 원칙에 따라 새로운 범주를 결정하는 방식이 k-최근접 이웃 기법이다.

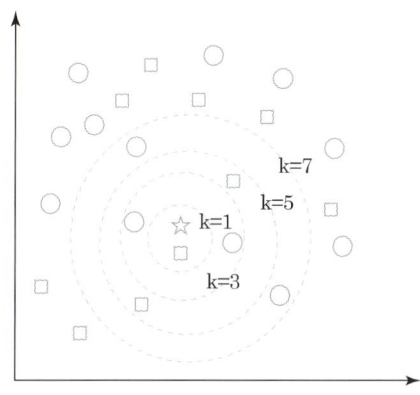

[그림 6-39] k-최근접 이웃 알고리즘 설명

데이터 간의 유사성을 측정하는 방식은 일반적으로 두 점간의 유클리드 거리(Euclidean distance)의 역수를 사용하거나 피어슨 상관계수(Pearson Correlation Coefficient, PCC)를 이용하여 계산한다.

[그림 6-39]는 k-최근접 이웃 기법에서 k(=1, 3, 5, 7) 값 설정에 따른 목표변수값 변화를 개념적으로 표현하였다. '☆'는 새롭게 분류해야 할 데이터 값이고, 'ㅁ'와 '○'는 주변에 존재하는 데이터 값이다. 여기서 k = 1로 설정하면 '☆'와 가장 가까운 데이터 값은 'ㅁ'이므로 '☆'의 목표변수는 'ㅁ'로 분류될 것이다. 이것을 반복하여 k = 3, k = 5, k = 7로 설정하면 다수결의 원칙에 의하여 '☆'의 목표변수를 예측 분류할 수 있다. 여기서 주목할 점은 k값을 어떻게 정하느냐에 따라 목표변수의 범주 예측 결과가 크게 달라질 수 있다는 것이다.

따라서 k-최근접 이웃 기법에서 적절한 k값을 정하는 것이 매우 중요하다. 이론적이나 통계적으로 명확한 기준이 없지만 여러 가지 k값을 설정해보면서 반복적으로 테스트하여 최적의 분류 성능을 보이는 k값을 최종적으로 정하면 된다. 다만 k값은 $\sqrt{관측값의\ 개수}$ 보다는 작은 것이 좋다고 알려져 있고, 일반적으로 k = 3에서 k = 9 사이의 범위 내에서 분류 성능을 테스트해보면서 최적의 k값을 정하는 방법을 사용하기도 한다.

[표 6-12] k-최근접 이웃 기법의 장·단점 비교

구 분	설 명
장 점	• 알고리즘이 이해하기 쉽고 직관적이다. • 데이터셋의 확률분포 등에 대한 가정이 필요하지 않다. • 사전 모델 설정 및 모수 추정이 필요없다(비모수 방식). • 훈련(학습) 시간이 빠르다.
단 점	• k값에 대한 명확한 기준이 없어 시행착오적 접근이 필요하다. • 특정한 가설이나 모델 없이 주어진 데이터를 통해 범주의 분류 결과만 판단함으로 분석을 통한 통찰력을 얻기 어렵다. • 새로운 데이터가 주어질 때마다 모든 데이터와의 유사도를 계산해야 함으로 그만큼 시간 소요가 많다. 이런 특성 때문에 게으른 학습(Lazy learning)으로 불린다. • 데이터셋의 모든 데이터들과 거리 계산을 위해 메인 메모리에 가져와야 함으로 많은 메모리가 필요하다.

6.8.2 k-최근접 이웃 분석 예제(knn() 함수)

다음은 class 패키지의 knn() 함수로 아이리스(iris) 자료를 이용해 k-최근접 이웃 알고리즘 모델을 생성하는 예제다.

(1) class 패키지와 iris 데이터 불러오기

```
> library(class)
> data("iris")
```

(2) iris 자료를 훈련용 데이터(80%)와 테스트 데이터(20%)로 분리하기

```
> library(caret)
> parts <- createDataPartition(iris$Species, p = 0.8)
> data.train <- iris[parts$Resample1, ]
> table(data.train$Species)
setosa versicolor  virginica
    40         40         40
> data.test <- iris[-parts$Resample1, ]
> table(data.test$Species)
setosa versicolor  virginica
    10         10         10
```

데이터 분할 시 createDataPartition() 함수를 사용하면 반응변수(Species) 값의 비율이 원본 데이터와 같게 유지되는 것을 알 수 있다.

(3) k = 1부터 k = 9 사이의 범위에서 정분류율(Accuracy) 계산하기

```
> library(foreach)
> knn.k <- c(1, 2 , 3 ,4, 5, 6, 7, 8, 9)
> knn_result <- foreach(k = knn.k, .combine = rbind) %do% {
+   knn.pred <- knn(data.train[, 1:4], data.test[, 1:4],
+                   data.train$Species, k = k, prob = TRUE)
+   acc.val <- mean(knn.pred == data.test$Species)
+   return(data.frame(k = k, acc = acc.val))
+}
> knn_result
  k       acc
1 1 0.9000000
2 2 0.9000000
3 3 0.9666667
4 4 0.9333333
5 5 0.9333333
6 6 0.9333333
7 7 0.9333333
8 8 0.9333333
9 9 0.9666667
```

분석 결과 k = 3, k = 9 인 경우에 정분류율이 약 96.67% 이므로 k값은 3으로 결정한다.

(4) 준비된 데이터셋으로 k-최근접 이웃 모델 생성하기

```
> knn.pred <-  knn(data.train[, 1:4], data.test[, 1:4],
+                 data.train$Species, k = 3, prob = TRUE)
```

knn() 함수는 k-최근접 이웃 모델을 생성한다. 인자 k = 3은 3개의 주변 데이터에서 다수결의 원칙에 따라 새로운 범주를 결정한다.

(5) 테스트 데이터로 예측을 수행하고, k-최근접 이웃 모델의 성능 평가하기

```
> knn.tb <- table(knn.pred, data.test$Species)
> knn.tb
knn.pred     setosa versicolor virginica
  setosa         10          0         0
  versicolor      0         10         1
```

```
    virginica         0       0       9
> mean(data.test$Species == knn.pred)       # Accuracy
[1] 0.9666667
> (1-sum(diag(knn.tb))/sum(knn.tb))         # Error Rate
[1] 0.03333333
```

분석 결과 정오분류표(Confusion Matrix)를 보면 setosa는 10개, versicolor는 10개, virginica는 10개 중 9개가 제대로 분류된 것을 볼 수 있다. 정분류율(Accuracy)은 약 0.967이고, 오분류율(Error Rate)은 약 0.033이다.

6.8.3 k-최근접 이웃 분석 예제(kknn() 함수)

다음은 kknn 패키지의 kknn() 함수로 BreastCancer 자료를 이용해 k-최근접 이웃 모델을 생성하는 예제다.

(1) kknn 패키지와 BreastCancer 데이터 불러오기

```
> library(kknn)
> library(mlbench)
> data("BreastCancer")
```

(2) 결측값(Missing value) 확인 및 제거하기

```
> colSums(is.na(BreastCancer))
    Id   Cl.thickness      Cell.size     Cell.shape  Marg.adhesion    Epith.c.size
     0              0              0              0              0              0
Bare.nuclei    Bl.cromatin Normal.nucleoli      Mitoses          Class
    16              0              0              0              0
> sum(is.na(BreastCancer))
[1] 16
> BreastCancer2 <- BreastCancer[complete.cases(BreastCancer), ]
```

분석 결과 Bare.nuclei 변수에 결측값(NA) 16개가 있어 모두 제거한다.

(3) BreastCancer 데이터로 훈련용 데이터(80%)와 테스트 데이터(20%)로 분리하기

```
> library(caret)
> parts <- createDataPartition(BreastCancer2$Class, p = 0.8)
> data.train <- BreastCancer2[parts$Resample1, ]
> table(data.train$Class)
benign malignant
   356      192
> data.test <- BreastCancer2[-parts$Resample1, ]
> table(data.test$Class)
benign malignant
    88       47
```

데이터 분할 시 createDataPartition() 함수를 사용하면 반응변수(Class) 값의 비율이 원본 데이터와 같게 유지되는 것을 알 수 있다.

(4) 훈련용 데이터셋을 이용해 최적의 k값 확인하기

```
> kkn.tr <- train.kknn(Class ~ ., data.train[, -1], kmax = 10,
+                     distance = 1, kernel = "rectangular")
> kkn.tr$MISCLASS
   rectangular
1   0.03649635
2   0.05109489
3   0.03284672
4   0.04927007
5   0.04197080
6   0.04014599
7   0.04197080
8   0.04197080
9   0.04014599
10  0.04379562
> kkn.tr$best.parameters
$kernel
[1] "rectangular"

$k
[1] 3
```

분석 결과 k = 3인 경우 오분류 에러(misclassification errors) 값이 약 0.033으로 가장 낮게 나온 것을 볼 수 있다. train.kknn() 함수는 최적의 k값을 k-fold 교차검증 방법으로 찾는다. 인자 kmax = 10는 최대 k값을 10으로 설정한다.

(5) 준비된 데이터를 이용해 k-최근접 이웃 모델 생성하기

```
> kkn.fit <- kknn(Class~., data.train[, -1], data.test[, -1],
+                 k = 3, distance = 1, kernel = "rectangular")
> summary(kkn.fit)
Call:
kknn(formula = Class~., train = data.train[, -1], test = data.test[, -1],
     k = 3, distance = 1, kernel = "triangular")
Response: "nominal"
      fit prob.benign prob.malignant
1  benign  1.00000000      0.0000000
2  benign  1.00000000      0.0000000
3  benign  1.00000000      0.0000000
  ... [이하 생략]
```

kknn() 함수는 k-최근접 이웃 모델을 생성한다. 인자 k = 3은 3개의 주변 데이터에서 다수결의 원칙에 따라 새로운 범주를 결정한다.

(6) 적합된 모델의 추가적인 정보 확인하기

```
> ls(kkn.fit)
[1] "C"             "call"   "CL"         "D"       "distance"
[6] "fitted.values" "prob"   "response"   "terms"   "W"
```

(7) 테스트 데이터로 예측을 수행하고, k-최근접 이웃 모델의 성능 평가하기

```
> kkn.tb <- table(kkn.fit$fitted.values, data.test$Class)
> kkn.tb

           benign malignant
benign         88         1
malignant       0        46
> mean(data.test$Class == kkn.fit$fitted.values)    # Accuracy
[1] 0.9925926
> (1-sum(diag(kkn.tb))/sum(kkn.tb))                 # Error Rate
[1] 0.007407407
```

분석 결과 정오분류표(Confusion Matrix)를 보면 benign는 88개 모두, malignant는 47개 중 46개가 제대로 분류된 것을 볼 수 있다. 정분류율(Accuracy)은 약 0.993이고, 오분류율(Error Rate)은 약 0.007이다.

연습문제

문제 1. 다음 중 지도학습(Supervised learning) 기법이 아닌 것은?

① 인공신경망(Artificial Neural Network, ANN)
② 서포트 벡터 머신(Support Vector Machine, SVM)
③ 연관규칙분석(Association rule analysis)
④ 의사결정나무(Decision tree)

문제 2. 다음 중 로지스틱 회귀 모델(Logistic regression model)에 대한 설명으로 가장 부적절한 것은?

① 목표변수가 범주형인 경우에 적용되는 회귀분석 모델이다.
② 목표변수(Y)의 범주가 0, 1 두 가지만 있다고 할 때 오즈(Odds)는 목표변수 Y의 범주가 1이 될 확률 $P(Y = 1) = P(Y)$로 표현하면 Odds = $P(Y) / (1-P(Y))$로 나타낸다.
③ 목표변수가 알려진 데이터에서 설명변수들의 관점에서 각 목표변수 내의 관측치들에 대한 유사성을 찾는데 사용할 수 있다.
④ 목표변수 Y 대신 로짓(logit)이라 불리는 상수를 사용하여 로짓을 설명변수들의 선형함수로 모델화하기 때문에 이 모델을 로지스틱 회귀 모델이라고 한다.

문제 3. 다음 중 의사결정나무(Decision tree) 모델에서 목표변수가 이상형인 분류 나무의 경우 상위 노드에서 가지 분할(split)을 수행할 때, 분류 변수와 분류기준 값의 선택에 사용되는 기준이 아닌 것은?

① 지니 지수(Gini index)
② 카이제곱 통계량(Chi-square statistic)의 p-value
③ 엔트로피 지수(entropy index)
④ 오차제곱합(Sum of Square for Error)

문제 4. 다음 중 의사결정나무(Decision tree) 모델의 특성에 대한 설명으로 가장 부적절한 것은?

① 구조가 단순하여 해석이 용이하다.
② 분류와 수치 예측에 모두 활용이 가능하다.
③ 관측치 데이터가 정상적인 경우에만 잘 분류할 수 있다.
④ 분류 결과에 대해 규칙(rule) 기반의 해석이 가능하여 결과 해석에 유용하다.

문제 5. 단층 신경망인 퍼셉트론(Perceptron)에서 최종 목표값(target value)은 활성함수(activation function)에 의해 결정되는데 다양한 활성함수 중 출력값이 여러 개로 주어지고, 목표치가 다범주인 경우 각 범주에 속할 사후 확률을 제공하는 함수는 무엇인가?

① 시그모이드 함수(sigmoid function)
② 계단 함수(Step function)
③ Softmax 함수
④ Relu 함수

문제 6. 앙상블(Ensemble) 모델은 주어진 데이터로부터 여러 개의 모델을 학습한 후 결과들을 종합하여 알고리즘의 안전성과 정확성을 높이는 방법이다. 다음 중 앙상블 모델이 아닌 것은?

① 배깅(Bagging)
② 부스팅(Boosting)
③ 랜덤 포레스트(Random forest)
④ 단층신경망(Single-layer neural network)

문제 7. 다음 중 비지도 신경망으로 고차원의 데이터를 이해하기 쉬운 저차원의 뉴런으로 정렬하여 지도의 형태로 형상화하는 군집 방법으로 적절한 것은?

① 랜덤 포레스트(Random Forest)
② 자기조직화지도(Self-Organizing Map)
③ 서포트 벡터 머신(Support-Vector Machine)
④ k-최근접 이웃(k-Nearest Neighbor)

문제 8. 다음 중 k-최근접 이웃(k-Nearest Neighbor)의 단점으로 가장 부적절한 것은?

① 데이터셋의 모든 데이터들과 거리 계산을 위해 많은 메모리가 필요하다.
② k값에 대한 명확한 기준은 필요하지 않다.
③ 특정한 가설이나 모델 없이 주어진 데이터를 통해 범주의 분류 결과만 판단함으로 분석을 통한 통찰력을 얻기 어렵다.
④ 새로운 데이터가 주어질 때마다 모든 데이터와의 유사도를 계산해야 함으로 시간이 많이 소요된다.

문제 9. 다음 중 나이브 베이즈(Naïve Bayes)의 장점으로 가장 부적절한 것은?

① 고차원의 데이터셋에 적합하다.
② 알고리즘의 단순함에도 복잡한 분류 알고리즘보다 예측 결과가 더 효과적인 경우가 많다.
③ 개념이 단순하고 계산이 빠르다.
④ 데이터에 노이즈 및 결측값(NA)이 포함되어 있는 경우 제거해주어야 한다.

문제 10. 다음 중 서포트 벡터 머신(Support-Vecter Machine)의 단점으로 가장 부적절한 것은?

① 결과 해석이나 설명 등에 있어 어려움이 있다(블랙박스 모델).
② 최적 분류를 위해 커널 함수와 매개변수 등에 대한 반복적인 조합 테스트가 필요하다.
③ 배경이 되는 이론과 알고리즘 구현 시 타 기법에 비하여 상대적으로 난해한 면이 있다.
④ 입력 데이터가 대량이거나 변수가 많은 경우 오랜 훈련시간이 필요하다.

Chapter 7. 분류분석 모델 평가

좋은 분류분석 모델은 무엇이고, 모델의 성능은 어떻게 평가해야 할까? 또, 모델 평가를 위한 과적합(overfitting) 문제는 어떻게 해결해야 할까? 모든 애플리케이션은 서로 다르기(상이한 특징) 때문에 모델을 평가하는 방법 하나를 콕 집어내기는 어렵다. 따라서 데이터 마이닝의 목적 및 데이터의 특성에 따라 가장 적절한 모델을 선택하기 위한 성능 평가의 기준이 필요하다.

이번 장에서는 모델을 평가하는 다양한 방법에 대해 알아보자.

7.1 정오분류표

> 일반화의 가능성, 효율성, 예측과 분류의 정확성, 정오분류표, TP(True Positive), TN(True Negative), FP(False Positive), FN(False Negative), nnet(), rpart(), randomForest(), predict(), confusionMatrix()

- 모델 평가의 기준은 크게 **일반화의 가능성**, **효율성**, **예측과 분류의 정확성**으로 구분한다.

- **정오분류표**는 분류자의 결정을 떼어내어 이 계층이 다른 계층과 어떻게 분류되는지를 명확히 보여준다.

- **TP(True Positive)**: 실제값과 예측값 모두 True인 빈도(올바른 양성, 진양성)

- **TN(True Negative)**: 실제값과 예측값 모두 False 빈도(올바른 음성, 진음성)

- **FP(False Positive)**: 실제값은 False이나 True로 예측한 빈도(잘못된 양성, 위양성)

- **FN(False Negative)**: 실제값은 True이나 False로 예측한 빈도(잘못된 음성, 위음성)

- **nnet()** 함수는 인공신경망 모델, **rpart()** 함수는 의사결정나무 모델, **randomForest()** 함수는 랜덤 포레스트 모델을 생성한다.

- **predict()** 함수는 학습된 모델과 테스트 데이터로 예측한다.

- **confusionMatrix()** 함수는 정오분류표를 생성한다.

7.1.1 분류분석 모델 평가를 위한 고려사항

다양한 분류 결과(문제)에 대해 모두 잘 작동하는 단 하나의 평가 척도를 제공하기는 거의 불가능하다. 그러나 모델을 평가하는 과정에서 발생하는 문제나, 이 문제를 처리하는 기법에는 어느 정도 공통점이 있다.

분류분석 모델은 계층값을 모르는 객체를 입력 받아 이 객체가 속할 계층을 예측한다. 분류자를 설명할 때에는 나쁜 결과를 '양성'으로, 보통이거나 좋은 결과를 '음성'으로 분류한다. 분류자는 대부분이 음성인 모집단을 걸러내 소수의 양성 객체를 찾는 것이라 할 수 있다. 이 분류자의 성능 평가를 위해 분류자가 올바로 판단한 횟수와 잘못 판단한 횟수를 분할하고 셀 수 있는 정오분류표(Confusion Matrix)를 사용해 측정하는 방법이 필요하다. 정오분류표를 혼동행렬로도 부른다.

모델의 과적합 문제를 해결하기 위해 데이터를 추출하는 방법으로는 홀드아웃, 교차검증, 붓스트랩 등의 방법이 있다. 이에 대해서는 〈7.4 데이터 추출 방법〉에서 살펴본다.

[표 7-1] 분류분석 모델 평가를 위한 고려사항

성능 평가 기준	성능 측정 방법	데이터 추출 방법
• 일반화의 가능성 • 효율성 • 예측과 분류의 정확성	• 정오분류표(Confusion Matrix)	• 홀드아웃(Hold-Out) • 교차검증(Cross-Validation) • 붓스트랩(Bootstrapping)

분류분석의 모델 평가는 예측 및 분류를 위해 구축된 모델이 임의의 모델보다 더 우수한 분류 성과를 보이는지, 고려된 서로 다른 모델 중 어느 것이 가장 우수한 예측 및 분류 성과를 보유하고 있는지 등을 비교분석하는 과정이다(한국데이터진흥원, 2018). 따라서 데이터 마이닝의 목적 및 데이터의 특성에 따라 가장 적절한 모델을 선택하기 위한 성능 평가의 기준이 필요하다. 모델 평가의 기준은 크게 일반화의 가능성, 효율성, 예측과 분류의 정확성으로 구분한다.

① 일반화의 가능성: 같은 모집단 내의 다른 데이터에 적용하는 경우에도 안정적인 결과를 제공하는 것을 의미하며 데이터를 확장하여 적용할 수 있는지에 대한 평가 기준이다.

② 효율성: 분류분석 모델이 얼마나 효과적으로 구축되었는지 평가하게 되며 적은 입력변수를 필요로 할수록 효율성이 높다고 할 수 있다.

③ 예측과 분류의 정확성: 구축된 모델의 정확성 측면에서 평가하는 것으로 안정적이고 효과적인 모델을 구축하였다고 하더라도 실제 문제에 적용했을 때 정확하지 못한 결과만을 양산한다면 그 모델은 의미를 가질 수 없다.

7.1.2 정오분류표

정오분류표(Confusion Matrix, 혼동행렬)는 일반적으로 분류분석 모델의 예측 결과인 분류 범주 평가에 사용된다. 정오분류표는 일종의 분할표(Contingency Table)이다. n개의 계층이 있는 문제의 정오분류표는 가로 열에는 실제 계층, 세로 행에는 예측한 계층이 들어가는 n×n 행렬이다(Wikipedia, "Confusion Matrix" 참조). 정오분류표는 분류자의 결정을 떼어내어 이 계층이 다른 계층과 어떻게 분류되는지를 명확히 보여준다.

[표 7-2] 정오분류표

Confusion Matrix		예측 값(Prediction)	
		Positive	Negative
실제 값 (Actual)	Positive	TP	FP
	Negative	FN	TN

정오분류표의 각 값이 의미하는 바는 다음과 같다.

- TP(True Positive): 실제값과 예측값 모두 True인 빈도(올바른 양성, 진양성)
- TN(True Negative): 실제값과 예측값 모두 False 빈도(올바른 음성, 진음성)
- FP(False Positive): 실제값은 False이나 True로 예측한 빈도(잘못된 양성, 위양성)
- FN(False Negative): 실제값은 True이나 False로 예측한 빈도(잘못된 음성, 위음성)

정오분류표에서 올바른 양성(진양성)과 올바른 음성(진음성)이 올바른 판단이고, 잘못된 양성(위양성)과 잘못된 음성(위음성)이 분류자가 잘못 분류한 것이다.

다음은 정오분류표로부터 모델을 평가하는 대표적인 지표다.

[표 7-3] 정오분류표로부터 모델을 평가하는 대표적인 지표

지표	수식
진양성율(TP Rate)은 실제로 양성 객체에 대해 제대로 판단한 경우의 비율(실제값이 True인 관측값 중 예측치가 True인 정도)이다. 민감도(Sensitivity)라고도 한다.	$TP\ Rate = \dfrac{TP}{TP+FN}$
위음성율(FN Rate)은 실제로 양성 객체에 대해 잘못 판단한 경우의 비율(실제값이 True인 관측값 중 예측치가 False인 정도)이다.	$FN\ Rate = \dfrac{FN}{TP+FN}$
진음성율(TN Rate)은 실제로 음성 객체에 대해 제대로 판단한 경우의 비율(실제값이 False인 관측값 중 예측치가 False인 정도)이다. 특이도(Specificity)라고도 한다.	$TN\ Rate = \dfrac{TN}{FP+TN}$
위양성율(FP Rate)은 실제로 음성 객체에 대해 잘못 판단한 경우의 비율(실제값이 False인 관측값 중 예측치가 True인 정도)이다. 1 - 특이도(Specificity)와 같은 값이다.	$FP\ Rate = \dfrac{FP}{FP+TN}$
정분류율(Accuracy, Recognition Rate)은 전체 관측값 중 실제값과 예측치가 일치한 정도를 나타낸다. 정분류율(또는 정확도)은 범주의 분포가 균형을 이룰 때 효과적인 평가지표다.	$Accuracy = \dfrac{TP+TN}{TP+FP+FN+TN}$
오분류율(Error Rate, Misclassification Rate)은 제대로 예측하지 못한 관측값을 평가하는 지표다. 전체 관측값 중 실제값과 예측치가 다른 정도를 나타내며 1 - 정분류율(Accuracy)이다.	$Error\ Rate = \dfrac{FP+FN}{TP+FP+FN+TN}$

분류 정확도를 척도로 사용하는데 있어서의 문제점은 위양성(FP)와 위음성(FN) 오류를 구분하지 않는다는 점이다. 단지 오류횟수만 계산함으로써 두 에러가 똑같다고 생각한다. 그러나 실제 모델을 적용할 때 분류 결과가 미치는 심각성이 서로 다르기 때문에 이런 오류에 따른 비용은 차이가 많이 나는 것이 보통이다.

가령 의료 진단 분야에서 실제로 암에 걸리지 않은 환자에게 암에 걸렸다고 오진(위양성 오류)된다면 환자는 추가 검진을 통해 초기에 나온 암 진단이 오류였음을 밝혀낼 수 있다. 이에 따른 검진비용은 크게 늘어난다.

반대로 실제 암에 걸린 환자에게 암에 걸리지 않았다고 오진(위음성 오류)된다면 이 환자는 암을 조기에 발견할 기회를 놓치는 것이므로 훨씬 더 심각한 결과를 초래한다. 따라서 이러한 범주 불균형 문제(Class Imbalance Problem)를 가지고 있는 데이터에 대한 분류분석 모델의 평가지표는 중요한 분류 범주만 다루어야 한다. 이를 위한 평가지표에는 민감도(Sensitivity)와 특이도(Specificity)가 있다.

[표 7-4] 민감도와 특이도

평가지표	수식
민감도는 실제값이 True인 관측값 중 예측치가 적중한 정도를 나타낸다.	$Sensitivity = \dfrac{TP}{TP+FN}$
특이도는 실제값이 False인 관측값 중 예측치가 적중한 정도를 나타낸다.	$Specificity = \dfrac{TN}{FP+TN}$
코헨의 카파(Kappa)는 두 평가자의 평가가 얼마나 일치하는지 평가하는 값으로 0 ~ 1 사이의 값을 가진다.	$Kappa = \dfrac{Accuracy - P(e)}{1 - P(e)}$
정밀도(Precision)는 True로 예측한 관측값 중 실제값이 True인 정도를 나타내는 정확성(Exactness) 지표다.	$Precision = \dfrac{TP}{TP+FP}$
재현율(Recall)은 실제값이 True인 관측값 중 예측치가 적중한 정도를 나타내는 지표로 모델의 완전성(Completeness)을 평가한다. 민감도와 동일한 지표다.	$Recall = \dfrac{TP}{TP+FN}$

정밀도와 재현율은 모델의 평가에 대표적으로 사용되는 지표지만 한 지표의 값이 높아지면 다른 지표의 값이 낮아질 가능성이 높은 관계를 지니고 있다. 따라서 이러한 효과를 보정하여 하나의 지표로 나타낸 것이 F1지표 (F1 score)와 F_β 지표다.

- F1지표는 정밀도와 재현율의 조화평균을 나타내며 정밀도와 재현율에 같은 가중치를 부여하여 평균한다.

$$F_1 = 2 \times \dfrac{1}{\dfrac{1}{Precision} + \dfrac{1}{Recall}} = \dfrac{2 \times Precision \times Recall}{Precision + Recall}$$

- F_β 지표에서 β는 β양수로 의 값만큼 재현율에 가중치를 주어 평균한다.

$$F_\beta = \dfrac{(1+\beta^2) \times Precision \times Recall}{\beta^2 \times Precision + Recall}$$

7.1.3 신경망, 의사결정나무, 랜덤 포레스트 모델을 비교 평가하는 예제

다음은 mlbench 패키지 Vehicle 데이터셋의 Class, Sc.Var.maxis, Scat.Ra, Elong, Pr.Axis.Rect, Sc.Var.Maxis 속성으로 Class가 "bus", "van"인 자료로 신경망, 의사결정나무, 랜덤 포레스트 모델을 비교 평가하는 예제다.

(1) Vehicle 데이터셋 준비하기

```
> library(mlbench)
> data("Vehicle")
> Vehicle <- subset(Vehicle,
+         select = c("Class", "Sc.Var.maxis", "Scat.Ra","Elong", "Pr.Axis.Rect", "Sc.Var.Maxis"))
> table(Vehicle$Class)
Bus opel  saab  van
218 212   217   199
> Vehicle <- subset(Vehicle, Class == "bus" | Class == "van")
> Vehicle$Class <- factor(Vehicle$Class)
> table(Vehicle$Class)
bus van
218 199
```

Class 속성의 분할표를 확인한 결과 "bus" 값이 218개, "van" 값이 199개인 것을 볼 수 있다.

(2) 훈련용 데이터(70%)와 테스트용(30%) 데이터 분리하기

```
> set.seed(123)
> Vehicle    <- Vehicle[sample(nrow(Vehicle)), ]
> trainData  <- Vehicle[1:(nrow(Vehicle)*0.7), ]
> testData   <- Vehicle[((nrow(Vehicle)*0.7) + 1):nrow(Vehicle), ]
> nrow(trainData)
[1] 291
> nrow(testData)
[1] 125
```

Vehicle 데이터셋은 훈련용 데이터(trainData) 291개, 테스트 데이터(testData) 125개로 분리된 것을 볼 수 있다.

(3) 훈련용 데이터로 신경망, 의사결정나무, 랜덤 포레스트 함수를 이용해 모델 학습하기

```
> library(nnet)
> library(rpart)
> library(randomForest)
> nn.Vehicle <- nnet(Class~., data = trainData, size = 2, rang = 0.1, decay = 5e-4, maxit = 200)
weights:  15
 initial    value 201.419995
iter  10    value 162.640091
iter  20    value 158.458745
iter  30    value 158.442881
iter  40    value 150.964174
iter  50    value 147.230521
iter  60    value 146.973669
iter  70    value 146.946561
iter  80    value 146.913141
iter  90    value 146.909103
   final    value 146.906403
converged
> dt.Vehicle <- rpart(Class~., data = trainData)
> rf.Vehicle <- randomForest(Class~., data = trainData)
```

모델 학습을 위해 종속변수를 Class, 독립변수를 Sc.Var.maxis, Scat.Ra, Elong, Pr.Axis.Rect, Sc.Var.Maxis으로 모델이 학습된 것을 볼 수 있다. nnet() 함수는 신경망, rpart() 함수는 의사결정나무, randomForest() 함수는 랜덤 포레스트 모델을 생성한다.

(4) predict() 함수를 이용해 학습된 모델을 테스트 데이터로 예측하기

```
> nn.pred <- predict(nn.Vehicle, testData, type = "class")
> dt.pred <- predict(dt.Vehicle, testData, type = "class")
> rf.pred <- predict(rf.Vehicle, testData, type = "class")
```

predict()는 학습된 모델과 테스트 데이터로 예측하는 함수다.

(5) confusionMatrix() 함수로 정오분류표 생성하기

```
> library(e1071)
> library(caret)
> nn.cmtx <- confusionMatrix(as.factor(nn.pred), testData$Class)
> dt.cmtx <- confusionMatrix(as.factor(dt.pred), testData$Class)
> rf.cmtx <- confusionMatrix(as.factor(rf.pred), testData$Class)
> nn.cmtx$table
```

```
          Reference
Prediction bus van
       bus  34   5
       van  32  54
> dt.cmtx$table
          Reference
Prediction bus van
       bus  63   6
       van   3  53
> rf.cmtx$table
          Reference
Prediction bus van
       bus  61   1
       van   5  58
```

테스트 데이터의 예측값과 실제값으로 신경망, 의사결정나무, 랜덤 포레스트의 정오분류표가 잘 생성된 것을 볼 수 있다.

(6) 정오분류표를 이용한 대표적인 지표인 정분류율(Accuracy), 정밀도(Precision), 재현율(Recall), F1지표(f1)로 모델 평가하기

```
> accuracy <- c(nn.cmtx$overall['Accuracy'], dt.cmtx$overall['Accuracy'],
+               rf.cmtx$overall['Accuracy'])
> precision <- c(nn.cmtx$byClass['Pos Pred Value'], dt.cmtx$byClass['Pos Pred Value'],
+                rf.cmtx$byClass['Pos Pred Value'])
> recall <- c(nn.cmtx$byClass['Sensitivity'], dt.cmtx$byClass['Sensitivity'],
+             rf.cmtx$byClass['Sensitivity'])
> f1 <- 2 * ((precision * recall) / (precision + recall))
> result <- data.frame(rbind(accuracy, precision, recall, f1))
> names(result) <- c("Nueral Network", "Decision Tree", "Random Forest")
> result
          Nueral Network Decision Tree Random Forest
accuracy       0.7040000     0.9280000     0.9520000
precision      0.8717949     0.9130435     0.9838710
recall         0.5151515     0.9545455     0.9242424
f1             0.6476190     0.9333333     0.9531250
```

모델 평가 결과 정분류율(Accuracy)은 랜덤 포레스트 모델이 0.952, 정밀도(Precision)는 랜덤 포레스트 모델이 약 0.984, 재현율(Recall)은 신경망 모델이 약 0.955, F1지표(f1)는 랜덤 포레스트 모델이 약 0.953로 가장 높은 것을 볼 수 있다.

7.2
ROC 곡선과 AUC

> ROC 곡선, AUC, neuralnet(), C5.0(), glm()

- ✓ **ROC 곡선**은 분류자를 점으로 표시한 2차원 그래프로서 x축에는 1-특이도(FP Rate), y축에는 민감도(TP Rate)를 나타내어 이 두 평가 값의 관계로 모델을 평가한다.

- ✓ **ROC 곡선**은 모델의 분류, 계층 확률 추정, 점수화 성능을 시각적으로 보여주기 위해 널리 사용하는 도구다.

- ✓ **AUC**는 ROC 곡선의 밑부분 면적이다. 값은 0에서 1까지 될 수 있고 1에 가까울수록 좋은 모델로 평가된다.

- ✓ **AUC**는 모델 간의 비교에 사용되고 분류자의 예측 능력을 간단히 요약하기에 충분하다.

- ✓ 인공신경망 모델은 neuralnet 패키지의 **neuralnet() 함수**로 훈련용 데이터를 이용해 학습한다.

- ✓ 의사결정 모델은 C50 패키지의 **C5.0() 함수**로 훈련용 데이터를 이용해 학습한다.

- ✓ 로지스틱 회귀 모델은 **glm() 함수**로 훈련용 데이터를 이용해 학습한다.

7.2.1 ROC 곡선과 AUC의 개념

ROC 곡선(Receiver Operating Characteristics Curve)은 분류자(classifier)를 점으로 표시한 2차원 그래프로서 x축에는 FP Rate(1-특이도)를 나타내며, y축에는 TP Rate(민감도)를 나타내 이 두 평가 값의 관계로 모델을 평가한다(Wikipedia, "Receiver Operating Characteristic" 참조).

ROC 곡선은 모델의 분류, 계층 확률 추정, 점수화 성능을 시각적으로 보여주기 위해 널리 사용하는 도구다. ROC 곡선을 보면 여러 분류자의 수익(진양성, TP)과 비용(위양성, FP)을 한눈에 보고 장·단점을 비교할 수 있다. 다음의 그림은 ROC 곡선이다.

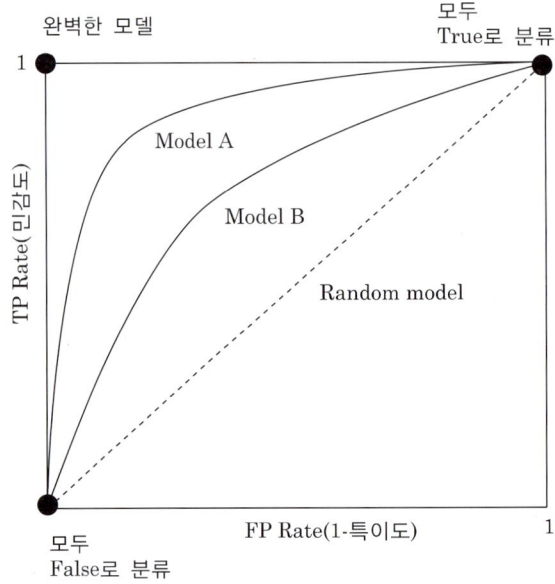

[그림 7-1] ROC 곡선(출처: 한국데이터진흥원, 2018)

ROC 곡선이 가장 이상적인 경우는 진양성율(TP Rate)이 1로 한 번에 올라간 후에 위양성율(FP Rate)이 뒤따라 증가하는 행태다. 이런 형태는 완벽한 모델을 뜻한다.

ROC 그래프를 사용하면 두 개의 모델을 비교할 수 있다. [그림 7-1]에서 모델A는 모델B에 비해 FP Rate 대비 TP Rate가 크다. 따라서 모델A가 모델B보다 우수하다. 일반적으로 ROC 곡선을 그린 뒤 좌측 상단에 위치한 그래프가 더 우수한 것으로 보면 된다.

모델의 성과를 평가하는 기준은 ROC 곡선의 밑부분 면적(Area Under the ROC Curve, AUC)이 넓을수록 좋은 모델로 평가한다. ROC 곡선 하위 영역(AUC)의 값은 0에서 1까지 될 수 있고 1에 가까울수록 좋은 모델로 평가된다.

ROC 곡선이 AUC보다 전달하는 정보는 많지만, 성능을 단 하나의 수치로 요약한다거나 운용 조건에 대해 알려진 것이 없을 때에는 AUC가 더 유용하게 쓰인다. AUC는 모델 간의 비교에 사용되고 분류자의 예측 능력을 간단히 요약하기에 충분하다.

7.2.2 ROC 곡선과 AUC를 계산하여 모델을 평가하는 예제

다음은 infert 데이터셋의 age, parity, induced, spontaneous, case 속성을 이용하여 의사결정나무, 인공신경망, 로지스틱 회귀 모델의 예측 결과로 ROC 곡선과 AUC를 계산하여 모델을 평가하는 예제다.

(1) infert 데이터셋 준비하기

```
> data("infert")
> set.seed(123)
> infert <- infert[sample(nrow(infert)), ]
> infert <- infert[, c("age", "parity", "induced", "spontaneous", "case")]
```

(2) 모델 학습 및 검증을 위해 훈련용(70%) 데이터와 테스트용(30%) 데이터 분리하기

```
> trainData <- infert[1:(nrow(infert)*0.7), ]
> testData  <- infert[((nrow(infert)*0.7) + 1):nrow(infert), ]
> nrow(trainData)
[1] 173
> nrow(testData)
[1] 74
```

infert 데이터셋은 훈련용 데이터(trainData) 173개, 테스트 데이터(testData) 74개로 분리된 것을 볼 수 있다.

(3) 훈련용 데이터로 인공신경망 모델을 학습하고, 테스트 데이터로 예측한 결과를 테스트 데이터의 속성으로 추가하기

```
> library(neuralnet)
> library(C50)
> nn.infert <- neuralnet(case ~ age + parity + induced + spontaneous,
+                        data = trainData,
+                        hidden = 3,
+                        err.fct = "ce",
+                        linear.output = FALSE,
+                        likelihood = TRUE)
> nn.pred <- compute(nn.infert, subset(testData, select = -case))
> testData$nn_pred <- nn.pred$net.result
> head(testData)
```

```
    age parity induced spontaneous case  nn_pred
34   32     2       0           2    1  0.91379903
105  35     2       0           0    0  0.08230662
223  28     2       1           0    0  0.12779803
121  34     3       2           0    0  0.17894205
238  31     1       0           0    0  0.12659234
18   26     1       0           1    1  0.46464044
```

인공신경망 모델은 neuralnet 패키지의 neuralnet() 함수로 훈련용 데이터를 이용해 학습하고, 테스트 데이터로 예측한 결과를 테스트 데이터의 nn_pred 속성으로 추가한다.

(4) 훈련용 데이터로 의사결정나무 모델을 학습하고, 테스트 데이터로 예측한 결과를 테스트 데이터의 속성으로 추가하기

```
> trainData$case <- factor(trainData$case)
> dt.infert <- C5.0(case ~ age + parity + induced + spontaneous, data = trainData)
> testData$dt_pred <- predict(dt.infert, testData, type = "prob")[, 2]
> head(testData)
    age parity induced spontaneous case  nn_pred    dt_pred
34   32     2       0           2    1  0.91379903 0.7784200
105  35     2       0           0    0  0.08230662 0.2052023
223  28     2       1           0    0  0.12779803 0.2052023
121  34     3       2           0    0  0.17894205 0.2052023
238  31     1       0           0    0  0.12659234 0.2052023
18   26     1       0           1    1  0.46464044 0.6052237
```

의사결정나무 모델은 C50 패키지의 C5.0() 함수로 훈련용 데이터를 이용해 학습하고, 테스트 데이터로 예측한 결과를 테스트 데이터의 dt_pred 속성으로 추가한다.

(5) 훈련용 데이터로 로지스틱 회귀 모델을 학습하고, 테스트 데이터로 예측한 결과를 테스트 데이터의 속성으로 추가하기

```
> trainData$case <- factor(trainData$case)
> glm.infert <- glm(case ~ age + parity + induced + spontaneous,
+                   data = trainData, family = "binomial")
> testData$glm_pred <- predict(glm.infert, testData)
> head(testData)
    age parity induced spontaneous case  nn_pred    dt_pred    glm_pred
34   32     2       0           2    1  0.91379903 0.7784200  1.2906632
105  35     2       0           0    0  0.08230662 0.2052023 -2.0726828
223  28     2       1           0    0  0.12779803 0.2052023 -1.4746018
121  34     3       2           0    0  0.17894205 0.2052023 -0.6679015
238  31     1       0           0    0  0.12659234 0.2052023 -1.7611890
18   26     1       0           1    1  0.46464044 0.6052237 -0.2817822
```

로지스틱 회귀 모델은 glm() 함수로 훈련용 데이터를 이용해 학습하고, 테스트 데이터로 예측한 결과를 테스트 데이터의 glm_pred 속성으로 추가한다.

(6) 테스트 데이터의 예측 결과로 인공신경망 모델의 ROC 곡선 그리기

```
> library(Epi)
> ROC(form = case ~ nn_pred, data = testData, plot = "ROC")
```

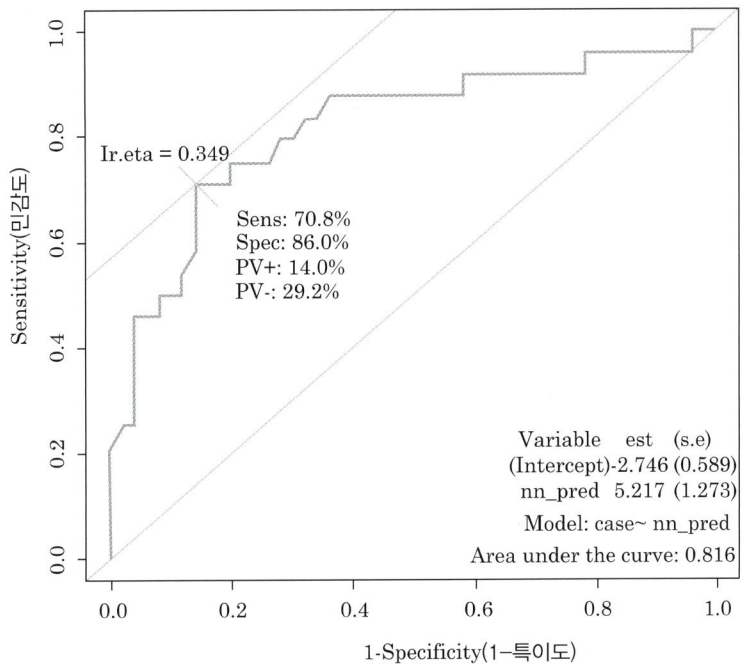

[그림 7-2] 인공신경망 모델의 평가 결과를 이용한 ROC 곡선

ROC 곡선에서 AUC 값은 0.816인 것을 볼 수 있다. ROC 곡선은 Epi 패키지의 ROC() 함수를 이용한다.

(7) 테스트 데이터의 예측 결과로 의사결정나무 모델의 ROC 곡선 그리기

```
> ROC(form = case ~ dt_pred, data = testData, plot = "ROC")
```

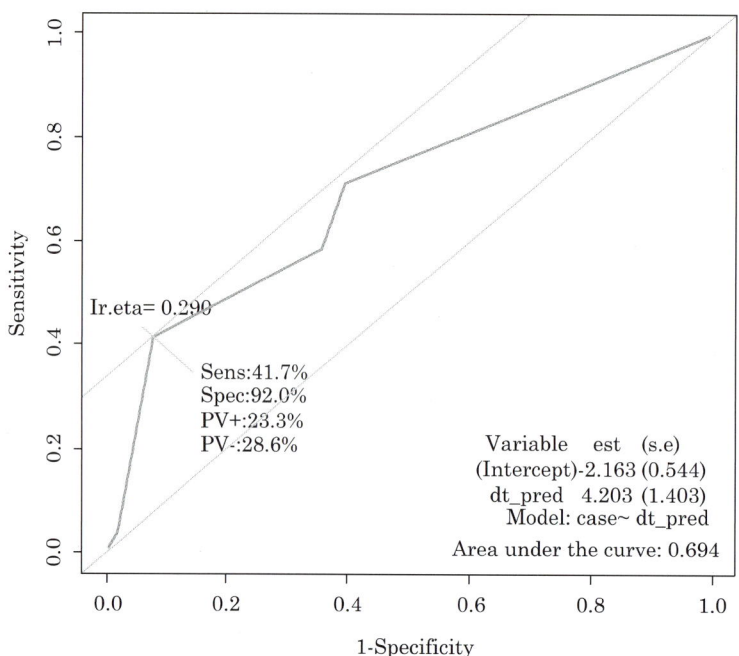

[그림 7-3] 의사결정나무 모델의 평가 결과를 이용한 ROC 곡선

ROC 곡선에서 AUC 값은 0.694인 것을 볼 수 있다.

(8) 테스트 데이터의 예측 결과로 로지스틱 회귀 모델의 ROC 곡선 그리기

```
> ROC(form = case ~ glm_pred, data = testData, plot = "ROC")
```

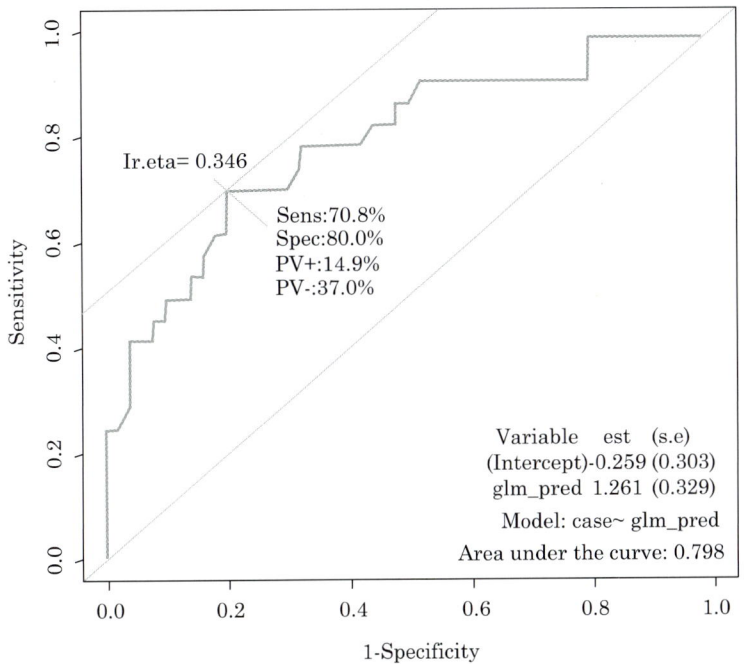

[그림 7-4] 로지스틱 회귀 모델의 평가 결과를 이용한 ROC 곡선

ROC 곡선에서 AUC 값은 0.798인 것을 볼 수 있다.

위 세 가지 분류분석 모델 간의 평가 결과 인공신경망 모델의 AUC 값이 0.816으로 로지스틱 회귀 모델의 AUC 값 0.798보다 크게 나와 더 우수한 성능을 보인다고 할 수 있다.

7.2.3 세 가지 분류분석 모델의 평가를 하나의 ROC 곡선으로 비교하는 예제

다음은 세 가지 분류분석 모델의 평가 결과를 하나의 ROC 곡선에 나타내어 성능 비교를 수행하는 예제다.

(1) 테스트 데이터의 예측 결과로 인공신경망, 의사결정나무, 로지스틱 회귀 모델의 ROC 곡선 그리기

```
> library(pROC)
> nn_roc  <- roc(testData$case, testData$nn_pred)
> dt_roc  <- roc(testData$case, testData$dt_pred)
> glm_roc <- roc(testData$case, testData$glm_pred)
> plot.roc(nn_roc, col = "red", lty = 1, lwd = 3, print.auc = TRUE, print.auc.adj = c(2.9, -12.5),
+          max.auc.polygon = FALSE, print.thres = FALSE, print.thres.pch = 19,
+          print.thres.col = "red", print.thres.adj = c(0.3, -1.2))
> plot.roc(dt_roc, add = TRUE, col = "blue", lty = 3, lwd = 3, print.auc = TRUE,
+          print.auc.adj = c(1.2, 1.2), print.thres = FALSE, print.thres.pch = 19,
+          print.thres.col = "blue", print.thres.adj = c(-0.085, 1.1))
> plot.roc(glm_roc, add = TRUE, col = "black", lty = 5, lwd = 3, print.auc = TRUE,
+          print.auc.adj = c(2.0, -4.5), print.thres = FALSE, print.thres.pch = 19,
+          print.thres.col = "black", print.thres.adj = c(-0.085, 1.1))
> legend("bottomright", legend = c("neural network", "decision tree", "logistic regression"),
+        col = c("red", "blue", "black"), lty = c(1, 3, 5), lwd = 1)
```

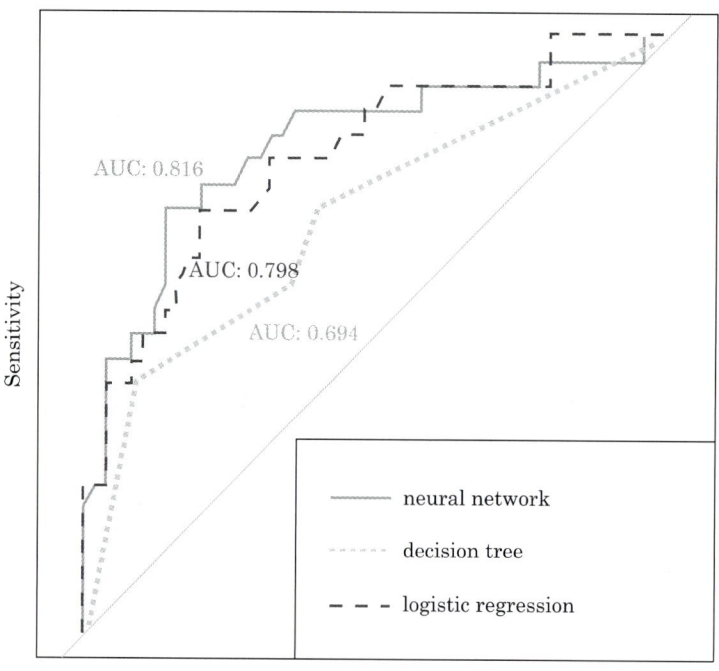

[그림 7-5] 인공신경망, 의사결정나무, 로지스틱 회귀 모델 평가 결과 ROC 곡선

위 그림에서 좌측 상단에 인공신경망, 로지스틱 회귀, 의사결정나무 모델 순으로 위치하고 있는 것을 볼 수 있다. 위 결과에서 인공신경망 모델 성능이 모든 구간에서 높은 것은 아니고 일부 구간에서는 로지스틱 회귀 모델 성능이 높은 것을 볼 수 있다. ROC 곡선은 pROC 패키지의 plot.roc() 함수를 이용한다.

7.3 이익도표와 향상도 곡선

이익도표, 향상도 곡선, performance()

- ✓ **이익도표**는 분류 모델의 성능을 평가하기 위한 척도로, 분류된 관측값이 임의로 나눈 등급별로 얼마나 포함되는지를 나타내는 도표다. 이진 분류자 평가에 사용된다.

- ✓ **향상도 곡선** 또는 리프트 곡선은 랜덤 모델과 비교하여 해당 모델의 성과가 얼마나 향상되었는지를 각 등급별로 파악하는 그래프다.

- ✓ 이익도표의 각 등급은 예측 확률에 따라 매겨진 순위이므로 상위 등급에서 더 높은 반응률을 보이는 것이 좋은 모델이라고 평가할 수 있다.

- ✓ 반면에 등급에 관계없이 반응률에 차이가 없으면 모델의 예측력이 좋지 않음을 나타낸다.

- ✓ 이익도표와 향상도 곡선을 그리기 위해 ROCR 패키지의 **performance() 함수**를 이용한다.

7.3.1 이익도표와 향상도 곡선의 개념

이익도표(Gain Chart)는 분류 모델의 성능을 평가하기 위한 척도로, 분류된 관측값이 임의로 나눈 등급별로 얼마나 포함되는지를 나타내는 도표다(Wikipedia, "Cumulative Gain Chart" 참조).

이익은 목표 범주에 속하는 개체들이 각 등급에 얼마나 분포하고 있는지를 나타내는 값이며 이익도표는 이익값을 누적으로 연결한 것이다. 이익도표는 분류된 관측값이 각 등급별로 얼마나 포함되는지 보여준다. 이익도표는 이진 분류자(Binary Classifier) 평가에 사용된다.

이익도표를 만드는 과정을 예로 들어보면 다음과 같다.

① 데이터셋의 실제 관측값에 대한 예측 확률을 내림차순으로 정렬한다.
② 이후 누적 이익도표(Cumulative Gain Chart) 성능 평가를 위해 TPR(True Positive Rate or Sensitivity of the classifier), PPR(Predictive Positive Rate or Support of the classifier)을 계산한다. 즉, 각 구간의 반응률(response)을 산출한다.

TPR의 수식과 PPR(or Sup)의 계산식은 다음과 같다.

$$TP\,Rate = \frac{TP}{TP+FN}$$

$$PPR = \frac{TP+FP}{N} = \frac{Predicted\ Positive}{total}$$

[그림 7-6]은 20개 데이터의 관측값(Actual Class)에 대한 예측 확률(Predicted Score)이고, 예측 확률값의 역순으로 정렬(sort(score))한 결과다. 데이터셋은 양성(Positive) 8개, 음성(Negative) 12개다. [그림 7-6]의 데이터셋을 이용해 이익도표와 향상도 곡선을 설명하고자 한다.

No	Cls	Score
1	N	0.18
2	N	0.24
3	N	0.32
4	N	0.33
5	N	0.40
6	N	0.53
7	N	0.58
8	N	0.59
9	N	0.60
10	N	0.70
11	N	0.75
12	N	0.85
13	P	0.52
14	P	0.72
15	P	0.73
16	P	0.79
17	P	0.82
18	P	0.88
19	P	0.90
20	P	0.92

sort(score) →

No	Cls	Score
20	P	0.92
19	P	0.90
18	P	0.88
12	N	0.85
17	P	0.82
16	P	0.79
11	N	0.75
15	P	0.73
14	P	0.72
10	N	0.70
9	N	0.60
8	N	0.59
7	N	0.58
6	N	0.53
13	P	0.52
5	N	0.40
4	N	0.33
3	N	0.32
2	N	0.24
1	N	0.18

N = Negative
P = Positive
Cls = actual class
Score = predicted score

[그림 7-6] 20개 데이터의 관측값에 대한 예측 확률

이익도표의 x축은 모집단에서 타겟팅한 객체의 비율(PPR or Sup), y축은 올바로 분류한 진양성율(TPR)이다. [그림 7-6]의 데이터셋을 이용한 이익도표는 [그림 7-7]과 같다.

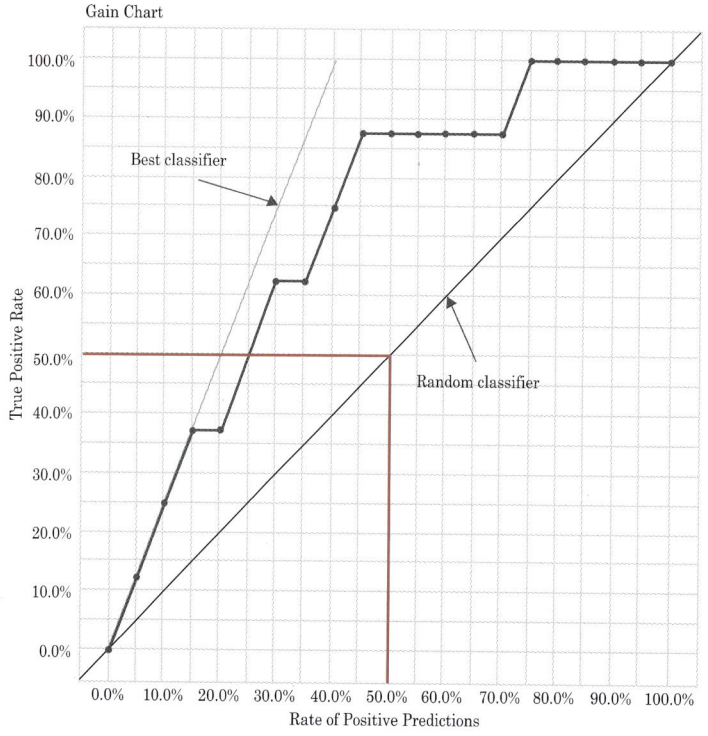

[그림 7-7] 이익도표

[그림 7-7]의 데이터셋에서 상위 50%의 레코드를 선택하면 10개 레코드 중에서 양성은 7개다. 즉, 50%(10 레코드)에서 7/10 = 70% 반응률이다. 데이터셋에서 50%의 레코드를 무작위로 선택하면 기대 반응률은 4/10 = 40%이다.

[그림 7-7]에서 대각선은 무작위 모델의 성능을 나타낸다. 무작위 분류자(Random Classifier)의 성능은 대각선(y = x)과 같다. 이 경우에는 완전히 무작위로 20%의 객체를 선택하면, 이중 절반은 양성 객체를 타겟팅할 수 있음을 직관적으로 알 수 있다. 즉, 이 대각선보다 위에 있는 분류자는 모두 어느 정도 장점이 있음을 알 수 있다. [그림 7-7]에서 이상적 분류자(Best Classifier)는 양성과 음성을 명확히 분리를 하고, 이익 차트에서 항상 1(100%)에 도달할 때까지 올라간 다음 오른쪽으로 이동한다.

향상도 곡선(Lift Curve) 또는 리프트 곡선은 랜덤 모델과 비교하여 해당 모델의 성과가 얼마나 향상되었는지를 각 등급별로 파악하는 그래프다. 즉, 향상도 곡선은 응답 곡선을 해당 x점에서의 y = x 대각선값(무작위 분류자의 성능)으로 나눈 것이다.

무작위 분류자(Random Classifier)의 성능은 대각선과 같으므로 향상도 그래프에서는 언제나 y = 1인 수평선으로 나타난다. 누적 향상도 곡선(Cumulative Lift Curve) 성능 평가를 위해 리프트 값(Lift value)을 계산한다.

리프트 값 산출식은 다음과 같다.

$$Life\ value = \frac{TPR}{PPR}$$

이익도표의 각 등급은 예측 확률에 따라 매겨진 순위이므로 상위 등급에서 더 높은 반응률을 보이는 것이 좋은 모델이라고 평가할 수 있다. 반면에 등급에 관계없이 반응률에 차이가 없으면 모델의 예측력이 좋지 않음을 나타낸다. '모델의 향상도가 두 배다'라는 말은 모델의 타켓팅(targeting) 성능이 무작위 모델의 두 배가 된다는 것을 의미한다. [그림 7-6]의 데이터셋을 이용한 향상도 곡선은 [그림 7-8]과 같다.

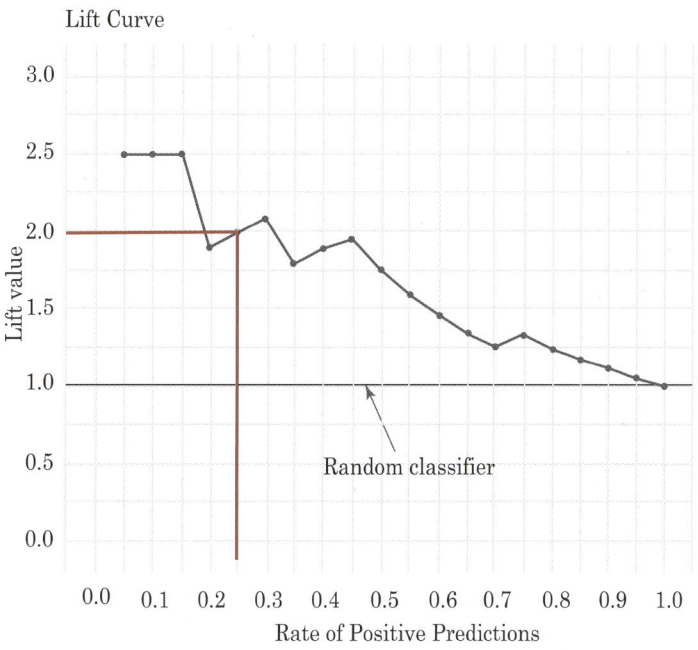

[그림 7-8] 향상도 곡선(Lift Curve)

위의 향상도 곡선에서 상위 25%의 집단에 대하여 랜덤 모델과 비교할 때 2배의 성과 향상을 보인다.

7.3.2 이익도표와 향상도 곡선을 그린 예제

다음은 [그림 7-6]의 데이터셋으로 이익도표와 향상도 곡선을 그린 예다.

(1) 이익도표 그리기

```
> library(ROCR)
> library(dplyr)
> library(ggplot2)
> cls = c('N', 'N', 'N', 'N', 'N', 'N', 'N', 'N', 'N', 'N',
+         'N', 'N', 'P', 'P', 'P', 'P', 'P', 'P', 'P', 'P')
> score = c(0.18, 0.24, 0.32, 0.33,  0.4, 0.53, 0.58, 0.59, 0.6, 0.7,
+           0.75, 0.85, 0.52, 0.72, 0.73, 0.79, 0.82, 0.88, 0.9, 0.92)
> pred = prediction(score, cls)
> gain = performance(pred, "tpr", "rpp")
> gain.x = unlist(slot(gain, 'x.values'))
> gain.y = unlist(slot(gain, 'y.values'))
> gain.data = data.frame(gain.x, gain.y)
> gain.data %>%
+   ggplot(aes(x = gain.x, y = gain.y)) +
+   geom_point(size = 2) +
+   geom_line(size = 1.3) +
+   geom_abline(slope = 1.0, intercept = 0) +
+   geom_abline(slope = 2.5, intercept = 0) +
+   scale_x_continuous(limits = c(0, 1), breaks = seq(0, 1, 0.1), labels = scales::percent) +
+   scale_y_continuous(limits = c(0, 1), breaks = seq(0, 1, 0.1), labels = scales::percent) +
+   theme_minimal(base_family = "NanumGothic") +
+   labs(x = "Rate of Positive Predictions", y = "True Positive Rate", title = "Gain Chart")
```

실행 결과는 [그림 7-7] 이익도표와 같다.

이익도표와 향상도 곡선을 그리기 위해 ROCR 패키지의 performance() 함수를 이용한다.

[그림 7-9]는 누적 이익도표 성능 평가를 위한 PPR, TPR 계산 결과다.

No	Cls	Score
1	N	0.18
2	N	0.24
3	N	0.32
4	N	0.33
5	N	0.4
6	N	0.53
7	N	0.58
8	N	0.59
9	N	0.6
10	N	0.7
11	N	0.75
12	N	0.85
13	P	0.52
14	P	0.72
15	P	0.73
16	P	0.79
17	P	0.82
18	P	0.88
19	P	0.9
20	P	0.92

sort(score) →

12 negative and 8 positive

No	Cls	Score
20	P	0.92
19	P	0.9
18	P	0.88
12	N	0.85
17	P	0.82
16	P	0.79
11	N	0.75
15	P	0.73
14	P	0.72
10	N	0.7
9	N	0.6
8	N	0.59
7	N	0.58
6	N	0.53
13	P	0.52
5	N	0.4
4	N	0.33
3	N	0.32
2	N	0.24
1	N	0.18

Cumulative Gain Chart	
x축(ppr)	y축(tpr)
0.000	0.000
0.050	0.125
0.100	0.250
0.150	0.375
0.200	0.375
0.250	0.500
0.300	0.625
0.350	0.625
0.400	0.750
0.450	0.875
0.500	0.875
0.550	0.875
0.600	0.875
0.650	0.875
0.700	0.875
0.750	1.000
0.800	1.000
0.850	1.000
0.900	1.000
0.950	1.000
1.000	1.000

[그림 7-9] 누적 이익도표 성능 평가를 위한 PPR, TPR 계산 결과

첫 번째 등급의 PPR과 TPR을 계산하면 다음과 같다.

$$PPR = \frac{TP+FP}{N} = \frac{1}{20} = 0.05$$

$$TPR = \frac{TP}{TP+FN} = \frac{1}{8} = 0.125$$

동일한 방법으로 20등급까지 PPR과 TPR을 계산하면 [그림 7-9]의 누적 이익도표와 같다.

(2) 향상도 곡선 그리기

```
> lift = performance(pred, "lift", "rpp")
> lift.x = unlist(slot(lift, 'x.values'))
> lift.y = unlist(slot(lift, 'y.values'))
> lift.data <- data.frame(lift.x, lift.y)
> lift.data %>%
+   ggplot(aes(x = lift.x, y = lift.y)) +
+     geom_point(size = 2) +
+     geom_line(size = 1.3) +
```

```
+       geom_hline(yintercept = 1, size = 1.3, color = "darkgray") +
+       scale_x_continuous(limits = c(0, 1), breaks = seq(0, 1, 0.1)) +
+       scale_y_continuous(limits = c(0, 3), breaks = seq(0, 3, 0.5)) +
+       theme_minimal(base_family = "NanumGothic") +
+       labs(x = "Rate of Positive Predictions", y = "Lift value", title = "Lift Curve")
```

실행 결과는 [그림 7-8] 향상도 곡선과 같다.

[그림 7-10]은 누적 향상도 곡선 성능 평가를 위해 리프트 값(Lift value)을 계산한 결과다.

No	Cls	Score
1	N	0.18
2	N	0.24
3	N	0.32
4	N	0.33
5	N	0.4
6	N	0.53
7	N	0.58
8	N	0.59
9	N	0.6
10	N	0.7
11	N	0.75
12	N	0.85
13	P	0.52
14	P	0.72
15	P	0.73
16	P	0.79
17	P	0.82
18	P	0.88
19	P	0.9
20	P	0.92

12 negative and 8 positive

sort(score) →

No	Cls	Score
20	P	0.92
19	P	0.9
18	P	0.88
12	N	0.85
17	P	0.82
16	P	0.79
11	N	0.75
15	P	0.73
14	P	0.72
10	N	0.7
9	N	0.6
8	N	0.59
7	N	0.58
6	N	0.53
13	P	0.52
5	N	0.4
4	N	0.33
3	N	0.32
2	N	0.24
1	N	0.18

Cumulative Gain Chart

x축(ppr)	y축(tpr)
0.000	0.000
0.050	0.125
0.100	0.250
0.150	0.375
0.200	0.375
0.250	0.500
0.300	0.625
0.350	0.625
0.400	0.750
0.450	0.875
0.500	0.875
0.550	0.875
0.600	0.875
0.650	0.875
0.700	0.875
0.750	1.000
0.800	1.000
0.850	1.000
0.900	1.000
0.950	1.000
1.000	1.000

Cumulative Lift Curve

x축(ppr)	y축(Lift value)
0.000	NaN
0.050	2.500
0.100	2.500
0.150	2.500
0.200	1.875
0.250	2.000
0.300	2.083
0.350	1.786
0.400	1.875
0.450	1.944
0.500	1.750
0.550	1.591
0.600	1.458
0.650	1.346
0.700	1.250
0.750	1.333
0.800	1.250
0.850	1.176
0.900	1.111
0.950	1.053
1.000	1.000

[그림 7-10] 누적 향상도 곡선 성능 평가를 위한 리프트 값 계산 결과

첫 번째 등급의 리프트 값을 계산하면 다음과 같다.

$$Life\ value = \frac{TPR}{PPR} = \frac{0.125}{0.05} = 2.50$$

첫 번째 등급은 결과적으로 상위 5%의 집단에 대하여 랜덤 모델과 비교할 때 2.5배의 성과 향상을 보인다.

7.4 데이터 추출 방법

과적합 문제, 홀드아웃, 교차검정, 붓스트랩

- ✓ 분류분석의 모델 평가에서 주어진 데이터에서만 높은 성과를 보이는 모델의 **과적합 문제**를 해결하기 위해 전체 자료에서 훈련용 자료와 검증용 자료를 추출한다.

- ✓ **홀드아웃** 방법은 주어진 원천 데이터를 랜덤하게 두 분류로 분리하여 교차검정을 실시하는 방법이다. 하나는 모델의 학습 및 구축을 위한 훈련용 자료로 사용하고, 다른 하나는 성능 평가를 위한 검정용 자료로 사용한다.

- ✓ **교차검정**은 주어진 데이터에서 훈련용 데이터와 검정용 데이터를 분리하여 모델을 만드는 방법으로 데이터를 다수의 조각으로 나누어 반복적으로 성과를 측정하여 그 결과를 평균한 것으로 모델을 평가하는 방법이다.

- ✓ **붓스트랩**은 평가를 반복한다는 측면에서 교차검증과 유사하나 훈련용 자료를 반복 재선정한다는 점(같은 데이터가 여러 번 훈련용 데이터로 선택될 수 있음)에서 차이가 있다.

7.4.1 홀드아웃과 홀드아웃 예제

분류분석의 모델 평가에서 주어진 데이터에서만 높은 성과를 보이는 모델의 과적합(Overfitting) 문제를 해결하기 위해 전체 자료에서 훈련용 자료(Training Data)와 검증용 자료(Test Data)를 추출한다. 이를 통해 잘못된 가설을 가정하게 되는 2종 오류(실제 양성인 것을 음성으로 판단하는 경우)의 발생을 방지할 수 있다. 이를 위해 사용되는 추출 방법으로 홀드아웃, 교차검증, 붓스트랩(Bootstrapping) 등이 있다.

홀드아웃(Hold-Out) 방법은 주어진 원천 데이터(Raw Data)를 랜덤(Random)하게 두 분류로 분리하여 교차검정을 실시하는 방법이다. 하나는 모델의 학습 및 구축을 위한 훈련용 자료로 사용하고, 다른 하나는 성능 평가를 위한 검정용 자료로 사용한다. 홀드아웃 방법은 다음과 같다.

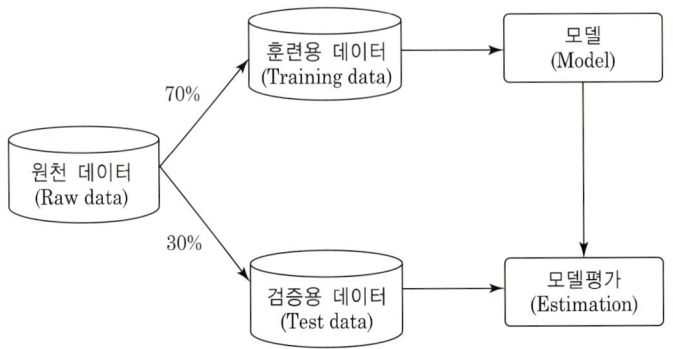

[그림 7-11] 홀드아웃 방법

홀드아웃 방법에서는 일반적으로 전체 데이터 중 70%의 데이터는 훈련용 자료로 사용하고, 30%의 데이터는 검증용 자료로 사용한다. 검증용 데이터는 모델의 성능 평가에만 사용된다.

다음은 sample() 함수를 사용해 iris 데이터로 홀드아웃 방법을 수행하는 예제다.

(1) iris 데이터셋 불러오기

```
> data("iris")
> nrow(iris)
[1] 150
> head(iris)
  Sepal.Length Sepal.Width Petal.Length Petal.Width Species
1          5.1         3.5          1.4         0.2  setosa
2          4.9         3.0          1.4         0.2  setosa
3          4.7         3.2          1.3         0.2  setosa
4          4.6         3.1          1.5         0.2  setosa
5          5.0         3.6          1.4         0.2  setosa
6          5.4         3.9          1.7         0.4  setosa
```

iris 데이터셋은 150개로 구성된 것을 볼 수 있다.

(2) iris 데이터셋에서 70%를 훈련용 데이터로 30%를 검정용 데이터로 분리하기

```
> set.seed(123)
> idx <- sample(2, nrow(iris), replace = TRUE, prob = c(0.7, 0.3))
> trainData <- iris[idx == 1, ]
> testData  <- iris[idx == 2, ]
> nrow(trainData)
[1] 106
> nrow(testData)
[1] 44
```

iris 데이터셋은 훈련용 데이터(trainData) 106개, 테스트 데이터(testData) 44개로 분리된 것을 볼 수 있다.

7.4.2 교차검증과 교차검증 예제

교차검증(Cross-Validation)은 주어진 데이터에서 훈련용 데이터와 검정용 데이터를 분리하여 모델을 만드는 방법으로 데이터를 다수의 조각으로 나누어 반복적으로 성과를 측정하여 그 결과를 평균한 것으로 모델을 평가하는 방법이다(Wikipedia, "Cross-Validation" 참조).

대표적인 기법인 k-fold 교차검증은 전체 데이터를 사이즈가 동일한 k개의 하부집합(Subset)으로 나누어 모델링 및 평가하는 작업을 k회 반복하는 것이다. 다음의 그림은 k-fold 교차검증 방법이다.

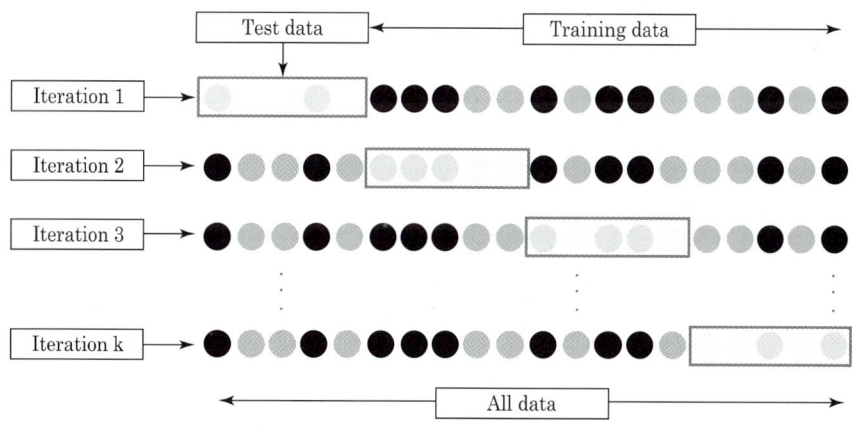

[그림 7-12] k-fold 교차검증

전체 데이터를 k개의 하부집합으로 나누며 k번째의 하부집합을 검정용 자료로 사용하고, 나머지 k-1개의 하부집합을 훈련용 자료로 사용한다. 이를 k번 반복하고 각각의 반복 측정 결과를 평균 낸 값을 최종 평가 결과로 사용한다. 일반적으로 10-fold 교차검증이 많이 사용되지만 데이터의 분포에 따라 적절한 k의 선정이 필요하다.

다음은 iris 데이터셋에 대해 cvTools 패키지의 cvFolds() 함수로 10겹(K = 10) 교차검증을 위한 훈련용 자료와 검증용 자료를 추출하는 예제다.

(1) 10겹(K = 10) 교차검증을 위한 훈련용 자료와 검증용 자료를 추출하기

```
> library(cvTools)
> K = 10
> set.seed(123)
> cv <- cvFolds(nrow(iris), K = K, type = c("random"))
> trainData <- list(0)       # an Empty list of length K
> testData  <- list(0)
> for (i in 1:K) {
+     test_idx <- cv$subsets[which(cv$which == i), ]
+     trainData[[i]] <- iris[-test_idx, ]
+     testData[[i]]  <- iris[test_idx, ]
+ }
> NROW(trainData[[1]])
[1] 135
> table(trainData[[1]]$Species)

setosa versicolor  virginica
    44         46         45
> head(trainData[[1]])
  Sepal.Length Sepal.Width Petal.Length Petal.Width Species
1          5.1         3.5          1.4         0.2  setosa
2          4.9         3.0          1.4         0.2  setosa
3          4.7         3.2          1.3         0.2  setosa
4          4.6         3.1          1.5         0.2  setosa
6          5.4         3.9          1.7         0.4  setosa
7          4.6         3.4          1.4         0.3  setosa
> NROW(testData[[1]])
[1] 15
> table(testData[[1]]$Species)

setosa    versicolor   virginica
    6             4           5
> head(testData[[1]])
    Sepal.Length Sepal.Width Petal.Length Petal.Width   Species
44           5.0         3.5          1.6         0.6    setosa
134          6.3         2.8          5.1         1.5 virginica
116          6.4         3.2          5.3         2.3 virginica
147          6.3         2.5          5.0         1.9 virginica
16           5.7         4.4          1.5         0.4    setosa
5            5.0         3.6          1.4         0.2    setosa
```

실행 결과 훈련용 데이터(trainData)와 검증용 데이터(testData)에 각각 10겹의 하부집합의 데이터를 확인할 수 있다. 위의 첫 번째 하부집합의 데이터에서 훈련용 데이터와 검증용 데이터의 Species 분할표에서 setosa, versicolor, virginica의 개수가 다른 것을 볼 수 있다. 이는 cvTools 패키지의 cvFolds() 함수는 데이터의 속성값에 대한 고려 없이 무작위로 데이터를 분류하기 때문이다. 그러나 좋은 모델 성능 평가가 되려면 예측하고자 하는 분류에 대한 고려가 필요할 수도 있다.

다음은 caret 패키지의 createFolds() 함수로 iris 데이터셋을 10겹(K = 10) 교차검증을 위한 훈련용 자료와 검증용 자료로 분리하는 예제다.

(1) 10겹(K = 10) 교차검증을 위한 훈련용 자료와 검증용 자료로 분리하기

```
> library(caret)
> K = 10
> set.seed(123)
> folds <- createFolds(iris$Species, k = K)
> trainData <- list(0)   # an Empty list of length K
> testData  <- list(0)
> for (i in 1:K) {
+   test_idx <- folds[[i]]
+   trainData[[i]] <- iris[-test_idx, ]
+   testData[[i]]  <- iris[test_idx, ]
+}
str(trainData)
List of 10
$ :'data.frame':    135 obs. of  5 variables:
 ..$ Sepal.Length: num [1:135] 5.1 4.9 4.7 4.6 5 5.4 4.6 5 4.4 4.9 ...
 ..$ Sepal.Width : num [1:135] 3.5 3 3.2 3.1 3.6 3.9 3.4 3.4 2.9 3.1 ...
 ..$ Petal.Length: num [1:135] 1.4 1.4 1.3 1.5 1.4 1.7 1.4 1.5 1.4 1.5 ...
 ..$ Petal.Width : num [1:135] 0.2 0.2 0.2 0.2 0.2 0.4 0.3 0.2 0.2 0.1 ...
 ..$ Species     : Factor w/ 3 levels "setosa","versicolor",..: 1 1 1 1 1 1 1 1 1 1 ...
 ...
str(testData)
List of 10
$ :'data.frame':    15 obs. of  5 variables:
 ..$ Sepal.Length: num [1:15] 5.7 5.1 5.1 4.9 5.1 6.1 6.7 6.1 6 5.8 ...
 ..$ Sepal.Width : num [1:15] 3.8 3.7 3.3 3.1 3.4 2.9 3.1 2.8 2.7 2.6 ...
 ..$ Petal.Length: num [1:15] 1.7 1.5 1.7 1.5 1.5 4.7 4.4 4.7 5.1 4 ...
 ..$ Petal.Width : num [1:15] 0.3 0.4 0.5 0.2 0.2 1.4 1.4 1.2 1.6 1.2 ...
 ..$ Species     : Factor w/ 3 levels "setosa","versicolor",..: 1 1 1 1 1 2 2 2 2 2 ...
 ...
> NROW(trainData[[1]])
[1] 135
```

```
> table(trainData[[1]]$Species)
setosa versicolor  virginica
    45         45         45
> head(trainData[[1]])
  Sepal.Length Sepal.Width Petal.Length Petal.Width Species
1          5.1         3.5          1.4         0.2  setosa
2          4.9         3.0          1.4         0.2  setosa
3          4.7         3.2          1.3         0.2  setosa
4          4.6         3.1          1.5         0.2  setosa
6          5.4         3.9          1.7         0.4  setosa
7          4.6         3.4          1.4         0.3  setosa
> NROW(testData[[1]])
[1] 15
> table(testData[[1]]$Species)
setosa versicolor  virginica
     5          5          5
> head(testData[[1]])
   Sepal.Length Sepal.Width Petal.Length Petal.Width    Species
2           4.9         3.0          1.4         0.2     setosa
10          4.9         3.1          1.5         0.1     setosa
30          4.7         3.2          1.6         0.2     setosa
40          5.1         3.4          1.5         0.2     setosa
44          5.0         3.5          1.6         0.6     setosa
63          6.0         2.2          4.0         1.0 versicolor
```

실행 결과 분류(Species)를 고려해 iris 데이터를 훈련용 데이터(trainData)와 검증용 데이터(testData)로 잘 분류된 것을 볼 수 있다. 위의 첫 번째 하부집합의 데이터에서 훈련용 데이터와 검증용 데이터의 Species 분할표를 보면 setosa, versicolor, virginica의 개수가 동일하다는 것을 알 수 있다.

7.4.3 붓스트랩과 붓스트랩 예제

붓스트랩(Bootstrapping)은 평가를 반복한다는 측면에서 교차검증과 유사하나 훈련용 자료를 반복 재선정한다는 점(같은 데이터가 여러 번 훈련용 데이터로 선택될 수 있음)에서 차이가 있다. 일반적으로 광범위한 리샘플링(Resampling) 방법에 속하고 관측값을 한 번 이상 훈련용 자료로 사용하는 복원추출법(Sampling with replacement)에 기반한다(Wikipedia, "Bootstrapping" 참조).

붓스트랩은 주어진 자료에서 임의 복원 추출 방법을 활용하여 같은 크기의 표본을 여러 개 생성하는 샘플링 방법이다. 그러나 훈련용 데이터를 붓스트랩을 통해 샘플을 추출하더라도 샘플에 한 번도 선택되지 않는 데이터가 전체 샘플의 약 36.8%로 이 자료는 검증용 자료로 사용되며 나머지 63.2%의 관측값이 훈련용 데이터로 사용된다. 붓스트랩은 전체 데이터의 양이 크지 않은 경우의 모델 평가에 가장 적합한 방법이다.

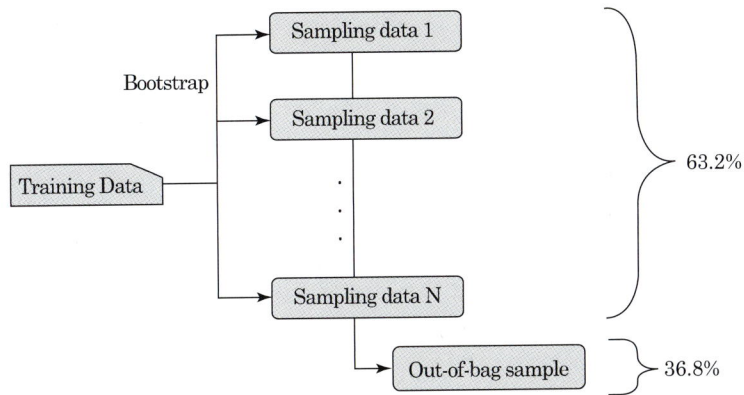

[그림 7-13] 붓스트랩 방법

붓스트랩 기법에는 다양한 방법론이 있지만 일반적인 예제로 0.632 붓스트랩(boot632)을 들 수 있다. boot632는 검증 데이터에서 발견한 잘못된 예측 비율과 훈련용 데이터에서 발견한 잘못된 예측 비율을 가중 평균하여 붓스트랩이 가지는 편향성 문제를 해결한다(Max & Kjell, 2013).

boot632라는 이름은 가중치를 검증용 데이터에서 발견한 오예측(misclassification)에 63.2%, 훈련용 데이터에서 발견한 오예측에서 36.8%로 부여하기 때문이다.

다음은 caret 패키지의 createResample() 함수로 iris 데이트를 리샘플링하는 예제다.

(1) 붓스트랩 방법으로 10개 데이터셋으로 리샘플링 수행하기

```
> library(caret)
> boot <- createResample(iris$Species, times = 10)
> str(boot)
List of 10
 $ Resample01: int [1:150] 1 2 2 3 6 6 8 8 9 10 ...
 $ Resample02: int [1:150] 5 8 8 9 9 11 14 14 14 14 ...
 $ Resample03: int [1:150] 1 7 8 9 9 10 10 11 11 12 ...
 $ Resample04: int [1:150] 1 2 2 3 4 4 4 5 6 7 ...
 $ Resample05: int [1:150] 1 2 4 6 8 17 21 21 22 22 ...
 $ Resample06: int [1:150] 3 4 4 4 5 6 7 10 15 15 ...
 $ Resample07: int [1:150] 1 1 3 5 5 5 7 8 8 10 ...
 $ Resample08: int [1:150] 2 3 3 4 5 7 7 9 9 9 ...
 $ Resample09: int [1:150] 1 2 3 4 5 5 7 7 8 10 ...
 $ Resample10: int [1:150] 4 6 6 6 11 12 13 14 15 18 ...
> NROW(iris[boot[[1]], ])
[1] 150
> table(iris[boot[[1]], ]$Species)
```

```
setosa versicolor  virginica
    48         56         46
head(iris[boot[[1]], ])
    Sepal.Length Sepal.Width Petal.Length Petal.Width Species
1            5.1         3.5          1.4         0.2 setosa
4            4.6         3.1          1.5         0.2 setosa
8            5.0         3.4          1.5         0.2 setosa
8.1          5.0         3.4          1.5         0.2 setosa
9            4.4         2.9          1.4         0.2 setosa
9.1          4.4         2.9          1.4         0.2 setosa
> NROW(unique(iris[boot[[1]], ]))
[1] 97
> table(unique(iris[boot[[1]], ])$Species)
setosa versicolor  virginica
    30         35         32
```

실행 결과 첫 번째 리샘플링한 데이터셋으로 Species 속성의 분할표는 setosa 48개, versicolor 56개, virginica 46개로 추출된 것을 볼 수 있다. 하지만 중복을 제거 후 Species 속성의 분할표는 setosa 30개, versicolor 35개, virginica 32개로 중복값이 존재한다는 것을 알 수 있다.

7.5 클래스 불균형

> 클래스 불균형, 업샘플링, upSample(), 다운샘플링, downSample(), SMOTE, SMOTE()

- ✓ **클래스 불균형**은 분류할 데이터의 비율이 반반이 아닌 경우 훈련용 데이터 내 비율이 높은 분류 쪽으로 반응 결과를 내놓는 모델을 만들게 될 수 있는 것을 말한다.

- ✓ **업샘플링**은 적은 분류에 속하는 데이터 표본을 더 많이 추출하는 방법이다.

- ✓ caret 패키지의 **upSample()** 함수로 업샘플링을 수행한다.

- ✓ **다운샘플링**은 많은 분류에 속하는 데이터 표본을 적게 추출하는 방법이다.

- ✓ caret 패키지의 **downSample()** 함수로 다운샘플링을 수행한다.

- ✓ **SMOTE**는 낮은 분류의 데이터를 추가로 샘플링하여 만들어내는 방법이다.

- ✓ DMwR 패키지의 **SMOTE()** 함수로 SMOTE을 수행한다.

7.5.1 클래스 불균형의 개념과 예제

클래스 불균형(Class Imbalance)은 분류할 데이터의 비율이 반반이 아닌 경우 훈련용 데이터(Training Data) 내 비율이 높은 분류 쪽으로 반응 결과를 내놓는 모델을 만들게 될 수 있는 것을 말한다. [표 7-5]는 mlbench 패키지 유방암(BreastCancer) 데이터셋의 종양 구분자 분할표이다.

[표 7-5] 유방암 데이터의 종양 구분자 분할표

유방암 데이터		
종양 구분자(Class)	양성(benign)	악성(malignant)
분류 수	458	241
비율(%)	65.5%	34.5%

위의 유방암 데이터로 기계학습 모델을 만들면 주어진 입력에 대해 양성을 결과로 줄 확률이 악성을 줄 확률에 비해 높아진다. 즉, 무조건 양성으로만 예측해도 65.5%의 정확도를 확보하게 되기 때문이다. 이렇게 되면 모델은 악성의 특징이 무엇인지를 학습 알고리즘이 잘 배우지 않게 될 가능성이 높아진다.

클래스 불균형을 해결하는 한 가지 방법은 적은 분류의 데이터에 더 큰 가중치(Weight)를 주거나, 적은 데이터 쪽으로 분류했을 때 더 많은 비용(Cost 또는 Loss)을 부과하는 것이다(Sotiris et al, 2006).

또 다른 방법은 훈련용 데이터를 직접 조절하는 방법이다. 이와 같은 방법에는 업샘플링(Up Sampling), 다운샘플링(Down Sampling), SMOTE(Synthetic Minority Oversampling Technique)가 있다 (Nitesh et al, 2002).

다음은 BreastCancer 데이터셋으로 의사결정나무 모델의 성능 평가를 수행하는 예제다.

(1) BreastCancer 데이터셋 종양 구분자 분할표 작성하기

```
> library(mlbench)
> data("BreastCancer")
> table(BreastCancer$Class)
benign malignant
   458       241
```

분할표 작성 결과 양성(benign)이 458개, 악성(malignant)이 241개인 것을 볼 수 있다.

(2) BreastCancer 데이터셋을 훈련용 데이터(70%)와 검증용 데이터(30%)로 분리하기

```
> library(caret)
> data <- subset(BreastCancer, select = -Id)
> set.seed(123)
```

```
> parts <- createDataPartition(data$Class, p = 0.7)
> data.train <- data[parts$Resample1, ]
> table(data.train$Class)
benign malignant
   321      169
> data.test <- data[-parts$Resample1, ]
> table(data.test$Class)
benign malignant
   137       72
```

createDataPartition() 함수는 종양 분류자(Class)를 고려하여 데이터를 분리하고, 양성(benign)은 약 65.5%(=321/(321+72)), 악성(malignant)은 약 34.5%(=169/(321+169))의 비율로 훈련용 데이터를 분리한 것을 볼 수 있다.

(3) 훈련용 데이터를 이용해 의사결정나무 모델을 학습시키고, 검증용 데이터로 의사결정나무 모델의 성능 평가를 수행하기

```
> library(rpart)
> dt.m1 <- rpart(Class~., data = data.train)
> confusionMatrix(data.test$Class, predict(dt.m1, newdata = data.test, type = "class"))
Confusion Matrix and Statistics

          Reference
Prediction benign malignant
   benign     128        9
   malignant    4       68

              Accuracy : 0.9378
                95% CI : (0.896, 0.9665)
   No Information Rate : 0.6316
   P-Value [Acc > NIR] : <2e-16
                 Kappa : 0.8645
Mcnemar's Test P-Value : 0.2673
           Sensitivity : 0.9697
           Specificity : 0.8831
        Pos Pred Value : 0.9343
        Neg Pred Value : 0.9444
            Prevalence : 0.6316
        Detection Rate : 0.6124
  Detection Prevalence : 0.6555
     Balanced Accuracy : 0.9264
      'Positive' Class : benign
```

실행 결과 정분류율(Accuracy)이 0.9378인 것을 볼 수 있다.

7.5.2 업샘플링과 예제

업샘플링(Up Sampling)은 적은 분류에 속하는 데이터 표본을 더 많이 추출하는 방법이다.

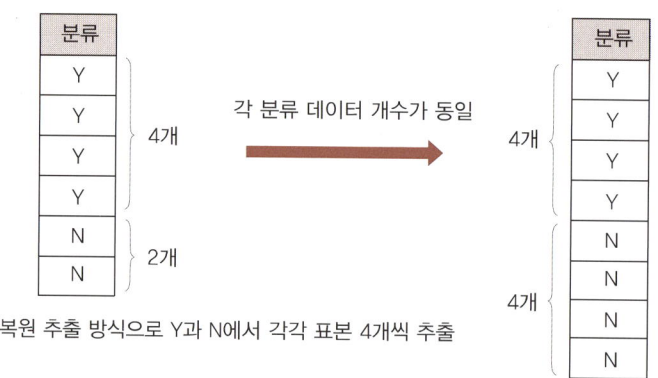

[그림 7-14] 업샘플링 방법

다음은 훈련용 데이터셋에 대해 caret 패키지의 upSample() 함수로 의사결정나무 모델의 성능 평가를 수행하는 예제다.

(1) 훈련용 데이터에 업샘플링 적용하기

```
> library(caret)
> data.train.up <- upSample(subset(data.train, select = -Class), data.train$Class)
> table(data.train.up$Class)
benign malignant
   321      321
```

실행 결과 양성(benign)과 악성(malignant)의 수가 모두 321개인 것을 볼 수 있다.

(2) 훈련용 데이터를 이용해 의사결정나무 모델을 학습시키고, 검증용 데이터로 의사결정나무 모델의 성능 평가를 수행하기

```
> dt.m2 <- rpart(Class ~., data = data.train.up)
> confusionMatrix(data.test$Class, predict(dt.m2, newdata = data.test, type = "class"))
Confusion Matrix and Statistics

          Reference
Prediction benign malignant
  benign      134         3
  malignant     6        66
               Accuracy : 0.9569
                 95% CI : (0.9198, 0.9801)
```

```
           No Information Rate : 0.6699
           P-Value [Acc > NIR] : <2e-16
                         Kappa : 0.9037
        Mcnemar's Test P-Value : 0.505
                   Sensitivity : 0.9571
                   Specificity : 0.9565
                Pos Pred Value : 0.9781
                Neg Pred Value : 0.9167
                    Prevalence : 0.6699
                Detection Rate : 0.6411
          Detection Prevalence : 0.6555
             Balanced Accuracy : 0.9568
              'Positive' Class : benign
```

실행 결과 정분류율(Accuracy)이 0.9569로 업샘플링을 적용하기 전(0.9378)보다 높게 나온 것을 볼 수 있다.

7.5.3 다운샘플링과 예제

다운샘플링(Down Sampling)은 많은 분류에 속하는 데이터 표본을 적게 추출하는 방법이다.

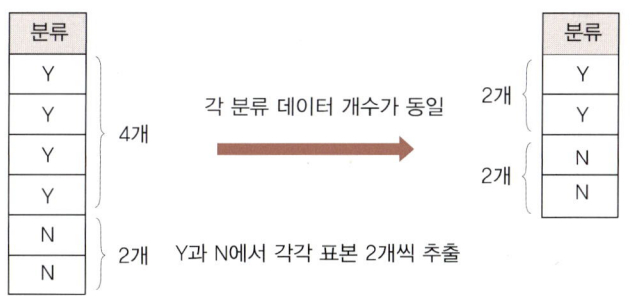

[그림 7-15] 다운샘플링 방법

다음은 훈련용 데이터셋에 대해 caret 패키지의 downSample() 함수로 다운샘플링을 수행하는 예제다.

(1) 훈련용 데이터에 다운샘플링 적용하기

```
> data.train.down <- downSample(subset(data.train, select = -Class), data.train$Class)
> table(data.train.down$Class)
benign malignant
   169       169
```

실행 결과 양성(benign)의 수와 악성(malignant)의 수는 모두 169개인 것을 볼 수 있다.

7.5.4 SMOTE와 예제

SMOTE(Synthetic Minority Oversampling Technique)는 낮은 분류의 데이터를 추가로 샘플링하여 만들어내는 방법이다. SMOTE는 분류 개수가 적은 데이터의 샘플에 k-최근접 이웃(k nearest neighbor)을 찾고, 현재 샘플과 이들 k개 이웃 간의 차를 구하여 임의의 값(0~1사이)을 곱하여 원래 샘플에 더한다. 이렇게 만든 추가 샘플을 훈련용 데이터에 추가한다. 즉, SMOTE는 기존 샘플 주변의 이웃을 고려해 약간씩 이동시킨 점들을 추가하는 방식으로 샘플을 추가한다.

다음은 유방암(BreastCancer) 데이터셋에 대해 DMwR 패키지의 SMOTE() 함수로 의사결정나무 모델의 성능 평가를 수행하는 예제다.

(1) 훈련용 데이터에 SMOTE 적용하기

```
> library(DMwR)
> data.train.smote <- SMOTE(Class ~., data = data.train, perc.over = 200, perc.under = 150)
> table(data.train.smote$Class)
benign malignant
   507       507
```

실행 결과 양성(benign)과 악성(malignant)의 수는 507개로 리샘플링된 것을 볼 수 있다. DMwR 패키지의 SMOTE() 함수 perc.over 옵션은 개수가 적은 분류로부터 얼마나 많은 데이터를 생성해낼지를 조정하는 변수이며, perc.under는 개수가 많은 분류의 데이터를 얼마나 적게 생성할지를 조정하는 변수다.

(2) 훈련용 데이터를 이용해 의사결정나무 모델을 학습시키고, 검증용 데이터로 의사결정나무 모델의 성능 평가를 수행하기

```
> dt.m3 <- rpart(Class ~., data = data.train.smote)
> confusionMatrix(data.test$Class, predict(dt.m3, newdata = data.test, type = "class"))
Confusion Matrix and Statistics

          Reference
Prediction  benign  malignant
  benign       125        12
  malignant      5        67

               Accuracy : 0.9187
                 95% CI : (0.873, 0.9519)
    No Information Rate : 0.622
    P-Value [Acc > NIR] : <2e-16
                  Kappa : 0.824
 Mcnemar's Test P-Value : 0.1456
            Sensitivity : 0.9615
            Specificity : 0.8481
         Pos Pred Value : 0.9124
         Neg Pred Value : 0.9306
             Prevalence : 0.6220
         Detection Rate : 0.5981
   Detection Prevalence : 0.6555
      Balanced Accuracy : 0.9048
       'Positive' Class : benign
```

실행 결과 정분류율(Accuracy)이 0.9187인 것을 볼 수 있다.

[그림 7-16]은 훈련용 데이터에 업샘플링, SMOTE를 적용한 경우와 그렇지 않은 경우 각각 의사결정나무 모델의 정오분류표 결과다.

		예측값	
		양성	악성
실제값	양성	128	4
	악성	9	68

원본 데이터를 사용한 경우

		양성	악성
	양성	134	6
	악성	3	66

업 샘플링을 사용한 경우

		양성	악성
	양성	125	5
	악성	12	67

SMOTE를 사용한 경우

[그림 7-16] 업샘플링, SMOTE를 적용한 경우와 그렇지 않은 경우의 정오분류표 결과

[그림 7-16]에서 모델 성능 향상을 위해 훈련용 데이터를 직접 조절할 때 적용 방법에 따라 모델의 성능 평가 결과에 다소 차이가 있음을 볼 수 있다. 실제로 우리가 접하는 사례는 일반적인 경우(음성)보다 극히 드물게 발생하는 경우(양성)의 문제를 해결해야 하는 경우가 대부분일 것이다. 클래스 불균형 문제를 해결하는 방법은 여러 가지가 있다는 것을 알 수 있다. 주어진 데이터의 특성과 분석 목적에 맞는 적당한 방법을 선택해야 한다.

연습문제

문제 1. 모델 평가에 앞서 과적합(Overfitting) 문제를 해결하기 위해 사용되는 방법이 아닌 것은?

① 홀드아웃(Hold-Out)
② Roc 곡선
③ 교차검증(Cross-Validation)
④ 붓스트랩(Bootstrapping)

문제 2. 정오분류표(Confusion Matrix)를 통해 계산할 수 있는 평가지표가 아닌 것은?

① 진양성율(Tp Rate)
② 정분류율(Accuracy)
③ 오분류율(Error Rate)
④ 향상도(Lift)

문제 3. 모델 평가 기준으로 부적합 것은?

① 효율성
② 예측과 분류의 정확성
③ 일반화의 가능성
④ 홀드아웃

문제 4. 다음은 정오분류표(Confusion Matrix)로부터 모델을 평가하는 지표에 대한 설명으로 가장 부적절한 것은?

① 진양성율(TP Rate): 실제값이 True인 관측값 중 예측치가 True인 정도다.
② 위양성율(FP Rate): 실제로 음성 객체에 대해 잘못 판단한 경우의 비율이다.
③ 정분류율(Accuracy): 전체 관측값 중 실제값과 예측치가 일치하지 않는 정도다.
④ 오분류율(Error Rate): 제대로 예측하지 못한 관측값을 평가하는 지표다.

문제 5. 다음 중 ROC 곡선에 대한 설명으로 가장 부적절한 것은?

① ROC 곡선은 x축에는 FP Rate, y축에는 TP Rate를 나타내 이 두 평가 값의 관계로 모델을 평가한다.
② ROC 곡선이 가장 이상적인 경우는 TP Rate 값이 1로 한 번에 올라간 뒤 FP Rate 값이 뒤따라 증가하는 형태다.
③ ROC 곡선은 모델의 분류, 계층 확률 추정, 점수화 성능을 시각적으로 보여주기 위해 널리 사용하는 도구다.
④ ROC 곡선은 여러 분류자들의 수익(진양성, TP)만 한눈에 보고 장·단점을 비교한다.

문제 6. 다음 중 AUC(ROC 곡선 하위 영역)에 대한 설명이 잘못된 것은?

① AUC는 모델 간의 비교에 사용되고, 분류자의 예측 능력을 간단히 요약한다.
② AUC는 ROC 곡선보다 전달하는 정보가 많다.
③ AUC는 모델 성능을 단 하나의 수치로 요약한다거나 운용 조건에 대해 알려진 것이 없을 때에 더 유용하다.
④ AUC의 값은 0에서 1까지 될 수 있고, 1에 가까울수록 좋은 모델이다.

문제 7. 다음 중 이익도표(Gain Chart)와 향상도 곡선(Lift Curve)에 대한 설명이 부적절한 것은?

① 이익도표는 분류 모델의 성능을 평가하기 위한 척도로, 분류된 관측값이 임의로 나눈 등급별로 얼마나 포함되는지를 나타내는 도표다.
② 향상도 곡선은 랜덤 모델과 비교하여 해당 모델의 성과가 얼마나 향상되었는지를 각 등급별로 파악하는 그래프다.
③ 이익도표의 각 등급은 예측 확률에 따라 매겨진 순위이므로, 상위 등급에서 더 높은 반응률을 보이는 것이 좋은 모델이다.
④ 이익도표를 만들 때 제일 먼저 데이터셋의 실제 관측값에 대한 예측 확률을 오름차순으로 정렬한다.

문제 8. 다음은 정오분류표(Confusion Matrix)의 각 값이 의미하는 바에 대한 설명으로 가장 부적절한 것은?

① TP(True Positive): 실제값과 예측값 모두 True인 빈도다.
② FN(False Negative): 실제값은 True이나 False로 예측한 빈도다.
③ FP(False Positive): 실제값은 False이나 True로 예측한 빈도다.
④ TN(True Negative): 실제값은 True이나 False로 예측한 빈도다.

문제 9. 다음은 정오분류표(Confusion Matrix)로부터 모델을 평가하는 지표에 대한 설명으로 가장 부적절한 것은?

① 정밀도(Precision): True로 예측한 관측값 중 실제값이 True인 정도를 나타내는 정확성 지표다.
② 재현율(Recall): 실제값이 True인 관측값 중 예측치가 적중한 정도를 나타내는 지표로 모델의 완전성을 평가한다.
③ 코헨의 카파(Kappa): 두 평가자의 평가가 얼마나 일치하는지 평가하는 값으로 0~1 사이의 값을 가진다.
④ 특이도(Specificity): 실제값이 True인 관측값 중 예측치가 적중한 정도를 나타낸다.

문제 10. 클래스 불균형 문제를 해결하는 방법이 아닌 것은?

① 교차검증(Cross-Validation)
② 업샘플링(Up Sampling)
③ 다운샘플링(Down Sampling)
④ SMOTE(Synthetic Minority Oversampling Technique)

Chapter 8. 군집분석과 연관분석

군집분석은 각 개체들 간의 유사도를 측정하여 유사도가 높은 집단을 분류하는 분석 기법이며, 계층적 군집분석과 비계층적 군집분석으로 구분할 수 있다. 군집분석은 관측값의 여러 변수값으로부터 n개의 개체를 유사한 성격을 가지는 몇 개의 군집으로 집단화하고, 형성된 군집들의 특성을 파악하여 군집들 사이의 관계를 분석한다.

연관규칙분석은 기업의 데이터베이스에서 상품구매, 서비스 등 일련의 거래 또는 사건 간의 규칙을 찾아내는 것이며 그래서 흔히 장바구니분석이라고 불린다. 연관규칙분석은 기업의 활동 중에서도 마케팅 분야에서 가장 많이 사용된다.

8.1 군집분석

계층적 군집분석, k-평균 군집분석, 혼합분포 군집분석, 기대값 최대화 알고리즘

✓ **계층적 군집분석**은 전통적인 군집 방법으로 가장 유사한 개체를 군집해 나가는 과정을 반복하여 원하는 개수의 군집을 형성하는 방법이다.

✓ **k-평균 군집분석**은 주어진 군집 수(k)로 각 개체(데이터)를 가까운 초기값에 할당하여 군집을 형성하고, 각 군집의 평균을 계산하여 군집의 중심을 갱신하는 과정을 통해 전체 데이트셋을 상대적으로 유사한 k개의 최종 군집으로 형성한다.

✓ **혼합분포 군집분석**은 모델 기반의 군집 방법이다.

✓ **기대값 최대화 알고리즘**은 관측되지 않는 잠재변수에 의존하는 확률 모델에서 최대 가능도나 최대 사후 확률을 갖는 모수의 추정값을 찾는 반복적인 알고리즘이다.

8.1.1 계층적 군집분석

계층적 군집(Hierarchical Clustering) 분석은 전통적인 군집 방법으로 가장 유사한 개체를 군집해 나가는 과정을 반복하여 원하는 개수의 군집을 형성하는 방법이다. 계층적 군집을 형성하는 방법에는 병합적(Agglomerative) 방법과 분할적(Divisive) 방법이 있다. 병합적 방법은 작은 군집에서 시작하여 군집을 병합해 나가는 방법이고, 분할적 방법은 큰 군집에서 시작하여 군집을 분리해 나가는 방법이다.

계층적 군집분석은 전통적인 군집 방법으로 군집의 개수를 제일 나중에 선정하고, k-평균(k-means) 군집분석은 대표적인 비계층적 군집분석으로 군집의 개수를 제일 먼저 선정하고 모델을 개발한다는 점에서 차이가 있다.

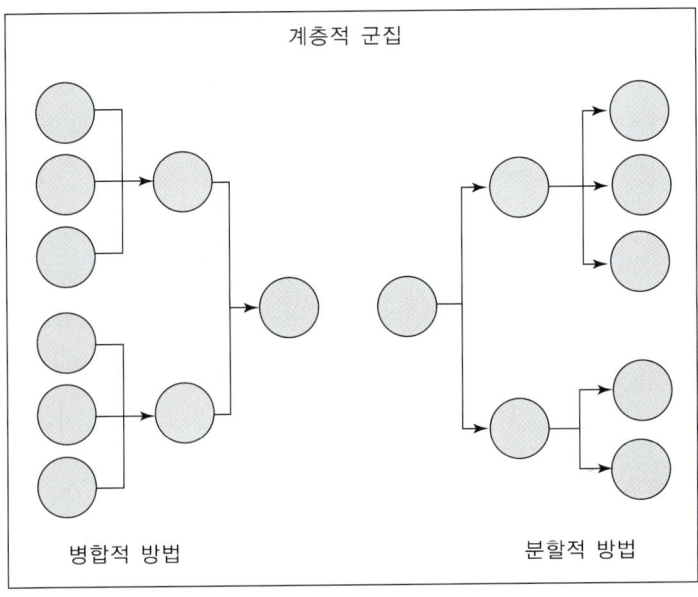

[그림 8-1] 계층적 군집 개념

[그림 8-1]을 보자. 하나의 개체에서 시작하여 군집을 형성해 나가는 매 단계마다 군집 간의 거리를 계산하여 가까운 순으로 병행 또는 분리를 수행한다. 각 개체는 하나의 군집에만 속하게 되고, 일반적으로 계통도 또는 덴드로그램(Dendrogram)의 형태로 결과가 주어진다. 여기서 군집(또는 개체) 간의 상대적 거리가 가까울수록 유사도가 높다고 말할 수 있다. 개체 간의 유사도(또는 거리)을 측정하는 방법에는 다양한 정의가 있다. 자세한 설명은 〈9.3.1 유사도 거리 함수〉에서 다룬다.

군집 간의 거리 측정(또는 병합) 방법에는 최단연결법(Nearest neighbor, Single linkage method), 최장연결법(Farthest neighbor or Complete linkage method), 평균연결법(Average linkage), 중심연결법(Centroid linkage), 와드연결법(Ward linkage) 등이 있다.

[표 8-1] 군집 간의 거리 측정 방법

거리 측정 방법	설 명
최단연결법	• 두 군집 사이의 거리를 각 군집에서 하나씩 관측값을 뽑았을 때 거리의 최소값으로 측정한다. • 고립된 군집을 찾는데 중점을 둔 방법이다.
최장연결법	• 두 군집 사이의 거리를 각 군집에서 하나씩 관측값을 뽑았을 때 거리의 최대값으로 측정한다. • 군집들의 내부 응집성에 중점을 둔 방법이다.
중심연결법	• 두 군집 사이의 중심 간의 거리를 측정한다. • 두 군집이 결합 시 새로운 군집의 평균은 가중평균을 이용한다.
평균연결법	• 두 군집 사이의 거리를 계산할 때 모든 항목에 대한 거리 평균값으로 측정한다. • 불필요하게 계산량이 많아질 수 있다.
와드연결법	• 군집내의 오차 제곱합(Error sum of square)에 기초한 방법이다. • 군집 간의 오차 제곱합이 최소화되는 방향으로 군집화를 진행한다. • 크기가 비슷한 군집끼리 병합하는 경향이 있다.

계층적 군집의 결과는 덴드로그램의 형태로 표현되고, [그림 8-1]을 통해 군집 간의 구조적 관계를 쉽게 파악할 수 있다. 이 구조는 항목 간의 거리와 군집 간의 거리를 알 수 있고, 군집 내의 항목 간 유사성의 정도를 파악함으로 군집의 견고성을 해석하는 데 도움이 된다.

계층적 군집 모델의 특징은 군집을 형성하는 과정에서 지역적(Local) 최적화를 수행하는 방법을 사용하므로 그 결과는 전역적(Global) 최적해라고 할 수 없다는 점이다. R에서 계층적 군집을 수행할 때 병합적 방법을 사용하는 함수에는 stats 패키지의 hclust() 함수와 cluster 패키지의 agnes() 함수, mclust() 함수가 있다. 분할적 방법을 사용하는 함수에는 cluster 패키지의 diana() 함수, mona() 함수가 있다.

8.1.1.1 계층적 군집분석 예제(hclust() 함수)

다음은 stats 패키지의 hclust() 함수로 USArrests 자료를 이용해 병합적 방법의 계층적 군집분석을 수행하는 예제다. USArrests 자료는 1973년 미국의 50개 주에서 발생한 폭행, 살인, 강간 범죄자의 수를 주민 10만명당 비율로 나타낸 통계 자료다. 주별 전체 인구에 대한 도시의 인구 비율을 함께 제공한다.

(1) USArrests 데이터셋 불러오기

```
> data("USArrests")
> str(USArrests)
'data.frame':    50 obs. of  4 variables:
 $ Murder  : num  13.2 10 8.1 8.8 9 7.9 3.3 5.9 15.4 17.4 ...
 $ Assault : int  236 263 294 190 276 204 110 238 335 211 ...
 $ UrbanPop: int  58 48 80 50 91 78 77 72 80 60 ...
 $ Rape    : num  21.2 44.5 31 19.5 40.6 38.7 11.1 15.8 31.9 25.8 ...
```

USArrests 데이터는 4개 변수와 50개의 관측값이 존재하는 것을 볼 수 있다.

(2) USArrests 데이터로 유클리드 거리 계산하기

```
> euc.d <- dist(USArrests, method = "euclidean")
```

개체 간의 거리 계산에는 stats 패키지의 dist() 함수를 이용하고, 사용될 거리 측정방식은 method 옵션을 사용한다. 인자 method는 "binary", "euclidean", "maximum", "manhattan", "canberra", "minkowski" 등이 있고 초기 설정값은 "euclidean"이다.

(3) 유클리드 거리로 계층적 군집분석하기

```
> avg.h <- hclust(euc.d, method = "average")
```

hclust() 함수의 method 옵션을 통해 병합 방법을 지정할 수 있다. 인자 method는 "ward.D", "ward.D2", "single", "complete", "average", "mcquitty", "median", "centroid" 등이 있고 초기 설정값은 "complete"이다.

(4) 계층적 군집 결과로 덴드로그램 시각화하기

```
> plot(avg.h)
```

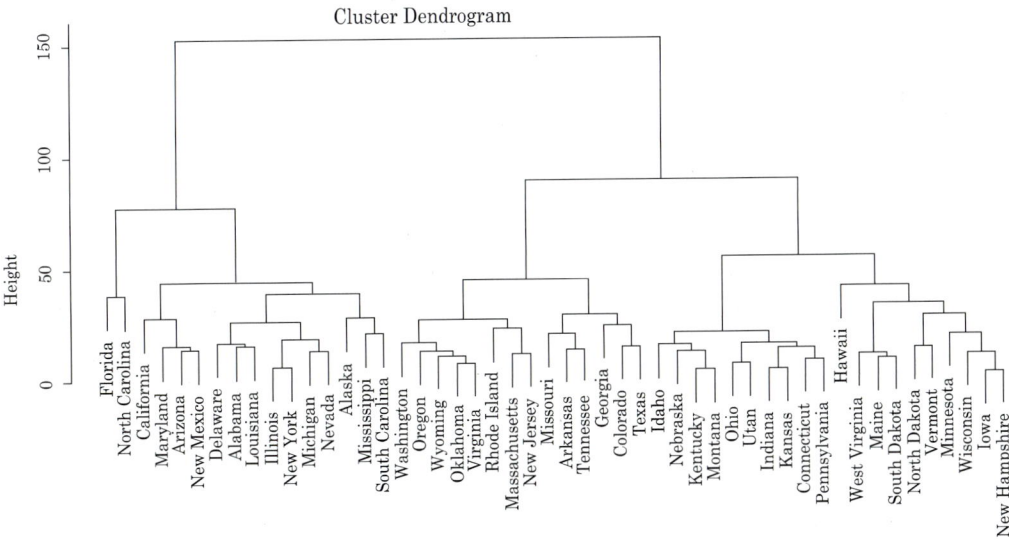

[그림 8-2] 덴드로그램

계층적 군집 결과를 이용한 덴드로그램 분석 결과 유사한 주(미국의 50개 주)별로 군집화된 것을 볼 수 있다.

(5) 계층적 군집 결과를 이용하여 6개 그룹으로 나누기

```
> groups <- cutree(avg.h, k = 6)
> groups
        Alabama         Alaska        Arizona       Arkansas
              1              1              1              2
     California       Colorado    Connecticut       Delaware
              1              2              3              1
        Florida       Georgiat         Hawaii          Idaho
              4              2              5              3
       Illinois        Indiana           Iowa         Kansas
              1              3              5              3
       Kentucky      Louisiana          Maine       Maryland
              3              1              5              1
  Massachusetts       Michigan      Minnesota    Mississippi
              6              1              5              1
       Missouri        Montana       Nebraska         Nevada
              2              3              3              1
  New Hampshire     New Jersey     New Mexico       New York
              5              6              1              1
 North Carolina   North Dakota           Ohio       Oklahoma
              4              5              3              6
         Oregon   Pennsylvania   Rhode Island South Carolina
              6              3              6              1
   South Dakota      Tennessee          Texas           Utah
              5              2              2              3
        Vermont       Virginia     Washington  West Virginia
              5              6              6              5
      Wisconsin        Wyoming
              5              6
```

stats 패키지의 cutree() 함수는 계층적 군집 결과를 이용하여 유사한 군집으로 나눌 수 있다. 인자 k = 6는 6개 군집으로 묶는 것을 의미한다.

(6) 계층적 군집 결과를 이용하여 6개 그룹을 사각형으로 구분하기

```
> plot(avg.h)
> rect.hclust(avg.h, k = 6, border = "red")
```

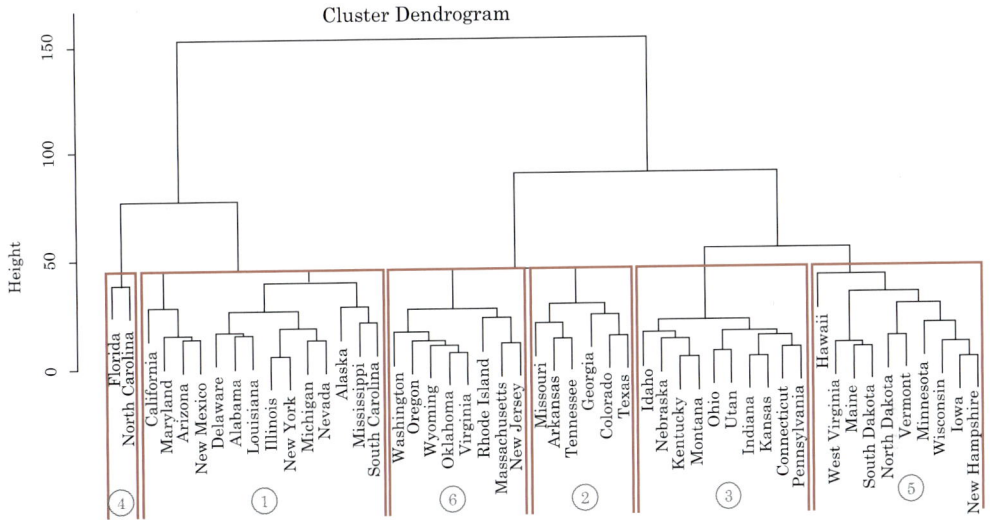

[그림 8-3] 덴드로그램

계층적 군집 결과로 덴드로그램은 plot() 함수를 이용하여 시각화한다. rect.hclust() 함수는 설정한 군집수로 덴드로그램 위에 사각형으로 구분한다. 위 그림에서 6개 군집으로 구분한 주(미국의 50개 주)별 군집은 cutree() 함수로 나누어진 군집과 동일한 것을 알 수 있다.

(7) 계층적 군집 결과를 이용해 3개 군집을 사각형으로 구분하고, tree의 높이(h) 50으로 1, 4번째 군집의 위치(which)를 사각형으로 구분하기

```
> cmp.h <- hclust(dist(USArrests), method = "complete")
> plot(cmp.h)
> rect.hclust(cmp.h, k = 3, border = "red")
> rect.hclust(cmp.h, h = 50, which = c(1, 4), border = 3:4)
```

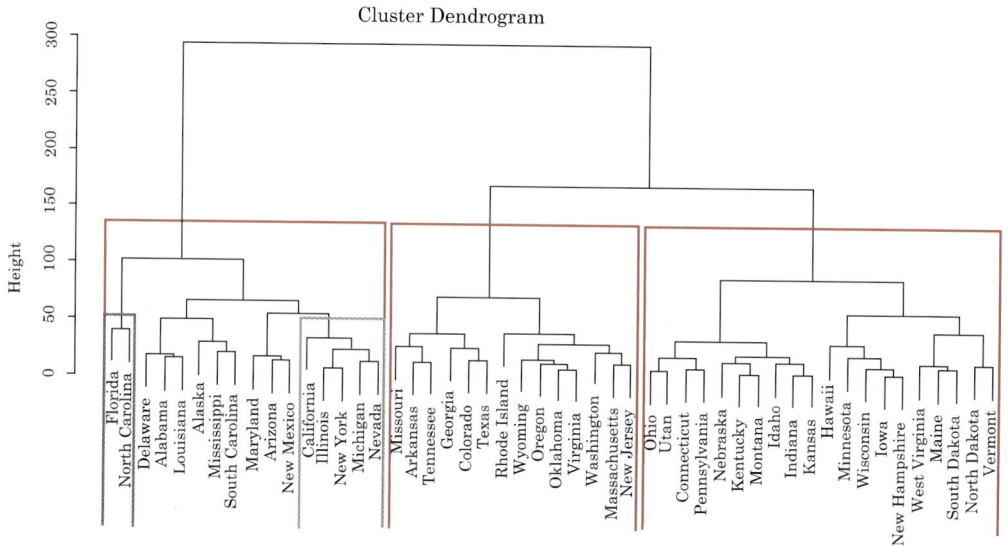

[그림 8-4] 덴드로그램

stats 패키지의 rect.hclust() 함수는 계층적 군집 결과를 이용해 설정한 군집 수로 나눌 수 있다. 인자 k는 군집 수, 인자 h는 tree의 높이, 인자 which는 트리의 좌측에서 우측으로 선택된 군집의 번호를 의미한다.

8.1.1.2 계층적 군집분석 예제(agnes() 함수)

다음은 cluster 패키지의 agnes() 함수로 USArrests 자료를 이용해 병합적 방법의 계층적 군집분석을 수행하는 예제다.

(1) cluster 패키지 불러오기

```
> library(cluster)
```

(2) 계층적 군집분석을 수행하고, 분석 결과 시각화하기

```
> cmp.agn <- agnes(daisy(USArrests), diss = TRUE,
+                  metric = "euclidean", method = "complete")
> par(mfrow = c(1, 2))
> plot(cmp.agn)
> par(mfrow = c(1, 1))
```

agnes() 함수는 계층적 군집 방법 중 병합적 방법을 이용하여 분석한다. metric 인자는 관측값 간의 비유사성을 계산하는 데 사용하는 거리 함수를 지정하고 유클리드 거리 함수로 거리를 계산한다. method 인자는 군집 방법을 지정하고 "complete" 군집을 사용한다. daisy() 함수는 관측값 사이의 거리를 계산해 주고 자료의 형태가 수치형일 필요가 없다는 점에서 dist() 함수보다 유연하다.

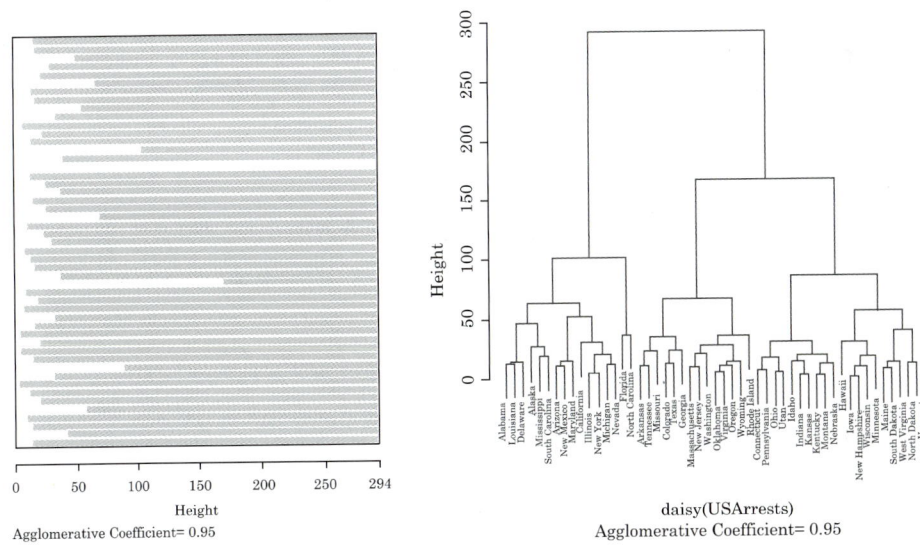

[그림 8-5] 덴드로그램

8.1.2 k-평균 군집분석

k-평균 군집(k-means clustering) 분석은 주어진 군집 수(k)로 각 개체(데이터)를 가까운 초기값에 할당하여 군집을 형성하고, 각 군집의 평균을 계산하여 군집의 중심을 갱신하는 과정을 통해 전체 데이터셋을 상대적으로 유사한 k개의 최종 군집으로 형성한다.

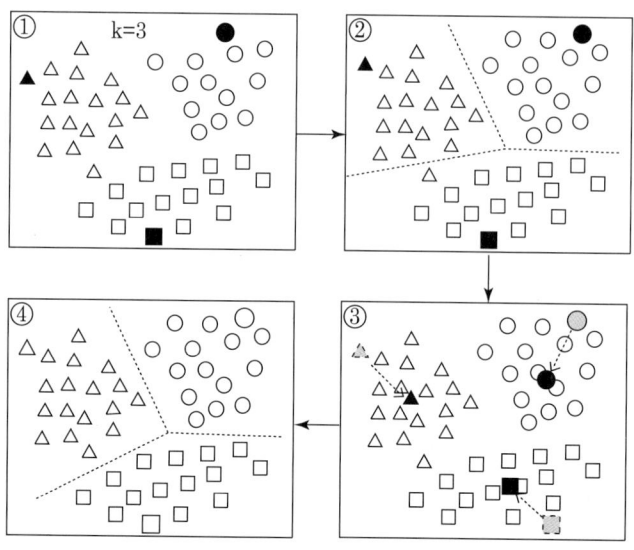

[그림 8-6] k-평균 군집분석 알고리즘의 개념

k-평균 군집분석의 알고리즘은 다음과 같다.

① 단계1: 데이터 개체 내에서 군집 수 k값을 임의로 선택한다(위 그림의 경우 k = 3).
② 단계2: 모든 관측값을 평균과 연관시켜 가장 가까운 군집으로 할당한다(k개 군집으로 나눔).
③ 단계3: 각 군집 내의 새로운 평균이 각 k 군집의 중심이 된다.
④ 단계4: 군집 중심의 변화가 거의 없을 때까지 단계2와 단계3을 반복한다.

k-평균 군집에서 군집 수(k)는 미리 정해 주어야 하고, k 개의 초기 중심값은 자료값 중에서 임의로 선택이 가능하며 가급적 멀리 떨어져 있는 것이 바람직하다. 초기 중심값의 선정에 따라 군집 결과가 크게 달라질 수 있다.

적정 군집 수(k)를 정하는 한 가지 방법으로 군집 수를 k = 1부터 임의의 k까지를 지정하고 군집 내 동질성과 이질성을 측정한다. 여기서 군집 수(k)를 늘려가면서 동질성의 증가와 이질성의 감소 기울기의 절감 지점인 엘보우(elbow) 값을 찾는 방법을 사용할 수 있다.

k-평균 군집은 군집의 매 단계마다 군집 중심으로부터 오차제곱합(Sum of Square for Error, SSE)을 최소화하는 방향으로 군집을 형성해나가는(국소 최적값를 수행하는) 탐욕적(greedy) 알고리즘으로 간주될 수 있으며 안정된 군집은 보장하나 전체적으로 최적값을 보장하지 못한다.

[표 8-2] k-평균 군집분석 알고리즘의 장·단점 비교

구 분	설 명
장 점	• 알고리즘이 단순하며, 빠르게 수행되어 기법 적용이 용이하다. • 계층적 군집보다 많은 양의 자료를 다룰 수 있다. • 개체들 간의 거리 측정과 군집 수(k), 초기 중심점만 주어지면 바로 분석을 적용할 수 있다. • 기법의 역사가 길어서 다양한 프로그래밍 언어에서 사용할 수 있다. • 다양한 형태의 데이터에 적용 가능하다.
단 점	• 임의의 초기점(중심점) 할당으로 인해 최적의 군집을 찾지 못할 수도 있다. • 초기 군집 수(k)에 대한 임의의 판단이 필요하다. • 연속형 변수의 거리 측정만 다룰 수 있다. • 잡음(노이즈)이나 이상값에 영향을 많이 받는다. • 볼록한 형태가 아닌(non-convex) 군집(예를 들어, U-형태)이 존재할 경우에는 성능이 떨어진다. • 사전에 주어진 목적이 없으므로 결과 해석이 어렵다.

8.1.2.1 k-평균 군집분석 예제(kmeans() 함수)

다음은 rattle 패키지의 kmeans() 함수로 wine 자료를 이용해 k-평균 군집분석을 수행한 예제다.

(1) rattle 패키지와 wine 데이터셋 불러오기

```
> library(rattle)
> data("wine")
> str(wine)
'data.frame':       178 obs. of  14 variables:
 $ Type            : Factor w/ 3 levels "1","2","3": 1 1 1 1 1 1 1 1 1 1 ...
 $ Alcohol         : num  14.2 13.2 13.2 14.4 13.2 ...
 $ Malic           : num  1.71 1.78 2.36 1.95 2.59 1.76 1.87 2.15 1.64 1.35 ...
 $ Ash             : num  2.43 2.14 2.67 2.5 2.87 2.45 2.45 2.61 2.17 2.27 ...
 $ Alcalinity      : num  15.6 11.2 18.6 16.8 21 15.2 14.6 17.6 14 16 ...
 $ Magnesium       : int  127 100 101 113 118 112 96 121 97 98 ...
 $ Phenols         : num  2.8 2.65 2.8 3.85 2.8 3.27 2.5 2.6 2.8 2.98 ...
 $ Flavanoids      : num  3.06 2.76 3.24 3.49 2.69 3.39 2.52 2.51 2.98 3.15 ...
 $ Nonflavanoids   : num  0.28 0.26 0.3 0.24 0.39 0.34 0.3 0.31 0.29 0.22 ...
 $ Proanthocyanins : num  2.29 1.28 2.81 2.18 1.82 1.97 1.98 1.25 1.98 1.85 ...
 $ Color           : num  5.64 4.38 5.68 7.8 4.32 6.75 5.25 5.05 5.2 7.22 ...
 $ Hue             : num  1.04 1.05 1.03 0.86 1.04 1.05 1.02 1.06 1.08 1.01 ...
 $ Dilution        : num  3.92 3.4 3.17 3.45 2.93 2.85 3.58 3.58 2.85 3.55 ...
 $ Proline         : int  1065 1050 1185 1480 735 1450 1290 1295 1045 1045 ...
> table(wine$Type)

 1  2  3
59 71 48
```

wine 데이터는 14개 변수와 178개의 관측값이 존재하는 것을 볼 수 있다. wine 자료는 178개 이탈리안 와인을 대상으로 13가지의 화학적 성분을 측정한 자료이다. 반응변수 Type은 1, 2, 3 세 가지 범주로 분류된다. 반응변수(Type)의 분할표에서 1은 59개, 2는 71개, 3은 48개인 것을 볼 수 있다. 데이터 구조를 확인한 결과 변수의 측정 단위(또는 범위)가 다른 것을 알 수 있다.

(2) 설명변수 표준화하기

```
> wine2 <- scale(wine[-1])
```

scale() 함수는 설명변수를 평균이 0, 분산이 1인 값으로 표준화한다. 데이터를 표준화하면 변수의 측정 단위(또는 범위) 간의 편차를 없애 준다.

(3) 군집 수를 늘려가면서 군집 내 제곱합과 군집 간 제곱합을 계산하여 엘보우 값 찾아보기

```
> library(foreach)
> nc <- 1:15
> nc.res <- foreach(i = nc, .combine = rbind) %do% {
+   with.ss <- sum(kmeans(wine2, centers = i)$withinss)
+   between.ss <- kmeans(wine2, centers = i)$betweenss
+   return(data.frame(nc = i, wss = with.ss, bss = between.ss))
+ }
> nc.res
   nc       wss          bss
1   1 2301.0000 3.183231e-12
2   2 1649.6877 6.513123e+02
3   3 1270.7491 1.030251e+03
4   4 1174.0421 1.106833e+03
5   5 1131.8772 1.195157e+03
6   6 1042.1048 1.249432e+03
7   7  977.8545 1.289683e+03
8   8  951.5520 1.343749e+03
9   9  878.4289 1.378529e+03
10 10  859.1462 1.462794e+03
11 11  801.1268 1.491309e+03
12 12  778.8757 1.524160e+03
13 13  779.0614 1.550897e+03
14 14  739.9729 1.573571e+03
15 15  717.6184 1.592561e+03
> plot(nc.res$nc, nc.res$wss, type = "b", xlab = "Number of Clusters",
+      ylab = "Within groups sum of squares")
> plot(nc.res$nc, nc.res$bss, type = "b", xlab = "Number of Clusters",
+      ylab = "Between-cluster sum of squares")
```

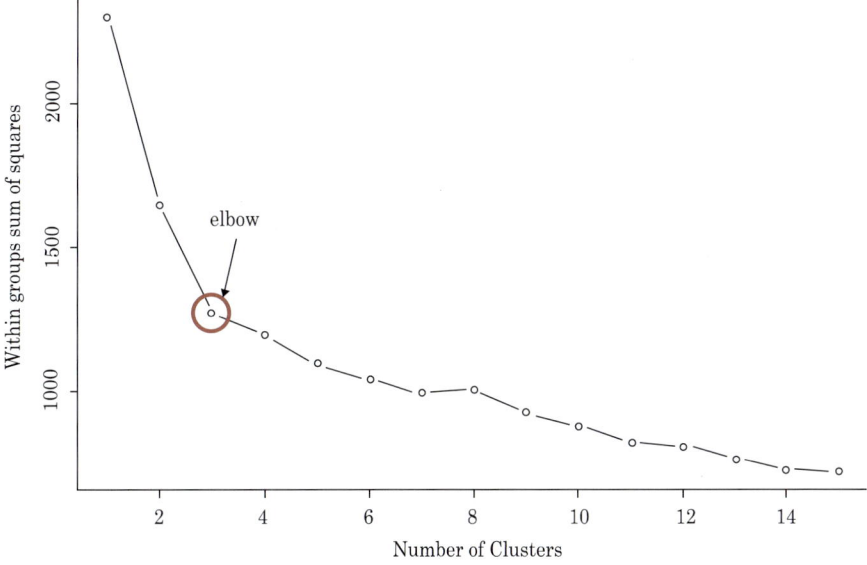

[그림 8-7] 군집 수(k)의 변화에 따른 군집 내 제곱합 그래프

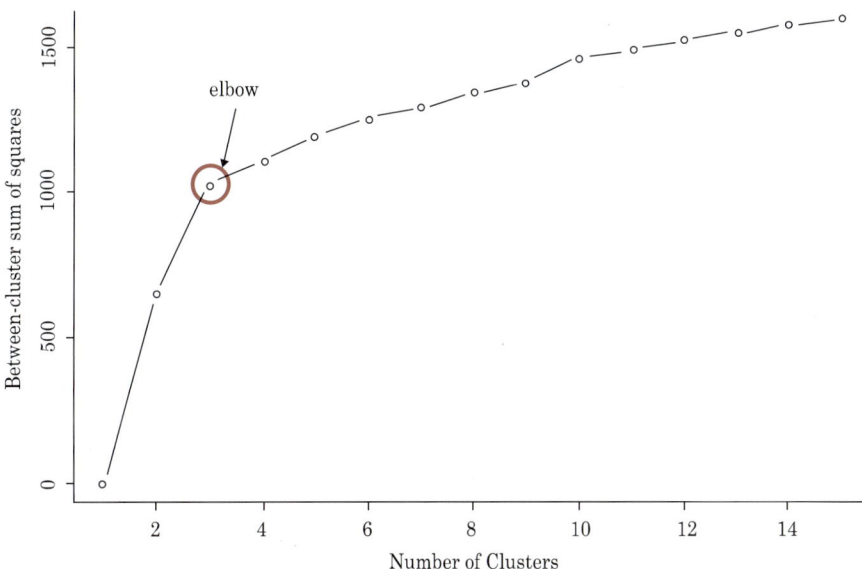

[그림 8-8] 군집 수(k)의 변화에 따른 군집 간 제곱합 그래프

분석 결과 군집 내 제곱합의 경우 감소 폭의 기울기가 급감하는 엘보우(elbow) 점은 k = 3일 때이고, 군집 간 제곱합의 경우도 증가 폭의 기울기가 급감하는 엘보우 점도 k = 3일 때이다. 즉, 군집 수 k = 3이 적당하다는 것을 알 수 있다.

(4) 최적의 군집 수(k) 확인하기

```
> library(NbClust)
> set.seed(123)
> nbc <- NbClust(wine2, min.nc = 2, max.nc = 15, method = "kmeans")
> ls(nbc)
[1] "All.CriticalValues" "All.index"          "Best.nc"            "Best.partition"
> table(nbc$Best.nc[1,])

0  1  2  3 10 12 14 15
2  1  4 15  1  1  1  1
> barplot(table(nbc$Best.nc[1, ]),
+         xlab = "Number of Cluster",
+         ylab = "Number of Criteris")
```

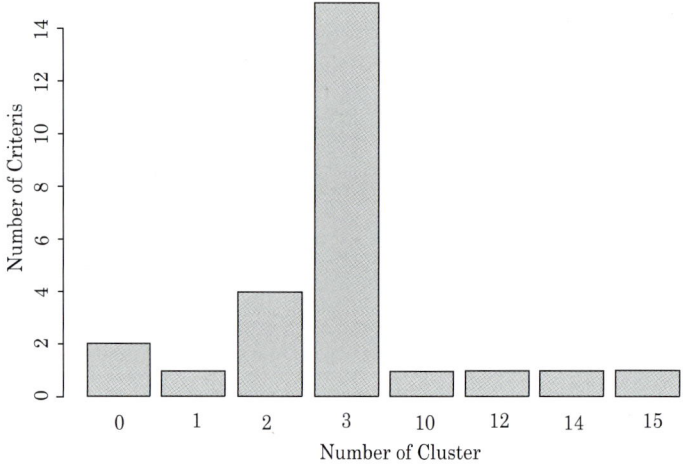

[그림 8-9] 군집 수(k)의 변화에 따른 지수 그래프

분석 결과 군집 수 k = 3이 15개의 지수가 투표되어 최적의 군집 수인 것을 볼 수 있다. NbClust 패키지의 NbClust() 함수는 최적의 군집 수(k)를 찾아준다.

(5) 군집 수 k = 3으로 k-평균 군집분석 모델 생성 및 군집 결과 시각화하기

```
> set.seed(123)
> km.fit <- kmeans(wine2, centers = 3, nstart = 25)
> plot(wine2, col = km.fit$cluster,
+      pch = ifelse(km.fit$cluster == 1, 1, ifelse(km.fit$cluster == 2, 2, 6)), cex = 1)
> points(km.fit$centers, col = 1:3, pch = c(1, 2, 6), cex = 3)
```

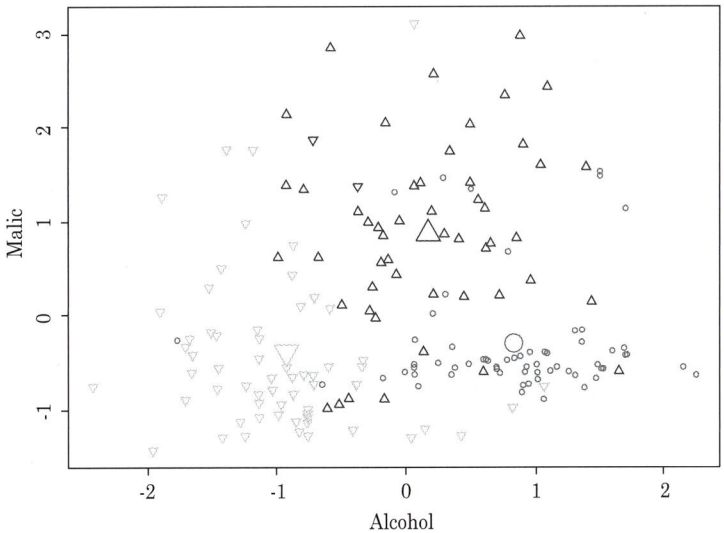

[그림 8-10] 군집(k = 3) 결과 그래프

k-평균 군집분석 모델은 3개의 군집으로 모델을 생성하고, 군집 결과 시각화에서 군집1은 'O', 군집2는 '△', 군집3은 '▽'으로 잘 도식화된 것을 볼 수 있다. kmeans() 함수는 k-평균 군집분석 모델을 생성한다.

(6) 군집 결과의 추가 정보 확인하기

```
> ls(km.fit)
[1] "betweenss"   "centers"   "cluster"   "ifault"   "iter"   "size"
[7] "tot.withinss" "totss"    "withinss"
> km.fit$size
[1] 62 51 65
> km.fit$cluster
[1] 1 1 1 1 1 1 1 1 1 1 1 1 1 1 1 1 1 1 1 1 1 1 1 1 ... 이하 생략
> round(km.fit$centers, 3)
  Alcohol  Malic    Ash Alcalinity Magnesium Phenols Flavanoids Nonflavanoids
1   0.833 -0.303  0.364     -0.608     0.576   0.883      0.975        -0.561
2   0.164  0.869  0.186      0.523    -0.075  -0.977     -1.212         0.724
3  -0.923 -0.393 -0.493      0.170    -0.490  -0.076      0.021        -0.033
  Proanthocyanins Color    Hue Dilution Proline
1           0.579 0.171  0.473    0.777   1.122
2          -0.778 0.939 -1.162   -1.289  -0.406
3           0.058 -0.899 0.461    0.270  -0.752
```

생성된 k-평균 군집분석 모델의 추가적인 속성 정보 확인은 ls() 함수로 확인할 수 있다. 속성 $size는 군집에 속할 데이터의 개수이고, 위의 경우 3개(k = 3)의 군집에 속한 데이터의 개수는 62, 51, 65로 반응변수(Type)의 범주 1(59개), 2(71개), 3(48개)과는 다소 차이가 있음을 볼 수 있다. 속성 $cluster는 군집 분류 결과이고, 속성 $center는 각 군집의 중심값이다.

(7) 각 군집별로 변수의 평균값을 측정 단위의 척도로 나타내기

```
> aggregate(wine[-1], by = list(cluster = km.fit$cluster), FUN = mean)
  cluster   Alcohol       Malic       Ash  Alcalinity  Magnesium  Phenols  Flavanoids
1       1    13.676       1.997     2.466      17.462    107.967    2.847       3.003
2       2    13.134       3.307     2.417      21.241     98.666    1.683       0.818
3       3    12.250       1.897     2.231      20.063     92.738    2.247       2.050
  Nonflavanoids Proanthocyanins   Color     Hue   Dilution   Proline
1         0.292           1.922   5.453   1.065      3.163  1100.225
2         0.451           1.145   7.234   0.691      1.696   619.058
3         0.357           1.624   2.973   1.062      2.803   510.169
```

실행 결과 각 변수의 측정 단위의 척도로 출력된 것을 볼 수 있다. aggregate() 함수는 데이터를 그룹으로 묶은 후 임의의 함수(위에서는 평균)를 그룹에 적용한다.

(8) wine 데이터에 군집 분류 결과의 cluster 속성 추가하기

```
> wine$cluster <- km.fit$cluster
> head(wine)
  Type Alcohol Malic  Ash Alcalinity Magnesium Phenols Flavanoids Nonflavanoids
1    1   14.23  1.71 2.43       15.6       127    2.80       3.06          0.28
2    1   13.20  1.78 2.14       11.2       100    2.65       2.76          0.26
3    1   13.16  2.36 2.67       18.6       101    2.80       3.24          0.30
4    1   14.37  1.95 2.50       16.8       113    3.85       3.49          0.24
5    1   13.24  2.59 2.87       21.0       118    2.80       2.69          0.39
6    1   14.20  1.76 2.45       15.2       112    3.27       3.39          0.34
  Proanthocyanins Color  Hue Dilution Proline cluster
1            2.29  5.64 1.04     3.92    1065       1
2            1.28  4.38 1.05     3.40    1050       1
3            2.81  5.68 1.03     3.17    1185       1
4            2.18  7.80 0.86     3.45    1480       1
5            1.82  4.32 1.04     2.93     735       1
6            1.97  6.75 1.05     2.85    1450       1
> table(wine$Type)

 1  2  3
59 71 48
> table(wine$cluster)

 1  2  3
62 51 65
```

wine 데이터에 cluster(군집 분류 결과의 군집) 속성이 추가된 것을 볼 수 있다. wine 데이터의 Type, cluster 변수로 분할표를 생성한 결과에서 각 범주의 개수가 상이한 것을 볼 수 있다.

(9) wine 데이터에서 cluster, Type 변수의 그룹으로 데이터(레코드) 수 출력하기

```
> aggregate(wine, by = list(cluster = wine$cluster, Type = wine$Type), NROW)
  cluster Type Type Alcohol  Malic  Ash  Alcalinity  Magnesium  Phenols  Flavanoids
1       1    1   59      59     59   59          59         59       59          59
2       1    2    3       3      3    3           3          3        3           3
3       2    2    3       3      3    3           3          3        3           3
4       3    2   65      65     65   65          65         65       65          65
5       2    3   48      48     48   48          48         48       48          48
  Nonflavanoids  Proanthocyanins  Color  Hue  Dilution  Proline  cluster
1            59               59     59   59        59       59       59
2             3                3      3    3         3        3        3
3             3                3      3    3         3        3        3
4            65               65     65   65        65       65       65
5            48               48     48   48        48       48       48
> km.tb <- table(wine$Type, wine$cluster)
> km.tb
    1  2  3
1  59  0  0
2   3  3 65
3   0 48  0
```

실행 결과 반응변수(Type) 1은 cluster 1로 59개 군집, Type 2는 cluster 1로 3개, 2로 3개, 3으로 65개 군집, Type 3은 cluster 2로 48개 군집된 것을 알 수 있다.

(10) wine 데이터의 반응변수(Type)와 군집 결과의 일치도(Agreement)를 나타내는 수정된 순위지수(Adjusted rank index) 구하기

```
> library(flexclust)
> randIndex(km.tb)
      ARI
0.897495
```

분석 결과 수정된 순위지수는 약 0.897로 wine 데이터의 반응변수(Type)와 군집 결과의 일치도가 높은 것을 볼 수 있다. 수정된 순위지수는 −1(no agreement)과 1(perfect agreement) 사이의 값을 가진다. flexclust 패키지의 randIndex() 함수는 반응변수(Type)의 범주와 군집 간의 일치도(Agreement)를 나타내는 수정된 순위지수(Adjusted rank index)를 계산한다.

8.1.2.2 k-평균 군집분석 예제(kcca() 함수)

다음은 flexclust 패키지의 kcca() 함수로 Nclus 자료를 이용해 k-평균 군집분석을 수행한 예제다.

(1) Nclus 데이터 읽어오기

```
> library(flexclust)
> data("Nclus")
> str(Nclus)
 num [1:550, 1:2] -0.208 -0.74 -0.72 0.373 0.954 ...
> Nclus[1:5, ]
          [, 1]       [, 2]
[1, ] -0.2078751   0.4990719
[2, ] -0.7404924  -0.2988594
[3, ] -0.7198511   0.5920086
[4, ]  0.3725182   0.1519670
[5, ]  0.9538773   0.9913636
```

Nclus 데이터는 550행 2열의 행렬 형식의 데이터인 것을 알 수 있다. Nclus 자료는 서로 다른 4개의 이변량 정규분포로부터 발생된 난수로 구성된 자료다.

(2) Nclus 데이터 산점도 그리기

```
> plot(Nclus)
```

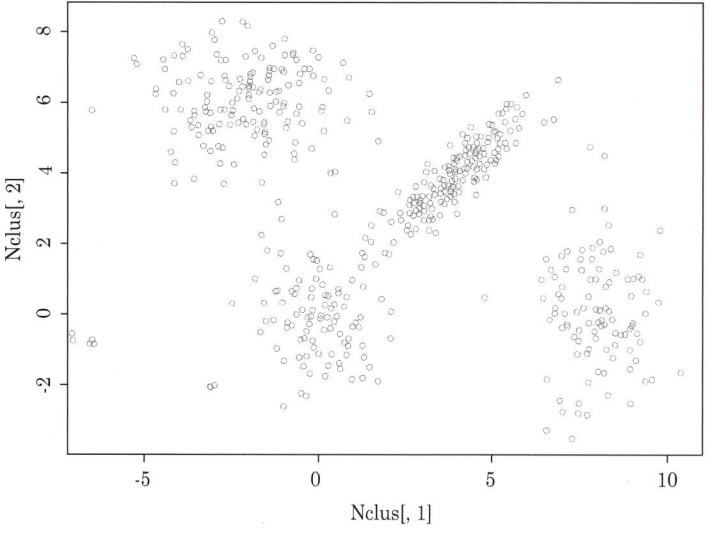

[그림 8-11] Nclus 데이터 산점도

실행 결과 데이터 분포가 4개 그룹으로 나누어진 것을 볼 수 있다.

(3) k-평균 군집분석 및 결과 시각화하기

```
> kc.fit <- kcca(Nclus, k = 4, family = kccaFamily("kmeans"))
> summary(kc.fit)
kcca object of family 'kmeans'

call:
  kcca(x = Nclus, k = 4, family = kccaFamily("kmeans"))

cluster info:
  size   av_dist  max_dist  separation
1   98  1.475313  3.512398    3.424897
2  200  1.155187  4.184644    2.846542
3  147  1.540631  4.460326    3.373556
4  105  1.337802  2.892710    2.920576

convergence after 6 iterations
sum of within cluster distances: 742.5601
> image(kc.fit)
> points(Nclus)
```

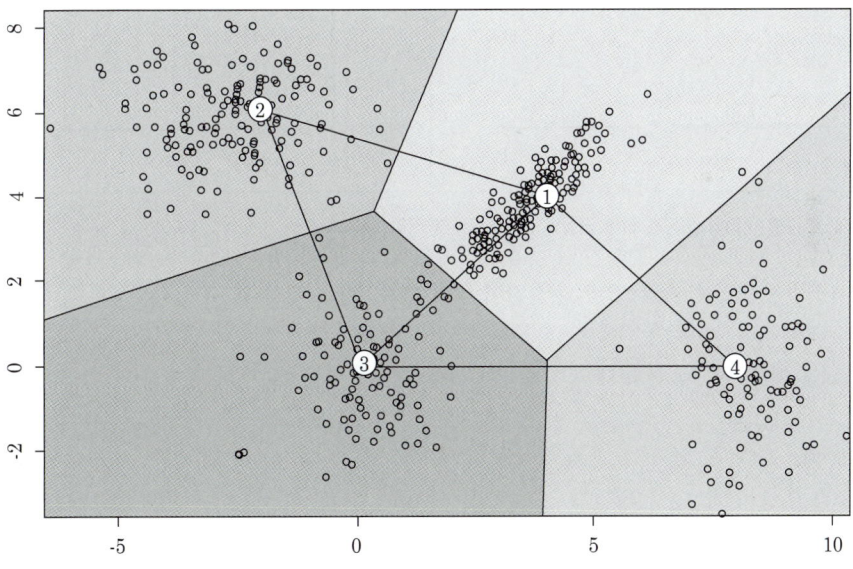

[그림 8-12] 군집 수 k = 4인 군집분석 결과 그래프

kcca() 함수는 k-중심 군집분석(K-Centroids Cluster Analysis)을 수행한다. 인자 family는 "kmeans", "kmedians", "angle", "jaccard", "ejaccard" 방법을 이용할 수 있고 초기 설정값은 "kmeans"이다.

(4) 각 군집의 중심이 전체 군집의 중심(상자 안의 막대)으로부터 떨어진 거리 확인하기

```
> kc.fit@centers
         [, 1]        [, 2]
[1, ]  4.0258285   4.03333593
[2, ] -2.0821258   6.06052451
[3, ]  0.1424604   0.05483231
[4, ]  7.9571439  -0.04604713
> barplot(kc.fit)
```

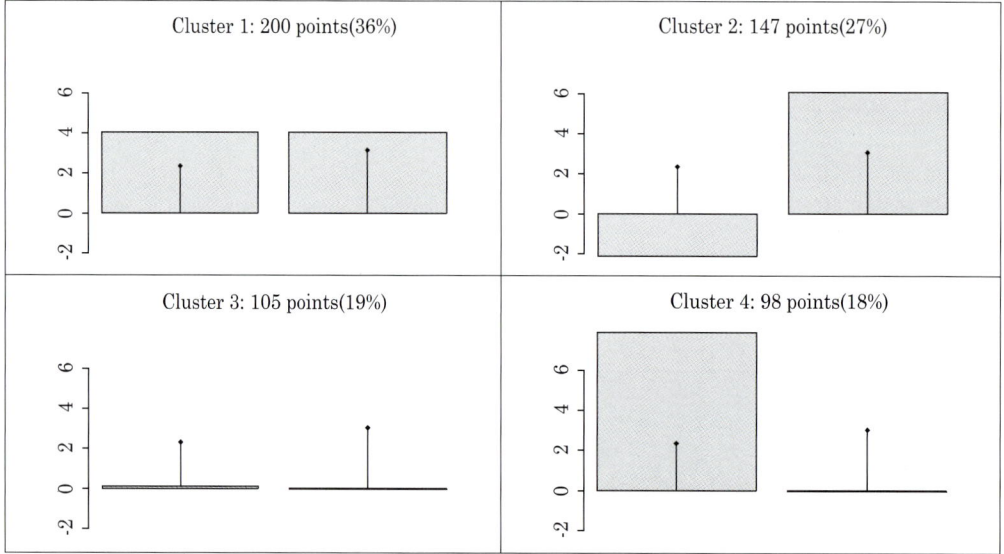

[그림 8-13] 변수별 군집의 중심과 전체 군집의 중간으로부터 거리 그래프

분석 결과 2번째 군집(Cluster 2)의 관측값이 많이 퍼져있다는 것을 알 수 있다.

(5) 줄무늬를 이용하여 각 군집 내의 자료들이 해당 군집의 평균으로부터 떨어진 거리 그래프 그리기

```
> stripes(kc.fit)
```

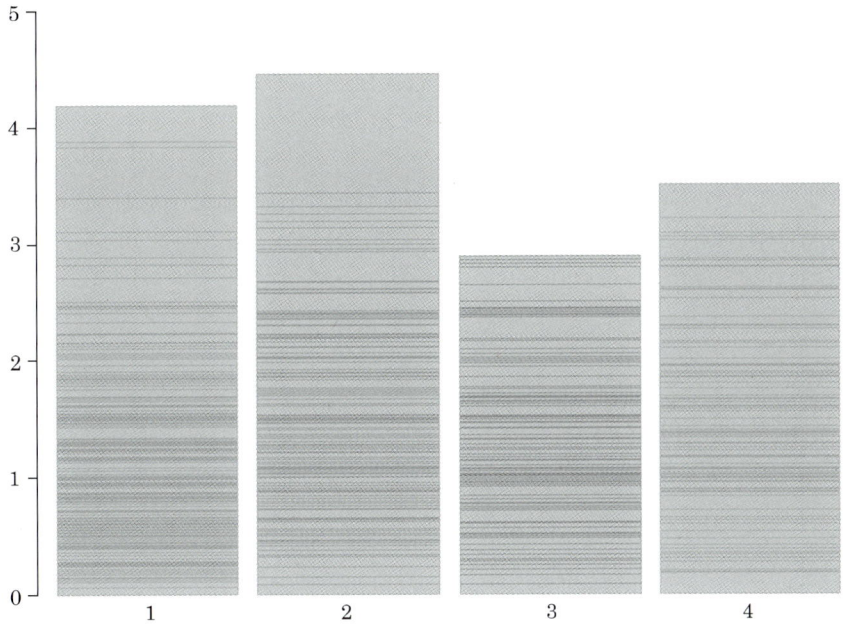

[그림 8-14] 각 군집의 평균으로부터 거리 그래프

분석 결과 군집 2, 1, 4, 3 순으로 중심에서 많이 떨어진 것을 알 수 있다.

8.1.2.3 k-평균 군집분석 예제(cclust() 함수)

다음은 cclust 패키지의 cclust() 함수로 Nclus 자료를 이용해 k-평균 군집분석을 수행한 예제다.

(1) k-평균 군집분석 수행하기

```
> library(cclust)
> set.seed(123)
> cc.fit <- cclust(Nclus, 4, 20, method = "kmean")
> ls(cc.fit)
 [1] "call"        "centers"     "changes"     "cluster"     "dist"
 [6] "initcenters" "iter"        "method"      "ncenters"    "rate.method"
[11] "rate.par"    "size"        "withinss"
```

cclust() 함수는 Convex Clustering을 수행하는 함수로 flexclust∷cclust() 함수와 동일한 이름의 함수가 있고 두 함수의 기능은 동일하다. 인자 method는 "kmeans", "hardcl", "neuralgas" 등이 있고 초기 설정값은 "kmeans"이다. ls() 함수를 이용하여 k-평균 군집 알고리즘에 적합된 추가적인 정보를 확인할 수 있다.

(2) k-평균 군집분석 결과 시각화하기

```
> plot(Nclus, col = cc.fit$cluster,
+      pch = ifelse(cc.fit$cluster == 1, 1,
+              ifelse(cc.fit$cluster == 2, 2,
+                  ifelse(cc.fit$cluster == 3, 5, 22))), cex = 1)
> points(cc.fit$centers, col = 1:4, pch = c(16, 17, 18, 15), cex = 4)
```

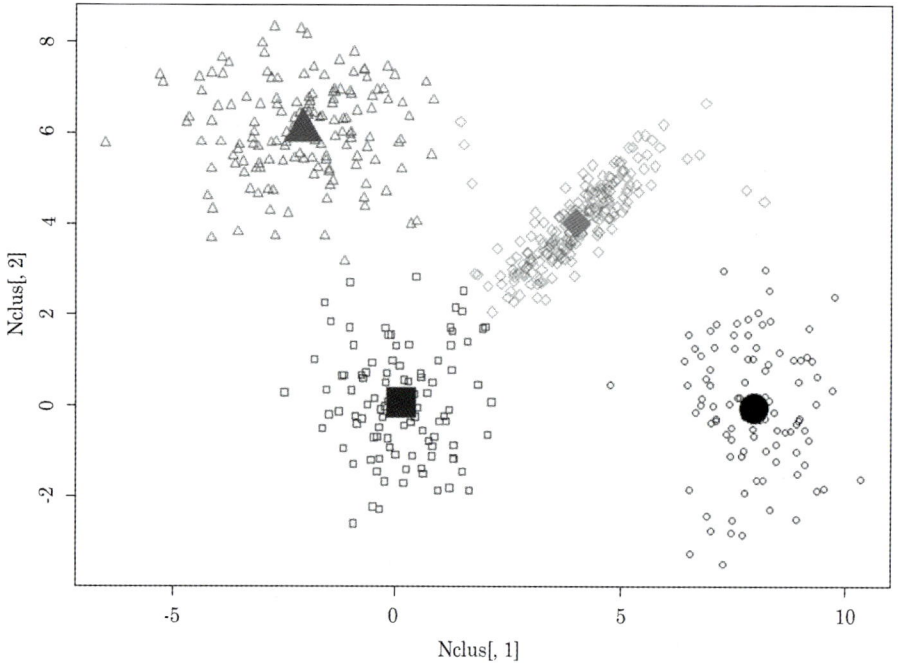

[그림 8-15] 군집 수 k = 4인 군집분석 결과 그래프

분석 결과 4개(k = 4)의 군집으로 잘 분류된 것을 볼 수 있다.

(3) cluster::clusplot() 함수로 k-평균 군집분석 결과 시각화하기

```
> library(cluster)
> clusplot(Nclus, cc.fit$cluster)
```

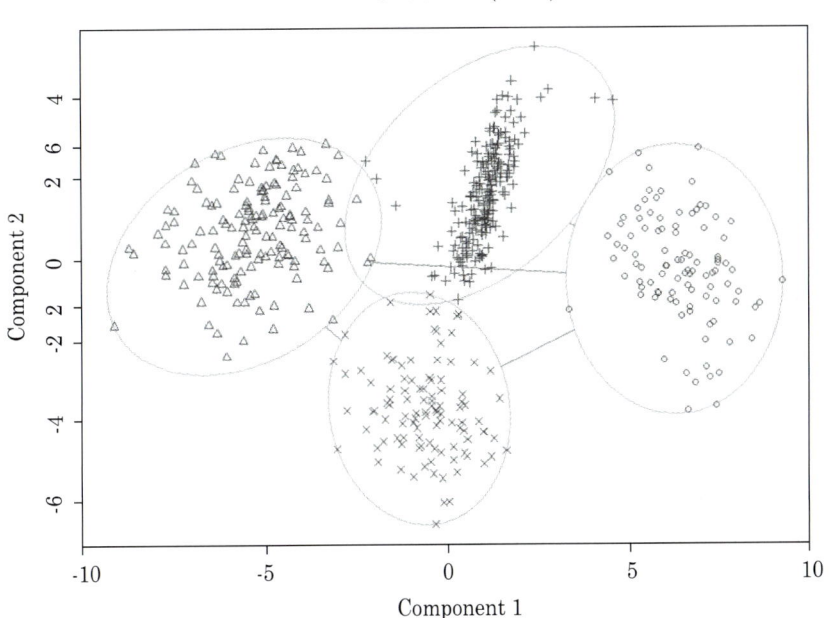

[그림 8-16] 군집 수 k = 4인 군집분석 결과 그래프

cluster::clusplot() 함수는 2차원의 군집 그래프를 그려주는 함수이고 군집의 반경과 관계까지 확인할 수 있다.

8.1.3 혼합분포 군집분석

혼합분포 군집(Mixture Distribution Clustering) 분석은 모델 기반(Model-based)의 군집 방법이다. 이는 데이터가 k개의 모수적 모델(흔히 정규분포 또는 다변량 정규분포를 가정함)의 가중합으로 표현되는 모집단 모델로부터 나왔다는 가정하에서 모수와 함께 가중치를 자료로부터 추정하는 방법을 사용한다. 여기서 k개의 각 모델은 군집을 의미하며 각 데이터는 추정된 k개의 모델 중 어느 모델로부터 나왔을 확률이 높은지에 따라 군집의 분류가 이루어진다. 흔히 혼합 모델에서의 모수와 가중치의 추정(최대 가능도 추정)에는 EM 알고리즘(Expectation-Maximization Algorithm)이 사용된다.

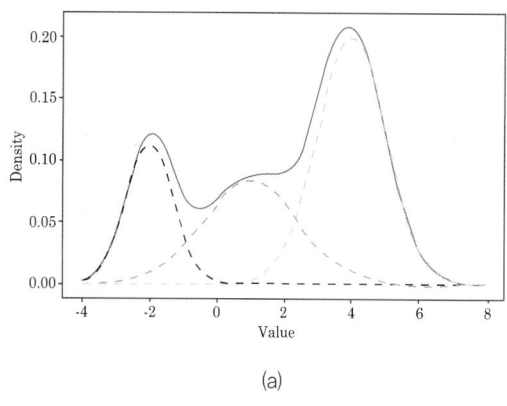
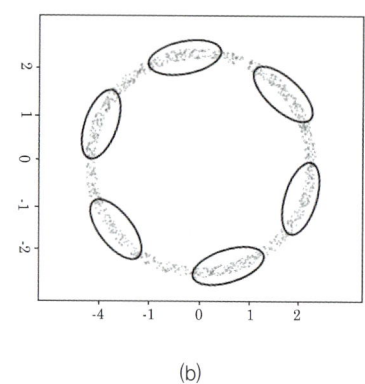

[그림 8-17] 혼동 분포 모양으로 설명할 수 있는 데이터의 형태

[그림 8-17]은 혼동 분포 모양을 통해 설명될 수 있는 데이터의 형태를 나타낸다(wikiwand, "혼합 모델" 참조). (a)는 자료의 분포 형태가 다봉형의 형태를 띠므로 단일 분포로의 적합은 적절하지 않으며, 대략 3개 정도의 정규분포의 결합을 통해 설명될 수 있을 것으로 생각할 수 있다. (b)는 여러 개의 이변량 정규분포의 결합을 통해 설명될 수 있을 것이다. 두 경우 모두 반드시 정규분포로 제한할 필요는 없다.

[그림 8-18]은 EM 알고리즘의 진행 과정을 나타낸다(Wikipedia, "Expectation-Maximization Algorithm" 참조). 여기서 E-단계(E-step)는 잠재변수 Z의 기대치 계산, M-단계(M-step)는 잠재변수 Z의 기대치를 이용하여 파라미터를 추정한다.

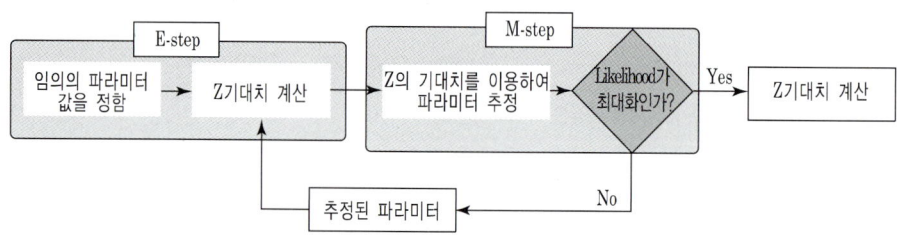

[그림 8-18] EM 알고리즘의 진행 과정

E-단계에서 각 자료에 대해 Z의 조건부 분포(어느 집단에 속할지에 대한)로부터 조건부 기대값을 구할 수 있다. 관측변수 X와 잠재변수 Z를 포함하는 (X, Z)에 대한 로그-가능도 함수(이를 조정된 (augmented)로그-가능도 함수라 한다)에 Z 대신 상수값인 Z의 조건부 기대값을 대입하면 로그-가능도 함수를 최대로 하는 모수를 쉽게 찾을 수 있다(M-단계).

다음은 EM 알고리즘의 반복수행에 따른 모수의 추정과정을 보여준다(C. M. Bishop, 2006).

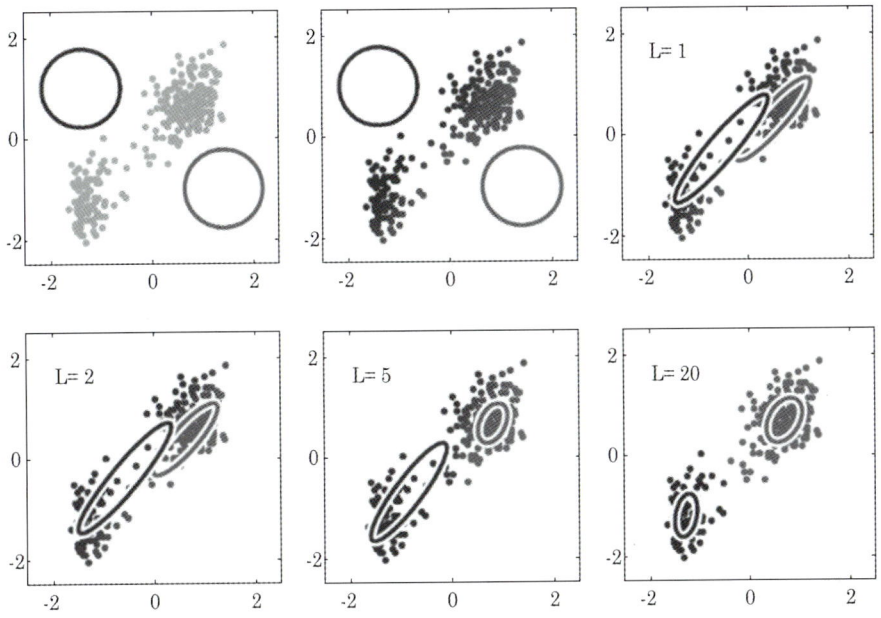

[그림 8-19] EM 알고리즘 진행에 따른 모수 추정 과정

여기서 L은 반복횟수를 의미한다. 혼합분포 군집모델의 특징을 살펴보면,

- k-평균 군집의 절차와 유사하나 확률 분포를 도입하여 군집을 수행한다.
- 군집을 몇 개의 모수로 표현할 수 있으며, 서로 다른 크기나 모양의 군집을 찾을 수 있다.
- EM 알고리즘을 이용한 모수 추정에서 데이터가 커지면 수렴하는데 시간이 걸릴 수 있다.
- 군집의 크기가 너무 작으면 추정의 정도가 떨어지거나 어려울 수 있다.
- k-평균 군집과 마찬가지로 이상값 자료에 민감하므로 사전에 조치가 필요하다.

8.1.3.1 기댓값 최대화 알고리즘

기댓값 최대화 알고리즘(Expectation-Maximization Algorithm, EM 알고리즘)은 관측되지 않는 잠재변수에 의존하는 확률 모델에서 최대 가능도(Maximum Likelihood)나 최대 사후 확률(Maximum A Psteriori, MAP)을 갖는 모수의 추정값을 찾는 반복적인 알고리즘이다(Wikipedia, "Expectation-Maximization Algorithm" 참조). 즉, EM 알고리즘은 반복적인 과정을 통해 최대 가능도 추정법(Maximum Likelihood Estimation, MLE)를 구하는 알고리즘이다.

[그림 8-20]에 두 개의 가우스 분포(Gaussian Distribution)가 있다. A그래프에 있는 동그란 점은 A그래프에 속하는지, B그래프에 속하는지 알 수 없다. 위치상으로 A그래프에 속할 확률이 높고 B그래프에 속할 확률은 낮다. 이와 같은 문제를 위해서 EM 알고리즘을 쓰는 것이다.

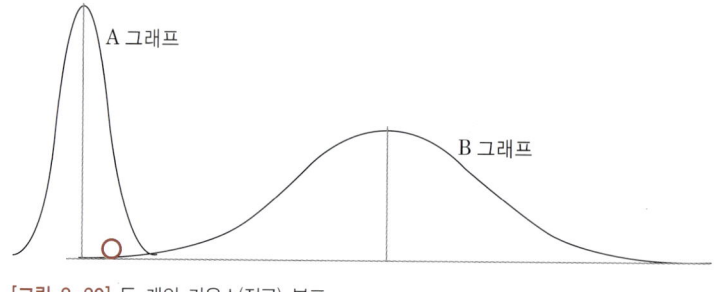

[그림 8-20] 두 개의 가우스(정규) 분포

예를 들어, 동전 두 개가 있는데 하나는 약간 구부러진 동전(A)이고, 또 하나는 정상적인 동전(B)이다. 각 게임마다 10번씩 동전을 던지고 앞면(H)이 나온 경우와 뒷면(T)이 나온 경우를 기록한 데이터가 [표 8-3]과 같다고 하자.

[표 8-3] 동전 던지기 게임 결과(각 게임당 동전 10번씩 던진 결과)

구분	앞면(H)	뒤면(T)
게임1	6	4
게임2	5	5
게임3	9	1
게임4	8	2
게임5	4	6

각 게임마다 어떤 동전을 사용했는지 모른다. 이 상황에서 각 게임마다 어떤 동전을 통해서 수행된 것인지 알아보자. 여기서 동전(A)에서 앞면이 나올 확률을 0.6(pA = 0.6), 동전(B)에서 앞면이 나올 확률을 0.5(pB = 0.5)라고 가정하자.

[표 8-3]에서 〈게임3〉을 예로 설명하면 동전(A)를 선택했을 때 pA = 0.6이고 동전 앞면(H)이 9회, 동전 뒤면(T)이 1회 이였으므로 다음과 같다.

$$\text{동전}(A) \text{ 사용했을 확률} = (0.6)^9 \times (1-0.6)^1 = 0.004031078$$

동전(B)를 선택했을 때 pB = 0.5이고 동전 앞면(H)이 9회, 동전 뒤면(T)이 1회 이였으므로 다음과 같다.

$$\text{동전}(B) \text{ 사용했을 확률} = (0.5)^9 \times (1-0.5)^1 = 0.0009765625$$

〈게임3〉 예에서 동전(A)를 사용했을 확률(≈ 0.00403)이 동전(B)를 사용했을 확률(≈ 0.00098) 보다 약 4배 정도 높다는 것이다.

[표 8-4]는 각 게임에 대해서 선택된 동전이 A라고 가정할 때와 B라고 가정할 때의 확률 계산 결과다.

[표 8-4] 각 게임마다 동전 A, B를 선택했을 확률 계산 결과

구분	동전(A) 선택	동전(B) 선택
게임1	0.001194394	0.0009765625
게임2	0.0007962624	0.0009765625
게임3	0.004031078	0.0009765625
게임4	0.002687386	0.0009765625
게임5	0.0005308416	0.0009765625

[표 8-5]는 각 게임마다 동전 A, B를 선택했을 확률의 정규화 결과다. 여기까지 작업을 기대값 단계(Expectation step)이라고 한다.

[표 8-5] 각 게임마다 동전 A, B를 선택했을 확률의 정규화 결과

구분	동전(A) 선택	동전(B) 선택	Sum	Norm pA	Norm pB
게임1	0.001194394	0.0009765625	0.002170956	0.5501694	0.4498306
게임2	0.0007962624	0.0009765625	0.001772825	0.4491489	0.5508511
게임3	0.004031078	0.0009765625	0.005007641	0.8049855	0.1950145
게임4	0.002687386	0.0009765625	0.003663948	0.7334672	0.2665328
게임5	0.0005308416	0.0009765625	0.001507404	0.3521561	0.6478439

〈게임3〉을 예로 설명하면 동전(A)를 선택했을 확률(≈ 0.00403)과 동전(B)를 선택했을 확률(≈ 0.00098)이므로 Sum은 다음과 같다.

$$Sum = 동전(A) \text{ 선택했을 확률} + 동전(A) \text{ 선택했을 확률}$$
$$= 0.004031078 + 0.0009765625 = 0.005007641$$

동전(A)를 선택했을 확률의 정규화 결과 Norm pA는 다음과 같다.

$$Norm\ pA = \frac{동전(A) \text{ 선택했을 확률}}{Sum} = \frac{0.004031078}{0.005007641} = 0.8049855$$

동전(B)를 선택했을 확률의 정규화 결과 Norm pB는 다음과 같다.

$$Norm\ pB = \frac{동전(B) \text{ 선택했을 확률}}{Sum} = \frac{0.0009765625}{0.005007641} = 0.1950145$$

[표 8-6]은 각 게임마다 동전 A, B의 기대값 횟수(Expected Count) 결과다. Normalized pA와 Normalized pB 확률을 각 게임마다 동전의 앞면과 뒷면이 나온 횟수에 곱해주면 된다.

[표 8-6] 각 게임마다 동전 A, B의 기대값 횟수 결과

구분	Expected 동전(A) 앞면	Expected 동전(A) 뒷면	Expected 동전(B) 앞면	Expected 동전(B) 뒷면
게임1	3.301016	2.200678	2.698984	1.799322
게임2	2.245745	2.245745	2.754255	2.754255
게임3	7.24487	0.8049855	1.75513	0.1950145
게임4	5.867737	1.466934	2.132263	0.5330657
게임5	1.408625	2.112937	2.591375	3.887063
Sum	20.06799	8.831279	11.93201	9.16872

〈게임3〉을 예로 설명하면 Normalized pA 확률을 동전(A)의 앞면이 나온 횟수(9)에 곱하여 expected count를 구한 결과는 다음과 같다.

$$\text{Expected 동전(A) 앞면} = Normalized\ pA \times 9 = 0.8049855 \times 9 = 7.24487$$

Normalized pA 확률을 동전(A)의 뒷면이 나온 횟수(1)에 곱하여 expected count를 구한 결과는 다음과 같다.

$$\text{Expected 동전(A) 뒷면} = Normalized\ pA \times 1 = 0.8049855 \times 1 = 0.8049855$$

[표 8-6]의 Sum 값을 이용해 새로운 확률을 $\widehat{pA}$, $\widehat{pB}$를 구할 수 있다 다음은 동전(A)를 던져서 앞면이 나올 확률이다.

$$\widehat{pA} = \frac{20.06799}{20.06799 + 8.831279} = 0.6944117$$

다음은 동전(B)를 던져서 앞면이 나올 확률이다.

$$\widehat{pB} = \frac{11.93201}{11.93201 + 9.16872} = 0.551917$$

위의 결과에서 동전(A)를 던져서 앞면이 나올 확률이 0.6에서 0.69로 증가하였고, 동전(B)를 던져서 앞면이 나올 확률이 0.5에서 0.55로 증가하였다. 여기까지의 작업을 최대화 단계(Maximization step)라고 한다. 이제 해야 할 일은 이 새로운 확률을 가지고 반복하는 것이다. 이 작업을 반복해주면 pA와 pB 값이 특정 값에 고정된다. 그때까지 반복해주면 된다.

정규 혼합분포의 추정과 군집화에 사용되는 R의 패키지는 mixtools, mclust, nor1mix, HDclassif, EMcluster 등이 있다.

8.1.3.2 혼합분포 군집분석 예제(normalmixEM() 함수)

다음은 mixtools 패키지의 normalmixEM() 함수로 faithful 자료를 이용해 혼합분포 군집을 수행한 예제다.

(1) mixtools 패키지와 faithful 데이터 읽어오기

```
> library(mixtools)
> data("faithful")
> str(faithful)
'data.frame':    272 obs. of  2 variables:
 $ eruptions: num  3.6 1.8 3.33 2.28 4.53 ...
 $ waiting  : num  79 54 74 62 85 55 88 85 51 85 ...
> head(faithful)
  eruptions waiting
1     3.600      79
2     1.800      54
3     3.333      74
4     2.283      62
5     4.533      85
6     2.883      55
```

faithful 데이터는 2개 변수와 272개의 관측값이 존재하는 것을 볼 수 있다. faithful 자료는 미국의 올드 페이스풀 간헐천의 분출 간의 시간에 대한 자료다.

(2) faithful 자료의 다음 분출까지의 대기 시간(분)에 대한 히스토그램 그리기

```
> hist(faithful$waiting, main = "Time between Old Faithful eruptions",
+      xlab = "Minutes", ylab = "Frequency",
+      cex.main = 1.5, cex.lab = 1.5, cex.axis = 1.4)
```

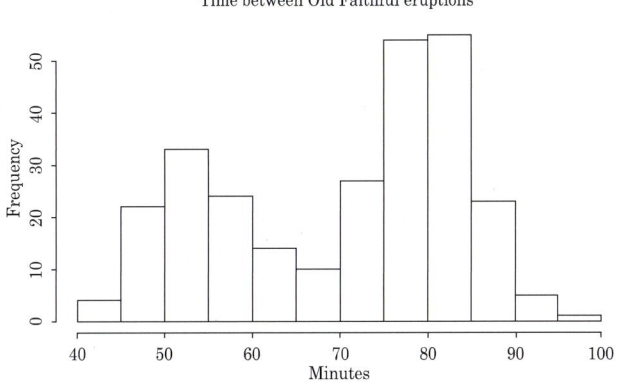

[그림 8-21] 다음 분출까지의 대기 시간(분) 히스토그램

분석 결과 75분~85분 사이의 빈도가 가장 많이 분포된 것을 볼 수 있다.

(3) EM 알고리즘을 이용한 정규혼합분포의 모델 생성 및 추정 결과 확인하기

```
> em.fit <- normalmixEM(faithful$waiting, lambda = .5, mu = c(55, 80), sigma = 5)
> summary(em.fit)
summary of normalmixEM object:
          comp 1    comp 2
lambda   0.36085   0.63915
mu      54.61364  80.09031
sigma    5.86909   5.86909
loglik at estimate:  -1034.002
```

분석 결과 로그 가능도 추정(Log-likelihood estimation) 값은 −1034.002인 것을 알 수 있다.

(4) 적합된 모델의 추가적인 정보 확인하기

```
> ls(em.fit)
[1] "all.loglik" "ft"         "lambda"    "loglik"    "mu"
[6] "posterior"  "restarts"   "sigma"     "x"
> em.fit$all.loglik
[1] -1051.090 -1034.168 -1034.013 -1034.003 -1034.002 -1034.002
[7] -1034.002 -1034.002 -1034.002 -1034.002
```

적합된 모델에서 $all.loglik 값은 각 반복의 로그 가능도 추정값을 볼 수 있고, 5번째부터 로그 가능도 추정값이 최대로 유지되는 것을 알 수 있다.

(5) 추정된 정규혼합분표 시각화하기

```
> par(mfrow = c(1, 2))
> plot(em.fit, density = TRUE, cex.axis = 1.4, cex.lab = 1.4, cex.main = 1.8,
+      main2 = "Time between Old Faithful eruptions", xlab2 = "Minutes")
> par(mfrow = c(1, 1))
```

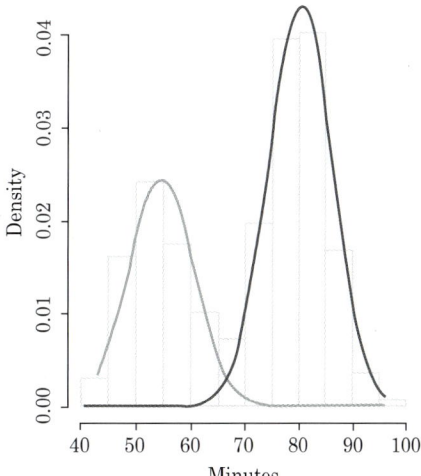

[그림 8-22] 추정된 정규혼합분포 결과 그래프

분석 결과 로그 가능도 추정값은 5번째 이후 최대로 유지되는 것을 볼 수 있다.

8.1.3.3 혼합분포 군집분석 예제(Mclust() 함수)

다음은 mclust 패키지의 Mclust() 함수로 iris 자료를 이용해 혼합분포 군집분석을 수행하는 예제다.

(1) iris 데이터를 훈련용 데이터(80%)와 테스트 데이터(20%)로 분리하기

```
> data("iris")
> library(caret)
> parts <- createDataPartition(iris$Species, p = 0.8)
> iris.train <- iris[parts$Resample1, ]
> table(iris.train$Species)
setosa versicolor  virginica
    40         40         40
> iris.test <- iris[-parts$Resample1, ]
> table(iris.test$Species)
setosa versicolor  virginica
    10         10         10
```

데이터 분할 시 createDataPartition() 함수를 사용하면 반응변수(Species) 값의 비율이 원본 데이터와 같게 유지되는 것을 알 수 있다.

(2) 정규혼합분포 모델 생성하기

```
> library(mclust)
> mc.fit <- Mclust(iris.train[, 1:4], G = 3)
```

Mclust() 함수는 정규혼합분포 모델을 생성한다.

(3) 적합된 모델의 추가적인 정보 확인하기

```
> ls(mc.fit)
 [1] "bic"         "BIC"          "call"         "classification"
 [5] "d"           "data"         "df"           "G"
 [9] "hypvol"      "loglik"       "modelName"    "n"
[13] "parameters"  "uncertainty"  "z"
> mc.fit$classification
 1  2  3  5  6  7  8  9 10 12 13 14 15 17 18 19 20 21
 1  1  1  1  1  1  1  1  1  1  1  1  1  1  1  1  1  1
 ...
```

적합된 모델에서 $classification 속성은 각 개체가 어느 그룹으로 분류되었는지 확인할 수 있다.

(4) 적합된 결과 확인하기

```
> summary(mc.fit, parameters = TRUE)
----------------------------------------------------
 Gaussian finite mixture model fitted by EM algorithm
----------------------------------------------------

Mclust VEV (ellipsoidal, equal shape) model with 3 components:

 log.likelihood   n  df      BIC       ICL
      -186.074  150  38  -562.5522  -566.4673

Clustering table:
 1  2  3
50 45 55

Mixing probabilities:
        1         2         3
0.3333333 0.3005423 0.3661243
```

Means:
```
                [,1]      [,2]      [,3]
Sepal.Length   5.006   5.915044  6.546807
Sepal.Width    3.428   2.777451  2.949613
Petal.Length   1.462   4.204002  5.482252
Petal.Width    0.246   1.298935  1.985523
```

Variances:
```
[, , 1]
              Sepal.Length  Sepal.Width  Petal.Length  Petal.Width
Sepal.Length   0.13320850   0.10938369   0.019191764   0.011585649
Sepal.Width    0.10938369   0.15495369   0.012096999   0.010010130
Petal.Length   0.01919176   0.01209700   0.028275400   0.005818274
Petal.Width    0.01158565   0.01001013   0.005818274   0.010695632
[, , 2]
              Sepal.Length  Sepal.Width  Petal.Length  Petal.Width
Sepal.Length   0.22572159   0.07613348   0.14689934   0.04335826
Sepal.Width    0.07613348   0.08024338   0.07372331   0.03435893
Petal.Length   0.14689934   0.07372331   0.16613979   0.04953078
Petal.Width    0.04335826   0.03435893   0.04953078   0.03338619
[, , 3]
              Sepal.Length  Sepal.Width  Petal.Length  Petal.Width
Sepal.Length   0.42943106   0.10784274   0.33452389   0.06538369
Sepal.Width    0.10784274   0.11596343   0.08905176   0.06134034
Petal.Length   0.33452389   0.08905176   0.36422115   0.08706895
Petal.Width    0.06538369   0.06134034   0.08706895   0.08663823
```

분석 결과 3개로 군집되고, 군집 1은 50개, 2는 45개, 3은 55개로 군집된 것을 볼 수 있다.

(5) 적합된 결과 시각화하기

```
> plot.Mclust(mc.fit)
1: BIC
2: classification
3: uncertainty
4: density

선택: 2
```

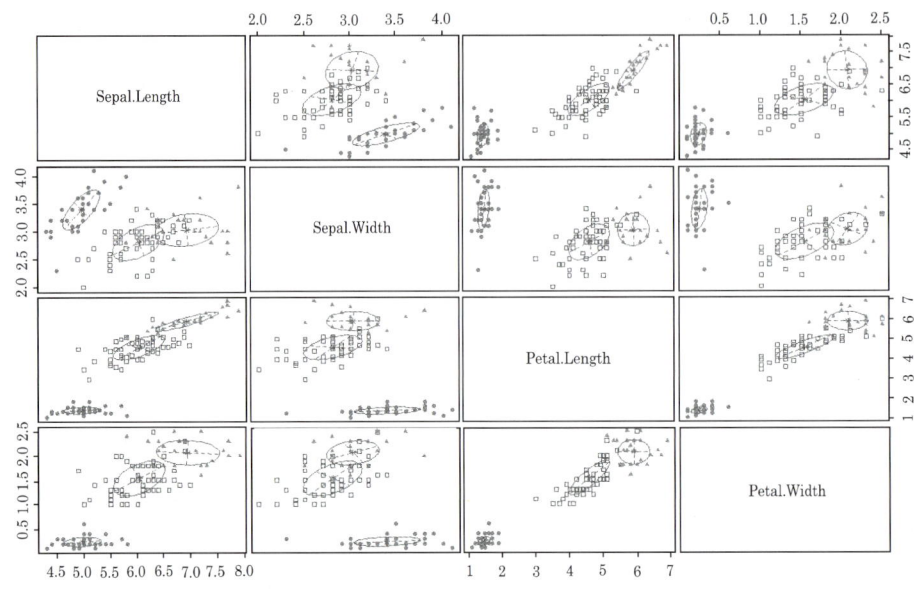

[그림 8-23] 적합된 결과 그래프

plot.Mclust() 함수는 적합된 혼합분포 결과를 시각화한다. 시각화에는 BIC, classification, uncertainty, density 중 선택하여 도식화할 수 있다.

(6) 테스트 데이터로 모델 성능 평가하기

```
> mc.pred <- predict(mc.fit, newdata = iris.test[, 1:4])
> mc.tb <- table(mc.pred$classification, iris.test$Species)
> mc.tb
    setosa  versicolor  virginica
1     10         0          0
2      0        10          2
3      0         0          8
> mean(as.integer(iris.test$Species) == mc.pred$classification)    # Accuracy
[1] 0.9333333
> (1-sum(diag(mc.tb))/sum(mc.tb))                                  # Error Rate
[1] 0.06666667
```

분석 결과 정오분류표(Confusion Matrix)를 보면 setosa는 10개 모두, versicolor는 10개 모두, virginica는 10개 중 8개가 잘 군집된 것을 볼 수 있다. 정분류율(Accuracy)은 약 0.933이고, 오분류율(Error Rate)은 약 0.067이다.

8.1.4 SOM 군집분석

자기조직화지도(Self-Organizing Map, SOM) 알고리즘은 코호넨(Kohonen, Teuvo)에 의해 제시 개발되었으며 코호넨 맵(Kohonen Map or Kohonen network)이라고도 알려져 있다(Kohonen, 1982). SOM은 비지도 신경망으로 고차원의 데이터를 이해하기 쉬운 저차원의 뉴런으로 정렬하여 지도의 형태로 형상화한다.

이러한 형상화는 입력변수의 위치관계를 그대로 보존한다는 특징이 있다. 다시 말해 실제 공간의 입력변수가 가까이 있으면 지도상에서도 가까운 위치에 있게 된다.

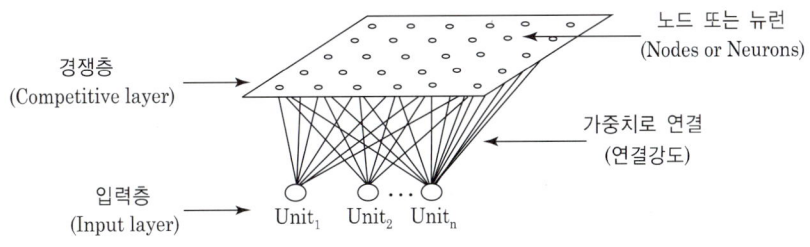

[그림 8-24] 코호넨 네트워크

SOM 모델은 [그림 8-24]에서 보듯 두 개의 인공신경망 층으로 구성되어 있다. 입력층(입력 벡터를 받는 층)은 입력변수의 개수와 동일하게 뉴런 수가 존재하고, 이 자료는 학습을 통하여 경쟁층에 정렬되는데 이를 지도(Map)라 부른다. 입력층의 각각 뉴런은 경쟁층에 있는 각각의 뉴런들과 연결되어 있으며 이를 완전 연결(Fully connected)되어 있다고 한다.

경쟁층은 2차원 격자(Two-dimensional grid)로 구성되어 있으며 입력 벡터의 특성에 따라 벡터가 한 점으로 클러스터링(Clustering) 되는 층이다.

입력층의 데이터 집합으로부터 하나의 표본 벡터(Sample vector) X가 임의로 선택되었을 때 프로토타입 벡터(Prototype vector, 경쟁층의 각 뉴런을 의미)와의 거리를 유클리드 거리 함수로 계산하여 비교한다.

입력층의 표본 벡터에 가장 가까운 프로토타입 벡터를 선택하여 Best Matching Unit(BMU)라고 하며, 코호넨의 승자 독점의 학습 규칙에 따라 BMU 뿐만 아니라 위상학적 이웃(Topological neighbors)에 대한 연결 강도를 조정한다.

SOM은 경쟁학습으로 각각의 뉴런이 입력 벡터와 얼마나 가까운가를 계산하여 연결 강도(Connection weight)를 반복적으로 재조정하여 학습한다. 연결 강도는 입력 패턴과 가장 유사한 경쟁층 뉴런이 승자가 된다. 승자 독식 구조로 인해 경쟁층에는 승자 뉴런만이 나타나며 승자와 유사한 연결 강도를 갖는 입력 패턴이 동일한 경쟁 뉴런으로 배열된다.

SOM의 특징을 살펴보면,

- 역전파(Back propagation) 알고리즘 등을 이용하는 인공신경망과 달리 단 하나의 전방 패스(Feed-forward flow)를 사용함으로써 수행 속도가 매우 빠르다. 따라서 잠재적으로 실시간 학습처리를 할 수 있는 모델이다.
- 고차원의 데이터를 저차원의 지도 형태로 형상화하므로 시각적으로 이해하기 쉽다.
- 입력변수의 위치관계를 그대로 보존하기 때문에 실제 데이터가 유사하면 지도상에 가깝게 표현된다.
- SOM 알고리즘을 이용한 다양한 연구가 진행되고 있으며 패턴 발견, 이미지 분석 등에서 뛰어난 성능을 보인다.

다음의 [표 8-7]은 SOM과 인공신경망 모델의 비교다.

[표 8-7] SOM과 인공신경망 모델의 비교

구 분	SOM 모델	인공신경망 모델
기계학습 방법의 분류	비지도학습	지도학습
학습 방법	경쟁학습방법	오차역전파법
구 성	입력층, 2차원 격자 형태의 경쟁층	입력층, 은닉층, 출력층

8.1.5 SOM 군집분석 예제

다음은 kohonen 패키지의 som() 함수로 rattle 패키지의 wine 자료를 이용해 SOM 군집분석을 수행하는 예제다. wine 자료는 이탈리아의 피에몬테(Piedmont)의 같은 지역에서 재배된 포도의 세 가지 품종(Nebbiolo, Barberas, Grignolino)에서 파생된 와인에 대한 화학적 분석 결과다.

(1) rattle 패키지의 wine 데이터 읽어오기

```
> data(wine, package = "rattle")
> str(wine)
'data.frame'       : 178 obs. of  14 variables:
 $ Type            : Factor w/ 3 levels "1","2","3": 1 1 1 1 1 1 1 1 1 1 ...
 $ Alcohol         : num 14.2 13.2 13.2 14.4 13.2 ...
 $ Malic           : num 1.71 1.78 2.36 1.95 2.59 1.76 1.87 2.15 1.64 1.35 ...
 $ Ash             : num 2.43 2.14 2.67 2.5 2.87 2.45 2.45 2.61 2.17 2.27 ...
 $ Alcalinity      : num 15.6 11.2 18.6 16.8 21 15.2 14.6 17.6 14 16 ...
 $ Magnesium       : int 127 100 101 113 118 112 96 121 97 98 ...
 $ Phenols         : num 2.8 2.65 2.8 3.85 2.8 3.27 2.5 2.6 2.8 2.98 ...
 $ Flavanoids      : num 3.06 2.76 3.24 3.49 2.69 3.39 2.52 2.51 2.98 3.15 ...
 $ Nonflavanoids   : num 0.28 0.26 0.3 0.24 0.39 0.34 0.3 0.31 0.29 0.22 ...
 $ Proanthocyanins : num 2.29 1.28 2.81 2.18 1.82 1.97 1.98 1.25 1.98 1.85 ...
 $ Color           : num 5.64 4.38 5.68 7.8 4.32 6.75 5.25 5.05 5.2 7.22 ...
 $ Hue             : num 1.04 1.05 1.03 0.86 1.04 1.05 1.02 1.06 1.08 1.01 ...
```

```
$ Dilution           : num  3.92 3.4 3.17 3.45 2.93 2.85 3.58 3.58 2.85 3.55 ...
$ Proline            : int  1065 1050 1185 1480 735 1450 1290 1295 1045 1045 ...
> table(wine$Type)

 1  2  3
59 71 48
```

wine 데이터는 14개 변수와 178개의 관측값이 존재하는 것을 볼 수 있다. 반응변수(Type)는 1, 2, 3 세 가지 범주로 분류된다. 반응변수의 분할표를 보면 1은 59개, 2는 71개, 3은 48개인 것을 볼 수 있다. 데이터 구조를 확인한 결과 변수의 측정 단위(또는 범위)가 매우 상이한 것을 알 수 있다.

(2) wine 데이터를 훈련용 데이터(80%)와 테스트 데이터(20%)로 분리하기

```
> library(caret)
> parts <- createDataPartition(wine$Type, p = 0.8)
> wine.train <- wine[parts$Resample1, ]
> table(wine.train$Type)

 1  2  3
48 57 39
> wine.test <- wine[-parts$Resample1, ]
> table(wine.test$Type)

 1  2  3
11 14  9
```

데이터 분할 시 createDataPartition() 함수를 사용하면 반응변수(Type) 값의 비율이 원본 데이터와 같게 유지되는 것을 알 수 있다.

(3) 훈련용 데이터로 3개 군집의 SOM 군집분석 모델 생성하기

```
> library(kohonen)
> set.seed(123)
> som.fit <- som(scale(wine.train[-1]),
+                grid = somgrid(3, 1, "hexagonal"),
+                rlen =100,
+                alpha = c(0.05, 0.01))
> summary(som.fit)
SOM of size 3x1 with a hexagonal topology and a bubble neighbourhood function.
The number of data layers is 1.
Distance measure(s) used: sumofsquares.
Training data included: 144 objects.
Mean distance to the closest unit in the map: 7.192.
```

설명변수의 측정 단위(또는 범위) 편차를 없애기 위해 데이터를 표준화한다. som() 함수는 군집분석 모델을 생성한다. 인자 rlen = 100는 100번 학습하는 것을 의미한다.

(4) 군집분석 결과 시각화하기

```
> plot(som.fit, type = "codes")
```

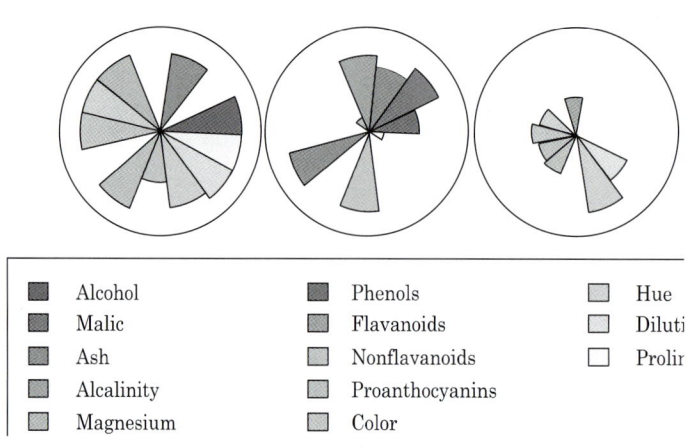

[그림 8-25] SOM 군집분석 결과 그래프

(5) 적합된 모델 추가적인 정보 확인하기

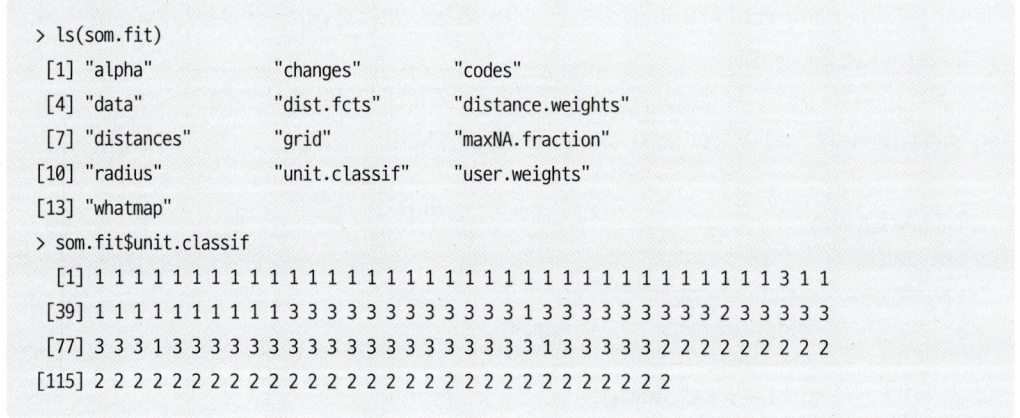

적합된 모델에서 승자 유니트는 $unit.classif 속성값에서 확인할 수 있다.

(6) 데이터가 학습되는 동안 유사도의 변화 그래프(왼쪽 100번, 오른쪽 500번 학습한 결과)

```
> som.fit1 <- som(scale(wine.train[-1]), grid = somgrid(3, 1, "hexagonal"),
+                 rlen = 100, alpha = c(0.05, 0.01))
> som.fit2 <- som(scale(wine.train[-1]), grid = somgrid(3, 1, "hexagonal"),
+                 rlen = 500, alpha = c(0.05, 0.01))
> par(mfrow = c(1, 2))
> plot(som.fit1, type = "changes", main = "Wine data: SOM(Learning no = 100)")
> plot(som.fit2, type = "changes", main = "Wine data: SOM(Learning no = 500)")
> par(mfrow = c(1, 1))
```

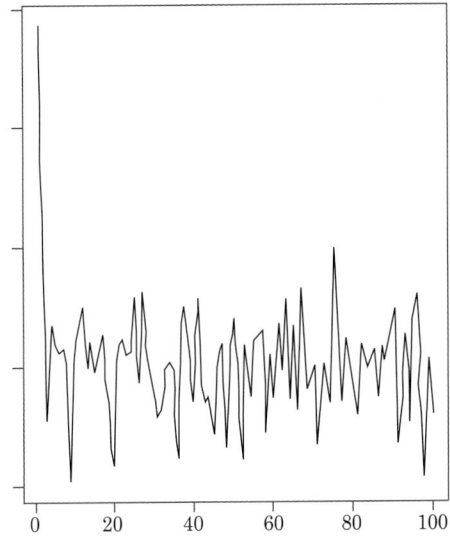
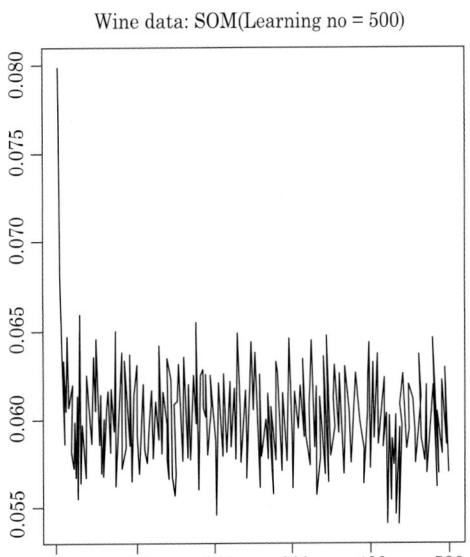

[그림 8-26] 데이터가 학습되는 동안 유사도의 변화 그래프

위의 좌측 그래프는 100번 학습한 결과이고, 오른쪽은 500번 학습한 결과다. 우측 그래프가 좀 더 규칙적인 패턴을 보이는 것을 알 수 있다.

(7) 테스트 데이터로 모델의 예측된 분류 생성하기

```
> pred.som <- predict(som.fit, newdata = scale(wine.test[-1]))
```

설명변수의 측정 단위(또는 범위) 편차를 없애기 위해 데이터를 표준화하여 적용한다.

(8) 예측 군집 결과의 승자 유니트 값을 테스트 데이터 속성(cluster)에 추가하기

```
> wine.test$cluster <- pred.som$unit.classif
> aggregate(wine.test,
+           by = list(cluster = wine.test$cluster, Type = wine.test$Type), NROW)
  cluster Type Type Alcohol Malic Ash Alcalinity Magnesium Phenols Flavanoids
1       1    1    1      10    10  10         10        10      10         10
2       3    1    1       1     1   1          1         1       1          1
3       1    2    1       1     1   1          1         1       1          1
4       3    2   13      13    13  13         13        13      13         13
5       2    3    9       9     9   9          9         9       9          9
  Nonflavanoids Proanthocyanins Color Hue Dilution Proline cluster
1            10              10    10  10       10      10      10
2             1               1     1   1        1       1       1
3             1               1     1   1        1       1       1
4            13              13    13  13       13      13      13
5             9               9     9   9        9       9      9t
```

실행 결과 반응변수 Type 1은 cluster 1로 10개, 3으로 1개 군집, Type 2는 cluster 1로 1개, 3으로 13개 군집, Type 3은 cluster 2로 9개 군집된 것을 볼 수 있다.

(9) 모델 성능 평가하기

```
> wine.test$Type2 <- ifelse(wine.test$Type == "1", 1,
+                           ifelse(wine.test$Type == "2", 3, 2))
> som.tb <- table(wine.test$Type2, wine.test$cluster)
> som.tb
   1  2  3
1 10  0  1
2  0  9  0
3  1  0 13
> mean(wine.test$Type2 == wine.test$cluster)
[1] 0.9411765
> (1-sum(diag(som.tb))/sum(som.tb))
[1] 0.05882353
```

모델 성능 평가를 위해 데이터의 반응변수(Type)가 1인 경우 1로, 2인 경우 3으로, 3인 경우 2로 변경한다. 분석 결과 정오분류표(Confusion Matrix)를 보면 반응변수 Type 1은 11개 중 10개, 2는 9개 모두, 3은 14개 중 13개가 잘 군집된 것을 볼 수 있다. 정분류율(Accuracy)은 약 0.941이고, 오분류율(Error Rate)은 약 0.059이다.

8.2 연관분석

> 연관규칙분석, 지지도, 신뢰도, 향상도, 순차 패턴분석

- ✓ **연관규칙분석**은 기업의 데이터베이스에서 상품구매, 서비스 등 일련의 거래 또는 사건 간의 규칙을 찾아내는 것이며 그래서 흔히 장바구니분석이라고 불린다. 연관규칙분석은 기업의 활동 중에서도 마케팅 분야에서 가장 많이 사용된다.

- ✓ **지지도**는 전체 거래 중에서 품목(Item) A와 B가 동시에 포함되는 거래의 비율이다. 즉, 얼마나 빈번하게 나타나는 경우인지를 설명하는 상대적인 값이다.

- ✓ **신뢰도**는 품목(Item) A가 포함된 거래 중에서 품목A, B를 동시에 포함될 확률이다. 이는 연관성의 정도를 파악할 수 있다.

- ✓ **향상도**는 품목A가 구매되지 않았을 때 품목B를 구매한 고객 대비 품목A를 구매한 후 품목B를 구매하는 고객에 대한 확률 증가 비율이다.

- ✓ **순차패턴분석**은 구매순서가 고려되어 상품 간의 규칙(시간/순서에 따른 사건의 규칙)을 찾는 기법이다.

8.2.1 연관규칙분석

연관규칙분석(Association Rule Analysis)은 흔히 장바구니분석(Market Basket Analysis)이라고 불린다. 연관규칙분석은 기업의 데이터베이스에서 상품구매, 서비스 등 일련의 거래 또는 사건 간의 규칙을 찾아내는 것이며 기업의 활동 중에서도 마케팅 분야에서 가장 많이 사용된다.

예를 들어, 고객의 대규모 거래 데이터로부터 함께 구매가 발생하는 규칙(A제품과 B제품을 동시에 구매하는 경우)을 도출하여 고객이 특정 상품 구매 시 이와 연관성 높은 상품을 추천할 수 있다.

연관성규칙의 일반적인 형태는 조건과 반응(if-then)이다. 연관규칙은 "If-A then B(만일 A가 일어나면 B가 일어난다)"와 같은 형식으로 표현되며 특정 사건이 발생하였을 때 함께(빈번하게) 발생하는 또 다른 사건의 규칙이다.

다음은 어느 카페의 거래 데이터의 일부이고 거래내역이 주어지면 동시 구매교차표를 작성할 수 있다.

거래번호	품목
3412	아메리카노
	아이스 카페모카
	허니브래드
	블루베리 케이크
	치즈 케이크
3413	카라멜 마끼야또
	브라우니
	크림치즈 베이글
3414	아메리카노
	탄산수
	클렌베리 치킨 샌드위치
3415	아메리카노
	카라멜 마끼야또
	허니브래드

	A	B	C	D	E	F	G	H	I	J
A	3	1	1	1	2	1	1	0	0	1
B	1	2	0	0	1	0	0	1	1	0
C	1	0	1	0	1	1	1	0	0	0
D	1	0	0	1	0	0	0	0	0	1
E	2	1	1	0	2	1	1	0	0	0
F	1	0	1	0	1	1	1	0	0	0
G	1	0	1	0	1	1	1	0	0	0
H	0	1	0	0	0	0	0	1	1	0
I	0	1	0	0	0	0	0	1	1	0
J	1	0	0	1	0	0	0	0	0	1

A : 아메리카노,   B : 카라멜 마끼야또,   C : 아이스 카페모카
D : 탄산수,   E : 허니브래드,   F : 블루베리 케이크
G : 치즈 케이크, H : 크림치즈 베이글,   I : 브라우니
J : 클렌베리 치킨 샌드위치

[그림 8-27] 차 거래 데이터 동시 구매교차표(출처: 한국데이터진흥원, 2018)

[그림 8-27]에서 거래번호는 한 고객이 구매한 품목이며, 이러한 구매품목이 쌓이면 자연스럽게 '어느 고객이 어떤 품목을 같이 구매할까?'에 대한 궁금증이 생기게 된다. 연관분석은 이러한 경우의 궁금증을 해결하기 위해 사용된다. 연관분석을 통해 품목 간의 연관규칙을 파악하면 세트메뉴를 구성하거나 쿠폰을 발행하는 등의 교차판매(Cross Selling)를 할 때 매우 효과적이다.

[그림 8-27]의 데이터를 이용해 분석한 결과 '아메리카노를 마시는 손님 중 약 33%가 치즈케이크를 먹는다.' 등과 같은 연관규칙을 발견할 수 있다. 이것은 연관성규칙의 일반적인 형태다.

연관규칙분석을 통해 도출된 연관규칙이 유의미한 것인지 평가하기 위한 측도에는 지지도(Support), 신뢰도(Confidence), 향상도(Lift)의 측정지표를 활용한다(Wikipedia, "Association Rule Learning" 참조).

- 지지도

전체 거래 중에서 품목(Item) A와 B가 동시에 포함되는 거래의 비율이다. 즉, 얼마나 빈번하게 나타나는 경우인지를 설명하는 상대적인 값이다.

$$지지도 = P(A \cap B) = \frac{\text{A와 B가 동시에 포함된 거래수}}{\text{전체 거래수}}$$

- 신뢰도

품목A가 포함된 거래 중에서 품목A, B가 동시에 포함될 확률이다. 이는 연관성의 정도를 파악할 수 있다.

$$신뢰도 = \frac{P(A \cap B)}{P(A)} = \frac{\text{A와 B가 동시에 포함된 거래수}}{\text{A를 포함한 거래수}}$$

품목A를 구매한 고객이 품목B를 산 비율로 A ⇨ B를 표현하며, 이는 조건부 확률로 "품목A를 구매한 사람이 품목B도 구매하더라."라고 말할 수 있는 확률이다.

- 향상도

품목A가 구매되지 않았을 때 품목B를 구매한 고객 대비 품목A를 구매한 후 품목B를 구매하는 고객에 대한 확률 증가 비율이다. 다른 말로 표현하자면, 향상도가 1보다 크거나(양의 상관관계) 작다면(음의 상관관계), 우연적 기회(Random Chance)보다 우수함을 의미한다(품목A와 품목B가 서로 독립이면 향상도 = 1).

$$향상도 = \frac{P(B|A)}{P(B)} = \frac{P(A \cap B)}{P(A)P(B)} = \frac{\text{A와 B를 포함하는 거래수}}{\text{A를 포함한 거래수} \times \text{B를 포함한 거래수}}$$

다음은 차 거래내역을 이용하여 상대도수, 지지도, 신뢰도, 향상도를 구하는 예다.

[표 8-8] 차 거래내역의 상대도수

품목	거래수	품목이 포함된 거래수	상대도수
옥수수차	200	200 + 500 + 300 + 100 = 1100	75.86%
둥글레차	100	100 + 500 + 200 + 100 = 900	62.07%
율무차	50	50 + 300 + 200 + 100 = 650	44.83%
{옥수수차, 둥글레차}	500	500 + 100 = 600	41.38%
{옥수수차, 율무차}	300	300 + 100 = 400	27.59%
{둥글레차, 율무차}	200	200 + 100 = 300	20.69%
{옥수수차, 둥글레차, 율무차}	100	100	6.90%
전체 거래수	1450		

[표 8-9] 차 거래내역의 지지도, 신뢰도, 향상도

품목	지지도			신뢰도	향상도
	P(A∩B)	P(A)	P(B)	P(A∩B)/P(A)	P(A∩B)/P(A) x P(B)
옥수수차 ⇨ 둥글레차	41.38%	75.86%	62.07%	54.55%	87.88%
둥글레차 ⇨ 옥수수차	41.38%	62.07%	75.86%	66.67%	87.88%
율무차 ⇨ 둥글레차	20.69%	44.83%	62.07%	46.15%	74.35%
둥글레차 ⇨ 율무차	20.69%	62.07%	44.83%	33.33%	74.35%
옥수수차 ⇨ 율무차	27.59%	75.86%	44.83%	36.37%	81.13%
율무차 ⇨ 옥수수차	27.59%	44.83%	75.86%	61.54%	81.13%
{둥글레차, 율무차} ⇨ 옥수수차	6.90%	20.69%	75.86%	33.35%	43.96%
{옥수수차, 율무차} ⇨ 둥글레차	6.90%	27.59%	62.07%	25.00%	40.29%
{옥수수차, 둥글레차} ⇨ 율무차	6.90%	41.38%	44.83%	16.67%	37.20%

[표 8-9]에서 향상도가 1(100%)을 초과하는 값이 없으므로 음의 상관관계임을 알 수 있다.

다음으로 연관분석 절차에 대해서 알아보자. 연관분석 절차는 최소지지도(Minimum Support)보다 큰 집합만을 대상으로 높은 지지도를 갖는 품목집합을 찾는 것이다. 최소지지도 이상을 갖는 품목집합을 빈발품목집합(Frequent Item Set)이라고 한다. 여기서 모든 품목집합에 대한 지지도를 계산하는 대신에 최소지지도 이상의 빈발품목집합을 찾아내는 연관규칙을 계산하는 것이 Apriori 알고리즘이다(Agrawai & Srikant, 1994).

지지도를 높은 값에서 낮은 값으로(10%, 5%, 1%, 0.1%) 낮추면서 실행해야 효율적이며, 처음부터 너무 낮은 최소지지도를 선정하는 것은 많은 리소스가 소모되므로 적절하지 않다.

Apriori 알고리즘의 분석 절차는 다음과 같다.

① 최소지지도를 설정
② 개별 품목 중에서 최소지지도를 넘는 모든 품목을 찾음
③ ②에서 찾은 개별 품목만을 이용하여 최소지지도를 넘는 2가지 품목집합을 찾음
④ 위의 두 절차에서 찾은 품목집합을 결합하여 최소지지도를 넘는 3가지 품목집합을 찾음
⑤ 반복적으로 수행해 최소지지도가 넘는 빈발품목집합을 찾음

다음은 연관분석의 장점과 단점의 비교다.

[표 8-10] 연관분석의 장·단점 비교

구 분	설 명
장 점	• 탐색적 기법으로 조건반응(if-then)으로 표현되는 연관분석의 결과를 이해하기 쉽다. • 강력한 비목적성 분석 기법으로 분석 방향이나 목적이 특별하게 없는 경우 목적변수가 없으므로 유용하다. • 사용이 편리한 분석 데이터의 형태로 거래 내용에 대한 데이터를 변환 없이 그 자체로 이용할 수 있는 간단한 자료구조를 갖는 분석 방법이다. • 분석을 위한 계산이 간단하다.
단 점	• 품목수가 증가하면 분석에 필요한 계산은 기하급수적으로 늘어난다. • 너무 세분화된 품목을 가지고 연관규칙을 찾으려고 하면 의미 없는 분석 결과가 나올 수도 있다. • 거래량이 적은 품목은 포함된 거래수가 적을 것이고, 규칙 발견 시 제외되기가 쉽다.

마지막으로 순차패턴분석과 비교해 보자.

순차패턴분석(Sequence Pattern Analysis)은 구매순서가 고려되어 상품 간의 규칙(시간/순서에 따른 사건의 규칙)을 찾는 기법이다. 이러한 규칙 발견을 위해서는 데이터에 각각의 고객으로부터 발생한 구매 시점에 대한 정보가 필요하다.

[표 8-11] 연관규칙분석과 순차패턴분석의 비교

구분	연관규칙분석	순차패턴분석
분석 주안점	What goes WITH what? (동시 발생 사건)	What goes AFTER what? (시간/순서에 따른 사건)
데이터 항목	거래 집합 셋	거래 집합 셋 Identity information, Timestamp (Sequence information)
유용성 평가척도	Support(지지도), Confidence(신뢰도), Lift(향상도)	Support(지지도)

연관규칙분석(장바구니분석)은 실시간 상품 추천을 통한 교차판매에 응용할 수 있고, 순차패턴분석은 품목A를 구매한 사람인데 품목B를 구매하지 않은 경우 상품 B를 추천하는 교차판매 캠페인에 유용하게 사용할 수 있다.

8.2.1.1 연관규칙분석 예제

다음은 arules 패키지의 Epub 자료로 연관규칙분석을 수행하는 예제다.

(1) arules 패키지와 Epub 데이터 읽어오기

```
> library(arules)
> data("Epub")
> summary(Epub)
transactions as itemMatrix in sparse format with
 15729 rows (elements/itemsets/transactions) and
 936 columns (items) and a density of 0.001758755

most frequent items:
doc_11d doc_813 doc_4c6 doc_955 doc_698 (Other)
    356     329     288     282     245    24393

element (itemset/transaction) length distribution:
  sizes
      1     2     3     4     5     6     7     8     9    10    11    12    13
  11615  2189   854   409   198   121    93    50    42    34    26    12    10
     14    15    16    17    18    19    20    21    22    23    24    25    26
     10     6     8     6     5     8     2     2     3     2     3     4     5
     27    28    30    34    36    38    41    43    52    58
      1     1     1     1     2     1     2     1     1     1
```

```
    Min.   1st Qu.  Median    Mean   3rd Qu.    Max.
   1.000    1.000   1.000    1.646    2.000   58.000

includes extended item information - examples:
   labels
1 doc_11d
2 doc_13d
3 doc_14c

includes extended transaction information - examples:
      transactionID        TimeStamp
10792  session_4795 2003-01-02 10:59:00
10793  session_4797 2003-01-02 21:46:01
10794  session_479a 2003-01-03 00:50:38
```

Epub 자료는 Vienna University of Economics and Business Administration(오스트리아에 있는 비엔나 경제/경영대학교)에서의 2003년부터 2008년까지 전자책 다운로드 이력, 거래 데이터다.

(2) inspect() 함수로 거래 데이터 10개만 출력하기

```
> inspect(Epub[1:10])
      items                    transactionID        TimeStamp
 [1]  {doc_154}                session_4795  2003-01-02 10:59:00
 [2]  {doc_3d6}                session_4797  2003-01-02 21:46:01
 [3]  {doc_16f}                session_479a  2003-01-03 00:50:38
 [4]  {doc_11d,doc_1a7,doc_f4} session_47b7  2003-01-03 08:55:50
 [5]  {doc_83}                 session_47bb  2003-01-03 11:27:44
 [6]  {doc_11d}                session_47c2  2003-01-04 00:18:04
 [7]  {doc_368}                session_47cb  2003-01-04 04:40:57
 [8]  {doc_11d,doc_192}        session_47d8  2003-01-04 09:00:01
 [9]  {doc_364}                session_47e2  2003-01-05 02:48:36
 [10] {doc_ec}                 session_47e7  2003-01-05 05:58:48
```

(3) itemFrequency() 함수를 이용해 10개 품목(Item)이 차지하는 비율 확인하기

```
> itemFrequency(Epub[, 1:10])
      doc_11d       doc_13d       doc_14c       doc_14e       doc_150       doc_151
   0.0226333524  0.0009536525  0.0024794965  0.0017801513  0.0015894208  0.0007629220
      doc_153       doc_154       doc_155       doc_156
   0.0006357683  0.0013351135  0.0010808062  0.0031152648
```

(4) itemFrequency() 함수를 이용해 지지도(Support) 1% 이상의 품목에 대해 막대 그래프 그리기

```
> itemFrequencyPlot(Epub, support = 0.01,
+                   main = "Item frequency plot above support 1%")
```

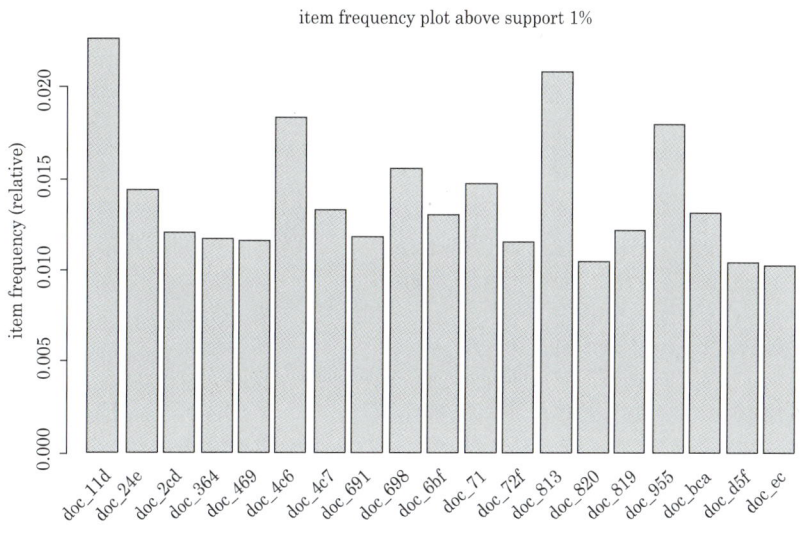

[그림 8-28] 지지도 1% 이상의 품목 막대 그래프

(5) itemFrequency() 함수를 이용해 지지도(Support) 상위 20개 품목에 대해 막대 그래프 그리기

```
> itemFrequencyPlot(Epub, topN = 20, main = "support top 20 items")
```

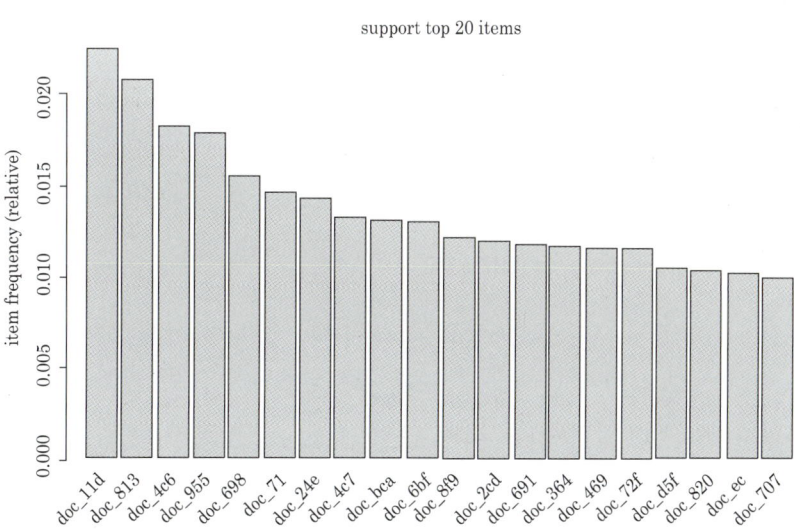

[그림 8-29] 지지도 상위 20개 막대 그래프

(6) 최소지지도 기준을 0.001로 연관규칙분석 수행하기

```
> Epub.rules <- apriori(data = Epub,
+                       parameter = list(support = 0.001, confidence = 0.20, minlen = 2))
Apriori

Parameter specification:
 confidence minval smax arem  aval originalSupport maxtime support minlen
        0.2    0.1    1 none FALSE            TRUE       5   0.001      2
 maxlen target   ext
     10  rules FALSE

Algorithmic control:
 filter tree heap memopt load sort verbose
    0.1 TRUE TRUE  FALSE TRUE    2    TRUE

Absolute minimum support count: 15

set item appearances ...[0 item(s)] done [0.00s].
set transactions ...[936 item(s), 15729 transaction(s)] done [0.01s].
sorting and recoding items ... [481 item(s)] done [0.00s].
creating transaction tree ... done [0.00s].
checking subsets of size 1 2 3 done [0.00s].
writing ... [65 rule(s)] done [0.00s].
creating S4 object  ... done [0.00s].
> Epub.rules
set of 65 rules
```

분석 결과 65개 규칙(Rule)으로 구성된 것을 볼 수 있다. apriori() 함수는 연관규칙분석을 수행한다.

(7) 연관규칙분석 결과 요약하기

```
> summary(Epub.rules)
set of 65 rules

rule length distribution (lhs + rhs):sizes
 2  3
62  3

   Min. 1st Qu. Median   Mean 3rd Qu.   Max.
  2.000   2.000  2.000  2.046   2.000  3.000
```

```
summary of quality measures:
      support            confidence           lift              count
 Min.   :0.001017   Min.    :0.2048    Min.    : 11.19    Min.    :16.00
 1st Qu.:0.001081   1st Qu. :0.2388    1st Qu. : 34.02    1st Qu. :17.00
 Median :0.001208   Median  :0.2874    Median  : 59.47    Median  :19.00
 Mean   :0.001435   Mean    :0.3571    Mean    :105.16    Mean    :22.57
 3rd Qu.:0.001526   3rd Qu. :0.3696    3rd Qu. :100.71    3rd Qu. :24.00
 Max.   :0.004069   Max.    :0.8947    Max.    :454.75    Max.    :64.00

mining info:
  data ntransactions support confidence
  Epub       15729    0.001      0.2
```

요약 결과 62개 규칙(Rule)이 2개 품목(Item)으로 이루어져 있고, 3개 규칙은 3개 품목으로 구성되어 있다. 향상도 최소값이 11.19로서 전반적으로 상당히 높은 것을 볼 수 있다.

(8) 향상도(Lift)를 기준으로 상위 10개 연관규칙을 정렬해 확인하기

```
> inspect(sort(Epub.rules, by = "lift")[1:10])
     lhs                    rhs          support     confidence   lift       count
[1]  {doc_6e7,doc_6e8}  => {doc_6e9}   0.001080806  0.8095238   454.75000    17
[2]  {doc_6e7,doc_6e9}  => {doc_6e8}   0.001080806  0.8500000   417.80156    17
[3]  {doc_6e8,doc_6e9}  => {doc_6e7}   0.001080806  0.8947368   402.09474    17
[4]  {doc_6e9}          => {doc_6e8}   0.001207960  0.6785714   333.53906    19
[5]  {doc_6e8}          => {doc_6e9}   0.001207960  0.5937500   333.53906    19
[6]  {doc_6e9}          => {doc_6e7}   0.001271537  0.7142857   321.00000    20
[7]  {doc_6e7}          => {doc_6e9}   0.001271537  0.5714286   321.00000    20
[8]  {doc_506}          => {doc_507}   0.001207960  0.6551724   303.09432    19
[9]  {doc_507}          => {doc_506}   0.001207960  0.5588235   303.09432    19
[10] {doc_6e8}          => {doc_6e7}   0.001335113  0.6562500   294.91875    21
```

향상도를 기준으로 내림차순으로 정렬한 후 상위 3개의 규칙을 보면, rhs의 품목만 구매할 확률에 비해 lhs의 품목을 구매했을 때 rhs 품목도 구매할 확률이 400배 이상 높다(Lift > 400이기 때문). 따라서 rhs와 lhs 품목들 간 결합상품 할인쿠폰 혹은 품목배치 변경(진열대 위치 변경) 등을 통한 매출 증대를 꾀할 수 있다.

(9) 도출된 연관규칙의 지지도(Support), 신뢰도(Confidence), 향상도(Lift)간의 산점도

```
> library(arulesViz)
> plot(Epub.rules)
```

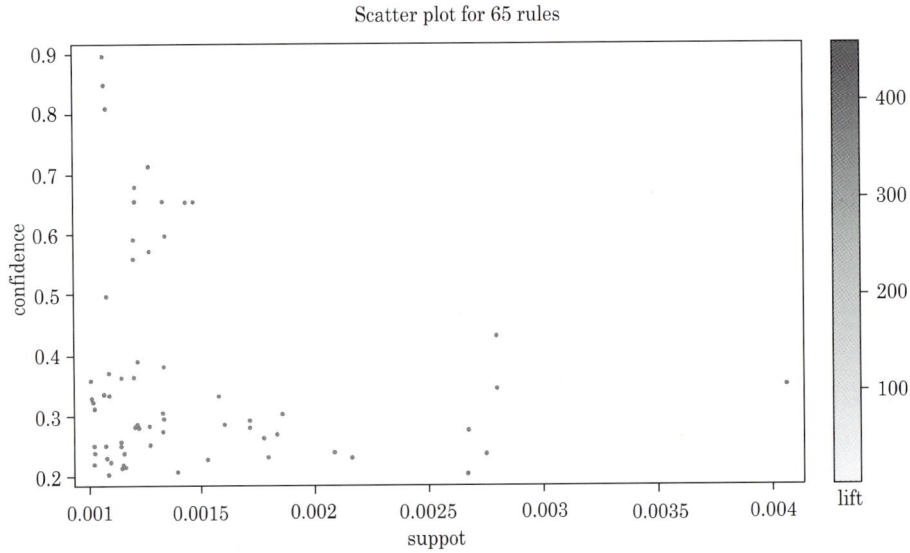

[그림 8-30] 연관규칙 산점도

분석 결과 신뢰도(Confidence)와 향상도(Lift)가 높은 경우 지지도(Support)는 낮은 경향이 보이는 것을 알 수 있다.

(10) 연관규칙 1~10번째(10개 규칙) 만 선별해서 연관규칙 그래프 시각화하기

```
> plot(Epub.rules[1:10], method = "graph", control = list(type = "items"),
+   vertex.label.cex = 0.7, edge.arrow.size = 0.3, edge.arrow.width = 2)
```

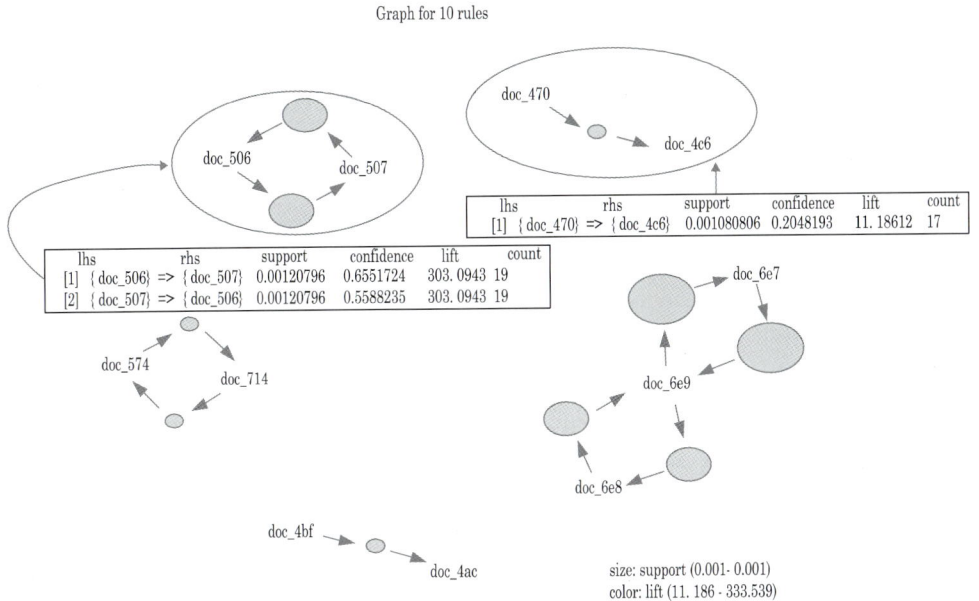

[그림 8-31] 연관규칙 관계도

연관규칙 네트워크 그래프에서 지지도에 따라 원의 크기가 비례하고, 향상도가 높을수록 색깔이 진해진다.

연습문제

문제 1. 다음 중 k-평균 군집(k-means clustering)의 단점으로 가장 부적절한 것은?

① 잡음(노이즈)이나 이상값에 영향을 많이 받는다.
② 볼록한 형태가 아닌(non-convex) 군집이 존재할 경우에는 성능이 떨어진다.
③ 한번 군집이 형성되면 군집 내 객체는 다른 군집으로 이동할 수 없다.
④ 초기 군집 수(k)에 대한 임의의 판단이 필요하다.

문제 2. 군집분석에서 관측 데이터 간 유사성이나 근접성을 측정해 어느 군집으로 묶을 수 있는지 판단해야 할 때 그 측도로 데이터 간의 거리(distance)를 이용한다. 다음 중 연속형 변수 사이의 거리를 측정하는 방법이 아닌 것은?

① 자카드 거리(Jaccard distance)
② 맨하튼 거리(Manhattan distance)
③ 표준화 거리(Statistical distance)
④ 유클리드 거리(Euclidean distance)

문제 3. 모델 기반(Model-based)의 군집 방법으로 데이터가 k개의 모수적 모델의 가중합으로 표현되는 모집단 모델로부터 나왔다는 가정하에서 모수와 함께 가중치를 자료로부터 추정하는 방법으로 사용하는 군집 방법은?

① 혼합분포 군집(Mixture distribution clustering)
② k-평균 군집(k-Means clustering)
③ 계층적 군집(Hierarchical clustering)
④ 분리 군집(Partitioning clustering)

문제 4. 군집간의 거리 측정방법이 아닌 것은?

① 와드연결법
② 중심연결법
③ 최단연결법
④ 전진선택법

문제 5. 다음 중 k-평균 군집(k-means clustering)의 장점으로 가장 부적절한 것은?

① 다양한 형태의 데이터에 적용 가능하다.
② 알고리즘이 단순하며, 빠르게 수행되어 기법 적용이 용이하다.
③ 잡음(노이즈)이나 이상값에 영향을 많이 받는다.
④ 계층적 군집보다 많은 양의 자료를 다룰 수 있다.

문제 6. 다음 중 자기조직화지도(Self-Organizing Map)에 관한 설명중에서 가장 부적절한 것은?
① 비지도학습 알고리즘이다.
② 입력층, 은닉층, 출력층으로 구성되어 있다.
③ 경쟁 학습 방법이다.
④ 입력층, 2차원 격자 형태의 경쟁층으로 구성되어 있다.

문제 7. 다음 중 연관규칙분석(Association Rule Analysis)을 통해 도출된 연관규칙이 유의미한 것인지 평가하기 위한 측도가 아닌 것은?
① 향상도(Lift)
② 신뢰도(Confidence)
③ 지지도(Support)
④ Auc(Area Under The Roc Curve)

문제 8. 다음 중 연관분석의 장점으로 가장 부적절한 것은?
① 분석을 위한 계산이 간단하다.
② 탐색적 기법으로 조건반응(if-then)으로 표현되는 연관분석의 결과를 이해하기 쉽다.
③ 품목수가 증가하면 분석에 필요한 계산은 기하급수적으로 늘어나지 않는다.
④ 사용이 편리한 분석 데이터의 형태로 거래 내용에 대한 데이터를 변환 없이 그 자체로 이용할 수 있는 간단한 자료구조를 갖는 분석 방법이다.

문제 9. 다음 중 연관규칙분석의 특징이 아닌 것은?
① 분석 주안점: What goes AFTER what?(시간/순서에 따른 시간)
② 분석 주안점: What goes WITH what?(동시발생 사건)
③ 데이터 항목은 거래 집합 셋이다.
④ 유용성 평가척도에는 지지도, 신뢰도, 향상도이다.

문제 10. 다음 중 연관분석의 단점으로 가장 부적절한 것은?
① 품목수가 증가하면 분석에 필요한 계산은 기하급수적으로 늘어난다.
② 너무 세분화된 품목을 가지고 연관규칙을 찾으려고 하면 의미 없는 결과가 나올 수 있다.
③ 거래량이 적은 품목은 포함된 거래수가 적을 것서어 규칙 발견 시 제외되기 쉽다.
④ 분석을 위한 계산이 복잡하다.

Part 4.
비정형 데이터 마이닝

Chapter 9. 텍스트 마이닝

Chapter 10. 사회연결망 분석

3부에서 살펴봤던 정형 데이터는 일정한 규칙이나 형태를 지닌 숫자 데이터였다. 그러나 요즘 우리가 접하는 데이터는 정형화된 데이터가 아닌 것이 많다. SNS, 유튜브 동영상, 인터넷 방송 등이 좋은 예다. 이러한 분야에서 생성되는 데이터는 정돈되지 않은 이른바 비정형 데이터 형태다. 데이터 분석 기술이 발전하면서 예전에는 활용하지 못했던 비정형 데이터에 대한 관심이 점점 증가하고 있다. 4부에서는 비정형 데이터 분석을 위한 텍스트 마이닝과 사회연결망 분석에 대해 알아보자.

Chapter 9. 텍스트 마이닝

최근에 많은 기업이 트위터, 페이스북 업데이트, 제품 설명, 리딧(Reddit) 댓글, 블로그 글 등 자사 브랜드를 언급한 내용이나 자사 트위터 계정에서 고객과 주고받은 문장을 API로 읽어 들여 분석한다. 시간대별로 어떠한 내용이 언급되는지, 시간의 흐름에 따라 키워드의 변화가 어떠한지, 자사의 제품 혹은 마케팅 활동에 대한 고객 반응이 긍정적인지 부정적인지, 프로모션 후 구전효과가 있는지 없는지, 주로 어떤 집단이 반응을 보이는지를 확인한다. 이를 통해, 자사의 제품 혹은 마케팅 활동에 대한 평판을 실시간으로 관리한다. 또한 경쟁사 브랜드에 대한 반응 모니터링을 통해 경쟁 우위 전략도 수립한다. 이러한 활동이 텍스트 마이닝의 좋은 예다.

9.1 텍스트 마이닝 개요

텍스트 마이닝, 말뭉치, 문서, 단락, 문장, 단어, 형태소, 국소 표현 방법, 분산 표현 방법, 문서 요약, 문서 분류, 문서 군집, 특성 추출

- ✓ **텍스트 마이닝**은 텍스트 데이터를 사용해 패턴이나 관계를 추출하고, 텍스트에서 의미 있는 정보나 가치를 발굴 및 해석하는 일련의 과정을 통칭한다.

- ✓ 텍스트 데이터의 위계적 구성은 가장 큰 단위인 **말뭉치**부터 **문서, 단락, 문장, 단어**, 일정한 의미가 있는 가장 작은 단위인 **형태소**로 분류한다.

- ✓ **국소 표현 방법**은 해당 단어에 특정 값을 매핑하여 단어를 표현하는 방법이며, **분산 표현 방법**은 그 단어를 표현하고자 주변을 참고하여 단어를 표현하는 방법이다.

- ✓ 텍스트 마이닝은 **문서 요약, 문서 분류, 문서 군집, 특성 추출**의 기능을 가진다.

9.1.1 텍스트 마이닝의 개념

텍스트 마이닝(Text Mining)은 텍스트 데이터를 사용해 패턴이나 관계를 추출하고, 텍스트에서 의미 있는 정보나 가치를 발굴 및 해석하는 일련의 과정을 통칭한다(Wikipedia, "Text Mining" 참조). 즉, 텍스트 마이닝은 다양한 형식(웹 콘텐츠, PDF, 한글파일, MS 오피스파일, 오라클 오픈 오피스파일, XML, 텍스트파일 등)의 문서에서 데이터를 추출하여, 이를 문서-단어행렬(Document-Term Matrix, DTM) 형태로 만들고, 데이터 마이닝 기법을 적용해 통찰을 얻거나 의사결정을 지원하는 방법이라고 할 수 있다.

우리 일상에서 텍스트가 없는 곳은 없다. 의료기록, 제품수리기록, 제품문의기록, 고객항의 또는 방문기록 등 사람 간의 소통을 위해 엄청나게 많은 데이터가 텍스트로 부호화된다. 또한 인터넷(웹 2.0의 목표는 사용자가 커뮤니티를 이루어 서로 소통하고 사이트의 내용을 채워가도록 지원하는 것)에서 사용자들이 컨텐츠(Content)를 생성하고 의사 소통하는 것은 대체로 텍스트 형태를 띠고 있으며, 비즈니스에서 사용자의 의견을 받아들이려면 텍스트를 이해해야 한다. 이처럼 텍스트의 이해는 비즈니스에서 매우 중요한 핵심 요소가 되고 있다. 그런데, 이것을 이용하기 위해서는 어떤 의미 있는 형태로 변환해야 한다. 텍스트 마이닝이 필요한 이유다.

텍스트 마이닝은 텍스트 형태의 데이터를 수학적 알고리즘에 기초하여 수집, 처리, 분석, 요약하는 기법을 통칭하며, 통계 분석 모델 기법에 투입되는 데이터는 수치형 데이터다. 텍스트 데이터에 통계 분석 모델 기법 적용을 위해 수치형 데이터로 변환이 필요하며, 이와 같이 디지털화된 텍스트를 수치형 데이터로 간주하여 알고리즘을 적용해서 분석·요약하는 통계 기법을 '텍스트 데이터 접근(Text-as-data approach)'이라고 부른다(Gentzkow et al, 2017; Grimmer & Stewart, 2013).

텍스트에 대해서는 여러 정의가 가능하지만, 텍스트 데이터 접근에서 말하는 '텍스트(Text)'는 일반적으로 '디지털 형태로 저장된 상징들(Symbols)'이라고 정의한다(Gentzkow et al, 2017; Zamith & Lewis, 2015; Krippendorff, 2013; Grimmer & Stewart, 2013).

9.1.2 텍스트의 위계적 구조

텍스트 데이터 접근에서 텍스트를 위계적 구조를 갖는 데이터로 파악한다. 예를 들어, 트위터 계정에서 고객들과 주고받은 문장을 API로 읽은 데이터를 문서로 저장하여 분석 대상으로 삼는다면 수집된 문서들의 집합을 '말뭉치(Corpus)'라고 부른다. 텍스트의 위계적 구조는 다음과 같다.

> 말뭉치 > 문서 > 단락 > 문장 > 단어 > 형태소

텍스트 데이터의 위계적 구성은 가장 큰 단위인 말뭉치(Corpus)부터 문서(Document), 단락(Paragraph), 문장(Sentence), 단어(Word), 일정한 의미가 있는 가장 작은 단위인 형태소(Morpheme)로 분류한다.

일반적으로 사회과학 데이터에서는 개체를 구성하는 변수를 분석함으로써 개체의 특성을 파악하고, 개체에 대한 통계 분석 결과를 제시함으로써 데이터를 이해한다. 텍스트 데이터 분석에서 단어를 분석함으로써 각 문서의 특징(Feature)을 추정하며, 문서의 특징에 대한 분석 결과를 통해 말뭉치를 파악한다.

9.1.3 단어 표현 방법

텍스트 마이닝에서 단어의 표현 방법은 크게 국소 표현 방법과 분산 표현 방법으로 분류한다. 국소 표현 방법은 해당 단어에 특정값을 매핑하여 단어를 표현하고, 분산 표현 방법은 그 단어를 표현하고자 주변을 참고하여 단어를 표현한다. 국소 표현(Local representation)을 이산 표현(Discrete representation)이라고도 하며, 분산 표현(Distributed representation)은 연속 표현(Continuous representation)이라고도 부른다.

백-오브-워드(Bag of Words, BoW)는 국소 표현 방법에 속하며 단어의 빈도수를 카운트하여 단어를 수치화하는 단어 표현 방법이다. 단어 빈도와 역문서 빈도(TF-IDF)는 단어 빈도 기반의 단어 표현에서 단어의 중요도에 따른 가중치를 줄 수 있다.

워드투벡터(Wrod2vec)는 연속 표현 방법에 속하고 예측을 기반으로 단어의 의미(뉘앙스)를 표현한다. 글로브(GloVe) 역시 연속 표현 방법에 속하면서 예측과 카운트라는 두 가지 방법을 모두 사용하여 학습한다. 단어 표현의 분류는 다음과 같다.

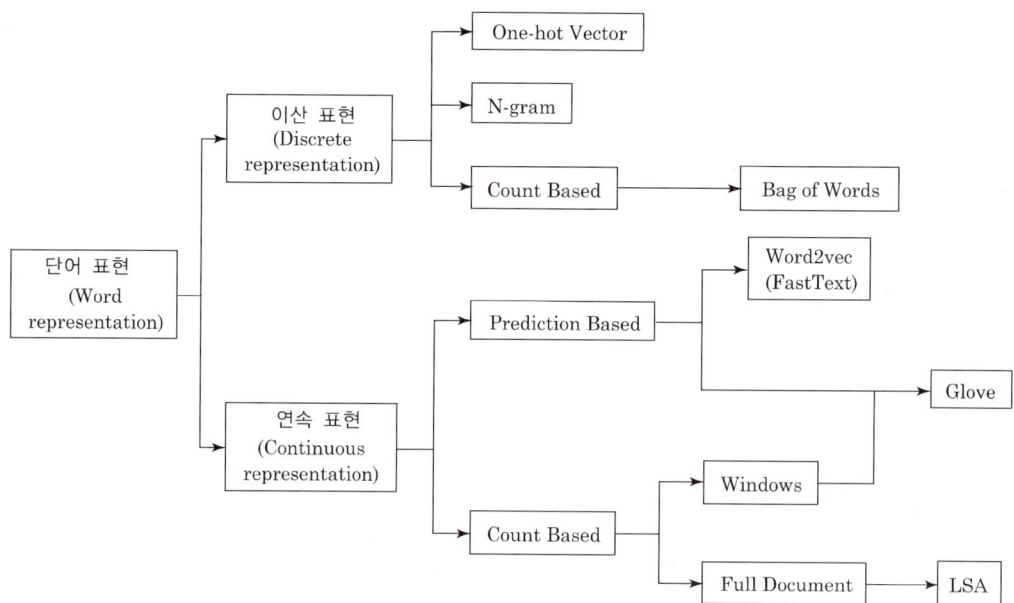

[그림 9-1] 단어 표현의 분류

단어 표현(Word representation)은 각 단어와 연관된 수학적 개체를 의미하고, 이를 표현하기 위해 흔히 벡터(Vector)가 사용된다(Turian et al, 2010). 자연어를 처리하기 위해 수치로 변형시켜야 하는데 그 처리 과정에서 원-핫 벡터(One-hot vector)와 임베딩 벡터(Embedding vector)가 사용된다. 원-핫 인코딩을 통해서 나온 원-핫 벡터(One-hot vector)는 표현하고자 하는 단어의 인덱스의 값만 1이고, 나머지 인덱스는 전부 0으로 표현되는 표현 방법이다. 이렇게 벡터 또는 행렬의 값이 대부분이 0으로 표현되는 방법을 희소 표현(Sparse representation)이라고 한다. 다음은 희소행렬의 예다.

Transaction data

Transaction ID	Items	Time Stamp
1	{A, B}	yyyy-mm-dd hhmmdd
2	{B}	yyyy-mm-dd hhmmdd
...	...	...
n	{A, J}	yyyy-mm-dd hhmmdd

Item Matrix

Tr.ID	A	B	...	J
1	1	1	...	0
2	0	1	...	0
...	...	...	...	...
n	1	0	...	1

[그림 9-2] 희소행렬(Sparse matrix) 예시

희소 표현과 반대되는 밀집 표현(Dense representation)은 벡터의 차원을 단어 집합의 크기가 아닌 사용자가 설정한 값으로 모든 단어를 벡터 표현의 차원에 맞추어 벡터의 차원이 조밀해지므로 이를 밀집 벡터(Dense vector)라고 한다. 단어를 밀집 벡터의 형태로 표현하는 방법을 워드 임베딩(Word embedding)이라고 한다. 그리고 밀집 벡터를 워드 임베딩 과정을 통해 나온 결과라고 하여 임베딩 벡터(Embedding vector)라고도 한다. 다음은 원-핫 벡터와 임베딩 벡터의 차이다.

[표 9-1] 원-핫 벡터와 임베딩 벡터의 차이

구 분	원-핫 벡터	임베딩 벡터
차원	고차원(단어 집합의 크기)	저차원
값의 타입	1 과 0	실수
다른 표현	희소 벡터의 일종	밀집 벡터의 일종
표현 방법	수동	훈련용 데이터로부터 학습

9.1.4 텍스트 마이닝의 기능

텍스트 마이닝은 크게 아래의 4가지와 같은 기능을 가진다.

- 문서 요약(Summarization)
- 문서 분류(Classification)
- 문서 군집(Clustering)
- 특성 추출(Feature extraction)

텍스트 분석을 위해 해당 언어의 문화나 관습에 대한 깊이 있는 이해가 필요하다. 예를 들어, 미국과 영국 모두 영어를 사용하지만 문화나 관습의 차이가 텍스트 데이터에 반영되기 때문에 한 쪽에서 좋은 분석 결과를 보였던 분석 기법이 다른 쪽에서도 좋은 결과를 보인다는 보장이 없다. 따라서 문화나 관습을 고려한 언어 및 국가별로 다른 접근 방식의 분석 수행이 필요하다.

9.2 텍스트 마이닝 기본 프로세스

텍스트 수집, 텍스트 전처리, 토큰화, 데이터 정제, 데이터 정규화, 문서단어행렬, 한국어 텍스트 전처리

- ✓ **텍스트 수집**은 수집 대상 데이터를 선정하고, 데이터 수집을 위한 세부 계획을 수립한 후 업무 특성 및 분석 목적에 적합한 데이터를 수집하는 과정이다.

- ✓ 비정형화된 원 텍스트를 정형화시키는 과정을 흔히 **텍스트 전처리**라고 부른다.

- ✓ 주어진 말뭉치에서 토큰이라 불리는 단위로 나누는 작업을 **토큰화**라고 부른다.

- ✓ **데이터 정제**는 말뭉치에서 노이즈 데이터를 제거하는 것이고, **데이터 정규화**는 표현 방법이 다른 단어를 통합시켜서 같은 단어로 만들어주는 것을 의미한다.

- ✓ **문서단어행렬**은 다수의 문서에서 등장하는 각 단어의 빈도를 행렬로 표현한 것을 말한다.

- ✓ **한국어 텍스트 데이터를 전처리**하는 과정은 본질적으로 영문 텍스트 데이터 전처리 과정과 동일하다.

9.2.1 텍스트 수집

텍스트 분석을 위한 전체적인 절차는 일반적으로 아래처럼 5단계로 이루어지며, 업무 특성에 따라 세부 항목을 변경하여 텍스트 분석 절차를 수행한다.

> 요구사항 분석 ⇨ 텍스트 수집 및 저장 ⇨ 텍스트 전처리 ⇨ 텍스트 분석 ⇨ 결과 평가 및 공유

요구사항 분석은 텍스트 분석 목적에 대한 사용자의 요구사항을 이해하고 문서화하는 과정이다. 사용자의 요구 목적에 적합한 다양한 해결 방법을 검토하고, 요구사항 분석 결과는 텍스트 수집 및 분석 과정에서 필요한 기본 자료로 활용된다. 다음으로 텍스트 수집에 대해 알아보자.

텍스트 수집은 수집 대상 데이터를 선정하고, 데이터 수집을 위한 세부 계획을 수립한 후 업무 특성 및 분석 목적에 적합한 데이터를 수집하는 과정이다. 데이터의 유형 및 특성에 따라 다양한 수집 기술이 활용된다. 다음은 텍스트 데이터 수집을 위한 주요 기술이다.

[표 9-2] 텍스트 데이터 수집을 위한 주요 기술

구분	특징	데이터 유형
Crawling	• SNS, 뉴스, 웹 정보 등 인터넷상에서 제공되는 웹 문서/정보 수집 • URL 링크를 따라가며 반복적으로 수집	웹 문서
Scraping	• 크롤러와 달리, 하나의 웹사이트(혹은 문서)에 대해 정보 수집	웹 문서
FTP	• TCP/IP 프로토콜을 활용하는 인터넷 서버로부터 각종 파일을 송수신 • 보안을 강화하기 위해 SFTP 사용 고려 • 서버 간 연동 시에는 전용 네트워크 구축 고려	FILE
Open API	• 서비스, 정보, 데이터 등을 어디서나 쉽게 이용할 수 있도록 개방된 API로 데이터 수집 방식 제공 • 다양한 애플리케이션을 개발할 수 있도록 개발자와 사용자에게 공개	실시간 데이터
RSS	• RSS는 웹 기반 최신의 정보를 공유하기 위한 XML 기반 컨텐트(Content) 배급 프로토콜	컨텐트

데이터 수집에 적합한 기술을 이용해 텍스트 데이터를 수집한다. 텍스트 마이닝을 위한 예제로 대통령 연설문과 브리핑 자료의 본문 내용을 이용하고자 한다. 편의상 텍스트(.txt), MS 워드(.doc), PDF(.pdf) 파일 형식으로 각 1개씩 대통령 연설문(8024, 8032, 8035) 3개, 브리핑(486, 487, 488) 3개를 준비한다.

> • 대통령 연설문(https://www1.president.go.kr/articles/8024, 8032, 8035)
> • 브리핑(https://english1.president.go.kr/BriefingSpeeches/Briefings/486, 487, 488)

텍스트 마이닝 패키지인 tm에서 문서를 관리하는 기본 구조를 말뭉치(Corpus)라고 부르는데 텍스트 문서의 집합을 의미한다. 말뭉치에는 메모리에서만 유지되는 말뭉치 VCorpus(short for Volatile Corpus), R 외부의 데이터베이스(DB)나 파일로 관리되는 말뭉치 PCorpus(Permanent Corpus)가 있다. 이들 말뭉치는 저장소의 형태에 따라 디렉터리, 각 벡터값 또는 데이터프레임(CSV 파일 같은)을 DirSource(), VectorSource(), DataframeSource() 함수로 읽어 들여 생성된다.

9.2.1.1 텍스트 수집 예제

다음은 3개 파일(.txt, .doc, .pdf)의 텍스트를 읽어 들이는 예제다.

(1) 브리핑 텍스트(.txt) 파일을 읽어 들여서 말뭉치(Corpus) 생성하기

```
> library(tm)
> briefing.text.location <- paste(getwd(), "/tm/briefings/txt", sep = "")
> brf.txt.corpus <- VCorpus(DirSource(briefing.text.location),
+                           readerControl = list(language = 'lat'))
> summary(brf.txt.corpus)
        Length          Class   Mode
486.txt 2       PlainTextDocument       list
487.txt 2       PlainTextDocument       list
488.txt 2       PlainTextDocument       list
```

읽어 들일 문서의 경로는 작업 디렉토리(getwd())의 하위 디렉토리(/tm/briefings/txt)에 위치하고, 디렉토리의 저장소에서 텍스트(.txt) 파일을 불러오기 위해 DirSource() 함수를 사용한다. Corpus에는 3개 파일(486.txt, 487.txt, 488.txt)이 있음을 볼 수 있다.

(2) 브리핑 텍스트(.txt) 파일의 첫 번째 문서의 내용 확인하기

```
> brf.txt.corpus[[1]]$content
[1] "President Moon Jae-in and Premier Li Keqiang of the People's Republic of China held a meeting
and attended a dinner in Chengdu, China, from 6:30 to 8:55 this evening (local time). The two leaders
had in-depth discussions on issues of mutual concern, including ways to promote substantive bilateral
cooperation in such areas as the economy, trade, the environment and culture."

[2] "Premier Li began by saying that the relationship between the two countries has achieved rapid
progress in terms of the economy and cultural and people-to-people exchanges. He went on to say that
China considers its ties with Korea to be very important. He expressed the hope that bilateral
relations would continue to advance, saying that this would carry great significance for the entire
world. Moreover, he highly praised the development of bilateral ties by saying that the China-Korea
cooperation mechanism had suffered a setback but is now on the right track."

    … 이하 생략

[9] "In reply, President Moon remarked "When we met in December 2017, you said, 'Winter Solstice is
the day heralding that winter is about to end and spring is about to arrive.' Yesterday was Winter
Solstice. Going forward, I hope that our two countries' relations can enter spring based upon the
past 28 years of cooperation."
```

브리핑 자료의 첫 번째 문서는 9개 단락으로 구성되어 있는 것을 볼 수 있다.

(3) 브리핑 텍스트(.txt) 파일의 첫 번째 문서의 메타 데이터 확인하기

```
> brf.txt.corpus[[1]]$meta
  author       : character(0)
  datetimestamp: 2020-02-04 02:18:23
  description  : character(0)
  heading      : character(0)
  id           : 486.txt
  language     : lat
  origin       : character(0)
> meta(brf.txt.corpus[[1]], tag = 'author') <- 'K. D. Jang'
  brf.txt.corpus[[1]]$meta
  author       : K. D. Jang
  datetimestamp: 2020-02-04 02:18:23
  description  : character(0)
  heading      : character(0)
  id           : 486.txt
  language     : lat
  origin       : character(0)
```

말뭉치의 첫 번째 문서의 메타정보는 $meta 속성으로 확인할 수 있고, 메타정보의 'author' 태그 정보도 수정할 수 있다.

(4) 브리핑 텍스트(.txt) 파일의 첫 번째 문서에 들어 있는 2개의 단락 출력하기

```
> briefing486 <- Corpus(VectorSource(brf.txt.corpus[[1]]$content))
> briefing486
<<SimpleCorpus>>
Metadata:  corpus specific: 1, document level (indexed): 0
Content:  documents: 9
> inspect(briefing486[1:2])
<<SimpleCorpus>>
Metadata:  corpus specific: 1, document level (indexed): 0
Content:  documents: 2

[1] On the sidelines of the 8th Korea-Japan-China ... 이하 생략
[2] In regard to Japan<e2>\u0080 export control measures, ... 이하 생략
```

개별 문서는 "[ ]"로 인덱스를 입력하여 조회한다. 첫 번째 문서([[1]]$context)에는 9개의 단락으로 (Content: documents:9 라는 정보는 말뭉치에 포함된 단락의 수가 9인 것을 의미) 구성되어 있는 것을 볼 수 있다. 첫 번째 문서([[1]]$context)는 text 부분만 추출해 놓은 벡터 형태를 띠고 있으므로 VectorSource() 함수를 사용한다. 문서 내용을 보는 방법은 inspect() 함수로 array를 지정해서 문서 내용을 확인할 수 있다.

(5) 읽어 들이는 형식 확인하기

```
> getReaders()
 [1] "readDataframe"         "readDOC"                 "readPDF"
 [4] "readPlain"             "readRCV1"                "readRCV1asPlain"
 [7] "readReut21578XML"      "readReut21578XMLasPlain" "readTagged"
[10] "readXML"
```

Reader의 종류를 보면, 텍스트(.txt), Word, PDF, CSV 등의 다양한 문서 형식으로 읽을 수 있음을 볼 수 있다.

(6) 브리핑 워드(.doc) 파일을 읽어 들여서 말뭉치(Corpus) 생성하기

```
> library(antiword)
> library(tm)
> word.location <- paste(getwd(), "/tm/briefings/doc", sep = "")
> word.briefing.corpus <- Corpus(DirSource(word.location),
+                                readerControl = list(reader = readDOC, language = 'lat'))
> summary(word.briefing.corpus)
              Length    Class              Mode
486Word.doc   2         PlainTextDocument  list
487Word.doc   2         PlainTextDocument  list
488Word.doc   2         PlainTextDocument  list
```

읽어 들일 문서의 경로는 작업 디렉토리(getwd())의 하위 디렉토리(/tm/briefings/doc)에 위치하고, 디렉토리의 저장소에서 워드(.doc) 파일을 불러오기 위해 DirSource() 함수를 사용한다. MS 워드 양식의 문서를 읽어 들이기 위해 reader의 옵션을 "readDOC"로 설정한다. Corpus에는 3개 파일(486Word.doc, 487Word.doc, 488Word.doc)이 있음을 볼 수 있다.

(7) 브리핑 워드(.doc) 파일의 첫 번째 문서에 들어 있는 1개의 단락 출력하기

```
> briefing486 <- Corpus(VectorSource(word.briefing.corpus[[1]]$content))
> briefing486
<<SimpleCorpus>>
Metadata:  corpus specific: 1, document level (indexed): 0
Content:  documents: 1
> inspect(briefing486[1])
<<SimpleCorpus>>
Metadata:  corpus specific: 1, document level (indexed): 0
Content:  documents: 1
```

```
[1] \r\nPresident Moon Jae-in and Premier Li Keqiang of the People's Republic of\r\nChina held
a meeting and attended a dinner in Chengdu, China, from 6:30 to\r\n8:55 this evening (local time).
The two leaders had in-depth discussions on\r\nissues of mutual concern, including ways to promote
substantive bilateral\r\ncooperation in such areas as the economy, trade, the environment
and\r\nculture.
... 이하 생략
```

개별 문서는 "[ ] "로 인덱스를 입력하여 조회한다. 첫 번째 문서([[1]]$context)에는 1개의 단락으로 구성되어 있는 것을 볼 수 있다. 텍스트(.txt) 파일에서 9개 단락으로 구성된 것과 차이가 있음을 볼 수 있다. 첫 번째 문서([[1]]$context)는 text 부분만 추출해 놓은 벡터 형태를 띄고 있으므로 VectorSource() 함수를 사용한다. 문서 내용을 보는 방법은 inspect() 함수로 array를 지정해서 문서 내용을 확인할 수 있다.

(8) 브리핑 PDF(.pdf) 파일을 읽어 들여서 말뭉치(Corpus) 생성하기

```
> library(pdftools)
> library(tm)
> pdf.location <- paste(getwd(), "/tm/briefings/pdf", sep = "")
> pdf.briefing.corpus <- Corpus(DirSource(pdf.location),
+                               readerControl = list(reader = readPDF, language = 'lat'))
> summary(pdf.briefing.corpus)
            Length    Class Mode
486PDF.pdf  2         PlainTextDocument list
487PDF.pdf  2         PlainTextDocument list
488PDF.pdf  2         PlainTextDocument list
```

읽어 들일 문서의 경로는 작업 디렉토리(getwd())의 하위 디렉토리(/tm/briefings/pdf)에 위치하고, 디렉토리의 저장소에서 PDF(.pdf) 파일을 불러오기 위해 DirSource() 함수를 사용한다. PDF 양식의 문서를 읽어 들이기 위해 reader의 옵션을 "readPDF"로 설정한다. Corpus에는 3개 파일(486PDF.pdf, 487PDF.pdf, 488PDF.pdf)이 있음을 볼 수 있다.

(9) 브리핑 PDF(.pdf) 파일의 첫 번째 문서에 들어 있는 2개의 단락 출력하기

```
> briefing486 <- Corpus(VectorSource(pdf.briefing.corpus[[1]]$content))
> briefing486
<<SimpleCorpus>>
Metadata: corpus specific: 1, document level (indexed): 0
Content: documents: 2
> inspect(briefing486[1:2])
<<SimpleCorpus>>
```

```
Metadata:  corpus specific: 1, document level (indexed): 0
Content:   documents: 2

[1] President Moon Jae-in and Premier Li Keqiang of ... 이하 생략
[2] the global economy a strong driving force. In reply,  ... 이하 생략
```

개별 문서는 "[[ ]]"로 인덱스를 입력하여 조회한다. 첫 번째 문서([[1]]$context)에는 2개의 단락이 있는 것을 볼 수 있다. 첫 번째 문서([[1]]$context)는 text 부분만 추출해 놓은 벡터 형태를 띠고 있으므로 VectorSource() 함수를 사용한다. 문서 내용을 보는 방법은 inspect() 함수로 array를 지정해서 문서 내용을 확인할 수 있다.

9.2.2 텍스트 전처리

텍스트 데이터를 수치형 자료로 표현해서 분석하기 쉬운 형태로 변환하는 과정은 필수다. 텍스트 마이닝에 사용되는 전체 텍스트 데이터를 말뭉치(Corpus)라고 부른다. 여기서 말뭉치는 '용량의 정형화된 텍스트 집합(Large And structured set of texts)'으로 정의하기도 한다(Miner et al, 2012). 비정형화된 원 텍스트(Unstructured raw text)를 정형화시키는 과정을 흔히 텍스트 전처리(Text preprocessing)라고 부른다.

텍스트 데이터를 벡터, 행렬 등의 단어 표현(Word representation) 형태로 바꾸면 텍스트 마이닝을 활용하여 보다 쉽게 분석을 수행할 수 있다. 텍스트 마이닝의 목적과 방법에 따라서 데이터 전처리 방법이 다양하지만 텍스트 전처리 과정 중에서 토큰화(Tokenization), 정제(Cleaning), 정규화(Normalization), 문서단어행렬(Document-Term Matrix), 그리고 특별히 한국어 텍스트 전처리에 관하여 간략히 소개한다.

9.2.2.1 토큰화와 토큰화 예제

주어진 말뭉치(Corpus)에서 토큰(Token)이라 불리는 단위로 나누는 작업을 토큰화라고 부른다. 텍스트 마이닝의 분석 단위로 사용되는 토큰은 단어(Word)를 의미하며, 이를 단어 토큰화(Tokenization)라고도 한다. 일반적으로 단어가 중요한 의미를 전달하는 요소지만 한글의 경우 단어는 여러 개의 형태소(morpheme)로 구성되거나 두 단어 이상으로 이루어진 구절이 의미를 표현하는데 더 적합한 경우도 있다. 여기서 형태소란 뜻을 가진 가장 작은 말의 단위를 의미한다.

토큰화 작업은 단순히 구두점(Punctuation)이나 특수문자를 제거하는 정제 작업을 수행하는 것만으로 해결되지 않으며, 토큰이 의미를 잃어버리지 않도록 구두점이나 특수문자, 띄어쓰기 등 정교한 토큰 분리 작업이 필요하다. 여기서 구두점은 온점(.), 컴마(,), 물음표(?), 세미콜론(;), 느낌표(!) 등과 같은 기호를 말한다.

단어 표기는 같지만 품사에 따라서 단어의 의미가 달라지기도 한다. 예를 들어, '못'은 명사로서 목재 따위를 고정하는 물건을 의미하지만 부사로서의 '못'은 '달린다', '먹는다'와 같은 동작 동사를 할 수 없다는 의미로 사용된다. 결국 단어의 의미를 제대로 파악하기 위해서는 단어가 어떤 품사로 쓰였는지 보는 것이 필요하다. 따라서 단어 토큰화 과정에서 각 단어가 어떤 품사로 쓰였는지를 구분하기도 하는데, 이 작업을 품사(Part-Of-Speech, POS) 분석(또는 POS 표시(tagging), POS 주석(annotation) 등으로 불림)이라 한다. 예를 들어, "나는 과일을 먹었다." 문장을 {대명사, 주격조사, 명사, 목적격 조사, 동사}와 같이 분류할 수 있다.

다음은 형태소, 품사 분석, 명사 추출의 예제다.

(1) MorphAnalyzer() 함수를 이용해 형태소 분석 수행하기

```
> library(KoNLP)
> sentence1 <- "철수는 텍스트 마이닝 공부를 열심히 한다."
> MorphAnalyzer(sentence1)
$철수는
[1] "철수/ncpa+는/jxc"    "철수/ncpa+는/jcs"    "철수/ncn+는/jxc"
[4] "철수/ncn+는/jcs"    "철/xp+수/ncn+는/jxc" "철/xp+수/ncn+는/jcs"

$텍스트
[1] "텍스트/ncn"

$마이닝
[1] "마이닝/ncn" "마이닝/nqq"

$공부를
[1] "공부/ncpa+를/jco"       "공부/ncpa+를/jcs"       "공부/ncn+를/jco"
[4] "공부/ncn+를/jcs"        "공/xp+부/ncn+를/jco"    "공/xp+부/ncn+를/jcs"
[7] "공/nnc+부/nbu+를/jco" "공/nnc+부/nbu+를/jcs"

$열심히
[1] "열심히/mag"      "열심/ncn+히/xsas" "열심/ncn+히/ncn"

$한다
[1] "하/pvg+ㄴ다/ef" "하/px+ㄴ다/ef"

$.
[1] "./sf" "./sy"
```

분석 결과 띄어쓰기 단위, 즉 어절 단위로 분석이 되는 것을 볼 수 있다.

(2) SimplePos22() 함수(KAIST 품사 태그)를 이용해 품사 태그를 달아보기

```
> SimplePos22(sentence1)
$철수는
[1] "철수/NC+는/JX"

$텍스트
[1] "텍스트/NC"

$마이닝
[1] "마이닝/NC"

$공부를
[1] "공부/NC+를/JC"

$열심히
[1] "열심히/MA"

$한다
[1] "하/PX+ㄴ다/EF"

$.
[1] "./SF"
```

분석 결과 MorphAnalyzer() 함수를 이용한 것보다 훨씬 간단하다는 것을 볼 수 있다. KAIST 품사 태그 중에서 'NC'는 보통명사를 의미한다. 위 결과에서 '철수', '텍스트', '마이닝', '공부' 단어가 보통명사로 태그된 것을 볼 수 있다.

(3) extractNoun() 함수와 우리말쌈(Woorimalsam) 사전을 이용해 명사 추출하기

```
> library(KoNLP)
> useNIADic()
Backup was just finished!
983012 words dictionary was built.
> extractNoun(sentence1)
[1] "철수"    "텍스트" "마이닝" "공부"
```

실행 결과 명사가 잘 추출된 것을 볼 수 있다.

9.2.2.2 데이터 정제와 정규화, 예제

말뭉치(Corpus)에서 용도에 맞게 토큰을 분류하는 토큰화 작업 전·후에서 텍스트 데이터의 정제와 정규화 작업은 필요하다. 여기서 데이터 정제는 말뭉치에서 노이즈 데이터(Noise data)를 제거하는 것이고, 데이터 정규화는 표현 방법이 다른 단어를 통합시켜서 같은 단어로 만들어주는 것을 의미한다.

데이터 정제 작업에서 노이즈 데이터는 자연어가 아니면서 의미를 갖지 않는 글자들(특수문자 등)을 의미하기도 하지만, 분석 목적에 맞지 않는 불필요한 단어를 노이즈 데이터라고 하기도 한다.

데이터 정규화 작업은 토큰의 부분 의미 손실을 감수해야 할 수도 있다. 예를 들어, '하였다'와 '한다'는 데이터 정규화를 통해 '하다'로 표현하면 각 단어가 가지고 있던 과거와 현재의 의미는 없어진다.

데이터 정제(Cleaning)는 문장부호 및 특수문자와 분석 목적에 맞지 않는 불필요한 단어를 제거한다. 텍스트 데이터에는 많은 문장부호가 사용되며, 각 문장부호는 문법적으로 혹은 의미적으로 중요한 기능을 가지고 있다. 예를 들어, 마침표(.)는 문장의 종결, 콤마(,)는 절 또는 단어 사이를 구분하는 기능을 한다. 하지만 텍스트 마이닝을 적용하기 위해서는 이들 문장부호와 특수문자를 제거하는 과정이 필요하다.

불필요한 단어를 제거(Removing unnecessary words)하는 방법으로는 불용단어(Stopword 또는 정지단어) 제거와 등장 빈도가 적은 단어(Removing rare words), 길이가 짧은 단어를 제거하는 방법이 있다. 여기서 불용단어는 문장에서 자주 등장하지만 실제 의미 분석에는 거의 도움이 되지 않는 단어를 의미한다. 예를 들어, '나는 남자다.'라는 문장에서 '남자'는 명사 형태의 어간은 의미를 가지지만, '다'라는 서술격 조사는 의미론적으로 특별한 의미를 찾기 어렵다.

주어진 말뭉치에서 노이즈 데이터의 특징을 찾아낼 수 있다면 정규표현식(Regular expression)을 이용해 제거할 수도 있다. 정규표현식은 아주 유용한 도구이며 텍스트 마이닝에서 자주 사용되는 정규표현식은 다음과 같다.

[표 9-3] 텍스트 마이닝에서 자주 사용되는 정규표현식

구분	표현	의미
알파벳이나 숫자로 표시된 텍스트	[:digit:]	숫자로 표시된 텍스트
	[:lower:]	소문자로 표시된 텍스트
	[:upper:]	대문자 알파벳으로 표시된 텍스트
	[:alpha:]	대·소문자 알파벳으로 표시된 텍스트([:lower:]와 [:upper:]를 같이 사용한 것과 동일)
	[:alnum:]	숫자와 대·소문자로 표시된 텍스트([:digit:]와 [:alpha:]를 같이 사용한 것과 동일)
알파벳이나 숫자가 아닌 텍스트	[:punct:]	구두점으로 표시된 텍스트(쉼표나 마침표 등)
	[:graph:]	가시적으로 표현된 텍스트([:alnum:]와 [:punct:]를 같이 사용한 것과 동일)
	[:blank:]	스페이스나 탭을 이용하여 공란으로 표현된 텍스트
	[:space:]	스페이스, 탭, 줄바꿈 등을 이용하여 공란으로 표현된 텍스트
	[:print:]	출력했을 때 확인할 수 있는 텍스트

경우에 따라 유용한 표현	[:cntrl:]	제어문자로 표현된 텍스트
	[:xdigit:]	16진법을 따르는 텍스트
양화기호	?	선행 표현을 고려할 수도, 고려하지 않을 수도 있으며 최대 1회 매칭됨
	*	선행 표현이 0회 혹은 그 이상 매칭됨
	+	선행 표현이 1회 혹은 그 이상 매칭됨
	{n}	선행 표현이 정확하게 n회 매칭됨
	{n,}	선행 표현이 정확하게 n회 이상 매칭됨
	{n, m}	선행 표현이 최소 n회 이상, 그러나 m회 미만으로 매칭됨
기타	\w	숫자 혹은 알파벳으로 표현된([[:alnum:]]으로 표현된) 모든 단어
	\W	숫자 혹은 알파벳으로 표현된([[:alnum:]]으로 표현된) 모든 단어 제외
	\d	숫자로 표현된 ([[digit]]으로 표현된) 모든 텍스트
	\D	숫자로 표현된 ([[digit]]으로 표현된) 모든 텍스트 제외
	\s	공란으로 표현된([[:blank:]]으로 표현된) 모든 텍스트
	\S	공란으로 표현된([[:blank:]]으로 표현된) 모든 텍스트 제외
	\b	특정 표현으로 시작되거나 종결된 모든 텍스트
	\B	특정 표현으로 시작되거나 종결되지 않은 모든 텍스트

데이터 정규화(Normalization)는 표현 방법이 다른 단어를 통합시켜서 같은 단어로 만들어주는 것을 의미한다. 데이터 정규화 규칙의 예로 같은 의미를 가지고 있음에도 표기가 다른 단어를 하나의 단어로 정규화하는 방법을 사용한다. 예를 들어, USA와 US는 같은 의미를 가지므로 하나의 단어로 정규화할 수도 있다. 영문의 경우 대·소문자를 구분한다. 때문에 대·소문자를 통합하는 것은 단어의 개수를 줄일 수 있는 또 다른 정규화 방법이다(일반적으로 소문자로 변환한다).

말뭉치에서 단어의 개수를 줄일 수 있는 또 다른 방법으로 규칙에 기반한 표기가 다른 단어를 통합하는 방법이 있다. 이를 어근 동일화(Stemming) 처리라고 한다. 어근 동일화 처리는 파생된 형태의 단어를 동일하게 처리할 수 있도록 체계적인 방식으로 표현을 변환시키는 처리 과정을 의미한다. 대부분의 텍스트 마이닝 도구의 경우 마틴 포터(Martin Porter)의 어근 동일화 알고리즘(흔히 포터의 스테머(Porter's Stemmer)라고 불림)을 제공한다(R의 tm 패키지에서 제공). 한국어의 5언 9품사는 다음과 같다.

[표 9-4] 한국어의 5언 9품사

5언	9품사
체언	명사, 대명사, 수사
용언	동사, 형용사
수식언	관형사, 부사
관계언	조사
독립언	감탄사

수집된 말뭉치를 텍스트 분석에 적합한 형태로 변환을 위해 tm 패키지에서 제공하는 가장 중요한 함수는 tm_map() 함수다. tm_map(말뭉치, 사전 처리 과정) 함수와 같은 방식을 적용하면 지정된 사전 처리 과정이 말뭉치에 적용된다. 사전 처리 함수의 의미 설명은 다음과 같다.

[표 9-5] tm_map() 함수에 적용되는 사전 처리 함수

사전 처리 함수	의 미
removeNumbers()	말뭉치에 사용된 숫자 표현을 모두 제거한다.
removePunctuation()	말뭉치에 사용된 문장부호 및 특수문자를 모두 제거한다.
stripWhitespace()	2개 이상 연이어 등장하는 공란을 1개의 공란으로 치환한다.
removeWords()	말뭉치에서 사전에 지정된 단어를 삭제한다.
stemDocument()	어근 동일화 알고리즘을 적용한다.
content_transformer()	이용자가 지정한 함수를 적용한다. 예를 들어 content_transformer(tolower)를 사용하면 말뭉치의 모든 대문자를 소문자로 치환한다.

다음은 대통령 브리핑(486.txt, 487.txt, 488.txt) 자료를 이용한 데이터 정제와 데이터 정규화를 수행하는 예제다.

(1) tm_map() 함수에 적용되는 사전 처리 함수 확인하기

```
> library(tm)
> getTransformations()
[1] "removeNumbers"    "removePunctuation" "removeWords"
[4] "stemDocument"     "stripWhitespace"
```

말뭉치에 적용되는 함수의 목록 확인은 getTransformations()로 확인할 수 있다.

(2) 수집된 대통령 브리핑 자료 읽어오기

```
> briefing.text.location <- paste(getwd(), "/tm/briefings/txt", sep = "")
> brf.corpus <- VCorpus(DirSource(briefing.text.location),
+                         readerControl = list(language = 'lat'))
> summary(brf.corpus)
        Length Class             Mode
486.txt 2      PlainTextDocument list
487.txt 2      PlainTextDocument list
488.txt 2      PlainTextDocument list
```

수집된 말뭉치에는 3개의 문서(486.txt, 487.txt, 488.txt)가 있음을 볼 수 있다.

(3) 말뭉치의 구성 및 내용 확인하기

```
> summary(brf.corpus[[1]]$content)
Length     Class      Mode
     9 character character
> (brf.corpus[[1]]$content)[[1]]
[1] "President Moon Jae-in and Premier Li Keqiang of the People's Republic of China held a meeting
and attended a dinner in Chengdu, China, from 6:30 to 8:55 this evening (local time). The two leaders
had in-depth discussions on issues of mutual concern, including ways to promote substantive bilateral
cooperation in such areas as the economy, trade, the environment and culture."
> summary(brf.corpus[[2]]$content)
Length     Class      Mode
     8 character character
> (brf.corpus[[2]]$content)[[1]]
[1] "On the sidelines of the 8th Korea-Japan-China Summit in Chengdu, China, President Moon Jae-in
and Japanese Prime Minister Shinzo Abe held a summit for 45 minutes from 2:00 p.m. today (local
time)."
> summary(brf.corpus[[3]]$content)
Length     Class      Mode
    14 character character
> (brf.corpus[[3]]$content)[[1]]
[1] "President Moon Jae-in met with Prime Minister Hun Sen of the Kingdom of Cambodia at Cheong Wa
Dae from 4:30 p.m. to 5:15 p.m. today. They had in-depth discussions on how to promote substantive
bilateral cooperation. "
```

말뭉치 구성을 보자. 첫 번째 문서에는 9개 단락, 두 번째 문서에는 8개 단락, 세 번째 문서에는 14개 단락으로 구성된 것을 볼 수 있다. 각 문서의 첫 번째 단락 내용을 보면 데이터 정제 및 정규화 작업이 필요한 것을 볼 수 있다.

(4) 정규표현식을 이용한 일정한 패턴의 단어 찾기

```
> pattern1 <- gregexpr("[[:alpha:]]+\\-", (brf.corpus[[2]]$content)[[1]])
> pattern1
[[1]]
[1] 29 35 88
attr(, "match.length")
[1] 6 6 4
attr(, "index.type")
[1] "chars"
attr(, "useBytes")
[1] TRUE
> regmatches((brf.corpus[[2]]$content)[[1]], pattern1)
[[1]]
```

```
[1] "Korea-" "Japan-" "Jae-"
> pattern2 <- gregexpr("[[:alpha:]]+(ing)", (brf.corpus[[1]]$content)[[1]])
> regmatches((brf.corpus[[1]]$content)[[1]], pattern2)
[[1]]
[1] "meeting"    "evening"    "including"
```

말뭉치에서 두 번째 문서의 첫 번째 단락과 첫 번째 문서의 첫 번째 단락을 이용해 정규표현식을 적용해 일정한 패턴의 단어를 찾아본 결과다.

gregexpr() 함수는 지정한 표현어가 분석 대상의 텍스트 데이터에서 등장하는지, 그리고 몇 번이나 등장하는지와 각각의 위치를 알 수 있다. regmatches() 함수는 gregexpr() 함수에서 추출된 표현을 텍스트 데이터에서 추출하여 해당 표현을 제거하는 용도로 사용될 수 있다.

위 결과에서 첫 번째 정규표현에서 특수문자(-) 앞에 알파벳을 표현하기 위해 [[:alpha:]]를 사용하고, 특수문자의 경우 자연어로 인식되기 위해서는 반드시 2개의 백슬래시(\\)를 지정해야 한다. 두 번째 정규표현에서 "ing" 등장 이전에 1회 혹은 그 이상의 알파벳이 등장하는 표현을 추출할 경우에는 "+"을 첨부하면 된다.

(5) 특정 패턴 단어 제거하기('s, Korea-Japan-China ⇨ Korea Japan China)

```
> library(stringr)
> brf.corpus <- tm_map(brf.corpus,
+                      content_transformer(str_replace_all),
+                      pattern = "Korea-Japan-China",
+                      replacement = "Korea Japan China")
> (brf.corpus[[2]]$content)[[1]]
[1] "On the sidelines of the 8th Korea Japan China Summit in Chengdu, China, President Moon Jae-in
and Japanese Prime Minister Shinzo Abe held a summit for 45 minutes from 2:00 p.m. today (local
time)."
> brf.corpus <- tm_map(brf.corpus,
+                      content_transformer(str_replace_all),
+                      pattern = "\\'s",
+                      replacement = "")
> (brf.corpus[[1]]$content)[[1]]
[1] "President Moon Jae-in and Premier Li Keqiang of the People Republic of China held a meeting and
attended a dinner in Chengdu, China, from 6:30 to 8:55 this evening (local time). The two leaders
had in-depth discussions on issues of mutual concern, including ways to promote substantive bilateral
cooperation in such areas as the economy, trade, the environment and culture."
```

str_replace_all() 함수는 텍스트 데이터에서 지정된 모든 표현을 다른 표현으로 교체한 결과를 출력한다 (gsub() 함수와 유사). 실행 결과 텍스트 데이터의 특정 패턴 단어가 잘 변환된 것을 볼 수 있다.

(6) 말뭉치에서 숫자 표현 제거하기

```
> brf.corpus <- tm_map(brf.corpus, removeNumbers)
> (brf.corpus[[2]]$content)[[1]]
[1] "On the sidelines of the th Korea Japan China Summit in Chengdu, China, President Moon Jae-in
and Japanese Prime Minister Shinzo Abe held a summit for  minutes from : p.m. today (local time)."
```

말뭉치의 숫자 표현 제거 수행 결과에서 두 번째 문서의 첫 번째 단락 내용을 보면 말뭉치에서 숫자 표현이 모두 제거된 것을 볼 수 있다.

(7) 말뭉치에서 대문자를 소문자로 치환하기

```
> brf.corpus <- tm_map(brf.corpus, content_transformer(tolower))
> (brf.corpus[[2]]$content)[[1]]
[1] "on the sidelines of the th korea japan china summit in chengdu, china, president moon jae-in
and japanese prime minister shinzo abe held a summit for  minutes from : p.m. today (local time)."
```

말뭉치의 대문자를 소문자로 치환하는 수행 결과에서 두 번째 문서의 첫 번째 단락 내용을 보면 말뭉치에서 대문자가 모두 소문자로 변환된 것을 볼 수 있다.

(8) 말뭉치에서 문장부호 및 특수문자 제거하기

```
> brf.corpus <- tm_map(brf.corpus, removePunctuation)
> (brf.corpus[[2]]$content)[[1]]
[1] "on the sidelines of the th korea japan china summit in chengdu china president moon jaein and
japanese prime minister shinzo abe held a summit for  minutes from  pm today local time"
```

말뭉치의 문장부호 및 특수문자 제거 수행 결과에서 두 번째 문서의 첫 번째 단락 내용을 보자. 말뭉치에서 문장부호 및 특수문자 제거가 잘 수행된 것을 볼 수 있다.

(9) 말뭉치에서 불용단어 제거하기(tm 패키지의 "en" 불용단어 목록에는 총 174개 존재).

```
> stopwords("en")
[1] "i"         "me"        "my"        "myself"    "we"
[6] "our"       "ours"      "ourselves" "you"       "your"
 ...
[171] "so"      "than"      "too"       "very"
> brf.corpus <- tm_map(brf.corpus, removeWords, stopwords("en"))
> (brf.corpus[[2]]$content)[[1]]
[1] "  sidelines    th korea japan china summit  chengdu china president moon jaein  japanese prime
minister shinzo abe held  summit   minutes    pm today local time"
```

말뭉치의 불용단어("en" 불용단어 목록을 이용) 제거 수행 결과에서 두 번째 문서의 첫 번째 단락 내용을 보면 말뭉치에서 불용단어 제거가 잘 수행된 것을 볼 수 있다. 하지만 "th", "pm" 단어의 경우 불용단어 목록에 존재하지 않아 말뭉치에서 제거할 필요가 있음을 알 수 있다.

(10) 말뭉치에서 불용단어 제거하기(tm 패키지의 "SMART" 불용단어 목록에는 총 571개 존재)

```
> stopwords("SMART")
[1] "a"            "a's"         "able"         "about"
...
[569] "yourselves"   "z"           "zero"
> brf.corpus <- tm_map(brf.corpus, removeWords, stopwords("SMART"))
> (brf.corpus[[2]]$content)[[1]]
[1] "  sidelines    korea japan china summit   chengdu china president moon jaein  japanese prime minister shinzo abe held  summit    minutes    pm today local time"
```

말뭉치의 불용단어("SMART" 불용단어 목록을 이용) 제거 수행 결과에서 두 번째 문서의 첫 번째 단락의 내용을 보자. 말뭉치에서 불용단어 제거가 잘 수행된 것을 볼 수 있다. 하지만 "pm" 단어의 경우 불용단어 목록에 존재하지 않아 말뭉치에서 제거될 필요가 있음을 알 수 있다.

(11) 말뭉치에서 불용단어 제거하기(tm 패키지의 "en" 불용단어 목록에 "pm" 단어 추가)

```
> j.stopword <- c(stopwords('en'), 'pm')
> brf.corpus <- tm_map(brf.corpus, removeWords, j.stopword)
> (brf.corpus[[2]]$content)[[1]]
[1] "  sidelines    korea japan china summit   chengdu china president moon jaein  japanese prime minister shinzo abe held  summit    minutes    today local time"
```

말뭉치의 불용단어("en" 불용단어 목록에 "pm" 단어 추가) 제거 수행 결과에서 두 번째 문서의 첫 번째 단락의 내용을 보면 말뭉치에서 불용단어 제거가 잘 수행된 것을 볼 수 있다.

(12) 어근 동일화(Stemming) 처리 수행하기

```
> test <- stemDocument(c('updated', 'update', 'updating'))
> test
[1] "updat" "updat" "updat"
> test <- stemCompletion(test, dictionary = c('updated', 'update', 'updating'))
> test
    updat     updat     updat
"update"  "update"  "update"
> library(quanteda)
> word.text <- NA
```

```
> for (i in 1:length(brf.corpus)) {
+   word.text <- c(word.text, as.character(brf.corpus[[i]]$content))
+ }
> word.text
> dictionary.brf <- tokens(word.text)
> dictionary.brf <- as.character(dictionary.brf)
> str(dictionary.brf)
 chr [1:913] "president" "moon" "jaein" "premier" "li" "keqiang" "people" ...
> doc1.stem    <- stemDocument(dictionary.brf)
> doc1.stemcpl <- stemCompletion(doc1.stem, dictionary = dictionary.brf, type = 'first')
> head(doc1.stemcpl)
    presid        moon       jaein     premier          li     keqiang
"president"      "moon"     "jaein"   "premier"        "li"   "keqiang"
```

어근 동일화 처리를 하고자 할 때 사용하는 함수에는 stemDocument()와 stemCompletion()이 있다. stemDocument() 함수는 위 결과처럼 앞 어간을 제외한 나머지 부분을 잘려 나가게 한다. 예를 들어 updated, update, updating은 서로 다르지만 모두 update- 라는 어간을 가지므로 "updat"로 나타난다.

stemCompletion() 함수는 스테밍(Stemming)된 단어와 단어사전(Dictionary)을 함께 넣으면 가장 기본적인 어휘로 완성시켜주는 역할을 한다. 위 결과에서 "updat"로 Stemming 되었던 단어들이 dictionary로 넣은 updated, update, updating 중 가장 기본 어휘인 "update"로 완성된 것을 볼 수 있다.

말뭉치에서 어근 동일화 처리를 위해 말뭉치에 포함된 단어를 토큰화하고 이것을 단어사전으로 사용한다. 처리결과 "presid" 단어가 "president"로 변경되었음을 볼 수 있다.

(13) 말뭉치에서 공란 처리하기

```
> brf.corpus <- tm_map(brf.corpus, stripWhitespace)
> (brf.corpus[[2]]$content)[[1]]
[1] " sidelines korea japan china summit chengdu china president moon jaein japanese prime minister
shinzo abe held summit minutes today local time"
```

말뭉치의 공란 제거 수행 결과에서 두 번째 문서의 첫 번째 단락 내용을 보면 말뭉치에서 공란 제거가 잘 수행된 것을 볼 수 있다.

(14) 데이터 전처리 함수 생성하기

```
preprocess_corpus <- function(corpus) {
  require(tm)
  require(stringr)
  # 특수 패턴 문자 변경하기
  corpus <- tm_map(corpus, content_transformer(str_replace_all),
            pattern = "Korea-Japan-China", replacement ="Korea Japan China")
  corpus <- tm_map(corpus, content_transformer(str_replace_all),
            pattern = "\\'s", replacement = "")
  corpus <- tm_map(corpus, content_transformer(str_replace_all),
            pattern = """, replacement = "")
  corpus <- tm_map(corpus, content_transformer(str_replace_all),
            pattern = """, replacement = "")
  corpus <- tm_map(corpus, content_transformer(str_replace_all),
            pattern = "'", replacement = "")
  corpus <- tm_map(corpus, content_transformer(str_replace_all),
            pattern = "'", replacement = "")
  # 숫자 표현 삭제
  corpus <- tm_map(corpus, removeNumbers)
  # 대문자를 소문자로 치환
  corpus <- tm_map(corpus, content_transformer(tolower))
  # 문장부호 및 구두점 제거
  corpus <- tm_map(corpus, removePunctuation)
  # 불용어 제거
  j.stopword <- c(stopwords('en'), 'pm')
  corpus <- tm_map(corpus, removeWords, j.stopword)
  corpus <- tm_map(corpus, removeWords, stopwords("SMART"))
  # 공란 처리
corpus <- tm_map(corpus, stripWhitespace)
# 처리결과값 반환
  return(corpus)
}
```

텍스트 데이터 전처리를 수행하는 preprocess_corpus() 함수가 잘 생성된 것을 볼 수 있다.

(15) preprocess_corpus() 함수를 이용해 데이터 전처리 수행하기

```
> corpus <- preprocess_corpus(brf.corpus)
> summary(corpus)
    Length              Class            Mode
    486.txt 2           PlainTextDocument  list
    487.txt 2           PlainTextDocument  list
    488.txt 2           PlainTextDocument  list
> (corpus[[2]]$content)[[1]]
[1] " sidelines korea japan china summit chengdu china president moon jaein japanese prime minister
shinzo abe held summit minutes today local time"
```

말뭉치의 데이터 전처리 결과에서 두 번째 문서의 첫 번째 단락 내용을 보면 말뭉치에서 데이터 전처리가 잘 수행된 것을 볼 수 있다.

(16) 전처리된 말뭉치 객체를 저장하기

```
> writeCorpus(corpus, path = "tm/briefings/corpus")
```

전처리된 말뭉치 객체의 저장에는 writeCorpus() 함수를 이용하고, 현재 작업 경로의 하위 경로 "tm/briefings/corpus"에 문서를 저장한다.

(17) 데이터 전처리된 말뭉치를 단어 빈도 역순의 데이터프레임 형식으로 변환하는 함수 만들기

```
corpus_dfm <- function(corpus) {
  require(tm)
  require(tidyverse)
  doc_tdm <- TermDocumentMatrix(corpus)
  doc_mtx <- as.matrix(doc_tdm)
  doc_term_freq <- rowSums(doc_mtx)
  doc_word_freqs <- data.frame(term = names(doc_term_freq),
                               num = doc_term_freq) %>% arrange(desc(num))
  return(doc_word_freqs)
}
```

데이터 전처리된 말뭉치를 단어 빈도 역순의 데이터프레임 형식으로 변환하는 corpus_dfm() 함수가 잘 생성된 것을 볼 수 있다.

(18) corpus_dfm() 함수를 이용해 단어 빈도가 높은 단어 확인하기

```
> corpus.dfm <- corpus_dfm(corpus)
> NROW(corpus.dfm)
[1] 437
> head(corpus.dfm)
        term num
1   president  23
2        moon  21
3       korea  19
4       china  14
5 cooperation  14
6   countries  14
```

corpus_dfm() 함수를 이용해 단어 빈도가 높은 단어 확인 결과 'president' 단어가 가장 많이 언급된 것을 볼 수 있다.

9.2.2.3 문서단어행렬과 예제

문서단어행렬(Document-Term Matrix, DTM)은 다수의 문서에서 등장하는 각 단어들의 빈도를 행렬로 표현한 것을 말한다. 텍스트 분석은 말뭉치(Corpus)에 대한 사전 처리 과정을 거쳐 '문서 x 단어행렬(Document-Term Matrix, DTM)' 혹은 '단어 x 문서행렬(Term-Document Matrix, TDM)'을 구축하고 추가적인 통계 분석을 실시한다. DTM은 가로줄에 문서가 세로줄에 단어가 배치된 행렬이고, TDM은 가로줄에 단어가 세로줄에 문서가 배치된 행렬이다. 즉 DTM과 TDM은 서로에 대한 전치행렬로 표현된다.

말뭉치에 등장한 단어의 빈도를 행렬의 값으로 표기한 문서단어행렬은 서로 비교할 수 있도록 수치화할 수 있다는 점에서 의의가 있다.

다음과 같은 4개의 문서를 문서단어행렬(DTM)로 표현하면 [표 9-6]과 같다.

- Doc1: 나는 빨간 노란 과일을 좋아한다
- Doc2: 빨간 사과 사과
- Doc3: 빨간 딸기
- Doc4: 노란 바나나 바나나

[표 9-6] 문서단어행렬(DTM) 예시

	나는	빨간	노란	과일을	좋아한다	사과	딸기	바나나
Doc1	1	1	1	1	1	0	0	0
Doc2	0	1	0	0	0	2	0	0
Doc3	0	1	0	0	0	0	1	0
Doc4	0	0	1	0	0	0	0	2

다음은 데이터 전처리된 말뭉치를 이용해 문서단어행렬(DTM)로 구축하는 예제다.

(1) 말뭉치에서 문서단어행렬(DTM)로 구축하기

```
> dtm <- DocumentTermMatrix(corpus)
> dtm
<<DocumentTermMatrix (documents: 3, terms: 437)>>
Non-/sparse entries : 539/772
Sparsity            : 59%
Maximal term length : 16
Weighting           : term frequency (tf)
```

실행 결과 생성된 DTM은 3개 문서와 437개 단어로 구성되어 있으며, 그 중에서 539개 단어가 1번 이상 사용되었고 나머지 772개는 0으로 표시된다. 희소성(Sparsity)은 전체 사용된 단어 수 중에서 0으로 표시된 단어 수이므로 59%인 것을 알 수 있다.

(2) 생성된 DTM에서 각 문서의 첫 번째에서 여섯 번째 단어의 분포 확인하기

```
> inspect(dtm[, 1:6])
<<DocumentTermMatrix (documents: 3, terms: 6)>>
Non-/sparse entries: 6/12
Sparsity           : 67%
Maximal term length: 8
Weighting          : term frequency (tf)
Sample             :
        Terms
    Docs    abducted abe abundant achieved active actively
    486.txt        0   0        0        1      0        2
    487.txt        1   6        0        0      0        0
    488.txt        0   0        1        0      3        0
```

문서 내용을 보는 방법은 inspect() 함수를 통해서 array로 지정해 선택하면 된다.

(3) 생성된 DTM에서 5에서 10회 사이로 사용된 단어를 확인하기

```
findFreqTerms(dtm, 5, 10)
 [1] "abe"       "agreement" "bilateral" "dialogue"  "expressed" "forward"
 [7] "hope"      "issues"    "japan"     "leaders"   "mou"       "peace"
[13] "peninsula" "premier"   "project"   "support"   "time"
```

실행 결과 17개 단어가 5에서 10회 사이로 사용된 것을 볼 수 있다. findFreqTerms() 함수는 지정된 단어 빈도를 DTM에서 출력할 수 있다.

(4) 생성된 DTM에서 "president" 단어와 연관성(0.0~1.0범위)이 0.9 이상인 단어 확인하기

```
findAssocs(dtm, c('president'), c(0.9))
$president
        peace    discussions           hope           moon        promote
         1.00           0.99           0.99           0.99           0.99
        trade    cooperation           year       bilateral   collaboration
         0.99           0.97           0.95           0.92           0.92
  development            end         future         global         indepth
         0.92           0.92           0.92           0.92           0.92
   initiative          korea      mentioned            met       necessity
         0.92           0.92           0.92           0.92           0.92
      network  participation      peninsula         people            plan
         0.92           0.92           0.92           0.92           0.92
    promoting         signed
         0.92           0.92
```

실행 결과 "president" 단어와 연관성이 0.9 이상인 단어가 27개 표시된 것을 볼 수 있다. findAssocs() 함수는 단어('president')와 같이 사용될 확률로 계산하여 찾아준다. 이를 통해 무슨 내용이 많이 언급되는지를 볼 수 있다.

(5) 생성된 DTM에서 희소성(Sparsity) 값을 0.2까지 허용하고, 넘는 경우는 제외하기

```
> inspect(removeSparseTerms(dtm, 0.2))
<<DocumentTermMatrix (documents: 3, terms: 21)>>
Non-/sparse entries: 63/0
Sparsity           : 0%
Maximal term length: 14
Weighting          : term frequency (tf)
Sample             :
       Terms
Docs    added countries expressed hope issues korea korean moon peninsula president
  486.txt     1         2         2    3      3     7     2     7    2         8
  487.txt     1         4         2    1      2     5     2     5    1         5
  488.txt     2         8         4    5      1     7     7     9    2        10
```

희소성(Sparsity) 값이 0.2까지만 허용한 경우 사용된 단어가 0으로 표시된 단어는 없는 것을 볼 수 있다. removeSparseTerms() 함수는 Sparsity 값이 최대 지정된 값까지만 허용된다.

(6) 말뭉치에서 분석에 사용하고자 하는 단어와 새로운 단어 "jang"를 추가하여 DTM 구축하기

```
> dic <- c("japan", "korea", "president", "export", "moon", "jang")
> inspect(DocumentTermMatrix(corpus, control = list(dictionary = dic)))
<<DocumentTermMatrix (documents: 3, terms: 6)>>
Non-/sparse entries: 11/7
Sparsity           : 39%
Maximal term length: 9
Weighting          : term frequency (tf)
Sample             :
        Terms
    Docs export jang japan korea moon president
    486.txt     0    0     0     7    7         8
    487.txt     3    0     6     5    5         5
    488.txt     0    0     0     7    9        10
```

단어사전(Dictionary)은 복수의 문자들의 집합으로 텍스트 마이닝에서 분석에 사용하고자 하는 단어들의 집합이다. 여기에 단어를 추가할 수 있다. 단어사전에 "japan", "korea", "president", "export", "moon", "jang" 단어를 등록하여 해당 단어사전을 이용해서 DTM를 분석한다. 실행 결과에서 등록된 단어사전을 대상으로 DTM을 구축하고 분석된 것을 볼 수 있다.

9.2.2.4 한국어 텍스트 전처리와 예제

한국어 텍스트 데이터를 전처리하는 과정은 본질적으로 영문 텍스트 데이터를 전처리하는 과정과 동일하다. 물론 차이점도 존재하지만, '자연어'라는 텍스트 데이터를 처리하는 측면에서의 차이라기보다는 한국어와 영어의 언어적 차이 때문으로 보는 것이 타당하다.

한국어와 영어의 가장 큰 차이는 텍스트의 기본 분석 단위라고 할 수 있는 단어(토큰)에서 찾을 수 있다. 영어의 경우 띄어쓰기를 이용해 단어와 단어를 쉽게 구분할 수 있지만, 한국어의 경우 띄어쓰기를 이용해 단어를 추출할 수 없다. 한국어에는 '조사(助詞)'와 '어미(語尾)'의 변화가 매우 다양하여 영어보다 단어를 추출하기가 어렵다. 따라서 한국어 문장은 띄어쓰기와 상관없이 품사를 기준으로 단어를 구분하는 것이 더 바람직하다.

한국어 텍스트 데이터는 명사를 추출하는 방법을 주로 사용한다. 명사를 추출하는 방법을 이용해서 한국어 텍스트 데이터에 존재하는 명사를 추출하고, 추출된 명사를 텍스트 데이터 분석에 사용하는 것이 일반적이다.

다음은 대통령 연설문(8024.txt, 8032.txt, 8035.txt) 자료를 이용한 데이터 전처리를 수행하는 예제다.

(1) 수집된 대통령 연설문 자료 읽어오기

```
> library(KoNLP)
> library(tm)
> article.text.location <- paste(getwd(), "/tm/articles/txt", sep = "")
> atc.corpus <- VCorpus(DirSource(article.text.location),
+                                 readerControl = list(language = 'lat'))
> summary(atc.corpus)
         Length         Class Mode
8024.txt 2      PlainTextDocument list
8032.txt 2      PlainTextDocument list
8035.txt 2      PlainTextDocument list
```

수집된 말뭉치(Corpus)에는 3개의 문서(8024.txt, 8032.txt, 8035.txt)가 있음을 볼 수 있다.

(2) 말뭉치의 구성 및 내용 확인하기

```
> summary(atc.corpus[[1]]$content)
Length     Class      Mode
     4 character character
> (atc.corpus[[1]]$content)[[1]]
[1] "신종 코로나 바이러스 감염증 3번째 확진자가 발생했습니다."
> summary(atc.corpus[[2]]$content)
Length     Class      Mode
    14 character character
> (atc.corpus[[2]]$content)[[1]]
[1] "문재인 대통령은 29일 오후 2시부터 3시 20분까지 청와대 영빈관에서 준장 진급자 77명에게 장군의 상징인 삼정검을 직접 수여하고, 환담을 가졌습니다. "
> summary(atc.corpus[[3]]$content)
Length     Class      Mode
    20 character character
> (atc.corpus[[3]]$content)[[1]]
[1] "오늘 회의는 신종 코로나바이러스 감염증에 대한 대책들을 종합적으로 점검하고 논의하기 위해 소집했습니다. 시?도지사님들도 화상 연결로 참석했습니다. 감사합니다."
```

말뭉치 구성을 보면 첫 번째 문서에는 4개 단락, 두 번째 문서에는 14개 단락, 세 번째 문서에는 20개 단락으로 구성된 것을 볼 수 있다. 각 문서의 첫 번째 단락 내용을 살펴보자. 데이터 정제 및 정규화 작업이 필요한 것을 알 수 있다.

(3) 정규표현식을 이용한 일정한 패턴의 단어 찾기

```
> pattern1 <- gregexpr("[[:alpha:]]+\\?", (atc.corpus[[3]]$content)[[1]])
> pattern1
[[1]]
[1] 59
attr(,"match.length")
[1] 2
> regmatches((atc.corpus[[3]]$content)[[1]], pattern1)
[[1]]
[1] "시?"

> pattern2 <- gregexpr("대통령은+[[:space:]]", (atc.corpus[[2]]$content)[[1]])
> pattern2
[[1]]
[1] 5
attr(,"match.length")
[1] 5
> regmatches((atc.corpus[[2]]$content)[[1]], pattern2)
[[1]]
[1] "대통령은 "
```

말뭉치에서 세 번째 문서의 첫 번째 단락과, 두 번째 문서의 첫 번째 단락에 정규표현식을 적용해서 일정한 패턴의 단어를 찾아본 위의 결과를 보자.

gregexpr() 함수는 지정한 표현어가 분석 대상의 텍스트 데이터에서 등장하는지, 그리고 몇 번이나 등장하는지 각각의 위치를 알 수 있다. regmatches() 함수는 regexpr() 함수에서 추출된 표현을 텍스트 데이터에서 추출하여 해당 표현을 제거하는 용도로 사용할 수 있다.

위 결과에서 첫 번째 정규표현에서 특수문자(?) 앞에 문자를 표현하기 위해 [[:alpha:]]를 사용했다. 특수문자를 자연어로 인식시키려면 반드시 2개의 백슬래시(\\)를 지정해야 한다. 두 번째 정규표현에서 "대통령은" 등장 이후에 1회 공백이 등장하는 표현을 추출할 경우에는 "+"를 첨부하면 된다.

(4) 데이터 전처리 함수 생성하기

```r
preprocess_corpus_kor <- function(corpus) {
  require(tm)
  require(stringr)
  # 숫자 표현 삭제
  corpus <- tm_map(corpus, removeNumbers)
  # 문장부호 및 구두점 제거
  corpus <- tm_map(corpus, removePunctuation)
  # 특정패턴문자 변경하기
  corpus <- tm_map(corpus, content_transformer(str_replace_all),
                   pattern = "\\?", replacement = "")
  corpus <- tm_map(corpus, content_transformer(str_replace_all),
                   pattern = """, replacement = "")
  corpus <- tm_map(corpus, content_transformer(str_replace_all),
                   pattern = """, replacement = "")
  corpus <- tm_map(corpus, content_transformer(str_replace_all),
                   pattern = "문+[[:space:]]", replacement = "문재인 ")
  corpus <- tm_map(corpus, content_transformer(str_replace_all),
                   pattern = "대통령의+[[:space:]]", replacement = "대통령 ")
  # 공란 처리
  corpus <- tm_map(corpus, stripWhitespace)
  
  return(corpus)
}
```

텍스트 데이터 전처리를 수행하는 preprocess_corpus_kor() 함수가 잘 생성된 것을 볼 수 있다.

(5) preprocess_corpus_kor() 함수를 이용해 데이터 전처리 수행하기

```
> corpus <- preprocess_corpus_kor(atc.corpus)
> summary(corpus)
         Length Class             Mode
8024.txt 2      PlainTextDocument list
8032.txt 2      PlainTextDocument list
8035.txt 2      PlainTextDocument list
> (corpus[[1]]$content)[[1]]
[1] "신종 코로나 바이러스 감염증 번째 확진자가 발생했습니다"
> (corpus[[2]]$content)[[1]]
[1] "문재인 대통령은 일 오후 시부터 시 분까지 청와대 영빈관에서 준장 진급자 명에게 장군의 상징인 삼정 검을 직접 수여하고 환담을 가졌습니다 "
> (corpus[[3]]$content)[[1]]
[1] "오늘 회의는 신종 코로나바이러스 감염증에 대한 대책들을 종합적으로 점검하고 논의하기 위해 소집했습니다 시도지사님들도 화상 연결로 참석했습니다 감사합니다"
```

말뭉치의 데이터 전처리 결과에서 각 문서의 첫 번째 단락 내용을 보면 말뭉치에서 데이터 전처리가 잘 수행된 것을 볼 수 있다. 그러나 한국어 텍스트 데이터 분석을 위해 명사 추출이 필요하다는 것을 알 수 있다.

(6) 말뭉치에서 명사를 추출하여 문서로 저장하기

```r
> require(stringr)
> require(KoNLP)
> idx <- c(8024, 8032, 8035)
> for (i in 1:length(corpus)) {
+   doc   <- corpus[[i]]$content
+   none <- sapply(doc, extractNoun, USE.NAMES = F)
# 2자 이상인 한글 단어만을 선택하기
+   tran <- sapply(none,
+                  function(x) {
+                      Filter(function(y) { nchar(y) >= 2 && is.hangul(y) }
+                             , x) })
# 문서의 문장별로 2자 이상인 한글 단어만을 선택하여 문장으로 변환하기
+   doc.none <- unlist(tran)
# 문서의 단락들을 병합하기
+   doc.none.doc <- NULL
+   for (j in 1:length(doc.none)) {
+     doc.none.doc <- paste(doc.none.doc, doc.none[j], sep = " ")
+   }
# 파일명 설정
+   f.name <- idx[i]
+   f.name <- paste(f.name, ".txt", sep = "")
# tm/articles/corpus/8024.txt, 8032.txt, 8035.txt 저장하기
+   write.table(doc.none.doc,
+               file.path("tm/articles/corpus", f.name),
+               row.names = FALSE,
+               col.names = FALSE)
+ }
```

텍스트 데이터 전처리된 말뭉치에서 명사를 추출하여 현재 작업 경로의 하위 경로 "tm/articles/corpus"에 문서(8024.txt, 8032.txt, 8035.txt)로 저장한다.

(7) 명사 추출된 말뭉치 읽어오기

```
> require(tm)
> require(stringr)
> article.text.location <- paste(getwd(), "/tm/articles/corpus", sep = "")
> atc.corpus <- VCorpus(DirSource(article.text.location),
+                                 readerControl = list(language = 'lat'))
> summary(atc.corpus)
         Length      Class              Mode
8024.txt 2           PlainTextDocument  list
8032.txt 2           PlainTextDocument  list
8035.txt 2           PlainTextDocument  list
```

수집된 말뭉치에는 3개의 문서(8024.txt, 8032.txt, 8035.txt)가 있음을 볼 수 있다.

(8) 말뭉치 구성 및 내용 확인하기

```
> summary(atc.corpus[[1]]$content)
Length    Class       Mode
     1    character   character
> (atc.corpus[[1]]$content)[[1]]
[1] "신종 바이러스 감염증 번째 확진자 발생했습니 중국 여행객 방문 재인 귀국자 때문 정부 연휴 기간
긴장 시간 대응 체계 가동 있습니 질병 관리 본부장 국립 중앙 의료원 장에 전화 격려 당부 말씀 드렸습니
정부 지자체 단위 필요 노력 국민 정부 필요 조치 과도 불안 당부 드립"
> summary(atc.corpus[[2]]$content)
Length    Class       Mode
     1    character   character
> (atc.corpus[[2]]$content)[[1]]
[1] "문재인 대통령 오후 청와대 영빈관 준장 진급 장군 상징 삼정 환담 가졌습니 문재인 대통령 환담 모두
발언 과거 대장 진급 자와 일부 중장진급 수치 방식 대통령 삼정 우리 정부 장성 진급 대통령 무관 선택
노력 명예 뿌듯 때문 대통령 축하 말했습니 통수권자 대통령 준장 진급 삼정 문재인 정부 시도
… 이하 생략
> summary(atc.corpus[[3]]$content)
Length    Class       Mode
     1    character   character
> (atc.corpus[[3]]$content)[[1]]
[1] "오늘 회의 신종 코로나 바이러스 감염증 대책 종합적 점검 논의 하기 소집 시도지사 화상 연결 참석
감사 감염 확산 민생 경제 영향 최소화 하기 중앙정부 지자체 소통 협력 화해 오늘 중국 우한 고립 우리
교민 귀국 시작 실제 도착 내일 협조 항공 승무원 우리 국민 어디 국민 생명 안전 국가 당연 책무 현지
… 이하 생략
```

말뭉치 구성을 확인해보자. 각 문서가 하나의 단락으로 구성된 것을 볼 수 있다. 각 문서의 내용을 보면 데이터 정규화 작업이 필요한 것을 볼 수 있다.

(9) 대통령 연설문(8024.txt) 데이터 정규화 작업 수행하기

```
> doc8024 <- readLines(file.path("tm/articles/corpus", "8024.txt"))
> summary(doc8024)
Length     Class      Mode
    1     character  character
> doc8024
[1] "신종 바이러스 감염증 번째 확진자 발생했습니 중국 여행객 방문 재인 귀국자 때문 정부 연휴 기간
긴장 시간 대응 체계 가동 있습니 질병 관리 본부장 국립 중앙 의료원 장에 전화 격려 당부 말씀 드렸습니
정부 지자체 단위 필요 노력 국민 정부 필요 조치 과도 불안 당부 드립"
> doc8024 <- str_replace_all(doc8024,
+                            pattern = "신종+[[:space:]]+바이러스",
+                            replacement = "코로나일구")
> doc8024 <- str_replace_all(doc8024,
+                            pattern = "질병+[[:space:]]+관리+[[:space:]]+본부장",
+                            replacement = "질병관리본부장")
> doc8024 <- str_replace_all(doc8024,
+                            pattern = "국립+[[:space:]]+중앙+[[:space:]]+의료원+[[:space:]]+장에",
+                            replacement = "국립중앙의료원장")
> write.table(doc8024, file.path("tm/articles/corpus", "8024.txt"),
+             row.names = FALSE, col.names = FALSE)
```

연설문(8024.txt) 내용 중에서 "신종 바이러스" 단어를 "코로나일구", "질병 관리 본부장" 단어를 "질병관리본부장", "국립 중앙 의료원 장에" 단어를 "국립중앙의료원장"으로 데이터 정규화 작업을 수행한 것을 볼 수 있다.

(10) 대통령 연설문(8032.txt) 데이터 정규화 작업 수행하기

```
> doc8032 <- readLines(file.path("tm/articles/corpus", "8032.txt"))
> summary(doc8032)
Length     Class      Mode
    1     character  character
> doc8032
[1] "문재인 대통령 오후 청와대 영빈관 준장 진급 장군 상징 삼정 환담 가졌습니 문재인 대통령 환담 모두
발언 과거 대장 진급 자와 일부 중장진급 수치 방식 대통령 삼정 우리 정부 장성 진급 대통령 무관 선택
노력 명예 뿌듯 때문 대통령 축하 말했습니 통수권자 대통령 준장 진급 삼정 문재인 정부 시도
… 이하 생략
> doc8032 <- str_replace_all(doc8032,
+                            pattern = "전시작+[[:space:]]+전권",
+                            replacement = "전시작전권")
> doc8032 <- str_replace_all(doc8032,
+                            pattern = "[[:space:]]+전작+[[:space:]]+",
+                            replacement = " 전시작전권 ")
```

```
> doc8032 <- str_replace_all(doc8032,
+                            pattern = "신종+[[:space:]]+코로나+[[:space:]]+바이러스",
+                            replacement = " 코로나일구 ")
> write.table(doc8032, file.path("tm/articles/corpus", "8032.txt"),
+             row.names = FALSE, col.names = FALSE)
```

연설문(8032.txt) 내용 중에서 "전시작 전권" 단어를 "전시작전권", " 전작" 단어를 " 전시작전권", "신종 코로나 바이러스" 단어를 "코로나일구"로 데이터 정규화 작업을 수행한 것을 볼 수 있다.

(11) 대통령 연설문(8035.txt) 데이터 정규화 작업 수행하기

```
> doc8035 <- readLines(file.path("tm/articles/corpus", "8035.txt"))
> summary(doc8035)
  Length    Class      Mode
       1 character  character
> doc8035
[1] "오늘 회의 신종 코로나 바이러스 감염증 대책 종합적 점검 논의 하기 소집 시도지사 화상 연결 참석
감사 감염 확산 민생 경제 영향 최소화 하기 중앙정부 지자체 소통 협력 화해 오늘 중국 우한 고립 우리
교민 귀국 시작 실제 도착 내일 협조 항공 승무원 우리 국민 어디 국민 생명 안전 국가 당연 책무 현지
… 이하 생략
> doc8035 <- str_replace_all(doc8035,
+                            pattern = "신종+[[:space:]]+코로나+[[:space:]]+바이러스",
+                            replacement = " 코로나일구 ")
> doc8035 <- str_replace_all(doc8035,
+                            pattern = "[[:space:]]+바이러스+[[:space:]]",
+                            replacement = " 코로나일구 ")
> doc8035 <- str_replace_all(doc8035,
+                            pattern = "[[:space:]]+코로나+[[:space:]]",
+                            replacement = " 코로나일구 ")
> write.table(doc8035, file.path("tm/articles/corpus", "8035.txt"),
+             row.names = FALSE, col.names = FALSE)
```

연설문(8035.txt) 내용 중에서 "신종 코로나 바이러스" 단어를 " 코로나일구 ", " 바이러스" 단어를 " 코로나일구 ", " 코로나" 단어를 " 코로나일구 "로 데이터 정규화 작업을 수행했다.

(12) 데이터 전처리된 말뭉치 읽어오기

```
> require(tm)
> require(stringr)
> article.text.location <- paste(getwd(), "/tm/articles/corpus", sep = "")
> atc.corpus <- VCorpus(DirSource(article.text.location),
+                                 readerControl = list(language = 'lat'))
> summary(atc.corpus)
         Length Class             Mode
8024.txt 2      PlainTextDocument list
8032.txt 2      PlainTextDocument list
8035.txt 2      PlainTextDocument list
> (atc.corpus[[1]]$content)[[1]]
[1] "코로나일구 감염증 번째 확진자 발생했습니 중국 여행객 방문 재인 귀국자 때문 정부 연휴 기간 긴장
시간 대응 체계 가동 있습니 질병관리본부장 국립중앙의료원장 전화 격려 당부 말씀 드렸습니 정부 지자체
단위 필요 노력 국민 정부 필요 조치 과도 불안 당부 드립"
> (atc.corpus[[2]]$content)[[1]]
[1] "문재인 대통령 오후 청와대 영빈관 준장 진급 장군 상징 삼정 환담 가졌습니 문재인 대통령 환담 모두
발언 과거 대장 진급 자와 일부 중장진급 수치 방식 대통령 삼정 우리 정부 장성 진급 대통령 무관 선택
노력 명예 뿌듯 때문 대통령 축하 말했습니 통수권자 대통령 준장
… 이하 생략
> (atc.corpus[[3]]$content)[[1]]
[1] "오늘 회의 코로나일구 감염증 대책 종합적 점검 논의 하기 소집 시도지사 화상 연결 참석 감사 감염
확산 민생 경제 영향 최소화 하기 중앙정부 지자체 소통 협력 화해 오늘 중국 우한 고립 우리 교민 귀국
시작 실제 도착 내일 협조 항공 승무원 우리 국민 어디 국민 생명 안
… 이하 생략
```

말뭉치의 각 문서의 내용을 보면 데이터 정규화 작업이 잘 수행된 것을 볼 수 있다.

(13) corpus_dfm() 함수를 이용해 말뭉치의 단어 빈도 생성 및 시각화

```
> corpus.dfm <- corpus_dfm(atc.corpus)
> NROW(corpus.dfm)
[1] 86
> head(corpus.dfm)
     term num
1    대통령  16
2    문재인  13
3  코로나일구   7
4    지자체   5
5    감염증   4
6   대한민국   4
> library(tidyverse)
> theme_set(theme_bw(base_family = "AppleGothic"))
> ggplot(corpus.dfm %>% filter(num > 2), aes(reorder(term, num), num)) +
+  geom_bar(stat = "identity", width = 0.5, fill = "tomato2") +
+  coord_flip() +
+  theme(axis.text.x = element_text(angle = 65, vjust = 0.6))
```

말뭉치를 데이터프레임 형식으로 변환하여 단어 빈도의 역순으로 출력하면 대통령, 문재인, 코로나일구, 지자체, 대한민국, 감염증 순으로 높은 것을 볼 수 있다.

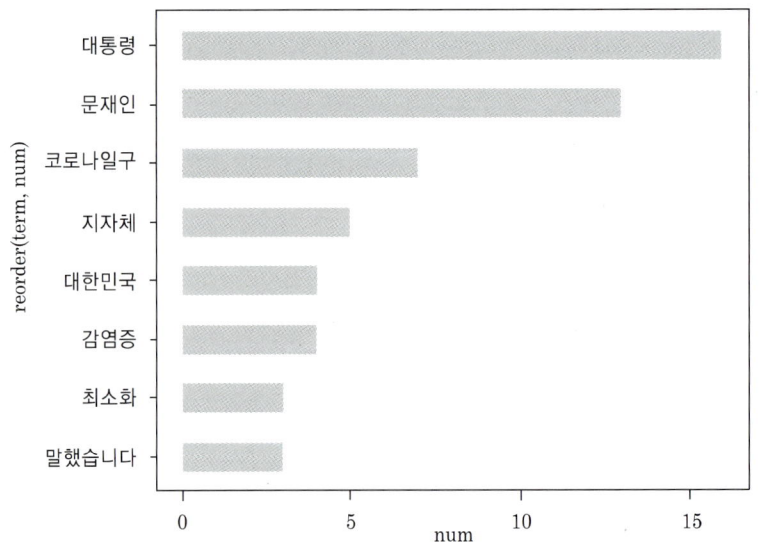

[그림 9-3] 말뭉치의 단어 빈도 역순 막대 그래프

9.3 유사도 거리

> 유클리드 거리 함수, 맨하튼 거리 함수, 자카드 거리 함수, 코사인 거리 함수, 민코우스키 거리 함수, 마할라노비스 거리 함수, 표준화 거리 함수

- ✓ **유클리드 거리 함수**는 각 차원에서 거리의 제곱을 이용해 계산하고, 가장 직관적이고 일반적인 거리를 계산하는 함수다.

- ✓ **맨하튼 거리 함수**는 두 점 X와 Y사이에 각 차원 좌표 간의 절대값 차이를 합하여 계산하는 함수다.

- ✓ **자카드 거리 함수**는 비교 대상의 두 객체들의 특징 집합으로 처리한다. 두 집합 모두에 존재하는 특징은 중요하지만, 둘 중 하나에만 있는 특징은 중요하지 않은 문제의 경우에 적당한 방법이다.

- ✓ **코사인 거리 함수**는 두 문서의 유사도를 측정하기 위해 텍스트를 분류할 경우에 종종 사용된다.

- ✓ **민코우스키 거리 함수**는 맨하탄 거리와 유클리드 거리를 한 번에 표현한다.

- ✓ **마할라노비스 거리 함수**는 평균과의 거리가 표준편차의 몇 배인지를 나타내는 값이다.

- ✓ **표준화 거리 함수**(또는 통계적 거리)는 각 변수를 해당 변수의 표준편차로 척도 변환 후에 유클리드 거리를 계산한다. 표준화를 하면 척도의 차이, 분산의 차이로 인한 왜곡을 피할 수 있다.

9.3.1 유사도 거리 함수

두 객체(사람, 기업, 제품, 고객 등)가 비슷한 특징을 가지고 있다면 특징을 정의하는 공간에서 두 객체가 가까울수록 두 객체는 더 비슷하다고 할 수 있다. 여기서 이미 객체의 유사도(Similarity)를 은연 중에 사용했다. 데이터 객체(문장에서 중요한 단어를 표현한 것)가 놓인 공간을 정리하여 가까이 있는 객체를 어떤 목적에 비추어 비슷하게 다룬다.

두 고객이 비슷하다는 말은 무엇을 뜻하는 것일까?

은행업무를 단순화해서 두 객체(고객A, 고객B)의 관계를 생각해보자.

[표 9-7] 고객A, B의 특징

속성	고객A	고객B
연령	40	35
현주소 거주 연수	3	7
거주형태(1 = 자가, 2 = 임대)	1	2
자녀 수	3	2

고객A와 고객B 간의 유사도나 거리를 측정하는 방법은 많지만 객체의 특징이 두 개 있다면 2차원 공간에서 점으로 나타낼 수 있다. [그림 9-4]는 2차원 평면에 놓인 두 개의 데이터 값 A와 B를 보여준다. 객체A는 좌표 (x_A, y_A), 객체B는 좌표 (x_B, y_B)에 있다.

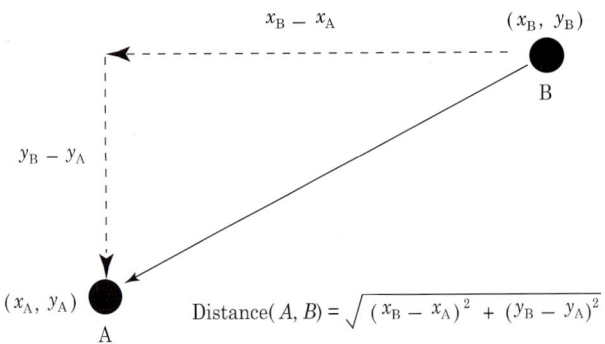

[그림 9-4] 두 점(A, B)의 유클리드 거리

피타고라스의 정리에 의하면 A와 B 사이의 거리는 사변의 거리로서 너비의 제곱과 높이의 제곱을 합한 후 제곱근을 구한 값이다. 두 고객(A, B)의 각 특징(각 차원)의 거리를 계산해 전체적인 거리를 계산할 수 있다. 이 거리는 두 점(A, B) 간의 유클리드 거리라고 부르고 가장 널리 사용되는 기하학적 거리다. 고객A, 고객B의 유클리드 거리는 다음과 같다.

$$d(A, B) = \sqrt{(40-35)^2 + (3-7)^2 + (1.2)^2 + (3-2)^2} \approx 6.6$$

두 객체 간의 거리는 약 7정도 된다. 이렇게 구해진 거리는 단지 숫자일 뿐이며 단위가 없기에 의미 있게 해석할 수는 없다. 그러나 한 쌍의 유사도와 다른 한 쌍의 유사도를 비교할 수 있다는 점에서 유용하며 거리를 이용한 유사도 비교에는 많은 도움이 된다.

문서 간 유사도를 검사할 때는 텍스트 데이터를 저차원(2차원)으로 축소 후 문서 간 거리를 계산한다. 앞에서 설명한 유클리드 거리 함수는 이해하기 쉽고 계산 속도도 빠르기 때문에 데이터 과학에서 일반적으로 사용되는 거리 측정법이다. 다음은 거리 함수에 대한 설명이다.

9.3.1.1 유클리드 거리 함수

유클리드 거리(Euclidean distance) 함수는 각 차원에서 거리의 제곱을 이용해 계산한다. 가장 직관적으로 거리를 계산하여 일반적으로 널리 쓰이는 함수다. 각 차원의 거리 제곱을 이용하므로 L2 노름(Norm)이라고 부른다. 노름은 벡터의 길이 혹은 크기를 측정하는 방법(함수)이고, 측정한 벡터의 크기는 원점에서 벡터 좌표까지의 거리라고 한다. 유클리드 공간(n차원 좌표평면)에서 계산하기 때문에 유클리드 노름이라고도 한다. 유클리드 노름은 $\|\cdot\|_2$ 기호로 표현하기도 한다. 다음은 유클리드 거리 계산식이다.

$$D_{Euclidean}(X,\ Y) = \| X - Y \|_2 = \sqrt{\sum_{i=1}^{n}(x_i - y_i)^2} = \sqrt{(x_1-y_1)^2 + (x_2-y_2)^2 + \ldots + (x_n-y_n)^2}$$

9.3.1.2 맨하튼 거리 함수

맨하튼 거리(Manhattan distance) 함수는 두 점 X와 Y 사이에 각 차원 좌표 간의 절대값 차이를 합하여 계산하는 함수이다. 맨하튼 거리라고 부르는 이유는 거리 계산하는 방법이 맨하튼 시내(격자형으로 되어 있는 시내도로)처럼 두 점 사이의 이동거리를 나타내기 때문이다. 전체 이동거리는 동서로 이동한 거리와 남북으로 이동한 거리를 모두 합한 크기다. 맨하튼 거리는 L1 노름 또는 맨하튼 노름이라고 한다. 맨하튼 노름은 $\|\cdot\|_1$ 기호로 표현하기도 한다. 다음은 맨하튼 거리 계산식이다.

$$D_{Manhattan}(X,\ Y) = \| X - Y \|_1 = \sum_{i=1}^{n}|x_i - y_i| = |x_1-y_1| + |x_2-y_2| + \ldots + |x_n-y_n|$$

9.3.1.3 자카드 거리 함수

자카드 거리(Jaccard distance) 함수는 비교 대상의 두 객체의 특징 집합(Sets of characteristics)으로 처리한다. 두 집합 모두에 존재하는 특징은 중요하지만, 둘 중 하나에만 있는 특징은 중요하지 않은 경우에 적당한 방법이다. 자카드 지수(Jaccard index)는 두 집합 사이의 유사도를 측정하는 방법 중 하나로 자카드 계수(Jaccard coefficient) 또는 자카드 유사도라고도 한다(Wikipedia, "Jaccard index" 참조).

자카드 지수는 0과 1사이의 값을 가지며, 두 집합이 동일하면 1의 값을 가지고, 공통의 원소가 하나도 없으면 0의 값을 가진다. 다음은 자카드 지수 계산식이다.

$$J(X,\ Y) = \frac{|X \cap Y|}{|X \cup Y|} = \frac{|X \cap Y|}{|X| + |Y| - |X \cap Y|}$$

자카드 거리는 1에서 자카드 지수를 뺀 값이다. 다음은 자카드 거리 계산식이다.

$$D_{Jaccard}(X,\ Y) = 1 - J(X,\ Y) = 1 - \frac{|X \cap Y|}{|X \cup Y|} = \frac{|X \cup Y| - |X \cap Y|}{|X \cup Y|}$$

9.3.1.4 코사인 거리 함수

코사인 방법은 두 문서의 유사도를 측정하기 위해 텍스트를 분류할 경우에 종종 사용된다. 코사인 거리를 계산할 때는 문서(Document)에 포함된 단어를 추출하여 단어별로 개수를 세어 행렬로 만들어주는 전처리가 필요하다. 코사인 유사도(Cosine similarity)는 두 개의 문서별, 단어별 개수를 세어 놓은 특징 벡터 X, Y에 대해서 두 벡터의 곱(X, Y)을 두 벡터의 L2 노름(유클리드 거리)의 곱으로 나눈 값이다 (Wikipedia, "Cosine similarity" 참조).

다음은 코사인 유사도 계산식이다.

$$Cosine\ Similarity = \frac{X \cdot Y}{\|X\|_2 \cdot \|Y\|_2} = \frac{\sum_{i=1}^{n} x_i y_i}{\sqrt{\sum_{i=1}^{n} x_i^2 \sum_{i=1}^{n} y_i^2}}$$

코사인 거리는 1 – 코사인 유사도로 계산하고, 다음은 코사인 거리 계산식이다.

$$D_{Cosine(X,\ Y)} = 1 - \frac{X \cdot Y}{\|X\|_2 \cdot \|Y\|_2} = 1 - \frac{\sum_{i=1}^{n} x_i y_i}{\sqrt{\sum_{i=1}^{n} x_i^2 \sum_{i=1}^{n} y_i^2}}$$

9.3.1.5 민코우스키 거리 함수

민코우스키 거리(Minkowski distance) 함수는 맨하탄 거리와 유클리드 거리를 한 번에 표현한 공식으로 m = 1인 경우 L1 노름(맨하튼 거리), m = 2인 경우 L2 노름(유클리드 거리)라고 한다. 다음은 민코우스키 거리 계산식이다.

$$D_{Minkowski}(x,\ y) = \left[\sum_{j=1}^{n}(x_j - y_j)^m\right]^{\frac{1}{m}}$$

9.3.1.6 마할라노비스 거리 함수

마할라노비스 거리(Mahalanobis distance) 함수는 평균과의 거리가 표준편차의 몇 배인지를 나타내는 값이다. 다음은 마할라노비스 거리 계산식이다.

$$D_{Mahalanobis}(x, y) = \sqrt{(x-y)'S^{-1}(x-y)}, \quad S = \{S_{ij}\} : \text{관측벡터의 공분산 행렬}$$

9.3.1.7 표준화 거리 함수

표준화 거리(Standardized distance) 함수(또는 통계적 거리 함수)는 각 변수를 해당 변수의 표준편차(Standard deviation)로 척도 변환 후에 유클리드 거리를 계산한다. 표준화를 하면 척도(Scale)의 차이, 분산의 차이로 인한 왜곡을 피할 수 있다. 다음은 표준화 거리 계산식이다.

$$D_{Standardized}(x, y) = \frac{euclidean\ deviation}{standard\ deviation} = \left[\sum_{j=1}^{m} \frac{|x_j - y_j|^2}{S_{jj}}\right]^{\frac{1}{2}} = \sqrt{(x-y)'D^{-1}(x-y)}$$

$D = diag\{S_{11}, S_{22}, ..., S_{mm}\}$: j 번째 변수의 S_{jj}를 원소로 가지는 대각행렬(Diagonal Matrix)

텍스트를 분류할 때 각 단어는 토큰(Token)이라 하고, 각 단어가 하나의 차원에 해당한다. 다음은 3개의 문서, 단어 출현 횟수를 나타낸다.

[표 9-8] 3개의 문서, 단어 출현 횟수

Corpus Text	Life	Performance	Learn
Document1	1	1	5
Document2	4	6	3
Document3	40	60	30

[표 9-8]에서 각 문서별 출현하는 단어 횟수를 특징 벡터로 하는 벡터를 가지고 'Document1'과 'Document2' 간의 코사인 거리를 구하면 다음과 같다.

$$D_{Cosine}(Document_1, Document_2) = 1 - \frac{[1,1,5] \cdot [4,6,3]}{\|[1,1,5]\|_2 \cdot \|[4,6,3]\|_2}$$

$$= 1 - \frac{1 \times 4 + 1 \times 6 + 5 \times 3}{\sqrt{1^2 + 1^2 + 5^2} \cdot \sqrt{4^2 + 6^2 + 3^2}} = 1 - \frac{27}{\sqrt{27} \cdot \sqrt{61}}$$

$$1 - \frac{27}{5.196 \times 7.810} \approx 1 - 0.665 = 0.335$$

코사인 거리를 계산할 때 사용하는 코사인 유사도의 분자, 분모에서 코사인 거리를 유추할 수 있는데, 두 특징 벡터의 각 차원이 동일한 배수로 차이가 나는 경우에는 코사인 거리는 '0'이 되고 코사인 유사도는 '1'이 된다. [표 9-8]의 'Document2'과 'Document3' 간의 코사인 거리는 다음과 같다.

$$D_{Cosine}(Document_2, Document_3) = 1 - \frac{[4,6,3] \cdot [40,60,30]}{\|[4,6,3]\|_2 \cdot \|[40,60,30]\|_2}$$

$$= 1 - \frac{4 \times 40 + 6 \times 60 + 3 \times 30}{\sqrt{4^2+6^2+3^2} \cdot \sqrt{40^2+60^2+30^2}} = 1 - \frac{610}{\sqrt{61} \cdot \sqrt{6100}}$$

$$1 - \frac{610}{7.810 \times 78.102} \approx 1 - \frac{610}{610} = 0$$

위의 'Document2'와 'Document3'의 각 단어(Life, Performance, Learn)별 출현 횟수가 동일하게 10배씩 차이가 나는 경우 코사인 거리는 '0'인 것을 확인하였다. [표 9-8]에서 Document3이 Document2보다 단어 출현 빈도는 더 높지만 각 단어가 출현하는 비율은 동일(유사)하므로 두 문서는 유사한 특성을 가지고 있다고 코사인 거리는 판단하는 것이다.

9.3.2 유사도 거리를 계산하는 예제

다음은 [표 9-8]을 이용해 유사도 거리를 계산하는 예제다.

(1) proxy 패키지를 설치하고 불러오기

```
> install.packages("proxy")
> library(proxy)
```

(2) 문서, 단어 출현 횟수를 특징 벡터로 가지는 '문서 X 단어행렬' DTM(Document-Term Matrix, 가로줄에 문서가 세로줄에 단어가 배치된 행렬) 만들기

```
> doc1 <- c(1, 1, 5)
> doc2 <- c(4, 6, 3)
> doc3 <- c(40, 60, 30)
> doc_corpus <- rbind(doc1, doc2, doc3)
> colnames(doc_corpus) <- c("Life", "Performance", "Learn")
> doc_corpus
     Life Performance Learn
doc1    1           1     5
doc2    4           6     3
doc3   40          60    30
```

(3) proxy 패키지의 dist() 함수로 코사인 거리를 계산하고, 행렬로 표현하기

```
> cosine_dist <- as.matrix(round(dist(doc_corpus, method = "cosine"), 8))
> cosine_dist
          doc1      doc2      doc3
doc1 0.0000000 0.3839823 0.3839823
doc2 0.3839823 0.0000000 0.0000000
doc3 0.3839823 0.0000000 0.0000000
```

실행 결과 doc2와 doc3의 코사인 거리는 0인 것을 볼 수 있다. 이는 두 특징 벡터의 각 차원이 동일한 배수로 차이가 나기 때문이다. doc1, doc2의 코사인 거리와 doc1, doc3의 코사인 거리가 동일한 값인 것을 볼 수 있다. 이는 doc2와 doc3의 각 단어의 출현 횟수가 동일하게 10배씩 차이가 나기 때문이다. round() 함수를 사용하여 소수점 이하 7자리까지 표시하고, as.matrix() 함수로 코사인 거리 계산 결과를 행렬로 변환한다.

(4) proxy 패키지의 dist() 함수로 자카드 거리를 계산하고, 행렬로 표현하기

```
> jaccard_dist <- as.matrix(round(dist(doc_corpus, method = "Jaccard"), 8))
> jaccard_dist
     doc1 doc2 doc3
doc1    0    0    0
doc2    0    0    0
doc3    0    0    0
> doc4 <- c(1, 0, 5)
> doc5 <- c(4, 6, 0)
> doc6 <- c(40, 60, 30)
> doc_corpus2 <- rbind(doc4, doc5, doc6)
> colnames(doc_corpus2) <- c("Life", "Performance", "Learn")
> jaccard_dist <- as.matrix(round(dist(doc_corpus2, method = "Jaccard"), 8))
> jaccard_dist
          doc4      doc5      doc6
doc4 0.0000000 0.6666667 0.3333333
doc5 0.6666667 0.0000000 0.3333333
doc6 0.3333333 0.3333333 0.0000000
```

실행 결과 모든 값이 0인 것을 볼 수 있다. 이는 모든 문서가 동일한 특징(두 집합이 동일하면 1의 값을 가짐)을 가지고 있다는 의미로 해석할 수 있다. 새로운 문서(doc4, doc5, doc6), 단어 출현 횟수를 특징 벡터로 가지는 문서단어행렬(DTM)을 만들고, 이것을 이용하여 자카드 거리를 계산한 결과에서 doc4와 doc5의 거리는 약 0.667, doc4와 doc6의 거리는 약 0.333인 것을 볼 수 있다. 이는 doc4와 doc5보다 doc4와 doc6이 더 유사하다는 것을 의미한다. 또한 doc5와 doc6의 거리는 약 0.333인 것을 알 수 있다.

위 결과에서 자카드 거리는 비교 대상의 두 객체의 특징 집합으로 처리되는 것을 볼 수 있다. 즉, 두 집합 모두에 존재하는 특징은 중요한 의미를 가진다.

(5) proxy 패키지의 dist() 함수로 유클리드 거리를 계산하고, 행렬로 표현하기

```
> euclidean_dist <- as.matrix(round(dist(doc_corpus, method = "euclidean"), 8))
> euclidean_dist
          doc1       doc2     doc3
doc1  0.000000   6.164414 75.01333
doc2  6.164414   0.000000 70.29225
doc3 75.013332  70.292247  0.00000
```

실행 결과 doc1와 doc2의 거리는 약 6.164, doc1와 doc3의 거리는 약 75.013이다. 이는 doc1와 doc3보다 doc1와 doc2이 더 유사하다는 것을 의미한다.

(6) proxy 패키지의 dist() 함수로 맨하튼 거리를 계산하고, 행렬로 표현하기

```
> manhattan_dist <- as.matrix(round(dist(doc_corpus, method = "manhattan"), 8))
> manhattan_dist
     doc1 doc2 doc3
doc1    0   10  123
doc2   10    0  117
doc3  123  117    0
```

실행 결과 doc1와 doc2의 거리는 10, doc1와 doc3의 거리는 123이다. 이는 doc1와 doc3보다 doc1와 doc2이 더 유사하다는 것을 의미한다.

(7) proxy 패키지의 dist() 함수로 민코우스키 거리(m = 1인 경우)를 계산하고, 행렬로 표현하기

```
> minkowski_dist <- as.matrix(round(dist(doc_corpus, method = "minkowski", p = 1), 8))
> minkowski_dist
     doc1 doc2 doc3
doc1    0   10  123
doc2   10    0  117
doc3  123  117    0
```

실행 결과 맨하튼 거리의 계산 결과와 동일한 것을 볼 수 있다.

(8) proxy 패키지의 dist() 함수로 민코우스키 거리(m = 2인 경우)를 계산하고, 행렬로 표현하기

```
> minkowski_dist <- as.matrix(round(dist(doc_corpus, method = "minkowski", p = 2), 8))
> minkowski_dist
          doc1      doc2      doc3
doc1  0.000000  6.164414 75.01333
doc2  6.164414  0.000000 70.29225
doc3 75.013332 70.292247  0.00000
```

실행 결과 유클리드 거리의 계산 결과와 동일한 것을 볼 수 있다.

9.4
워드 클라우드

> 워드 클라우드, load_pkgs() 함수, corpus_dfm() 함수

- ✓ **워드 클라우드**는 문서에 포함되는 단어의 사용 빈도를 효과적으로 보여주기 위해 이용하는 기법이다.

- ✓ 워드 클라우드 분석에 필요한 패키지 설치 및 로딩을 위해 **load_pkgs() 함수**를 생성하고, 데이터 분석에 필요한 패키지를 준비한다.

- ✓ **corpus_dfm() 함수**를 이용해 말뭉치의 단어 빈도를 생성한다.

9.4.1 워드 클라우드

워드 클라우드는 문서에 포함되는 단어의 사용 빈도를 효과적으로 보여주기 위해 이용하는 기법이다. 문서 내에서 자주 활용되는 단어일수록 폰트의 크기를 크게 배치하여 강조한다.

9.4.1.1 워드 클라우드 예제(대통령 브리핑 486~488.txt)

다음은 대통령 브리핑(486.txt, 487.txt, 488.txt) 자료를 이용한 워드 클라우드를 수행하는 예제다. 대통령 브리핑 텍스트 데이터는 전처리된 말뭉치를 이용한다.

(1) 워드 클라우드 분석을 위한 환경 설정

```
> load_pkgs <- function(pkgs) {
    # 신규 패키지 설치
+   new_pkgs <- pkgs[!(pkgs %in% installed.packages()[, "Package"])]
+   if (length(new_pkgs))
+     install.packages(new_pkgs, dependencies = TRUE)
    # 기존 패키지 library 불러오기
+   sapply(pkgs, require, character.only = TRUE)
+ }
# 패키지 불러오기
> packages <- c("tm", "tidyverse", "stringr", "wordcloud")
> load_pkgs(packages)
```

워드 클라우드 분석에 필요한 패키지 설치 및 로딩을 위해 load_pkgs() 함수를 생성하고, 데이터 분석에 필요한 패키지를 준비한다.

(2) 말뭉치 읽어오기

```
> briefing.text.location <- paste(getwd(), "/tm/briefings/corpus", sep = "")
> brf.corpus <- VCorpus(DirSource(briefing.text.location),
+                       readerControl = list(language = 'lat'))
> summary(brf.corpus)
         Length  Class             Mode
486.txt  2       PlainTextDocument list
487.txt  2       PlainTextDocument list
488.txt  2       PlainTextDocument list
```

수집된 말뭉치에는 3개의 문서(486.txt, 487.txt, 488.txt)가 있음을 볼 수 있다.

(3) 말뭉치의 구성 및 내용 확인하기

```
> summary(brf.corpus[[1]]$content)
Length     Class     Mode
    9  character character
> (brf.corpus[[1]]$content)[[1]]
[1] "president moon jaein premier li keqiang people republic china held meeting attended dinner
chengdu china evening local time leaders indepth discussions issues mutual concern including ways
promote substantive bilateral cooperation areas economy trade environment culture"
> summary(brf.corpus[[2]]$content)
Length     Class     Mode
    8  character character
> (brf.corpus[[2]]$content)[[1]]
[1] " sidelines korea japan china summit chengdu china president moon jaein japanese prime minister
shinzo abe held summit minutes today local time"
> summary(brf.corpus[[3]]$content)
Length     Class     Mode
   14  character character
> (brf.corpus[[3]]$content)[[1]]
[1] "president moon jaein met prime minister hun sen kingdom cambodia cheong wa dae today indepth
discussions promote substantive bilateral cooperation "
```

말뭉치 구성을 보자. 첫 번째 문서에는 9개 단락, 두 번째 문서에는 8개 단락, 세 번째 문서에는 14개 단락으로 구성된 것을 볼 수 있다. 각 문서의 첫 번째 단락 내용을 보면 데이터 전처리 작업이 잘 수행된 것을 볼 수 있다.

(4) 말뭉치의 문서단어행렬(DTM) 구축하기

```
> dtm <- DocumentTermMatrix(brf.corpus)
> dtm
<<DocumentTermMatrix (documents: 3, terms: 437)>>
Non-/sparse entries  : 539/772
Sparsity             : 59%
Maximal term length  : 16
Weighting            : term frequency (tf)
```

생성된 DTM은 3개 문서와 437개 단어로 구성되어 있다. 그 중에서 539개 단어가 1번 사용되었고, 나머지 772개는 0으로 표시되어 희소성(Sparsity)은 59%인 것을 볼 수 있다.

(5) corpus_dfm() 함수를 이용해 말뭉치의 단어 빈도 생성 및 시각화

```
> corpus.dfm <- corpus_dfm(brf.corpus)
> NROW(corpus.dfm)
[1] 437
> head(corpus.dfm)
        term num
1  president  23
2       moon  21
3      korea  19
4      china  14
5 cooperation 14
6  countries  14
> theme_set(theme_bw(base_family = "AppleGothic"))
> ggplot(corpus.dfm %>% filter(num > 10), aes(reorder(term, num), num)) +
+   geom_bar(stat = "identity", width = 0.5, fill = "tomato2") +
+   coord_flip() +
+   theme(axis.text.x = element_text(angle = 65, vjust = 0.6))
```

말뭉치를 데이터프레임 형식으로 변환하여 단어 빈도의 역순으로 출력한 결과 president, moon, korea, prime, countries, cooperation 순으로 높은 것을 볼 수 있다.

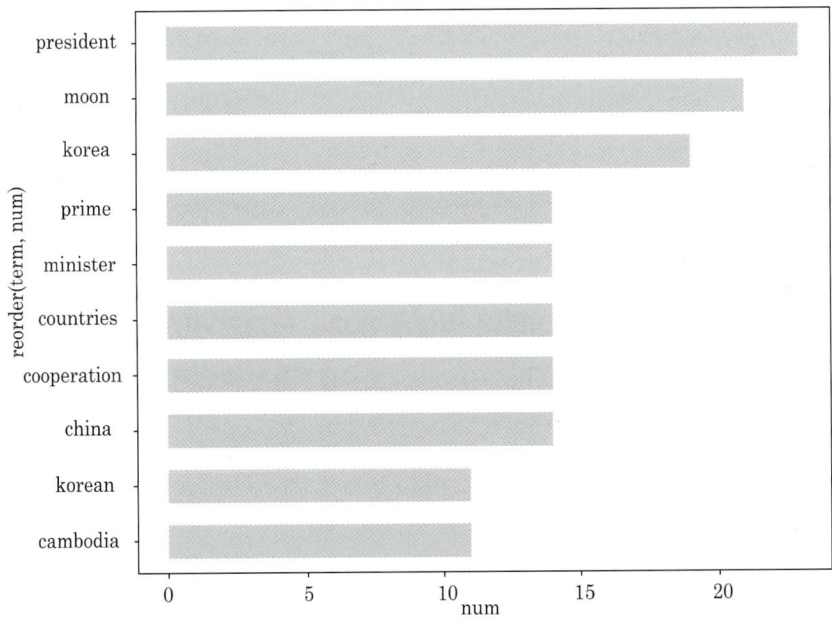

[그림 9-5] 말뭉치의 단어 빈도 역순 막대 그래프

(6) 대통령 브리팅 자료를 이용한 워드 클라우드 수행하기

```
> wordcloud(words = corpus.dfm$term, freq = corpus.dfm$num,
+           min.freq = 1, random.order = F, colors = brewer.pal(8, 'Dark2'))
```

대통령 브리팅 자료를 이용한 워드 클라우드 수행 결과 빈도수가 높은 단어일수록 폰트의 크기를 크게 배치하는 것을 볼 수 있다.

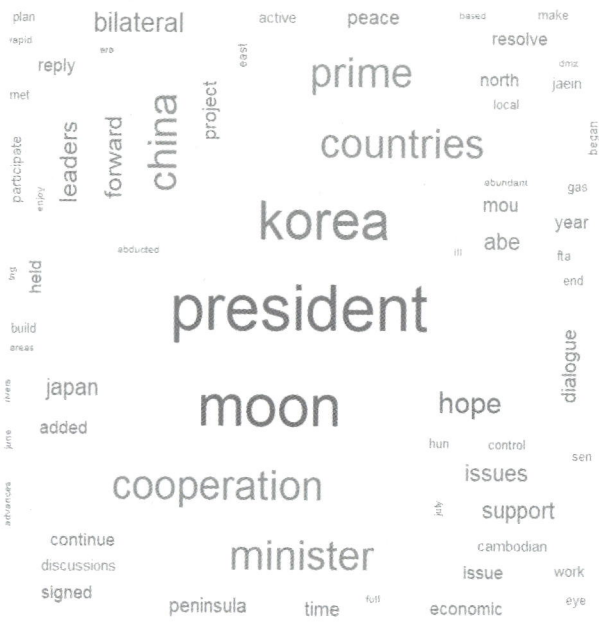

[그림 9-6] 대통령 브리팅 자료를 이용한 워드 클라우드

9.4.1.2 워드 클라우드 예제(대통령 연설문 8024, 8032, 8035.txt)

다음은 대통령 연설문(8024.txt, 8032.txt, 8035.txt) 자료를 이용한 워드 클라우드를 수행하는 예제다. 대통령 연설문 텍스트 데이터는 전처리된 말뭉치를 이용한다.

(1) 워드 클라우드 분석을 위한 환경 설정

```
> packages <- c("tm", "tidyverse", "stringr", "wordcloud", "DT")
> load_pkgs(packages)
```

워드 클라우드 분석에 필요한 패키지 설치 및 로딩을 위해 load_pkgs() 함수를 이용하고, 데이터 분석에 필요한 패키지를 준비한다.

(2) 말뭉치 읽어오기

```
> article.text.location <- paste(getwd(), "/tm/articles/corpus", sep = "")
> atc.corpus <- VCorpus(DirSource(article.text.location),
+                                 readerControl = list(language = 'lat'))
> summary(atc.corpus)
         Length          Class    Mode
8024.txt 2      PlainTextDocument list
8032.txt 2      PlainTextDocument list
8035.txt 2      PlainTextDocument list
```

수집된 말뭉치에는 3개의 문서(8024.txt, 8032.txt, 8035.txt)가 있음을 볼 수 있다.

(3) 말뭉치의 구성 및 내용 확인하기

```
> summary(atc.corpus[[1]]$content)
Length     Class     Mode
    1   character character
> (atc.corpus[[1]]$content)[[1]]
[1] "코로나일구 감염증 번째 확진자 발생했습니 중국 여행객 방문 재인 귀국자 때문 정부 연휴 기간 긴장
시간 대응 체계 가동 있습니 질병관리본부장 국립중앙의료원장 전화 격려 당부 말씀 드렸습니 정부 지자체
단위 필요 노력 국민 정부 필요 조치 과도 불안 당부 드립"
> summary(atc.corpus[[2]]$content)
Length     Class     Mode
    1   character character
> (atc.corpus[[2]]$content)[[1]]
[1] "문재인 대통령 오후 청와대 영빈관 준장 진급 장군 상징 삼정 환담 가졌습니 문재인 대통령 환담 모두
발언 과거 대장 진급 자와 일부 중장진급 수치 방식 대통령 삼정 우리 정부 장성 진급 대통령 무관 선택
노력 명예 뿌듯 때문 대통령 축하 말했습니 통수권자 대통령 준장 진급
… 이하 생략
> summary(atc.corpus[[3]]$content)
Length     Class     Mode
    1   character character
> (atc.corpus[[3]]$content)[[1]]
[1] "오늘 회의 코로나일구 감염증 대책 종합적 점검 논의 하기 소집 시도지사 화상 연결 참석 감사 감염
확산 민생 경제 영향 최소화 하기 중앙정부 지자체 소통 협력 화해 오늘 중국 우한 고립 우리 교민 귀국
시작 실제 도착 내일 협조 항공 승무원 우리 국민 어디 국민 생명
… 이하 생략
```

말뭉치 구성을 보자. 각 문서에는 1개 단락으로 구성된 것을 볼 수 있다. 각 문서의 내용을 보면 데이터 전처리 작업이 잘 수행된 것을 볼 수 있다.

(4) 말뭉치의 문서단어행렬(DTM) 구축하기

```
> dtm <- DocumentTermMatrix(atc.corpus)
> dtm
<<DocumentTermMatrix (documents: 3, terms: 86)>>
Non-/sparse entries  : 93/165
Sparsity             : 64%
Maximal term length  : 8
Weighting            : term frequency (tf)
```

생성된 DTM은 3개 문서와 86개 단어로 구성되어 있다. 그 중에서 93개 단어가 1번 사용되었고, 나머지 165개는 0으로 표시되어 희소성(Sparsity)은 64%인 것을 볼 수 있다.

(5) corpus_dfm() 함수를 이용해 말뭉치의 단어 빈도 생성하기

```
> corpus.dfm <- corpus_dfm(atc.corpus)
> NROW(corpus.dfm)
[1] 86
> head(corpus.dfm)
        term  num
1      대통령   16
2       문재인  13
3     코로나19   7
4       지자체   5
5       감염증   4
6      대한민국   4
> corpus.dfm %>% mutate(percent = num / sum(num),
+                       cumpcnt = scales::percent(cumsum(percent))) %>%
+   datatable()
```

말뭉치를 데이터프레임 형식으로 변환하여 단어 빈도의 역순으로 출력한 결과 대통령, 문재인, 코로나19, 지자체, 감염증, 대한민국 순으로 높은 것을 볼 수 있다. 단어 빈도의 비율과 누적비율 속성을 추가하고, datatable() 함수를 이용해 조회할 수 있다.

	term	num	percent	cumpcnt
1	대통령	16	0.110344827586207	11.03%
2	문재인	13	0.0896551724137931	20.00%
3	코로나일구	7	0.0482758620689655	24.83%
4	지자체	5	0.0344827586206897	28.28%
5	감염증	4	0.0275862068965517	31.03%
6	대한민국	4	0.0275862068965517	33.79%

Showing 1 to 10 of 86 entries

[그림 9-7] 대통령 연설문을 이용한 단어 빈도 역순 조회

(6) 대통령 연설문 자료를 이용한 워드 클라우드 수행하기

```
> wordcloud(words = corpus.dfm$term, freq = corpus.dfm$num,
+           min.freq = 1, random.order = F, colors = brewer.pal(8, 'Dark2'))
```

대통령 연설문 자료를 이용한 워드 클라우드 수행 결과 빈도수가 높은 단어일수록 폰트의 크기를 크게 배치하는 것을 볼 수 있다.

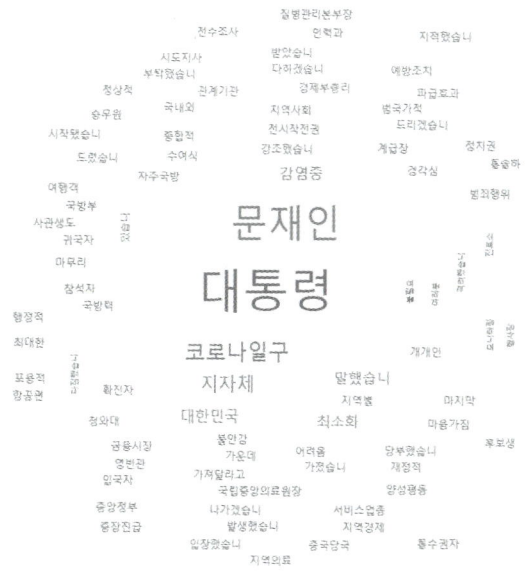

[그림 9-8] 대통령 연설문 자료를 이용한 워드 클라우드

9.5 감성분석

> 감성분석, load_pkgs() 함수, corpus_dfm() 함수, score_sentiment() 함수

- ✓ **감성분석**은 문장에서 사용된 단어의 긍정·부정 여부에 따른 감정을 점수화하여 별도의 여론 조사 없이 감정의 정도를 평가한다. 이를 이용해 브랜드에 대한 긍정적인 추이가 증가 또는 감소하는지를 분석할 수 있다.

- ✓ **감성분석**은 수집된 자료에서 긍정적인 단어 또는 부정적인 단어가 얼마나 나타나는지 빈도수를 계산하여 긍정 단어수 - 부정 단어수의 수치로 나타낸다.

- ✓ 감성분석에 필요한 패키지 설치 및 로딩을 위해 load_pkgs() 함수를 이용하고, 데이터 분석에 필요한 패키지를 준비한다.

- ✓ corpus_dfm() 함수를 이용해 말뭉치의 단어 빈도를 생성한다.

- ✓ 단어의 감정을 점수화하는 score_sentiment() 함수를 만들고, 이 함수를 이용해 자료의 감정을 점수화한다.

9.5.1 감성분석

감성분석(Sentiment Analysis)은 오피니언 마이닝(Opinion Mining)이라고 불리며, 문장에서 사용된 단어의 긍정·부정 여부에 따른 감정을 점수화하여 별도의 여론 조사 없이 감정의 정도를 평가한다. 이를 이용해 브랜드에 대한 긍정적인 추이가 증가 또는 감소하는지를 분석할 수 있다. 수집된 자료에서 긍정적인 단어 또는 부정적인 단어가 얼마나 나타나는지 빈도수를 계산하여 긍정 단어수 − 부정 단어수의 수치로 나타낸다. 예를 들어, 자사의 브랜드가 삼성(Samsung)이고 경쟁사가 애플(Apple)이라면 문맥(Context)에서 긍정·부정 여부가 달라질 수 있으며 감정의 이유를 분석하여 부정적인 요소를 개선할 수 있을 것이다.

9.5.1.1 감성분석 예제(대통령 브리핑 486~488.txt)

다음은 대통령 브리핑(486.txt, 487.txt, 488.txt) 자료로 감성분석을 수행하는 예제다. 대통령 브리핑 텍스트 데이터는 전처리된 말뭉치를 이용한다. 영어의 긍정과 부정 단어 파일과 관련 논문은 웹 사이트 (https://www.cs.uic.edu/~liub/FBS/sentiment-analysis.html)에서 내려 받을 수 있다.

(1) 감성분석을 위한 환경 설정

```
> packages <- c("tm", "tidyverse", "stringr", "plyr")
> load_pkgs(packages)
```

감성분석에 필요한 패키지 설치 및 로딩을 위해 load_pkgs() 함수를 이용하고, 데이터 분석에 필요한 패키지를 준비한다.

(2) 영어의 긍정·부정 단어 읽어오기

```
> pos.text.location <- paste(getwd(), "/data/dictionary/en/positive-words.txt", sep = "")
> pos.words <- scan(pos.text.location, what = "character",comment.char = ";")
Read 2006 items
> str(pos.words)
 chr [1:2006] "a+" "abound" "abounds" "abundance" "abundant" "accessable" ...

> neg.text.location <- paste(getwd(), "/data/dictionary/en/negative-words.txt", sep = "")
> neg.words <- scan(neg.text.location, what = "character",comment.char = ";")
Read 4783 items
> str(neg.words)
 chr [1:4783] "2-faced" "2-faces" "abnormal" "abolish" "abominable" "abominably" ...
```

영어의 긍정과 부정 단어를 읽은 결과 긍정 단어는 2006개가 등록되어 있고, 부정 단어는 4783개가 등록되어 있는 것을 볼 수 있다.

(3) 말뭉치 읽어오기

```
> briefing.text.location <- paste(getwd(), "/tm/briefings/corpus", sep = "")
> brf.corpus <- VCorpus(DirSource(briefing.text.location),
+                                 readerControl = list(language = 'lat'))
> summary(brf.corpus)
        Length            Class Mode
486.txt 2       PlainTextDocument list
487.txt 2       PlainTextDocument list
488.txt 2       PlainTextDocument list
```

수집된 말뭉치에는 3개의 문서(486.txt, 487.txt, 488.txt)가 있음을 볼 수 있다.

(4) 말뭉치의 구성 및 내용 확인하기

```
> summary(brf.corpus[[1]]$content)
Length    Class     Mode
     9 character character
> (brf.corpus[[1]]$content)[[1]]
[1] "president moon jaein premier li keqiang people republic china held meeting attended dinner
chengdu china evening local time leaders indepth discussions issues mutual concern including ways
promote substantive bilateral cooperation areas economy trade environment culture"

> summary(brf.corpus[[2]]$content)
Length    Class     Mode
     8 character character
> (brf.corpus[[2]]$content)[[1]]
[1] " sidelines korea japan china summit chengdu china president moon jaein japanese prime minister
shinzo abe held summit minutes today local time"
> summary(brf.corpus[[3]]$content)
Length    Class     Mode
    14 character character
> (brf.corpus[[3]]$content)[[1]]
[1] "president moon jaein met prime minister hun sen kingdom cambodia cheong wa dae today indepth
discussions promote substantive bilateral cooperation "
```

말뭉치 구성을 보자. 첫 번째 문서에는 9개 단락, 두 번째 문서에는 8개 단락, 세 번째 문서에는 14개 단락으로 구성된 것을 볼 수 있다. 각 문서의 첫 번째 단락 내용을 보면 데이터 전처리 작업이 잘 수행된 것을 볼 수 있다.

(5) corpus_dfm() 함수를 이용해 말뭉치의 단어 빈도 생성하기

```
> corpus.dfm <- corpus_dfm(brf.corpus)
> NROW(corpus.dfm)
[1] 437
> head(corpus.dfm)
        term num
1  president  23
2       moon  21
3      korea  19
4      china  14
5 cooperation 14
6  countries  14
```

말뭉치를 데이터프레임 형식으로 변환하여 단어 빈도의 역순으로 출력한 결과 president, moon, korea, china, cooperation, countries 순으로 높은 것을 볼 수 있다.

(6) 문장에서 사용된 단어의 긍정·부정 여부에 따른 감정을 점수화하는 함수 생성하기

```
> score_sentiment <- function(sentences, pos.words,
+                             neg.words, .progress = 'none') {
+   require(plyr)
+   require(stringr)
+   scores <- laply(sentences, function(sentence,
+                                       pos.words, neg.words) {
+     pos.matches <- match(sentence, pos.words)
+     neg.matches <- match(sentence, neg.words)
+     pos.matches <- !is.na(pos.matches)
+     neg.matches <- !is.na(neg.matches)
+     score <- sum(pos.matches) - sum(neg.matches)
+     return(score)
+   }, pos.words, neg.words, .progress = .progress)
+
+   scores.df <- data.frame(score = scores, text = sentences)
+   return(scores.df)
+ }
```

단어의 감정을 점수화하는 score_sentiment() 함수를 만들고, 이 함수를 이용해 대통령 브리핑 자료의 감정을 점수화한다.

(7) 대통령 브리핑 자료로 감성분석 수행하기

```
> brf.snt <- score_sentiment(corpus.dfm$term, pos.words, neg.words, .progress = 'text')
> dim(brf.snt)
[1] 437   2
> head(brf.snt)
  score        text
1     0   president
2     0        moon
3     0       korea
4     0       china
5     0 cooperation
6     0   countries
table(brf.snt$score)
-1   0   1
 6 394  37
```

감성분석 결과 score 값이 1이면 긍정, 0이면 중립, -1이면 부정을 의미한다. 대통령 브리핑 자료의 단어로 감정을 점수화한 결과 대부분 중립이고, 긍정적인 단어가 부정적인 단어보다 많은 것을 볼 수 있다.

(8) 감성분석 결과에 color 속성 추가하기

```
> brf.snt$color[brf.snt$score >= 1] = "blue"
> brf.snt$color[brf.snt$score == 0] = "green"
> brf.snt$color[brf.snt$score <0 ] = "red"
> head(brf.snt)
  score        text color
1     0   president green
2     0        moon green
3     0       korea green
4     0       china green
5     0 cooperation green
6     0   countries green
```

감성분석 결과 score 값이 1 이상이면 "blue", 0 이면 "green", 0 미만이면 "red"를 color 속성에 설정한다.

(9) 감성분석 결과에 remark 속성 추가하기

```
> brf.snt$remark[brf.snt$score >= 1] = "긍정"
> brf.snt$remark[brf.snt$score == 0] = "중립"
> brf.snt$remark[brf.snt$score < 0] = "부정"
> head(brf.snt)
  score        text color remark
1     0    resident green   중립
2     0        moon green   중립
3     0       korea green   중립
4     0       china green   중립
5     0 cooperation green   중립
6     0   countries green   중립
```

감성분석 결과 score 값이 1 이상이면 "긍정", 0이면 "중립", 0 미만이면 "부정"을 remark 속성에 설정한다.

(10) 감성분석 결과 파이 그래프 그리기

```
> brf.snt.freq <- table(brf.snt$remark)
> brf.snt.freq
긍정 부정 중립
  37    6  394
> pct <- round(brf.snt.freq/sum(brf.snt.freq)*100, 2)
> lab <- paste(names(brf.snt.freq), "\n", pct, "%")
> pie(brf.snt.freq, col = c("blue", "red", "green"), cex = 0.8, labels = lab)
```

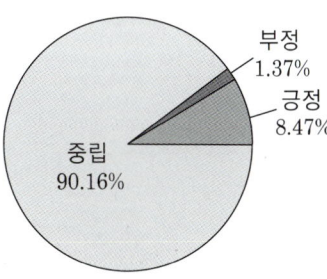

[그림 9-9] 감성분석 결과 파이 그래프

감성분석 결과 중립(90.16%), 긍정(8.47%), 부정(1.37%) 순이고, 대부분 중립적 성향이지만 긍정적인 측면이 부정적인 측면보다 높은 비율을 보인 것을 볼 수 있다.

9.5.1.2 감성분석 예제(대통령 연설문 8024, 8032, 8035.txt)

다음은 대통령 연설문(8024.txt, 8032.txt, 8035.txt) 자료로 감성분석을 수행하는 예제다. 대통령 연설문 텍스트 데이터는 전처리된 말뭉치를 이용한다. 한국어의 긍정과 부정 단어는 KNU 한국어 감성사전(http://dilab.kunsan.ac.kr/knusl.html)에 등록된 14,855개 단어를 이용한다.

(1) 감성분석을 위한 환경 설정

```
> packages <- c("tm", "tidyverse", "stringr", "readr", "DT", "dplyr", "SentimentAnalysis")
> load_pkgs(packages)
```

감성분석에 필요한 패키지 설치 및 로딩을 위해 load_pkgs() 함수를 이용하고, 데이터 분석에 필요한 패키지를 준비한다.

(2) 말뭉치 읽어오기

```
> article.text.location <- paste(getwd(), "/tm/articles/corpus", sep = "")
> atc.corpus <- VCorpus(DirSource(article.text.location),
+                       readerControl = list(language = 'lat'))
> summary(atc.corpus)
          Length          Class Mode
8024.txt  2       PlainTextDocument list
8032.txt  2       PlainTextDocument list
8035.txt  2       PlainTextDocument list
```

수집된 말뭉치에는 3개의 문서(8024.txt, 8032.txt, 8035.txt)가 있음을 볼 수 있다.

(3) 말뭉치의 구성 및 내용 확인하기

```
> summary(atc.corpus[[1]]$content)
Length    Class     Mode
    1  character character
> (atc.corpus[[1]]$content)[[1]]
[1] "코로나일구 감염증 번째 확진자 발생했습니 중국 여행객 방문 재인 귀국자 때문 정부 연휴 기간 긴장 시간 대응 체계 가동 있습니 질병관리본부장 국립중앙의료원장 전화 격려 당부 말씀 드렸습니 정부 지자체 단위 필요 노력 국민 정부 필요 조치 과도 불안 당부 드립"
> summary(atc.corpus[[2]]$content)
Length    Class     Mode
    1  character character
> (atc.corpus[[2]]$content)[[1]]
```

```
[1] "문재인 대통령 오후 청와대 영빈관 준장 진급 장군 상징 삼정 환담 가졌습니 문재인 대통령 환담 모두
발언 과거 대장 진급 자와 일부 중장진급 수치 방식 대통령 삼정 우리 정부 장성 진급 대통령 무관 선택
노력 명예 뿌듯 때문 대통령 축하 말했습니 통수권자 대통령 준장 진급
 … 이하 생략
> summary(atc.corpus[[3]]$content)
Length     Class      Mode
     1 character character
> (atc.corpus[[3]]$content)[[1]]
[1] "오늘 회의 코로나일구 감염증 대책 종합적 점검 논의 하기 소집 시도지사 화상 연결 참석 감사 감염
확산 민생 경제 영향 최소화 하기 중앙정부 지자체 소통 협력 화해 오늘 중국 우한 고립 우리 교민 귀국
시작 실제 도착 내일 협조 항공 승무원 우리 국민 어디 국민 생명
 … 이하 생략
```

말뭉치 구성을 보자. 각 문서에는 1개 단락으로 구성된 것을 볼 수 있다. 각 문서의 내용을 보면 데이터 전처리 작업이 잘 수행된 것을 볼 수 있다.

(4) corpus_dfm() 함수를 이용해 말뭉치의 단어 빈도 생성하기

```
> corpus.dfm <- corpus_dfm(atc.corpus)
> NROW(corpus.dfm)
[1] 86
> head(corpus.dfm)
      term   num
1     대통령   16
2     문재인   13
3   코로나일구    7
4     지자체    5
5     감염증    4
6    대한민국    4
```

말뭉치를 데이터프레임 형식으로 변환하여 단어 빈도의 역순으로 출력한 결과 대통령, 문재인, 코로나일구, 지자체, 감염증, 대한민국 순으로 높은 것을 볼 수 있다.

(5) 한국어 긍정과 부정 단어사전 읽어오기

```
> sentiword.dict.location <- paste(getwd(), "/data/dictionary/kr/SentiWord_Dict.txt", sep = "")
> senti_words_kr <- read_delim(sentiword.dict.location, delim = '\t',
+                              col_names = c("term", "score"))
> head(senti_words_kr)
# A tibble: 6 x 2
  term  score
  <chr> <dbl>
1 (-;       1
2 (;_;)    -1
3 (^^)      1
4 (^-^)     1
5 (^^*      1
6 (^_^)     1
> dim(senti_words_kr)
[1] 14855     2
```

한국어 긍정과 부정 단어사전에 등록된 단어는 14,855개인 것을 볼 수 있다.

(6) 한국어 감성사전에 단어 등록하기

```
> senti_words_kr <- rbind(senti_words_kr,
+                  data.frame(term = c("확진자", "코로나일구", "감염증"),
+                             score = c(-1, -1, -1)))
> tail(senti_words_kr)
# A tibble: 6 x 2
  term       score
  <chr>      <dbl>
1 내팽개치다    -2
2 횡령         -2
3 불안증       -2
4 확진자       -1
5 코로나일구    -1
6 감염증       -1
```

한국어 감성사전에 "확진자", "코로나일구", "감염증" 단어를 등록한다. 3개의 단어는 긍정적인 의미보다는 부정적인 의미에 가까우므로 score 값에 −1을 설정한다.

(7) 한국어 감성사전에서 중복 단어 제거하기

```
> x <- duplicated(senti_words_kr$term)
> senti_words_kr[x, ]
# A tibble: 3 x 2
    term      score
    <chr>     <dbl>
1 버릇없이      -2
2 울컥하다      -1
3 적극적이다     1
> senti_words_kr <- senti_words_kr[!x, ]
> nrow(senti_words_kr)
[1] 14855
```

한국어 감성사전의 중복 단어는 "버릇없이", "울컥하다", "적극적이다" 3개가 있고, 모두 감성사전에서 제거한다.

(8) 한국어 감성사전의 단어 당 긍정 및 부정에 관한 가중치 설정하기

```
> senti_dict_wt <- SentimentDictionaryWeighted(words = senti_words_kr$term,
+                                              scores = senti_words_kr$score)
```

한국어 감성사전의 단어 당 긍정 및 부정에 관한 가중치를 도메인 영역에 맞게 설정하면 된다.

(9) 새로운 감성사전 만들기

```
> senti_dict_kr <- SentimentDictionary(senti_dict_wt$words[senti_dict_wt$scores >= 0],
+                                      senti_dict_wt$words[senti_dict_wt$scores < 0])
> str(senti_dict_kr)
List of 2
 $ positiveWords : chr [1:5025] "(-;" "(^^)" "(^-^)" "(^^*" ...
 $ negativeWords : chr [1:9831] "(;_;)" "(^_^;" "(-_-)" "(T_T)" ...
 - attr(*, "class") = chr "SentimentDictionaryBinary"
> summary(senti_dict_kr)
Dictionary type  : binary (positive / negative)
Total entries    :     14856
Positive entries :  5025 (33.82%)
Negative entries :  9831 (66.18%)
```

새로운 한국어 감성사전의 생성 결과 긍정 단어가 5025개, 부정 단어가 9831개 생성된 것을 볼 수 있다. 긍정적인 단어는 가중치(scores) 값이 0 이상(>= 0), 부정적인 단어는 가중치 값이 0 미만(< 0)인 단어가 해당된다.

(10) 대통령 연설문 자료로 감성분석 수행하기

```
> sentiment_word_res <- analyzeSentiment(as.character(corpus.dfm$term),
+                          language = "korean",
+                          rules = list("KoreanSentiment" = list(ruleSentiment, senti_dict_kr)),
+                          removeStopwords = F,
+                          stemming = F,
+                          removeNumbers = F)
> sentiment_word_kr <- data.frame(word = corpus.dfm$term,
+                          num = corpus.dfm$num,
+                          sentiment = sentiment_word_res$KoreanSentiment)
> head(sentiment_word_kr)
      word  num sentiment
1    대통령   16         0
2    문재인   13         0
3  코로나일구    7        -1
4    지자체    5         0
5    감염증    4        -1
6    대한민국   4         0
> table(sentiment_word_kr$sentiment)
-1  0
 5 81
```

감성분석 결과 감성점수가 -1인 단어가 5개, 감성점수가 0인 단어가 81개인 것을 볼 수 있다.

(11) 감성분석 결과에 remark 속성 추가하기

```
> sentiment_word_kr <- sentiment_word_kr %>%
+                 mutate(remark = if_else(sentiment > 0, "긍정",
+                                  ifelse(sentiment == 0, "중립", "부정"))) %>%
+                 select(remark, everything())
> head(sentiment_word_kr)
   remark    word  num sentiment
1    중립   대통령   16         0
2    중립   문재인   13         0
3    부정 코로나일구   7        -1
4    중립   지자체    5         0
5    부정   감염증    4        -1
6    중립   대한민국   4         0
```

감성분석 결과 sentiment 값이 0보다 큰 경우 "긍정", 0이면 "중립", 0 미만이면 "부정"을 remark 속성에 설정한다.

(12) 감성분석 결과 파이 그래프 그리기

```
> sentiment.freq <- table(sentiment_word_kr$remark)
> sentiment.freq
 부정 중립
   5   81
> pct <- round(sentiment.freq/sum(sentiment.freq)*100, 2)
> lab <- paste(names(sentiment.freq), "\n", pct, "%")
> pie(sentiment.freq, col = c("red", "green"), cex = 0.8, labels = lab)
```

감성분석 결과 중립(94.19%), 부정(5.81%) 순이고 대부분 중립적 성향인 것을 볼 수 있다.

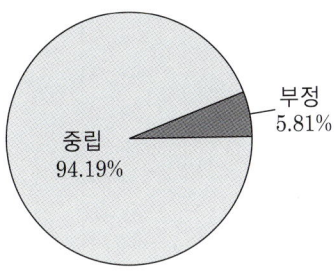

[그림 9-10] 감성분석 결과 파이 그래프

(13) 감성분석 결과 긍정과 중립 단어 빈도 역순의 막대 그래프 그리기

```
> top_article_words <- sentiment_word_kr %>%
+   group_by(sentiment) %>%
+   top_n(10, num) %>%
+   ungroup() %>%
+   mutate(word = reorder(word, num))
> ggplot(top_article_words, aes(word, num, fill = sentiment)) +
+   geom_col(show.legend = FALSE) +
+   facet_wrap(~sentiment, scales = "free") +
+   coord_flip() +
+   labs(x = "", y = "")
```

감성분석 결과 부정 단어 빈도 역순은 코로나일구, 감염증, 확진자, 어려움, 불안감 순이고, 중립 단어 빈도 역순은 대통령, 문재인, 지자체, 대한민국, 최소화 등의 순인 것을 볼 수 있다.

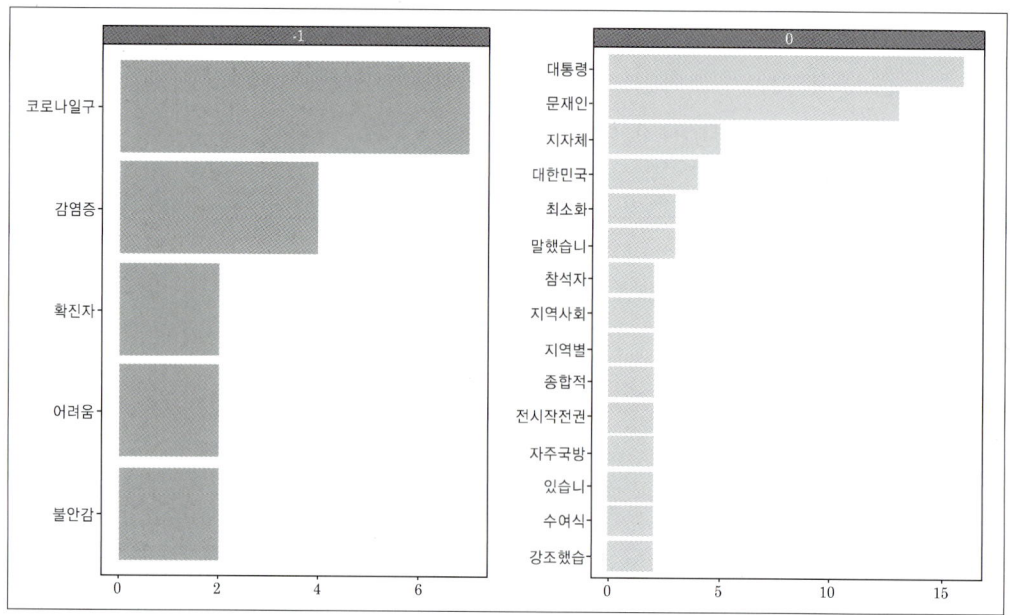

[그림 9-11] 긍정과 부정 단어 빈도 역순 막대 그래프

9.6 카운터 기반의 단어 표현

원-핫 인코딩 모델, 원-핫 인코딩의 표현 방식, 백오브워드 모델, 단어 빈도-역문서 빈도 모델

- **원-핫 인코딩 모델**은 단어 집합의 크기(각 단어의 개수)를 벡터의 차원으로 하고, 표현하고 싶은 단어의 인덱스에 1의 값을 부여하며, 다른 인덱스에는 0의 값을 부여하는 단어의 벡터 표현 방식이다.

- **원-핫 인코딩의 표현 방식**은 단어의 수가 많아질수록 벡터의 차원이 계속 늘어난다는 단점과 단어 간 유사도를 표현하고 계산할 수 없다는 단점이 있다.

- **백오브워드 모델**은 단어의 순서를 전혀 고려하지 않고 단어의 출현 빈도에만 집중하는 텍스트 데이터의 수치화 방법이며, 문서에 대한 수학적인 표현 모델로 가장 일반적인 모델이다.

- **단어 빈도-역문서 빈도 모델**은 여러 개의 문서로 구성된 말뭉치가 있을 때 문서 내에서 특정 단어가 얼마나 중요한 의미를 가졌는지를 알 수 있다.

9.6.1 원-핫 인코딩

원-핫 인코딩(One-hot encoding) 모델은 단어 집합의 크기(각 단어의 개수)를 벡터의 차원으로 하고, 표현하고 싶은 단어의 인덱스에 1의 값을 부여하며, 다른 인덱스에는 0의 값을 부여하는 단어의 벡터 표현 방식이다. 이러한 벡터를 원-핫 벡터(One-hot vector)라고 한다.

자연어 처리에서는 텍스트를 숫자로 바꾸는 첫 단계로 각 단어를 고유한 정수에 매핑(Mapping)시키는 전처리 작업이 필요하며 이를 정수 인코딩(Integer encoding)이라고 한다. 예를 들어, 말뭉치(Corpus)의 단어가 총 1,000개가 존재한다면 벡터(단어 집합)의 크기는 1,000이다. 이 단어는 1부터 1,000번까지 인덱스를 부여한다.

원-핫 인코딩은 다음과 같이 두 가지 과정으로 정리할 수 있다.

① 각 단어에 고유한 인덱스를 부여한다(정수 인코딩).
② 표현하고 싶은 단어의 인덱스의 위치에 1을 부여하고 다른 단어의 인덱스 위치에 0을 부여한다.

다음은 2개 문서(Doc1, Doc2)의 원-핫 인코딩 예다.

Doc1 = "The bright blue butterfly hangs on the breeze."
Doc2 = "The quick brown fox jumps over the lazy dog."

인덱스	1	2	3	4	5	6	7
토큰	the	bright	blue	butterfly	hangs	on	breeze
Doc1	1	1	1	1	1	1	1
Doc2	1	0	0	0	0	0	0

인덱스	8	9	10	11	12	13	14
토큰	brown	fox	jumps	over	lazy	dog	quick
Doc1	0	0	0	0	0	0	0
Doc2	1	1	1	1	1	1	1

[그림 9-12] 원-핫 인코딩 예시

원-핫 인코딩의 표현 방식은 단어의 수가 많아질수록 벡터의 차원이 계속 늘어난다는 단점과 중심 단어의 주변 단어 의미를 단어 간 유사도(Similarity)에 반영할 수 없다는 단점이 있다.

9.6.1.1 원-핫 인코딩 예제(대통령 브리핑 486~488.txt)

다음은 대통령 브리핑(486.txt, 487.txt, 488.txt) 자료로 원-핫 인코딩을 수행한 예제다. 대통령 브리핑 텍스트 데이터는 전처리된 말뭉치를 이용한다.

(1) 원-핫 인코딩을 위한 환경 설정

```
> packages <- c("tm", "tidyverse", "stringr", "dplyr")
> load_pkgs(packages)
```

원-핫 인코딩에 필요한 패키지 설치 및 로딩을 위해 load_pkgs() 함수를 이용하고, 데이터 분석에 필요한 패키지를 준비한다.

(2) 말뭉치 읽어오기

```
> briefing.text.location <- paste(getwd(), "/tm/briefings/corpus", sep = "")
> brf.corpus <- VCorpus(DirSource(briefing.text.location),
+                                 readerControl = list(language = 'lat'))
> summary(brf.corpus)
        Length Class             Mode
486.txt 2      PlainTextDocument list
487.txt 2      PlainTextDocument list
488.txt 2      PlainTextDocument list
```

수집된 말뭉치에는 3개의 문서(486.txt, 487.txt, 488.txt)가 있음을 볼 수 있다.

(3) 말뭉치의 구성 및 내용 확인하기

```
> summary(brf.corpus[[1]]$content)
Length    Class     Mode
     9 character character
> (brf.corpus[[1]]$content)[[1]]
[1] "president moon jaein premier li keqiang people republic china held meeting attended dinner chengdu china evening local time leaders indepth discussions issues mutual concern including ways promote substantive bilateral cooperation areas economy trade environment culture"
> summary(brf.corpus[[2]]$content)
Length    Class     Mode
     8 character character
> (brf.corpus[[2]]$content)[[1]]
[1] " sidelines korea japan china summit chengdu china president moon jaein japanese prime minister shinzo abe held summit minutes today local time"
> summary(brf.corpus[[3]]$content)
Length    Class     Mode
    14 character character
(brf.corpus[[3]]$content)[[1]]
[1] "president moon jaein met prime minister hun sen kingdom cambodia cheong wa dae today indepth discussions promote substantive bilateral cooperation "
```

말뭉치 구성을 보자. 첫 번째 문서에는 9개 단락, 두 번째 문서에는 8개 단락, 세 번째 문서에는 14개 단락으로 구성된 것을 볼 수 있다. 각 문서의 첫 번째 단락 내용을 보면 데이터 전처리 작업이 잘 수행된 것을 볼 수 있다. 말뭉치의 영어 단어가 2글자 이상으로 구성되어 있다.

(4) 말뭉치의 문서단어행렬(DTM) 구축하기

```
> mtx.ctrl <- list(language = "english",
+                  removeNumbers = FALSE,
+                  removePunctuation = FALSE,
+                  stopwords = FALSE,
+                  stemming = FALSE,
+                  wordLengths = c(2, Inf))
> dtm <- DocumentTermMatrix(brf.corpus, control = mtx.ctrl)
> dtm
<<DocumentTermMatrix (documents: 3, terms: 443)>>
Non-/sparse entries: 545/784
Sparsity           : 59%
Maximal term length: 16
Weighting          : term frequency (tf)
```

생성된 DTM은 3개 문서와 443개 단어로 구성되어 있다. 그 중에서 545개 단어가 1번 이상 사용되었고, 나머지 784개는 0으로 표시되어 희소성(Sparsity)은 59%인 것을 볼 수 있다. 문서단어행렬을 구축하는 DocumentTermMatrix() 함수를 사용할 때 옵션을 설정하지 않으면 기본 옵션으로 생성되니 주의해야 한다. 여기서는 2글자 이상 단어를 모두 포함시켰다.

(5) 생성된 DTM을 행렬로 변환하여 출력하기

```
> dtm.mtx <- as.matrix(dtm)
> dtm.mtx[, 1:6]
           Terms
    Docs     abducted abe abundant achieved active actively
    486.txt.txt     0   0        0        1      0        2
    487.txt.txt     1   6        0        0      0        0
    488.txt.txt     0   0        1        0      3        0
```

생성된 DTM을 행렬로 변환하여 출력한 결과 각 문서에서 언급된 단어 빈도가 출력된 것을 볼 수 있다.

(6) 원-핫 인코딩 형식으로 변환하기

```
> dtm.mtx[dtm.mtx >= 1] <- 1
> rownames(dtm.mtx) <- c("doc486", "doc487", "doc488")
> dtm.mtx[, 1:6]
       Terms
   Docs  abducted abe abundant achieved active actively
   doc486        0   0        0        1      0        1
   doc487        1   1        0        0      0        0
   doc488        0   0        1        0      1        0
> dim(dtm.mtx)
[1]   3 443
```

문서단어행렬에서 1번 이상의 단어 빈도를 1로 변경한 결과 원-핫 인코딩 형식으로 잘 변환된 것을 볼 수 있다.

9.6.1.2 원-핫 인코딩 예제(대통령 연설문 8024, 8032, 8035.txt)

다음은 대통령 연설문(8024.txt, 8032.txt, 8035.txt) 자료로 원-핫 인코딩을 수행한 예제다. 대통령 연설문 텍스트 데이터는 전처리된 말뭉치를 이용한다.

(1) 원-핫 인코딩을 위한 환경 설정

```
> packages <- c("tm", "tidyverse", "stringr", "readr", "DT", "dplyr")
> load_pkgs(packages)
```

원-핫 인코딩에 필요한 패키지 설치 및 로딩을 위해 load_pkgs() 함수를 이용하고, 데이터 분석에 필요한 패키지를 준비한다.

(2) 말뭉치 읽어오기

```
> article.text.location <- paste(getwd(), "/tm/articles/corpus", sep = "")
> atc.corpus <- VCorpus(DirSource(article.text.location),
+                         readerControl = list(language = 'lat'))
> summary(atc.corpus)
         Length Class            Mode
8024.txt 2      PlainTextDocument list
8032.txt 2      PlainTextDocument list
8035.txt 2      PlainTextDocument list
```

수집된 말뭉치에는 3개의 문서(8024.txt, 8032.txt, 8035.txt)가 있음을 볼 수 있다.

(3) 말뭉치의 구성 및 내용 확인하기

```
> summary(atc.corpus[[1]]$content)
Length     Class      Mode
     1  character  character
> (atc.corpus[[1]]$content)[[1]]
[1] "코로나일구 감염증 번째 확진자 발생했습니 중국 여행객 방문 재인 귀국자 때문 정부 연휴 기간 긴장 시간 대응 체계 가동 있습니 질병관리본부장 국립중앙의료원장 전화 격려 당부 말씀 드렸습니 정부 지자체 단위 필요 노력 국민 정부 필요 조치 과도 불안 당부 드립"
> summary(atc.corpus[[2]]$content)
Length     Class      Mode
     1  character  character
> (atc.corpus[[2]]$content)[[1]]
[1] "문재인 대통령 오후 청와대 영빈관 준장 진급 장군 상징 삼정 환담 가졌습니 문재인 대통령 환담 모두 발언 과거 대장 진급 자와 일부 중장진급 수치 방식 대통령 삼정 우리 정부 장성 진급 대통령 무관 선택 노력 명예 뿌듯 때문 대통령 축하 말했습니 통수권자 대통령 준장
  … 이하 생략
> summary(atc.corpus[[3]]$content)
Length     Class      Mode
     1  character  character
> (atc.corpus[[3]]$content)[[1]]
[1] "오늘 회의 코로나일구 감염증 대책 종합적 점검 논의 하기 소집 시도지사 화상 연결 참석 감사 감염 확산 민생 경제 영향 최소화 하기 중앙정부 지자체 소통 협력 화해 오늘 중국 우한 고립 우리 교민 귀국 시작 실제 도착 내일 협조 항공 승무원 우리 국민 어디 국민 생명
  … 이하 생략
```

말뭉치 구성을 보자. 각 문서에는 1개 단락으로 구성된 것을 볼 수 있다. 각 문서의 내용을 보면 데이터 전처리 작업이 잘 수행된 것을 볼 수 있다. 말뭉치의 한국어 단어가 2글자 이상으로 구성되어 있다.

(4) 말뭉치를 단어 빈도 역순의 데이터프레임 형식으로 변환하는 함수 만들기

```
> corpus_dfm <- function(corpus) {
+   require(tm)
+   require(tidyverse)
+   mtx.ctrl <- list(removeNumbers = FALSE,
+                    removePunctuation = FALSE,
+                    stopwords = FALSE,
+                    stemming = FALSE,
+                    wordLengths = c(2, Inf))
+   doc_tdm <- TermDocumentMatrix(corpus, control = mtx.ctrl)
+   doc_mtx <- as.matrix(doc_tdm)
+   doc_term_freq <- rowSums(doc_mtx)
+   doc_word_freqs <- data.frame(term = names(doc_term_freq),
+                                num = doc_term_freq) %>% arrange(desc(num))
+   return(doc_word_freqs)
+ }
```

말뭉치를 단어 빈도 역순의 데이터프레임 형식으로 변환하는 corpus_dfm() 함수가 잘 생성된 것을 볼 수 있다. 단어문서행렬을 구축하는 TermDocumentMatrix() 함수를 사용할 때 옵션을 설정하지 않으면 기본 옵션으로 생성되니 주의한다.

(5) corpus_dfm() 함수를 이용해 말뭉치의 단어 빈도 생성하기

```
> corpus.dfm <- corpus_dfm(atc.corpus)
> NROW(corpus.dfm)
[1] 373
> head(corpus.dfm)
    term num
1  대통령  16
2   우리  14
3   정부  14
4  문재인  13
5   국민  12
6   진급   9
> corpus.dfm %>% mutate(percent = num / sum(num),
+                      cumpcnt = scales::percent(cumsum(percent))) %>%
+   datatable(class = 'cell-border stripe',
+             options = list(pageLength = 5, autoWidth = TRUE, scrollX = TRUE))
```

말뭉치를 데이터프레임 형식으로 변환하여 단어 빈도의 역순으로 출력한 결과 대통령, 우리, 정부, 문재인, 국민, 진급 순으로 높은 것을 볼 수 있다. 단어 빈도의 비율과 누적비율 속성을 추가하고, datatable() 함수를 이용해 조회할 수 있다.

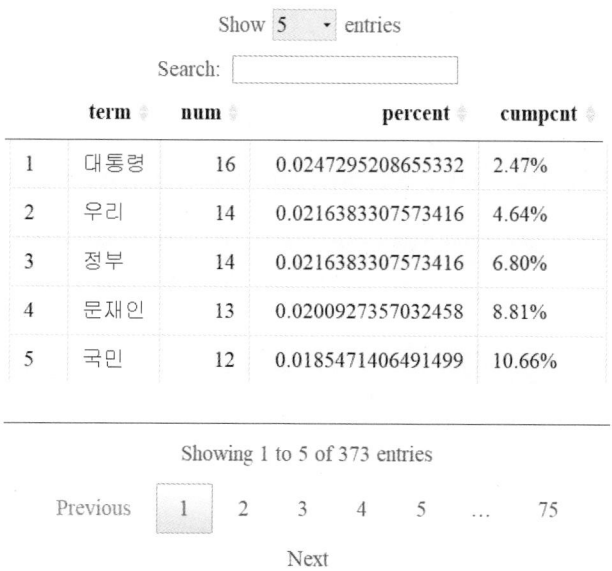

[그림 9-13] 단어 빈도 역순으로 조회

(6) 말뭉치의 문서단어행렬(DTM) 구축하기

```
> mtx.ctrl <- list(language = "korean",
+                  removeNumbers = FALSE,
+                  removePunctuation = FALSE,
+                  stopwords = FALSE,
+                  stemming = FALSE,
+                  wordLengths = c(2, Inf))
> dtm <- DocumentTermMatrix(atc.corpus, control = mtx.ctrl)
> dtm
<<DocumentTermMatrix (documents: 3, terms: 373)>>
Non-/sparse entries: 410/709
Sparsity           : 63%
Maximal term length: 8
Weighting          : term frequency (tf)
```

생성된 DTM은 3개 문서와 373개 단어로 구성되어 있다. 그 중에서 410개 단어가 1번 이상 사용되었고, 나머지 709개는 0으로 표시되어 희소성(Sparsity)은 63%인 것을 볼 수 있다. 문서단어행렬을 구축하는 DocumentTermMatrix() 함수를 사용할 때 옵션을 설정하지 않으면 기본 옵션으로 생성된다. 여기서는 2글자 이상 단어를 모두 포함시켰다.

(7) 생성된 DTM을 행렬로 변환하여 출력하기

```
> dtm.mtx <- as.matrix(dtm)
> dtm.mtx[, 1:6]
         Terms
    Docs  가동 가슴 가운데 가져달라고 가졌습니 가족
    8024.txt  1    0    0        0         0      0
    8032.txt  0    1    0        1         1      3
    8035.txt  0    0    1        0         0      0
```

생성된 DTM을 행렬로 변환하여 출력한 결과 각 문서에서 언급된 단어 빈도가 출력된 것을 볼 수 있다.

(8) 원-핫 인코딩 형식으로 변환하기

```
> dtm.mtx[dtm.mtx >= 1] <- 1
> rownames(dtm.mtx) <- c("doc8024", "doc8032", "doc8035")
> dtm.mtx[, 1:6]
        Terms
    Docs   가동 가슴 가운데 가져달라고 가졌습니 가족
    doc8024  1    0    0        0         0      0
    doc8032  0    1    0        1         1      1
```

```
doc8035       0    0    1         0    0    0
> dim(dtm.mtx)
[1] 3 373
```

문서단어행렬에서 1번 이상의 단어 빈도를 1로 변경한 결과 원-핫 인코딩 형식으로 잘 변환된 것을 볼 수 있다.

(9) 단어 토큰화 함수를 이용한 원-핫 인코딩 형식으로 변환하기

```
> atc.tokens <- tokens(paste(atc.corpus[[1]]$content, atc.corpus[[2]]$content,
+                            atc.corpus[[3]]$content, sep = " "))
> feats <- dfm(atc.tokens, verbose = TRUE) %>% featnames()
> mtx.nr <- length(atc.corpus)
> mtx.nc <- length(feats)
> atc.ohe.mtx <- as.data.frame(matrix(0.0, nrow = mtx.nr, ncol = mtx.nc))
> dim(atc.ohe.mtx)
[1] 3 373
> doc.name <- c("8024", "8032", "8035")
> rownames(atc.ohe.mtx) <- paste("doc", doc.name[1:length(doc.name)], sep = "")
> colnames(atc.ohe.mtx) <- as.character(feats)
> head(atc.ohe.mtx[, 1:6])
         코로나일구 감염증 번째 확진자 발생했습니 중국
doc8024         0      0    0     0       0      0
doc8032         0      0    0     0       0      0
doc8035         0      0    0     0       0      0
# One-hot Encoding
> for (i in 1:dim(atc.ohe.mtx)[1]) {
+   corpus.doc.token <- tokens(atc.corpus[[i]]$content)
+   for (j in 1:dim(atc.ohe.mtx)[2]) {
+     for (k in 1:length(corpus.doc.token$text1)) {
+       if (colnames(atc.ohe.mtx[j]) == corpus.doc.token$text1[k]) {
+         atc.ohe.mtx[i, j] <- 1
+         next
+       }
+     }
+   }
+ }
> atc.ohe.mtx[, 1:6]
         코로나일구 감염증 번째 확진자 발생했습니 중국
doc8024         1      1    1     1       1      1
doc8032         1      1    0     0       0      0
doc8035         1      1    0     1       0      1
> dim(atc.ohe.mtx)
[1] 3 373
```

실행 결과 원-핫 인코딩 형식으로 잘 표현된 것을 볼 수 있다. tokens() 함수는 텍스트 데이터를 단어 토큰화하는 용도로 사용된다. 말뭉치의 단어에 고유한 인덱스 값을 설정하고, 각 문서에서 표현된 단어의 위치에 1, 표현되지 않은 위치에 0을 부여한다.

9.6.2 백오브워드

백오브워드(Bag of Words, BoW) 모델은 단어의 순서를 전혀 고려하지 않고, 단어의 출현 빈도(frequency)에만 집중하는 텍스트 데이터의 수치화 방법이며, 문서에 대한 수학적인 표현 모델로 가장 일반적인 모델이다(Wikipedia, "Bag-of-words model" 참조). 여기서 문서를 표현하는 각 어휘는 해당 문서의 특징(feature)이고, 어휘의 빈도수는 특징에 대한 값이 된다. 문서 내에서 단어의 등장 순서는 정보를 보존하지 않으며, 동일한 어휘와 빈도수 분포로 두 문서가 일치하는 것으로 간주된다.

BoW를 만드는 과정은 각 단어에 고유한 인덱스(Index)를 부여하고, 각 인덱스의 위치에 토큰(Token)의 등장 횟수를 기록한 벡터(Vector)를 만든다.

> ① 각 단어에 고유한 인덱스를 부여한다.
> ② 각 인덱스의 위치에 단어 토큰의 등장 횟수를 기록한 벡터를 만든다.

[표 9-9]는 두 문서(Doc1, Doc2)에 대한 BoW 예다.

[표 9-9] BoW 예시

Doc1 = "The bright blue butterfly hangs on the breeze."
Doc2 = "The quick brown fox jumps over the lazy dog."

인덱스	1	2	3	4	5	6	7
토큰	the	bright	blue	butterfly	hangs	on	breeze
Doc1	2	1	1	1	1	1	1
Doc2	2	0	0	1	0	0	0

인덱스	8	9	10	11	12	13	14
토큰	brown	fox	jumps	over	lazy	dog	quick
Doc1	0	0	0	0	0	0	0
Doc2	1	1	1	1	1	1	1

BoW는 각 단어가 등장한 횟수를 수치화하는 텍스트 표현 방법이므로 주로 어떤 단어가 얼마나 자주 등장했는지를 기준으로 문서가 어떤 성격의 문서인지를 판단하는 작업에 사용된다. 예를 들어 '체력', '근력', '달리기'와 같은 단어가 자주 등장하면 해당 문서는 체육 관련 문서로 분류할 수 있다. BoW는 문서의 분류 문제나 여러 문서 간의 유사도를 구하는 문제에 주로 이용된다.

9.6.2.1 백오브워드 모델 예제(대통령 브리핑 486~488.txt)

다음은 대통령 브리핑(486.txt, 487.txt, 488.txt) 자료로 BoW 모델을 적용해 문서 간 유사도를 비교하는 예제다. 대통령 브리핑 텍스트 데이터는 전처리된 말뭉치를 이용한다.

(1) 환경 설정

```
> packages <- c("tm", "tidyverse", "stringr", "dplyr", "lsa", "qdap", "proxy")
> load_pkgs(packages)
```

필요한 패키지 설치 및 로딩을 위해 load_pkgs() 함수를 이용하고, 데이터 분석에 필요한 패키지를 준비한다.

(2) 말뭉치 읽어오기

```
> briefing.text.location <- paste(getwd(), "/tm/briefings/corpus", sep = "")
> brf.corpus <- VCorpus(DirSource(briefing.text.location),
+                                 readerControl = list(language = 'lat'))
> summary(brf.corpus)
          Length         Class Mode
486.txt 2     PlainTextDocument list
487.txt 2     PlainTextDocument list
488.txt 2     PlainTextDocument list
```

수집된 말뭉치에는 3개의 문서(486.txt, 487.txt, 488.txt)가 있음을 볼 수 있다.

(3) 말뭉치의 구성 및 내용 확인하기

```
> summary(brf.corpus[[1]]$content)
Length     Class     Mode
    9    character character
> (brf.corpus[[1]]$content)[[1]]
[1] "president moon jaein premier li keqiang people republic china held meeting attended dinner chengdu china evening local time leaders indepth discussions issues mutual concern including ways promote substantive bilateral cooperation areas economy trade environment culture"
> summary(brf.corpus[[2]]$content)
Length     Class     Mode
    8    character character
> (brf.corpus[[2]]$content)[[1]]
[1] " sidelines korea japan china summit chengdu china president moon jaein japanese prime minister shinzo abe held summit minutes today local time"
> summary(brf.corpus[[3]]$content)
```

```
          Length    Class     Mode
              14 character character
> (brf.corpus[[3]]$content)[[1]]
[1] "president moon jaein met prime minister hun sen kingdom cambodia cheong wa dae today indepth
discussions promote substantive bilateral cooperation "
```

말뭉치 구성을 보자. 첫 번째 문서에는 9개 단락, 두 번째 문서에는 8개 단락, 세 번째 문서에는 14개 단락으로 구성된 것을 볼 수 있다. 각 문서의 첫 번째 단락 내용을 보면 데이터 전처리 작업이 잘 수행되었다. 말뭉치의 영어 단어가 2글자 이상으로 구성되어 있다.

(4) 말뭉치의 문서단어행렬(DTM) 구축하기

```
> mtx.ctrl <- list(language = "english",
+                  removeNumbers = FALSE,
+                  removePunctuation = FALSE,
+                  stopwords = FALSE,
+                  stemming = FALSE,
+                  wordLengths = c(2, Inf))
> dtm <- DocumentTermMatrix(brf.corpus, control = mtx.ctrl)
> dtm
<<DocumentTermMatrix (documents: 3, terms: 443)>>
Non-/sparse entries: 545/784
Sparsity                : 59%
Maximal term length: 16
Weighting               : term frequency (tf)
```

생성된 DTM은 3개 문서와 443개 단어로 구성되어 있다. 그 중에서 545개 단어가 1번 이상 사용되었고, 나머지 784개는 0으로 표시되어 희소성(Sparsity)은 59%인 것을 볼 수 있다. 문서단어행렬을 구축하는 DocumentTermMatrix() 함수를 사용할 때 옵션을 설정하지 않으면 기본 옵션으로 생성된다. 여기서는 2글자 이상 단어를 모두 포함시켰다.

(5) 생성된 DTM을 BoW 형식으로 표현하기

```
> dtm.mtx <- as.matrix(dtm)
> rownames(dtm.mtx) <- c("doc486", "doc487", "doc488")
> dtm.mtx[, 1:6]
      Terms
   Docs abducted abe abundant achieved active actively
   doc486        0   0        0        1      0        2
   doc487        1   6        0        0      0        0
   doc488        0   0        1        0      3        0
```

생성된 DTM을 행렬로 변환하여 BoW 형식으로 잘 표현되었다.

(6) 생성된 DTM을 단어문서행렬(TDM)로 변환하여 BoW 형식으로 표현하기

```
> dtm.wfm <- as.wfm(dtm)
> colnames(dtm.wfm) <- c("doc486", "doc487", "doc488")
> head(dtm.wfm)
          doc486  doc487  doc488
abducted       0       1       0
abe            0       6       0
abundant       0       0       1
achieved       1       0       0
active         0       0       3
actively       2       0       0
```

생성된 DTM을 단어문서행렬(TDM)로 변환하여 BoW 형식으로 잘 표현된 것을 볼 수 있다.

(7) 코사인 유사도(Cosine similarity)를 이용한 문서 간 유사도 비교하기

```
> cosine(dtm.wfm)
          doc486     doc487     doc488
doc486  1.0000000  0.3333186  0.3868933
doc487  0.3333186  1.0000000  0.4441602
doc488  0.3868933  0.4441602  1.0000000
```

문서 간 유사도를 검사하는 경우 축소된 차원에서 문서 간 거리를 계산하고, 텍스트 분석에서는 코사인 방법을 많이 사용한다(Provost & Fawcett, 2013). 문서 간 유사도를 비교해보면 doc486, doc487은 약 0.333, doc486, doc488은 약 0.387이다.

코사인 유사도는 -1에서 1까지의 값을 가지며 -1은 서로 완전히 반대되는 경우, 0은 서로 독립적인 경우, 1은 서로 완전히 같은 경우를 의미한다. 위 결과에서 doc486과 doc487의 문서보다는 doc486과 doc488의 문서가 더 유사하다고 할 수 있다.

(8) 코사인 거리(Cosine distance)를 이용한 문서 간 유사도 비교하기

```
> as.matrix(dist(dtm.mtx, method = "cosine"))
          doc486     doc487     doc488
doc486  0.0000000  0.6666814  0.6131067
doc487  0.6666814  0.0000000  0.5558398
doc488  0.6131067  0.5558398  0.0000000
```

결과를 보면 doc486, doc487은 약 0.667, doc486, doc488은 약 0.613이다. 코사인 거리의 범위는 0 ~ 1 구간이고, 0에 가까울수록 두 객체는 더 유사하다. 위 결과에서 doc486과 doc487의 문서보다는 doc486과 doc488의 문서가 더 유사하다고 할 수 있다.

9.6.2.2 백오브워드 예제(대통령 연설문 8024, 8032, 8035.txt)

다음은 대통령 연설문(8024.txt, 8032.txt, 8035.txt) 자료로 BoW 모델을 적용한 문서 간 유사도를 비교하는 예제다. 대통령 연설문 텍스트 데이터는 전처리된 말뭉치를 이용한다.

(1) 환경 설정

```
> packages <- c("tm", "tidyverse", "stringr", "dplyr", "lsa", "qdap", "proxy")
> load_pkgs(packages)
```

필요한 패키지 설치 및 로딩을 위해 load_pkgs() 함수를 이용하고, 데이터 분석에 필요한 패키지를 준비한다.

(2) 말뭉치 읽어오기

```
> article.text.location <- paste(getwd(), "/tm/articles/corpus", sep = "")
> atc.corpus <- VCorpus(DirSource(article.text.location),
+                                 readerControl = list(language = 'lat'))
> summary(atc.corpus)
         Length           Class Mode
8024.txt 2      PlainTextDocument list
8032.txt 2      PlainTextDocument list
8035.txt 2      PlainTextDocument list
```

수집된 말뭉치에는 3개의 문서(8024.txt, 8032.txt, 8035.txt)가 있음을 볼 수 있다.

(3) 말뭉치의 구성 및 내용 확인하기

```
> summary(atc.corpus[[1]]$content)
Length    Class      Mode
     1 character character
> (atc.corpus[[1]]$content)[[1]]
[1] "코로나일구 감염증 번째 확진자 발생했습니 중국 여행객 방문 재인 귀국자 때문 정부 연휴 기간 긴장 시간 대응 체계 가동 있습니 질병관리본부장 국립중앙의료원장 전화 격려 당부 말씀 드렸습니 정부 지자체 단위 필요 노력 국민 정부 필요 조치 과도 불안 당부 드립"
> summary(atc.corpus[[2]]$content)
```

```
         Length     Class       Mode
              1 character  character
> (atc.corpus[[2]]$content)[[1]]
[1] "문재인 대통령 오후 청와대 영빈관 준장 진급 장군 상징 삼정 환담 가졌습니 문재인 대통령 환담 모두
발언 과거 대장 진급 자와 일부 중장진급 수치 방식 대통령 삼정 우리 정부 장성 진급 대통령 무관 선택
노력 명예 뿌듯 때문 대통령 축하 말했습니 통수권자 대통령 준장 진급
 … 이하 생략
> summary(atc.corpus[[3]]$content)
         Length     Class       Mode
              1 character  character
> (atc.corpus[[3]]$content)[[1]]
[1] "오늘 회의 코로나일구 감염증 대책 종합적 점검 논의 하기 소집 시도지사 화상 연결 참석 감사 감염
확산 민생 경제 영향 최소화 하기 중앙정부 지자체 소통 협력 화해 오늘 중국 우한 고립 우리 교민 귀국
시작 실제 도착 내일 협조 항공 승무원 우리 국민 어디 국민 생명 안
 … 이하 생략
```

말뭉치 구성을 보자. 각 문서에는 1개 단락으로 구성된 것을 볼 수 있다. 각 문서의 내용을 보면 데이터 전처리 작업이 잘 수행된 것을 볼 수 있다. 말뭉치의 한국어 단어가 2글자 이상으로 구성되어 있다.

(4) 말뭉치의 문서단어행렬(DTM) 구축하기

```
> mtx.ctrl <- list(language = "korean",
+                  removeNumbers = FALSE,
+                  removePunctuation = FALSE,
+                  stopwords = FALSE,
+                  stemming = FALSE,
+                  wordLengths = c(2, Inf))
> dtm <- DocumentTermMatrix(atc.corpus, control = mtx.ctrl)
> dtm
<<DocumentTermMatrix (documents: 3, terms: 373)>>
Non-/sparse entries: 410/709
Sparsity           : 63%
Maximal term length: 8
Weighting          : term frequency (tf)
```

생성된 DTM은 3개 문서와 373개 단어로 구성되어 있다. 그 중에서 410개 단어가 1번 이상 사용되었고, 나머지 709개는 0으로 표시되어 희소성(Sparsity)은 63%인 것을 볼 수 있다. 문서단어행렬을 구축하는 DocumentTermMatrix() 함수를 사용할 때 옵션을 설정하지 않으면 기본 옵션으로 생성된다. 여기서는 2글자 이상 단어를 모두 포함시켰다.

(5) 생성된 DTM을 BoW 형식으로 표현하기

```
> dtm.mtx <- as.matrix(dtm)
> rownames(dtm.mtx) <- c("doc8024", "doc8032", "doc8035")
> dtm.mtx[, 1:6]
         Terms
   Docs   가동 가슴 가운데 가져달라고 가졌습니 가족
   doc8024  1    0    0       0         0      0
   doc8032  0    1    0       1         1      3
   doc8035  0    0    1       0         0      0
```

생성된 DTM을 행렬로 변환하여 BoW 형식으로 잘 표현된 것을 볼 수 있다.

(6) 생성된 DTM을 단어문서행렬(TDM)로 변환하여 BoW 형식으로 표현하기

```
> dtm.wfm <- as.wfm(dtm)
> colnames(dtm.wfm) <- c("doc8024", "doc8032", "doc8035")
> head(dtm.wfm)
             doc8024 doc8032 doc8035
가동             1       0       0
가슴             0       1       0
가운데           0       0       1
가져달라고       0       1       0
가졌습니         0       1       0
가족             0       3       0
```

BoW 형식으로 잘 표현된 것을 볼 수 있다.

(7) 코사인 유사도(Cosine similarity)를 이용한 문서 간 유사도 비교하기

```
> cosine(dtm.wfm)
           doc8024      doc8032      doc8035
doc8024  1.00000000   0.06350916   0.4041569
doc8032  0.06350916   1.00000000   0.1135831
doc8035  0.40415687   0.11358312   1.0000000
```

결과를 보면 doc8024과 doc8032은 약 0.064, doc8024과 doc8035은 약 0.404이다. 코사인 유사도의 범위는 0 ~ 1 구간이고, 1에 가까울수록 두 객체는 더 유사하다. 위 결과에서 doc8024과 doc8032의 문서보다는 doc8024과 doc8035의 문서가 더 유사하다.

(8) 코사인 거리(Cosine distance)를 이용한 문서 간 유사도 비교하기

```
> as.matrix(dist(dtm.mtx, method = "cosine"))
          doc8024   doc8032   doc8035
doc8024 0.0000000 0.9364908 0.5958431
doc8032 0.9364908 0.0000000 0.8864169
doc8035 0.5958431 0.8864169 0.0000000
```

결과를 보면 doc8024와 doc8032는 약 0.936이고, doc8024와 doc8035는 약 0.596이다. 코사인 거리의 범위는 0 ~ 1 구간이고, 0에 가까울수록 두 객체는 더 유사하다. 위 결과에서 doc8024과 doc8032의 문서보다는 doc8024과 doc8035의 문서가 더 유사하다.

9.6.3 단어 빈도-역문서 빈도

단어 빈도-역문서 빈도(Term Frequency-Inverse Document Frequency, TF-IDF) 모델은 여러 개의 문서로 구성된 말뭉치가 있을 때 문서 내에서 특정 단어가 얼마나 중요한 의미를 가졌는지를 알 수 있다 (Ramos, 2003; Luhn, 1957). TF-IDF는 정보 검색 자동화를 위한 이론적 근거와 문서 자동분류 등에 활용되었으며, TF-IDF 가중치를 이용하여 문서에서 키워드를 추출 및 검색 결과의 순위를 결정하거나 문서의 유사도를 측정하는 도구로 활용할 수 있다(Luhn, 1957).

TF-IDF는 단어 빈도(TF)와 역문서 빈도(IDF)의 곱이며, 문서 내부에서 많이 출현하고, 전체 문서 집합에서 출현하는 문서의 수가 적은 단어가 중요한 단어로서 평가될 수 있다. 이를 식으로 표현 다음과 같다.

TF	$tf_{(t,d)} = 0.5 + \dfrac{0.5 \times f(t,d)}{\max\{f(w,d) : w \in d\}}$
IDF	$idf_{(t,D)} = \log \dfrac{|D|}{|\{d \in D : t \in d\}|}$ $|D|$: 문서집합에 포함되어 있는 전체 문서의 수 $|\{d \in D : t \in d\}|$: 단어 t가 등장하는 문서의 수 $tf_{(t,d)} \neq 0$
TF-IDF	$tfidf_{(t,d,D)} = tf_{(t,d)} \times idf_{(t,D)}$

단어 빈도(TF)에서 이 값을 산출하는 가장 간단한 방법은 단순히 문서 내에 나타나는 해당 단어의 총 빈도 수를 사용하는 것이다. 역문서 빈도(IDF)는 한 단어가 문서 집합 전체에서 얼마나 공통적으로 나타나는지를 나타내는 값이며, 전체 문서의 수를 해당 단어를 포함한 문서의 수로 나눈 뒤 로그를 취하여 얻을 수 있다. 단어가 나온 문서의 수가 적을수록 단어가 중요한 의미를 가지는 단어로 분류하기 위한 의도를 반영한 것이다.

TF-IDF는 특정 문서 내에서 단어 빈도가 높을수록, 그리고 전체 문서 중 그 단어를 포함한 문서가 적을수록 TF-IDF 값이 높아진다. 따라서 TF-IDF 값이 크면 중요도가 높은 것이며, 반대로 값이 작으면 중요도가 낮은 것으로 판단한다.

역문서 빈도(IDF)의 로그 함수 값은 항상 1 이상이므로, 역문서 빈도(IDF) 값과 TF-IDF 값은 항상 0 이상이 된다. 특정 단어를 포함하는 문서가 많을수록 로그 함수 안의 값이 1에 가까워지게 되고, 이 경우 역문서 빈도(IDF) 값과 TF-IDF 값은 0에 가까워지게 된다.

다음과 같이 4개의 문서가 있다면, 단어 빈도(TF), 역문서 빈도(IDF), TF-IDF 값은 아래와 같다.

> Doc1: 나는 빨간 노란 과일을 좋아한다
> Doc2: 빨간 사과 사과
> Doc3: 빨간 딸기 사과
> Doc4: 노란 바나나 바나나

[표 9-10] 단어 빈도(TF)

	나는	빨간	노란	과일을	좋아한다	사과	딸기	바나나
Doc1	1	1	1	1	1	0	0	0
Doc2	0	1	0	0	0	2	0	0
Doc3	0	1	0	0	0	1	1	0
Doc4	0	0	1	0	0	0	0	2

[표 9-10]의 역문서 빈도(IDF) 값은 [표 9-11]과 같다. 자연 로그는 일반적으로 log라고 표현하지 않고 ln이라고 표현한다.

[표 9-11] 역문서 빈도(IDF)

단어	역문서 빈도(IDF)
나는	ln(4 / (1+1)) = 0.6931472
빨간	ln(4 / (3+1)) = 0.0
노란	ln(4 / (2+1)) = 0.2876821
과일을	ln(4 / (1+1)) = 0.6931472
좋아한다	ln(4 / (1+1)) = 0.6931472
사과	ln(4 / (2+1)) = 0.2876821
딸기	ln(4 / (1+1)) = 0.6931472
바나나	ln(4 / (1+1)) = 0.6931472

4개의 문서의 TF-IDF 값을 계산한 결과는 [표 9-12]와 같다. TF-IDF는 단어 빈도(TF)에 역문서 빈도(IDF) 값을 곱해주면 된다.

[표 9-12] TF-IDF

	나는	빨간	노란	과일을	좋아한다	사과	딸기	바나나
Doc1	0.693	0	0.288	0.693	0.693	0	0	0
Doc2	0	0	0	0	0	0.575	0	0
Doc3	0	0	0	0	0	0.288	0.693	0
Doc4	0	0	0.288	0	0	0	0	1.386

Doc2에서 사과, Doc4에서 바나나만 단어 빈도(TF) 값이 2이므로 역문서 빈도(IDF)에 2를 곱해주고, 나머지는 단어 빈도(TF)가 1이므로 역문서 빈도(IDF) 값을 가지고 오면 된다. Doc4에서 바나나의 TF-IDF 값이 1.386(TF = 2, IDF ≈ 0.693)이므로 상대적으로 중요한 단어로 판단된다. Doc3에서 사과를 한 번 언급하였지만 Doc2에서는 사과를 두 번 언급했기 때문에 Doc2에서 사과를 더욱 중요한 단어라고 판단한다.

텍스트 데이터에서 단어 빈도를 측정하는 이유는 단어와 문서 간의 관계를 나타내기 위해서다. 이때 문서 길이의 차이를 보정하기 위해 단어가 나오는 횟수를 정규화해야 한다(Provost & Fawcett, 2013).

다음은 단어 빈도(TF) 정규화(Normalization) 산출식이다.

$$정규화단어빈도(\text{ntf})_i = \frac{n_i}{\text{total}}$$

여기서, n_i는 i번째 단어가 나온 횟수, total는 문서의 전체 단어 수다.

만약 문서의 길이와 상관없이 단어의 출현 빈도에만 의존한다면 규격(scale)이 다르기 때문에 발생하는 오류(문서의 길이가 다름에서 오는 오류)를 범할 수 있다. 예를 들어 '사과'라는 단어가 10번 출현한 문서(doc1, doc2)가 2개 있다고 하자. 첫 번째 문서(doc1)의 전체 단어 수는 100개, 두 번째 문서(doc2)의 전체 단어 수는 10,000개라면 단순히 출현 빈도수만 봤을 때 두 문서의 단어 빈도(TF)는 10이고, 정규화된 단어 빈도는 doc1 = 0.1, doc2 = 0.001이다. 즉, 두 문서(doc1, doc2) 간 정규화된 단어 빈도는 100배 차이가 난다.

9.6.3.1 단어 빈도-역문서 빈도 모델 예제(대통령 브리핑 486~488.txt)

다음은 대통령 브리핑(486.txt, 487.txt, 488.txt) 자료로 단어 빈도-역문서 빈도(TF-IDF) 모델을 적용해서 각 문서에서 TF, IDF, TF-IDF 값을 계산하고, TF-IDF 값을 이용해서 문서 간 유사도를 비교하는 예제다. 대통령 브리핑 텍스트 데이터는 전처리된 말뭉치를 이용한다.

(1) 환경 설정

```
> packages <- c("dplyr", "tidytext", "janeaustenr", "quanteda", "ggplot2", "tm", "lsa", "qdap", "proxy")
> load_pkgs(packages)
```

필요한 패키지 설치 및 로딩을 위해 load_pkgs() 함수를 이용하고, 데이터 분석에 필요한 패키지를 준비한다.

(2) 말뭉치 읽어오기

```
> briefing.text.location <- paste(getwd(), "/tm/briefings/corpus", sep = "")
> brf.corpus <- VCorpus(DirSource(briefing.text.location),
+                                 readerControl = list(language = 'lat'))
> summary(brf.corpus)
        Length          Class Mode
486.txt 2       PlainTextDocument list
487.txt 2       PlainTextDocument list
488.txt 2       PlainTextDocument list
```

수집된 말뭉치에는 3개의 문서(486.txt, 487.txt, 488.txt)가 있다.

(3) 말뭉치의 구성 및 내용 확인하기

```
> summary(brf.corpus[[1]]$content)
Length   Class     Mode
    9  character character
> (brf.corpus[[1]]$content)[[1]]
[1] "president moon jaein premier li keqiang people republic china held meeting attended dinner chengdu china evening local time leaders indepth discussions issues mutual concern including ways promote substantive bilateral cooperation areas economy trade environment culture"
> summary(brf.corpus[[2]]$content)
Length   Class     Mode
    8  character character
> (brf.corpus[[2]]$content)[[1]]
[1] " sidelines korea japan china summit chengdu china president moon jaein japanese prime minister shinzo abe held summit minutes today local time"
> summary(brf.corpus[[3]]$content)
Length   Class     Mode
   14  character character
> (brf.corpus[[3]]$content)[[1]]
[1] "president moon jaein met prime minister hun sen kingdom cambodia cheong wa dae today indepth discussions promote substantive bilateral cooperation "
```

말뭉치 구성을 보자. 첫 번째 문서에는 9개 단락, 두 번째 문서에는 8개 단락, 세 번째 문서에는 14개 단락으로 구성되어 있다. 각 문서의 첫 번째 단락 내용을 보면 데이터 전처리 작업이 잘 수행되었다.

(4) 말뭉치를 데이터프레임 형식으로 변환하는 corpus_dfm_text() 함수 만들기

```
> corpus_dfm_text <- function(corpus, doc.name) {
+   doc.names <- doc.name
+   doc.df <- data.frame()
+   for (i in 1:length(corpus)) {
+     doc.text <- NULL
+     for (j in 1:length(corpus[[i]]$content)) {
+       doc.text <- paste(doc.text, corpus[[i]]$content[[j]], sep = " ")
+     }
+     doc.df <- rbind(doc.df,
+                     data.frame(doc = doc.names[i],
+                                text = doc.text,
+                                stringsAsFactors = FALSE))
+   }
+   return(doc.df)
+ }
```

말뭉치를 문서명, 문서 내용의 텍스트 속성을 가지는 데이터프레임 형식으로 변환하는 corpus_dfm_text() 함수가 잘 생성되었다.

(5) corpus_dfm_text() 함수를 이용해 말뭉치의 문서별 문서 내용 생성하기

```
> doc.names <- c("doc486", "doc487", "doc488")
> corpus.dfm.text <- corpus_dfm_text(brf.corpus, doc.names)
> str(corpus.dfm.text)
'data.frame':    3 obs. of  2 variables:
 $ doc    : chr  "doc486" "doc487" "doc488"
 $ text   : chr  " president moon jaein premier .. 이하 생략
```

말뭉치를 데이터프레임 형식으로 변환하여 문서별 문서 내용으로 출력한 결과 3개의 문서명(doc), 문서 내용(text) 속성으로 잘 변환되었다.

(6) 문서 내용이 저장된 text 속성을 토큰으로 변환하고, 문서(doc)와 단어(word)의 빈도의 역순으로 정렬하여 데이터프레임으로 생성하기

```
> brf_words <- corpus.dfm.text %>% unnest_tokens(word, text) %>%
+              dplyr::count(doc, word, sort = TRUE)
> head(brf_words)
# A tibble: 6 x 3
```

```
    doc        word     n
    <chr>      <chr>    <int>
1   doc486     china    12
2   doc488     cambodia 11
3   doc488     cooperation 10
4   doc488     president   10
5   doc486     premier     9
6   doc488     moon        9
```

결과를 보면 doc486 문서에서 "china" 단어 빈도가 12로 가장 크다. unnest_tokens() 함수는 입력값으로 text 속성을 입력 받아 토큰화하여 word 속성으로 출력한다. count() 함수는 doc, word 속성의 그룹으로 카운트하여 n 속성으로 출력하고 단어 역순으로 정렬한다.

(7) 문서별 총 단어 빈도 계산하기

```
> total_words <- brf_words %>% dplyr::group_by(doc) %>% dplyr::summarize(total = sum(n))
> head(total_words)
# A tibble: 3 x 2
  doc      total
  <chr>    <int>
1 doc486   321
2 doc487   193
3 doc488   342
```

결과를 보자. doc486의 총 단어 빈도는 321, doc487의 총 단어 빈도는 193, doc488의 총 단어 빈도는 342이다. group_by() 함수는 doc 속성으로 그룹으로 묶고, summarize() 함수는 속성 n을 합산하여 total 속성에 저장한다.

(8) 문서(doc), 단어(word), 단어 빈도(n)와 문서별 총 단어 빈도(total) 병합하기

```
> brf_words <- left_join(brf_words, total_words)
> head(brf_words)
# A tibble: 6 x 4
    doc      word         n      total
    <chr>    <chr>        <int>  <int>
1   doc486   china        12     321
2   doc488   cambodia     11     342
3   doc488   cooperation  10     342
4   doc488   president    10     342
5   doc486   premier      9      321
6   doc488   moon         9      342
```

문서(doc), 단어(word), 단어 빈도(n), 문서별 총 단어 빈도(total)가 잘 병합되었다. left_join() 함수는 doc 속성으로 left join 한다.

(9) 문서별 단어 빈도(TF) 계산하기

```
> brf_words_tf <- brf_words %>% group_by(doc) %>%
+                  mutate(rank = row_number(), termfreq = n/total)
> head(brf_words_tf)
# A tibble: 6 x 6
# Groups:   doc [2]
    doc         word       n   total   rank   termfreq
    <chr>       <chr>    <int>  <int>  <int>    <dbl>
1   doc486      china      12    321      1    0.0374
2   doc488      cambodia   11    342      1    0.0322
3   doc488      cooperation 10   342      2    0.0292
4   doc488      president  10    342      3    0.0292
5   doc486      premier     9    321      2    0.0280
6   doc488      moon        9    342      4    0.0263
```

문서별 단어 빈도(Term frequency)가 잘 생성되었고, 생성된 단어 빈도는 정규화되었다.

(10) TF, IDF, TF-IDF 값 계산하기

```
> brf_words_tfidf <- brf_words %>% bind_tf_idf(word, doc, n)
> head(brf_words_tfidf)
# A tibble: 6 x 7
    doc         word       n   total     tf      idf    tf_idf
    <chr>       <chr>    <int>  <int>   <dbl>   <dbl>    <dbl>
1   doc486      china      12    321   0.0374   0.405   0.0152
2   doc488      cambodia   11    342   0.0322   1.10    0.0353
3   doc488      cooperation 10   342   0.0292   0.405   0.0119
4   doc488      president  10    342   0.0292   0       0
5   doc486      premier     9    321   0.0280   1.10    0.0308
6   doc488      moon        9    342   0.0263   0       0
```

결과를 보면 TF, IDF, TF-IDF 값이 잘 생성되었다. bind_tf_idf() 함수는 단어(word), 문서(doc), 단어 빈도(n)의 인자로 tf, idf, tf-idf 값을 계산한다.

(11) 데이트 세트에서 total 속성을 제거하고, TF-IDF 값의 역순으로 정렬하기

```
> brf_words_tfidf %>%
+   select(-total, doc_name = doc, term_name = word, term_freq = n) %>%
+   arrange(desc(tf_idf))
   doc_name term_name term_freq      tf   idf  tf_idf
      <chr>     <chr>     <int>   <dbl> <dbl>   <dbl>
 1   doc488  cambodia        11  0.0322  1.10  0.0353
 2   doc487       abe         6  0.0311  1.10  0.0342
 3   doc487     japan         6  0.0311  1.10  0.0342
 4   doc486   premier         9  0.0280  1.10  0.0308
 5   doc487     issue         4  0.0207  1.10  0.0228
 6   doc486        li         5  0.0156  1.10  0.0171
 7   doc487    export         3  0.0155  1.10  0.0171
 8   doc488       mou         5  0.0146  1.10  0.0161
 9   doc488   project         5  0.0146  1.10  0.0161
10   doc486     china        12  0.0374  0.405 0.0152
# ... with 535 more rows
```

tf-idf 값의 역순으로 잘 정렬되었다. select() 함수는 변수를 선택하고, arrange() 함수는 선택한 변수 (tf_idf)를 역순으로 정렬한다.

(12) 문서별 TF-IDF 값이 높은 상위 10개의 단어 막대 그래프 그리기

```
> brf_words_tfidf %>% arrange(desc(tf_idf)) %>%
+   mutate(word = factor(word, levels = rev(unique(word)))) %>%
+   group_by(doc) %>% top_n(10) %>% ungroup() %>%
+   ggplot(aes(word, tf_idf, fill = doc)) +
+   geom_col(show.legend = FALSE) +
+   labs(x = NULL, y = "tf-idf") +
+   facet_wrap(~doc, ncol = 3, scales = "free") +
+   coord_flip()
```

문서별 tf-idf 값이 높은 상위 10개 단어가 잘 출력되었다. doc486는 premier, li, china, spring, economy 순으로 tf-idf 값이 높고, doc487는 abe, japan, issue, export, minister 순으로 tf-idf 값이 높으며, doc488는 cambodia, mou, project, tourism, cooperation 순으로 tf-idf 값이 높다.

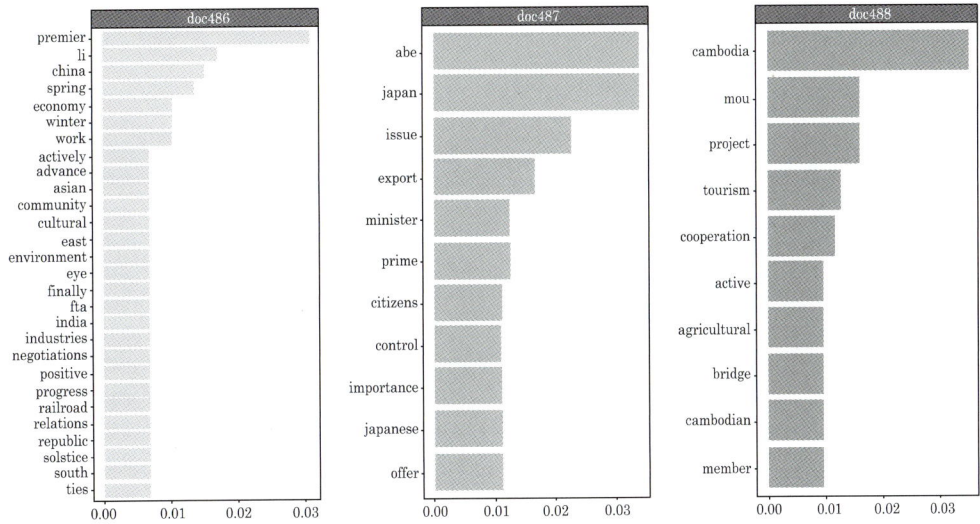

[그림 9-14] 문서별 TF-IDF 값이 높은 상위 10개 단어 막대 그래프

(13) 데이터셋(brf_words_tfidf)에서 고유한 단어 추출하기

```
> brf_tfidf_dfm <- data.frame(word = unique(brf_words_tfidf$word))
> head(brf_tfidf_dfm)
        word
1      china
2   cambodia
3 cooperation
4  president
5    premier
6       moon
> nrow(brf_tfidf_dfm)
[1] 443
```

고유한 단어는 443개다. unique() 함수는 고유한 요소를 추출한다.

(14) 데이터셋(brf_tfidf_dfm)와 문서(486)의 속성(n, total, tf, idf, tf_idf) 병합하기

```
> brf_doc486 <- brf_words_tfidf[brf_words_tfidf$doc == "doc486", ] %>%
+               select(word, doc486_freq = n, doc486_tot_freq = total,
+                      doc486_tf = tf, doc486_idf = idf, doc486_tfidf = tf_idf)
> brf_tfidf_dfm <- left_join(brf_tfidf_dfm, brf_doc486)
> head(brf_tfidf_dfm)
        word  doc486_freq  doc486_tot_freq  doc486_tf   doc486_id   fdoc486_tfidf
1      china           12              321  0.03738318  0.4054651   0.015157574
2   cambodia           NA               NA          NA         NA            NA
3 cooperation          4              321  0.01246106  0.4054651   0.005052525
4  president            8              321  0.02492212  0.0000000   0.000000000
5    premier            9              321  0.02803738  1.0986123   0.030802214
6       moon            7              321  0.02180685  0.0000000   0.000000000
```

문서(486)에서 사용되지 않는 단어는 NA값을 가지고 있다는 것을 알 수 있다.

(15) 데이터셋(brf_tfidf_dfm)과 문서(487)의 속성(n, total, tf, idf, tf_idf) 병합하기

```
> brf_doc487 <- brf_words_tfidf[brf_words_tfidf$doc == "doc487", ] %>%
+               select(word, doc487_freq = n, doc487_tot_freq = total,
+                      doc487_tf = tf, doc487_idf = idf, doc487_tfidf = tf_idf)
> brf_tfidf_dfm <- left_join(brf_tfidf_dfm, brf_doc487)
> head(brf_tfidf_dfm[,c(1, 7:11)])
        word  doc487_freq  doc487_tot_freq  doc487_tf   doc487_idf  doc487_tfidf
1      china            2              193  0.01036269  0.4054651   0.004201711
2   cambodia           NA               NA          NA         NA            NA
3 cooperation         NA               NA          NA         NA            NA
4  president            5              193  0.02590674  0.0000000   0.000000000
5    premier           NA               NA          NA         NA            NA
6       moon            5               93  0.02590674  0.0000000   0.000000000
```

문서(487)에서 사용되지 않는 단어는 NA값을 가지고 있다는 것을 알 수 있다.

(16) 데이터셋(brf_tfidf_dfm)과 문서(488)의 속성(n, total, tf, idf, tf_idf) 병합하기

```
> brf_doc488 <- brf_words_tfidf[brf_words_tfidf$doc == "doc488", ] %>%
+               select(word, doc488_freq = n, doc488_tot_freq = total,
+                      doc488_tf = tf, doc488_idf = idf, doc488_tfidf = tf_idf)
> brf_tfidf_dfm <- left_join(brf_tfidf_dfm, brf_doc488)
> head(brf_tfidf_dfm[, c(1, 12:16)])
```

	word	doc488_freq	doc488_tot_freq	doc488_tf	doc488_idf	doc488_tfidf
1	china	NA	NA	NA	NA	NA
2	cambodia	11	342	0.03216374	1.0986123	0.03533548
3	cooperation	10	342	0.02923977	0.4054651	0.01185570
4	president	10	342	0.02923977	0.0000000	0.00000000
5	premier	NA	NA	NA	NA	NA
6	moon	9	342	0.02631579	0.0000000	0.00000000

문서(488)에서 사용되지 않는 단어는 NA값을 가지고 있다는 것을 알 수 있다.

(17) 데이터셋(brf_tfidf_dfm)에서 NA값 제거하기

```
> brf_tfidf_dfm[is.na(brf_tfidf_dfm$doc486_freq), "doc486_freq"]          <- c(0)
> brf_tfidf_dfm[is.na(brf_tfidf_dfm$doc486_tot_freq), "doc486_tot_freq"]  <- c(0)
> brf_tfidf_dfm[is.na(brf_tfidf_dfm$doc486_tf), "doc486_tf"]              <- c(0)
> brf_tfidf_dfm[is.na(brf_tfidf_dfm$doc486_idf), "doc486_idf"]            <- c(0)
> brf_tfidf_dfm[is.na(brf_tfidf_dfm$doc486_tfidf), "doc486_tfidf"]        <- c(0)
> brf_tfidf_dfm[is.na(brf_tfidf_dfm$doc487_freq), "doc487_freq"]          <- c(0)
> brf_tfidf_dfm[is.na(brf_tfidf_dfm$doc487_tot_freq), "doc487_tot_freq"]  <- c(0)
> brf_tfidf_dfm[is.na(brf_tfidf_dfm$doc487_tf), "doc487_tf"]              <- c(0)
> brf_tfidf_dfm[is.na(brf_tfidf_dfm$doc487_idf), "doc487_idf"]            <- c(0)
> brf_tfidf_dfm[is.na(brf_tfidf_dfm$doc487_tfidf), "doc487_tfidf"]        <- c(0)
> brf_tfidf_dfm[is.na(brf_tfidf_dfm$doc488_freq), "doc488_freq"]          <- c(0)
> brf_tfidf_dfm[is.na(brf_tfidf_dfm$doc488_tot_freq), "doc488_tot_freq"]  <- c(0)
> brf_tfidf_dfm[is.na(brf_tfidf_dfm$doc488_tf), "doc488_tf"]              <- c(0)
> brf_tfidf_dfm[is.na(brf_tfidf_dfm$doc488_idf), "doc488_idf"]            <- c(0)
> brf_tfidf_dfm[is.na(brf_tfidf_dfm$doc488_tfidf), "doc488_tfidf"]        <- c(0)
> nrow(brf_tfidf_dfm[!complete.cases(brf_tfidf_dfm),])
[1] 0
```

결과를 보면 결측값(NA)이 모두 제거된 것을 확인할 수 있다.

(18) 문서별 TF-IDF 값을 선별하여 단어문서행렬(TDM)으로 변환하기

```
> brf_tdm <- brf_tfidf_dfm %>% select(doc486_tfidf, doc487_tfidf, doc488_tfidf)
> rownames(brf_tdm) <- c(brf_tfidf_dfm$word)
> colnames(brf_tdm) <- c("doc486", "doc487", "doc488")
> head(brf_tdm)
                doc486        doc487        doc488
china       0.015157574   0.004201711   0.00000000
cambodia    0.000000000   0.000000000   0.03533548
cooperation 0.005052525   0.000000000   0.01185570
president   0.000000000   0.000000000   0.00000000
```

```
premier    0.030802214   0.000000000   0.00000000
moon       0.000000000   0.000000000   0.00000000
> dim(brf_tdm)
[1] 443   3
```

단어문서행렬(TDM) 형식으로 잘 변환되었다.

(19) 문서별 TF-IDF 값을 선별하여 문서단어행렬(DTM)으로 변환하기

```
> brf_dtm <- brf_tfidf_dfm %>% select(doc486_tfidf, doc487_tfidf, doc488_tfidf) %>% t()
> colnames(brf_dtm) <- c(brf_tfidf_dfm$word)
> rownames(brf_dtm) <- c("doc486", "doc487", "doc488")
> head(brf_dtm[, 1:5])
           china      cambodia   cooperation  president  premier
doc486  0.015157574  0.00000000  0.005052525     0       0.03080221
doc487  0.004201711  0.00000000  0.000000000     0       0.00000000
doc488  0.000000000  0.03533548  0.011855705     0       0.00000000
```

문서단어행렬(DTM) 형식으로 잘 변환된 것을 볼 수 있다.

(20) 코사인 유사도(Cosine similarity)를 이용한 문서 간 유사도 비교하기

```
> cosine(as.matrix(brf_tdm))
           doc486      doc487      doc488
doc486  1.00000000  0.02863053  0.03898765
doc487  0.02863053  1.00000000  0.05382177
doc488  0.03898765  0.05382177  1.00000000
```

결과를 보면 doc486과 doc487은 약 0.029, doc486과 doc488은 약 0.039이다. 코사인 유사도는 -1에서 1까지의 값을 가지며, -1은 서로 완전히 반대되는 경우, 0은 서로 독립적인 경우, 1은 서로 완전히 같은 경우를 의미한다. 위 결과에서 doc486과 doc488의 문서보다는 doc486과 doc487의 문서가 더 유사하다고 할 수 있다.

(21) 코사인 거리(Cosine distance)를 이용한 문서 간 유사도 비교하기

```
> as.matrix(dist(brf_dtm, method = "cosine"))
           doc486     doc487     doc488
doc486  0.0000000  0.9713695  0.9610123
doc487  0.9713695  0.0000000  0.9461782
doc488  0.9610123  0.9461782  0.0000000
```

비교 결과 doc486과 doc487은 약 0.971, doc486과 doc488은 약 0.961이다. 코사인 거리의 범위는 0 ~ 1 구간이고, 0에 가까울수록 두 객체는 더 유사하다. 따라서 doc486과 doc487의 문서보다는 doc486과 doc488의 문서가 더 유사하다고 할 수 있다.

9.7 워드 임베딩을 위한 단어 표현

워드투벡터, CBOW, Skip-Gram, 글로브

- ✓ 원-핫 벡터는 단어간 유사도를 계산할 수 없다는 단점이 있다. **워드투벡터는** 단어간 유사도를 반영할 수 있도록 단어의 의미를 벡터화할 수 있는 대표적인 방법이다.

- ✓ 워드투벡터는 실제값과 예측값에 대한 오차를 손실 함수를 통해 줄여 나가면서 학습하는 예측 기반의 방법론이다.

- ✓ 워드투벡터는 인공신경망 알고리즘이고, 이를 구현하는 방법에는 CBOW와 Skip-Gram 두 가지 방식이 있다.

- ✓ **CBOW**는 주변에 있는 단어를 이용하여 중간에 들어갈 단어를 예측하는 방법이다.

- ✓ **Skip-Gram**은 중심 단어로 주변 단어를 예측하는 방법이다.

- ✓ **글로브는** 카운트 기반과 예측 기반의 단점을 보완하는 목적으로 2014년 미국 스탠포드대학에서 개발한 단어 임베딩 방법론이다.

- ✓ 글로브는 카운트 기반과 예측 기반을 모두 사용한다.

- ✓ 글로브의 기본 아이디어는 임베딩된 중심 단어와 주변 단어 벡터의 내적이 전체 말뭉치에서의 동시 등장 확률이 되도록 만드는 것이다.

9.7.1 워드투벡터

원-핫 벡터는 단어간 유사도(Similarity)를 계산할 수 없다는 단점이 있다. 워드투벡터(Word2Vec)는 단어간 유사도를 반영할 수 있도록 단어의 의미를 벡터화할 수 있는 대표적인 방법이다. 단어의 의미를 다차원 공간에 벡터화하는 방법을 분산 표현(Distributed Representation)이라고 한다. 분산 표현은 비슷한 위치에서 등장하는 단어들은 비슷한 의미를 가진다는 분산 가설(Distribution Hypothesis)이라는 가정 하에 만들어진 표현 방법이다. Word2Vec은 실제값(y)과 예측값($\hat{y}$)에 대한 오차를 손실 함수(Loss Function)를 통해 줄여나가면서 학습하는 예측 기반(Prediction based)의 방법론이다.

예를 들어 'Word2vec'이라는 단어가 포함된 단어(토큰) 집합이 1,000개 있고 인덱스(Index)는 1부터 1000이라고 가정하자. 'Word2vec' 단어의 인덱스가 5라면 이를 원-핫 벡터로 나타내면 다음과 같다.

'Word2vec' = [0 0 0 0 1 0 0 0 0 0 0 0 0 0 0 0 0 0 0 0 0 0 0 0 0 0 … 0 0 0 0 0 0 0 0 0 0 0 0]

여기서 1의 값은 1개, 나머지 999개는 모두 0이다. 이번에는 단어의 의미를 여러 차원에 분산하여 표현하는 분산 표현 방법을 생각해보자. 원-핫 벡터처럼 단어 집합의 크기(1000개)가 될 필요는 없을 것이다. 'Word2vec'이라는 단어를 표현하기 위해 사용자가 설정한 차원을 가지는 벡터가 되고 각 차원의 값은 실수가 된다.

'Word2vec' = [0.233 0.321 0.423 0.045 … 0.435 0.512]

정리해 보면 원-핫 벡터(희소 표현)는 고차원에 각 차원이 분리된 표현 방법이고, 분산 표현은 저차원(사용자가 설정한 차원)에 단어의 의미를 여러 차원에 분산하여 표현한다. 이런 표현 방법을 이용해 단어 간 유사도를 계산할 수 있다.

Word2vec은 인공신경망 알고리즘이고, 이를 구현하는 방법에는 CBOW(Continuous Bag of Words)와 Skip-Gram 두 가지 방식이 있다(Mikolov et al, 2013).

CBOW는 주변에 있는 단어를 이용하여 중간에 들어갈 단어를 예측하는 방법이고, Skip-Gram은 중심 단어(center word or target word)로 주변 단어(outside word)들을 예측하는 방법이다.

CBOW의 입력 벡터는 문장 내 단어간 연관성을 파악하는 과정에서 몇 단계 인접 단어까지 고려해야 할 것인지를 사용자가 결정한다(이를 윈도우(Windows) 크기라고 한다). 만약, 윈도우 크기가 3인 경우 입력 벡터의 총 개수는 3n이므로 총 6개가 된다. [그림 9-15]는 윈도우 크기가 3인 경우의 예시이고, 이때 입력 벡터는 총 6개 {"group", "of", "related", "that", "are", "used"}가 된다.

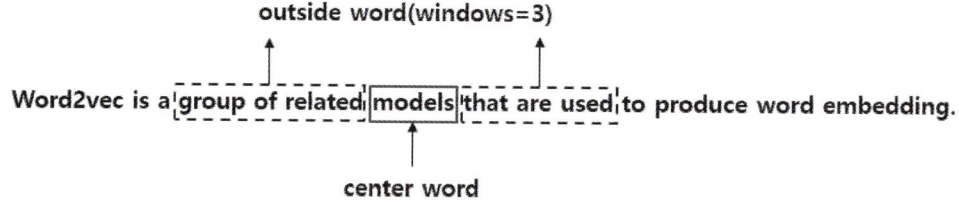

[그림 9-15] 윈도우 크기가 3인 경우의 예시

윈도우 크기를 정하면, 윈도우를 계속 움직여서 주변 단어와 중심 단어 선택을 바꿔가며 학습을 위한 데이터셋을 만드는데 이 방법을 슬라이딩 윈도우(Sliding window)라고 한다.

[그림 9-16]은 윈도우 크기가 3(입력 벡터가 총 6개)인 경우 CBOW의 인공신경망을 간단히 도식화한 것이다.

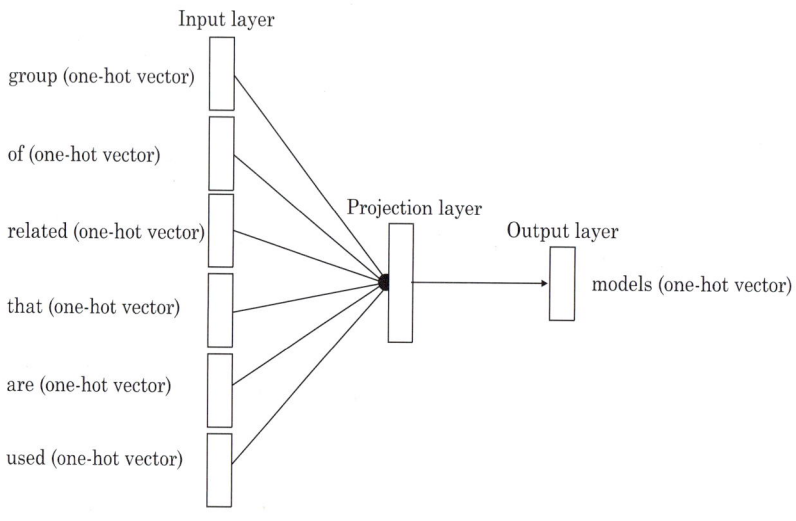

[그림 9-16] CBOW

Word2vec은 입력층(Input layer)과 출력층(Output layer) 사이에 하나의 은닉층(Hidden layer)이 존재함으로 얕은 신경망(Shallow Neural Network)이라고 부른다. Word2vec의 은닉층은 일반적인 은닉층과는 달리 활성화 함수가 존재하지 않으며, 룩업 테이블(Lookup table)이라는 연산을 담당하는 층이다. 일반적인 은닉층과 구분하기 위해 투사층(Projection layer)이라고 부른다.

[그림 9-17]은 CBOW의 주변 단어로 중심 단어를 더 정확히 맞추기 위해 반복적으로 가중치 행렬 W와 W'를 학습해가는 구조이다. 가중치 W는 입력층과 투사층 사이의 V×M 행렬이며, 가중치 W'는 투사층과 입력층 사이의 M×V 행렬이다.

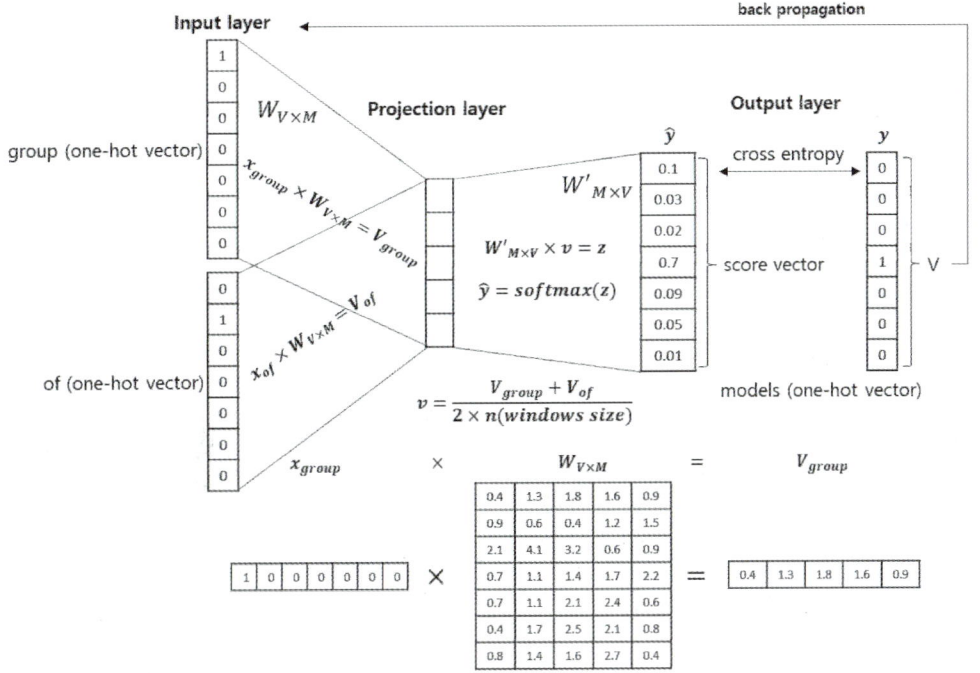

[그림 9-17] CBOW의 W와 W'의 학습 구조

CBOW에서 투사층(Projection layer)의 크기 M은 임베딩 후의 벡터 차원이 된다(위의 그림에서 M = 5 이므로 CBOW를 수행한 각 단어의 임베딩 벡터의 차원은 5가 된다). 윈도우의 크기가 n이라면 입력 벡터의 총 개수는 2n개이다. 위의 그림에서 윈도우 크기가 3이므로 총 6개의 입력 벡터가 사용되고, 6개의 입력 벡터는 투사층에서 6개의 결과 벡터에 대한 평균을 구하게 된다. CBOW는 투사층에서 벡터의 평균을 구하지만, Skip-Gram은 입력이 중심 단어 하나이기 때문에 벡터의 평균을 구하지 않는다는 것이 다른 차이점이다. 이렇게 구해진 평균 벡터는 두 번째 가중치 행렬 W'와 곱해지며, 곱셈의 결과로 원-핫 벡터와 차원이 V로 동일한 벡터가 나온다.

CBOW는 소프트맥스(Softmax) 함수를 취하며, 이 함수($\hat{y} = softmax(z)$)로 인출한 결과값은 0~1 사이의 실수이고 각 원소의 총 합은 1이 된다. 이렇게 나온 벡터를 스코어 벡터(Score vector)라고 한다. 스코어 벡터의 i번째 인덱스가 가진 0~1 사이의 값은 i번째 단어가 중심 단어일 확률을 나타낸다. [그림 9-17]에서 스코어 벡터를 $\hat{y}$ 라고 하면 스코어 벡터는 실제값인 중심 단어(Center word) 원-핫 벡터(One-hot vector)의 값에 가까워져야 한다. 중심 단어를 y로 했을 때 이 두 벡터의 오차를 줄이기 위해 손실 함수(Loss function)로 cross-entropy 함수를 사용한다.

[수식 9-1]

$$H(\hat{y},\ y) = -\sum_{i=1}^{|v|} y_i \log(\hat{y_i})$$

실제 중심 단어인 원-핫 벡터와 스코어 벡터를 입력값으로 cross-entropy 함수를 식으로 표현하면 다음과 같다.

[수식 9-2]

$$H(\hat{y}, y) = -y_i \log(\hat{y_i})$$

여기서 y가 원-핫 벡터이므로 중심 단어(c)를 1을 가진 차원의 값 인덱스라고 한다면, $\hat{y_e}=1$는 $\hat{y}$가 y를 정확하게 예측한 경우이다. 이것을 [수식 9-2]에 적용해 보면 $H(\hat{y}, y) = 1\log(1) = 0$이므로 cross-entropy의 값은 0이 된다. 즉 [수식 9-1]의 값을 최소화하는 방향으로 학습해야 한다.

이제 예측된 결과와 실제값의 차이인 에러의 역전파(Back Propagation, BP) 알고리즘을 통해 W와 W′가 학습하고, M차원의 크기를 갖는 W의 행이나 W′의 열로부터 사용할 임베딩 벡터를 결정한다(W와 W′의 평균치로 임베딩 벡터를 선택할 수도 있음).

다음은 Skip-Gram의 인공신경망을 간단히 도식화한 것이다.

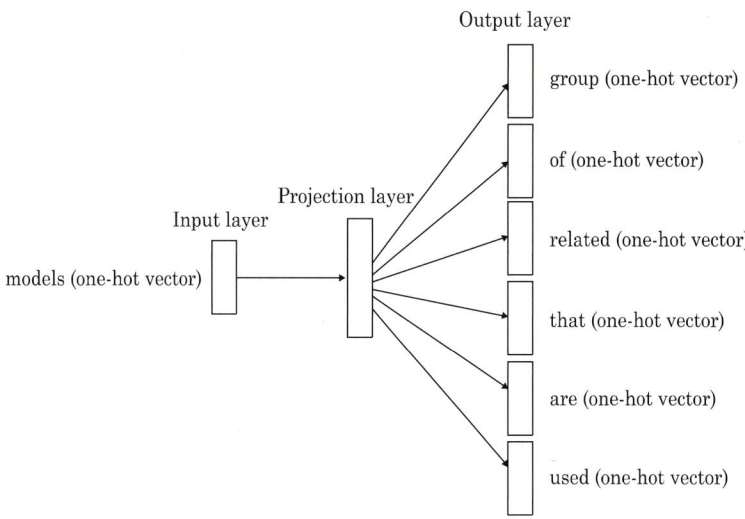

[그림 9-18] Skip-Gram

Skip-Gram은 중심 단어를 입력값으로 설정된 윈도우 크기에 의해 주변 단어를 예측하는 방법이다. Skip-Gram은 입력이 중심 단어가 하나이기 때문에 투사층에서 벡터의 평균을 구하지 않는다. Skip-Gram은 CBOW의 메커니즘과 동일하다. 일반적으로 Skip-Gram이 CBOW보다 성능이 우수한 것으로 알려져 있다.

9.7.1.1 워드투벡터 예제(대통령 브리핑 486~488.txt)

다음은 대통령 브리핑(486.txt, 487.txt, 488.txt) 자료로 워드투벡터(Word2vec) 모델을 적용해 n차원으로 학습시키고 차원 축소를 수행하는 예제다. 대통령 브리핑 텍스트 데이터는 전처리된 말뭉치를 이용한다.

(1) 환경 설정

```
> packages <- c("dplyr", "tidytext", "janeaustenr", "quanteda", "ggplot2",
+               "tm", "wordVectors", "MASS")
> load_pkgs(packages)
```

필요한 패키지 설치 및 로딩을 위해 load_pkgs() 함수를 이용하고, 데이터 분석에 필요한 패키지를 준비한다.

(2) 말뭉치 읽어오기

```
> briefing.text.location <- paste(getwd(), "/tm/briefings/corpus", sep = "")
> brf.corpus <- VCorpus(DirSource(briefing.text.location),
+                                 readerControl = list(language = 'lat'))
> summary(brf.corpus)
        Length          Class Mode
486.txt 2      PlainTextDocument list
487.txt 2      PlainTextDocument list
488.txt 2      PlainTextDocument list
```

수집된 말뭉치에는 3개의 문서(486.txt, 487.txt, 488.txt)가 있다.

(3) 말뭉치의 구성 및 내용 확인하기

```
> summary(brf.corpus[[1]]$content)
Length    Class     Mode
     9 character character
> (brf.corpus[[1]]$content)[[1]]
[1] "president moon jaein premier li keqiang people republic china held meeting attended dinner chengdu china evening local time leaders indepth discussions issues mutual concern including ways promote substantive bilateral cooperation areas economy trade environment culture"
> summary(brf.corpus[[2]]$content)
Length    Class     Mode
     8 character character
> (brf.corpus[[2]]$content)[[1]]
```

```
[1] " sidelines korea japan china summit chengdu china president moon jaein japanese prime minister
shinzo abe held summit minutes today local time"
> summary(brf.corpus[[3]]$content)
Length    Class     Mode
    14 character character
> (brf.corpus[[3]]$content)[[1]]
[1] "president moon jaein met prime minister hun sen kingdom cambodia cheong wa dae today indepth
discussions promote substantive bilateral cooperation "
```

말뭉치 구성을 보자. 첫 번째 문서에는 9개 단락, 두 번째 문서에는 8개 단락, 세 번째 문서에는 14개 단락으로 구성되었다. 각 문서의 첫 번째 단락 내용을 보면 데이터 전처리 작업이 잘 수행된 것을 볼 수 있다.

(4) 말뭉치의 문서 내용을 하나의 텍스트로 병합하는 corpus_text() 함수 만들기

```
> corpus_text <- function(corpus) {
+   corpus.text <- NULL
+   for (i in 1:length(corpus)) {
+     doc.text <- NULL
+     for (j in 1:length(corpus[[i]]$content)) {
+       doc.text <- paste(doc.text, corpus[[i]]$content[[j]], sep = " ")
+     }
+     corpus.text <- paste(corpus.text, doc.text, sep = " ")
+   }
+   return(corpus.text)
+ }
```

corpus_text() 함수는 말뭉치의 문서 수만큼 반복하면서 각 문서 내용을 하나의 텍스트로 병합했다.

(5) corpus_text() 함수를 이용해 말뭉치의 문서 내용을 하나의 텍스트로 병합하여 저장하기

```
> corpus.text <- corpus_text(brf.corpus)
> str(corpus.text)
 chr "  president moon jaein premier li keqiang  … 이하 생략
> write.table(corpus.text,
+             file.path("data/word2vec/txt", "brf_486_487_488.txt"))
```

말뭉치의 문서 내용을 하나의 텍스트로 잘 병합되었다. 병합된 텍스트는 현재 작업 경로의 하위 디렉토리(data/word2vec/txt)에 텍스트(.txt) 파일로 저장한다.

(6) Word2Vec 인공신경망 알고리즘의 Skip-Gram 방법을 이용해 학습하기

```
> model = train_word2vec(file.path("data/word2vec/txt", "brf_486_487_488.txt"),
+                        output_file = file.path("data/word2vec/bin", "brf_486_487_488.bin"),
+                        threads = 4,
+                        cbow = 0,
+                        vectors = 100,
+                        iter = 100,
+                        min_count = 1,
+                        window = 4)
```

Word2Vec 인공신경망 알고리즘의 Skip_Gram 방법으로 100차원으로 학습한다. 여기서 윈도우 크기는 4, 단어 빈도는 최소 1번 이상으로 설정한다. Word2Vec 모델의 학습 결과는 현재 작업 경로의 하위 디렉토리(data/word2vec/bin)에 바이너리(.bin) 파일로 저장한다.

(7) 학습된 모델 읽어오기

```
> file.name <- paste(getwd(), "/data/word2vec/bin/brf_486_487_488.bin", sep = "")
> model00 <- read.vectors(file.name)
> str(model00)
Formal class 'VectorSpaceModel' [package "wordVectors"] with 2 slots
  ..@ .Data : num [1:445, 1:100] 0.004 0.0893 -0.1681 -0.6086 0.06 ...
  .. ..- attr(*, "dimnames") = List of 2
  .. .. ..$ : chr [1:445] "</s>" "president" "moon" "korea" ...
  .. .. ..$ : NULL
  ..@ .cache:<environment: 0x000000002cbafd78>
> model00[, 1:5]
A VectorSpaceModel object of  5  words and  5  vectors
                  [, 1]        [, 2]         [, 3]         [, 4]         [, 5]
</s>         0.004002686   0.004419403  -0.003830261  -0.003278046   0.001366577
president    0.089341030  -0.660583019   0.297424942   0.242865235  -0.050140914
moon        -0.168100208  -0.973614335  -0.090108894   0.310299486   0.018542485
korea       -0.608582258   0.148161128   0.527049243  -0.078205459   0.432240427
cooperation  0.060005467  -0.393559426  -0.396817803   0.280634373   0.531147540
attr(,".cache")
<environment: 0x00000000515603b8>
```

학습된 모델은 사용자가 설정한 차원(100차원)을 가지는 벡터가 되고 각 차원의 값은 실수인 것을 볼 수 있다.

(8) 학습된 모델에서 "korea" 단어와 가장 가까운 20개 단어 막대 그래프 그리기

```
> korea_word_sim <- model00 %>% closest_to("korea", n = 20)
> colnames(korea_word_sim) <- c("word", "similarity")
> korea_word_sim
        word  similarity
1       korea  1.0000000
2      future  0.7184074
3 technologies 0.6818577
4       build  0.6789725
5    combined  0.6334249
 … 이하 생략
> korea_word_sim %>%
+   mutate(word = factor(word, levels = rev(unique(word)))) %>%
+   ggplot(aes(word, similarity)) +
+   geom_col(show.legend = FALSE) +
+   labs(x = NULL, y = "similarity") +
+   coord_flip()
```

결과를 보면 "future", "technologies", "build", "combined", "largest" 순으로 유사도가 높다. closest_to() 함수는 학습된 모델에서 주어진 단어와 가까운 n개(기본값은 n = 10)의 단어를 반환한다.

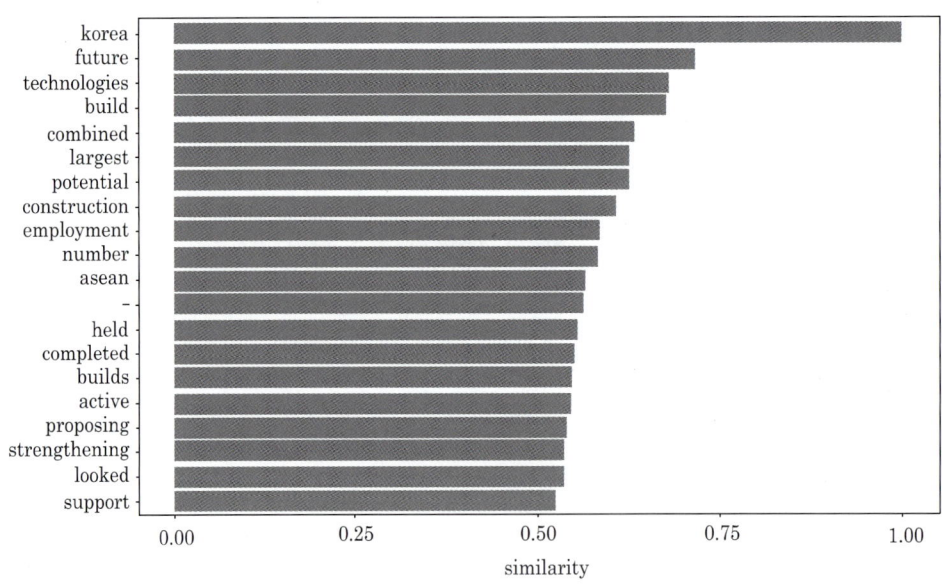

[그림 9-19] 학습된 모델에서 "korea" 단어와 가장 유사한 20개 단어

(9) 학습된 모델에서 "korea", "china" 두 단어의 코사인 유사도 계산 결과를 산점도 그리기

```
> word_vec <- c("korea", "china")
> word_word_sim <- model00[[word_vec, average = F]]
> word_word_sim <- model00 %>% cosineSimilarity(word_word_sim)
> word_word_sim <- word_word_sim[-1, ]
> head(word_word_sim)
                korea        china
president   0.29171573  -0.08717345
moon        0.09123712   0.01039922
korea       1.00000000   0.01607617
cooperation 0.29422947   0.05549458
china       0.01607617   1.00000000
countries   0 .28169429   0.12131780
> plot(word_word_sim, type = "n", xlab = "china", ylab = "korea")
> text(word_word_sim, labels = rownames(word_word_sim))
```

학습된 모델에서 "korea", "china" 두 단어의 코사인 유사도 계산 결과 "korea" 단어와 코사인 유사도 값이 높은 단어가 더 많이 분포된 것을 볼 수 있다. cosineSimilarity() 함수는 코사인 유사도를 계산한다.

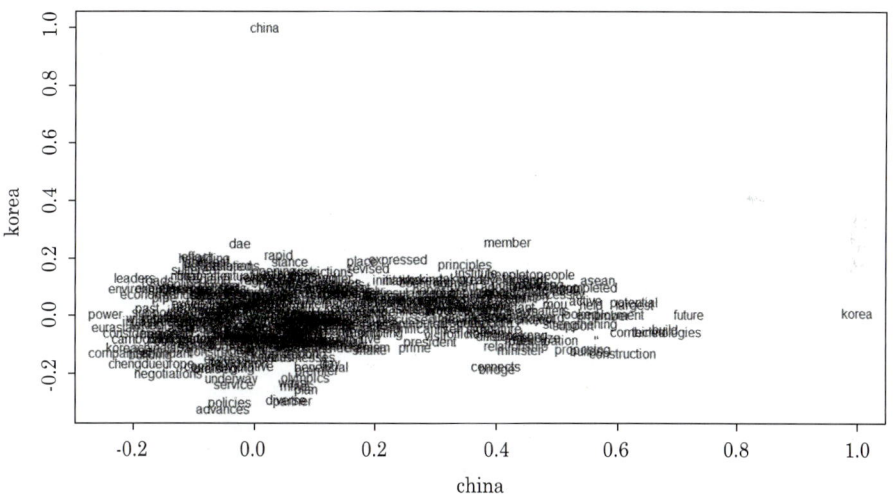

[그림 9-20] 학습된 모델에서 "korea", "china" 두 단어의 코사인 유사도 산점도

9.7 워드 임베딩을 위한 단어 표현 | 539

(10) 학습된 모델을 2차원으로 축소하여 산점도 그리기

```
> brf_words_w2v       <- as.data.frame(model00)
> brf_words_w2v$word <- rownames(brf_words_w2v)
> brf_words_w2v_mds  <- isoMDS(dist(as.matrix(brf_words_w2v[2:444, 1:100])))
> brf_words_w2v_mds$points[1:6, ]
                  [, 1]         [, 2]
president    -0.09582192    1.43250367
moon         -0.25261201    3.40209992
korea        -3.09959144    0.76421955
cooperation   0.55751200   -1.68838116
china         0.79798410   -0.03367848
countries    -0.53570130   -2.10734518
> plot(brf_words_w2v_mds$points, type = "n",
+      xlab = "First Dimension", ylab = "Second Dimension")
> text(brf_words_w2v_mds$points,
+      labels = as.character(rownames(as.data.frame(brf_words_w2v_mds[[1]]))))
```

결과를 보면 100차원으로 학습된 단어 임베딩 벡터 결과를 2차원으로 축소한 단어 벡터의 산점도가 잘 도식화되었다. 다차원척도법(Multi-Dimensional Scaling, MDS)은 자료를 함축적으로 표현하는데 많이 사용한다. 2차원으로 축소된 벡터에서 단어 간 유사도를 파악할 수 있다.

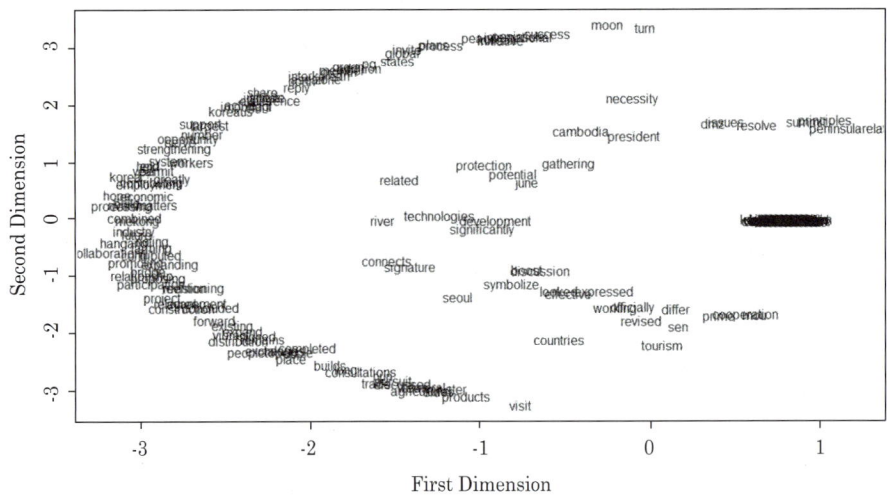

[그림 9-21] 학습된 모델을 2차원으로 축소한 산점도

Word2vec은 비슷한 의미를 가진 단어는 문서상 비슷한 곳에 출현할 가능성이 높다는 분산 가설을 기반으로 만들어진 알고리즘이다. 이를 통해 주변 단어의 의미를 반영할 수 있지만, 사용자가 윈도우 크기를 설정해야 한다(주변 단어의 의미만 반영할 수 있다)는 한계가 있다.

9.7.2 글로브

글로브(Global Vectors for Word Representation, GloVe)는 카운트 기반(Count based)과 예측 기반(Prediction based)을 모두 사용한다. GloVe는 카운트 기반과 예측 기반의 단점을 보완하는 목적으로 2014년 미국 스탠포드대학에서 개발한 단어 임베딩 방법론이다.

GloVe 모델의 기본 아이디어는 임베딩된 중심 단어(Center word)와 주변 단어(Outside word) 벡터의 내적이 전체 말뭉치(Corpus)에서의 동시 등장 확률(Co-occurrence probability)이 되도록 만드는 것이다. 단어의 동시 등장 행렬(Co-occurrence Matrix)은 행과 열을 전체 단어 집합의 단어로 구성하고, i 단어의 윈도우 크기(Window size) 내에서 k 단어가 등장한 횟수를 i행 k열에 기재한 행렬이다. 예를 들어, 다음과 같이 말뭉치가 있다고 가정하자(스탠포드 대학교의 NLP 강의자료 참고).

```
Doc1: I like deep learning.
Doc2: I like NLP.
Doc3: I enjoy flying.
```

윈도우 크기가 1일 때 위의 말뭉치를 가지고 동시 등장 행렬을 구성하면 다음과 같다.

[표 9-13] 동시 등장 행렬 예시

count	I	like	enjoy	deep	learning	NLP	flying
I	0	2	1	0	0	0	0
like	2	0	0	1	0	1	0
enjoy	1	0	0	0	0	0	1
deep	0	1	0	0	1	0	0
learning	0	0	0	1	0	0	0
NLP	0	1	0	0	0	0	0
flying	0	0	1	0	0	0	0

위 행렬은 행렬을 전치해도 동일한 행렬이 된다는 특징이 있다. 예를 들어 i 단어의 윈도우 크기 내에서 k 단어가 등장한 빈도는 반대의 경우와 동일하기 때문이다(k 단어의 윈도우 크기 내에서 i 단어가 등장한 빈도와 동일).

동시 등장 확률(Co-occurrence probability)은 동시 등장 행렬로부터 특정 단어 i의 전체 등장 빈도를 카운트하고, 특정 단어 i가 등장했을 때 어떤 단어 k가 등장한 빈도를 카운트하여 계산한 조건부 확률이다. $P(k|i)$에서 i를 중심 단어, k를 주변 단어라고 하면, 동시 등장 행렬에서 중심 단어 i행의 모든 값의 더한 값을 분모로 하고 i행 k열의 값을 분자로 한 값이라고 볼 수 있다.

다음은 GloVe의 제안 논문(Pennington et al, 2014)의 동시 등장 확률을 정리한 예다.

[표 9-14] 60억 개 토큰 말뭉치에서 주변 단어와 중심 단어(ice, steam)에 대한 동시 발생 확률

동시 등장 확률과 크기 관계 비	k = solid	k = gas	k = water	k = fashion
P(k | ice)	1.9×10^{-4}	6.6×10^{-5}	3.0×10^{-3}	1.7×10^{-5}
P(k | steam)	2.2×10^{-5}	7.8×10^{-4}	2.2×10^{-3}	1.8×10^{-5}
P(k | ice) / P(k | steam)	8.9	0.085	1.36	0.96

위의 표에서 k = solid가 등장했을 때 ice(얼음)가 등장할 확률은 0.00019, steam(증기)이 등장할 확률은 0.000022이다. 두 사건의 비(P(k|ice) / P(k|steam))를 보면 약 8.9배다. solid는 '단단한'이라는 의미이므로 steam(증기)보다는 ice(얼음)라는 단어와 더 자주 등장할 것이다.

이번에는 k = gas로 바꾸면 ice(얼음)보다는 steam(증기) 단어와 더 자주 등장할 것이다. 두 사건의 비 (P(k|ice) / P(k|steam))를 보면 약 0.085배다.

반면에 k = water인 경우는 ice(얼음)와 steam(증기) 두 단어 모두와 동시 등장하는 경우가 많으므로 두 사건의 비(P(k|ice) / P(k|steam))를 보면 약 1에 가까운 값이 나오고, k = fashion인 경우는 ice(얼음)와 steam(증기) 두 단어 모두와 동시 등장하는 경우가 적으므로 약 1에 가까운 값이 나온다.

[표 9-14]를 보기 쉽게 단순화해서 표현한 것이 [표 9-15]다.

[표 9-15] 60억 개 토큰 말뭉치에서 주변 단어와 중심 단어(ice, steam)에 대한 동시 발생 확률

동시 등장 확률과 크기 관계 비	k = solid	k = gas	k = water	k = fashion
P(k | ice)	large	small	large	small
P(k | steam)	small	large	large	small
P(k | ice) / P(k | steam)	large	small	~ 1	~ 1

9.7.2.1 글로브 모델 예제(대통령 브리핑 486~488.txt)

다음은 대통령 브리핑(486.txt, 487.txt, 488.txt) 자료로 글로브(GloVe) 모델을 적용해서 n차원으로 학습시키고 차원 축소를 수행하는 예제다. 대통령 브리핑 텍스트 데이터는 전처리된 말뭉치를 이용한다.

(1) 환경 설정

```
> packages <- c("dplyr", "tidytext", "janeaustenr", "quanteda", "ggplot2",
+               "tm", " text2vec", "MASS")
> load_pkgs(packages)
```

필요한 패키지 설치 및 로딩을 위해 load_pkgs() 함수를 이용하고, 데이터 분석에 필요한 패키지를 준비한다.

(2) 말뭉치 읽어오기

```
> briefing.text.location <- paste(getwd(), "/tm/briefings/corpus", sep = "")
> brf.corpus <- VCorpus(DirSource(briefing.text.location),
+                             readerControl = list(language = 'lat'))
> summary(brf.corpus)
    Length          Class Mode
486.txt 2       PlainTextDocument list
487.txt 2       PlainTextDocument list
488.txt 2       PlainTextDocument list
```

수집된 말뭉치에는 3개의 문서(486.txt, 487.txt, 488.txt)가 있다.

(3) 말뭉치의 구성 및 내용 확인하기

```
> summary(brf.corpus[[1]]$content)
Length     Class      Mode
    9   character  character
> (brf.corpus[[1]]$content)[[1]]
[1] "president moon jaein premier li keqiang people republic china held meeting attended dinner chengdu china evening local time leaders indepth discussions issues mutual concern including ways promote substantive bilateral cooperation areas economy trade environment culture"
> summary(brf.corpus[[2]]$content)
Length     Class      Mode
    8   character  character
> (brf.corpus[[2]]$content)[[1]]
[1] " sidelines korea japan china summit chengdu china president moon jaein japanese prime minister shinzo abe held summit minutes today local time"
> summary(brf.corpus[[3]]$content)
Length     Class      Mode
   14   character  character
> (brf.corpus[[3]]$content)[[1]]
[1] "president moon jaein met prime minister hun sen kingdom cambodia cheong wa dae today indepth discussions promote substantive bilateral cooperation "
```

말뭉치 구성을 보자. 첫 번째 문서에는 9개 단락, 두 번째 문서에는 8개 단락, 세 번째 문서에는 14개 단락으로 구성되었다. 각 문서의 첫 번째 단락 내용을 확인해보면 데이터 전처리 작업이 잘 수행된 것을 볼 수 있다.

(4) corpus_text() 함수를 이용해 말뭉치의 문서 내용을 하나의 텍스트로 병합하기

```
> corpus.text <- corpus_text(brf.corpus)
> str(corpus.text)
 chr "  president moon jaein premier li keqiang   … 이하 생략
```

말뭉치의 문서 내용을 하나의 텍스트로 잘 병합되었다.

(5) 텍스트를 단어 토큰화하기

```
> brf_words_toks <- tokens(corpus.text)
> str(brf_words_toks)
List of 1
 $ text1: chr [1:856] "president" "moon" "jaein" "premier" ...
 - attr(*, "types") = chr [1:443] "president" "moon" "jaein" "premier" ...
 - attr(*, "padding") = logi FALSE
 - attr(*, "class") = chr "tokens"
 - attr(*, "what") = chr "word"
 - attr(*, "ngrams") = int 1
 - attr(*, "skip") = int 0
 - attr(*, "concatenator") = chr "_"
 - attr(*, "docvars") = 'data.frame':    1 obs. of  0 variables
```

단어 토큰화가 잘 수행되었다. tokens() 함수는 문자형 벡터 또는 말뭉치에서 텍스트를 토큰화한다.

(6) 단어 토큰화를 이용해 피처 동시 등장 행렬(Feature co-occurrence matrix) 생성하기

```
> brf_words_toks_fcm <- fcm(brf_words_toks,
+                           context = "window",
+                           count = "weighted",
+                           weights = 1/(1:5), tri = TRUE)
> brf_words_toks_fcm[1:5, 1:5]
Feature co-occurrence matrix of: 5 by 5 features.
5 x 5 sparse Matrix of class "fcm"
         features
features   president moon jaein  premier        li
 president         0   21   1.5 0.3333333 0.2500000
 moon              0    0   3.0 0.5000000 0.3333333
 jaein             0    0   0   1.0000000 0.5000000
 premier           0    0   0   0.4000000 5.2500000
 li                0    0   0   0         0
```

fcm() 함수는 사용자 정의 컨텍스트(Context)에서 피처의 동시 발생을 측정하여 희소 피처 동시 발생 행렬(Sparse feature co-occurrence matrix)을 생성한다.

(7) 글로벌 벡터 워드-임베딩 모델(Global Vectors word-embeddings model)을 생성하기

```
> m.glove <- GlobalVectors$new(word_vectors_size = 100,
+                              vocabulary = featnames(brf_words_toks_fcm),
+                              x_max = 10)
```

GloVe 모델을 이용한 텍스트 데이터 학습을 위해 GlobalVectors$new() 함수를 이용한다. GlobalVectors() 함수는 글로벌 벡터 워드-임베딩 모델을 생성하고, $new() 함수는 글로벌 벡터 모델의 생성자다. word_vectors_size 옵션은 단어 벡터의 차원 수이고 여기서는 100차원으로 학습한다.

(8) 모델을 데이터에 적합하고 데이터 변환하기

```
> fit.vectors <- fit_transform(brf_words_toks_fcm, m.glove, n_iter = 1000)
> str(fit.vectors)
 num [1:443, 1:100] 0.0269 -0.1661 -0.2536 -0.1769 -0.2584 ...
 - attr(*, "dimnames") = List of 2
  ..$ : chr [1:443] "president" "moon" "jaein" "premier" ...
  ..$ : NULL
> fit.vectors[1:5, 1:5]
                [,1]         [,2]         [,3]         [,4]         [,5]
president   0.02692833  -0.15748955  -0.11687072  -0.18303706   0.2488075
moon       -0.16610616  -0.09491229  -0.01787364   0.19617286  -0.6574125
jaein      -0.25358334   0.43185589   0.39661878   0.17483035  -0.4312644
premier    -0.17689882  -0.17900072  -0.39370134   0.02412572  -0.3638422
li         -0.25841400   0.18687201   0.11556508   0.07544580  -0.3225001
```

모델을 데이터에 적합한 후 데이터를 변환하기 위해 1000회 반복하여 데이터를 변환한다. 옵션 n_iter는 SGD 반복횟수를 의미한다. 확률적 경사하강법(Stochastic Gradient Descent, SGD)은 데이터셋에서 무작위로 균일하게 선택한 하나의 예를 의존하여 각 단계의 예측 경사를 계산한다. 모델을 이용한 데이터 변환 결과를 보면, 총 443개 토큰을 100차원으로 학습된 것을 볼 수 있다.

(9) 학습된 모델을 문서 피처 행렬(Document-feature matrix)로 변환하기

```
> fit_vectors_dfm <- as.dfm(fit.vectors)
> fit_vectors_dfm
Document-feature matrix of: 443 documents, 100 features (0.0% sparse).
```

443개 문서가 100개 피처로 구성된 것을 볼 수 있다.

(10) 학습된 모델에서 "korea" 단어와 코사인 유사도가 높은 20개 단어 막대 그래프 그리기

```
> korea_similarity <- textstat_simil(fit_vectors_dfm, selection = c("korea"),
+                                     margin = "documents", method = "cosine")
> korea_similarity <- as.data.frame(korea_similarity)
> colnames(korea_similarity) <- c("word", "documents", "similarity")
> korea_similarity <- korea_similarity %>%
+                       arrange(desc(similarity)) %>%
+                       mutate(rank = row_number())
> korea_similarity <- korea_similarity[rank(-korea_similarity[, 3]) < 20, ]
> korea_similarity %>% arrange(desc(similarity)) %>%
+   mutate(word = factor(word, levels = rev(unique(word)))) %>%
+   top_n(20) %>%
+   ggplot(aes(word, similarity)) +
+   geom_col(show.legend = FALSE) +
+   labs(x = NULL, y = "similarity") +
+   coord_flip()
```

결과를 보면 contributing, europe, understand, matter, joint, support 순으로 코사인 유사도 값이 높다. 여기서 textstat_simil() 함수는 문서 간의 코사인 유사도 값을 계산한다.

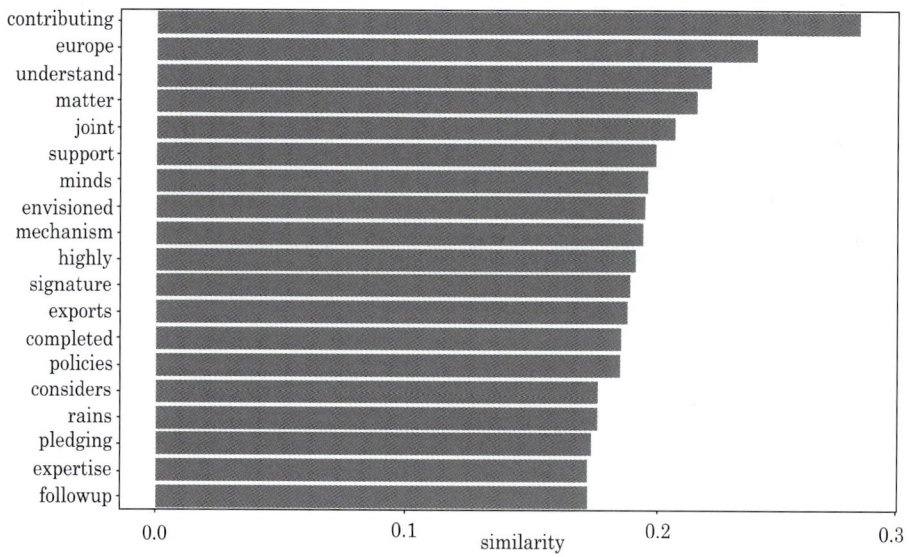

[그림 9-22] 학습된 모델에서 "korea" 단어와 코사인 유사도가 높은 단어 20개

(11) 학습된 모델에서 "korea", "china" 두 단어의 코사인 유사도 계산 결과를 산점도 그리기

```
> korea_china_similarity <- textstat_simil(fit_vectors_dfm,
+                                          selection = c("korea", "china"),
+                                          margin = "documents",
+                                          method = "cosine")
> korea_china_similarity_df <- as.data.frame(as.matrix(korea_china_similarity[1:443, 1:2]))
> plot(korea_china_similarity_df, type = "n", xlab = "korea", ylab = "china")
> text(korea_china_similarity_df, labels = rownames(korea_china_similarity_df))
```

0값을 중심으로 많은 단어가 분포되었다. 이것은 'korea', 'china' 단어의 등장 빈도가 비슷한 것으로 추정할 수 있다.

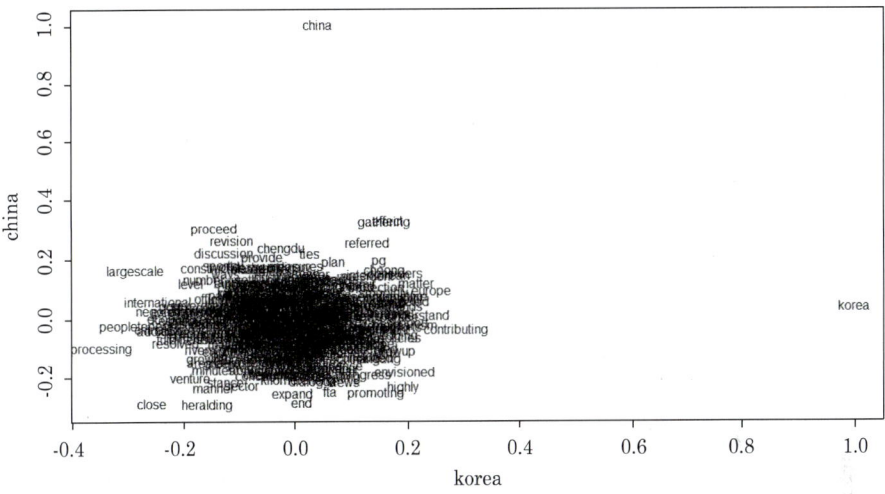

[그림 9-23] 학습된 모델에서 "korea", "china" 단어의 코사인 유사도 산점도

(12) 학습된 모델에서 "korea"-"china"+"japan" 단어의 벡터 연산 수행하기

```
> new_word <- fit.vectors["korea", ] - fit.vectors["china", ] + fit.vectors["japan", ]
> brf_vectors_new_word_dfm <- as.dfm(rbind(fit.vectors, new_word))
> new_word_similarity <- textstat_simil(brf_vectors_new_word_dfm,
+                                       selection = c("new_word"),
+                                       margin = "documents",
+                                       method = "cosine")
> new_word_similarity <- as.data.frame(new_word_similarity)
> colnames(new_word_similarity) <- c("word","documents", "similarity")
> new_word_similarity %>% arrange(desc(similarity)) %>%
+   mutate(word = factor(word, levels = rev(unique(word)))) %>%
+   top_n(20) %>%
```

```
+   ggplot(aes(word, similarity)) +
+   geom_col(show.legend = FALSE) +
+   labs(x = NULL, y = "similarity") +
+   coord_flip()
```

코사인 유사도가 직관적, 의미론적 및 구문적 유추 질문을 얼마나 잘 포함하는지에 의해 단어 벡터를 평가한다. 결과를 보면 japan, korea, end, highly, connected, envisioned 순으로 코사인 유사도가 높다. 단어간 벡터 연산을 수행할 수 있음을 알 수 있다. textstat_simil() 함수는 단어(또는 문서) 간의 유사도를 계산한다.

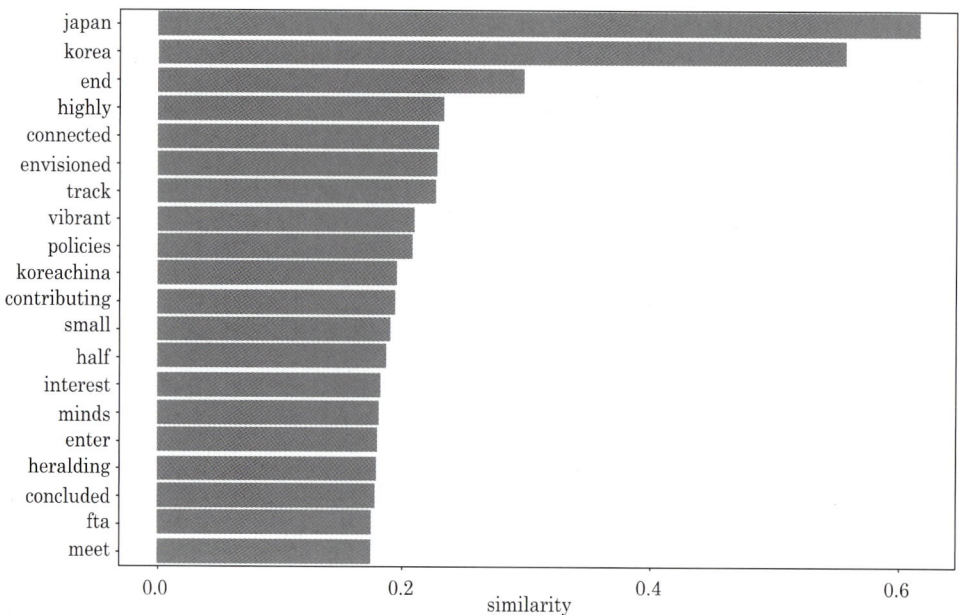

[그림 9-24] "korea"-"china"+"japan" 벡터 연산 결과 코사인 유사도가 높은 20개 단어

(13) 학습된 모델을 2차원으로 축소하여 산점도 그리기

```
> fit_vectors_mtx <- as.matrix(fit.vectors[1:443, 1:100])
> fit_vectors_dist <- dist(fit_vectors_mtx)
> fit_vectors_2dim <- isoMDS(fit_vectors_dist)
> plot(fit_vectors_2dim$points, type = "n",
+      xlab = "First Dimension", ylab = "Second Dimension")
> text(fit_vectors_2dim$points,
+      labels = as.character(rownames(as.data.frame(fit_vectors_2dim[[1]]))))
```

실행결과 모델에서 100차원으로 학습된 단어 임베딩 벡터 결과를 2차원으로 축소한 단어 벡터의 산점도가 잘 도식화되었다. 다차원척도법(Multi-Dimensional Scaling, MDS)은 자료를 함축적으로 표현하는 데 많이 사용한다. 2차원으로 축소된 벡터에서 단어간 유사도를 파악할 수 있다.

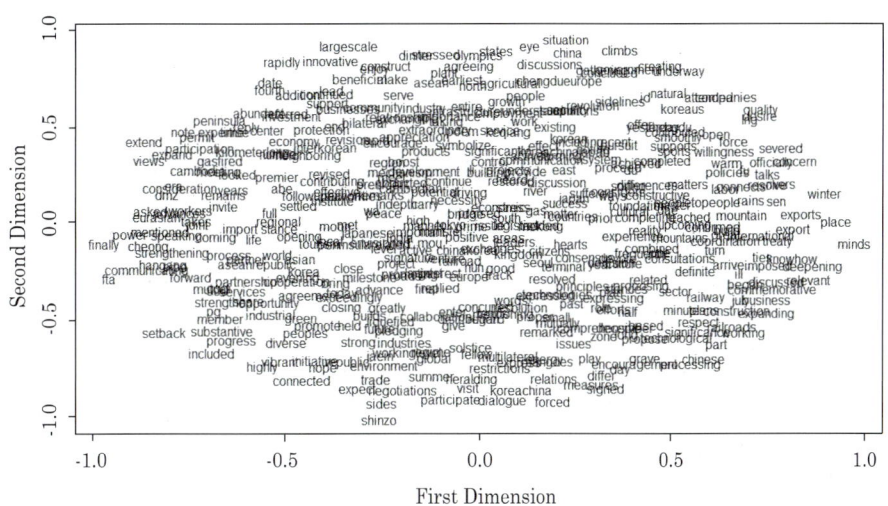

[그림 9-25] 학습된 모델을 2차원으로 축소한 산점도

[그림 9-21]과 [그림 9-25]을 비교해 보면, Word2vec 모델과 GloVe 모델을 통해 학습된 임베딩 벡터의 차이가 있다는 것을 볼 수 있다. GloVe 모델은 Word2vec 모델처럼 지정된 윈도우(Windows)에서만 학습하는 것이 아니라 전체 말뭉치(Corpus)를 기반으로 학습하는 알고리즘이다. Word2vec 모델과 GloVe 모델 중 어떤 모델이 우수하다고 단정하는 것보다는 모델 평가를 통해 우수한 모델을 사용한다.

연습문제

문제 1. 다음 중 텍스트 마이닝(Text mining)에 대한 설명으로 부적절한 것은?

① 제품 혹은 캠페인이 긍정인지, 부정인지 알 수 있다.
② 타 브랜드에 대한 모니터링을 통해 경쟁 전략을 수립할 수 있다.
③ 특정 집단에 대한 반응을 알 수 있다.
④ 다양한 언어에 동일한 방법을 적용할 수 있다.

문제 2. 다음 중 텍스트 마이닝(Text mining)의 기능으로 가장 부적절한 것은?

① 문서 요약(Summarization)
② 특성 추출(Feature extraction)
③ 문서 군집(Clustering)
④ 컨텐트(Content) 생성

문제 3. 다음 중 텍스트 마이닝(Text mining)의 어려운 점으로 올바른 것은?

① Insight를 얻기 힘든 경우가 많다.
② Keyword가 명확하지 않다.
③ 분석 결과를 활용하는데 한계가 많다.
④ 해당 언어에 대한 폭넓은 이해와 지식이 필요하다.

문제 4. 다음 중 텍스트 데이터 수집을 위한 주요 기술에 해당하지 않는 것은?

① Crawling
② Scraping
③ Open API
④ OLAP

문제 5. 다음의 텍스트 위계적 구조 중에서 큰 단위부터 작은 단위로 올바로 나열된 것은?

① 말뭉치 > 문서 > 단락 > 문장 > 단어 > 형태소
② 말뭉치 > 단락 > 문서 > 문장 > 단어 > 형태소
③ 말뭉치 > 문서 > 단락 > 문장 > 형태소 > 단어
④ 말뭉치 > 문서 > 문장 > 단락 > 형태소 > 단어

문제 6. 다음 중 텍스트 전처리(Text preprocessing)에 대한 설명으로 가장 부적절한 것은?

① 비정형화된 원 텍스트(Unstructured raw text)를 정형화시키는 과정이다.
② 주어진 말뭉치(Corpus)에서 토큰(Token)이라 불리는 단위로 나누는 작업을 토큰화(Tokenization)라고 하며, 텍스트 마이닝의 분석 단위로 사용되는 토큰은 단어(word)를 의미한다.
③ 어근 동일화(Stemming)는 말뭉치(Corpus)에서 단어의 개수를 줄일 수 있는 방법으로 규칙에 기반한 표기가 다른 단어를 통합하는 방법이다.
④ 정규화는 변수값의 분포를 표준화하는 것으로 Z-변환과 [0~1] 변환 등이 있다.

문제 7. 단어 집합의 크기를 벡터의 차원으로 하고, 표현하고 싶은 단어의 인덱스에 1의 값을 부여하며, 다른 인덱스에는 0을 부여하는 단어의 벡터 표현 방식은?

① 토큰화(Tokenization)
② 원-핫 인코딩(One-hot encoding)
③ 행렬(Matrix)
④ 임베딩 벡터(Embedding vector)

문제 8. 두 문서의 유사도를 측정하기 위해 텍스트를 분류할 경우에 종종 사용되는 유사도 거리 함수는?

① 자카드 거리(Jaccard distance)
② 코사인 거리(Cosine distance)
③ 유클리드 거리(Euclidean distance)
④ 맨하튼 거리(Manhattan distance)

문제 9. 다음 중 감성분석(Sentiment analysis)에 대한 설명으로 가장 부적절한 것은?

① 긍정 사전과 부정 사전은 모든 분야에서 사용할 수 있다.
② 캠페인 평판의 추이를 분석할 수 있다.
③ 문장에서 사용된 긍정과 부정의 점수를 매긴다.
④ 긍정 단어와 부정 단어의 사전이 필요하다.

문제 10. 단어의 순서를 전혀 고려하지 않고, 단어의 출현 빈도(Frequency)에만 집중하는 텍스트 데이터의 수치화 방법이며, 문서에 대한 수학적인 표현 모델로 가장 일반적인 모델은 무엇인가?

① TF-IDF 모델
② Bag of Words 모델
③ Word2vec 모델
④ GolVe 모델

문제 11. 다음 중에서 단어 빈도-역문서 빈도(TF-IDF)에 대한 설명으로 가장 부적절한 것은?

① 여러 개의 문서로 구성된 말뭉치가 있을 때, 문서 내에서 특정 단어가 얼마나 중요한 의미를 가졌는 지를 알 수 있다.
② 단어 빈도(TF)와 역문서 빈도(IDF)의 곱이다.
③ TF-IDF는 특정 문서 내에서 단어 빈도가 높을수록, 그리고 전체 문서들 중 그 단어를 포함한 문서가 적을수록 TF-IDF 값이 낮아진다.
④ TF-IDF 값이 크면 중요도가 높은 것이며, 반대로 값이 작으면 중요도가 낮은 것으로 판단한다.

문제 12. 희소 표현(Sparse representation)과 반대되는 밀집 표현(Dense)은 벡터의 차원을 단어 집합의 크기가 아닌, 사용자가 설정한 값으로 모든 단어를 벡터 표현의 차원에 맞추어 벡터의 차원이 조밀해지므로 이를 밀집 벡터라고 한다. 단어를 밀집 벡터의 형태로 표현하는 방법을 워드 임베딩(Word embedding)이라고 한다. 그리고 밀집 벡터를 워드 임베딩 과정을 통해 나온 결과는 무엇인가?

문제 13. 다음 중에서 워드투벡터(Word2vec) 모델에 대한 설명으로 가장 부적절한 것은?
① Word2vec은 인공신경망 알고리즘이고, 이를 구현하는 방법에는 CBOW(Continuous Bag of Words)와 Skip-Gram 두 가지 방식이 있다.
② 단어 빈도 기반의 단어 표현에서 단어의 중요도에 따라 가중치를 줄 수 있다.
③ Word2vec은 연속 표현에 속하면서, 예측을 기반으로 단어의 의미를 표현한다.
④ Skip-Gram은 중심 단어(Center word)로 주변 단어(Outside word)들을 예측하는 방법이다.

문제 14. 다음 중에서 글로브(GloVe) 모델에 대한 설명으로 가장 부적절한 것은?
① GloVe 모델의 기본 아이디어는 임베딩된 중심 단어(Center word)와 주변 단어(Outside word) 벡터의 내적이 전체 말뭉치(Corpus)에서의 동시 등장 확률(Co-occurrence probability)이 되도록 만드는 것이다.
② GloVe 모델은 연속 표현에 속하면서 예측과 카운터라는 두 가지 방법을 모두 사용하여 학습한다.
③ GloVe 모델은 임베딩 벡터로 각 차원은 실수가 된다.
④ GloVe 모델은 비슷한 의미를 가진 단어는 문서상 비슷한 곳에 출현할 가능성이 높다는 분산 가설을 이용한다.

Chapter 10. 사회연결망 분석

사회연결망 분석은 개인과 집단들 간의 관계를 노드(Node) 또는 점(Vertex), 링크(Link) 또는 선(Edge)으로 모델링하고 이 모델링의 구조, 확산, 진화 과정을 분석하는 방법론이다. 여기서 노드는 고객, 선은 고객과 고객 간의 관계로 표시한다. 또한 선에 방향성이 있는 경우(Directed)와 방향성이 없는 경우(Undirected, 무방향)로 구분한다. 사회연결망은 개인과 인간관계가 인터넷으로 확대된 관계 네트워크이기 때문에 사회과학, 경영학, 응용과학 등 다양한 분야에서 응용하고 있다.

10.1 사회연결망 개요

> 사회연결망, 사회연결망 분석, 집합론적 방법, 그래프 이론을 이용한 방법, 노드, 행렬을 이용한 방법, 중심성, 행렬로 표현

- ✓ **사회연결망**은 다수의 연결된 또는 연결되지 않은 사회 구조의 집합(개인 또는 단체)으로 구성된 사회 객체의 관계를 분석하는 방법과 이러한 관계에서 관찰되는 패턴을 설명하는 다양한 이론을 제공한다.

- ✓ **사회연결망 분석**은 이러한 관계를 설명하기 위해 패턴을 식별하고, 영향력 있는 실체를 찾아 다수의 점과 이들을 연결하는 선으로 구성된 연결망에 대한 사회 과학적, 통계 및 그래프 이론이다.

- ✓ **집합론적 방법**은 객체의 집합에서 각 객체 간의 관계를 관계 쌍으로 표현한다.

- ✓ **그래프 이론을 이용한 방법**에서 객체A, B는 점으로 표현한다. 두 객체 간의 연결망은 두 점을 연결하는 선으로 표현한다. 이때 점을 **노드**라고 한다.

- ✓ **행렬을 이용한 방법**은 각 객체를 행렬의 행과 열에 대칭적으로 배치하고, i번째 객체와 j번째 객체가 연결망으로 연결되어 있으면 행렬의 { i, j }번째 칸에 1을 넣고, 연결망이 없으면 0을 넣는다.

- ✓ 사회연결망 분석에서 **중심성**은 핵심 개념 중 하나이다. 사회연결망 분석에서 분석용 데이터는 **행렬로 표현**한다. 행과 열이 만나는 셀에 특정 값을 입력해 행과 열 사이의 관계를 나타낸다.

10.1.1 사회연결망 개념

사회연결망(Social network)은 다수의 연결된 또는 연결되지 않은 사회구조의 집합(개인 또는 단체)으로 구성된 사회 객체의 관계를 분석하는 방법과 이러한 관계에서 관찰되는 패턴을 설명하는 다양한 이론을 제공한다(Wikipedia "Social network" 참조).

사회연결망 분석(Social Network Analysis, SNA)은 이러한 관계를 설명하기 위해 패턴을 식별하고, 영향력 있는 실체를 찾아 다수의 점(Point)과 이들을 연결하는 선(Line)으로 구성된 연결망에 대한 사회 과학적, 통계 및 그래프 이론이다. 사회연결망은 '사회 네트워크' 또는 '소셜 네트워크'로 표현하기도 한다.

사회연결망 분석 방법에는 집합론적 방법, 그래프 이론을 이용한 방법, 행렬을 이용한 방법 등이 있다 (Francesco & Andres, 2006).

10.1.1.1 집합론적 방법

집합론적 방법은 객체의 집합에서 각 객체 간의 관계를 다음과 같이 관계 쌍(pairs of elements)으로 표현한다. 객체A, B는 집합 X = $\{X_1, X_2, X_3, X_4\}$ 상의 관계 쌍이다.

$$A = \{(X_1, X_2), (X_2, X_1), (X_4, X_2), (X_3, X_1), (X_3, X_4), (X_4, X_3)\}$$
$$B = \{(X_1, X_2), (X_2, X_1), (X_3, X_4), (X_4, X_3)\}$$

10.1.1.2 그래프 이론을 이용한 방법

객체A, B는 점으로 표현한다. 두 객체 간의 연결망은 두 점을 연결하는 선으로 표현한다. 여기서 점을 노드(Node)라고 한다.

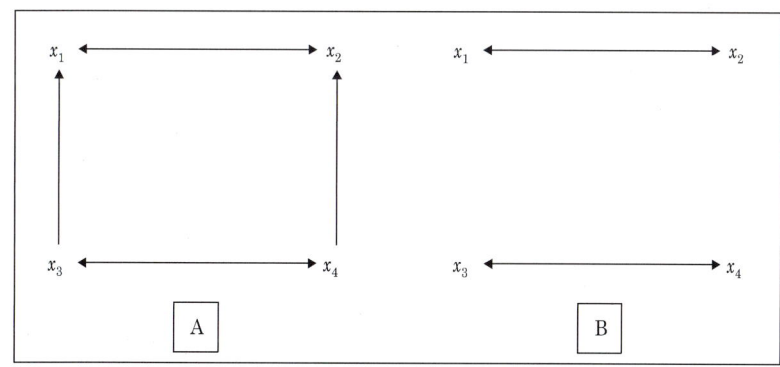

[그림 10-1] 집합 X = $\{X_1, X_2, X_3, X_4\}$ 상의 A와 B의 관계 그래프

10.1.1.3 행렬을 이용한 방법

행렬을 이용한 방법은 각 객체를 행렬의 행과 열에 대칭적으로 배치하고, i번째 객체와 j번째 객체가 연결망으로 연결되어 있으면 행렬의 {i, j}번째 칸에 1을 넣고, 연결망이 없으면 0을 넣는다.

A

	X_1	X_2	X_3	X_4
X_1	0	1	0	0
X_2	1	0	0	0
X_3	1	0	0	1
X_4	0	1	1	0

B

	X_1	X_2	X_3	X_4
X_1	0	1	0	0
X_2	1	0	0	0
X_3	0	0	0	1
X_4	0	0	1	0

[그림 10-2] 집합 X = $\{X_1, X_2, X_3, X_4\}$ 상의 A와 B의 Boolean 행렬

예를 들어, 6명의 고객 'A', 'B', 'C', 'D', 'E', 'F' 사이 메시지 통로가 다음과 같다고 하자.

```
A ⇨ B, A ⇨ C, A ⇨ E
B ⇨ C, B ⇨ F
C ⇨ A
D ⇨ E
E ⇨ A
```

위 예는 6개의 노드와 8개의 연결선으로 구성된 사회연결망이라고 할 수 있다. 이 사회연결망을 다음과 같이 6 × 6 지시행렬(Indicator matrix)로 나타낼 수 있다.

$$A = \begin{pmatrix} 0 & 1 & 1 & 0 & 1 & 0 \\ 0 & 0 & 1 & 0 & 0 & 1 \\ 1 & 0 & 0 & 0 & 0 & 0 \\ 0 & 0 & 0 & 0 & 1 & 0 \\ 1 & 0 & 0 & 0 & 0 & 0 \\ 0 & 0 & 0 & 0 & 0 & 0 \end{pmatrix}$$

이와 같은 행렬을 사회연결망 이론에서 인접행렬(Adjacency matrix)이라고 한다.

위의 예에서 칸 (i, j)의 요소가 a_{ij} = 1이면 노드 i에서 노드 j로 가는 길이 1의 경로(path)가 있음을 의미한다.

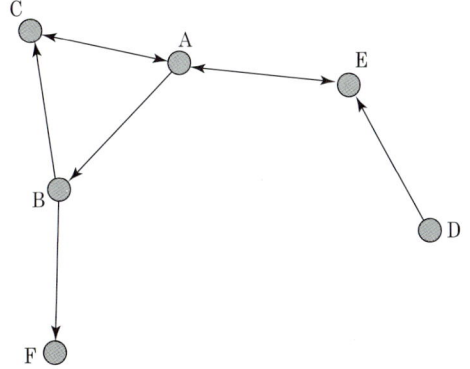

[그림 10-3] 6명 고객의 연결망

인접행렬 A를 제곱하면 길이가 2인 경로가 몇 개인지 알 수 있고, A^2, A^3, A^4, A^5는 다음과 같다.

	A					
	A	B	C	D	E	F
A	0	1	1	0	1	0
B	0	0	1	0	0	1
C	1	0	0	0	0	0
D	0	0	0	0	1	0
E	1	0	0	0	0	0
F	0	0	0	0	0	0

	A^2					
	A	B	C	D	E	F
A	2	0	1	0	0	1
B	1	0	0	0	0	0
C	0	1	1	0	1	0
D	1	0	0	0	0	0
E	0	1	1	0	1	0
F	0	0	0	0	0	0

	A^3					
	A	B	C	D	E	F
A	1	2	2	0	2	0
B	0	1	1	0	1	0
C	2	0	1	0	0	1
D	0	1	1	0	1	0
E	2	0	1	0	0	1
F	0	0	0	0	0	0

	A^4					
	A	B	C	D	E	F
A	4	1	3	0	1	2
B	2	0	1	0	0	1
C	1	2	2	0	2	0
D	2	0	1	0	0	1
E	1	2	2	0	2	0
F	0	0	0	0	0	0

	A^5					
	A	B	C	D	E	F
A	4	4	5	0	4	1
B	1	2	2	0	2	0
C	4	1	3	0	1	2
D	1	2	2	0	2	0
E	4	1	3	0	1	2
F	0	0	0	0	0	0

[그림 10-4] 인접행렬 A 제곱 결과

위 예에서 인접행렬 A의 $A^2(=A \times A)$ 칸의 요소 a_{ij}^2는 다음과 같다.

$$a_{ij}^2 = \sum_{k=1}^{6} a_{ik} a_{kj}$$

여기서 A^1, A^2, A^3, A^4, A^5는 각각의 경로 수(1, 2, 3, 4, 5)를 나타낸다.

[그림 10-4]에서 (2, 5) 요소를 살펴보면 A와 A^2에서는 0이고, A^3에서 처음으로 1 이상의 값이 나오는 것을 볼 수 있다. 이것은 고객 B와 고객 E의 최단경로(Shortest path)는 길이가 3 임을 의미한다. 이번에는 (6, 1) 요소를 살펴보면 모두 0인 것을 볼 수 있다. [그림 10-3]을 보면 고객 F와 고객 A의 연결경로가 없다(∞)는 것을 볼 수 있다.

이렇게 노드(여기서는 고객) 간 최단거리(최단경로)를 구해보면 행렬 D와 같다.

$$D = \begin{pmatrix} 2 & 1 & 1 & \infty & 1 & 0 \\ 2 & 3 & 1 & \infty & 3 & 1 \\ 1 & 2 & 2 & \infty & 2 & 3 \\ 2 & 3 & 3 & 0 & 1 & 4 \\ 1 & 2 & 2 & \infty & 2 & 3 \\ \infty & \infty & \infty & \infty & \infty & 0 \end{pmatrix}$$

최단거리 행렬 D의 행의 합(Row sums)과 열의 합(Column sums)은 다음과 같다.

> 행렬 D의 행의 합: ∞, ∞, ∞, 13, ∞, ∞
> 행렬 D의 열의 합: ∞, ∞, ∞, ∞, ∞, 11

행 4의 합이 가장 작은 것을 볼 수 있다. 이는 고객 D에서 메시지가 발생하는 경우 가장 짧은 경로로 모든 노드(고객)에 전달됨을 뜻한다. 이런 의미에서 고객 D가 중심(Central) 시발 노드다.

열 6의 합이 가장 작은 것을 볼 수 있다. 이는 고객 F로 모든 노드(고객)에서 발생한 메시지가 가장 짧은 경로로 모이는 곳이다. 이런 의미에서 고객 F가 중심 종착 노드다.

10.1.2 중심성

사회연결망 분석에서 분석용 데이터는 행렬로 표현한다. 행과 열이 만나는 셀에 특정 값을 입력해 행과 열 사이의 관계를 나타낸다. 여기서 행과 열이 같은 수의 객체가 배열되는 것을 1원모드 매트릭스(One-mode matrix), 다른 수의 객체가 배열되는 것을 2원모드 매트릭스(Two-mode matrix)라 한다.

사회연결망 분석은 여러 개의 기법들로 구성되어 있고, 국내에서는 중심성(Centrality), 밀도(Density), 중심화(Centralization) 등의 기법이 많이 활용되고 있다. 이중 사회연결망 분석의 핵심 개념인 중심성을 측정하는 방법에 대해 알아보자.

① 연결정도 중심성(Degree centrality)

연결정도 중심성은 한 노드의 중심성을 측정하는 방법이다. 한 노드(Node)에 직접적으로 연결된 노드들의 합으로 얻어지며, 한 노드와 관계를 맺고 있는 노드가 중심에 위치하는 정도를 계량화한 것이다. 연결된 노드의 수가 많으면 연결정도의 중심성이 높아진다.

② 근접 중심성(Closeness centrality)

근접 중심성은 한 노드로부터 다른 노드에 도달하기까지 필요한 최소 단계의 합으로 정의한다. 각 노드 간의 거리로 중심성을 측정하는 방법이며, 연결정도 중심성과 달리 간접적으로 연결된 모든 노드 간의 거리를 합산해 중심성을 측정한다. 근접 중심성이 높을수록 연결망의 중앙에 위치하게 된다.

③ 중개 중심성(Between centrality)

중개(또는 매개) 중심성은 한 노드가 연결망 내의 다른 노드들 사이의 최다 경로 위에 위치할수록 그 노드의 중개 중심성이 높고, 각 연결망 간 비교를 위해 상대적 중개 중심성이 사용된다. 중개 중심성은 연결망 내에서 한 노드가 담당하는 중개 역할의 정도로 중심성을 측정하는 방법이다.

④ 위세 중심성(Eigenvector centrality)

위세(또는 고유 벡터) 중심성은 보나시치(Bonacich) 권력지수로 불리며, 위세(영향력)가 높은 사람들과 관계가 많을수록 자신의 위세 또한 높아진다. 이러한 이유로 연결된 노드의 중요성에 가중치를 주어 노드의 중심성을 측정하는 방법이다. 위세 중심성은 자신의 연결정도 중심성에서 발생하는 영향력과 자신과 연결된 타인의 영향력을 합하여 위세 중심성을 결정한다.

사회연결망 분석은 다음과 같은 단계로 나눌 수 있다.

① 그래프를 생성하는 단계

② 그래프를 목적에 따라 가공해 분석하는 단계

③ 커뮤니티를 탐지하고 각 객체(노드)의 룰을 정의하여 어떠한 룰로 영향력을 보다 효율적으로 줄 수 있는지를 정의하는 단계

④ 이를 데이터화하여 다른 데이터 마이닝 기법과 연계하는 단계

데이터화는 사회연결망 분석의 결과로 얻어진 커뮤니티의 프로파일의 통계값을 각 그룹에 속한 개별 고객 속성(또는 그룹)에 결합해 속성을 추가하는 일이다. 이런 데이터는 고객 중심으로 군집이나 분류의 입력 변수로 활용할 수 있다.

10.1.3 사회연결망 예제(대통령 브리핑 486~488.txt)

다음은 대통령 브리핑(486.txt, 487.txt, 488.txt) 자료로 사회연결망 분석을 수행하는 예제다. 대통령 브리핑 텍스트 데이터는 전처리된 말뭉치를 이용한다.

(1) 환경 설정

```
> packages <- c("dplyr", "tidytext", "tm", "igraph", "dplyr", "tidytext")
> load_pkgs(packages)
```

필요한 패키지 설치 및 로딩을 위해 load_pkgs() 함수를 이용하고, 데이터 분석에 필요한 패키지를 준비한다.

(2) 말뭉치 읽어오기

```
> briefing.text.location <- paste(getwd(), "/tm/briefings/corpus", sep = "")
> brf.corpus <- VCorpus(DirSource(briefing.text.location),
+                                 readerControl = list(language = 'lat'))
> summary(brf.corpus)
        Length              Class    Mode
486.txt 2       PlainTextDocument    list
487.txt 2       PlainTextDocument    list
488.txt 2       PlainTextDocument    list
```

수집된 말뭉치에는 3개의 문서(486.txt, 487.txt, 488.txt)가 있다.

(3) 말뭉치의 구성 및 내용 확인하기

```
> summary(brf.corpus[[1]]$content)
Length    Class       Mode
     9 character character
> (brf.corpus[[1]]$content)[[1]]
[1] "president moon jaein premier li keqiang people republic china held meeting attended dinner chengdu china evening local time leaders indepth discussions issues mutual concern including ways promote substantive bilateral cooperation areas economy trade environment culture"
> summary(brf.corpus[[2]]$content)
Length    Class       Mode
     8 character character
> (brf.corpus[[2]]$content)[[1]]
[1] " sidelines korea japan china summit chengdu china president moon jaein japanese prime minister shinzo abe held summit minutes today local time"
> summary(brf.corpus[[3]]$content)
Length    Class       Mode
    14 character character
> (brf.corpus[[3]]$content)[[1]]
[1] "president moon jaein met prime minister hun sen kingdom cambodia cheong wa dae today indepth discussions promote substantive bilateral cooperation "
```

말뭉치 구성을 보자. 첫 번째 문서에는 9개 단락, 두 번째 문서에는 8개 단락, 세 번째 문서에는 14개 단락으로 구성된 것을 볼 수 있다. 각 문서의 첫 번째 단락 내용을 보면 데이터 전처리 작업이 잘 수행된 것을 볼 수 있다.

(4) 말뭉치의 단어문서행렬(TDM) 구축하기

```
> mtx.ctrl <- list(language = "english",
+                  removeNumbers = FALSE,
+                  removePunctuation = FALSE,
+                  stopwords = FALSE,
+                  stemming = FALSE,
+                  wordLengths = c(2, Inf))
> tdm <- TermDocumentMatrix(brf.corpus, control = mtx.ctrl)
> tdm
<<TermDocumentMatrix (terms: 443, documents: 3)>>
Non-/sparse entries: 545/784
Sparsity           : 59%
Maximal term length: 16
Weighting          : term frequency (tf)
```

생성된 TDM은 443개 단어와 3개 문서로 구성되어 있다. 그 중에서 545개 단어가 1번 이상 사용되었고, 나머지 784개는 0으로 표시되어 희소성(Sparsity)은 59%이다. 단어문서행렬을 구축하는 TermDocumentMatrix() 함수를 사용할 때 옵션을 설정하지 않으면 기본 옵션으로 생성되므로 주의한다. 여기서는 2글자 이상 단어를 모두 포함시켰다.

(5) 생성된 TDM을 행렬 형식으로 변환하기

```
> tdm.mtx <- as.matrix(tdm)
> colnames(tdm.mtx) <- c("doc486", "doc487", "doc488")
> tdm.mtx[1:6,]
         Docs
Terms     doc486 doc487 doc488
 abducted      0      1      0
      abe      0      6      0
 abundant      0      0      1
 achieved      1      0      0
   active      0      0      3
 actively      2      0      0
```

결과를 보면 잘 변환되었다.

(6) 각 단어 행의 빈도수를 합산하고, 단어 빈도가 1보다 큰 단어들만 추출하기

```
> term_freq <- sort(rowSums(tdm.mtx), decreasing = TRUE)
> head(term_freq)
 president      moon     korea     china cooperation countries
        23        21        19        14         14        14
> brf_tdm1 <- tdm.mtx[rownames(tdm.mtx) %in% names(term_freq[term_freq > 1]), ]
> nrow(brf_tdm1)
[1] 144
> head(brf_tdm1)
          Docs
Terms      doc486 doc487 doc488
  abe           0      6      0
  active        0      0      3
  actively      2      0      0
  added         1      1      2
  advance       2      0      0
  agreement     4      0      2
```

144개 단어가 추출되었다.

(7) 각 단어들을 행과 열의 대칭 행렬로 생성하고, 인접행렬(Adjacency matrix)로 변환하기

```
> brf_term_adj.mtx <- brf_tdm1 %*% t(brf_tdm1)
> brf_term_adj.mtx[brf_term_adj.mtx >1] <- 1
> brf_term_adj.mtx[1:5, 1:5]
          Terms
Terms      abe active actively added advance
  abe        1      0        0     1       0
  active     0      1        0     1       0
  actively   0      0        1     1       1
  added      1      1        1     1       1
  advance    0      0        1     1       1
```

인접행렬로 잘 변환되었다.

(8) 인접행렬을 이용해 그래프 객체 생성하기

```
> brf.g <- graph.adjacency(brf_term_adj.mtx, weight = T, mode = 'undirected')
```

그래프 객체 생성 시 방향성은 단어의 연관성과 상관이 없으므로 무방향(Undirected) 연결망 그래프를 생성한다. 그래프 이론 방법을 이용한 사회연결망 분석에서 그래프(Graph) G는 n개의 점(Vertex) V와

이들을 잇는 다수의 선(Edge) E로 구성된다. 따라서 G = (V, E)이다. 연결선 그래프를 위한 점의 함수는 V(), 선의 함수는 E()이다.

(9) 방향 연결망의 출선 수(Outdegree)와 입선 수(Indegree) 확인하기

```
> brf.g.out <- degree(brf.g, mode = "out")
> head(brf.g.out)
     abe    active  actively    added   advance  agreement
      61        92        96      145        96        136
> head(degree(brf.g, mode = "in"))
     abe    active  actively    added   advance  agreement
      61        92        96      145        96        136
```

무방향(Undirected)으로 그래프를 생성하고, 출력 수와 입력 수가 동일한 것을 볼 수 있다.

(10) 사회연결망의 밀도(Density) 확인하기

```
> graph.density(brf.g)
[1] 0.7910839
> sum(degree(brf.g, mode = "out"))/(length(brf.g.out)*(length(brf.g.out)-1))
[1] 0.7910839
```

사회연결망의 밀도는 연결망 전역적(Global) 특성을 나타내는 지표다. 밀도는 '가능한 총 연결선의 수' 대비 '총 연결선의 수'로 정의된다. 사회연결망 내의 노드 수를 n이라고 할 때 '가능한 총 연결선의 수'는 n × (n-1)이다. '총 연결선의 수'는 입선 수(또는 출력 수)의 합과 같다.

$$density = \frac{\sum_{i=1}^{n} g_i}{n(n-1)}$$

여기서 g_i는 노드 i의 입선 수 또는 출선 수이다(i = 1, ⋯, n).

(11) 사회연결망의 최단거리(최단경로) 확인하기

```
> shortest.paths(brf.g, mode = "out")[1:5, 1:5]
         abe active actively added advance
abe        0      2        2     1       2
active     2      0        2     1       2
actively   2      2        0     1       1
added      1      1        1     0       1
advance    2      2        1     1       0
```

사회연결망의 최단거리를 구하는 함수는 shortest.paths()이다. 실행 결과를 보면 1행부터 5행까지, 1열부터 5열까지 출력결과 최단거리는 1 또는 2이다.

(12) 그래프 객체에서 도달가능도(reachability) 확인하기

```
> D <- shortest.paths(brf.g, mode = "out")
> reachability <- (D <= 3)
> diag(reachability) <- NA
> reachability[1:5, 1:5]
          abe   active  actively  added  advance
abe        NA    TRUE     TRUE    TRUE    TRUE
active    TRUE    NA      TRUE    TRUE    TRUE
actively  TRUE   TRUE      NA     TRUE    TRUE
added     TRUE   TRUE     TRUE     NA     TRUE
advance   TRUE   TRUE     TRUE    TRUE     NA
```

1행부터 5행까지, 1열부터 5열까지의 모든 노드가 연결될 수 있음을 알 수 있다. 도달 가능한 두 점 간 거리는 n-1 이하이고 도달 가능하지 않은 두 점 간 거리는 n 이상이므로 이를 이용해 두 점 간 도달가능도를 확인할 수 있다.

(13) 그래프 객체를 단수화하여 사회연결망 그래프 그리기

```
> brf.g <- simplify(brf.g)
> plot(brf.g)
```

simplify() 함수는 그래프 객체에서 loop나 multiple edge를 제거해서 단수화한다. 결과를 보면 그래프 객체가 단순화된 것을 확인할 수 있다.

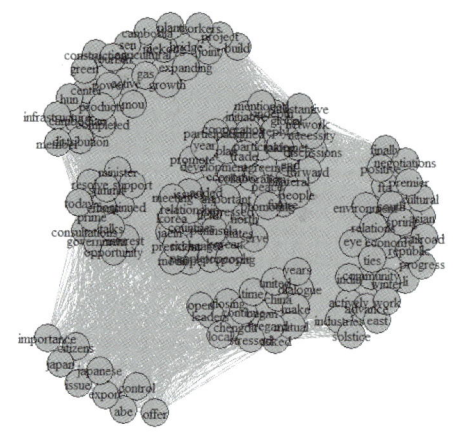

[그림 10-5] 그래프 객체를 단수화한 사회연결망 그래프

사회연결망 그래프에서 관련이 높은 집단을 커뮤니티(Community)라고 하며, 각 노드는 커뮤니티에서 역할(Role)이 정의된다. 자신의 커뮤니티와 다른 커뮤니티에 모두 연결이 많은 것은 유력자(Influencer), 여러 노드와 연결된 것은 리더 지위(Leader position), 커뮤니티와 커뮤니티를 연결하는 데 사용되는 노드는 브릿지(Bridge) 역할을 하는 노드이다. 커뮤니티 끝단에 있는 노드로서 다양한 노드와 연결되지 않은 것은 패시브(Passive)하다고 정의한다.

(14) 그래프 객체의 새로운 레이아웃 생성하기

```
> brf.layout <- layout.fruchterman.reingold(brf.g)
```

생성된 레이아웃을 이용하면 플로팅할 때 매번 무작위로 그래프를 보여주는 것을 막을 수 있다.

(15) 그래프 객체에 점과 선을 차별화 후 사회연결망 그래프 그리기

```
> V(brf.g)$label.cex <- 2.2 * V(brf.g)$degree / max(V(brf.g)$degree) + 0.2
> V(brf.g)$label.color <- rgb(0, 0, 0.2, 0.8)
> V(brf.g)$frame.color <- NA
> egam <- (log(E(brf.g)$weight) + 0.4) / max(log(E(brf.g)$weight) + 0.4)
> E(brf.g)$width <- egam
> E(brf.g)$color <- rgb(0.5, 0.5, 0, egam)
> plot(brf.g, brf.layout)
```

실행 결과 그래프 객체에 점과 노드의 라벨크기와 색상, 프레임 색상이 차별화된 것을 볼 수 있다.

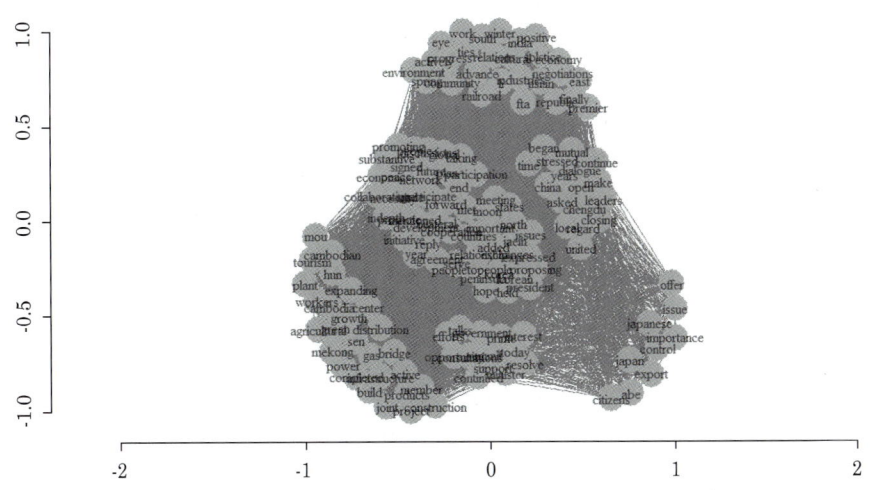

[그림 10-6] 그래프 객체에 점과 선을 차별화한 사회연결망 그래프

(16) 그래프 객체에서 점의 레이블과 연결된 노드 수 확인하기

```
> V(brf.g)$label <- V(brf.g)$name
> head(V(brf.g)$label, 5)
[1] "abe"     "active"  "actively" "added"   "advance"
> V(brf.g)$degree <- degree(brf.g)
> head(V(brf.g)$degree, 5)
[1] 59 90 94 143 94
```

'abe', 'active' 단어의 연결된 노드가 59개, 90개다. 여기서 노드는 단어를 의미한다.

(17) 그래프 객체에서 근접 중심성(Closeness centrality) 계산하기

```
> closeness.df <- round(closeness(brf.g, mode = "out"), 5) %>%
+                 as.data.frame() %>%
+                 data.frame(word = rownames(.))
> colnames(closeness.df) <- c("value", "word")
> closeness.df <- closeness.df %>% arrange(desc(value)) %>%
+                 mutate(rank = row_number())
> head(closeness.df)
    value      word rank
1 0.00699     added    1
2 0.00699 countries    2
3 0.00699 exchanges    3
4 0.00699 expressed    4
5 0.00699      held    5
```

'added', 'countries', 'exchanges', 'expressed', 'held' 단어의 근접 중심성 값이 0.00699으로 모두 같고, 가장 중요한 위치를 점하고 있다. closeness() 함수는 근접 중심성을 계산한다.

(18) 그래프 객체에서 근접 중심성 값을 계산하고 선 그래프 그리기

```
> closeness.df %>%
+   ggplot(aes(rank, value)) +
+   geom_line(size = 1.1, alpha = 0.8, show.legend = FALSE) +
+   scale_x_log10() +
+   scale_y_log10()
```

그래프 객체에서 근접 중심성 값을 계산하고 선 그래프가 잘 그려진 것을 볼 수 있다. 선 그래프에서 그의 절반 정도의 단어가 근접 중심성 값이 동일한 것을 볼 수 있다.

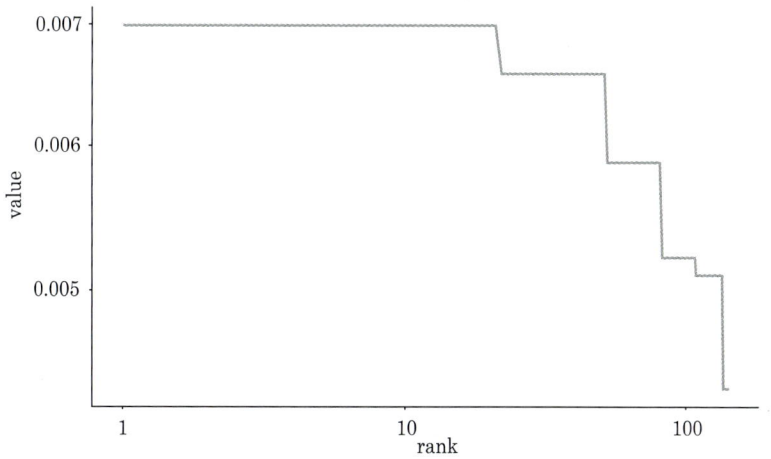

[그림 10-7] 그래프 객체의 근접 중심성 선 그래프

(19) 그래프 객체에서 중개 중심성(Betweenness centrality) 계산하기

```
> betweenness.df <- round(betweenness(brf.g), 5) %>%
+   as.data.frame() %>%
+   data.frame(word = rownames(.))
> colnames(betweenness.df) <- c("value", "word")
> betweenness.df <- betweenness.df %>% arrange(desc(value)) %>%
+   mutate(rank = row_number())
> head(betweenness.df)
     value      word rank
1 45.46367     added    1
2 45.46367 countries    2
3 45.46367 exchanges    3
4 45.46367 expressed    4
5 45.46367      held    5
6 45.46367      hope    6
```

'added', 'countries', 'exchanges', 'expressed', 'held', 'hope' 단어의 중개 중심성 값이 45.46367으로 모두 같고, 가장 중요한 위치를 점하고 있다. betweenness() 함수는 중개 중심성을 계산한다.

(20) 그래프 객체에서 중개 중심성 값을 계산하고 선 그래프 그리기

```
> betweenness.df %>%
+   ggplot(aes(rank, value)) +
+   geom_line(size = 1.1, alpha = 0.8, show.legend = FALSE) +
+   scale_x_log10() +
+   scale_y_log10()
```

[그림 10-8]을 보면 그래프 객체에서 중개 중심성 값을 계산하고 선 그래프가 잘 그려진 것을 알 수 있다. 선 그래프에서 그의 절반 정도의 단어가 중개 중심성 값이 동일하다.

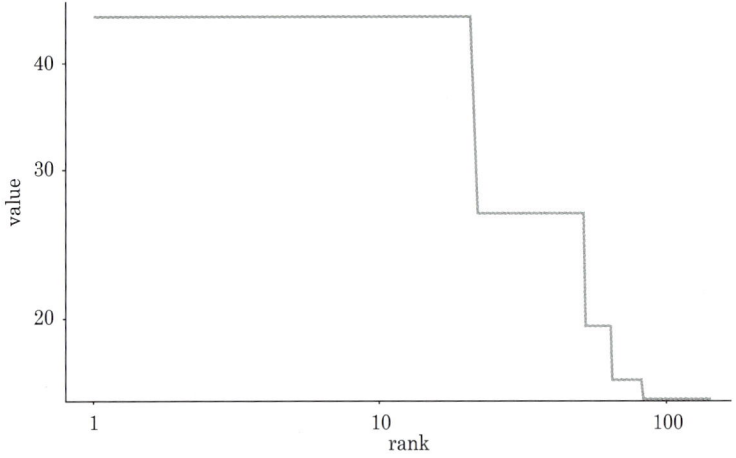

[그림 10-8] 그래프 객체의 중개 중심성 선 그래프

(21) 그래프 객체에서 고유 벡터 중심성(Eigenvector centrality) 계산하기

```
> eigen.df <- round(eigen_centrality(brf.g, scale = F)$vector, 5) %>%
+   as.data.frame() %>%
+   data.frame(word = rownames(.))
> colnames(eigen.df) <- c("value", "word")
> eigen.df <- eigen.df %>% arrange(desc(value)) %>%
+   mutate(rank = row_number())
> head(eigen.df)
    value      word rank
1 0.10094     added    1
2 0.10094 countries    2
3 0.10094 exchanges    3
4 0.10094 expressed    4
5 0.10094      held    5
6 0.10094      hope    6
```

'added', 'countries', 'exchanges', 'expressed', 'held', 'hope' 단어의 고유 벡터 중심성 값이 0.10094로 모두 같고, 가장 중요한 위치를 점하고 있다. eigen_centrality() 함수는 고유 벡터 중심성을 계산한다.

(22) 그래프 객체에서 고유 벡터 중심성 값을 계산하고 선 그래프 그리기

```
> eigen.df %>%
+   ggplot(aes(rank, value)) +
+   geom_line(size = 1.1, alpha = 0.8, show.legend = FALSE) +
+   scale_x_log10() +
+   scale_y_log10()
```

[그림 10-9]에서 그래프 객체에서 고유 벡터 중심성 값을 계산하고 선 그래프가 잘 그려진 것을 볼 수 있다. 선 그래프에서 그의 절반 정도의 단어가 고유 벡터 중심성 값이 동일한 것을 볼 수 있다.

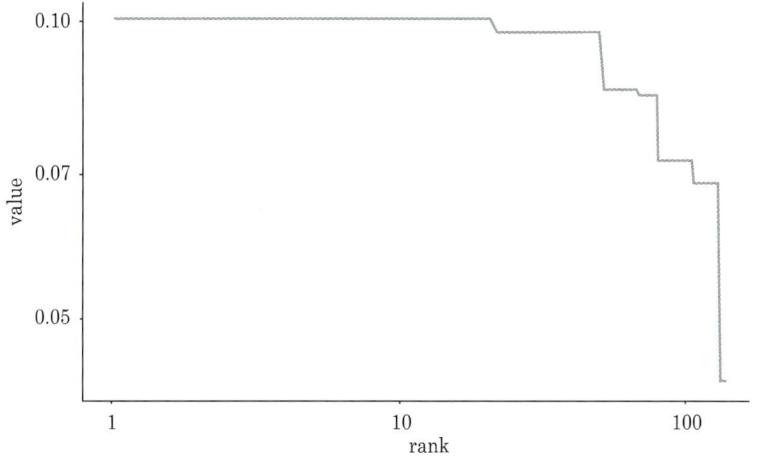

[그림 10-9] 그래프 객체의 고유 벡터 중심성 선 그래프

(23) 그래프 객체에서 구글의 Page 순위 계산하기

```
> page.df <- round(page.rank(brf.g)$vector, 5) %>%
+   as.data.frame() %>%
+   data.frame(word = rownames(.))
> colnames(page.df) <- c("value", "word")
> page.df <- page.df %>% arrange(desc(value)) %>%
+   mutate(rank = row_number())
> head(page.df)
   value      word rank
1 0.0087     added    1
2 0.0087 countries    2
3 0.0087 exchanges    3
4 0.0087 expressed    4
5 0.0087      held    5
6 0.0087      hope    6
```

'added', 'countries', 'exchanges', 'expressed', 'held', 'hope' 단어의 구글 Page 순위 값이 0.0087으로 모두 같고, 가장 중요한 위치를 점하고 있다. page.rank() 함수는 구글 Page 순위를 계산한다.

(24) 그래프 객체에서 구글 Page 순위 값을 계산하고 선 그래프 그리기

```
> page.df %>%
+ ggplot(aes(rank, value)) +
+ geom_line(size = 1.1, alpha = 0.8, show.legend = FALSE) +
+ scale_x_log10() +
+ scale_y_log10()
```

[그림 10-10]을 보면 그래프 객체에서 구글 Page 순위 값을 계산하고 선 그래프가 잘 그려진 것을 볼 수 있다. 선 그래프에서 그의 절반 정도의 단어가 구글 Page 순위 값이 동일하다.

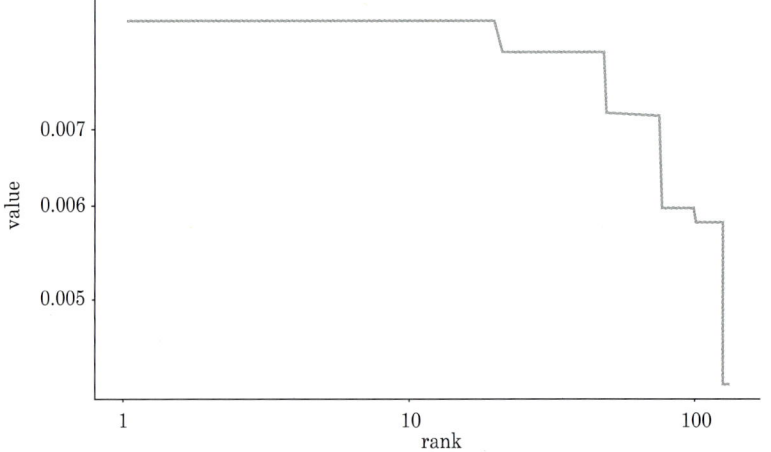

[그림 10-10] 그래프 객체의 구글 Page 순위 선 그래프

그래프 객체에서 근접 중심성, 중개 중심성, 고유 벡터 중심성, 구글 Page 순위의 중심성 값의 선 그래프 분포가 유사한 패턴을 보이는 것을 볼 수 있다.

연습문제

문제 1. 다음 중 사회연결망(Social network) 분석의 활용 방안에 대한 설명이 가장 부적절한 것은?

① 시간의 흐름에 따른 변화를 알 수 있다.
② 연결망이 몇 개의 집단으로 구성되는지 알 수 있다.
③ 고객이 다음 번에 이탈할지 알 수 있다.
④ 영향력 있는 고객을 알 수 있다.

문제 2. 사회연결망(Social network) 그래프에서 관련이 높은 집단을 커뮤니티(community)라고 한다. 자신의 커뮤니티와 다른 커뮤니티에 모든 연결이 많은 사람의 지위는 무엇인가?

① 리더 지위(Leader Position)
② 유력자(Influencer)
③ 브릿지(Bridge)
④ 패시브(Passive)

문제 3. 다음 중 사회연결망(Social network)에 대한 설명으로 가장 부적절한 것은?

① 사회연결망은 노드(Node), 선(Edge)으로 구성된 그래프다.
② 사회연결망은 다수의 연결된 사회 구조의 집합으로 구성된 사회 개체의 구조를 분석하는 방법과 이러한 구조에서 관찰되는 패턴을 설명하는 다양한 이론을 제공한다.
③ 사회연결망 분석 방법에는 집합론적 방법, 그래프 이론에 의한 방법, 행렬을 이용한 방법 등이 있다.
④ 사회연결망 분석은 중심화(Centralization) 기법만 활용되고 있다.

문제 4. 다음 중 사회연결망 분석 방법에 대한 설명으로 가장 부적절한 것은?

① 집합론적 방법은 객체의 집합에서 각 객체 간의 관계를 관계 쌍(Pairs of elements)으로 표현한다.
② 그래프 이론을 이용한 방법에서 객체A, B는 점으로 표현한다.
③ 행렬을 이용한 방법은 각 객체를 행렬의 행과 열에 대칭적으로 배치하고, i번째 객체와 j번째 객체가 연결망으로 연결되어 있으면 행렬의 {i, j}번째 칸에 1을 넣고, 연결망이 없으면 0을 넣는다.
④ 행렬을 이용해 각 객체를 행렬의 행과 열에 대칭적으로 배치한 행렬을 희소행렬이라고 한다.

문제 5. 다음 중 사회연결망 분석의 핵심 개념인 중심성(Centrality)을 측정하는 방법에 대한 설명으로 가장 부적절한 것은?

① 연결정도 중심성(Degree Centrality)은 한 노드의 중심성을 측정하는 방법이다.
② 근접 중심성(Closeness Centrality)은 한 노드로부터 다른 노드에 도달하기까지 필요한 최대 단계의 합으로 정의한다.
③ 중개 중심성(Between Centrality)은 한 노드가 연결망 내의 다른 노드들 사이의 최다 경로 위에 위치할수록 그 노드의 중개 중심성이 높고, 각 연결망 간 비교를 위해 상대적 중개 중심성이 사용된다.
④ 위세 중심성(Eigenvector Centrality)은 보나시치 권력지수로 불리며, 위세가 높은 사람들과 관계가 많을수록 자신의 위세 또한 높아진다.

부록

정답 및 해설

참고문헌

찾아보기

정답 및 해설

Chapter 1.

문제	정답	문제	정답
01	④	06	④
02	④	07	①
03	③	08	-1
04	①	09	1200만원
05	0.9	10	①

01. 집락추출은 모집단이 몇 개의 집단으로 구성되어있는 경우 사용할 수 있다. 그 집단 중에서 임의로 몇 개의 집단을 골라 표본을 임의로 추출하는 방법이다.

02. 비율척도는 모든 사칙연산이 가능하며, 절대적인 원점(0)이 존재한다. 관측값 사이의 비율이 의미가 있다.

03. 독립사건의 정의
    P(A|B) = P(A)
    P(B|A) = P(B)

04. 많은 통계학자가 유의수준을 0.05로 사용한다. 하지만, 절대적인 기준은 아니다. 0.1 또는 0.01을 기준으로 사용하는 경우도 있다.

05. 총 메일을 S, 스팸메일을 B, 그리고 제목에 '세일'이라는 단어가 들어간 메일을 A라 하면, 이때 A∩B는 제목에 '세일'이라는 단어가 들어간 메일이면서 스팸메일인 것을 나타낸다.

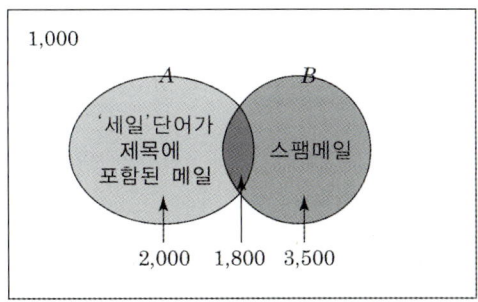

'세일'이라는 단어가 들어간 메일이란 조건하에서 그 메일이 스팸일 확률은 P(스팸|'세일')으로 표시하며, 다음과 같이 계산한다. 즉, P(B|A) = P(A∩B)/P(A) =1800/2000 = 0.9이다.

06. 관찰값의 99.7%가 ±3σ 안에 속해 있다.

07. 분산을 이용하여 집단 간의 차이를 검정하는 것은 f-검정이다.

08. 표준화 식은 다음과 같다.

$$Z = \frac{x - \mu}{\sigma}$$

즉, (90 − 100) / 10 = −1이다.

09. 기대 수익은 (−6000 * 0.5) + (6000 * 0.2) + (10000 * 0.3) = −3000 + 1200 + 3000 = 1200 (만 원)이다.

Xi(단위 : 만원)	P(Xi)	Xi · P(Xi)(단위 : 만원)
−6,000	0.5	−3,000
6,000	0.2	1,200
10,000	0.3	3,000
합 계		1,200

10. 정규분포, t-분포, f-분포는 모두 연속형 확률분포다.

Chapter 2

문제	정답	문제	정답
01	②	06	②
02	④	07	④
03	③	08	④
04	①	09	①
05	②		

01. R에서 변수 이름이 마침표(.)로 시작되면 마침표(.) 바로 뒤에는 숫자가 올 수 없다.

02. 데이터 개수가 부족한 벡터의 데이터가 처음부터 다시 반복되며 벡터 연산이 수행된다. 벡터 간 연산에서 길이가 맞지 않아 다음과 같은 경고 메시지가 출력된다.

```
Warning message:
In X + Y : longer object length is not a multiple of shorter object length
```

03. NA가 결측값을 표현하는 상수이다.

04. data <-c(1:6) matrix(data, nrow = 2); 이 R 스크립트에서 행렬은 디폴트로 열 우선으로 생성된다. 1, 2가 첫 번째 열이고 3, 4가 두 번째 열이며 5, 6이 세 번째 열이 된다. m+1 연산 후 m 변수에 저장하지 않았으므로 m+1 연산 후 m 행렬의 값에는 변화가 없다.

05. cast()는 오른쪽 id와 variable에 대해 time의 value를 확인하는 것이므로 cast(md, id+variable~time)이 정답이다.

06. 벡터 안의 데이터는 모두 같은 데이터 타입으로 자동 변환된다. 보기② c("1", 1, TRUE)는 숫자와 문자, 논리형이 섞여 있으나 모두 문자로 자동 변환된다. 논리형과 숫자가 섞여 있는 보기① c(1, 1, TRUE)는 숫자타입으로 자동 변환된다. 보기③④는 숫자 자료형이다.

07. rep(1:5, 2)는 1부터 5까지 1씩 증가시켜 숫자들을 생성한다. 이 과정을 2번 수행하여 최종 결과는 다음과 같다.

```
[1] 1 2 3 4 5 1 2 3 4 5
```

08. stu1 <- stu[stu$score < 60,]은 score가 60보다 적은 행만 stu1에 저장된다.

stu1[order(-stu1$no),]은 stu1의 no값을 기준으로 내림차순으로 정렬된다. 즉, 다음과 같은 결과가 출력된다.

```
no  class  score
10    B     50
 8    B     50
 6    B     50
 4    B     50
 2    B     50
```

09. merge()는 병합 대상 데이터프레임들에서 동일 열 이름의 동일 데이터 행끼리 병합한다. merge(cold.states, large.states) cold.states과 large.states의 name열 이름의 값이 같은 행끼리 합쳐진다.

Chapter 3

문제	정답	문제	정답
01	②	06	①
02	④		
03	①		
04	절사평균		
05	②		

01. 상자그림(box plot)으로는 유의한 차이가 있는지 알 수 없다.

02. Petal.Length의 범위는 1.00 ~ 6.900이고, Petal.Width의 범위는 0.100 ~ 2.500로 Petal.Length의 범위가 더 넓다.

03. str(Orange)의 출력 결과를 보면 Tree 변수에 대한 정보가 'Ord.factor'로 출력되어 있다. 즉, Tree 변수는 서열척도 변수다.

04. 평균은 이상값에 매우 민감하다. 이를 보완한 절사평균은 데이터를 정렬한 후 양극단의 일부 데이터를 제거하고 평균을 구한다.

05. 상자그림에서 이상값을 확인할 수 있다.

06. 산점도 그래프는 관계 시각화에 활용된다.

Chapter 4

문제	정답	문제	정답
01	④	07	③
02	④	08	④
03	③	09	④
04	③	10	④
05	③	11	①
06	②		

01. reshape 패키지는 데이터를 원하는 형태로 바꿔주는 melt() 함수와 원하는 부분만을 선택하는 cast() 함수로 구성되어 있다.

02. 최장연결법은 군집 간의 거리 측정 방법이다. 최장연결법은 두 군집 사이의 거리를 각 군집에서 하나씩 관측값을 뽑았을 때 거리의 최대값으로 측정한다. 군집들의 내부 응집성에 중점을 둔 방법이다.

03. 데이터 마트는 데이터 웨어하우스와 사용자 사이의 중간층에 위치한 것으로, 하나의 부서 또는 하나의 주제 중심의 데이터 웨어하우스라고 할 수 있다. 데이터 마트 내 대부분의 데이터는 데이터 웨어하우스로부터 복제되지만 자체적으로 수집, 관계형 데이터베이스, 다차원 데이터베이스를 이용하여 구축하기도 한다.

04. 파생변수는 데이터에 존재하지 않으나, 데이터 내에 존재하는 데이터를 활용해서 분석 용도로 새롭게 만들어 내는 변수를 말한다. 파생변수는 매우 주관적일 수 있으므로 논리적 타당성을 갖추어 개발해야 한다.

05. 관측값에 초기값이 기록된 경우라도 그 값의 의미를 가지고 있기 때문에 결측값으로 처리하면 분석에 큰 오류로 작용할 수도 있다.

06. complete.case() 함수는 레코드에 결측값이 없으면 True, 있으면 False를 반환하는 함수다.

07. 군집분석은 이상값 판정에 이용되는 것이 아니라, 성질이 다른 군집으로 나눌 때 이용된다.

08. 이상값 탐지에 활용할 수 있는 분야는 침입 탐지, 의료, 사기 탐지 등에 활용이 가능하고, 환경파괴에는 부적합하다.

09. 이상값 인식 방법 관련의 대표적인 알고리즘으로는 ESD(Extreme Studentized Deviate)가 있다. 평균으로부터 표준편차의 값이 ±3 이상인 경우는 이상값에 해당된다.

10. Z-변환은 평균 μ, 표준편차 σ인 정규분포(정규확률변수)를 평균 0, 표준편차 1인 표준정규분포(표준정규확률변수)로 바꿔준다. 이렇게 표준화된 개별 데이터를 Z-점수(Z-score)라고 부른다. Z-점수는 평균이 0이고, 표준편차가 1인 정규분포의 확률변수(확률밀도 함수의 x축)가 된다. 즉, 데이터의 표준점수를 평균으로부터의 표준편차 거리로 정의(데이터 평균의 Z-점수는 0)한다.

11. 이상값을 검색하여 한 집단에서 유달리 높거나 낮으면 의심되는 대상이므로 부정사용방지 시스템에 활용 가능하다.

Chapter 5

문제	정답	문제	정답
01	③	06	④
02	②	07	①
03	③	08	①
04	②	09	다차원척도법
05	④	10	전진선택법

01. 95% 신뢰수준을 사용하므로 p-value가 0.05이하이어야 귀무가설을 기각할 수 있다. 이 문제의 t.test() 결과는 p-value = 0.9842이므로 0.05이상이다. 따라서 귀무가설이 채택되고, 대립가설은 기각된다(alternative hypothesis: true mean is not equal to 60).

02. 선형회귀분석은 선형성, 독립성, 비상관성, 정규성, 등분산성의 가정 모두 만족해야 한다.

03. 스피어만 상관계수는 -1과 1 사이의 값을 가지는데 두 변수 안의 순위가 완전히 일치하면 +1이고, 두 변수의 순위가 완전히 반대이면 -1이 된다.

04. am과 hp 변수의 상관계수는 −0.2432043로 음수이나, 절대값이 작아 강한 상관관계가 있다고 보기 어렵다.

05. 이 회귀식은 20.2825 + 0.3905 * aptitude + 1.6079 * personality이다.

06. 네 번째 그래프의 x축은 레버리지(Leverage), y축은 표준화된 잔차(Standardized Residuals)를 보여준다. 레버리지는 설명변수가 극단값에 있을수록 큰 값을 갖게 된다. 우측 상단과 우측 하단에 표시된 쿡 거리(Cook distance)에 있는 점들은 회귀 모델의 기울기나 절편에 큰 영향을 미치는 점들이다.

07. 분해시계열분석 방법은 추세요인, 계절요인, 순환요인, 불규칙요인으로 시계열 데이터를 분해한다.

08. 상관계수 행렬을 이용한 주성분분석이다.

09. 다차원척도법은 여러 대상 간의 관계에 관한 수치적 자료를 이용해 유사성에 대한 측정치를 상대적 거리로 시각화하는 방법이다. 여러 개체 간의 거리가 있을 때 상대적 거리를 계산하여 2차원 또는 3차원 공간에 개체를 배치함으로써 눈에 보기 쉽게 척도화한다. 공간 안에 가깝거나 먼 개체를 시각화하여 데이터 안에 잠재되어 있는 패턴이나 유사성과 비유사성을 찾아내는 기법이다.

10. 전진선택법은 절편만 있는 상수 모델에서 시작하여 가장 중요한 설명변수부터 차례로 추가하는 방법이다. 추가 시 기준 통계치를 개선시키면 추가하고, 그렇지 않으면 추가를 멈춘다.

Chapter 6

문제	정답	문제	정답
01	③	06	④
02	④	07	②
03	④	08	②
04	③	09	④
05	③	10	①

01. 연관규칙분석(Association rule analysis)은 비지도학습(Unsupervised learning)이며, 흔히 장바구니분석(Market basket analysis)이라고 한다. 연관성 규칙의 일반적인 형태는 조건과 반응(if-then)이다. 기업의 마케팅 분야에서 가장 많이 사용되고, 기업의 데이터베이스에서 상품의 구매, 서비스 등 일련의 거래 또는 사건들 간의 규칙을 찾아내는 것이다.

02. 목표변수 Y 대신 로짓(logit)이라 불리는 상수를 사용하는 것이 아니라, Y의 값 범위를 [0, 1]로 조정하기 위해 로짓(logit) 변환을 사용한다.

03. 의사결정나무(Decision tree) 모델에서 분류 기준의 선택에 사용되는 기준은 이산형 목표변수인 경우에는 카이제곱 통계량(Ch-square statistic)의 p-value, 지니 지수(Gini index), 엔트로피 지수(Entropy index)를 사용하며, 연속형 목표변수인 경우 F-검정 통계량의 p-value, 분산의 감소량(variance reduction)을 사용한다.

04. 의사결정나무(Decision tree) 모델은 비정상적인 잡음 데이터에도 민감하지 않고 잘 분류할 수 있다.

05. 활성함수(activation function)는 Sigmoid, Step, tanh, Relu, Gauss, Sign 등이 있고, 그 중 softmax는 출력값이 여러 개로 주어지고 목표치가 다범주인 경우 각 범주에 속할 사후 확률을 제공한다.

06. 단층신경망(Single-layer Neural Network)은 입력층과 출력층으로만 구성되어 있는 신경망 모델을 의미한다. 이를 단층퍼셉트론(Single-layer Perceptron)으로 불리기도 한다.

07. 이익도표를 만드는 과정은 데이터 세트의 실제 관측치에 대한 예측 확률을 내림차순으로 정렬하고, 이후 누적 이익도표 성과 평가를 위해 TPR, PPR을 계산한다.

08. k값에 대한 명확한 기준이 없이 시행착오적 접근이 필요하다.

09. 나이브 베이즈 모델은 데이터에 노이즈 및 결측값(NA)이 포함되어 있어도 잘 동작한다.

10. 인공신경망 모델은 모델 결과 해석이 어려워서 은닉층의 노드들이 무엇을 표현하는지, 결과값 설명이 필요한 모델링에는 적합하지 않다(블랙박스 모델).

Chapter 7

문제	정답	문제	정답
01	②	06	②
02	④	07	④
03	④	08	④
04	③	09	④
05	④	10	①

01. ROC 곡선(Receiver Operating Characteristics Curve)은 분류자(classifier)를 점으로 표시한 2차원 그래프로서 x축에는 위양성율(FP Rate)를 나타내며 y축에는 진양성율(TP Rate)를 나타내 이 두 평가 값의 관계로 모델을 평가한다.

02. 향상도(Lift)는 랜덤 모델과 비교하여 해당 모델의 성과가 얼마나 향상되었는지를 각 등급별로 파악하는 평가지표로 이익도표(Gain chart)를 이용하여 계산할 수 있다.

03. 홀드아웃(hold-out) 방법은 데이터 추출 방법으로 주어진 원천 데이터를 랜덤(random)하게 두 분류로 분리하여 교차검정을 실시하는 방법이다. 모델 평가에 앞서 과적합(Overfitting) 문제를 해결하기 위해 사용한다.

04. 정분류율(Accuracy)은 전체 관측값 중 실제값과 예측치가 일치하는 정도를 나타내는 지표이다.

05. ROC 곡선은 여러 분류자들의 수익(진양성, TP)과 비용(위양성, FP)을 한눈에 보고 장·단점을 비교할 수 있다.

06. ROC 곡선이 AUC(Area Under the ROC Curve) 보다 전달하는 정보는 많지만, 성능을 단 하나의 수치로 요약하는 경우 AUC가 더 유용하게 쓰인다.

07. 이익도표를 만드는 과정은 데이터셋의 실제 관측값에 대한 예측 확률을 내림차순으로 정렬하고, 이후 누적 이익도표 성능 평가를 위해 TPR, PPR을 계산한다.

08. TN(True Negative)는 올바른 음성으로, 실제값과 예측값 모두 False 빈도이다. .

09. 특이도(Specificity)는 실제값이 False인 관측값 중 예측치가 적중한 정도를 나타낸다. 진음성율(TN Rate)이라고도 한다.

10. 교차검증(cross-validation)은 모델의 과적합(Overfitting) 문제를 해결하기 위한 데이터 추출 방법이다. 교차검증은 주어진 데이터에서 훈련용 데이터와 검정용 데이터를 분리하여 모델을 만드는 방법으로, 데이터를 다수의 조각으로 나누어 반복적으로 성과를 측정하여 그 결과를 평균한 것으로 모델을 평가한다.

Chapter 8

문제	정답	문제	정답
01	③	06	②
02	①	07	④
03	①	08	③
04	④	09	①
05	③	10	④

01. k개의 초기 중심값은 임의로 선택이 가능하므로 한번 군집이 형성되어도 군집 내 객체는 다른 군집으로 이동될 수 있다.

02. 연속형 변수인 경우 유클리드 거리, 표준화 거리, 마할라노비스 거리, 체비셰프 거리, 맨하튼 거리, 캔버라 거리, 민코우스키 거리 등을 사용한다.

03. 혼합분포 군집(Mixture distribution clustering)은 모델 기반(Model-based)의 군집 방법으로 데이터가 k개의 모수적 모델의 가중합으로 표현되는 모집단 모델로부터 나왔다는 가정하에서 모수와 함께 가중치를 자료로부터 추정하는 방법을 사용한다.

04. 전진선택법은 절편만 있는 모델에서 기준 통계치를 가장 많이 개선시키는 변수를 차례로 추가하는 방법으로 설명변수 선택 방법에 사용된다.

05. k-평균 군집분석 알고리즘의 단점이다.

06. 입력층, 은닉층, 출력층으로 구성된 것은 인공신경망 모델이다.

07. ROC 곡선의 하위 영역(Area Under the ROC Curve, AUC)은 모델 평가에 이용되고, AUC 값은 0에서 1까지 될 수 있고 1에 가까울수록 좋은 모델로 평가된다.

08. 연관분석에서 품목수가 증가하면 분석에 필요한 계산은 기하급수적으로 늘어난다(단점).

09. 순차패턴분석의 분석 주안점은 What goes AFTER what?(시간/순서에 따른 사건)이다.

10. 연관분석은 분석을 위한 계산이 간단한 것이 장점이다.

Chapter 9

문제	정답	문제	정답
01	④	08	②
02	④	09	①
03	④	10	②
04	④	11	③
05	①	12	임베딩 벡터(Embedding vector)
06	④	13	②
07	②	14	④

01. 텍스트 분석을 위해 해당 언어의 문화나 관습에 대해 깊이 있는 이해도 필요하다.

02. 텍스트 마이닝(Text mining)은 크게 문서 요약(Summarization), 문서 분류(Classification), 문서 군집(Clustering), 특성 추출(Feature extraction) 4가지 기능을 가진다.

03. 텍스트 마이닝(Text mining)은 해당 언어에 대한 깊은 이해와 지식이 없으면 분석 및 해석에 어려움이 있다.

04. 텍스트 데이터 수집을 위한 주요 기술에는 Crawling, Scraping, FTP, Open API, RSS 등이 있다.

05. 텍스트의 위계적 구조는 데이터 분석의 가장 큰 단위인 문서의 집합체인 말뭉치(Corpus), 문서(Document), 단락(Paragraph), 문장(Sentence), 단어(Word), 형태소(Morpheme) 이다.

06. 텍스트 마이닝에서 정규화는 표현 방법이 다른 단어를 통합시켜서 같은 단어로 만들어주는 것을 의미한다. 예를 들어, USA와 US는 같은 의미를 가지므로 하나의 단어로 정규화할 수도 있다.

07. 원-핫 인코딩(One-hot encoding)은 단어 집합의 크기를 벡터의 차원으로 하고, 표현하고 싶은 단어의 인덱스에 1의 값을 부여하며, 다른 인덱스에는 0을 부여하는 단어의 벡터 표현 방식이다. 이러한 벡터를 원-핫 벡터(One-hot vector)라고 한다.

08. 코사인 거리(Cosine distance)는 두 문서의 유사도를 측정하기 위해 텍스트를 분류할 경우에 종종 사용된다.

09. 긍정 사전과 부정 사전은 각 분야별로 해당 단어의 어감이 다르기 때문에 각 분야별로 만드는 것이 바람직하다.

10. 백오브워드(Bag of Words, BoW)는 단어의 순서를 전혀 고려하지 않고 단어의 출현 빈도(frequency)에만 집중하는 텍스트 데이터의 수치화 방법이며, 문서에 대한 수학적인 표현 모델로 가장 일반적인 모델이다. BoW를 만드는 과정은 각 단어에 고유한 인덱스(index)를 부여하고, 각 인덱스의 위치에 토큰(token)의 등장 횟수를 기록한 벡터(vector)를 만든다.

11. TF-IDF는 특정 문서 내에서 단어 빈도가 높을수록, 그리고 전체 문서 중 그 단어를 포함한 문서가 적을수록 TF-IDF 값이 높아진다.

12. 임베딩 벡터(Embedding vector).

13. TF-IDF는 단어 빈도 기반의 단오 표현에서 단어의 중요도에 따른 가중치를 줄 수 있다.

14. Word2vec은 비슷한 의미를 가진 단어는 문서상 비슷한 곳에 출현할 가능성이 높다는 분산 가설을 기반으로, 벡터 공간 안에 비슷한 의미를 가진 단어 벡터가 주변에 존재할 것이라는 알고리즘이다.

Chapter 10

문제	정답	문제	정답
01	③	04	④
02	②	05	②
03	④		

01. 고객이 다음 번에 이탈할지를 예측하는 분석은 prediction이다.

02. 자신의 커뮤니티(community)와 다른 커뮤니티에 모두 연결이 많은 것은 유력자(Influencer)다.

03. 사회연결망 분석은 여러 개의 기법으로 구성되어 있고, 국내에서는 중심성(Centrality), 밀도(Density), 중심화(Centralization) 등의 기법이 많이 활용되고 있다.

04. 행렬을 이용한 방법은 각 객체를 행렬의 행과 열에 대칭적으로 배치하고, i번째 객체와 j번째 객체가 연결망으로 연결되어 있으면 행렬의 (i, j)번째 칸에 1을 넣고, 연결망이 없으면 0을 넣는다. 이것을 n x n 지시행렬(indicator matrix)로 나타낼 수 있다. 이와 같은 행렬을 사회연결망 이론에서 인접행렬(Adjacency matrix)이라고 한다.

05. 근접 중심성(closeness centrality)은 한 노드로부터 다른 노드에 도달하기까지 필요한 최소 단계의 합으로 정의한다.

 **참고문헌**

[국내문헌]

김의중. "인공지능, 머신러닝, 딥러닝 입문". 위키북스, 2016.

김영우. "Do it! 쉽게 배우는 R 데이터 분석". 이지스퍼블리싱, 2017.

김재철. "데이터분석 준전문가 한권으로 끝내기". 황소걸음아카데미, 2020.

백영민. "R을 이용한 텍스트 마이닝". 한울아카데미, 2017.

박정식, 윤영선, 박래수. "현대통계학(5판)". 다산출판사, 2010.

서민구. "R을 이용한 데이터 처리 & 분석 실무". 길벗, 2014.

손민규. "데이터 분석을 떠받치는 수학". 위키북스, 2018.

상관분석. [online] https://ko.wikipedia.org/wiki/상관_분석 (2019.12.20 accessed).

윈스턴 챙. "R Graphics Cookbook". O'REILLY, 2013.

임경덕. "이토록 쉬운 통계 & R". 루비페이퍼, 2018.

유충현, 홍성학. "R을 활용한 데이터 시각화". 인사이트, 2015.

윤종식. "ADsP 데이터 분석 준전문가". 데이터에듀, 2019.

자연로그. [online] https://ko.wikipedia.org/wiki/자연로그 (2020.2.12 accessed).

장원중. "머신러닝과 전문가간의 문서 유사도 비교 평가에 대한 실증 연구". 숭실대학교 박사학위 논문, 2019.

포스터 프로보스트, 톰 포셋. "비즈니스를 위한 데이터 과학". O'REILLY & 한빛미디어, 2017.

한국데이터산업진흥원. "데이터 분석 전문가 가이드". 한국데이터산업진흥원, 2018.

한국어 문법. [online] https://ko.wikipedia.org/wiki/한국어_문법 (2020.2.3 accessed).

허명회. "R을 활용한 사회네트워크분석 입문". 자유아카데미, 2015.

혼합모델. [online] https://wikiwand.com/ko/혼합_모델 (2020.2.12 accessed).

[국외문헌]

AdaBoost. [online] https://en.wikipedia.org/wiki/AdaBoost (accessed on 13 January 2020).

Artificial neural network. [online] https://en.wikipedia.org/wiki/Artificial_neural_network (accessed on 10 January 2020).

Agrawal, R., Srikant, R. "Fast algorithms for mining association rules in large databases Archived". Proceedings of the 20th International Conference on Very Large Data Bases(VLDB), 487-499, 1994.

Association Rule. [online] https://www.saedsayad.com/association_rules.htm (accessed on 30 January 2020).

Association rule learning. [online] https://en.wikipedia.org/wiki/Association_rule_learning (accessed on 30 January 2020).

Bag-of-words model. [online] https://en.wikipedia.org/wiki/Bag-of-words_model (accessed on 1 March 2020).

Bayes' theorem. [online] https://en.wikipedia.org/wiki/Bayes%27_theorem (accessed on 19 January 2020).

Bootstrapping. [online] https://en.wikipedia.org/wiki/Bootstrapping_(statistics) (accessed on 30 December 2019).

C. M. Bishop. "Pattern Recognition and Machine Learning". Springer USA, 2006.

Confusion matrix. [online] https://en.wikipedia.org/wiki/Confusion_matrix (accessed on 23 December 2019).

Cosine similarity. [online] https://en.wikipedia.org/wiki/Cosine_similarity (accessed on 22 November 2019).

Cross-industry standard process for data mining. [online] https://en.wikipedia.org/wiki/Cross-industry_standard_process_for_data_mining (accessed on 22 November 2019).

Cross-validation. [online] https://en.wikipedia.org/wiki/Cross-validation_(statistics) (accessed on 30 December 2019).

Cumulative Gain Chart. [online] http://mlwiki.org/index.php/Cumulative_Gain_Chart (accessed on 26 December 2019).

Data mart. [online] https://en.wikipedia.org/wiki/Data_mart (accessed on 22 November 2019).

Entropy. [online] https://en.wikipedia.org/wiki/Entropy_(information_theory) (accessed on 2 January 2020).

Expectation-maximization algorithm. [online] https://en.wikipedia.org/wiki/Expectationmaximization_algorithm (accessed on 2 December 2019).

Evaluation of Binary Classifiers. [online] http://mlwiki.org/index.php/Evaluation_of_Binary_Classifiers (accessed on 19 December 2019).

Factor analysis. [online] https://en.wikipedia.org/wiki/Factor_analysis (accessed on 19 December 2019).

Feature scaling. [online] https://en.wikipedia.org/wiki/Feature_scaling (accessed on 13 December 2019).

Francesco, M., Andrea, S. "Social Network Analysis: A brief theoretical review and further perspectives in the study of Information Technology". PsychNology Journal, 4(1), 53-86, 2006.

 **참고문헌**

Gentzkow, M., Kelly, B., Taddy, M. "Text as Data". Journal of Economic Literature, 57(3), 535-574, 2019.

Gini coefficient. [online] https://en.wikipedia.org/wiki/Gini_coefficient (accessed on 2 January 2020).

Grimmer, J., Stewart, B.M. "Text as Data: The Promise and Pitfalls of Automatic Content Analysis Methods for Political Texts". Political Analysis, 21(3), 267-297, 2013.

Grubb's test for outliers. [online] https://en.wikipedia.org/wiki/Grubbs%27s_test_for_outliers (accessed on 9 December 2019).

Harris, Z. "Distributional Structure". Word, 10(2/3), 146-162, 1954.

Jaccard index. [online] https://en.wikipedia.org/wiki/Jaccard_index (accessed on 22 November 2019).

k-means clustering. [online] https://en.wikipedia.org/wiki/K-means_clustering (accessed on 22 January 2020).

Kohonen, T., Honkela, T. "Kohonen Network". Scholarpedia, 2007.

Kohonen, T. "Self-Organized Formation of Topologically Correct Feature Maps". Biological Cybernetics, 43(1), 59-69, 1982.

k-nearest neighbors algorithm. [online] https://en.wikipedia.org/wiki/Knearest_neighbors_algorithm (accessed on 18 January 2020).

Krippendorff, K. "Content analysis: An introduction to its methodology". Thousands Oaks, CA:Sage, 2013.

Larry, G., Woollcott, S. "The Cartoon Guide to Statistics". Kungree Press, 2007.

Logistic regression. [online] https://en.wikipedia.org/wiki/Logistic_regression (accessed on 6 January 2020).

Luhn, H. P. "A statistical approach to mechanized encoding and searching of literary information". IBM Journal of research and development, 1(4), 309-319, 1957.

Marvin, Minsky., Seymour, Papert. "Perceptrons: An Introduction to Computational Geometry, The MIT Press". Cambridge MA, 1969.

Max, K. "Building Predictive Models in R Using the caret Package". Journal of Statistical Software, 28(5), 2008.

Max, K., Kjell, J. "Applied Predictive Modeling". Springer USA, 2013.

Mikolov, T., Chen, K., Corrado, G., Dean, J. "Efficient estimation of word representations in vector space". arXiv preprint arXiv: 1301.3781, 2013a.

Mikolov, T., Sutskever, I., Chen, K., Corrado, G. S., Dean, J. "Distributed representations of words and phrases and their compositionality". In Advances in neural information processing systems, 3111-3119, 2013b.

Miner, G., Elder, J., Hill, T. "Practical text mining and statistical analysis for non-structured data applications". Academic Press, 2012.

Mixture distribution. [online] https://en.wikipedia.org/wiki/Mixture_distribution (accessed on 28 January 2020).

Naïe Bayes classifier. [online] https://en.wikipedia.org/wiki/Naive_Bayes_classifier (accessed on 18 January 2020).

Natural Language Processing with Deep Learning CS224N/Ling284.

[online] http://web.stanford.edu/class/cs224n/slides/cs224n-2019-lecture02-wordvecs2.pdf (accessed on 15 February 2020).

Nikhil, Buduma. "Fundamentals of Deep Learning Designing Next-Generation Machine Intelligence Algorithms". O'Reilly Media, 2015.

Nitesh, V.C., Kevin, W.B., Lawrence, O.H., Kegelmeyer, W.P. "SMOTE: Synthetic Minority Oversampling

Technique". Journal of Artificial Inteligence Research, 16, 321-357, 2002.

Opinion Mining, Sentiment Analysis, and Opinion Spam Detection. [online]

https://www.cs.uic.edu/~liub/FBS/sentiment-analysis.html (accessed on 11 February 2020).

Package Amelia. [online] https://rdrr.io/cran/Amelia/man/amelia.html (accessed on 8 December 2019).

Package pROC. [online] https://cran.r-project.org/web/packages/pROC/pROC.pdf (accessed on 25 December 2019).

Package reshape. [online] https://cran.r-project.org/web/packages/reshape/reshape.pdf (accessed on 22 November 2019).

PageRank. [online] https://en.wikipedia.org/wiki/PageRank (accessed on 18 February 2020).

Pennington, J., Socher, R., Manning, C. "Glove: Global vectors for word representation". In Proceeding of the 2014 conference on empirical methods in natural language processing(EMNLP), 1532-1543, 2014.

Principle component analysis. [online]

https://en.wikipedia.org/wiki/Principal_component_analysis (accessed on 17 December 2019).

Provost, F., Fawcett, T. "Data Science for Business". O'Reilly Media, 2013.

 **참고문헌**

Ramos, J. "Using tf-idf to determine word relevance in document queries". In Proceedings of the first instructional conference on machine learning, 242, 133-142, 2003.

Random forest. [online] https: https://en.wikipedia.org/wiki/Random_forest (accessed on 14 January 2020).

Receiver operating characteristic. [online]

https://en.wikipedia.org/wiki/Receiver_operating_characteristic (accessed on 24 December 2019).

ROC Analysis. [online] http://mlwiki.org/index.php/ROC_Analysis (accessed on 24 December 2019)

Self-organizing map. [online] https://en.wikipedia.org/wiki/Self-organizing_map (accessed on 29 January 2020).

Sentiment analysis. [online] https://en.wikipedia.org/wiki/Sentiment_analysis (accessed on 11 February).

Shashi, Sathyanarayana. "A Gentle Introduction to Backpropagation". Numeric Insight, 2014.

Social network. [online] https://en.wikipedia.org/wiki/Social_network (accessed on 17 February 2020).

Sotiris, K., Dimitris, K., Panayiotis, P. "Handling imbalanced datasets: A review". GESTS International Transactions on Computer Science and Engineering, 30, 2006.

Support-vector machine. [online] https://en.wikipedia.org/wiki/Support-vector_machine (accessed on 17 January 2020).

Support Vector Machine: Kernel Trick. [online]

https://towardsdatascience.com/understanding-support-vector-machine-part-2-kernel-trickmercers-theorem-e1e6848c6c4d (accessed on 24 December 2019).

Text mining. [online] https://en.wikipedia.org/wiki/Text_mining (accessed on 1 February 2020).

TF-IDF. [online] https://ko.wikipedia.org/wiki/Tf-idf (accessed on 12 February 2020).

Word2vec. [online] https://en.wikipedia.org/wiki/Word2vec (accessed on 14 February 2020).

Yoav, F., Robert, E. S. "A decision-theoretic generalization of on-line learning and ab application to boosting". Journal of Computer and System Sciences, 55(1), 119-139, 1997.

Yun, S.C. "Imputation of Missing Values". J Prev Med Public Health, 37, 209-211, 2004.

Zamith, R., Lewis, S.C. "Content Analysis and the Algorithmic Coder: What computational social science means for traditional modes of media analysis". The ANNALS of the American Academy of Political and Social Science, 659(1), 307-318, 2015.

찾아보기

A

absolute deviation	11
Accuracy, Recognition Rate	340
activation function	281
activation function	283
AdaBoost	305
Adjacency matrix	562
Adjusted R-squared	208
Agglomerative	381
aggregate()	394
agnes()	387
AIC ; Akaikie Information Criteria	276
alternative hypothesis	26
amelia()	139
Amelia(Multiple Imputation of Incomplete Multivariate Data)	138
analysis of variance, ANOVA	30
anova()	277
apriori()	426
Apriori	422
AR, AutoRegression 모델	226
Area Under the ROC Curve, AUC	346
artificial neural networks, ANN	281
Association Rule Analysis	420
Association Rule Discovery	251

B

Back Propagation, BP	284, 534
backward elimination	275
backward propagation of errors	284
Bag of Words, BoW	436
Bag of Words, BoW	510
bagging()	301
Bagging	301
Bayes' Rule	323
Bayes' theorem	323
Best Classifier	356
Best Matching Unit(BMU)	413
Between centrality	559
Betweenness centrality	567
betweenness()	567
Binary Classifier	355
boosting()	306
Boosting	305
boot632	367
Bootstrap	301
Bootstrapping	366
boxplot	117
break 문	73

C

C5.0()	348
cast()	133
cbind()	99
CBOW(Continuous Bag of Words)	531
cclust()	399
Center word	541
Central limit theorem	157
centralImputation()	142
chart.Correlation()	270
chi.squared()	179
child node	256
Chi-Squared Test	177
Class Imbalance	370
Class Probability Estimation	250
classification tree	254
Classification	250
Cleaning	445
Closeness centrality	558, 566
closeness()	566
clusplot()	401
Cluster Sampling	7
Clustering	250
Coefficients	203
complete.cases()	142
compute()	298
Confidence	421
Confusion Matrix	339
content_transformer()	450
continuous probability distribution	17
Continuous representation	436
Co-occurrence Grouping	251
Co-occurrence Matrix	541
Co-occurrence probability	541
Corpus	435
Correlation analysis	174
Correlation coefficient	174, 197
Correlation Matrix Heatmap	126
Cosine distance	513, 517

Cosine similarity	474, 513, 516
cosineSimilarity()	539
Count based	541
Crawling	440
createDataPartition()	257
CRISP-DM	132
Cross Selling	420
ctree()	260
Cumulative Gain Chart	355
Cumulative Lift Curve	357
Cumulative proportion	165
Curse of dimensionality	174
cutoff.k()	180
cutree()	384
cvFolds()	365
cyclic factor	221
Data mart	131
data mining	249

D

data normalization	151
Data reduction	169, 251
Data Warehouse	131
dataframe	56
DataframeSource()	440
datatable()	486
dcast()	134
Decision Tree 모델	254
default	77
Degree centrality	558
degree of dispersion	115
Dendrogram	381
Dense representation	437
dependent event	16
Dependent t-test for paired samples	27
derived variable	131
descriptive statistics	189
dim()	85
DirSource()	440
discrete probability distribution	17
Discrete representation	436
dist()	383
Distributed representation	436
Distribution Hypothesis	531
diverge	282

Divisive	381
Document	435
Document-Term Matrix, DTM	435
Document-Term Matrix	445
Down Sampling	370
downSample()	373
dplyr	97
duplicated()	268, 288

E

eigen_centrality()	568
eigenvalue	164
Eigenvector centrality	559
Eigenvector centrality	568
eigenvector	166
elbow	391
Embedded method	173
Embedding vector	437
Ensemble	300
entropy index	254
entropy	286
Error Rate, Misclassification Rate	340
ESD(Extreme Studentized Deviate)	144
Euclidean distance	473
Expectation-Maximization Algorithm)	401
Expectation-Maximization Algorithm, EM 알고리즘	403
extractNoun()	447

F

F1 score	341
factanal()	169
Factor Analysis	168
Factor score	171
Feature co-occurrence matrix	544
Feature selection	173
Feedforward Neural Network, FNN	283
Filter method	173
findAssocs()	460
findFreqTerms()	460
FN Rate	340
for 문	71
FP Rate	340
Frequent Itemset Mining	251

G

Gain Chart	355
Gauss function	286
Gaussian distribution	151
Gaussian distribution	20
Gaussian Kernel	315, 316
getTransformations()	450
ggcorr()	271
Gini index	254
glm()	267, 349
global minimum	286
Global Vectors for Word Representation, GloVe	541
GloVe	436
goodness-of-fit test	177
gregexpr()	452

H

head()	83
Heaviside function or Step function	285
Hierarchical Clustering 분석	381
Hold-Out	362

I

IDF	517
if ~ else 문	69
ifelse() 함수	70
Imputation	135
independence	269
independent event	16
Independent two-sample t-test	28
Inf	80
Influencer	565
inspect()	442
Integer encoding	502
Inter-Quartile Range	145
interval scale	6
irregular factor	221
is.na()	141

J

Jaccard coefficient	473
Jaccard distance	473
Jaccard index	473

K

Kappa	341
kcca()	396, 397
Kernel function	315
Kernel Trick	315
k-fold 교차검	363
k-means clustering	388
kmeans()	389, 393
k-Nearest Neighbor, k-NN	329
knn()	331
knnImputation()	143
Kohonen Map or Kohonen network	413
ksvm()	316

L

Latent variable	169
Leader position	565
learning rate	282
Least Squares Estimator, LSE	204
Lift Curve	356
Lift value	357
Lift	421
linear regression	202
list	62
local minimum	286
Local representation	436
Logistic regression	264
logit	265
Loss function	533

M

MA(Moving Average)	227
Machine learning	174
Mahalanobis distance	475
Manhattan distance	473
margin	314
Market Basket Analysis	420
Market-Basket Analysis	251
Maximum A Psteriori, MAP	403
Maximum Likelihood Estimation, MLE	403
Maximum Likelihood Estimation	265
Maximum Likelihood	403
Maximum Margin Hyperplane	314
Mclust()	410

용어	페이지
MDS, Multidimensional Scaling	239
mean deviation	11
mean imputation	135
mean	10
melt()	133, 134
merge()	99
Minimum Support	422
Minkowski distance	474
missing value	135
missmap	139
Mixture Distribution Clustering	401
mode	11
Morpheme	435
multicollinearity	160
Multi-Dimensional Scaling, MDS	540, 549
Multi-layer neural network	282
Multi-Layer Perceptron, MLP	282
multiple imputation	138

N

용어	페이지
NA(Not Available)	135
NA	80
Naïve Bayes Classification	323
naiveBayes()	327
NaN(Not a Number)	135
NaN	80
NbClust()	392
Near zero variance	181
nearZeroVar()	181
neuralnet()	295, 348
next 문	73
nnet()	287, 343
noise	221
nominal scale	6
Normal distribution	151
normal distribution	20
Normalization	445
normalmixEM()	407
null hypothesis	26
NULL	80

O

용어	페이지
Odds ratio	264
Odds	264
One-hot encoding	502
One-hot vector	437
One-mode matrix	558
One-sample	28
Opinion Mining	489
ordinal scale	6
outlier	143
outlier	149
Outside word	541
overfitting	256

P

용어	페이지
page.rank()	570
Paragraph	435
parameters	5
parent node	256
Part-Of-Speech, POS	446
PC1	161
PC2	161
PCA	160
Perceptron Learning Algorithm, PLA	282
performance()	358
plot.roc()	353
plyr 패키지	95
Polynomial Kernel	315
population	5
POS 주석	446
POS 표시	446
posterior probability	264
Precision	341
Prediction based	541
Preprocessing	131
principal component 1	161
principal component 2	161
Principal Component Analysis, PCA	233
Principal component analysis	160
principal component score	166
princomp()	164
Projection layer	532
pruning	256
Punctuation	445

R

용어	페이지
Radial Basis Function Kernel	315
Random Classifier	356
random variables	177

randomForest	343
range	11
ratio scale	6
reachability	564
Recall	341
rect.hclust()	385
regmatches()	452
Regression analysis	251
regression mean imputation	136
regression tree	254
Regular expression	448
Relu 함수	285
removeNumbers()	450
removePunctuation()	450
removeSparseTerms()	460
removeWords()	450
repeat 문	73
residuals	205
rpart()	343
R-squared	207

S

sample	5
Sampling with replacement	366
scale()	153, 272, 390
scatter plot	123
Scatter plot	269
Score vector	533
Scoring	250
Scraping	440
Scree plot	164
Scree Plot	238
seasonal factor	221
Self-Organizing Map, SOM 알고리즘	413
Sensitivity	341
Sentence	435
Sentiment Analysis	489
Sequence Pattern Analysis	423
Shallow Neural Network	532
Shortest path	557
sigmoid function	285
Sigmoid Kernel	315
significance level	27
Significance probability, p-value	27
Similarity Matching	250

Similarity	472
Simple Random Sampling	7
SimplePos22()	447
simplify()	564
single stochastic imputation	137
Single-layer neural network	281
Skip-Gram	531
Sliding window	532
SMOTE()	374
SMOTE(Synthetic Minority Oversampling Technique)	370
Social Network Analysis, SNA	555
Softmax 함수	285
som()	414
Sparse representation	437
Sparsity	459
Specificity	341
spli	256
sqldf 패키지	98
standard deviation	14
Standard normal distribution	152
standard normal distribution	24
standardization	151
Standardized distance	475
statistics	5
stemCompletion()	455
stemDocument()	450, 455
Stemming	449
step()	276
Stochastic Gradient Descent, SGD	545
Stopword	448
str()	84
str_replace_all()	452
Stratified Sampling	7
stripWhitespace()	450
Sum of Squared Error, SSE	286
summary variables	132
summary()	85
Supervised Learning	249
Support	421
Support-Vector Machine, SVM	314
Support-Vector Networks	314
svm()	318
Systematic Sampling	7

찾아보기

T

t-검정	27, 190
t-분포	28
tail()	84
tanh 함수	285
Term Frequency-Inverse Document Frequency, TF-IDF	
Term-Document Matrix, TDM	458
terminal node	256
Test Data	362
Testing independence	177
Text Mining	435
Text preprocessing	445
textstat_simil()	546
TF	517
TF-IDF	436
threshold 함수	286
Timeseries Data	221
tm_map()	450
TN Rate	340
Token	445
Tokenization	445
Tokenization	445
tokens()	544
TP Rate	340
train.kknn()	333
Training Data	362
trend factor	221
Two-mode matrix	558

U

underfitting	256
Unsupervised Learning	249
Up Sampling	370
upSample()	372

V

Value Estimation	251
Variable selection	173
variable	5
Variance Inflation Factor, VIF	269, 272, 279
variance reduction	255
variance	12
Vector	51
VectorSource()	440
VIF()	272

W

weak learner	305
while 문	72
Window size	541
Word embedding	437
Word representation	437, 445
Word2vec	531
Word	435
Wrapper method	173
writeCorpus()	457
Wrod2vec	436

Z

Z-변환	152
Z-score	152

ㄱ

가우스분포	151
병합적 방법	381
가설 검정	27
가우스 함수	286
가우시안 커널	315, 316
가우시안분포	20
가중평균	114
가지 분할	256
가지치기	256
가치 추정	251
감성분석	489
검정 통계량 카이제곱(χ^2)	177
검증용 자료	362
결정계수	207
결측값	135
경험적인 확률	15
계단 함수	281
계단 함수	285
계절요인	221
계층 확률 추정	250
계층적 군집 분석	381
계통추출	7
고유 벡터 중심성	568
고유값	164

고유벡터	166
과소적합	256
과적합	256
교차검증	339, 363
교차판매	420
구간척도	6
구간추정	190
구두점	445
국소 표현	436
군집화	250
귀무가설	26
근접 중심성	558, 566
글로브	541
글로브	436
기계학습	174
기댓값	18
기댓값 최대화 알고리즘(	403
기술 통계	189

ㄴ

나이브 베이즈 분류 모델	323
노이즈	221
논리타입	48
누적 이익도표	355
누적 향상도 곡선	357
누적기여율	165

ㄷ

다운샘플링	370
다중공선성	160
다중대치법	138
다중선형회귀	209
다차원척도법	239
다차원척도법	540, 549
다층신경망	282
다층퍼셉트론	282
다항 커널	315
단계적방법	279
단락	435
단순랜덤추출	7
단순선형회귀 모델	203
단순확률대치법	137
단어 빈도	517
단어 빈도-역문서 빈도 모델	517
단어 빈도와 역문서 빈도	436

단어 표현	437, 445
단어	435
단어 x 문서행렬	458
단측 대립가설	26
단층신경망	281
단층퍼셉트론	281
대립가설	26
대응 이표본 t-검정	27
대응이표본 검증	192
데이터 마이닝	249
데이터 마트	131
데이터 웨어하우스	131
데이터 전처리	131
데이터 정규화	151
데이터 축소	169, 251
데이터 표준화	151
데이터프레임	56
덴드로그램	381
도달가능도	564
도수분포표	120
독립 이표본 t-검정	28
독립변수	202
독립사건	16
독립성 검정	177
독립성	269
독립이표본 검증	193
동등발생정의	15
동시 등장 행렬	541
동시 등장 확률	541
동시발생 그룹화	251
두 번째 주성분	161
등간척도	6
디폴트	77

ㄹ

래퍼 방법	173
레이디얼 베이스 함수 커널	315
로지스틱 회귀	264
로짓	265
률분포	17
리더 지위	565
리스트	62
리프트 값	357
리프트 곡선	356

찾아보기

ㅁ

마진	314
마할라노비스 거리	475
막대 그래프	121
말뭉치	435
매개변수	75
매트릭스	54
맨하튼 거리	473
명목척도	6
모수	5
모집단	5
무작위 분류자	356
문서	435
문서-단어행렬	435
문서단어행렬	445
문자타입	47
문장	435
민감도	341
민코우스키 거리	474
밀집 표현	437

ㅂ

발산	282
배깅	301
백-오브-워드	436
백분위수	116
백오브워드 모델	510
범위	11
베이즈 정리	323
베이즈룰	323
벡터	51
변수 선택	173
변수	5
복원추출법	366
부모마디	256
부스팅	305
분류	250
분류나무	254
분산	116
분산 가설	531
분산 표현	436
분산	12
분산도	11
분산도	115
분산분석	193
분산분석	30
분산의 감소량	255
분산팽창지수	269, 272, 279
분할적 방법	381
분해시계열	229
불규칙 요인	221
불용단어	448
붓스트랩	339
붓스트랩	301
붓스트랩	366
비율척도	6
비지도학습	249
빈발항목 집합 마이닝	251

ㅅ

사분위 범위	145
사분위수	116
사회연결망 분석	555
사후확률	264
산점도 그래프	123
산점도	269
상관계수	125
상관계수	174, 197
상관분석	174
상관행렬	126
상자그림	117
서열척	6
서포트 벡터 머신	314
선형회귀	202
설명변수	202
손실 함수	533
수정된 결정계수	208
순서척도	6
순차패턴분석	423
순환요인	221
숫자타입	47
스코어 벡터	533
스크리 그래프	238
스크리 그래프	164
스피어만 상관계수	199
슬라이딩 윈도우	532
슬라이싱	52
시계열 데이터	221
시그모이드 커널	315
시그모이드 함수	285

신뢰구간	27
신뢰도	421
신뢰수준	27

ㅇ

아다부스트	305
앙상블	300
약한 학습기	305
양측 대립가설	26
얕은 신경망	532
어근 동일화	449
업샘플링	370
자카드 지수	473
에러의 역방향 전파	284
에러의 제곱합	286
엔트로피	286
엔트로피지수	254
엘보우 점	391
역문서 빈도	517
역전파	284, 534
역행렬	69
연결정도 중심성	558
연관규칙분석	420
연관성규칙 발견	251
연구가설	26
연속 표현	436
연속확률변수	16
연속확률분포	17
영가설	26
예측 기반	541
오분류율	340
오즈	264
오즈비	264
오피니언 마이닝	489
와드연결법	382
요약변수	132
요인 점수	171
요인분석	168
워드 임베딩	437
워드 클라우드	481
워드투벡터	436
원-핫 벡터	437
원-핫 인코딩	502
위세 중심성	559
위양성율	340

위음성율	340
윈도우 크기	541
유력자	565
유사도 매칭	250
유사도	472
유의수준	27
유의확률	27
유클리드 거리	473
의사결정나무 모델	254
이산 표현	436
이산확률변수	16
이산확률분포	17
이상값	143
이상적 분류자	356
이원분산분석	195
이익도표	355
이진 분류자	355
인공신경망	281
인덱싱	51
인접행렬	562
일원분산분석	193
일표본 t-검정	28
일표본 검증	191
임베디드 방법	173
임베딩 벡터	437

ㅈ

자기조직화지도 알고리즘	413
자기회귀 누적이동평균	227
자기회귀 모델	226
자식마디	256
자카드 거리	473
자카드 유사도	473
잔차	205
잠재변수	169
장바구니분석	420
장바구니분석	251
재현율	341
적합도 검정	177
전역해	286
전진선택법	279
전치 행렬	69
절대편차	11
절사평균	114
점수화	250

찾아보기

점추정	190
정규분포	151
정규분포	20
정규표현식	448
정규화	445
정밀도	341
정분류율	340
정상성	222
정수 인코딩	502
정오분류표	339
정제	445
조건부 평균대치법	135
조건부 확률	15
종속변수	202
종속사건	16
주변 단어	541
주성분분석	160
주성분분석	233
주성분 점수	166
중개 중심성	559
중개 중심성	567
중심 단어	541
중심극한정리	21
중심극한정리	157
중심연결법	382
중앙값	10
지니지수	254
지도학습	249
지역해	286
지지도	421
지지벡터 네트워크	314
진양성율	340
진음성율	340
집락추출	7

ㅊ

차분	224
차원 저주	174
첫 번째 주성	161
초평면	314
최단경로	557
최단연결법	382
최대 가능도 추정법	403
최대 가능도	403
최대 사후 확률	403

최대우도추정법	265
최빈값	11
최소 제곱 추정량	204
최소제곱법	204
최소지지도	422
최장연결법	382
최종마디	256
추론 통계	189
추세요인	221
층화추출	7

ㅋ

카운트 기반	541
카이제곱 분포	178
카이제곱(χ^2)	177
카이제곱검정	177
커널 함수	315
커널트릭	315
코사인 거리	474
코사인 거리	513, 517
코사인 유사도	474, 513, 516
코헨의 카파	341
코호넷 맵	413
클래스 불균형	370

ㅌ

텍스트 마이닝	435
텍스트 전처리	445
토큰	445
토큰화	445
토큰화	445
통계량	5
투사층	532
특이도	341

ㅍ

파생변수	131
파이 그래프	122
퍼셉트론 러닝 알고리즘	282
펙터타입	48
평균	10
평균대치법	135
평균연결법	382
평균편차	11

표본	5
표준정규분포	152
표준정규분포	24
표준편차	116
표준편차	14
표준화	22
표준화 거리	475
품사	446
피드포워드신경망	283
피어슨 상관계수	197
피처 동시 등장 행렬	544
피처 선택	173
필터 방법	173

ㅎ

학습률	282
함수	74
행렬곱	68
향상도 곡선	356
향상도	421
형태소	435
혼합분포 군집 분석	401
홀드아웃	339
홀드아웃	362
확률	14
확률밀도함수	17
확률변수	177
확률적 경사하강법	545
확률질량함수	17
확률함수	17
활성함수	281
활성화 함수	283
회귀계수	203
회귀나무	254
회귀대체법	136
회귀분석	251
후진제거법	279
후진제거법	275
훈련용 자료	362
흐름 제어	69
희소 표현	437
희소성	459
히스토그램	118
히트맵	126

기타

0.632 붓스트랩(boot632)	367
0에 가까운 분산(Near zero variance)	181
1원모드 매트릭스(One-mode matrix)	558
1종 오류	32
2원모드 매트릭스(Two-mode matrix)	558
2종 오류	32